革命文献与民国时期文献
保护计划

成 果

Каталог русскоязычных изданий
периода Китайской Республики в фондах Хэйлунцзянской
провинциальной библиотеки

黑龙江省图书馆藏民国时期俄文文献目录

高文华　主编

国家图书馆出版社

图书在版编目（CIP）数据

黑龙江省图书馆藏民国时期俄文文献目录 / 高文华主编 . — 北京 : 国家图书馆出版社 , 2022.3

ISBN 978-7-5013-7107-5

Ⅰ . ①黑…　Ⅱ . ①高…　Ⅲ . ①地方文献—专题目录—黑龙江省—民国—俄文
Ⅳ . ① Z88

中国版本图书馆 CIP 数据核字（2020）第 217210 号

书　　名	黑龙江省图书馆藏民国时期俄文文献目录
著　　者	高文华　主编
责任编辑	梁　盼
封面设计	程言工作室

出版发行	国家图书馆出版社（北京市西城区文津街 7 号　100034）
	（原书目文献出版社　北京图书馆出版社）
	010-66114536　63802249　nlcpress@nlc.cn（邮购）
网　　址	http://www.nlcpress.com
排　　版	九章文化
印　　装	北京金康利印刷有限公司
版次印次	2022 年 3 月第 1 版　2022 年 3 月第 1 次印刷

开　　本	889×1194　1/16
印　　张	37.25
字　　数	1146 千字
书　　号	ISBN 978-7-5013-7107-5
定　　价	380.00 元

革命文献与民国时期文献整理出版
工作委员会

革命文献与民国时期文献整理出版
学术顾问

（按姓氏笔画排序）

《黑龙江省图书馆藏民国时期俄文文献目录》
编委会

主　　　　编　高文华

副　主　编　于爱君

执行副主编　袁澍宇　金　凤

编　　　　辑　侯婉玉　徐　然　张　丹

前　言

　　十九世纪末地产丰饶的中国东北地区，成为俄国和日本争相抢夺的势力范围。1898年，沙皇俄国在东北修建中东铁路，大批俄国侨民随之迁到哈尔滨、大连等城市。哈尔滨是俄侨迁居人口最集中、居住时间最长的中心城市，成为了当时俄侨在中国的文化中心。黑龙江省图书馆以其自然地理优势，保存了大量珍贵的俄文文献，尤其是早期俄文文献，在全国俄文文献总量中占有较大比重，且质量较高。

　　2007年黑龙江省图书馆成立俄罗斯文献信息中心，现有俄文图书超过8.3万册，已全部完成编目数据的录入。其中中华人民共和国成立前俄文文献约9000册，这些文献中，1912—1949年民国时期出版的俄文文献共5000余册，占中华人民共和国成立前俄文文献的较大部分，其中俄侨文献是我馆收藏的特色。俄侨文献是俄罗斯侨民在侨居地的出版物，是特定历史时期俄罗斯侨民文化与本土文化的融合与再现。我馆存藏的民国时期侨居国外的俄罗斯学者在哈尔滨、上海、天津、沈阳、大连、青岛、柏林、巴黎等地出版的俄侨文献数量较大，品相较好。这些俄侨文献，在俄罗斯国内现存也非常稀少，更显得弥足珍贵。

　　本书收录黑龙江省图书馆藏民国时期俄文文献目录5056条，包括两部分，即俄罗斯文献（1912—1949）目录3515条、俄侨文献目录1541条；全面揭示黑龙江省图书馆藏民国时期俄文文献目录内容，包括题名、作者、出版地、出版社、出版日期、页码信息，并将文献目录内容翻译成中文，形成中俄文对照的民国时期俄文文献目录。通过对馆藏民国时期俄文文献的揭示，可为研究人员及读者提供可供查询的中俄文书目，也为专家、学者进行俄文古字母研究提供良好资源。

　　黑龙江省的自然地理优势、历史文化发展历程，使得老哈尔滨、中东铁路成为很多专家学者们研究的热点和重点，黑龙江省图书馆藏民国时期俄文文献中涉及哈尔滨和中东铁路的两类文献，具有较大的数量和规模、较高的文献版本价值。为揭示馆藏特色，便于专家研究，我们又从馆藏民国时期俄文文献目录中挑选、析出"哈尔滨—满洲专题文献"和"中东铁路专题文献"。

　　在书目编译过程中，工作人员多次查阅原书、深入了解、全面调查，考证俄侨文献出版地；作者项翻译依据《俄语姓名译名字典》；书名简写及外来语均考证其常用译名；同时注意俄文专有名词翻译，保证通篇款目译文的准确性、一致性。邀请黑龙江省社会科学院历史研究所专家钟建平、黑龙江大学俄语专家周建英作为翻译审校专家，对书目翻译逐条审校，保证译文忠实原文、遵从语言习惯、契合原文语体。

民国时期俄文文献尤其是俄侨文献体现了多种文化共存、中西兼容的文化特色，具有很高的文献价值和文物价值。为更好地保管珍稀文献，黑龙江省图书馆不断改善俄文文献收藏条件，设置独立书库，配备专业防虫书柜、展柜和恒温恒湿空调设备，改善藏书条件，完善书库管理制度。

本书是国家图书馆"革命文献与民国时期文献保护计划"成果，经过近两年的翻译、审校，此书得以按时出版。在这里要感谢国家图书馆"革命文献与民国时期文献保护计划"项目的大力支持，感谢翻译、审校人员的辛勤努力，感谢黑龙江省社会科学院和黑龙江大学两位审校专家的悉心指导。限于时间和翻译人员水平等因素，疏漏之处在所难免，期待方家指正，以臻完善。

高文华

2021 年 9 月

凡　例

一、本书目收录黑龙江省图书馆藏民国时期俄文文献目录 5056 条，并加以汉译。

二、本书目分为两部分：

1. 俄罗斯文献（1912—1949）：共计 3515 条，先按中图分类后按俄文题名字母顺序排序；

2. 俄侨文献：共计 1541 条，先按出版地后按俄文题名字母顺序排序，出版地按照地理位置习惯分区法排序。

另附"哈尔滨—满洲专题文献"（118 条）和"中东铁路专题文献"（41 条），均按俄文题名字母顺序排序。

三、本书目俄文信息项顺序为：序号 – 题名 – 作者 – 出版地 – 出版社 – 出版日期 – 页码。中文信息项顺序为：题名 – 作者 – 出版地 – 出版社 – 出版日期 – 页码 – 古字母（书中出现古俄语单词的在译文中以"古"加注）。

四、本书目翻译依照尊重原文、遵从语言习惯的原则。书目中包含"满洲国""满洲帝国""满洲""北满""南满"等历史称谓，均照录，凡有不妥之处，敬请指正。作者译名依据《俄语姓名译名字典》，原书未标明责任者著作方式的，翻译成中文均未添加；多个责任者的，则对其著作方式予以区分标注。

五、本书目中因尺寸不同、内容差异形成的题名相同、版本不同的图书均予以保留。书末附俄文题名字母索引，同时附对应中文译名。

目　录

俄罗斯文献（1912—1949）

0001

IV и V съезды Р. С.-Д. Р. П. В. И. Ленин

[Б. м.]: Партиздат ЦК ВКП(б), 1935. 237 с.

俄国社会民主工党第四和第五次代表大会 В.И. 列宁

[不详]: 联共（布）中央委员会党的出版社，1935，237 页

0002

Анти-Дюринг: Переворот в науке, поизведенный Г. Евгением Дюрингом Фридрих Энгельс

М.: Государственное издательство, 1930. 539 с.

反杜林论: 欧根·杜林先生在科学中实行的变革 弗里德里希·恩格斯

莫斯科: 国家出版社，1930，539 页

0003

Архив Маркса и Энгельса. Т. V Под ред. В. Адоратского

Л.: Гос. изд. политической литер., 1938. 424 с.

马克思和恩格斯档案（第 5 卷） В.阿多拉茨基编

列宁格勒: 国家政治书籍出版社，1938，424 页

0004

Борьба за пролетарскую партию В. И. Ленин

[Б. м.]: Партиздат ЦК ВКП(б), 1935. 301 с.

为无产阶级政党而斗争 В.И.列宁

[不详]: 联共（布）中央委员会党的出版社，1935，301 页

0005

Борьба за социализм: Беседы о политике партии и советской власти В. Карпинский

М.: Партиздат, 1934. 272 с.

为社会主义奋斗: 党和苏维埃政权的政策座谈会 В. 卡尔平斯基

莫斯科: 联共（布）中央委员会党的出版社，1934，272 页

0006

Борьба за социализм: Беседы о политике партии и советской власти В. Карпинский

М.: Партиздат ЦК ВКП(б), 1935. 368 с.

为社会主义奋斗: 党和苏维埃政权的政策座谈会 В. 卡尔平斯基

莫斯科: 联共（布）中央委员会党的出版社，1935，368 页

0007

В борьбе за социализм: Речи и статьи В. Молотов

[Б. м.]: Партиздат ЦК ВКП(б), 1935. 587 с.

为社会主义而斗争（讲话和文章） В.莫洛托夫

[不详]: 联共（布）中央委员会党的出版社，1935，587 页

0008

В. И. Ленин о вооруженном восстании в 1917 году: сентябрь-ноябрь

[Б. м.]: Партиздат ЦК ВКП(б), 1937. 106 с.

列宁论 1917 年武装起义（9 月—11 月）

[不详]: 联共（布）中央委员会党的出版社，1937，106 页

0009

В. И. Ленин о кооперации: Статьи и речи Под ред. Н. Л. Мещерякова

М.: Государственное издательство, 1929. 181 с.

列宁论合作社：文章和讲话　Н.Л. 梅谢里亚科夫编
莫斯科：国家出版社，1929，181 页

0010

Вопросы ленинизма　И. Сталин
[Б. м.]: Партиздат ЦК ВКП(б), 1935. 655 с.
列宁主义的问题　И. 斯大林
[不详]：联共（布）中央委员会党的出版社，1935，
655 页

0011

Годы революционного подъема　В. И. Ленин
[Б. м.]: Партиздат ЦК ВКП(б), 1935. 267 с.
革命高涨年代　В.И. 列宁
[不详]：联共（布）中央委员会党的出版社，1935，
267 页

0012

Государство и революция: Учение марксизма о государстве и задачи пролетариата в революции　В. И. Ленин
М.: Госполитиздат, 1949. 46 с.
国家与革命：马克思主义关于国家的学说与无产阶级在革命中的任务　В.И. 列宁
莫斯科：国家政治书籍出版社，1949，46 页

0013

Деятели революционного движения в России: Био-библиографический словарь. Т. 2. Семидесятые годы　Сост. А. А. Шиловым и М. Г. Карнауховой
М.: [Б. и.], 1933. 690 с.
俄罗斯革命活动家（传记词典第 2 卷）：70 年代　А. А. 希洛夫、М.Г. 卡尔瑙霍娃编
莫斯科：[不详]，1933，690 页

0014

Деятели революционного движения в России: Био-библиографический словарь. Т. 3. Восьмидесятые годы　Сост. М. М. Клевенским, Е. Н. Кушевой и А. А. Шиловым
М.: [Б. и.], 1933. 690 с.
俄罗斯革命活动家（传记词典第 3 卷）：80 年代　М. М. 克列文斯基、Е.Н. 库舍娃、А.А. 希洛夫编

莫斯科：[不详]，1933，690 页

0015

Деятели революционного движения в России: Био-библиографический словарь. Т. 5. Социал-демократы　Сост. Э. А. Корольчук и Ш. М. Левиным
М.: [Б. и.], 1933. 690 с.
俄罗斯革命活动家（传记词典第 5 卷）：社会民主党人　Э.А. 科罗利丘克、Ш.М. 莱温编
莫斯科：[不详]，1933，690 页

0016

Жизненный путь Ильича; Ленин: Теоретик и практик вооруженного восстания; Вождь рабочих и крестьян　П. Лепешинский; Ем. Ярославский; Ем. Ярославский
Л.: Гос. издательство, 1925. 200 с.
伊里奇的生活道路；列宁：武装起义理论家和实践家、工农领袖　П. 列佩申斯基、Ем. 雅罗斯拉夫斯基、Ем. 雅罗斯拉夫斯基
列宁格勒：国家出版社，1925，200 页

0017

Избранные произведения　Ленин, Сталин
М.: Партиздат ЦК ВКП(б), 1935. 791 с.
作品选集　列宁、斯大林
莫斯科：联共（布）中央委员会党的出版社，1935，
791 页

0018

Избранные произведения. Т. I　В. И. Ленин
М.: Партиздат ЦК ВКП(б), 1935. 628 с.
作品选集（第 1 卷）　В.И. 列宁
莫斯科：联共（布）中央委员会党的出版社，1935，
628 页

0019

Избранные произведения. Т. I　Карл Маркс
Л.: Огиз; Госполитиздат, 1941. 440 с.
作品选集（第 1 卷）　卡尔·马克思
列宁格勒：国家出版社联合公司、国家政治书籍出版社，1941，440 页

0020

Избранные произведения. Т. II　Под ред. В. В. Адоратского

М.: Изд-во ЦК ВКП(б), 1934. 556 с.

作品选集（第 2 卷）　В.В. 阿多拉茨基编

莫斯科：联共（布）中央委员会出版社，1934，556 页

0021

Избранные произведения. Т. II　В. И. Ленин

М.: Партиздат ЦК ВКП(б), 1935. 655 с.

作品选集（第 2 卷）　В.И. 列宁

莫斯科：联共（布）中央委员会党的出版社，1935，655 页

0022

Избранные произведения. Т. II　Карл Маркс

Л.: Огиз; Госполитиздат, 1941. 576 с.

作品选集（第 2 卷）　卡尔·马克思

列宁格勒：国家出版社联合公司、国家政治书籍出版社，1941，576 页

0023

Избранные произведения. Т. VI. Теоретические основы Марксизма　Ленин

Ленинград: Издательство ЦК ВКП(б), 1934. 334 с.

作品选集（第 6 卷）：马克思主义理论基础　列宁

列宁格勒：联共（布）中央委员会出版社，1934，334 页

0024

Избранные статьи и речи: 1912-1934　С. М. Киров

Л.: Огиз; Госполитиздат, 1939. 698 с.

文章和讲话选集（1912—1934）　С.М. 基洛夫

列宁格勒：国家出版社联合公司、国家政治书籍出版社，1939，698 页

0025

Карл Маркс: даты жизни и деятельности, 1818-1883　Под ред. В. Адоратского

М.: Партиздат, 1934. 442 с.

卡尔·马克思：生活和活动年谱（1818—1883）　В. 阿多拉茨基编

莫斯科：联共（布）中央委员会党的出版社，1934，

442 页

0026

Комментарии ко второму тому «Капитала» Карла Маркса　Д. Розенберг

М.: Партиздат, 1932. 254 с.

卡尔·马克思《资本论》第 2 卷注释　Д. 罗森贝格

莫斯科：联共（布）中央委员会党的出版社，1932，254 页

0027

Компартии в борьбе за массы: Речи на XIII пленуме ИККИ 2 декабря 1933 г.　О. Пятницкий

М.: Партийное издательство, 1934. 78 с.

为群众而斗争的共产党：在共产国际执行委员会第十三次全会上的发言（1933 年 12 月 2 日）　О. 皮亚特尼茨基

莫斯科：联共（布）中央委员会党的出版社，1934，78 页

0028

Критика Готской программы　К. Маркс

М.: Госполитиздат, 1948. 45 с.

哥达纲领批判　К. 马克思

莫斯科：国家政治书籍出版社，1948，45 页

0029

Ленин и Сталин о борьбе за технический прогресс: Лекция, прочитанная в лектории МГК ВКП (б)　М. Рубинштейн

М.: Огиз; Госполитиздат, 1947. 43 с.

列宁和斯大林论为技术进步而奋斗：联共（布）莫斯科市委员会讲座内容　М. 鲁宾施泰因

莫斯科：国家出版社联合公司、国家政治书籍出版社，1947，43 页

0030

Маркс, Энгельс, Ленин, Сталин о технике: Сборник материалов с предисловием　Сост. В. Ф. Асмус

М.: Огиз; Гостехиздат, 1934. 634 с.

马克思、恩格斯、列宁、斯大林论技术：资料集（附前言）　В.Ф. 阿斯穆斯编

莫斯科：国家出版社联合公司、国家技术理论书籍

出版社，1934，634 页

0031

Марксизм и национально-колониальный вопрос: Сборник избранных статей и речей И. Сталин

М.: Партиздат ЦК ВКП(б), 1935. 232 с.

马克思主义与民族殖民问题：文章和发言选集 И. 斯大林

莫斯科：联共（布）中央委员会党的出版社，1935，232 页

0032

Метод ленинизма: Из книги "О Ленине и Ленинизме" И. Сталин

М.: Пролетарий, 1925. 15 с.

列宁主义的方法：摘自《论列宁和列宁主义》一书 И. 斯大林

莫斯科：无产者出版社，1925，15 页

0033

Московское восстание 1905 года

М.: Московский рабочий, 1924. 36 с.

1905 年莫斯科起义

莫斯科：莫斯科工人出版社，1924，36 页

0034

На путях к Октябрю: Статьи и речи: Март-октябрь 1917 И. Сталин

М.: Гос. изд-во, 1925. 280 с.

在通向十月革命的道路上：文章和讲话（1917 年 3 月—10 月） И. 斯大林

莫斯科：国家出版社，1925，280 页

0035

Национальные моменты в партийном и государственном строительстве: Долад на XII съезде РКП(б) 23 апреля 1923 г. И. Сталин

[Б. м.]: Партиздат ЦК ВКП(б), 1937. 45 с.

论党和国家建设中的民族因素：在俄共（布）第十二次代表大会上的报告（1923 年 4 月 23 日） И. 斯大林

[不详]：联共（布）中央委员会党的出版社，1937，45 页

0036

Новые материалы к работе В. И. Ленина: Империализм, как высшая стадия капитализма Под ред. Е. Варга, Л. Мендельсона и Е. Хмельницкой

М.: Партиздат ЦК ВКП(б), 1935. 296 с.

列宁著作的新资料：帝国主义是资本主义的最高阶段 Е. 瓦尔格、Л. 门德尔松、Е. 赫梅利尼茨卡娅编

莫斯科：联共（布）中央委员会党的出版社，1935，296 页

0037

О коммунистическом интернационале: Сборник В. И. Ленин

[Б. м.]: Политиздат при ЦК ВКП(б), 1940. 194 с.

论共产国际（文集） В.И. 列宁

[不详]：联共（布）中央委员会政治书籍出版社，1940，194 页

0038

О международном рабочем движении: Сборник статей. Т. 1 В. И. Ленин

М.: Государственное издательство, 1925. 143 с.

论国际工人运动：文集（第 1 卷） В.И. 列宁

莫斯科：国家出版社，1925，143 页

0039

О международном рабочем движении: Статьи и речи. Т. 4 В. И. Ленин

М.: Гос. изд-во, 1925. 355 с.

国际工人运动：文章和发言（第 4 卷） В.И. 列宁

莫斯科：国家出版社，1925，355 页

0040

О национальных моментах в партийном и государственном строительстве: Доклад на 12-ом съезде РКП(б) 17-25 апреля 1923 г. И. Сталин

М.: Партийное издательство, 1933. 47 с.

论党和国家建设中的民族因素：在俄共（布）第十二次代表大会上的报告（1923 年 4 月 17—25 日） И. 斯大林

莫斯科：联共（布）中央委员会党的出版社，1933，47 页

0041

О парижской коммуне В. И. Ленин

М.: Соцэкгиз, 1941. 150 с.

论巴黎公社 В.И. 列宁

莫斯科：国家社会经济书籍出版社，1941，150 页

0042

О правом уклоне в ВКП(б) И. Сталин

[Б. м.]: Партиздат ЦК ВКП(б), 1935. 54 с.

论联共（布）党内的右倾 И. 斯大林

[不详]：联共（布）中央委员会党的出版社，1935，54 页

0043

О продовольственном налоге: Значение новой политики и ее условия В. И. Ленин

М.: Госполитиздат, 1939. 55 с.

论粮食税：新政策的意义及其条件 В.И. 列宁

莫斯科：国家政治书籍出版社，1939，55 页

0044

О профсоюзах Н. Ленин (В. И. Ульянов)

Л.: Рабочее изд-во "Прибой", 1925. 203 с.

论工会 Н. 列宁（В.И. 乌里扬诺夫）

列宁格勒：拍岸浪工人出版社，1925，203 页

0045

О товарище Сталине Ем. Ярославский

М.: Госполитиздат, 1941. 150 с.

论斯大林同志 Ем. 雅罗斯拉夫斯基

莫斯科：国家政治书籍出版社，1941，150 页

0046

О третьем съезде партии В. И. Ленин

[Б. м.]: Партиздат ЦК ВКП(б), 1935. 295 с.

论第三次党代表大会 В.И. 列宁

[不详]：联共（布）中央委员会党的出版社，1935，295 页

0047

Об основах ленинизма к вопросам ленинизма И. Сталин

[Б. м.]: Партиздат ЦК ВКП(б), 1935. 124 с.

论列宁主义问题的列宁主义原理 И. 斯大林

[不详]：联共（布）中央委员会党的出版社，1935，124 页

0048

Отчет центрального комитета XVI съезду ВКП(б) И. Сталин, Л. Каганович

М.: Государственное издательство, 1930. 175 с.

联共（布）第十六次代表大会中央委员会报告 И. 斯大林、Л. 卡冈诺维奇

莫斯科：国家出版社，1930，175 页

0049

Отчетный доклад XVII съезду партии о работе ЦК ВКП(б): 26 января 1934 года И. Сталин

М.: Партиздат, 1934. 54 с.

在第十七次党代表大会上关于联共（布）中央委员会工作的总结报告（1934 年 1 月 26 日） И. 斯大林

莫斯科：联共（布）中央委员会党的出版社，1934，54 页

0050

Отчетный доклад на XVIII съезде партии о работе ЦК ВКП(б) И. Сталин

М.: Госполитиздат, 1939. 62 с.

在第十八次党代表大会上关于联共（布）中央委员会工作的总结报告 И. 斯大林

莫斯科：国家政治书籍出版社，1939，62 页

0051

Отчетный доклад на 18-ом съезде партии о работе ЦК ВКП(б): 10 марта 1939 г. И. Сталин

М.: Огиз; Госполитиздат, 1948. 55 с.

在第十八次党代表大会上关于联共（布）中央委员会工作的总结报告（1939 年 3 月 10 日） И. 斯大林

莫斯科：国家出版社联合公司、国家政治书籍出版社，1948，55 页

0052

Письма из далека В. И. Ленин

[Б. м.]: Партиздат ЦК ВКП(б), 1937. 77 с.

远方来信 В.И. 列宁

[不详]：联共（布）中央委员会党的出版社，1937，

77 页

0053

По поводу так называемого вопроса о рынках В. И. Ленин

Ленинград: Огиз; Государственное издательство политической литературы, 1948. 49 с.

论所谓市场问题 В.И. 列宁

列宁格勒：国家出版社联合公司、国家政治书籍出版社，1948，49 页

0054

Положение крестьян в царской России: Из статей 1910-1917 гг. В. И. Ленин

М.: Госполитиздат, 1939. 91 с.

沙皇俄国农民的地位（1910—1917 年文集） В.И. 列宁

莫斯科：国家政治书籍出版社，1939，91 页

0055

Положение рабочих и крестьян в Царской России: Сборник В. И. Ленин

М.: Госполитиздат, 1939. 231 с.

沙皇俄国工人和农民的地位（文集） В.И. 列宁

莫斯科：国家政治书籍出版社，1939，231 页

0056

Причины успеха большевиков Н. Ленин

М.: Московский рабочий, 1925. 79 с.

布尔什维克胜利的原因 Н. 列宁

莫斯科：莫斯科工人出版社，1925，79 页

0057

Пролетарская революция и ренегат Каутский В. И. Ленин

М.: Партиздат ЦК ВКП(б), 1935. 84 с.

无产阶级革命和叛徒考茨基 В.И. 列宁

莫斯科：联共（布）中央委员会党的出版社，1935，84 页

0058

Профессиональное движение: Избранные статьи и речи Н. Ленин

Ленинград: Тип. Культ-Просв. Отд. Ленинградск.

Губпрофсовета, 1925. 149 с.

工会运动：文章和发言选集 Н. 列宁

列宁格勒：列宁格勒省工会委员会文教处印刷厂，1925，149 页

0059

Рассказ о II съезде РСДРП В. И. Ленин

М.: Госполитиздат, 1949. 18 с.

谈俄国社会民主工党第二次代表大会 В.И. 列宁

莫斯科：国家政治书籍出版社，1949，18 页

0060

Революция и контр-революция в Германии Фридрих Энгельс; Пер. И. Степан

М.: Изд-во "Красная новь" главполитпросвет, 1923. 152 с.

德国的革命与反革命 弗里德里希·恩格斯著，И. 斯捷潘译

莫斯科：中央政治教育委员会红色处女地出版社，1923，152 页

0061

Речи и статьи С. М. Киров

М.: Соцэкгиз, 1937. 194 с.

发言和文章 С.М. 基洛夫

莫斯科：国家社会经济书籍出版社，1937，194 页

0062

Речь на первом всесоюзном совещании Стахановцев И. Сталин

Хабаровск: Дальгиз, 1935. 24 с.

在第一次全苏斯达汉诺夫工作者会议上的讲话 И. 斯大林

哈巴罗夫斯克：远东国家出版社，1935，24 页

0063

Собрание сочинений. Т. IV. "Искра" 1900-1903 г.г. Н. Ленин

М.: Государственное изд-во, 1925. 344 с.

文集（第 4 卷）：星火（1900—1903 年） Н. 列宁

莫斯科：国家出版社，1925，344 页

0064

Собрание сочинений. Т. VII. Революция 1905-

1906 годов Н. Ленин

М.: Государственное изд-во, 1925. 299 с.

文集（第 7 卷）：1905—1906 年革命 Н. 列宁

莫斯科：国家出版社，1925，299 页

0065

Собрание сочинений. Т. X. Материализм и эмпириокритицизм Н. Ленин

М.: Государственное изд-во, 1925. 328 с.

文集（第 10 卷）：唯物主义和经验批判主义 Н. 列宁

莫斯科：国家出版社，1925，328 页

0066

Собрание сочинений. Т. XIV. Буржуазная революция 1917 г. Часть II Н. Ленин

М.: Государственное изд-во, 1921. 536 с.

文集（第 14 卷）：1917 年资产阶级革命（第 2 部分） Н. 列宁

莫斯科：国家出版社，1921，536 页

0067

Собрание сочинений. Т. XIV. Буржуазная революция 1917 г. Часть I Н. Ленин

М.: Государственное изд-во, 1925. 324 с.

文集（第 14 卷）：1917 年资产阶级革命（第 1 部分） Н. 列宁

莫斯科：国家出版社，1925，324 页

0068

Собрание сочинений. Т. XV. Пролетариат у власти. 1918 год Н. Ленин

М.: Государственное изд-во, 1925. 646 с.

文集（第 15 卷）：无产阶级执政（1918 年） Н. 列宁

莫斯科：国家出版社，1925，646 页

0069

Собрание сочинений. Т. XVII. Пролетариат у власти. 1920 год Н. Ленин

М.: Государственное изд-во, 1925. 477 с.

文集（第 17 卷）：无产阶级执政（1920 年） Н. 列宁

莫斯科：国家出版社，1925，477 页

0070

Собрание сочинений. Т. XVIII. Пролетариат у власти. 1921 г. Н. Ленин

М.: Государственное изд-во, 1925. 444 с.

文集（第 18 卷）：无产阶级执政（1921 年） Н. 列宁

莫斯科：国家出版社，1925，444 页

0071

Собрание сочинений. Том II. Экономические этюды и статьи 1894-1899 гг. Н. Ленин (В. Ульянов)

М.: Государственное издательство, 1923. 552 с.

文集（第 2 卷）：经济学专题论文（1894—1899 年） Н. 列宁（В. 乌里扬诺夫）

莫斯科：国家出版社，1923，552 页

0072

Собрание сочинений. Том VII. Революция 1905-1906 годов Н. Ленин (В. Ульянов)

М.: Государственное издательство, 1921. 344 с.

文集（第 7 卷）：1905—1906 年革命 Н. 列宁（В. 乌里扬诺夫）

莫斯科：国家出版社，1921，344 页

0073

Собрание сочинений. Том XII. Новый подъем 1912-1914 г.г. Н. Ленин (В. Ульянов)

М.: Государственное изд-во, 1925. 340 с.

文集（第 12 卷）：1912—1914 年新高涨 Н. 列宁（В. 乌里扬诺夫）

莫斯科：国家出版社，1925，340 页

0074

Собрание сочинений. Том XV. Пролетариат у власти. 1918 год Н. Ленин (В. Ульянов)

М.: Государственное изд-во, 1925. 646 с.

文集（第 15 卷）：无产阶级执政（1918 年） Н. 列宁（В. 乌里扬诺夫）

莫斯科：国家出版社，1925，646 页

0075

Социализм и война: Отношение РСДРП к войне В. И. Ленин

М.: Госполитиздат, 1949. 51 с.

社会主义与战争：俄国社会民主工党对战争的态度 В.И.列宁

莫斯科：国家政治书籍出版社，1949，51 页

0076

Сочинения. Т. 1. Исследования. Статьи. Письма: 1837-1844 К. Маркс, Ф. Энгельс

М.: Государственное издательство, 1928. 663 с.

选集（第 1 卷）：调查、文章和信函（1837—1844） К. 马克思、Ф. 恩格斯

莫斯科：国家出版社，1928，663 页

0077

Сочинения. Т. I. 1893-1896 В. И. Ленин

М.: Государственное изд-во, 1929. 535 с.

文集（第 1 卷）：1893—1896 В.И.列宁

莫斯科：国家出版社，1929，535 页

0078

Сочинения. Т. IX. 1906 В. И. Ленин

М.: Государственное изд-во, 1935. 616 с.

文集（第 9 卷）：1906 В.И.列宁

莫斯科：国家出版社，1935，616 页

0079

Сочинения. Т. V. 1902-1903 В. И. Ленин

М.: Государственное изд-во, 1928. 444 с.

文集（第 5 卷）：1902—1903 В.И.列宁

莫斯科：国家出版社，1928，444 页

0080

Сочинения. Т. VI. 1903-1904 В. И. Ленин

М.: Государственное изд-во, 1929. 496 с.

文集（第 6 卷）：1903—1904 В.И.列宁

莫斯科：国家出版社，1929，496 页

0081

Сочинения. Т. VII. 1904-1905 В. И. Ленин

М.: Государственное изд-во, 1928. 528 с.

文集（第 7 卷）：1904—1905 В.И.列宁

莫斯科：国家出版社，1928，528 页

0082

Сочинения. Т. VIII. 1905 В. И. Ленин

М.: Государственное изд-во, 1931. 567 с.

文集（第 8 卷）：1905 В.И.列宁

莫斯科：国家出版社，1931，567 页

0083

Сочинения. Т. X. 1906-1907 В. И. Ленин

М.: Государственное изд-во, 1928. 552 с.

文集（第 10 卷）：1906—1907 В.И.列宁

莫斯科：国家出版社，1928，552 页

0084

Сочинения. Т. XI. 1907 В. И. Ленин

М.: Государственное изд-во, 1929. 655 с.

文集（第 11 卷）：1907 В.И.列宁

莫斯科：国家出版社，1929，655 页

0085

Сочинения. Т. XII. 1907-1908 В. И. Ленин

М.: Государственное изд-во, 1929. 575 с.

文集（第 12 卷）：1907—1908 В.И.列宁

莫斯科：国家出版社，1929，575 页

0086

Сочинения. Т. XIII. Материализм и эмпириокритицизм В. И. Ленин

М.: Государственное изд-во, 1935. 388 с.

文集（第 13 卷）：唯物主义和经验批判主义 В.И.列宁

莫斯科：国家出版社，1935，388 页

0087

Сочинения. Т. XIV. 1909-1910 В. И. Ленин

М.: Государственное изд-во, 1935. 631 с.

文集（第 14 卷）：1909—1910 В.И.列宁

莫斯科：国家出版社，1935，631 页

0088

Сочинения. Т. XIX. 1916-1917 В. И. Ленин

М.: Государственное изд-во, 1929. 546 с.

文集（第 19 卷）：1916—1917 В.И.列宁

莫斯科：国家出版社，1929，546 页

0089

Сочинения. Т. XV. 1910-1912 В. И. Ленин

М.: Государственное изд-во, 1935. 736 с.

文集（第15卷）：1910—1912　В.И. 列宁

莫斯科：国家出版社，1935，736 页

0090

Сочинения. Т. XVII. 1913-1914　В. И. Ленин

М.: Государственное изд-во, 1930. 822 с.

文集（第17卷）：1913—1914　В.И. 列宁

莫斯科：国家出版社，1930，822 页

0091

Сочинения. Т. XVIII. 1914-1915　В. И. Ленин

М.: Государственное изд-во, 1929. 490 с.

文集（第18卷）：1914—1915　В.И. 列宁

莫斯科：国家出版社，1929，490 页

0092

Сочинения. Т. XX. 1917　В. И. Ленин

М.: Государственное изд-во, 1927. 719 с.

文集（第20卷）：1917　В.И. 列宁

莫斯科：国家出版社，1927，719 页

0093

Сочинения. Т. XXI. 1917　В. И. Ленин

М.: Государственное изд-во, 1928. 585 с.

文集（第21卷）：1917　В.И. 列宁

莫斯科：国家出版社，1928，585 页

0094

Сочинения. Т. XXII. 1917-1918　В. И. Ленин

М.: Государственное изд-во, 1930. 680 с.

文集（第22卷）：1917—1918　В.И. 列宁

莫斯科：国家出版社，1930，680 页

0095

Сочинения. Т. XXIII. 1918-1919　В. И. Ленин

М.: Государственное изд-во, 1930. 650 с.

文集（第23卷）：1918—1919　В.И. 列宁

莫斯科：国家出版社，1930，650 页

0096

Сочинения. Т. XXV. 1920　В. И. Ленин

М.: Государственное изд-во, 1928. 710 с.

文集（第25卷）：1920　В.И. 列宁

莫斯科：国家出版社，1928，710 页

0097

Сталин: К шестидесятилетию со дня рождения

М.: Правда, 1939. 387 с.

斯大林：诞辰六十周年

莫斯科：《真理报》出版社，1939，387 页

0098

Статьи и речи　К. Е. Ворошилов

М.: Партиздат ЦК ВКП(б), 1936. 666 с.

文章和讲话　К.Е. 伏罗希洛夫

莫斯科：联共（布）中央委员会党的出版社，1936，666 页

0099

Статьи и речи о средней Азии и Узбекистане: Сборник　В. И. Ленин, И. В. Сталин

Ташкент: Партиздат ЦК КП(б) Уз, 1940. 281 с.

中亚和乌兹别克斯坦研究论文和发言汇编　В.И. 列宁、И.В. 斯大林

塔什干：乌兹别克斯坦共产党（布）中央委员会党的出版社，1940，281 页

0100

Статьи и речи об Украине: Сборник　И. Сталин

[Б. м.]: Партиздат ЦК КП(б) У, 1936. 249 с.

论乌克兰（文章和讲话集）　И. 斯大林

[不详]：乌克兰共产党（布）中央委员会党的出版社，1936，249 页

0101

Статьи и речи от XVI до XVII съезда ВКП(б)　К. Ворошилов

М.: Партийное изд-во, 1934. 207 с.

联共（布）第十六次至第十七次代表大会的文章和讲话　К. 伏罗希洛夫

莫斯科：联共（布）中央委员会党的出版社，1934，207 页

0102

Статьи и речи: 1930-1935　В. В. Куйбышев

М.: Партиздат ЦК ВКП(б), 1935. 356 с.

文章和讲话（1930—1935）　В.В. 古比雪夫

莫斯科：联共（布）中央委员会党的出版社，1935，356 页

0103

Статьи и речи: От VI до VII съезда советов Союза ССР М. И. Калинин

М.: Партиздат ЦК ВКП(б), 1935. 278 с.

文章和讲话（苏联第六次至第七次苏维埃代表大会） М.И. 加里宁

莫斯科：联共（布）中央委员会党的出版社，1935，278 页

0104

Труд товарища Сталина "Марксизм и национальный вопрос" И. Трайнин

[Б. м.]: Политиздат при ЦК ВКП(б), 1940. 62 с.

斯大林同志的著作《马克思主义和民族问题》 И. 特赖宁

[不详]：联共（布）中央委员会政治书籍出版社，1940，62 页

0105

Что заповедал нам Ленин своей жизнью, работой и учением Сост. В. Карпинским

Л.: Красная газета, 1924. 127 с.

列宁以自己的生活、工作和学习教导我们什么 В. 卡尔平斯基编

列宁格勒：红报出版社，1924，127 页

0106

Что такое "Друзья народа" и как они воюют против социал-демократов?: Ответ на статьи "Русского богатства" против марксистов В. И. Ленин

М.: Госполитиздат, 1939. 228 с.

什么是"人民之友"以及他们如何攻击社会民主党人？：答"俄国财富"杂志反对马克思主义者的几篇文章 В.И. 列宁

莫斯科：国家政治书籍出版社，1939，228 页

0107

Шаг в перед, два шага назад: Кризис в нашей партии В. И. Ленин

М.: Партиздат ЦК ВКП(б), 1935. 174 с.

进一步，退两步：我们党的危机 В.И. 列宁

莫斯科：联共（布）中央委员会党的出版社，1935，174 页

0108

Сочинения. Т. 14. 1908

[Б. м.]: Огиз; Госполитиздат, 1947. 367 с.

作品集（第 14 卷）：1908

[不详]：国家出版社联合公司、国家政治书籍出版社，1947，367 页

0109

Большевики и меньшевики о рабоче-крестьяской диктатуре В. И. Ленин

М.: Московский рабочий, 1925. 99 с.

布尔什维克和孟什维克论工农专政 В.И. 列宁

莫斯科：莫斯科工人出版社，1925，99 页

0110

Две тактики социал-демократии в демократической революции В. И. Ленин

М.: Государственное издательство политической литературы, 1945. 103 с.

社会民主党在民主革命中的两个策略 В.И. 列宁

莫斯科：国家政治书籍出版社，1945，103 页

0111

Борьба за мир В. И. Ленин

М.: Московский рабочий, 1924. 46 с.

争取和平 В.И. 列宁

莫斯科：莫斯科工人出版社，1924，46 页

0112

Великий почин: О героизме рабочих в тылу. По поводу «коммунистических субботников». Как организовать соревнование? В. И. Ленин

Ленинград: Государственное издательство политической литературы, 1945. 35 с.

伟大的创举：论后方工人的英雄主义、论"共产主义星期六义务劳动"、怎样组织竞赛 В.И. 列宁

列宁格勒：国家政治书籍出版社，1945，35 页

0113

Ленин Владимир Ильич: Краткий очерк жизни и

деятельности

М.: Гос. изд-во политической литературы, 1942. 298 с.

弗拉基米尔·伊里奇·列宁：生活和工作概况

莫斯科：国家政治书籍出版社，1942，298 页

0114

А. И. Герцен: 1870-1920 Иванов-Разумник

Петроград: Издательское т-во "Колос", 1920. 190 с.

А.И. 赫而岑（1870—1920） 伊万诺夫 – 拉祖姆尼克

彼得格勒：科洛斯出版社，1920，190 页

0115

Антирелигиозный сборник [Отв. ред. С. Коген]

М.: Московский рабочий, 1940. 127 с.

反宗教文集 ［С.科亨编］

莫斯科：莫斯科工人出版社，1940，127 页

0116

Воспоминания Е. Н. Трубецкая

София: Российско-Болгарское книгоиздательство, 1922. 195 с.

回忆录 Е.Н.特鲁别茨卡娅

索菲亚：俄国保加利亚图书出版社，1922，195 页（古）

0117

Деяния совещания: глав и представителей автокефальных православных церквей в связи с празднованием 500 летия автокефалии: Русской православной церкви: 8-18 июля 1948 года. Т. 1

М.: Изд. Московской патриархии, 1949. 447 с.

自主正教会领导人和代表会议：庆祝自主教会 500 年：俄罗斯东正教教会（1948 年 7 月 8—18 日）（第 1 卷）

莫斯科：莫斯科牧首管辖教区出版社，1949，447 页

0118

Изложение христианской православной веры протоиерея Петра Смирнова Протоиерей Петр Смирнов

С.-Петербург: Типография И. В. Леонтьева, 1914. 272 с.

大司祭彼得·斯米尔诺夫阐述东正教 大司祭彼得·斯米尔诺夫

圣彼得堡：И.В. 列昂季耶夫印刷厂，1914，272 页（古）

0119

Праздники и посты ислама: Мусульманский календарь, ураза-байрам, курбан-байрам Люциан Климович

М.: Огиз; Гаиз, 1941. 103 с.

伊斯兰教的节日和斋期：伊斯兰教历、开斋节、古尔邦节 柳齐安·克利莫维奇

莫斯科：国家出版社联合公司、国家反宗教出版社，1941，103 页

0120

Святой Иннокентий Балтский и иннокентьевщина И. М. Квитко

М.: Государственное изд-во, 1926. 184 с.

圣因诺肯季·巴尔茨基和英诺肯提乙派 И.М. 克维特科

莫斯科：国家出版社，1926，184 页

0121

Сектантство и церковь: Перед судом Священного Писания Ф. Е. Мельников

Chisnau: Tipografia "Tiparul Moldovenesc", 1934. 116 с.

宗教分化运动和教会：圣经的审判 Ф.Е. 梅利尼科夫

基希纳乌：摩尔多瓦印刷厂，1934，116 页

0122

Сокровенная религиозная философия Индии Браман Чаттерджи; Перевод Е. П

Калуга: Типография Калужской губернской земской управы, 1914. 107 с.

印度神秘宗教哲学 婆罗门·查特吉著，译者不详

卡卢加：卡卢加省地方自治局印刷厂，1914，107 页（古）

0123

Старая вера Бурятского народа: Научно-популярный

очерк　Б. Э. Петри

Иркутск: Издательство Власть Труда, 1928. 78 с.

布里亚特民族的古老信仰：科普简读本　Б.Э. 佩特里

伊尔库茨克：劳动政权出版社，1928，78 页

0124

Теория исторического материализма: Популярный учебник марксистской социологии　Н. Бухарин

М.: Гос. изд-во, 1929. 387 с.

历史唯物主义理论：马克思主义社会学通俗教材　Н. 布哈林

莫斯科：国家出版社，1929，387 页

0125

Типикон на 1934 год

[Б. м.]: Издание Русской православной миссии на Пряшевской Руси, [1934]. 77 с.

1934 年教会章程

［不详］：普雷绍夫罗斯俄国东正教传教士团出版，［1934］，77 页

0126

Реалисты　Д. И. Писарев

М.: Государственное издательство, 1923. 208 с.

现实主义者　Д.И. 皮萨列夫

莫斯科：国家出版社，1923，208 页

0127

Вольтер　К. Н. Державин

М.: Издательство Академии наук СССР, 1946. 481 с.

伏尔泰　К.Н. 杰尔扎温

莫斯科：苏联科学院出版社，1946，481 页

0128

Белая опасность: Восток и запад　В. А. Гурко

М.: Тип. Т-ва Н. И. Пастухова, 1914. 80 с.

白色危险：东方与西方　В.А. 古尔科

莫斯科：Н.И. 帕斯图霍夫印刷厂，1914，80 页（古）

0129

Из истории общественных учений　Георг Адлер; Перевод с немецкого В. Н. Сперанского

С.-Петербург: Издание юридического книжного магазина Н. К. Мартынова, 1913. 227 с.

社会学说史　乔治·阿德勒著，В.Н. 斯佩兰斯基译自德语

圣彼得堡：Н.К. 马丁诺夫法律书店出版，1913，227 页（古）

0130

Куда идет мир: Научные основания философии истории　Л. Бон; Перевод Н. И. Никифорова

[Б. м.]: [Б. и.], 1934. 189 с.

世界走向何方：历史哲学的科学基础理论　Л. 博恩著，Н.И. 尼基福罗夫译

［不详］：［不详］，1934，189 页

0131

Мир как понятие: Мышление и бытие　Александр Вейдеман

Рига: Издание автора, 1931. 340 с.

作为一个概念的世界：思维与存在　亚历山大·魏德曼

里加：作者出版，1931，340 页

0132

Виссарион Григорьевич Белинский: 26-го мая 1848 г.-8-го июня 1923 г. (К 75-летию со дня смерти)　Г. В. Плеханов

Иваново-Вознесенск: Основа, 1923. 53 с.

维萨里昂·格里戈里耶维奇·别林斯基（1848 年 5 月 26 日—1923 年 6 月 8 日）：逝世 75 周年纪念　Г.В. 普列汉诺夫

伊万诺沃 – 沃兹涅先斯克：基础出版社，1923，53 页

0133

Собрание сочинений. Т. 1. Статьи по философии　В. В. Лесевич

М.: Книгоиздательство писателей, 1915. 647 с.

作品集（第 1 卷）：哲学文集　В.В. 列谢维奇

莫斯科：作家图书出版社，1915，647 页（古）

0134

Собрание сочинений. Т. 2. Статьи по философии　В. В. Лесевич

М.: Художественная печатня, 1915. 663 с.

作品集（第 2 卷）：哲学文集　В.В. 列谢维奇
莫斯科：艺术印书馆，1915，663 页（古）

0135

Сочинения Д. И. Писарева: Полное собрание в шести томах. Т. 3　Д. И. Писарев

С-Петербург: Издание Ф. Павленкова, 1912. 576 с.

Д. И. 皮萨列夫作品集（全集六卷本第 3 卷）　Д.И. 皮萨列夫
圣彼得堡：Ф. 帕夫连科夫出版，1912，576 页（古）

0136

История русской общественной мысли. Ч. VII. Девяностые годы　Иванов Разумник

С.-Петербург: Изд-во революционная мысль, 1918. 135 с.

俄国社会思想史（第 7 部分）：90 年代　伊万诺夫·拉祖姆尼克
圣彼得堡：革命思想出版社，1918，135 页

0137

Сущность исторического процесса и роль личности в истории　Н. Кареев

С-Петербург: Типография М. М. Стасюлевича, 1914. 574 с.

历史进程的本质与个人在历史中的作用　Н. 卡列耶夫
圣彼得堡：М.М. 斯塔休列维奇印刷厂，1914，574 页（古）

0138

Логика　И. Кант; Перевод И. К. Маркова

Петроград: Типография М. М. Стасюлевича, 1915. 147 с.

逻辑学讲义　И. 康德著，И.К. 马尔科夫译
彼得格勒：М.М. 斯塔休列维奇印刷厂，1915，147 页（古）

0139

Мировые загадки　Эрнст Геккель; Под ред. А. А. Максимова

М.: Гос. антирели. изд., 1935. 535 с.

宇宙之谜　恩斯特·海克尔著，А.А. 马克西莫夫编
莫斯科：国家反宗教出版社，1935，535 页

0140

Эстетика. Час. I. Введение в современную эстетику　Э. Мейман; пер. Н. В. Самсонова

М.: Литературно-издательский отдел Комиссариата по Просвещению, 1919. 198 с.

美学（第 1 部分）：现代美学概论　Э. 穆曼著，Н.В. 萨姆索诺夫译
莫斯科：教育人民委员部书籍出版处，1919，198 页

0141

Избранные страницы　Вольтер; Пер. Н. Хмельницкой

СПБ: Типография Акц. Общ., 1914. 256 с.

作品选集　伏尔泰著，Н. 赫梅利尼茨卡娅译
圣彼得堡：股份公司印刷厂，1914，256 页（古）

0142

Лекции об искусстве: Философия искусства. Ч.1. Природа и возникновение художественного произведения　И. Тэн

М.: Издательство Всероссийского Центрального исполнительного комитета Советов Р., С., К. и К. Депутатов, 1919. 112 с.

艺术学讲义：艺术哲学（第 1 部分）：艺术作品的本质及其产生　И. 丹纳
莫斯科：工人、士兵、农民和哥萨克代表苏维埃全俄中央执行委员会出版社，1919，112 页

0143

Мышление и речь: Психологические исследования　Л. С. Выготский; Под редакцией и со вступительной статьей В. Колбановского

М.: Государственное социально-экономическое издательство, 1934. 323 с.

思维和言语：心理学研究　Л.С. 维戈茨基著，В. 科尔巴诺夫斯基编、作序
莫斯科：国家社会经济出版社，1934，323 页

0144

Церковь и война　Ил. Эльвин

М.: Государственное антирелигиозное издательство, 1934. 124 с.

教会与战争　Ил. 埃莉温

莫斯科：国家反宗教出版社，1934，124 页

0145
О религиозных праздниках: Сборник материалов для агитаторов и пропагандистов [Ответ. ред. Г. Деревенский]
Иркутск: Иркутское областное издательство, 1940. 145 с.
宗教节日：宣传资料汇编 〔Г. 杰列文斯基编〕
伊尔库茨克：伊尔库茨克州立出版社，1940，145 页

0146
Борьба церкви против народа Ф. Олещук
М.: Государственное издательство политической литературы, 1939. 109 с.
反人民的教会斗争 Ф. 奥列休克
莫斯科：国家政治书籍出版社，1939，109 页

0147
Мысли о религии: Избранные антирелигиозные произведения И. И. Скворцов-Степанов
М.: Государственное антирелигиозное изд-во, 1936. 345 с.
宗教思想（反宗教作品选） И.И. 斯克沃尔佐夫 – 斯捷潘诺夫
莫斯科：国家反宗教出版社，1936，345 页

0148
Новая Ева: Возвысьте женщину! Петр Донов
Рига: [M. Didkovska izdevnieciba Riga], 1935. 101 с.
新夏娃：请提高妇女的地位！ 彼得·多诺夫
里加：〔里加 M. 季德科夫斯基出版社〕，1935，101 页

0149
Провозвестие Рамакришны М. Дидковский
Рига: Изд-во Кн. магазин, 1931. 261 с.
罗摩克里希纳预言 M. 季德科夫斯基
里加：书店出版社，1931，261 页

0150
Апокалипсическая секта: Хлысты и скопцы В. В. Розанов
С.-Петербург: Тип. Ф. Вайсберга и П. Гершунина, 1914. 207 с.
启示教派：鞭身派和阉割派 В.В. 罗扎诺夫
圣彼得堡：Ф. 魏斯贝格和 П. 格尔舒宁印刷厂，1914，207 页（古）

0151
Библейские женщины А. Доганович
М.: Издание М. С. Елова, 1913. 109 с.
圣经中的女性 A. 多加诺维奇
莫斯科：M.C. 叶洛夫出版，1913，109 页（古）

0152
Господа нашего Иисуса Христа: Святое Евангелие От Матфея, Марка, Луки и Иоанна на славянском и русском языках
Санкт-Петербург: Синодальная типография, 1913. 464 с.
主耶稣基督：斯拉夫语和俄语版本马太福音、马可福音、路加福音和约翰福音
圣彼得堡：主教公会印刷厂，1913，464 页（古）

0153
Закон божий для начальных школ Составил Иоанн Богоявленский
Ревель: [Б. и.], 1927. 361 с.
神学（小学宗教课程） 约安·博戈亚夫连斯基编
雷瓦尔：〔不详〕，1927，361 页

0154
Правда о евангелиях И. А. Крывелев
М.: Гос. антирелигиозное изд., 1937. 113 с.
福音书的真相 И.А. 克雷维列夫
莫斯科：国家反宗教出版社，1937，113 页

0155
Священная история ветхого и нового завета: Для начальных училищ с 4-годичным курсом обучения
М.: Тип. Т-ва И. Д. Сытина, 1916. 116 с.
旧约和新约创世记（四年制小学读本）
莫斯科：И.Д. 瑟京印刷厂，1916，116 页

0156
Книги XII малых пророков с толкованиями:

В древне-Славянском переводе. Вып. I. Книги Осии, Иоиля, Амоса, Авдия, и Ионы

Сергиев Посад: Издание отделения русского языка и словесности российской АН, 1918. 76 с.

十二小先知书（附解释，古斯拉夫语译本第 1 卷）：何西阿书、约珥书、阿摩司书、俄巴底亚书、约拿书

谢尔吉耶夫波萨德：俄国科学院俄语与俄国文学学部出版，1918，76 页（古）

0157

Иеговисты: Жизнь и сочинения кап. Н. С. Ильина Е. В. Молоствова

С-Петербург: Типография М. М. Стасюлевича, 1914. 298 с.

耶和华教派：Н.С. 伊利英大尉的生活与创作 Е.В. 莫洛斯特沃娃

圣彼得堡：М.М. 斯塔休列维奇印刷厂，1914，298 页（古）

0158

Вопрос о ритуальном убийстве у Евреев Е. Ва-кандар

Киев: Тип. Р. К. Лубковского, 1912. 61 с.

犹太人宗教仪式杀人问题 Е. 瓦坎达尔

基辅：Р.К. 卢布科夫斯基印刷厂，1912，61 页（古）

0159

Православный русский календарь на 1927 год

[Б. м.]: [Б. и.], [1926].200 с.

1927 年俄罗斯东正教日历

[不详]：[不详]，[1926]，200 页

0160

Сочинения бывшего Юрьевецкого протопопа Аввакума Петрова

М.: Типография "Русская печатня", 1916. 351 с.

尤里耶韦茨前大司祭阿瓦库姆·彼得罗夫作品集

莫斯科：俄国印书馆印刷厂，1916，351 页（古）

0161

История православной христианской церкви Дм. Дмитревский

М.: Книгоиздательство Т-ва И. Д. Сытина, 1915. 296 с.

东正教会史 Дм. 德米特列夫斯基

莫斯科：И.Д. 瑟京图书出版社，1915，296 页（古）

0162

Русская православная церковь и Великая Отечественная Война: Сборник церковных документов

М.: [Б. и.], [1943].99 с.

俄罗斯东正教会与伟大卫国战争（教会文献集）

莫斯科：[不详]，[1943]，99 页

0163

Крийя иога Суами Рамаянда

Рига: Книгоиздательство "Н. Гудкова", 1932. 48 с.

克利亚瑜伽 斯瓦米·罗摩衍那

里加：Н. 古德科夫图书出版社，1932，48 页

0164

Богослужебное пение русской церкви в период домонгольский по историческим, археологическим и палеографическим данным. Ч. I и II В. М. Металлов

М.: Печатня А. И. Снегиревой, 1912. 349 с.

蒙古以前的俄国教堂祈祷歌（据历史、考古和古文字资料）（第 1 和第 2 部分） В.М. 梅塔洛夫

莫斯科：А.И. 斯涅吉廖娃印书馆，1912，349 页（古）

0165

Русские святые пред судом истории М. Ф. Пао-зерский

М.: Государ. изд., 1923. 156 с.

面对历史审判的俄国圣徒 М.Ф. 保泽尔斯基

莫斯科：国家出版社，1923，156 页

0166

Сербский Патриарх Варнава и его время В. А. Маевский

Новый сад: Русская типография С. Филонова, [1931]. 302 с.

塞尔维亚宗主教瓦尔纳瓦和他的时代 В.А. 马耶夫斯基

诺维萨德：俄罗斯 С. 菲洛诺夫印刷厂，[1931]，302 页

0167

Религия Евреев: Для школы и семьи. Ч. 1 Сост. М. Щ. Певзнер

Томск: Тип. Томск. Губернск. земства, 1918. 92 с.

犹太人的宗教（学校和家庭读物）（第 1 部分） М. Щ. 佩夫兹纳编

托木斯克：托木斯克省地方自治局印刷厂，1918，92 页（古）

0168

10 лет внешней политики С. С. С. Р.: 1917-1927 М. Танин

М.: Гос. изд-во, 1927. 261 с.

苏联外交政策十年（1917—1927） М. 塔宁

莫斯科：国家出版社，1927，261 页

0169

Внешняя политика СССР: Речи и заявления: 1927-1935 М. М. Литвинов

М.: Соцэкгиз, 1935. 363 с.

苏联外交政策：讲话与声明（1927—1935） М.М. 利特维诺夫

莫斯科：国家社会经济书籍出版社，1935，363 页

0170

Внешняя политика СССР: Сборник документов. Т. I. 1917-1920 гг. Отв. ред. С. А. Лозовский

М.: [Б. и.], 1944. 572 с.

苏联外交政策文件汇编（第 1 卷）：1917—1920 年 С. А. 洛佐夫斯基编

莫斯科：[不详]，1944，572 页

0171

Внешняя политика СССР: Сборник документов. Т. III. 1925-1934 гг. Отв. ред. С. А. Лозовский

М.: [Б. и.], 1945. 801 с.

苏联外交政策文件汇编（第 3 卷）：1925—1934 年 С. А. 洛佐夫斯基编

莫斯科：[不详]，1945，801 页

0172

Внешняя политика СССР: Сборник документов. Т. IV. 1935-июнь 1941 г. Отв. ред. С. А. Лозовский

М.: [Б. и.], 1946. 801 с.

苏联外交政策文件汇编（第 4 卷）：1935—1941 年 6 月 С.А. 洛佐夫斯基编

莫斯科：[不详]，1946，801 页

0173

Внешняя политика СССР: Сборник документов. Т. V. Июнь 1941-сентябрь 1945 г. Отв. ред. С. А. Лозовский

М.: [Б. и.], 1947. 836 с.

苏联外交政策文件汇编（第 5 卷）：1941 年 6 月—1945 年 9 月 С.А. 洛佐夫斯基编

莫斯科：[不详]，1947，836 页

0174

Генуэзская конференция А. А. Иоффе

М.: Красная новь, 1922. 62 с.

热那亚会议 А.А. 约费

莫斯科：红色处女地出版社，1922，62 页

0175

Договор между Россией и Персией: Официальный текст

М.: [Б. и.], 1921. 9 с.

苏俄波斯条约（正式文本）

莫斯科：[不详]，1921，9 页

0176

Договоры о нейтралитете, ненападении и о согласительной процедуре = TRAITES DE NEUTRALITE, DE NON AGRESSION ET DE PROCEDURE DE CONCILIATION: Заключенные между союзом ССР и иностранными государствами [Отв. референтом В. В. Кораблевым]

MOSCOU: EDITION DU COMMISSARIAT DU PEUPLE POUR LES AFFAIRES ETRANGERES, 1934. 196 с.

中立、互不侵犯条约和调解公约：苏联与外国缔结 [В.В. 科拉布瘳夫（责任顾问）]

莫斯科：外交人民委员部，1934，196 页

0177

Карты заселяемых районов за Уралом: Отчет о работах Переселенческого Управления за 1913 г.

Петроград: [Б. и.], 1914. 12 с.

外乌拉尔地区居民分布图：1913 年移民局工作报告
彼得格勒：[不详]，1914，12 页（古）

0178

Материалы по национально-колониальным проблемам: Сборник научно-исследовательского института по изучению национальных и колониальных проблем

М.: НИИНКП, 1936. 159 с.

民族殖民问题资料集：民族与殖民问题研究所汇编
莫斯科：民族与殖民问题研究所，1936，159 页

0179

Международная политика новейшего времени в договорах, нотах и декларациях. Ч. III. От снятия блокады с Советской России до десятилетия Октябрьской Революции. Выпуск 1 Ю. В. Ключников, А. В. Сабанин

М.: Издание Литиздата НКИД, 1928. 430 с.

条约、照会、宣言中的现代国际政治（第 3 部分）：
从解除苏俄封锁到十月革命十周年（第 1 册） Ю.
В. 克柳奇尼科夫、А.В. 萨巴宁
莫斯科：外交人民委员部书籍出版社，1928，430
页

0180

Международная политика Новейшего времени в договорах, нотах и декларациях. Часть I. От Французской Революции по империалистической войны Ю. В. Ключников, Андрей Сабанин

М.: Издание литиздата Н. К. И. Д., 1925. 439 с.

条约、照会、宣言中的现代国际政治（第 1 部分）：
从法国大革命到帝国主义战争 Ю.В. 克柳奇尼科
夫、安德烈·萨巴宁
莫斯科：外交人民委员部书籍出版社，1925，439
页

0181

Международная политика Новейшего времени в договорах, нотах и декларациях. Часть II. От империалистической войны до снятия блокады с Советской России Ю. В. Ключников, Андрей Сабанин

М.: Издание литиздата Н. К. И. Д., 1926. 463 с.

条约、照会、宣言中的现代国际政治（第 2 部分）：
从帝国主义战争到解除对苏俄的封锁 Ю.В. 克柳
奇尼科夫、安德烈·萨巴宁
莫斯科：外交人民委员部书籍出版社，1926，463
页

0182

Международная политика новейшего времени в договорах, нотах и декларациях. Ч. III. От снятия блокады с Советской России до десятилетия Октябрьской Революции. Выпуск 2 Ю. В. Ключников, А. В. Сабанин

М.: Издание литиздата НКИД, 1929. 367 с.

条约、照会、宣言中的现代国际政治（第 3 部分）：
从解除苏俄封锁到十月革命十周年（第 2 册） Ю.
В. 克柳奇尼科夫、А.В. 萨巴宁
莫斯科：外交人民委员部书籍出版社，1929，367 页

0183

Международные отношения в эпоху империализма: Документы из архивов царского и временного правительств 1878-1917 гг.. Серия III. 1914-1917 гг.

М.: Соцэкгиз, 1935. 388 с.

帝国主义时代的国际关系：1878—1917 年沙皇和
临时政府档案馆文献（第 3 辑）：1914—1917 年
莫斯科：国家社会经济书籍出版社，1935，388 页

0184

Наука для всех: Общедоступная энциклопедия. Полутом III. Прошлое и настоящее человечества Под ред. А. П. Нечаева

Ярославль: Ярославский кредитный союз коопе ративов, 1920. 619 с.

大众科学（通俗百科全书第 3 半卷）：人类的过去和
现在 А.П. 涅恰耶夫编
雅罗斯拉夫尔：雅罗斯拉夫尔信贷合作社联社出版
社，1920，619 页

0185

Национальный вопрос: Происхождение национальности и национальные вопросы в России П. Н. Милюков

[Б. м.]: Библиотека издательства "Свободная Россия", 1925. 192 с.

民族问题：俄罗斯民族的起源和民族问题　П.Н. 米柳科夫

[不详]：自由俄国出版社图书馆，1925，192 页

0186

Основы социологии: Учение о закономерности общественных процессов: Элементарный очерк　В. М. Хвостов

М.: Русский книжник, 1923. 102 с.

社会学原理：社会进程规律性理论基本概要　В. М. 赫沃斯托夫

莫斯科：俄罗斯书籍爱好者出版社，1923，102 页

0187

Переписи населения СССР и капиталистических стран: Опыт историко-методологической характеристики производства переписей населения　А. И. Гозулов

М.: Редакционно-издательское управление ЦУНХУ Госплана СССР и в/о "Союзоргучет", 1936. 588 с.

苏联和资本主义国家的人口普查：人口普查历史方法论描述和开展人口普查的经验　А.И. 戈祖洛夫

莫斯科：苏联国家计划委员会中央国民经济核算局编辑出版局和苏联核算组织外贸联合公司联合出版，1936，588 页

0188

Сборник действующих договоров, соглашений и конвенций, заключенных Р. С. Ф. С. Р. с иностранными государствами. Вып. II. Действующие договоры, соглашения и конвенции, вступившие в силу по 1-ое декабря 1921 года

М.: [Б. и.], 1921. 159 с.

俄罗斯苏维埃联邦社会主义共和国同外国签订的现行协议、协定和公约汇编（第 2 卷）：1921 年 12 月 1 日前生效的现行协议、协定和公约

莫斯科：[不详]，1921，159 页

0189

Сборник действующих договоров, соглашений и конвенций, заключенных РСФСР с иностранными государствами. Вып. I. Действующие договоры, соглашения и конвенции, вступившие в силу по 1-ое января 1921 года

Петербург: Государственное изд-во, 1922. 561 с.

俄罗斯苏维埃联邦社会主义共和国与外国签订的现行协议、协定和公约汇编（第 1 卷）：1921 年 1 月 1 日前生效的现行协议、协定和公约

彼得堡：国家出版社，1922，561 页

0190

Сборник действующих договоров, соглашений и конвенций, заключенных РСФСР с иностранными государствами. Вып. III. Действующие договоры, соглашения и конвенции, вступившие в силу между 1 декабря 1921 г. и 1 июля 1922 г.

М.: [Б. и.], 1922. 339 с.

俄罗斯苏维埃联邦社会主义共和国与外国签订的现行协议、协定和公约汇编（第 3 卷）：1921 年 12 月 1 日—1922 年 7 月 1 日生效的现行协议、协定和公约

莫斯科：[不详]，1922，339 页

0191

Сборник действующих договоров, соглашений и конвенций, заключенных с иностранными государствами. Вып. IV. Действующие договоры, соглашения и конвенции, вступившие в силу между 1 мая 1926 г. и 1 февраля 1928 г.　Под ред. А. В. Сабанина и П. А. Хрисанфова

М.: [Б. и.], 1936. 116 с.

与外国签订的现行协议、协定和公约汇编（第 4 卷）：1926 年 5 月 1 日—1928 年 2 月 1 日生效的现行协议、协定和公约　А.В. 萨巴宁、П.А. 赫里桑福夫编

莫斯科：[不详]，1936，116 页

0192

Сборник действующих договоров, соглашений и конвенций, заключенных с иностранными государствами. Вып. IX

М.: Издание Народного комиссариата иностранных дел, 1938. 507 с.

与外国签订的现行协议、协定和公约汇编（第 9 卷）

莫斯科：外交人民委员部出版，1938，507 页

0193

Сборник действующих договоров, соглашений и

конвенций, заключенных с иностранными государствами. Вып. VII   Сост. А. В. Сабанин

М.: Гос. изд-во «Советское законодательство», 1933. 228 с.

与外国签订的现行协议、协定和公约汇编（第7卷） A.B. 萨巴宁编

莫斯科：国家苏联法律出版社，1933，228 页

0194

Сборник действующих договоров, соглашений и конвенций, заключенных с иностранными государствами. Вып. VIII   Сост. А. В. Сабанин и В. О. Броун

М.: Гос. изд-во «Советское законодательство», 1935. 228 с.

与外国签订的现行协议、协定和公约汇编（第8卷） A.B. 萨巴宁、B.O. 布朗编

莫斯科：国家苏联法律出版社，1935，228 页

0195

Сборник резолюций, принятых Генеральной Ассамблеей Организации Объединенных Наций в первой части ее первой сессии: 10 января-14 февраля 1946 года

М.: [Б. и.], 1946. 138 с.

第一届联合国大会第一期会议通过的决议汇编（1946 年 1 月 10 日—2 月 14 日）

莫斯科：[不详]，1946，138 页

0196

Сборник трудов Государственного Иркутского университета. Вып. VIII. Науки общественно-исторические и педагогические

Иркутск: [Б. и.], 1924. 86 с.

伊尔库茨克国立大学著作汇编（第 8 卷）：社会历史与教育科学

伊尔库茨克：[不详]，1924，86 页

0197

Сборник трудов профессоров и преподавателей Государственного Иркутского Университета. Вып. 5

Иркутск: Тип. Иркутского губернекого военно-потребит. об-ва, 1923. 448 с.

伊尔库茨克国立大学教授和教师著作汇编（第 5 卷）

伊尔库茨克：伊尔库茨克州立军人消费合作社印刷厂，1923，448 页

0198

СССР и фашистская агрессия в Испании: Сборник документов

М.: Соцэкгиз, 1937. 72 с.

苏联与在西班牙的法西斯侵略：文献汇编

莫斯科：国家社会经济书籍出版社，1937，72 页

0199

Указатели к действующим договорам, соглашениям и конвенциям, заключенным с иностранными государствами. Вып. 1   Сост. А. В. Сабанин

М.: Издание НКИД, 1935. 50 с.

与外国签订的现行协议、协定和公约索引（第 1 卷） A.B. 萨巴宁编

莫斯科：外交人民委员部出版，1935，50 页

0200

Круговорот истории   Р. Виппер

М.: Изд-во Возрождение, 1923. 203 с.

历史的更替   P. 维珀

莫斯科：复兴出版社，1923，203 页

0201

Працы Беларусскага Дзяржаунага Унивэрсытэту = Труды Белорусского Государствен. Университета

[Б. м.]: [Б. и.], 1926. 127 с.

白俄罗斯国立大学著作集

[不详]：[不详]，1926，127 页

0202

Капиталистические страны в 1913, 1928-1934 гг.   Центральное управление народнохозяйственного учета госплана СССР

М.: ЦУНХУ Госплана СССР-В/О "Союзоргучет", 1935. 185 с.

1913 年和 1928—1934 年的资本主义国家   苏联国家计划委员会中央国民经济核算局

莫斯科：苏联国家计划委员会中央国民经济核算局

全苏核算组织托拉斯，1935，185 页

0203

Мировая война в цифрах　Институт мирового хозяйства и мировой политики; Коммунистическая академия

Ленинград: Воениздат, 1934. 127 с.

数字世界大战　世界经济和国际政治研究所、共产主义学院

列宁格勒: 军事出版社，1934，127 页

0204

Статистический справочник по экономической географии капиталистического мира　М. Б. Вольф, В. С. Клупт; Под ред. М. И. Бортника

М.: Государ. социа.-экон. изд-во ленинградское отделение, 1934. 484 с.

资本主义世界经济地理统计手册　М.Б. 沃尔夫、В.С. 克卢普特著，М.И. 博尔特尼克编

莫斯科: 国家社会经济出版社列宁格勒分社，1934，484 页

0205

СССР и капиталистический мир: Статистический сборник техно-экономических показателей народного хозяйства СССР и капиталистических стран за 1913,1928,1932 и 1937 г.　Сост. Я. А. Иоффе, Л. М. Цырлин, Под ред. Б. В. Троицкого

Л.: Соцэкгиз, 1934. 172 с.

苏联和资本主义世界: 1913、1928、1932 和 1937 年苏联和资本主义国家国民经济技术指标统计手册　Я.А. 约费、Л.М. 齐尔林、Б.В. 特罗伊茨基编

列宁格勒: 国家社会经济书籍出版社，1934，172 页

0206

20 лет Советской власти: Статистический сборник: Цифровой материал для пропагандистов　Центральное управление народнохозяйственного учета госплана СССР

М.: Партиздат ЦК ВКП(б), 1937. 109 с.

苏维埃政权 20 年: 统计汇编（宣传员数字材料）　苏联计划委员会中央国民经济核算局

莫斯科: 联共（布）中央委员会党的出版社，1937，109 页

0207

Итоги десятилетия советской власти в цифрах 1917-1927　Центральное статистическое управление СССР

М.: Мосполиграф, 1927. 514 с.

苏维埃政权十年总结（1917—1927 年数据）　苏联中央统计局

莫斯科: 莫斯科印刷工业企业联合公司，1927，514 页

0208

Народное хозяйство СССР: Статистический справочник 1932　Центральное управление народнохозяйственного учета СССР

М.: Соцэкгиз, 1932. 669 с.

苏联国民经济: 1932 年统计手册　苏联中央国民经济核算局

莫斯科: 国家社会经济书籍出版社，1932，669 页

0209

Россия в цифрах: Страна. Народ. Сословия. Классы　Н. А. Рубакин

С.-Петербург: Издательство Вестника Знания, 1912. 216 с.

数字俄国: 国家、民族、阶层、阶级　Н.А. 鲁巴金

圣彼得堡: 科学通报出版社，1912，216 页（古）

0210

Сибирский край в цифрах: Главнейшие показатели　В. Г. Болдырев, Ф. Ф. Скурский

Сибирь: Сибкрайиздат, 1925. 31 с.

数字西伯利亚边疆区: 主要指标　В.Г. 博尔德列夫、Ф.Ф. 斯库尔斯基

西伯利亚: 西伯利亚边疆区出版社，1925，31 页

0211

Социалистическое строительство СССР: Статистический ежегодник　Цетральное управление народно-хозяйственного учета госплана СССР

М.: ЦУНХУ Госплана СССР-В/О-"Союзоргучет", 1936. 624 с.

苏联社会主义建设（统计年鉴）　苏联国家计划委

员会中央国民经济核算局

莫斯科: 苏联国家计划委员会中央国民经济核算局

全苏核算组织托拉斯, 1936, 624 页

0212

Статистический ежегодник на 1903 год Под ред. В. И. Шарый

С.-Петербург: Типография Экономия, 1913. 747 с.

1903 年统计年鉴 В.И. 沙雷编

圣彼得堡: 经济印刷厂, 1913, 747 页（古）

0213

Статистический справочник СССР 1927 Центральное статистическое управление

М.: Изд. ЦСУ СССР, 1927. 506 с.

1927 年苏联统计手册 中央统计局

莫斯科: 苏联中央统计局出版社, 1927, 506 页

0214

Южный Казахстан в цифрах

[Б. м.]: Чимкент, 1936. 313 с.

南哈萨克斯坦数据

[不详]: 奇姆肯特出版社, 1936, 313 页

0215

Пугачевщина: Опыт социолого-психологической характеристики Н. Н. Фирсов

Ленинград: Рабочее изд-во "Прибой", 1924. 154 с.

普加乔夫起义: 社会心理描述经验 Н.Н. 菲尔索夫

列宁格勒: 拍岸浪工人出版社, 1924, 154 页

0216

К познанию России Д. Менделеев

С.-Петербург: Издание А. С. Суворина, 1912. 156 с.

认识俄国 Д. 门捷列夫

圣彼得堡: А.С. 苏沃林出版, 1912, 156 页（古）

0217

Рост населения в Европе: Опыт исчисления Б. Ц. Урланис

М.: Огиз; Госполитиздат, 1941. 433 с.

欧洲的人口增长: 计算经验 Б.Ц. 乌尔拉尼斯

莫斯科: 国家出版社联合公司、国家政治书籍出版社, 1941, 433 页

0218

1905: революционное движение на Дальнем Востоке

Владивосток: Книжное дело, 1925. 274 с.

1905: 远东革命运动

符拉迪沃斯托克: 图书业出版社, 1925, 274 页

0219

VI Конгресс коминтерна. Вып. 3. Программа мировой революции

М.: Гос. изд., 1929. 192 с.

共产国际第六次代表大会（第 3 卷）: 世界革命纲领

莫斯科: 国家出版社, 1929, 192 页

0220

VI Конгресс коминтерна. Вып. 4. Революционное движение в колониальных и полуколониальных странах

М.: Гос. изд., 1929. 538 с.

共产国际第六次代表大会（第 4 卷）: 殖民地和半殖民地国家的革命运动

莫斯科: 国家出版社, 1929, 538 页

0221

VI Конгресс коминтерна. Вып. 5. Доклады об СССР и ВКП(б). Заключительные работы

М.: Гос. изд., 1929. 159 с.

共产国际第六次代表大会（第 5 卷）: 关于苏联和联共（布）的报告（结尾部分）

莫斯科: 国家出版社, 1929, 159 页

0222

VI Конгресс коминтерна. Вып. 6. Тезисы, резолюции, постановления, воззвания

М.: Гос. изд., 1929. 109 с.

共产国际第六次代表大会（第 6 卷）: 议题、决议、呼吁书

莫斯科: 国家出版社, 1929, 109 页

0223

XII пленум ИККИ: Стенографический отчет. Т. I

М.: Партиздат, 1933. 207 с.

共产国际执行委员会第十二次会议: 速记报告（第 1 卷）

莫斯科：联共（布）中央委员会党的出版社，1933，207 页

0224

XII пленум ИККИ: Стенографический отчет. Т. II

М.: Партиздат, 1933. 263 с.

共产国际执行委员会第十二次会议：速记报告（第2卷）

莫斯科：联共（布）中央委员会党的出版社，1933，263 页

0225

XII пленум ИККИ: Стенографический отчет. Т. III

М.: Партиздат, 1933. 179 с.

共产国际执行委员会第十二次会议：速记报告（第3卷）

莫斯科：联共（布）中央委员会党的出版社，1933，179 页

0226

XIII пленум ИККИ: Стенографический отчёт

М.: Партиздат, 1934. 599 с.

共产国际执行委员会第十三次会议（速记报告）

莫斯科：联共（布）中央委员会党的出版社，1934，599 页

0227

XIII пленум ИККИ: Стенографический отчет: Проверка 1936 г.

М.: Партиздат, 1934. 599 с.

共产国际执行委员会第十三次会议：速记报告（1936 年校对）

莫斯科：联共（布）中央委员会党的出版社，1934，599 页

0228

XIV съезд Всесоюзной Коммунистической партии (б): 18-31 декабря 1925 г.: Стенографический отчет

М.: Государственное изд-во, 1926. 928 с.

联共（布）第十四次代表大会（1925 年 12 月 18—31 日）：速记报告

莫斯科：国家出版社，1926，928 页

0229

XV конференция всесоюзной коммунистической партии (б): 26 октября-3 ноября 1926 г.: Стенографический отчет

М.; Л.: Государственное издательство, 1927. 845 с.

联共（布）第十五次会议（1926 年 10 月 26 日—11 月 3 日）：速记报告

莫斯科、列宁格勒：国家出版社，1927，845 页

0230

XVII съезд Всесоюзной Коммунистической партии (б): 26 января-10 февраля 1934 г.: Стенографисческий отчет

М.: Партиздат, 1934. 716 с.

联共（布）第十七次代表大会（1934 年 1 月 26 日—2 月 10 日）：速记报告

莫斯科：联共（布）中央委员会党的出版社，1934，716 页

0231

Алфавитно-предметный указатель к Собранию узаконений и распоряжений правительства Д. В. Р. за 1920 и 1921 г.г.

Чита: Типография Объединенного Союза Забайкальских Кооперативов, 1922. 527 с.

1920—1921 年远东共和国政府法令和命令汇编字顺主题索引

赤塔：外贝加尔合作社联合社印刷厂，1922，527 页

0232

Большевики в Государственной думе: Большевистская фракция в IV государственной думе и революционное движение в Петербурге: Воспоминания А. Бадаев

М.: Партиздат ЦК ВКП(б), 1935. 304 с.

国家杜马中的布尔什维克：第四届国家杜马中的布尔什维克党团和彼得堡的革命运动（回忆录）А. 巴达耶夫

莫斯科：联共（布）中央委员会党的出版社，1935，304 页

0233

В помощь изучающим решения XVIII съезда ВКП(б): Сборник консультаций 2

М.: Московский рабочий, 1939. 80 с.

联共（布）第 18 次代表大会决议研究者指南（建议汇编 2）

莫斯科：莫斯科工人出版社，1939，80 页

0234

ВКП (б) А. Бубнов

М.: Соцэкгиз, 1931. 800 с.

联共（布） A. 布勃诺夫

莫斯科：国家社会经济书籍出版社，1931，800 页

0235

ВКП (б) о комсомоле и молодежи: Сборник решении и постановлении партии о молодежи: 1903-1938 [Отв. ред. В. Игнатьева]

М.: Молодая гвардия, 1938. 337 с.

关于共青团和青年：联共（布）关于青年的决议和法令汇编（1903—1938）[B. 伊格纳季耶夫编]

莫斯科：青年近卫军出版社，1938，337 页

0236

ВКП (б) о профсоюзах: Сборник решений и постановлений съездов, конференций и пленумов ЦК ВКП (б) Сост. М. Эссен, Л. Аллавердова

М.: Профиздат, 1933. 182 с.

论工会：联共（布）中央委员代表大会、会议和全会决议、法令汇编 М. 埃森、Л. 阿拉韦尔多瓦编

莫斯科：工会出版社，1933，182 页

0237

Военная опасность и задачи коминтера; Заключительные работы пленума

М.: Гос. социально-экономическое изд-во, 1931. 255 с.

战争的危险和共产国际的任务；全会总结

莫斯科：国家社会经济出版社，1931，255 页

0238

Военная опасность и задачи коминтерна; Заключительные работы пленума. Вып. II

М.: Государственное социально-экономическое из-

дательство, 1931. 255 с.

战争的危险和共产国际的任务；全会总结（第 2 卷）

莫斯科：国家社会经济出版社，1931，255 页

0239

Второй конгресс коминтера: Июль-август 1920 г. Под ред. О. Пятницкого [и др.]

М.: Партийное изд-во, 1934. 754 с.

共产国际第二次代表大会（1920 年 7—8 月） О. 皮亚特尼茨基等编

莫斯科：联共（布）中央委员会党的出版社，1934，754 页

0240

Второй съезд китайских советов Вступительная статья т. Ван Мина

М.: Партиздат ЦК ВКП(б), 1935. 191 с.

中国苏维埃第二次代表大会 王明同志开幕词

莫斯科：联共（布）中央委员会党的出版社，1935，191 页

0241

Десятый съезд всесоюзного ленинского коммунистического союза молодежи: Стенографический отчет : 11-21 апреля 1936 г.

М.: Партиздат ЦК ВКП(б), 1936. 550 с.

第十次全苏列宁共产主义青年团代表大会：速记报告（1936 年 4 月 11 日—21 日）

莫斯科：联共（布）中央委员会党的出版社，1936，550 页

0242

Десятый съезд всесоюзного ленинского коммунистического союза молодежи: Стенографический отчет: 11-21 апреля 1936 г.

М.: Партиздат ЦК ВКП(б), 1936. 481 с.

第十次全苏列宁共产主义青年团代表大会：速记报告（1936 年 4 月 11—21 日）

莫斯科：联共（布）中央委员会党的出版社，1936，481 页

0243

Жилищное положение фабрично-заводского пролетариата СССР А. С. Введенский

М.: Государственное экономическое издательство, 1932. 80 с.

苏联工厂无产阶级的住房状况　А.С. 韦坚斯基

莫斯科：国家经济出版社，1932，80 页

0244

Законодательство и международные договоры СССР и союзных республик о правовом положении иностранных физических и юридических лиц: Систематизированные материалы с комментариями

М.: Юридическое изд-во НКЮ РСФСР, 1926. 592 с.

苏联和加盟共和国关于外国自然人和法人法律地位的法律和国际条约：分类资料（附注释）

莫斯科：俄罗斯苏维埃联邦社会主义共和国司法人民委员部法律出版社，1926，592 页

0245

Избранные сочинения на социально-политические темы. Т. 4. 1875-1876　П. Л. Лавров

М.: Издательство всесоюзного общества политкаторжан и ссыльнопоселенцев, 1935. 429 с.

社会政治主题作品选集（第 4 卷）：1875—1876　П. Л. 拉夫罗夫

莫斯科：全苏苦役犯和流放犯协会出版社，1935，429 页

0246

Известия Министерства иностранных дел: 1915. Книга VI

Петроград: Типография В. Ф. Киршбаума, 1915. 209 с.

外交部通报：1915（第 6 卷）

彼得格勒：В.Ф.基尔什鲍姆印刷厂，1915，209 页

0247

Империализм в Манчжурии. Т. II. Империализм и производительные силы Манчжурии　В. Аварин

М.: Соцэкгиз, 1934. 558 с.

满洲帝国主义（第 2 卷）：满洲帝国主义和生产力　В. 阿瓦林

莫斯科：国家社会经济书籍出版社，1934，558 页

0248

Итоги XVI съезда ВКП(б)　Съезд ВКП(б)

Л.: [Прибой], 1930. 223 с.

联共（布）第十六次代表大会总结　联共（布）代表大会

列宁格勒：[拍岸浪出版社]，1930，223 页

0249

К вопросу об истории большевистских организаций в Закавказье: Доклад на собрании Тифлисского партактива　Л. Берия

[Б. м.]: Партиздат ЦК ВКП(б), 1936. 133 с.

外高加索布尔什维克组织历史的问题：在第比利斯党的积极分子会议上的报告　Л. 贝利亚

[不详]：联共（布）中央委员会党的出版社，1936，133 页

0250

К женщинам всего мира!: Выступления на женском антифашистском митинге, состоявшемся в Москве в Колонном зале Дома Союзов 7 сентября 1941 г.

М.: Огиз; Госполитиздат, 1941. 48 с.

致全世界妇女！：1941 年 9 月 7 日莫斯科联盟大厦圆柱大厅反法西斯妇女集会上的讲话

莫斯科：国家出版社联合公司、国家政治书籍出版社，1941，48 页

0251

К критике теории и практики марксизма: Антибернштейн　Карл Каутский; Пер. С. А. Алексеева

М.: Гос. изд-во, 1923. 297 с.

马克思主义理论与实践批判：反伯恩施坦　卡尔·考茨基著，С.А. 阿列克谢耶夫译

莫斯科：国家出版社，1923，297 页

0252

Календарь ежегодник коммуниста на 1931 год

М.: Московский рабочий, 1931. 71 с.

一名共产党员的 1931 年年度日程表

莫斯科：莫斯科工人出版社，1931，71 页

0253

Календарь коммуниста на 1925 год　Ред С. С.

Диканского

М.: Военная типография, 1925. 780 с.

一名共产党员的 1925 年日程表 С.С. 季坎斯基编

莫斯科：军事印刷厂，1925，780 页

0254

Календарь коммуниста на 1929 год: VII год издания Ред. Б. Д. Виноградова

М.: Московский рабочий, 1929. 864 с.

一名共产党员的 1929 年日程表（第 7 年出版） Б. Д. 维诺格拉多夫编

莫斯科：莫斯科工人出版社，1929，864 页

0255

Коминтерн и ВКП(б) о Китайской революции: Основные решения

М.: Государственное издательство, 1927. 87 с.

共产国际和联共（布）关于中国革命的主要决议

莫斯科：国家出版社，1927，87 页

0256

Коммунистическая партия Австрии-в борьбе за массы: Речи тт. Копленига, Видена, Допплера, Германа — делегатов Австрийской компартии. VII Всемирный конгресс коммунистического интернационала

М.: Партиздат ЦК ВКП(б), 1935. 54 с.

为群众而斗争的奥地利共产党：奥地利共产党代表科普勒尼希、威登、多普勒、赫尔曼同志的发言（共产国际第七次世界代表大会）

莫斯科：联共（布）中央委员会党的出版社，1935，54 页

0257

Коммунистическая партия Японии против режима войны, голода и бесправия: Речи тт. Окано, Танака, Нисикава делегатов Японской компартии. VII Всемирный конгресс коммунистического интернационала

М.: Партиздат ЦК ВКП(б), 1935. 47 с.

日本共产党反对战争、饥荒、无权的制度：日本共产党代表冈野、田中、西川同志的发言（共产国际第七次世界代表大会）

莫斯科：联共（布）中央委员会党的出版社，1935，47 页

0258

Коммунистический интернационал в документах: Решения, тезисы и воззвания конгрессов коминтерна и пленумов ИККИ: 1919-1932

М.: Партийное изд-во, 1933. 1007 с.

文献中的共产国际：共产国际代表大会和执行委员会的决议、议题与呼吁书（1919—1932）

莫斯科：联共（布）中央委员会党的出版社，1933，1007 页

0259

Коммунистический интернационал и война: Документы и материалы о борьбе коминтерна против империалистической войны и в защиту С. С. С. Р.

М.: Гос. изд., 1928. 108 с.

共产国际和战争：共产国际反对帝国主义战争的斗争和保卫苏联的文献资料

莫斯科：国家出版社，1928，108 页

0260

Коммунистический интернационал перед VII всемирным конгрессом: Матералы

М.: Партиздат ЦК ВКП(б), 1935. 606 с.

第七次世界代表大会前的共产国际（资料集）

莫斯科：联共（布）中央委员会党的出版社，1935，606 页

0261

Компартии и кризис капитализма. Вып. I

М.: Партиздат, 1932. 640 с.

共产党和资本主义危机（第 1 卷）

莫斯科：联共（布）中央委员会党的出版社，1932，640 页

0262

Конституция СССР

[Б. м.]: Печать, 1932. 71 с.

苏联宪法

［不详］：报刊出版社，1932，71 页

0263

Краткие очерки по истории ВКП (б). Часть 2. От периода империалистической войны до наших дней Ем. Ярославский

М.: Государственное издательство, 1929. 486 с.

联共（布）简史（第2部分）：从帝国主义战争时期至今　Ем. 雅罗斯拉夫斯基

莫斯科：国家出版社，1929，486 页

0264

Ленин и Сталин о партийном строительстве: Статьи, речи и документы в двух томах. Т. II

М.: Огиз; Госполитиздат, 1941. 987 с.

列宁和斯大林论党的建设：文章、发言和文件（两卷本第2卷）

莫斯科：国家出版社联合公司、国家政治书籍出版社，1941，987 页

0265

Ленин и Сталин о профсоюзах. Т. 1

М.: Профиздат, 1940. 537 с.

列宁和斯大林论工会（第1卷）

莫斯科：工会出版社，1940，537 页

0266

Листовки московских большевиков: 1905 г.

М.: Московский рабочий, 1941. 332 с.

莫斯科布尔什维克的传单（1905年）

莫斯科：莫斯科工人出版社，1941，332 页

0267

Листовки московской организации большевиков: 1914-1920 гг.

М.: Госполитиздат, 1940. 311 с.

莫斯科布尔什维克组织的传单（1914—1920年）

莫斯科：国家政治书籍出版社，1940，311 页

0268

Литературное наследие Г. В. Плеханова. Сборник VII. Борьба с религией и богоискательством　Под ред. П. Ф. Юдина, М. Т. Иовчука и Р. М. Плехановой

М.: Соцэкгиз, 1939. 360 с.

Г.В. 普列汉诺夫文学遗产（第7卷）：与宗教和神学的斗争　П.Ф. 尤金、М.Т. 约夫丘克、Р.М. 普列汉诺娃编

莫斯科：国家社会经济书籍出版社，1939，360 页

0269

Материалы XIV съезда

Владивосток: Красное Знамя, 1926. 212 с.

第十四次代表大会资料集

符拉迪沃斯托克：红旗出版社，1926，212 页

0270

Между VI и VII конгрессами коминтерна: Экономика и политика: 1928-1934　Е. Варга

М.: Партиздат ЦК ВКП(б), 1935. 188 с.

共产国际第六次和第七次代表大会之间：经济和政治（1928—1934）　Е. 瓦尔加

莫斯科：联共（布）中央委员会党的出版社，1935，188 页

0271

Международное положение и задачи коммунистического интернационала. Вып. 1

[Б. м.]: Гос. изд., 1929. 462 с.

共产国际的国际地位和任务（第1卷）

[不详]：国家出版社，1929，462 页

0272

Международные договоры и акты нового времени　Е. А. Коровин

М.: Государственное изд-во, 1931. 395 с.

近代国际条约与议定书　Е.А. 科罗温

莫斯科：国家出版社，1931，395 页

0273

Международные отношения в эпоху империализма = RELATIONS INTERNATIONALES DE LEPOQUE DE LIMPERIALISME: Документы из архивов царского и временного правительств. 1878-1917: Серия вторая: 1900-1913. Т. 18　Комиссия по изданию документов эпохи империализма

М.: Госполитиздат, 1938. 470 с.

帝国主义时期的国际关系：1878—1917年沙皇政府和临时政府档案馆文件（第2部）：1900—1913 第18卷）　帝国主义时期文献出版委员会

莫斯科：国家政治书籍出版社，1938，470 页

0274

Международные отношения в эпоху империа-

лизма = RELATIONS INTERNATIONALES DE LEPOQUE DE LIMPERIALISME: Документы из архивов царского и временного правительств. 1878-1917: Серия вторая: 1900-1913. Т. 19　Комиссия по изданию документов эпохи империализма.

М.: Госполитиздат, 1938. 332 с.

帝国主义时期的国际关系：1878—1917 年沙皇政府和临时政府档案馆文件（第 2 部）：1900—1913（第 19 卷）　帝国主义时期文献出版委员会

莫斯科：国家政治书籍出版社，1938，332 页

0275

Международные отношения в эпоху империализма = RELATIONS INTERNATIONALES DE LEPOQUE DE LIMPERIALISME: Документы из архивов царского и временного правительств. 1878-1917: Серия вторая: 1900-1913. Т. 20　Комиссия по изданию документов эпохи империализма

М.: Госполитиздат, 1940. 520 с.

帝国主义时期的国际关系：1878—1917 年沙皇政府和临时政府档案馆文件（第 2 部）：1900—1913（第 20 卷）　帝国主义时期文献出版委员会

莫斯科：国家政治书籍出版社，1940，520 页

0276

Международные отношения в эпоху империализма: Документы из архивов царского и временного правительств 1878-1917 гг. Серия III. 1914-1917. Т. 5　[М. Н. Покровский]

М.: Госэнергоиздат, 1934. 497 с.

帝国主义时期的国际关系：1878—1917 年沙皇政府和临时政府档案馆文件（第 3 部）：1914—1917（第 5 卷）　[М.Н. 波克罗夫斯基]

莫斯科：国家动力书籍出版社，1934，497 页

0277

Международные отношения в эпоху империализма: Документы из архивов царского и временного правительств 1878-1917 гг. Серия III. 1914-1917. Т. 6. Ч. 1　[М. Н. Покровский]

М.: Госэнергоиздат, 1935. 479 с.

帝国主义时期的国际关系：1878—1917 年沙皇政府和临时政府档案馆文件（第 3 部）：1914—1917（第 6 卷第 1 册）　[М.Н. 波克罗夫斯基]

莫斯科：国家动力书籍出版社，1935，479 页

0278

Международные отношения в эпоху империализма: Документы из архивов царского и временного правительств 1878-1917 гг. Серия III. 1914-1917. Т. 6. Ч. 2　[М. Н. Покровский]

М.: Госэнергоиздат, 1935. 388 с.

帝国主义时期的国际关系：1878—1917 年沙皇政府和临时政府档案馆文件（第 3 部）：1914—1917（第 6 卷第 2 册）　[М.Н. 波克罗夫斯基]

莫斯科：国家动力书籍出版社，1935，388 页

0279

Меньшевики и большевики в период Русско-Японской войны и первой русской революции: 1904-1907 гг.　Ем. Ярославский

М.: [Б. и.], 1945. 196 с.

日俄战争和第一次俄国革命时期的孟什维克和布尔什维克（1904—1907 年）　Ем. 雅罗斯拉夫斯基

莫斯科：[不详]，1945，196 页

0280

Мировое революционное профдвижение от IV до V конгресса профинтерна: 1928-1930: Материалы к отчету исполбюро V конгрессу профинтерна. Вып. III

М.: Изд-во ВЦСПС, 1930. 244 с.

第四次到第五次红色工会国际代表大会之间的国际工会革命运动（1928—1930）：第五次红色工会国际代表大会执行委员会报告材料（第 3 卷）

莫斯科：全苏工会中央理事会出版社，1930，244 页

0281

Михаил Александрович Бакунин: 1814-1876　Вячеслав Полонский

М.: Государственное изд-во, 1920. 167 с.

米哈伊尔·亚力山德罗维奇·巴枯宁（1814—1876）　维亚切斯拉夫·波隆斯基

莫斯科：国家出版社，1920，167 页

0282

Михаил Иванович Калинин　Б. В. Сергеев

М.: Партиздат, 1934. 127 с.

米哈伊尔·伊万诺维奇·加里宁　Б.В. 谢尔盖耶夫

莫斯科：联共（布）中央委员会党的出版社，1934，
127 页

0283

**Михаил Иванович Калинин: Сборник посвящен-
ный шестидесятилетию со дня рождения**　[Под
ред. И. Акулова]

М.: Издание института красной профессуры советского строительства и права, 1936. 276 с.

米哈伊尔·伊万诺维奇·加里宁：诞辰六十周年纪
念文集　［И. 阿库罗夫编］

莫斯科：苏联建设与法律红色教授学院出版，1936，
276 页

0284

**Наступление фашизма и задачи коммунистиче-
ского интернационала в борьбе за единство рабочего класса против фашизма: Доклад и заключи-
тельное слово**　Г. Димитров

[Б. м.]: Дальгиз, 1935. 127 с.

法西斯主义的进攻和共产国际团结工人阶级反对法
西斯主义的任务（报告和结语）　Г. 季米特洛夫

［不详］：远东国家出版社，1935，127 页

0285

**Ноябрьский пленум ЦК ВКП(б): Доклады и ре-
золюции**

Хабаровск: Дальгиз, 1934. 88 с.

联共（布）中央委员会十一月全会：报告和决议

哈巴罗夫斯克：远东国家出版社，1934，88 页

0286

**Организационные вопросы: Партийное и со-
ветское строительство: Доклад на XVII съезде
ВКП(б) о февраля 1934 г.**　Л. Каганович

М.: Партиздат, 1934. 125 с.

组织问题：党和苏维埃的建设：1934 年 2 月联共
（布）第十七次代表大会上的报告　Л. 卡冈诺维奇

莫斯科：联共（布）中央委员会党的出版社，1934，
125 页

0287

**Основные итоги работы Далькрайсиполкома за
1928/29 и 1929/30 г.г.: К перевыборам советов в
1930 г.**

Хабаровск: Далькрайисполком, 1930. 87 с.

1928/1929 年度和 1929/1930 年度远东边疆区执行
委员会基本工作总结（1930 年委员会改选前）

哈巴罗夫斯克：远东边疆区执行委员会，1930，87
页

0288

**От XV съезда до XVI конференции ВКП(б):
Сборник резолюций и постановлений: XV съезд,
апрельский, июльский, ноябрьский пленумы ЦК
и ЦКК, XVI конференция**

М.: Государственное издательство, 1929. 287 с.

从联共（布）第十五次代表大会到第十六次大会（决
议和决定汇编）：第十五次代表大会，中央委员会和
中央监察委员会四月、七月、十一月全会，第十六
次代表大会

莫斯科：国家出版社，1929，287 页

0289

**Отчет исполкома коминтерна: Апрель 1925 г.-
Январь 1926 г.**

М.: Гос. изд-во, 1926. 396 с.

共产国际执行委员会报告（1925 年 4 月—1926 年
1 月）

莫斯科：国家出版社，1926，396 页

0290

**Очерк истории всесоюзной коммунистической
партии (большевиков). Вып. 2**　Н. Попов

М.: Партийное издательство, 1932. 319 с.

联共（布）史纲（第 2 册）　Н. 波波夫

莫斯科：联共（布）中央委员会党的出版社，1932，
319 页

0291

**Первый интернационал в дни Парижской ком-
муны: Документы и материалы**

М.: Госполитиздат, 1941. 312 с.

巴黎公社时期第一国际：文献和资料

莫斯科：国家政治书籍出版社，1941，312 页

0292

Первый конгресс коминтера: Март 1919 г. Под ред. Е. Короткого, Б. Куна, О. Пятницкого

М.: Партийное изд-во, 1933. 275 с.

共产国际第一次代表大会（1919 年 3 月） Е. 科罗特基、Б. 库恩、О. 皮亚特尼茨基编

莫斯科：联共（布）中央委员会党的出版社，1933，275 页

0293

Под знаменем сталинской конституции: Речь на Чрезвычайном III съезде советов Киевской области 22 ноября 1936 г. П. П. Постышев

М.: Партиздат ЦК ВКП(б), 1936. 39 с.

在斯大林宪法的旗帜下：基辅州苏维埃第三次特别代表大会上的讲话（1936 年 11 月 22 日） П.П. 波斯特舍夫

莫斯科：联共（布）中央委员会党的出版社，1936，39 页

0294

Политические партии: В Польше, Зап. Белоруссии и Зап. Украине Под ред. С. Скульского

Минск: Издательство Белорусской Академии наук, 1935. 335 с.

波兰、白俄罗斯西部和乌克兰西部的政党 С. 斯库里斯基编

明斯克：白俄罗斯科学院出版社，1935，335 页

0295

Положение о Выборах в Верховный Совет СССР; О проекте "Положения о выборах в верховный совет СССР" Доклад Я. А. Яковлев

Иркутск: Восточно-Сибирское областное изд-во, 1937. 55 с.

苏联最高苏维埃选举条例；苏联最高苏维埃选举条例草案 Я.А. 雅科夫列夫报告

伊尔库茨克：东西伯利亚州立出版社，1937，55 页

0296

Послевоенный капитализм в освещении коминтерна: Сборник документов и резолюций конгрессов и исполкома коминтерна

М.: Партийное изд-во, 1932. 164 с.

共产国际关于战后资本主义的阐述：共产国际代表大会和执行委员会文件与决议汇编

莫斯科：联共（布）中央委员会党的出版社，1932，164 页

0297

Почему и зачем мы воюем? (Война, её происхождение, цели и последствия); Партия народной свободы; Павел Николаевич Милюков П. Н. Милюков, А. А. Корнилов, Г. В. Вернадский

Петроград: Лештуковская Паровая скоропечатня "Свобода", 1917. 121 с.

我们为什么和为了什么打仗？（战争的起源、目的和后果）；人民自由党；帕维尔·尼古拉耶维奇·米柳科夫 П.Н. 米柳科夫、А.А. 科尔尼洛夫、Г.В. 韦尔纳茨基

彼得格勒：列什图科夫小巷自由蒸汽速印厂，1917，121 页

0298

Принудительный труд и профдвижение в негритянской Африке А. Зусманович, И. Потехин, Том. Джексон

М.: Профиздат, 1933. 180 с.

黑非洲的强制劳动和工会运动 А. 祖斯马诺维奇、И. 波捷欣、Том. 杰克松

莫斯科：工会出版社，1933，180 页

0299

Протоколы съездов и конференций всесоюзной коммунистической партий(б): Пятый съезд РСДРП: Май-июнь 1907 г. Под ред. Ем. Ярославского

М.: Партиздат ЦК ВКП(б), 1935. 877 с.

联共（布）代表大会和会议纪要：俄国社会民主工党第五次代表大会（1907 年 5—6 月） Ем. 雅罗斯拉夫斯基编

莫斯科：联共（布）中央委员会党的出版社，1935，877 页

0300

Процесс антисоветского троцкистского центра: 23-30 января 1937 года

М.: НКЮ СССР Госюриздат, 1937. 258 с.

托洛茨基反苏中心诉讼案（1937 年 1 月 23—30 日）

莫斯科：苏联司法人民委员部国家法律书籍出版社，1937，258 页

0301

Пути мировой революции: Седьмой расширенный пленум исполнительного комитета коммунистического интернационала: 22 ноября-16 декабря 1926: Стенографический отчет. Т. I. Международное положение и пролетарская революция. Английский вопрос. Пути развития китайской революции. Трестификация, рационализация и наши задачи в профдвижении

М.: Государственное издательство, 1927. 571 с.

世界革命道路：共产国际执行委员会第七次扩大全会（1926 年 11 月 22 日—12 月 16 日）速记报告（第 1 卷）：国际形势和无产阶级革命、英国问题、中国革命发展道路、托拉斯化、合理化以及我们在工会运动中的任务

莫斯科：国家出版社，1927，571 页

0302

Пути мировой революции: Седьмой расширенный пленум исполнительного комитета коммунистического интернационала: 22 ноября-16 декабря 1926: Стенографический отчет. Т. II. Внутрипартийные вопросы ВКП(б). -Доклады политической, китайской, профсоюзной, английской и др. комиссий. -Тезисы и резолюции седьмого расширенного пленума исполкома коминтерна

М.: Гос. изд-во, 1927. 468 с.

世界革命道路：共产国际执行委员会第七次扩大全会（1926 年 11 月 22 日—12 月 16 日）速记报告（第 2 卷）：联共（布）党内问题，政治委员会、中国委员会、工会委员会、英国委员会等报告，共产国际执行委员会第七次扩大全会议题和决议

莫斯科：国家出版社，1927，468 页

0303

Пятый всемирный конгресс коммунистического интернационала: 17 июня-8 июля 1924 г.: Стенографический отчет. Часть 1

М.: Гос. изд-во, 1925. 1009 с.

共产国际第五次世界代表大会（1924 年 6 月 17 日—

7 月 8 日）速记报告（第 1 部分）

莫斯科：国家出版社，1925，1009 页

0304

Пятый всемирный конгресс коммунистического интернационала: 17 июня-8 июля 1924 г.: Стенографический отчет. Часть II. Приложения

М.: Гос. изд-во, 1925. 312 с.

共产国际第五次世界代表大会（1924 年 6 月 17 日—7 月 8 日）速记报告（第 2 部分）

莫斯科：国家出版社，1925，312 页

0305

Расширенный пленум исполкома коммунистического интернационала: 21 марта-6 апреля 1925 г.: Стенографический отчет

М.: Гос. изд-во, 1925. 606 с.

共产国际执行委员会全体（扩大）会议（1925 年 3 月 21—4 月 6 日）：速记报告

莫斯科：国家出版社，1925，606 页

0306

Расширенный пленум исполнительного комитета коммунистического интернационала: 12-23 Июня 1923 года : Отчет

М.: Красная новь, 1923. 320 с.

共产国际执行委员会全体（扩大）会议（1923 年 6 月 12—23 日）：报告

莫斯科：红色处女地出版社，1923，320 页

0307

Революционная законность на современном этапе: К XV годовщине Октябрьской революции А. Я. Вышинский

М.: Советское законодательство, 1932. 104 с.

现阶段革命合法性：纪念十月革命十五周年 А. Я. 维辛斯基

莫斯科：苏联法律出版社，1932，104 页

0308

Революционное движение в России. Вып. I. Российская социал-демократическая рабочная партия А. И. Спиридович

С.-Петербург: Типография Штаба Отдельного корпуса жандармов, 1914. 250 с.

俄国革命运动（第 1 册）：俄国社会民主工党 А. И. 斯皮里多维奇

圣彼得堡：独立宪兵团司令部印刷厂，1914，250 页（古）

0309

Революция на Дальнем Востоке. Вып. I

М.: Государственное изд-во, 1923. 433 с.

远东革命（第 1 卷）

莫斯科：国家出版社，1923，433 页

0310

Резолюции XVII съезда ВКП(б): 26 января-10 февраля 1934 г.

М.: Партиздат, 1934. 63 с.

联共（布）十七次代表大会决议（1934 年 1 月 26 日—2 月 10 日）

莫斯科：联共（布）中央委员会党的出版社，1934，63 页

0311

Резолюции XVIII съезда ВКП(б): 10-21 марта 1939 г.

М.: Госполитиздат, 1939. 70 с.

联共（布）第十八次代表大会决议（1939 年 3 月 10—21 日）

莫斯科：国家政治书籍出版社，1939，70 页

0312

Резолюции июньского пленума центрального комитета ВКП(б): 1-4 июня 1936 г.

М.: Партиздат ЦК ВКП(б), 1936. 29 с.

联共（布）中央委员会六月全会决议（1936 年 6 月 1—4 日）

莫斯科：联共（布）中央委员会党的出版社，1936，29 页

0313

Резолюции пленума центрального комитета ВКП(б): 29 июня-1 июля 1934 г.

М.: Изд-во ЦК ВКП(б) Партиздат, 1934. 23 с.

联共（布）中央委员会全会决议（1934 年 6 月 29 日—7 月 1 日）

莫斯科：联共（布）中央委员会党的出版社，1934，23 页

0314

Республика Ф. Ф. Кокошкин

Петроград: [Б. и.], 1917. 23 с.

共和国 Ф.Ф. 科科什金

彼得格勒：[不详]，1917，23 页（古）

0315

РСФСР административно-территориальное деление: На 1 апреля 1940 года

М.: Изд-во Ведомостей Верховного совета РСФСР, 1940. 490 с.

俄罗斯苏维埃联邦社会主义共和国行政区划（截至 1940 年 4 月 1 日）

莫斯科：俄罗斯苏维埃联邦社会主义共和国最高苏维埃公报出版社，1940，490 页

0316

Сборник решений иностранных судов по спорам, касающимся имущественных интересов Союза ССР Под ред. М. А. Плоткина

М.: Издание Народного комиссариата по иностранным делам, 1934. 116 с.

外国法院涉及苏联财产性利益争端的判决书汇编 М.А. 普洛特金编

莫斯科：外交人民委员部出版，1934，116 页

0317

Сибирские большевики: В период первой русской революции М. Ветошкин

М.: Госполитиздат, 1939. 229 с.

西伯利亚布尔什维克（第一次俄国革命时期） М. 韦托什金

莫斯科：国家政治书籍出版社，1939，229 页

0318

Сибирский Союз РСДРП: К 30 летию большевистских партийных организаций в Сибири 1903-1933

М.: Изд-во старый большевик, 1935. 140 с.

俄国社会民主工党西伯利亚联合会：西伯利亚布尔什维克党组织 30 周年（1903—1933）

莫斯科：老布尔什维克出版社，1935，140 页

0319

Собрание кодексов и уставов Р. С. Ф. С. Р. с допол-
нениями и постановлениями Дальревкома. Ч. I

Чита: Издание Дальне-Восточного Революционного
Комитета, 1923. 311 с.

俄罗斯苏维埃联邦社会主义共和国法典和条例汇编
（附远东革命委员会的增补和法令）（第 1 部分）

赤塔：远东革命委员会出版，1923，311 页

0320

Собрание узаконений и распоряжений прави-
тельства Дальне-Восточной республики

[Б. м.]: [Б. и.], 1920. 616 с.

远东共和国法令汇编

［不详］：［不详］，1920，616 页

0321

Совещание информационного бюро коммунисти-
ческих партий: В Венгрии во второй половине
ноября 1949 года

М.: Госполитиздат, 1949. 102 с.

共产党情报局会议（1949 年 11 月下半月于匈牙利）

莫斯科：国家政治书籍出版社，1949，102 页

0322

Социализм и политическая борьба; Наши разно-
гласия   Г. В. Плеханов

М.: Госполитиздат, 1938. 355 с.

社会主义和政治斗争；我们的分歧   Г.В. 普列汉诺
夫

莫斯科：国家政治书籍出版社，1938，355 页

0323

Сочинения. Т. I   Г. В. Плеханов

М.: Государственное изд-во, 1923. 364 с.

文集（第 1 卷） Г.В. 普列汉诺夫

莫斯科：国家出版社，1923，364 页

0324

Сочинения. Т. II   Г. В. Плеханов

М.: Государственное изд-во, 1922. 404 с.

文集（第 2 卷） Г.В. 普列汉诺夫

莫斯科：国家出版社，1922，404 页

0325

Сочинения. Т. III   Г. В. Плеханов

М.: Государственное изд-во, 1923. 428 с.

文集（第 3 卷） Г.В. 普列汉诺夫

莫斯科：国家出版社，1923，428 页

0326

Сочинения. Т. IV   Г. В. Плеханов

М.: Государственное изд-во, 1922. 332 с.

文集（第 4 卷） Г.В. 普列汉诺夫

莫斯科：国家出版社，1922，332 页

0327

Сочинения. Т. IX   Г. В. Плеханов

М.: Государственное изд-во, 1923. 367 с.

文集（第 9 卷） Г.В. 普列汉诺夫

莫斯科：国家出版社，1923，367 页

0328

Сочинения. Т. VI   Г. В. Плеханов

М.: Государственное изд-во, 1925. 413 с.

文集（第 6 卷） Г.В. 普列汉诺夫

莫斯科：国家出版社，1925，413 页

0329

Сочинения. Т. VII   Г. В. Плеханов

М.: Государственное изд-во, 1923. 428 с.

文集（第 7 卷） Г.В. 普列汉诺夫

莫斯科：国家出版社，1923，428 页

0330

Сочинения. Т. VIII   Г. В. Плеханов

М.: Государственное изд-во, 1923. 411 с.

文集（第 8 卷） Г.В. 普列汉诺夫

莫斯科：国家出版社，1923，411 页

0331

Сочинения. Т. X   Г. В. Плеханов

М.: Государственное изд-во, 1925. 422 с.

文集（第 10 卷） Г.В. 普列汉诺夫

莫斯科：国家出版社，1925，422 页

0332

Сочинения. Т. XI Г. В. Плеханов

М.: Государственное изд-во, 1925. 397 с.

文集（第 11 卷） Г.В. 普列汉诺夫

莫斯科：国家出版社，1925，397 页

0333

Сочинения. Т. XII Г. В. Плеханов

М.: Государственное изд-во, 1924. 536 с.

文集（第 12 卷） Г.В. 普列汉诺夫

莫斯科：国家出版社，1924，536 页

0334

Сочинения. Т. XIII Г. В. Плеханов

М.: Государственное изд-во, 1926. 380 с.

文集（第 13 卷） Г.В. 普列汉诺夫

莫斯科：国家出版社，1926，380 页

0335

Сочинения. Т. XIV Г. В. Плеханов

М.: Государственное изд-во, 1924. 349 с.

文集（第 14 卷） Г.В. 普列汉诺夫

莫斯科：国家出版社，1924，349 页

0336

СССР: Административно-территориальное деление союзных республик

М.: Власть советов, 1938. 327 с.

苏联：加盟共和国行政区划

莫斯科：苏维埃政权出版社，1938，327 页

0337

Стенографический отчет VI конгресс коминтерна. Вып. 1. Международное положение и задачи коминтерна

М.: Гос. изд-во, 1929. 624 с.

共产国际第六次代表大会速记报告（第 1 册）：国际形势和共产国际的任务

莫斯科：国家出版社，1929，624 页

0338

Стенографический отчет VI конгресс коминтерна. Вып. 2. Против империалистических войн

М.: Гос. изд-во, 1929. 203 с.

共产国际第六次代表大会速记报告（第 2 册）：反对帝国主义战争

莫斯科：国家出版社，1929，203 页

0339

Стенографический отчет VI конгресс коминтерна. Вып. 3. Программа мировой революции

М.: Гос. изд-во, 1929. 192 с.

共产国际第六次代表大会速记报告（第 3 册）：世界革命纲领

莫斯科：国家出版社，1929，192 页

0340

Стенографический отчет VI конгресс коминтерна. Вып. 4. Революционное движение в колониальных и полуколониальных странах

М.: Гос. изд-во, 1929. 539 с.

共产国际第六次代表大会速记报告（第 4 册）：殖民地和半殖民地的革命运动

莫斯科：国家出版社，1929，539 页

0341

Стенографический отчет VI конгресс коминтерна: Заключительные работы. Вып. 4, Тезисы, резолюции, постановления, воззвания

М.: Гос. изд-во, 1929. 199 с.

共产国际第六次代表大会速记报告（第 4 册）：议题、决议和呼吁书

莫斯科：国家出版社，1929，199 页

0342

Стенографический отчет VI конгресс коминтерна: Заключительные работы. Вып. 5. Доклады об СССР и ВКП (б)

М.: Гос. изд-во, 1929. 159 с.

共产国际第六次代表大会速记报告结尾部分（第 5 册）：关于苏联和联共（布）的报告

莫斯科：国家出版社，1929，159 页

0343

Стенографический отчет. VI. Конгресс коминтерна. Выпуск I

М.: Государственное издательство, 1929. 624 с.

速记报告（第 6 卷）：共产国际代表大会（第 1 册）

莫斯科：国家出版社，1929，624 页

0344

Стенографический отчет. VI. Конгресс коминтерна. Выпуск II

М.: Государственное издательство, 1929. 203 с.

速记报告（第 6 卷）：共产国际代表大会（第 2 册）

莫斯科：国家出版社，1929，203 页

0345

Стратегия и тактика коминтерна в национально-колониальной революции: На примере Китая: Сборник документов Сост. Г. Кара-Мурза; Под ред. П. Мифа

М.: Изд-во института МХ и МП, 1934. 395 с.

共产国际在殖民地民族革命中的战略战术：以中国为例（文献汇编） Г. 卡拉 – 穆尔扎、П. 米夫编

莫斯科：世界经济与国际政治研究所出版社，1934，395 页

0346

Съезды Советов СССР: В постановлениях и резолюциях Под ред. А. Я. Вышинского

М.: Изд-во "Ведомостей верховного совета РСФСР", 1939. 304 с.

苏联苏维埃代表大会：决定和决议 А.Я. 维辛斯基编

莫斯科：俄罗斯苏维埃联邦社会主义共和国最高苏维埃公报出版社，1939，304 页

0347

Теория конъюнктур Густав Кассель; Пер. Б. Лифшиц

М.: ЦУП ВСНХ СССР, 1925. 144 с.

市场行情理论 古斯塔夫·卡谢尔著，Б. 利夫希茨译

莫斯科：苏联国民经济最高委员会中央出版局，1925，144 页

0348

Третий всемирный конгресс коммунистического интернационала: Стенографический отчет

Петроград: Гос. изд-во, 1922. 500 с.

共产国际第三次世界代表大会（速记报告）

彼得格勒：国家出版社，1922，500 页

0349

Труд в СССР: Экономико-статистический справочник Под ред. З. Л. Миндлин, С. А. Хейнман

М.: Государственное экономическое издательство, 1932. 182 с.

苏联的劳动力：经济统计手册 З.Л. 明德林、С.А. 海因曼编

莫斯科：国家经济出版社，1932，182 页

0350

Устав гражданского судопроизводства (Свод Зак. Т. XVI, ч. 1, изд. 1914 г.). Т. 1 Сост. И. М. Тютрюмов

Петроград: Издание юридического книжного магазина, 1916. 1368 с.

民事诉讼程序规章（1914 年版法律汇编第 16 卷第 1 部分第 1 卷） И.М. 秋特留莫夫编

彼得格勒：法律书店出版，1916，1368 页（古）

0351

Фашистско-немецкие мерзавцы

М.: Госполитиздат, 1941. 19 с.

德国法西斯匪帮

莫斯科：国家政治书籍出版社，1941，19 页

0352

Царская Россия и дело Бейлиса А. С. Тагер

М.: Советское законодательство, 1934. 323 с.

沙皇俄国和贝利斯案件 А.С. 塔格尔

莫斯科：苏联法律出版社，1934，323 页

0353

Шестнадцатый съезда ВКП(б) А. Костин

М.: Госполитиздат, 1949. 121 с.

联共（布）第十六次代表大会 А. 科斯金

莫斯科：国家政治书籍出版社，1949，121 页

0354

Шестой расширенный пленум исполкома коминтерна: 17 февраля-15 марта 1926 г.: Стенографический отчет

М.: Гос. изд-во, 1927. 707 с.

共产国际执行委员会第六次扩大全会（1926 年 2

月 17 日—3 月 15 日）：速记报告
莫斯科：国家出版社，1927，707 页

0355

Шпионам и изменникам родины нет и не будет пощады: Сборник статей

М.: Партиздат ЦК ВКП(б), 1937. 67 с.

祖国的间谍和叛徒现在和将来都不会被宽恕（文集）

莫斯科：联共（布）中央委员会党的出版社，1937，67 页

0356

Экономическая борьба и задачи компартий. Вып. 3

[Б. м.]: Гос. изд., 1929. 207 с.

经济斗争和共产党的任务（第 3 卷）

[不详]：国家出版社，1929，207 页

0357

Энциклопедия государства и права. Т. 2   Под ред. П. Стучка

М.: Изд-во коммунистической академии, 1930. 1059 стлб.

国家与法律百科全书（第 2 卷） П. 斯图奇卡编

莫斯科：共产主义学院出版社，1930，1059 条

0358

Юридический календарь М. Острогорского на 1915 год. Ч. 2   М. Острогорский

Петроград: Типогр. Тренке и Фюсно, 1915. 552 с.

М. 奥斯特罗戈尔斯基 1915 年法律工作进度表（第 2 部分） М. 奥斯特罗戈尔斯基

彼得格勒：特伦克和福斯诺印刷厂，1915，552 页

0359

Труды государственного колонизационного научно-исследовательского института. Т. I

М.: [Б. и.], 1924. 408 с.

国家移民研究所著作集（第 1 卷）

莫斯科：[不详]，1924，408 页

0360

Интернационал и война: Сборник статей   Виктор Чернов

Петроград: Типография П. П. Сойкина, 1917. 75 с.

共产国际与战争（文集） 维克托·切尔诺夫

彼得格勒：П.П. 索伊金印刷厂，1917，75 页（古）

0361

История колоний   Дитрих Шефер; Пер. М. В

С.-Петербург: Издание П. П. Сойкина, 1913. 121 с.

殖民地史 迪特里希·舍费尔著，译者不详

圣彼得堡：П.П. 索伊金出版，1913，121 页

0362

XXV лет Коминтерна

[М.]: [Б. и.], 1942. 44 с.

共产国际二十五年

[莫斯科]：[不详]，1942，44 页

0363

В борьбе за единый фронт против фашизма и войны: Статьи и речи: 1935-1939 г.г.   Г. Димитров

Ленинград: Госполитиздат, 1939. 239 с.

为反法西斯和反战统一战线而斗争：文章和发言（1935—1939 年） Г. 季米特洛夫

列宁格勒：国家政治书籍出版社，1939，239 页

0364

Основание коммунистического интернационала   И. С. Юзефович

М.: Изд-во Академии наук СССР, 1940. 274 с.

共产国际的成立 И.С. 优素福维奇

莫斯科：苏联科学院出版社，1940，274 页

0365

История рабочей печати в России: Пособие по истории Р. К. П. Вып. 1-ый. 1878-1907 гг.   Д. А. Баевский

М.: Изд. Коммунистич. ун-та имени Я. М. Свердлова, 1923. 304 с.

俄国工人报刊史：俄国共产党党史参考书（第 1 册）：1878—1907 年 Д.А. 巴耶夫斯基

莫斯科：Я.М. 斯维尔德洛夫共产主义大学出版社，1923，304 页

0366

К вопросу об истории большевистских организа-

ций в Закавказье: Доклад на собрании Тбилис-ского партактива 21-22 июля 1935 г. Л. Берия

Москва: Госполитиздат, 1941. 210 с.

外高加索布尔什维克组织历史问题：在第比利斯党的积极分子会议上的报告（1935 年 7 月 21—22 日） Л. 贝利亚

莫斯科：国家政治书籍出版社，1941，210 页

0367

Календарь коммуниста на 1924 г.

М.: Кооперативное из-во "Московский рабочий", 1924. 596 с.

一名共产党员的 1924 年日程表

莫斯科：莫斯科工人合作出版社，1924，596 页

0368

Справочник партийного работника. Выпуск 8-й

М.: Партийное из-во, 1934. 884 с.

党务工作者手册（第 8 册）

莫斯科：联共（布）中央委员会党的出版社，1934，884 页

0369

Красный интернационал профсоюзов: Орган ис-полбюро профинтерна. №1 январь

М.: Профиздат, 1936. [500 с.]

红色工会国际：红色工会国际执行委员会（1 月第 1 期）

莫斯科：工会出版社，1936，［500 页］

0370

Аграрный вопрос и современное крестьянское движение. Выпуск II. Шесть лет борьбы за кре-стьянство Сборник статей под общей ред. В. Ко-ларова

М.: Международный аграрный институт, 1935. 168 с.

农业问题和现代农民运动（第 2 册）：为农民阶级奋斗的六年 В. 科拉罗夫编（论文集）

莫斯科：国际农业学院，1935，168 页

0371

Советское крестьянство И. Лаптев

М.: Государственное изд-во колхозной и совхозной лит., 1939. 172 с.

苏联农民 И. 拉普捷夫

莫斯科：国家集体农庄和国营农场书籍出版社，1939，172 页

0372

Материнство при капитализме и социализме Б. Смулевич

М.: Государственное социально-экономическое изд-во, 1936. 150 с.

资本主义和社会主义条件下的妇女妊娠、分娩、哺乳期状况 Б. 斯穆列维奇

莫斯科：国家社会经济出版社，1936，150 页

0373

Материалы по национально-колониальным проблемам: Сборник научно-исследовательской ассоциации по изучению национальных и коло-ниальных проблем. № 7 (13)

М.: НИАНКП, 1933. 158 с.

民族与殖民地问题资料：民族与殖民地问题科学研究协会文集№ 7（13）

莫斯科：民族与殖民地问题科学研究协会，1933，158 页

0374

Кто и как управляет Японией И. Цейтлин

М.: Государственное военное изд. наркомата оборо-ны Союза ССР, 1939. 61 с.

管理日本的人和方式 И. 蔡特林

莫斯科：苏联国防人民委员部国家军事出版社，1939，61 页

0375

Английский шпион в Германии Бернард. Нью-мен

М.: Гос-ное. военное изд. наркомата обороны союза ССР, 1938. 176 с.

英国间谍在德国 贝尔纳德·纽曼

莫斯科：苏联国防人民委员部国家军事出版社，1938，176 页

0376

Закат большевизма: Десять лет диктатуры П. Гарви

Рига: Изд. Р./S. «Nakotnes kultura», 1928. 52 с.

布尔什维克主义的末日：专政十年　П. 加尔韦
里加：未来文化出版社，1928，52 页

0377
Российская федерация　И. Фрейдин
М.: «Изд. Ведомостей Верховного совета РСФСР», 1940.
96 с.
俄罗斯联邦　И. 弗赖金
莫斯科：《俄罗斯苏维埃联邦社会主义共和国最高苏
维埃公报》出版社，1940，96 页

0378
Молдавия　М. Н. Бочачер
М.: Государственное изд., 1926. 60 с.
摩尔达维亚　М.Н. 博恰切尔
莫斯科：国家出版社，1926，60 页

0379
Собрание сочинений. Т. 6. Восток, Россия и Славянство　К. Леонтьев
М.: Издание В. М. Саблина, 1912. 359 с.
作品集（第 6 卷）：东方、俄国和斯拉夫人　К. 列
昂季耶夫
莫斯科：В.М. 萨布林出版，1912，359 页（古）

0380
Восьмая сессия верховного совета СССР: 25 февраля-1 марта 1941 г.: Стенографический отчет
М.: Издательство «Известий Советов депутатов трудящихся СССР», 1941. 591 с.
苏联最高苏维埃第八次会议（1941 年 2 月 25 日—
3 月 1 日）：速记报告
莫斯科：《苏联劳动者代表苏维埃公报》出版社，
1941，591 页

0381
Итоги выборов в краевые, областные, окружные, районные, городские, сельские и поселковые Советы депутатов трудящихся РСФСР 24 декабря 1939 года: Сборник цифровых материалов
М.: Издательство «Ведомостей верховного Совета РСФСР», 1940. 147 с.
1939 年 12 月 24 日俄罗斯苏维埃联邦社会主义共
和国边疆区、州、区、地区、农村、镇劳动者代表

苏维埃选举结果：数字资料集
莫斯科：《俄罗斯苏维埃联邦社会主义共和国最高苏
维埃公报》出版社，1940，147 页

0382
Очерки федерального управления СССР: Народные комиссариаты Союза ССР　И. Н. Ананов
Л.: Государственное изд., 1925. 211 с.
苏联联邦制管理概况：苏联人民委员部　И.Н. 阿纳
诺夫
列宁格勒：国家出版社，1925，211 页

0383
Проблема территориальной организации первичного звена советской системы　С. И. Чугунов
М.: Государственное изд. советское законодательство, 1933.
31 с.
苏联体系基层环节的地区性组织问题　С.И. 丘贡诺
夫
莫斯科：国家苏联法律出版社，1933，31 页

0384
Юбилейный сборник центрального статистического комитета Министерства Внутренних Дел: 1863-1913
С.-Петербург: Типография акц. общ. Слово, 1913.
200 с.
内务部中央统计委员会纪念集（1863—1913）
圣彼得堡：言论股份印刷厂，1913，200 页（古）

0385
Еврейская автономная область: К выборам в местные советы депутатов трудящихся　Г. Н. Сухарев
Биробиджан: [Б. и.], 1939. 50 с.
犹太自治州：地方劳动者代表苏维埃选举　Г.Н. 苏
哈列夫
比罗比詹：[不详]，1939，50 页

0386
Итоги разрешения национального вопроса в СССР: Сборник　Под ред. С. Диманштейна
М.: Изд. "Власть советов" при президиуме ВЦИК,
1936. 223 с.

苏联民族问题的解决结果：汇编　C. 迪曼施泰因编
莫斯科：全俄中央执行委员会主席团苏维埃政权出版社，1936，223 页

0387

На два фронта в борьбе с национализмом　Е. Ф. Гирчак
М.: Гос-ое. социально-экономическое изд., 1931. 246 с.
在两条战线上打击民族主义　Е.Ф. 吉尔恰克
莫斯科：国家社会经济出版社，1931，246 页

0388

Национальное строительство среди Евреев в СССР　Я. Кантор
М.: Изд. "Власть Советов" при президиуме ВЦИК, 1935. 199 с.
苏联犹太人的民族建设　Я. 坎托尔
莫斯科：全俄中央执行委员会苏维埃政权出版社，1935，199 页

0389

Учредительное собрание　К. Н. Соколов
Петроград: Тип. т-ва п. ф. "Эл. тип. Н. Я. Стойковой", 1917. 31 с.
立宪会议　К.Н. 索科洛夫
彼得格勒：Н.Я. 斯托伊科娃印刷厂，1917，31 页

0390

Пенсии по социальному страхованию: Сборник законодальных и директивных материалов　Сост. Р. Кац и Н. Сорокин
М.: Профиздат, 1935. 152 с.
社会保险养老金：法律和法令资料集　Р. 卡茨、Н. 索罗金编
莫斯科：工会出版社，1935，152 页

0391

Пушки вместо масла: Продовольственный кризис в Германии　В. Львовский
М.: Государственное социально-экономическое изд., 1937. 62 с.
大炮代替黄油：德国粮食危机　В. 利沃夫斯基
莫斯科：国家社会经济出版社，1937，62 页

0392

Организация полиции в Европе　Раймонд Фосдик; Пер. П. И. Люблинского
Петроград: Издание Петроградского городского самоуправления, 1917. 264 с.
欧洲警察组织　雷蒙德·福斯迪克著，П.И. 柳布林斯基译
彼得格勒：彼得格勒市自治局出版，1917，264 页

0393

Италия　Петр Рысс
М.: К-во Северные дни, 1916. 239 с.
意大利　彼得·雷斯
莫斯科：北方时代图书出版社，1916，239 页

0394

Государственный строй Англии: Конституционная монархия　И. И. Игнатов
М.: Издание Т-ва И. Д. Сытина, 1917. 52 с.
英国国家体制：君主立宪制　И.И. 伊格纳托夫
莫斯科：И.Д. 瑟京出版社，1917，52 页

0395

Демократия и политические партии. Том 1-ый. Англия　М. Острогорский; Перевод с Французского А. М. Горовиц
М.: Изд. коммунистической академии, 1927. 280 с.
民主制与政党（第 1 卷）：英国　М. 奥斯特罗戈尔斯基著，А.M. 戈罗维茨译自法语
莫斯科：共产主义学院出版社，1927，280 页

0396

Известия Киевского коммерческого института. 1915. Книга 27
Киев: Типография И. И. Чоколова, 1915. 634 с.
基辅商学院学报（1915 年第 27 卷）
基辅：И.И. 乔科洛夫印刷厂，1915，634 页

0397

Сборник документов по международной политике и по международному праву: Выпуск XI　[Отв. ред. Гершельман]
М.: Изд. Народного комиссариата иностранных дел, 1937. 387 с.

国际政治和国际法律文献汇编（第 11 册）［戈尔舍利曼编］
莫斯科：外交人民委员部出版社，1937，387 页

0398

Причины происхождения антисемитизма: Опыт социально-психологического анализа М. Вайнтроб

Рига: Э. И. Эттингер, 1927. 371 с.

反犹太主义起因：社会心理分析经验 М. 温特劳布
里加：Э.И. 欧汀纳出版社，1927，371 页

0399

Развитие международных отношений в новейшее время С. А. Котляревский

М.: Русский книжник, 1922. 100 с.

现代国际关系的发展 С.А. 科特利亚列夫斯基
莫斯科：俄罗斯书籍爱好者出版社，1922，100 页

0400

Международная политика СССР: 1917-1924 М. Танин

М.: Работник просвещения, 1925. 107 с.

苏联的国际政策（1917—1924） М. 塔宁
莫斯科：教育工作者出版社，1925，107 页

0401

Наши враги: Обзор действий Чрезвычайной следственной комиссии. Т. 1 Чрезвычайная следственная комиссия

Петроград: Сенатская типография, 1916. 503 с.

我们的敌人：特别调查委员会工作概述（第 1 卷） 特别调查委员会
彼得格勒：参政院印刷厂，1916，503 页（古）

0402

Сборник действующих договоров, соглашений и конвенций, заключенных с иностранными государствами. Выпуск I-II Союз Советских Социалистических Республик. Народный комиссариат по иностранным делам

М.: Изд. Народного комиссариата по иностранным делам, 1935. 484 с.

与外国签订的现行协议、协定和公约汇编（第 1—2 册） 苏联外交人民委员部
莫斯科：外交人民委员部出版社，1935，484 页

0403

Сборник действующих договоров, соглашений и конвенций, заключенных с иностранными государствами: Между 1 февраля 1928 года и 1 июня 1929 года. Выпуск V Сост. и средактировали В. Ф. Орлов-ермак и А. В. Сабанин

М.: Изд. Народного комиссариата по иностранным делам, 1930. 215 с.

与外国签订的现行协议、协定和公约汇编：1928 年 2 月 1 日至 1929 年 6 月 1 日（第 5 册） В.Ф. 奥尔洛夫 – 叶尔马克、А.В. 萨巴宁编
莫斯科：外交人民委员部出版社，1930，215 页

0404

Советско-Германский договор: 12 октября 1925 года Б. Е. Штейн и А. Ю. Раппопорт

М.: Экономическая жизнь, 1927. 278 с.

苏德条约（1925 年 10 月 12 日） Б.Е. 施泰因、А.Ю. 拉波波特
莫斯科：经济生活出版社，1927，278 页

0405

Сборник документов по международной политике и международному праву. Выпуск I. Разоружение Под ред. К. В. Антонова

М.: Изд. Народного комиссариата по иностранным делам, 1932. 136 с.

国际政治与国际法文件汇编（第 1 卷）：裁军 К.В. 安东诺夫编
莫斯科：外交人民委员部出版社，1932，136 页

0406

Известия Министерства иностранных дел: 1914. Книга V

Петроград: Типография В. Ф. Киршбаума, 1914. 223 с.

外交部通报：1914（第 5 期）
彼得格勒：В.Ф. 基尔什鲍姆印刷厂，1914，223 页（古）

0407

Алфавитно-предметный указатель к Своду законов Российской империи Составили Н. Озерецковский и П. Цыпкин

С.-Петербург: Издание юридического книжного магазина, 1914. 136 с.

俄罗斯帝国法律汇编字顺主题索引 Н. 奥泽列茨科夫斯基、П. 齐普金编

圣彼得堡：法律书店出版，1914，136 页

0408

Государственное устройство СССР и РСФСР: Схемы

М.: Изд. «Ведомостей верховеого совета РСФСР», 1939. 44 с.

苏联和俄罗斯苏维埃联邦社会主义共和国国家制度（图解）

莫斯科：《俄罗斯苏维埃联邦社会主义共和国最高苏维埃公报》出版社，1939，44 页

0409

Борьба за право Рудольф Фон-Иеринг; Пер. с последнего (семнадцатого) немецкого издания В. И. Лойко

С.-Петербург: Журн. "Вестник знания", 1912. 71 с.

为权利而斗争 鲁道夫·冯·耶林著，В.И. 洛伊科译自最新德语版（第 17 版）

圣彼得堡：《科学通报》杂志社，1912，71 页（古）

0410

Источники иностранного торгового права. Вып. 1. Законы о купле-продаже товаров М. М. Агарков, В. Ю. Вольф

М.: Внешторгиздат, 1933. 173 с.

外国商业法资料（第 1 卷）：商品交易法 М.М. 阿加尔科夫、В.Ю. 沃尔夫

莫斯科：国家外贸出版公司，1933，173 页

0411

Очерки торгового права. Вып. I-й А. И. Каминк

С.-Петербург: Право, 1912. 437 с.

商法概论（第 1 册） А.И. 卡明克

圣彼得堡：法律出版社，1912，437 页

0412

Задачи по советскому гражданскому праву Е. И. Кельман

Харьков: Юрид. изд. НКЮ УССР, 1925. 111 с.

苏联民法问题 Е.И. 凯尔曼

哈尔科夫：乌克兰苏维埃社会主义共和国司法人民委员部法律出版社，1925，111 页

0413

Кооперативное законодательство: С приложением декретов о всех видах кооперации Л. И. Поволоцкий

М.: Издание Центросоюза, 1926. 362 с.

合作社法（附各类合作社法令） Л.И. 波沃洛茨基

莫斯科：苏联消费合作社中央联社出版，1926，362 页

0414

Курс советского хозяйственного права. Т. 1 Под ред. Л. Гинцбурга, Е. Пашуканиса

М.: Госполитиздат, 1935. 447 с.

苏联经济法教程（第 1 卷） Л. 金茨堡、Е. 帕舒卡尼斯编

莫斯科：国家政治书籍出版社，1935，447 页

0415

Право и личность крестьянина Н. П. Дружинин

Ярославль: Тип. К. Ф. Некрасова, 1912. 296 с.

农民的权利和身份 Н.П. 德鲁日宁

雅罗斯拉夫尔：К.Ф. 涅克拉索夫印刷厂，1912，296 页

0416

Участие общества в борьбе с преступностью В. Н. Ширяев

Минск: Издание Белорус. Гос. Ун-та, 1926. 39 с.

社会参与打击犯罪 В.Н. 希里亚耶夫

明斯克：白俄罗斯国立大学出版，1926，39 页

0417

Практическое руководство к законам о евреях: Сборник действующих законоположений с разъяснениями Правительствующего Сената и циркулярами Министерства внутренних дел по 1-е октября 1915 года М. Л. Розенштейн

Петроград: Журн. "Жизнь и суд", 1915. 255 с.
关于犹太人的法律实用指南：现行法令汇编（附截至 1915 年 10 月 1 日的参政院解释和内务部通报） М.Л. 罗森施泰因
彼得格勒：《生活与法庭》杂志社，1915，255 页

0418
Систематический сборник важнейших декретов: 1917-1920
М.: [Б. и.], 1920. 268 с.
重要法令系统汇编（1917—1920）
莫斯科：[不详]，1920，268 页

0419
Справочник советского работника　[Ред. С. Чугунов]
М.: Власть совета, 1937. 926 с.
苏联工作者手册　[С. 丘贡诺夫编]
莫斯科：苏维埃政权出版社，1937，926 页

0420
Хронологический перечень законов СССР: По состоянию на 1 июля 1937 г.　[Ред. В. П. Усков]
М.: Юридическое изд. НКЮ СССР, 1938. 200 с.
苏联法律年表（截至 1937 年 7 月 1 日）[В.П. 乌斯科夫编]
莫斯科：苏联司法人民委员部法律出版社，1938，200 页

0421
Очерки политического суда и политических преступлении в Московском государстве 17 века　Г. Г. Тельберг
М.: Типография Императорского Московского Университета, 1912. 342 с.
17 世纪莫斯科公国政治法庭和政治罪概论　Г.Г. 捷利贝格
莫斯科：皇家莫斯科大学印刷厂，1912，342 页

0422
Конституция СССР и РСФСР: В ответах на вопросы　С. Драницын
Ленинг.: Прибой, 1925. 256 с.
苏联和俄罗斯苏维埃联邦社会主义共和国宪法（问

答）　С. 德拉尼岑
列宁格勒：拍岸浪出版社，1925，256 页

0423
Основной закон (конституция) ЗСФСР: С краткими постатейными разъяснениями　Г. Юзбашев
Тифлис: Заря Востока, 1926. 43 с.
外高加索社会主义联邦苏维埃共和国基本法（宪法）（附逐条简短解释）　Г. 尤兹巴舍夫
梯弗里斯：东方霞光出版社，1926，43 页

0424
Пособие классным чинам милиции Дальнего Востока　Сост. Н. Н. Жаковым и В. И. Тутышкиным
Владивосток: Пох. Тип. Верховного Уполномоченного на Д. В., 1919. 213 с.
远东警察官级资料　Н.Н. 扎科夫、В.И. 图特什金编
符拉迪沃斯托克：驻远东最高全权代表印刷厂，1919，213 页

0425
Советское государственное право: Очерки　Ал. Малицкий
Харьков: Юридическое издательство НКЮ УССР, 1926. 146 с.
苏联国家法律（概论）　Ал. 马利茨基
哈尔科夫：乌克兰苏维埃社会主义共和国司法人民委员部法律出版社，1926，146 页

0426
Сборник действующих на территории РСФСР административных законов　Составили С. С. Кишкин , В. П. Усков; Под ред. Д. И. Курского
М.: Юридич. изд. НКЮ РСФСР, 1927. 368 с.
俄罗斯苏维埃联邦社会主义共和国现行行政法律汇编　С.С. 基什金、В.П. 乌斯科夫、Д.И. 库尔斯基编
莫斯科：俄罗斯苏维埃联邦社会主义共和国司法人民委员部法律出版社，1927，368 页

0427
Советское административное право　В. Кобалевский
Харьков: Юридическое издателтство наркомюста УССР, 1929. 417 с.

苏联行政法　В. 科巴列夫斯基

哈尔科夫：乌克兰苏维埃社会主义共和国司法人民委员部法律出版社，1929，417 页

0428

Земельный кодекс РСФСР с объяснительным комментарием　Д. И. Иваницкий

М.: Новая деревня, 1923. 97 с.

俄罗斯苏维埃联邦社会主义共和国土地法典（附释义）　Д.И. 伊万尼茨基

莫斯科：新农村出版社，1923，97 页

0429

Сборник Важнейших постановлений по труду　Сост. Я. Л. Киселев, С. Е. Малкин

М.: Юридическое изд. НКЮ СССР, 1937. 439 с.

重要劳动法规汇编　Я.Л. 基谢廖夫、С.Е. 马尔金编

莫斯科：苏联司法人民委员部法律出版社，1937，439 页

0430

Гражданское право Р.С.Ф.С.Р　С. В. Александровский

Ново-Николаевск: Сибирское областное государственное изд., 1923. 154 с.

俄罗斯苏维埃联邦社会主义共和国民法　С.В. 亚历山德罗夫斯基

新尼古拉耶夫斯克：西伯利亚州国家出版社，1923，154 页

0431

Основы авторского права　Н. М. Николаев

М.: Государ. изд., 1925. 88 с.

著作权原则　Н.М. 尼克拉耶夫

莫斯科：国家出版社，1925，88 页

0432

Имущественные преступления　А. А. Жижиленко

Л.: Наука и школа, 1925. 226 с.

侵犯财产罪　А.А. 日日连科

列宁格勒：科学与学派出版社，1925，226 页

0433

Основные начала уголовного законодательства

СССР и союзных республик　М. М. Исаев

М.: Государственное издательство, 1927. 139 с.

苏联及加盟共和国刑事立法的基本原则　М.М. 伊萨耶夫

莫斯科：国家出版社，1927，139 页

0434

Социалистическое правосознание и уголовное право революции　М. А. Чельцов-Берутов

Харьков: Юрид. издательство НКО УССР, 1924. 91 с.

社会主义法制观念和革命刑法　М.А. 切利佐夫 – 别鲁托夫

哈尔科夫：乌克兰国防人民委员部法律出版社，1924，91 页

0435

Уголовное право Р. С. Ф. С. Р. Вып. III　А. Эстрин

М.: Юрид. книг. НКЮ, 1922. 94 с.

俄罗斯苏维埃联邦社会主义共和国刑法（第 3 卷）　А. 埃斯特林

莫斯科：司法人民委员部法律图书出版社，1922，94 页

0436

Уголовно-процессуальный кодекс Р. С. Ф. С. Р.: С алфавитно-предметным указателем

М.: Юридическое издательство Наркомюста, 1923. 112 с.

俄罗斯苏维埃联邦社会主义共和国刑事诉讼法（附字顺主题索引）

莫斯科：司法人民委员部法律出版社，1923，112 页

0437

За перестройку и улучшение работы суда и прокуратуры　И. А. Акулов, А. Я. Вышинский

М.: Государственное издательство советское законодательство, 1934. 55 с.

改组和完善法院与检察院的工作　И.А. 阿库洛夫、А.Я. 维辛斯基

莫斯科：国家苏联法律出版社，1934，55 页

0438

Основы пенитенциарной науки　С. В. Познышев

М.: [Б. и.], 1923. 342 с.

监狱学基础　C.B. 波兹内舍夫
莫斯科：[不详]，1923，342 页

0439

Речь государственного обвинителя-прокурора союза ССР тов. А. Я. Вышинского: 11 марта 1938 года　Ответственный корректор И. Николаева
М.: Политиздат, 1938. 70 с.
苏联公诉检察官 А.Я. 维辛斯基同志的发言（1938 年 3 月 11 日）　И. 尼古拉耶夫校对
莫斯科：国家政治书籍出版社，1938，70 页

0440

Советская юстиция　Д. С. Карев
М.: Изд. юрид. литер., 1941. 139 с.
苏联司法　Д.С. 卡列夫
莫斯科：法律书籍出版社，1941，139 页

0441

Судебные речи　А. Я. Вышинский
М.: Юридическое изд. Министерства юстиции СССР, 1948. 537 с.
法庭辩护词　А.Я. 维辛斯基
莫斯科：苏联司法部法律出版社，1948，537 页

0442

Энциклопедия государства и права. Т. 3　Под ред. П. Стучка
М.: Изд. Коммунистической академии, 1930. 1183 с.
国家与法律百科全书（第 3 卷）　П. 斯图奇卡编
莫斯科：共产主义大学出版社，1930，1183 页

0443

Преступление и наказание в истории и в советском праве　М. А. Чельцов-Бебутов
Харьков: Юридичечкое издательство НКЮ УССР, 1925. 111 с.
历史和苏联法律中的犯罪与惩罚　М.А. 切利佐夫 – 别布托夫
哈尔科夫：乌克兰苏维埃社会主义共和国司法人民委员部法律出版社，1925，111 页

0444

Известия правового отделения восточного фа- культета Азербайджанского государственного университета имени В. И. Ленина. Выпуск II　Под ред. А. О. Мишель и Г. Губайдулина
Баку: [Б. и.], 1928. 123 с.
В.И. 列宁阿塞拜疆国立大学东方系法律部通讯（第 2 册）　А.О. 米舍利、Г. 古拜杜林编
巴库：[不详]，1928，123 页

0445

Энциклопедия государства и права. Том 1-й　П. Стучка
М.: Изд. коммунистической академии, 1929. 887 с.
国家与法律百科全书（第 1 卷）　П. 斯图奇卡
莫斯科：共产主义学院出版社，1929，887 页

0446

Международное право. Т. I. Мир　Л. Оппенгейм; Перев. Г. Лаутерпахт
М.: Изд. иностр. литер., 1948. 407 с.
国际法（第 1 卷）：和平　Л. 奥本海姆著，Г. 劳特帕赫特译
莫斯科：外国书籍出版社，1948，407 页

0447

Международное право. Т. I. Мир　Л. Оппенгейм; Перев. А. Н. Ивенский, И. Я. Левин, И. А. Моро
М.: Изд. иностр. литер., 1948. 547 с.
国际法（第 1 卷）：和平　Л. 奥本海姆著，А.Н. 伊文斯基、И.Я. 莱温、И.А. 莫罗译
莫斯科：外国书籍出版社，1948，547 页

0448

Международное право. Т. II. Споры. Война　Л. Оппенгейм; Перев. Я. И. Рецкер и А. А. Санталов
М.: Изд. иностр. литер., 1948. 439 с.
国际法（第 2 卷）：争议、战争　Л. 奥本海姆著，Я.И. 雷茨克尔、А.А. 桑塔洛夫译
莫斯科：外国书籍出版社，1948，439 页

0449

Международное право. Т. II. Война. Нейтралитет　Л. Оппенгейм; Перев. А. А. Санталов и В. И. Шиганский
М.: Изд. иностр. литер., 1948. 498 с.

国际法（第 2 卷）：战争、中立　Л. 奥本海姆著，
А.А. 桑塔洛夫、В.И. 希甘斯基译
莫斯科：外国书籍出版社，1948，498 页

0450

**Военно-исторический вестник, издаваемый
при Киевском отделе Императорского русского
Военно-исторического общества. 1-я книга**
Киев: Типография Окружного Штаба, 1912. 420 с.
俄国皇家军史协会基辅分会军史通报（第 1 册）
基辅：军区司令部印刷厂，1912，420 页（古）

0451

**География России: Руководство для офицеров,
поступающих в Императорскую Николаевскую
Военную и Морскую Генерального Штаба Акуде-
мии**　А. И. Медведев
С.-Петербург: Типография Гр. Скачкова с С-ми, 1912.
325 с.
俄国地理：总参谋部皇家尼古拉陆军和海军学院军
官学员教材　А.И. 梅德韦杰夫
圣彼得堡：斯卡奇科夫伯爵父子印刷厂，1912，325
页（古）

0452

**Греко-турецкая война: 1919-1922 гг.: Оперативно-
стратегический очерк**　Н. Г. Корсун
М.: Воениздат, 1940. 53 с.
希腊土耳其战争（1919—1922 年）：战役战略概
要　Н.Г. 科尔孙
莫斯科：军事出版社，1940，53 页

0453

**Записки военной администрации для военных
училищ**　П. Л. Лобко; Перераб. Н. Даниловым и В.
Даровским
С.-Петербург: Склад изданий у В. А. Верезовского, 1912.
372 с.
军校军事行政机关教程　П.Л. 洛布科著，Н. 丹尼洛
夫、В. 达罗夫斯基修改
圣彼得堡：В.А. 韦列佐夫斯基出版库，1912，372
页（古）

0454

Иностранные Армии: Справочник　Под ред. и с
предисловием А. М. Никонова
М.: Государственное военное издательство, 1934.
602 с.
外国军队（手册）　А.М. 尼科诺夫编、作序
莫斯科：国家军事出版社，1934，602 页

0455

**История военного искусства: В рамках полити-
ческой истории. Т. 2. Германцы**　Ганс Дельбрюк;
Перевод с немецкого В. Авидиева
М.: Государственное военное изд-во наркомата обороны СССР, 1937. 399 с.
政治史框架下的军事艺术史（第 2 卷）：德国人　汉
斯·德尔布吕克著，В. 阿维杰夫译自德语
莫斯科：苏联国防人民委员部国家军事出版社，
1937，399 页

0456

**История русской армии и флота: Роскошно ил-
люстрированное издание. Т. 1**
М.: Образование, 1913. 153 с.
俄国陆军和海军史（精美插图版）（第 1 卷）
莫斯科：教育出版社，1913，153 页（古）

0457

Клаузевиц: О войне. III　Пер. А. К. Рачинского
М.: Государственное военное издательство, 1933.
211 с.
克劳塞维茨：《战争论》（第 3 卷）　А.К. 拉钦斯基
译
莫斯科：国家军事出版社，1933，211 页

0458

**Национальная военная доктрина: Профессор ге-
нерал А. К. Баиов и его творчество**　Б. А. Штейфон
Таллин: [Б. и.], 1937. 227 с.
国家军事学说：教授、将军 А.К. 拜奥夫及其著
作　Б.А. 施泰因冯
塔林：[不详]，1937，227 页

0459

Немецкое шпионство　А. С. Резанов

Петроград: Издание М. А. Суворина, 1915. 336 с.

德国间谍活动　A.C. 列扎诺夫

彼得格勒：A.C. 苏沃林出版，1915，336 页（古）

0460

От Севастополя до Цусимы: Воспоминания: Русский флот за время с 1866 по 1906 г.г.　Вице-Адмирал фон А. Г. Нидермиллер

Рига: Издание М. Дидковского, 1930. 140 с.

从塞瓦斯托波尔到对马岛（回忆录）：1866—1906 年的俄国海军　海军中将冯・A.Г. 尼德米勒

里加：M. 季德科夫斯基出版，1930，140 页

0461

Рабоче-крестьянская Красная армия

М.: [Б. и.], 1934. 120 с.

工农红军

莫斯科：[不详]，1934，120 页

0462

Рекогносцировки путей вдоль р. р. Сунгари и Нонни: Произведенные осенью 1911 года　Издание Штаба Иркутского военного округа

Иркутск: Типо-литография штаба округа, 1913. 259 с.

1911 年秋松花江和诺尼江河道勘察　伊尔库茨克军区司令部出版物

伊尔库茨克：军区司令部印刷厂，1913，259 页（古）

0463

Русско-японская война: 1904-1905 гг.　Н. А. Левицкий

М.: Воениздат, 1938. 359 с.

日俄战争（1904—1905 年）　H.A. 列维茨基

莫斯科：军事出版社，1938，359 页

0464

Свод военных постановлений 1869 года. Книга III. Местные военные управления

Санкт-Петербург: Государственная типография, 1912. 154 с.

1869 年军事法令汇编（第 3 册）：地方军事管理

圣彼得堡：国家印刷厂，1912，154 页（古）

0465

О войне = Vom kriege. Т. 1　Клаузевиц; Перевод А. Рачинский

М.: Гос. воениздат Наркомата обороны Союза ССР, 1936. 438 с.

战争论（第 1 卷）　克劳塞维茨著，A. 拉钦斯基译

莫斯科：苏联国防人民委员部国家军事出版社，1936，438 页

0466

История военного искусства: В рамках политической истории. Т. 6. Новое время (продолжние)　Ганс Дельбрюк

М.: Государственное военное издательство наркомата обороны союза ССР, 1939. 631 с.

政治史框架下的军事艺术史（第 6 卷）：近代（续）　汉斯・德尔布吕克

莫斯科：苏联国防人民委员部国家军事出版社，1939，631 页

0467

История военного искусства: С древнейших времен до первой империалистической войны 1914-1918 г.г.. Ч. 2　Е. Разин

М.: Военнздат, 1940. 440 с.

军事艺术史：从远古到 1914—1918 年第一次帝国主义战争（第 2 册）　E. 拉津

莫斯科：军事出版社，1940，440 页

0468

Вооружения капиталистических стран　Под ред. Е. Варга

М.: Гос. воениздат, 1938. 238 с.

资本主义国家的军备　E. 瓦尔加编

莫斯科：国家军事出版社，1938，238 页

0469

Торговцы смертью: Международная военная промышленность = Merchants of death: A study of the international armament industry　Энгельбрехт и Ханиген; Перевод с английского М. М. Маврина

M.: Гос. соц. -экономическое изд., 1935. 217 с.

贩卖死亡的商人：国际军工业　恩格尔布雷希特、哈尼亚著，M.M. 马夫林译自英语

莫斯科：国家社会经济出版社，1935，217 页

0470

Вооруженные силы Японии: Справочник　М. Асик

M.: Гос. военное Изд., 1935. 304 с.

日本武装力量（手册）　M. 阿西克

莫斯科：国家军事出版社，1935，304 页

0471

Основы военного дела　Составлено под общим руководством и ред. И. Г. Клочко [и др.]

M.: Гос. изд. отдел военной литературы, 1928. 500 с.

军事基础　И.Г. 克洛奇科等编

莫斯科：国家出版社军事书籍分社，1928，500 页

0472

1812 год = Clausewitz Der feldzug 1812 in russland　Клаузевиц

M.: Воениздат, 1937. 274 с.

1812 年　克劳塞维茨

莫斯科：军事出版社，1937，274 页

0473

Минин и Пожарский　Н. Подорожный

M.: Воениздат, 1939. 47 с.

米宁和波扎尔斯基　Н. 波多罗日内

莫斯科：军事出版社，1939，47 页

0474

Очерк истории Нижегородского ополчения: 1611-1613 гг.　П. Г. Любомиров

M.: Соцэкгиз, 1939. 339 с.

下诺夫哥罗德义勇军简史（1611—1613 年）　П. Г. 柳博米罗夫

莫斯科：国家社会经济书籍出版社，1939，339 页

0475

Скобелев о немцах: Его заветы Славянству　В. А. Апушкин

Петроград: Издание Т-ва И. Д. Сытина, 1914. 100 с.

斯科别列夫论德国人：给斯拉夫人的遗训　В.А. 阿普什金

彼得格勒：И.Д. 瑟京出版社，1914，100 页（古）

0476

Летопись войны 1914-15-16 гг. 101

Петроград: [Б. и.], 1916. 204 с.

1914—1916 年战争编年史（第 101 期）

彼得格勒：[不详]，1916，204 页（古）

0477

Летопись войны 1914-15-16 гг. 111-119

Петроград: [Б. и.], 1916. 122 с.

1914—1916 年战争编年史（第 111—119 期）

彼得格勒：[不详]，1916，122 页（古）

0478

Дуврский патруль = The concise story of the Dover patrol　Р. Бэкон = R. H. Bacon

M.: Воениздат, 1937. 281 с.

多弗尔巡逻队　Р. 贝孔

莫斯科：军事出版社，1937，281 页

0479

XV лет борьбы за монополию внешней торговли

M.: Партийное изд-во, 1932. 296 с.

为垄断对外贸易而斗争的十五年

莫斯科：联共（布）中央委员会党的出版社，1932，296 页

0480

Аграрный вопрос и крестьянское движение: Справочник. Т. 1. СССР.-Германия.-Австрия.-Венгрия.-Чехословакия.-Голландия.-Швеция.-Норвегия.-Франция.-Италия.-Испания.-Португалия　Под ред. М. П. Горова

M.: Международный аграрный институт, 1935. 266 с.

农业问题和农民运动手册（第 1 卷）：苏联、德国、奥地利、匈牙利、捷克斯洛伐克、荷兰、瑞典、挪威、法国、意大利、西班牙、葡萄牙　М.П. 戈罗夫编

莫斯科：国际农学院，1935，266 页

0481

Аграрный вопрос на Востоке　Минеев, А. [и др.]

M.: Международный аграрный институт, 1933. 433 с.

东部农业问题　А. 米涅耶夫等

莫斯科：国际农学院，1933，433 页

0482

Аграрный кризис и мероприятия правительства　С. Прокопович

M.: Издание М. и С. Сабашниковых, 1912. 223 с.

农业危机与政府措施　С. 普罗科波维奇

莫斯科：М. 萨巴什尼科夫和 С. 萨巴什尼科夫出版，1912，223 页（古）

0483

Акционерные коммерческие банки в России в прошлом и настоящем　С. Ф. Памфилов

Нижний-Новгород: Тип. Нижрайсоюза, 1924. 142 с.

俄国股份制商业银行的过去和现在　С.Ф. 帕姆菲洛夫

下诺夫哥罗德：下诺夫哥罗德消费合作社地区联社印刷厂，1924，142 页

0484

Альбом схем железных дорог СССР: по данным на 1 января 1940 г.

[Б. м.]: Транскартография НКПС, 1940. 46 с.

苏联铁路线路图（截至 1940 年 1 月 1 日数据）

[不详]：交通人民委员部交通地图出版社，1940，46 页

0485

Амурское водное управление и временный дорожный отдел на Хабаровской выставке 1913 года в память трехсотлетного царствования Дома Романовых

[Б. м.]: [Б. и.], 1914. 50 с.

1913 年纪念罗曼诺夫王朝统治三百年哈巴罗夫斯克展览会阿穆尔河水运管理局和临时道路管理处

[不详]：[不详]，1914，50 页（古）

0486

Английский капитализм во второй половине XIX века　В. Лавровский

M.: Государственное изд-во, 1924. 181 с.

19 世纪下半叶的英国资本主义　В. 拉夫罗夫斯基

莫斯科：国家出版社，1924，181 页

0487

Баланс взаимных требований СССР и держав Согласия　Н. Н. Любимов

M.: Экономическая жизнь, 1924. 111 с.

苏联和协约国相互需求的平衡　Н.Н. 柳比莫夫

莫斯科：经济生活出版社，1924，111 页

0488

Бирско-Биджанский район Дальне-Восточного края: Труды экспедиции 1927 г. Вып. I. Предварительный сводный отчет экспедиции　Б. Л. Брук; Под ред. В. Р. Вильямса

M.: Типография "ЭМЕС", 1928. 115 с.

远东边疆区比尔斯克 – 比詹区：1927 年考察成果（第 1 卷）：考察初步综合报告　Б.Л. 布鲁克著，В.Р. 威廉斯主编

莫斯科：真理印刷厂，1928，115 页

0489

Богатства Приамурья и Забайкалья　П. Д. Лежнин

Чита: Типография Забайкальского объед. Союза Коопер., 1922. 452 с.

阿穆尔河沿岸地区和外贝加尔地区的资源　П.Д. 列日宁

赤塔：外贝加尔合作社联合会印刷厂，1922，452 页

0490

Большой Алтай. 2　Академия Наук СССР

Л.: Изд-во АН СССР, 1935. 609 с.

大阿尔泰（第 2 卷）　苏联科学院

列宁格勒：苏联科学院出版社，1935，609 页

0491

Большой Алтай: Сборник материалов по проблеме комплексного изучения и освоения естественных производительных сил Алтайско-Иртышского района　Редколлегия Бессонов И. А. [и др.]

Л.: Изд. АН СССР, 1934. 600 с.

大阿尔泰：阿尔泰 – 额尔齐斯河地区自然生产力综合研究与开发问题资料集　И.А. 别索诺夫等编

列宁格勒：苏联科学院出版社，1934，600 页

0492

Большой Алтай: Сборник материалов по проблеме комплексного изучения и освоения природных ресурсов Алтайско-Иртышского района. Т. 3   АН СССР

М.: Изд-во АН СССР, 1936. 583 с.

大阿尔泰：阿尔泰 – 额尔齐斯河地区自然资源综合研究与开发问题资料集（第 3 卷） 苏联科学院

莫斯科：苏联科学院出版社，1936，583 页

0493

Борьба за ленинский кооперативный план   Н. И. Попов

М.: Гос. социально-экономическое издтельство, 1934. 71 с.

为列宁的合作社计划而斗争   Н.И. 波波夫

莫斯科：国家社会经济出版社，1934，71 页

0494

Ботанические исследования 1910 года. Т. 1. Растительность верхней части бассейна Р. Тунгира Олекминского окр. Якутской обл.   Под ред. В. Н. Сукачева

С.-Петербург: Типография Печатный труд, 1912. 357 с.

1910 年植物学研究（第 1 卷）：雅库茨克州奥廖克明斯基区通吉尔河上游流域植被   В.Н. 苏卡乔夫编

圣彼得堡：印刷品印刷厂，1912，357 页（古）

0495

Ботанические исследования 1910 года. Том 3. Очерк растительности Зейско-Буреинского района Амурской области   М. Ф. Короткий; Под ред. В. Н. Сукачева

С.-Петербург: Типография Печатный труд, 1912. 144 с.

1910 年植物学研究（第 3 卷）：阿穆尔州结雅 – 布列亚地区植被概况   М.Ф. 科罗特基著，В.Н. 苏卡乔夫编

圣彼得堡：印刷品印刷厂，1912，144 页（古）

0496

Бурея-Хинган   Г. И. Ноздрачев и Г. А. Сацюк

М.: [Б. и.], 1934. 77 с.

布列亚 – 兴安岭   Г.И. 诺兹德拉乔夫、Г.А. 萨秋克

莫斯科：[不详]，1934，77 页

0497

Бурятия в цифрах = Buriaad oroniigi toogoor yzyylke debter: Статистико-экономический справочник 1927-1930

Верхнеудинск: Изд. Госплана БМ АССР, 1931. 508 с.

数字布里亚特：1927—1930 年经济统计手册

上乌金斯克：布里亚特蒙古苏维埃社会主义自治共和国国家计划经济书籍出版社，1931，508 页

0498

Бурят-Монголия: Почвенно-ботанический, лесоводственный и охотоведческий очерки Северо-Байкальского района   [Отв. ред. В. Н. Сукачев]

М.: Изд. АН СССР, 1937. 263 с.

布里亚特 – 蒙古：北贝加尔地区土壤植物学、营林学和狩猎学概论   [В.Н. 苏卡乔夫编]

莫斯科：苏联科学院出版社，1937，263 页

0499

Бурят-Монгольская автономная область: Экономическое и статистическое исследование

Иркутск: Первая государственная типография, 1922. 202 с.

布里亚特蒙古自治州：经济与统计研究

伊尔库茨克：国营第一印刷厂，1922，202 页

0500

Важнейшие решения по сельскому хозяйству за 1938-1939 годы   [Отв. Б. И. Шапиро]

М.: Огиз; Сельхозгиз, 1939. 222 с.

1938—1939 年的重要农业决议   [Б.И. 沙皮罗编]

莫斯科：国家出版社联合公司、国家农业书籍出版社，1939，222 页

0501

Важнейшие решения по сельскому хозяйству за 1938-1939 годы   [Отв. Б. Шапиро]

М.: Огиз; Сельхозгиз, 1940. 447 с.

1938—1939 年的重要农业决议   [Б.И. 沙皮罗编]

莫斯科：国家出版社联合公司、国家农业书籍出版

社，1940，447 页

0502

ВКП (б) и профсоюзы о социальном страховании: Сборник документов　Под ред. Д. Антошкина

М.: Профиздат, 1934. 178 с.

论社会保险：联共（布）和工会文件汇编　Д. 安托什金编

莫斯科：工会出版社，1934，178 页

0503

Владивостокский морской торговый порт: Описание порта, экономический обзор и отчетные данные за 1923/24 год

Владивосток: Издание Владивостокского Торгового Порта, 1925. 201 с.

符拉迪沃斯托克商港：港口描述、1923—1924 年度经济概况和决算数据

符拉迪沃斯托克：符拉迪沃斯托克商港出版，1925，201 页

0504

Внешняя торговля и индустриализация СССР　Д. Д. Мишустин

М.: Издательство в/о международная книга, 1938. 221 с.

苏联对外贸易和工业化　Д.Д. 米舒斯京

莫斯科：全苏国际图书外贸公司出版社，1938，221 页

0505

Внешняя торговля и экспортные возможности Дальневосточного края　Под ред. М. Я. Кауфмана, Ф. И. Андрианова, А. Д. Гачечиладзе

М.: Издание изд-ва Наркомторга и ЭКО Дальвнешторга, 1926. 120 с.

远东边疆区的对外贸易和出口能力　М.Я. 考夫曼、Ф.И. 安德里阿诺夫、А.Д. 加切奇拉泽编

莫斯科：商业人民委员部和远东外贸公司经济处出版社，1926，120 页

0506

Внешняя торговля Советского Союза　Под Д. Д. Мишустина

М.: Издательство в/о международная книга, 1938. 326 с.

苏联对外贸易　Д.Д. 米舒斯京编

莫斯科：全苏国际图书外贸公司出版社，1938，326 页

0507

Внешняя торговля союза советских социалистических республик за период 1918-1927/28 г.г.: Статистический обзор　Под ред. А. П. Винокура, С. Н. Бакулина

М.: Снабкоопгиз, 1931. 847 с.

1918—1927/1928 年苏联对外贸易：统计概论　А.П. 维诺库尔、С.Н. 巴库林编

莫斯科：国家食品工业科技出版社，1931，847 页

0508

Внутренняя торговля СССР　Г. Я. Нейман

М.: Огиз; Соцэкгиз, 1935. 347 с.

苏联国内贸易　Г.Я. 奈曼

莫斯科：国家出版社联合公司、国家社会经济书籍出版社，1935，347 页

0509

Внутренняя торговля СССР и её регулирование в 1923-24 году и первом квартале 1924-25 года. Вып. I　Под ред. И. Я. Гольберта [и др.]

М.: Издание "Наркомвнуторга СССР", 1925. 204 с.

1923—1924 年和 1924—1925 年第一季度苏联的国内贸易及其调节（第 1 卷）　И.Я. 戈尔伯特等编

莫斯科：苏联国内贸易人民委员部出版，1925，204 页

0510

Всесоюзные ярмарки и их значение во внутренней торговле и торговле с Востоком

М.: Издание Редакционно-издательского отдела Народного Комиссариата Внешней и Внутренней торговли СССР, 1926. 96 с.

全苏交易会及其在国内贸易和对东方贸易中的作用

莫斯科：苏联内外贸易人民委员部编辑出版局，1926，96 页

0511

Второй всесоюзный съезд колхозников-ударников

11-17 февраля 1935 года: Стенографический отчет

М.: Сельхозгиз, 1935. 302 с.

第二届全苏集体农庄突击手代表大会（1935 年 2 月 11—17 日）：速记报告

莫斯科：国家农业书籍出版社，1935，302 页

0512

Второй пятилетний план развития народного хозяйства СССР: 1933-1937 гг.. Т. 1

М.: Издание Госплана СССР, 1934. 740 с.

苏联国民经济发展第二个五年计划（1933—1937 年）（第 1 卷）

莫斯科：苏联国家计划委员会出版，1934，740 页

0513

Второй пятилетний план развития народного хозяйства СССР: 1933-1937 гг.. Т. 2. План развития районов

М.: Издание Госплана СССР, 1934. 582 с.

苏联国民经济发展第二个五年计划（1933—1937 年）（第 2 卷）：地区发展计划

莫斯科：苏联国家计划委员会出版，1934，582 页

0514

Географическое размещение русской промышленности М. Б. Вольф

М.: Гос. изд-во, 1927. 158 с.

俄罗斯工业的地理布局 М.Б. 沃尔夫

莫斯科：国家出版社，1927，158 页

0515

Горная промышленность Д. В. Р. : Материалы Под ред. М. И. Дементьева, В. Мурашева

Чита: Изд-во Дально-Восточного краевого комитета производственного союза горнорабочих, 1922. 99 с.

远东共和国矿业（资料集） М.И. 杰缅季耶夫、В. 穆拉舍夫编

赤塔：矿工生产联盟远东边疆区委员会出版社，1922，99 页

0516

Государственная оборона России Александр Щербатов

М.: [Б. и.], 1912. 69 с.

俄国国防 亚历山大·谢尔巴托夫

莫斯科：[不详]，1912，69 页（古）

0517

Дальневосточное положение: Очерк Приамурья В. А. Панов

Владивосток: Дальний Восток, 1912. 119 с.

远东形势：阿穆尔河沿岸地区概论 В.А. 帕诺夫

符拉迪沃斯托克：远东出版社，1912，119 页（古）

0518

Дальневосточные леса и их промышленная будущность Б. А. Ивашкевич

М.: Объединение краевых книжно-журнальных издательств; Дальневосточное краевое издательство, 1933. 167 с.

远东森林和木材工业前景 Б.А. 伊瓦什克维奇

莫斯科：边疆区书刊出版社联合公司；远东边疆区出版社，1933，167 页

0519

Доклады Приморской окружной торгово-промышленной палаты по вопросам экономики русского Дальнего Востока, представленные на Вашингтонскую конференцию 1921 года

Владивосток: Изд. Приморской окружной торгово-промышленной палаты, 1922. 459 с.

滨海区工商会提交给 1921 年华盛顿会议的《俄罗斯远东经济问题报告》

符拉迪沃斯托克：滨海区工商会出版社，1922，459 页

0520

Доклады Приморской окружной торгово-промышленной палаты по вопросам экономики русского Дальнего Востока: Представленные на Вашингтонскую конференцию 1921 года Под председательством В. Я. Исаковича

Владивосток: Изд. Приморской Окружной Торгово-промышленной Палаты, 1922. 459 с.

滨海区工商会《俄罗斯远东经济问题报告》：提交给 1921 年华盛顿会议 В.Я. 伊萨科维奇主笔

符拉迪沃斯托克：滨海区工商会出版社，1922，459 页

0521

Железнодорожные поселки по Забайкальской линии. Т. V В. Солдатов

С.-Петербург: Типография акционерного общества Слово, 1912. 586 с.

外贝加尔铁路沿线村镇（第 5 卷） B. 索尔达托夫
圣彼得堡：言论股份印刷厂，1912，586 页（古）

0522

Железнодорожные поселки по Забайкальской линии: Статистическое описание и материалы по переписи 1910 года. Т. V В. Солдатов

С.-Петербург: Типография акционерного общества "Слово", 1912. 380 с.

外贝加尔铁路沿线村镇：1910 年统计和普查资料（第 5 卷） B. 索尔达托夫
圣彼得堡：言论股份印刷厂，1912，380 页（古）

0523

Железнодорожные поселки по Забайкальской линии: Статистическое описание и материалы по переписи 1910 года. Т. V, Ч. I-а. Таблицы В. Солдатов

С.-Петербург: Типография акционерного общества "Слово", 1912. 983 с.

外贝加尔铁路沿线村镇：1910 年统计和普查资料（第 5 卷第 1—a 部分）：表格 B. 索尔达托夫
圣彼得堡：言论股份印刷厂，1912，983 页（古）

0524

Железнодорожные поселки по Забайкальской линии: Статистическое описание и материалы по переписи 1910 года. Т. V, Ч. I-б, Таблицы В. Солдатов

С.-Петербург: Типография акционерного общество Слово, 1912. 1076 с.

外贝加尔铁路沿线村镇：1910 年统计和普查资料（第 5 卷第 1—б 部分）：表格 B. 索尔达托夫
圣彼得堡：言论股份印刷厂，1912，1076 页（古）

0525

Железные дороги СССР в цифрах: Статистический сборник Сост. А. Якоби; Под ред. З. Л. Миндлина

М.: Союзоргучет, 1935. 186 с.

苏联铁路数据：统计汇编 A. 雅各比主编，З.Л. 明德林编
莫斯科：苏联组织核算托拉斯，1935，186 页

0526

За индустриализацию Советского Востока

М.: Издание центрального бюро краеведения, 1934. 288 с.

为了苏联东部地区的工业化
莫斯科：中央方志局出版，1934，288 页

0527

Западно-Сибирский Край: Материалы по экономике края

Новосибирск: Запсибуправление нархозучета, 1932. 541 с.

西西伯利亚边疆区：边疆区经济资料集
新西伯利亚：西西伯利亚国民经济核算管理局，1932，541 页

0528

Записки Приамурского отдела Императорского общества Востоковедения. Вып. III

Хабаровск: Типография Канцелярии Приамур. генерал-губернатора, 1916. 296 с.

皇家东方学学会阿穆尔河沿岸地区分会会刊（第 3 册）
哈巴罗夫斯克：阿穆尔河沿岸地区总督公署印刷厂，1916，296 页（古）

0529

Записки Приамурского отдела Императорского общества Востоковедения. Вып. III. 1915 год

Хабаровск: Типография Канцелярии Приамур. генерал-губернатора, 1916. 319 с.

皇家东方学学会阿穆尔河沿岸地区分会会刊（第 3 册）：1915 年
哈巴罗夫斯克：阿穆尔河沿岸地区总督公署印刷厂，1916，319 页（古）

0530

Земельный строй Востока Л. И. Дембо

Л.: Издание Института живых-восточных языков, 1927. 117 с.

东方土地制度　Л.И. 坚博

列宁格勒：东方语言研究所出版，1927，117 页

0531

Земледелие и зерновое хозяйство Иркутской губернии и обеспеченность населения хлебом　А. В. Черных

Иркутск: Первая государственная типография, 1923. 33 с.

伊尔库茨克州的农业和谷物经济以及居民粮食保障水平　А.В. 切尔内赫

伊尔库茨克：国营第一印刷厂，1923，33 页

0532

Земли для коневодства и скотоводства в азиатской России

С.-Петербург: [Б. и.], 1913. 455 с.

亚俄地区养马业和养牛业用地

圣彼得堡：[不详]，1913，455 页（古）

0533

Известия Восточно-Сибирского отдела Гос. Русского географического общества. Т. LV

Иркутск: [Б. и.], 1929. 150 с.

俄罗斯国家地理学会东西伯利亚分会公报（第55卷）

伊尔库茨克：[不详]，1929，150 页

0534

Импортные рынки стран Востока: Сборник статей

М.: Внешторгиздат, 1933. 173 с.

东方国家进口市场（文集）

莫斯科：国家外贸出版公司，1933，173 页

0535

Иностранные капиталы в русской промышленности　Л. Я. Звентов

М.: Соцэкгиз, 1931. 104 с.

俄罗斯工业的外国资本　Л.Я. 兹韦恩托夫

莫斯科：国家社会经济书籍出版社，1931，104 页

0536

История путиловского завода: 1789-1917　М. Мительман, Б. Глебов, А. Ульянский

М.: Огиз, 1941. 630 с.

普季洛夫工厂史（1789—1917）　М. 米特尔曼、Б. 格列博夫、А. 乌里扬斯基

莫斯科：国家出版社联合公司，1941，630 页

0537

История русского народного хозяйства. Т. 1　I. М. Кулишер

М.: Мир, 1925. 215 с.

俄国国民经济史（第 1 卷）　I.M. 库利舍尔

莫斯科：和平出版社，1925，215 页

0538

История хозяйства: Очерк всеобщей социальной и экономической истории　Макс Вебер; Перевод И. М. Гревса

Петроград: Наука и школа, 1923. 240 с.

经济通史：社会与经济通史概论　马克斯·韦伯著，И.М. 格列夫斯译

彼得格勒：科学与学派出版社，1923，240 页

0539

К вопросу о производительности труда в СССР　С. Хейнман

[Б. м.]: Партиздат, 1933. 138 с.

苏联劳动生产率问题　С. 海因曼

[不详]：联共（布）中央委员会党的出版社，1933，138 页

0540

К вопросу об эксплуатации Норильского (Дунинского) месторождения каменного угля и медной руды в связи с практическим осуществлением и развитием северного морского пути　А. А. Сотников

Томск: Губернская типография, 1919. 54 с.

基于北方海路开通和发展的诺里尔斯克（杜宁斯科）煤矿和铜矿的开采问题　А.А. 索特尼科夫

托木斯克：省印刷厂，1919，54 页

0541

Капитализм и социализм за 20 лет　Е. Варга

[Б. м.]: Партиздат ЦК ВКЦ(б), 1938. 228 с.

资本主义和社会主义 20 年　Е. 瓦尔加

[不详]：联共（布）中央委员会党的出版社，1938，

228 页

0542

Капиталистические страны в 1913, 1920-1936 гг.: Статистический сборник. Т. 2

М.: Плановое хозяйство, 1937. 553 с.

1913、1920—1936 年的资本主义国家：统计汇编（第 2 卷）

莫斯科：计划经济出版社，1937，553 页

0543

Караганда — третья угольная база союза: Материалы по природным ресурсам акмолинско-карагандинского промышленного района

М.: Изд. АН СССР, 1936. 471 с.

苏联第三大煤炭基地 – 卡拉干达：阿克莫林斯克 – 卡拉干达工业区自然资源材料汇编

莫斯科：苏联科学院出版社，1936，471 页

0544

Колониальный восток: Социально-экономические очерки Под ред. А. Султан-Заде

[Б. м.]: Новая Москва, 1924. 353 с.

东方殖民地：社会经济概览 А. 苏丹 – 扎杰编

[不详]：新莫斯科出版社，1924，353 页

0545

Колхозная Россия: История и жизнь колхозов. Значение для с-хозяйства, крестьянства, государства. Природа, эволюция и будущее Сергей Маслов

[Б. м.]: Крестьянская Россия, 1937. 250 с.

集体农庄制的俄罗斯：集体农庄的历史和生活，对农业、农民和国家的意义，自然、演变和未来 谢尔盖·马斯洛夫

[不详]：农民俄罗斯出版社，1937，250 页

0546

Коммунальное и жилищное хозяйство: Кодифицированный сборник законодательства РСФСР на 1 сентября 1933 г. Составлен Народным комиссариатом юстиции по согласованию с Народным комиссариатом коммунального хозяйства

М.: Советское законодательство, 1933. 167 с.

公共事业和住宅管理：截至 1933 年 9 月 1 日俄罗斯苏维埃联邦社会主义共和国法律编纂汇编 司法人民委员部与公共事业人民委员部协编

莫斯科：苏联法律出版社，1933，167 页

0547

Кооперативное движение в России, его теория и практика С. Прокопович

М.: Издание М. и С. Сабашниковых, 1913. 456 с.

俄国合作社运动理论与实践 С. 普罗科波维奇

莫斯科：М. 萨巴什尼科夫和 С. 萨巴什尼科夫出版，1913，456 页（古）

0548

Краткий курс экономической науки А. Богданов

М.: [Б. и.], 1923. 351 с.

经济学简明教程 А. 波格丹诺夫

莫斯科：[不详]，1923，351 页

0549

Краткий очерк развития промышленности СССР Э. Ю. Локшин

М.: Соцэкгиз, 1933. 114 с.

苏联工业发展概况 Э.Ю. 洛克申

莫斯科：国家社会经济书籍出版社，1933，114 页

0550

Кредитная политика эмиссионного банка и устойчивая валюта: Австро-венгерский банк Н. Д. Силин

М.: Финансовое издательство НКФ СССР, 1928. 288 с.

发行银行的信贷政策和稳定货币：奥匈帝国银行 Н.Д. 西林

莫斯科：苏联财政人民委员部财政出版社，1928，288 页

0551

Крестьянская сельско-хозяйственная энциклопедия. Т. IV и V. Земледелие Под ред. Н. К. Борисова

М.: Государственное изд-во, 1926. 826 с.

农民农业百科全书（第 4、第 5 卷）：种植业 Н.К. 鲍里索夫编

莫斯科: 国家出版社, 1926, 826 页

0552

Крестьянское хозяйство: Очерки экономики мелкого земледелия Семен Маслов

М.: [Б. и.], 1920. 398 с.

农民经济: 小农经济概论 谢苗·马斯洛夫

莫斯科: [不详], 1920, 398 页

0553

Леса и лесная промышленность СССР Б. Селибер

[М.]: Гослестехиздат, 1933. 440 с.

苏联的森林和木材工业 Б. 谢利别尔

[莫斯科]: 国家林业技术出版社, 1933, 440 页

0554

Лесные концессии: Составлено Дальне-Восточным управлением уполномоченного Наркомзема Под ред. П. Мамонова [и др.]

Владивосток: Книжное Дело, 1925. 174 с.

森林租让: 农业人民委员部全权代表远东管理局编写 П. 马莫诺夫等编

符拉迪沃斯托克: 图书业出版社, 1925, 174 页

0555

Лесопромышленность. Выпуск VII Ред. П. И. Делле

Хабаровск: Типография Канцелярии Приамур. генерал-губернатора, 1912. 163 с.

森林工业（第 7 册） П.И. 杰列编

哈巴罗夫斯克: 阿穆尔河沿岸地区总督公署印刷厂, 1912, 163 页（古）

0556

Лесопромышленность. Выпуск V Под ред. П. И. Делле

Хабаровск: Типография канцелярии Приамурского генерал-губернатора, 1912. 108 с.

森林工业（第 5 册） П.И. 杰列编

哈巴罗夫斯克: 阿穆尔河沿岸地区总督公署印刷厂, 1912, 108 页（古）

0557

Материалы по геологии и полезным ископаемым

Я. А. С. С. Р. 1928 год. №2. Горные Богатства Якутии

Якутск: Типография Якутгосиздата, 1928. 113 с.

雅库特苏维埃社会主义自治共和国地质和矿产资源资料集（1928 年第 2 册）: 雅库特矿藏

雅库茨克: 雅库特国家出版社印刷厂, 1928, 113 页

0558

Материалы по исследованию путей сообщения Приамурского Края: Дорожный отдел. Вып. IV-VI Сост. П. П. Чубинский

Благовещенск: Типо-Литография "Благовещенск" Тор. Дома "И. Я. Чурин и Ко.", 1913. [320 с.]

阿穆尔河沿岸地区交通路线研究资料: 交通运输处（第 4—6 册） П.П. 丘宾斯基编

布拉戈维申斯克: И.Я. 秋林股份商行布拉戈维申斯克印刷厂, 1913, [320 页]（古）

0559

Материалы статистико-экономического обследования казачьего и крестьянского хозяйства Амурской области. Т. I, Ч. 1-я. Поселенные таблицы

С.-Петербург: Типография В. Ф. Киршбаума, 1912. 1091 с.

阿穆尔州哥萨克和农民经济统计调查资料（第 1 卷第 1 部分）: 村镇统计表

圣彼得堡: В.Ф. 基尔什鲍姆印刷厂, 1912, 1091 页（古）

0560

Материалы статистико-экономического обследования казачьего и крестьянского хозяйства Амурской области. Т. I. Комбинационные и групповые таблицы. Бюджеты

С.-Петербург: Типография В. Ф. Киршбаума, 1913. 602 с.

阿穆尔州哥萨克和农民经济统计调查资料（第 1 卷）: 收支组合表和分类表

圣彼得堡: В.Ф. 基尔什鲍姆印刷厂, 1913, 602 页（古）

0561

Материалы статистико-экономического обследования казачьего и крестьянского хозяйства

Амурской области. Т. II

С.-Петербург: Типография В. Киршбаума, 1912. 616 с.

阿穆尔州哥萨克和农民经济统计调查资料（第 2 卷）

圣彼得堡：В.Ф. 基尔什鲍姆印刷厂，1912，616 页

（古）

0562

Материалы статистико-экономического обследования казачьего и крестьянского хозяйства Амурской области. Т. II. Текстовая разработка

С.-Петербург: Типография В. Ф. Киршбаума, 1913. 720 с.

阿穆尔州哥萨克和农民经济统计调查资料（第 2 卷）：文本整理

圣彼得堡：В.Ф. 基尔什鲍姆印刷厂，1913，720 页

（古）

0563

Минеральное сырье и война: Проблемы обеспечения капиталистических стран минеральным сырьем в первой и второй империалистической войне　А. Шпирт

М.: Политиздат, 1941. 277 с.

矿物原料与战争：第一次和第二次帝国主义战争中资本主义国家的矿物原料保障问题　А. 施皮尔特

莫斯科：国家政治书籍出版社，1941，277 页

0564

Мировая торговля: В эпоху великого экономического кризиса 1917-1921 гг.: Эскиз　В. Дитякин

Казань: Государств. Издательство, 1921. 103 с.

国际贸易：1917—1921 年经济大危机时期（概况）　В. 季佳宁

喀山：国家出版社，1921，103 页

0565

Мировое хозяйство в 1936 г.: Ежегодник　Под ред. Е. Варга

М.: Соцэкгиз, 1937. 323 с.

1936 年的世界经济：年鉴　Е. 瓦尔加编

莫斯科：国家社会经济书籍出版社，1937，323 页

0566

Мировое хозяйство и экономическое положение

CCCP　П. Попов

М.: Государственное изд-во, 1925. 67 с.

世界经济与苏联的经济状况　П. 波波夫

莫斯科：国家出版社，1925，67 页

0567

Мировое хозяйство: Ежегодник 1937/1938　Под ред. Е. Варга

М.: Соцэкгиз, 1938. 560 с.

世界经济：1937/1938 年年鉴　Е. 瓦尔加编

莫斯科：国家社会经济书籍出版社，1938，560 页

0568

Мировые экономические кризисы = WORLD ECONOMIC CRISES. III. Денежные кризисы (1821-1938)　И. Трахтенберг

М.: Госфиниздат, 1939. 893 с.

世界经济危机（第 3 卷）：货币危机（1821—1938）И. 特拉赫腾贝格

莫斯科：国家财政书籍出版社，1939，893 页

0569

Монголия в ее современном торгово-экономическом отношении　А. П. Болобан

Петроград: Типография В. Ф. Киршбаума, 1914. 207 с.

当代蒙古经贸关系　А.П. 博洛班

彼得格勒：В.Ф. 基尔什鲍姆印刷厂，1914，207 页

（古）

0570

Народное хозяйство Индии　Б. Нарайн; Перевод с англ. М. Е. Ландау

М.: Московский рабочий, 1925. 238 с.

印度国民经济　Б. 纳拉因著，М.Е. 兰道译自英语

莫斯科：莫斯科工人出版社，1925，238 页

0571

Народное хозяйство Камчатского края = National economy of the kamchatka region　М. А. Сергеев

М.: Изд-во АН СССР, 1936. 815 с.

堪察加边疆区的国民经济　М.А. 谢尔盖耶夫

莫斯科：苏联科学院出版社，1936，815 页

0572

Народный доход СССР и его распределение Владимир Кац

М.: Партийное изд-во, 1932. 132 с.

苏联国民收入与分配 弗拉基米尔·卡茨

莫斯科：联共（布）中央委员会党的出版社，1932，132 页

0573

Настольный календарь колхозника: 1940: Високосный год / 366 дней

М.: Сельхозгиз, 1940. 376 с.

集体农庄庄员台历（1940 年—闰年 /366 天）

莫斯科：国家农业书籍出版社，1940，376 页

0574

Настольный сборник Сост. Г. В. Эфрос

Иркутск: Типо-литография П. И. Макушина и Вл. М. Посохина, 1913. 937 с.

必备手册 Г.В. 埃夫罗斯编

伊尔库茨克：П.И. 马库申和 Вл.М. 波索欣印刷厂，1913，937 页（古）

0575

Настольный справочник Дальневосточный край

Владивосток: Изд. "Кубуч", [193?]. 98 с.

远东边疆区必备手册

符拉迪沃斯托克：学生生活改善委员会出版社，[193?]，98 页

0576

Нижне-Амурская область Е. В. Крючков, И. И. Сивенков

Хабаровск: Дальневосточное государственное издательство, 1940. 82 с.

阿穆尔河下游地区 Е.В. 克留奇科夫、И.И. 西文科夫

哈巴罗夫斯克：远东国家出版社，1940，82 页

0577

О задачах тяжелой промышленности и стахановском движении С. Орджоникидзе

М.: Партиздат ЦК ВКП(б), 1936. 157 с.

论重工业的任务和斯达汉诺夫运动 С. 奥尔忠尼启则

莫斯科：联共（布）中央委员会党的出版社，1936，157 页

0578

Об уничтожении противоположности между умственным и физическим трудом Рина Рубин

М.: Огиз; Соцэкгиз, 1939. 141 с.

论消除脑力劳动与体力劳动之间的对立 里纳·鲁宾

莫斯科：国家出版社联合公司、国家社会经济书籍出版社，1939，141 页

0579

Обзор 1914 года в сельско-хозяйственном отношении

Владивосток: Типография Приморского Областного Правления, 1915. 167 с.

1914 年农业概况

符拉迪沃斯托克：滨海州公所印刷厂，1915，167 页（古）

0580

Обзор мировой и советской нефтяной промышленности за 1931 г.

Ленинград: НКТП-СССР, 1933. 272 с.

1931 年世界与苏联石油工业概览

列宁格勒：苏联重工业人民委员部，1933，272 页

0581

Общее соглашение между русскими железными дорогами о взаимном пользовании товарными вагонами

Владивосток: Типография П. П. Сойкина, 1914. 366 с.

俄国铁路间货车互用总协定

符拉迪沃斯托克：П.П. 索伊金印刷厂，1914，366 页（古）

0582

Организация учета труда и заработной платы в промышленных предприятиях М. П. Рубинчик

М.: Госпланиздат, 1939. 190 с.

工业企业中的劳动和工资核算 М.П. 鲁宾奇科

莫斯科：国家计划经济书籍出版社，1939，190 页

0583

Оседание кочевых и полукочевых хозяйств Кир-гизии　М. Г. Сахаров

М.: Центральное бюро краеведения, 1934. 227 с.

吉尔吉斯游牧和半游牧经济的衰落　М.Г. 萨哈罗夫

莫斯科：中央地方志局，1934，227 页

0584

Основной капитал промышленности СССР: Очерки его состояния, восстановления и рекон-струкции　М. А. Барун

М.: Государственное издательство, 1930. 315 с.

苏联工业固定资本：状况、恢复和改造　М.А. 巴伦

莫斯科：国家出版社，1930，315 页

0585

Основы политической экономии　М. И. Туган-Барановский

Петроград: Издание Юридического книжного скла-да "Право", 1915. 593 с.

政治经济学基础　М.И. 图甘 – 巴拉诺夫斯基

彼得格勒：法律书库出版，1915，593 页（古）

0586

От Петрограда до Владивостока: Великий Си-бирский путь　Э. Э. Анерт

Петроград: Типо-Литография А. Ф. Маркова, [1916]. 127 с.

从彼得格勒到符拉迪沃斯托克：西伯利亚大铁路　Э.Э. 阿涅尔特

彼得格勒：А.Ф. 马尔科夫印刷厂，[1916]，127 页（古）

0587

Отчет о Съезде сельских хозяев Приморской об-ласти 11-14 ноября 1912 года в г. Никольске-Уссурийском　Под ред. А. Я. Эггенберга, Д. И. Золо-това

Хабаровск: Типография Канцелярии Приамур. генерал-губернатора, 1913. 407 с.

1912 年 11 月 11—14 日滨海州农业资本家代表大会报告（尼科利斯克—乌苏里斯基市）　А.Я. 埃根堡、Д.И. 佐罗托夫编

哈巴罗夫斯克：阿穆尔河沿岸地区总督公署印刷厂，

1913，407 页（古）

0588

Очередные вопросы финансовой политики: Сборник статей. Вып. II

М.: Финансово-экономическое бюро, 1922. 176 с.

财政政策的首要问题：论文集（第 2 册）

莫斯科：财经委员会出版社，1922，176 页

0589

Очерк советской экономической политики　Ва-дим Смушков

М.: Работник просвещения, 1925. 143 с.

苏联经济政策概论　瓦吉姆·斯穆什科夫

莫斯科：教育工作者出版社，1925，143 页

0590

Очерки по истории денежного обращения в СССР: 1917-1925　З. В. Атлас

М.: Государственное Финансовое издательство, 1940. 245 с.

苏联货币流通史纲（1917—1925）　З.В. 阿特拉斯

莫斯科：国家财政出版社，1940，245 页

0591

Очерки по экономической географии России: В связи с мировым хозяйством, по новейшим статистическим материалам. Часть 1. Сельское хозяйство　Н. П. Огановский

М.: Новая Деревня, 1922. 238 с.

俄罗斯经济地理概要：与世界经济的联系（基于最新统计资料）（第 1 部分）：农业　Н.П. 奥加诺夫斯基

莫斯科：新农村出版社，1922，238 页

0592

Очерки хозяйственной жизни Дальнего Вос-тока　П. Я. Дербер и М. Л. Шер

М.: Государственное изд-во, 1927. 300 с.

远东经济生活概况　П.Я. 德贝尔、М.Л. 舍尔

莫斯科：国家出版社，1927，300 页

0593

Очерки экономической географии иностранных

государств   М. Б. Вольф, Г. А. Мебус

Л.: Прибой, 1929. 420 с.

外国经济地理概论   М.Б. 沃尔夫、Г.А. 梅布斯

列宁格勒：拍岸浪出版社，1929，420 页

0594

Партия о промысловой кооперации и кустарной промышленности: Сборник решений и постановлений ВКП(б), Коминтерна и ЦК ВЛКСМ   Сост. А. Г. Баулин и В. М. Мешковский

М.: Коиз, 1932. 248 с.

论手工业合作社与手工业：联共（布）、共产国际和全苏列宁共产主义青年团执行委员会决议和命令汇编   А.Г. 包林、В.М. 梅什科夫斯基编

莫斯科：全俄合作社出版社，1932，248 页

0595

Пищевая индустрия Советского Союза   А. И. Микоян

М.: Партиздат ЦК ВКП(б), 1936. 213 с.

苏联食品工业   А.И. 米高扬

莫斯科：联共（布）中央委员会党的出版社，1936，213 页

0596

Политика заработной платы в СССР за 15 лет диктатуры пролетариата   В. Цибульский

М.: Профиздат, 1932. 48 с.

苏联无产阶级专政十五年间的工资政策   В. 齐布利斯基

莫斯科：工会出版社，1932，48 页

0597

Политико-экономический ежегодник СССР. 1925/26

М.: Издание Литиздата Н. К. И. Д., 1926. 500 с.

苏联政治经济年鉴（1925/26）

莫斯科：外交人民委员部书籍出版社，1926，500 页

0598

Политическая экономия рантье: Теория ценности и прибыли австрийской школы   Н. Бухарин

М.: Редакционно-издательский Отдел В. С. Н. Х., 1919. 204 с.

食利者政治经济学：奥地利学派的价值和利润理论   Н. 布哈林

莫斯科：最高国民经济委员会编辑出版部，1919，204 页

0599

Популярные очерки экономической географии СССР в связи с мировой   Н. П. Огановский

М.: Изд-во "Экономическая жизнь", 1926. 372 с.

世界经济地理视域下的苏联经济地理通俗读物   Н. П. 奥加诺夫斯基

莫斯科：经济生活出版社，1926，372 页

0600

Посевное зерно Восточной Сибири   Н. Н. Кулешов

М.: Огиз, 1934. 93 с.

东西伯利亚播种的谷物   Н.Н. 库列绍夫

莫斯科：国家出版社联合公司，1934，93 页

0601

Посевные площади СССР 1938 г.: Статистический справочник   Отв. ред. Д. Д. Дегтярь

М.: Госпланиздат, 1939. 333 с.

1938 年苏联播种面积：统计手册   Д.Д. 杰格佳里编

莫斯科：国家计划经济书籍出版社，1939，333 页

0602

Посевные площади СССР: Динамика за 1928, 1932-1938 гг. в сопоставлении с 1913 г. Статистический справочник   Ред. Н. Д. Черепенин

М.: Госпланиздат, 1939. 330 с.

苏联播种面积：与 1913 年相比 1928、1932—1938 年的变化（统计手册）   Н.Д. 切列佩宁编

莫斯科：国家计划经济书籍出版社，1939，330 页

0603

Постановления IV сессии ЦИК СССР IV созыва

М.: Партийное изд-во, 1934. 31 с.

第四届苏联中央执行委员会第四次会议决议

莫斯科：联共（布）中央委员会党的出版社，1934，31 页

0604

Почвенно-ботанические исследования и про-

блема сельского хозяйства в центральной части долины реки Камчатки　С. Ю. Липшиц и Ю. А. Ливеровский

М.: Изд-во Академии наук СССР, 1937. 219 с.

堪察加河河谷中部土壤植物学研究与农业问题　C.Ю. 利普希茨、Ю.А. 利韦罗夫斯基

莫斯科：苏联科学院出版社，1937，219 页

0605

Правила плавания: По рекам: Амуру, Аргуни, Уссури, Сунгари, и озеру Ханка в пограничных их частях

Хабаровск: Типография издательства "Тихоокеанской звездзы", 1935. 36 с.

航行规则：阿穆尔河、额尔古纳河、乌苏里江、松花江、兴凯湖边境地带

哈巴罗夫斯克：太平洋之星出版社印刷厂，1935，36 页

0606

Приамурский край. 1906-1910 г.г. Очерк　П. Ф. Унтербергер

С.-Петербург: Типография В. Ф. Киршбаума, 1912. 428 с.

阿穆尔河沿岸地区（1906—1910 年）：概况　П.Ф. 温特伯格

圣彼得堡：В.Ф. 基尔什鲍姆印刷厂，1912，428 页（古）

0607

Приморье: Его природа и хозяйство　Сборник статей, сост. секцией Примгубвыстбюро

Владивосток: Изд. Владивостокского отд. Госкниги, 1923. 366 с.

滨海地区：自然与经济　滨海省展览局分局编论文集

符拉迪沃斯托克：国营书店符拉迪沃斯托克分店出版社，1923，366 页

0608

Проблемы Бурят-монгольской АССР = BURIAAD-MONGOL AVTONOOMITO SOCIALIIS SOVEED RESPYYBLIRIIN: Труды и конференции по освоению природных ресурсов Бурят-монгольской АССР. Т. II

М.: Изд. АН СССР, 1936. 448 с.

布里亚特蒙古苏维埃社会主义自治共和国问题：布里亚特蒙古苏维埃社会主义自治共和国自然资源开发著作集和会议（第 2 卷）

莫斯科：苏联科学院出版社，1936，448 页

0609

Проблемы земледелия на Камчатке

М.: Изд-во Академии наук СССР, [1936]. 212 с.

堪察加农业问题

莫斯科：苏联科学院出版社，［1936］，212 页

0610

Проблемы Киргизской АССР: Труды и конференции по освоению природных ресурсов Киргизской АССР (8-12 февраля 1935 г.). Т. I

М.: Изд. АН СССР, 1936. 253 с.

吉尔吉斯苏维埃社会主义自治共和国问题：吉尔吉斯苏维埃社会主义自治共和国自然资源开发著作集和会议（1935 年 2 月 8—12 日）（第 1 卷）

莫斯科：苏联科学院出版社，1936，253 页

0611

Проблемы Киргизской АССР: Труды и конференции по освоению природных ресурсов Киргизской АССР (8-12 февраля 1935 г.). Т. II

М.: Изд. АН СССР, 1936. 328 с.

吉尔吉斯苏维埃社会主义自治共和国问题：吉尔吉斯苏维埃社会主义自治共和国自然资源开发著作集和会议（1935 年 2 月 8—12 日）（第 2 卷）

莫斯科：苏联科学院出版社，1936，328 页

0612

Производительные силы Дальнего Востока. Вып. 2. Поверхность и недра　Ред. Е. М. Чепурковский [и др.]

Хабаровск: Книжное дело, 1927. 304 с.

远东生产力（第 2 册）：地表和地下　E.M. 切普尔科夫斯基等编

哈巴罗夫斯克：图书业出版社，1927，304 页

0613

Производительные силы Дальнего Востока. Вып. 3. Растительный мир　Ред. В. М. Савич [и др.]

Хабаровск: Книжное дело, 1927. 304 с.

远东生产力（第3册）：植物世界 В. М. 萨维奇 等编

哈巴罗夫斯克：图书业出版社，1927，304 页

0614

Производительные силы Дальнего Востока. Вып. 4. Животный мир Ред. Г. Н. Гассовский [и др.]

Хабаровск: Издано по поручению Дальне-Восточной краевой плановой комиссии, 1927. 596 с.

远东生产力（第4册）：动物世界 Г.Н. 加索夫斯基 等编

哈巴罗夫斯克：远东边疆区计划委员会委托出版，1927，596 页

0615

Производительные силы Дальнего Востока. Вып. 5. Человек

Хабаровск: Книжное дело, 1927. 190 с.

远东生产力（第5册）：人力资源

哈巴罗夫斯克：图书业出版社，1927，190 页

0616

Промышленность Ред. П. И. Крокос [и др.]

Владивосток: Акц. О-во "Книжное дело", [192?].259 с.

工业 П.И. 克罗科斯等编

符拉迪沃斯托克：图书业股份公司，[192?]，259 页

0617

Путеводитель по Великой Сибирской железной дороге: От С.-Петербурга до Владивостока. 1913 Под ред. А. И. Дмитриева-Мамонова

С.-Петербург: Типография И. Шурухт, 1913. 521 с.

西伯利亚大铁路指南：从圣彼得堡到符拉迪沃斯托克（1913） А.И. 德米特里耶夫 – 马莫诺夫编

圣彼得堡：И. 舒鲁赫特印刷厂，1913，521 页（古）

0618

Пути развития советской торговли Г. Нейман

М.: Соцэкгиз, 1934. 106 с.

苏联贸易发展之路 Г. 奈曼

莫斯科：国家社会经济书籍出版社，1934，106 页

0619

Районы Дальневосточного края: Без Камчатки и Сахалина

Хабаровск: Книжное дело, 1931. 320 с.

远东边疆区各地区概览（不包括勘察加和萨哈林）

哈巴罗夫斯克：图书业出版社，1931，320 页

0620

Распределение доходов в колхозах Дм. Рудь

М.: Сельхозгиз, 1938. 64 с.

集体农庄的收入分配 Дм. 鲁季

莫斯科：国家农业书籍出版社，1938，64 页

0621

Розничная торговая сеть СССР

М.: Союзоргучет, 1936. 312 с.

苏联零售贸易网

莫斯科：全苏核算组织托拉斯，1936，312 页

0622

Россия: Полное географическое описание нашего отечества. Том 5. Урал и Приуралье Под ред. В. П. Семенова-Тян-Шанского; Сост. Г. Н. Кирилин [и др.]

С.-Петербург: Издание А. Ф. Девриена, 1914. 669 с.

俄国：祖国地理全描述（第5卷）：乌拉尔及其附近地区 В.П. 谢苗诺夫 – 天山斯基主编，Г.Н. 基里林 等编

圣彼得堡：А.Ф. 杰夫里延出版，1914，669 页（古）

0623

РСФСР Под ред. А. Леонтьева, Н. Михайлова

М.: Государственное изд-во политической литературы, 1938. 126 с.

俄罗斯苏维埃联邦社会主义共和国 А. 列昂季耶夫、Н. 米哈伊洛夫编

莫斯科：国家政治书籍出版社，1938，126 页

0624

Рыбные и пушные богатства Дальнего Востока

[Б. м.]: Издание Научпромбюро Дальрыбохоты выполнено "Госкнигой", 1923. 478 с.

远东渔业与毛皮资源

[不详]：远东渔猎和毛皮业管理局科技工业局（国

家图书出版社完成），1923，478 页

0625

Рыбные промыслы Дальнего Востока в 1912 году Г. У. З. и З

Хабаровск: Типография канцелярии Приамурского генерал-губернатора, 1913. 182 с.

1912 年远东渔业 土地规划与耕作管理总局

哈巴罗夫斯克：阿穆尔河沿岸地区总督公署印刷厂，1913，182 页（古）

0626

Рынки стран Востока: Сборник

М.: Внешторгиздат, 1933. 96 с.

东方国家市场（资料汇编）

莫斯科：国家外贸出版公司，1933，96 页

0627

Сахарная промышленность в Сибири: Перспективы свеклосеяния и свеклосахарной промышленности в Сибирском Крае

Новосибирск: Сибкрайиздат, 1930. 64 с.

西伯利亚制糖工业：西伯利亚边疆区甜菜种植和甜菜制糖业的前景

新西伯利亚：西伯利亚边疆区出版社，1930，64 页

0628

Сборник действующих торговых договоров и иных хозяйственных соглашений СССР, заключенных с иностранными государствами. Вып. I. Действующие торговые договоры и иные хозяйственные соглашения, заключенные по 15 июля 1935 года

М.: Издание НКИД, 1935. 338 с.

苏联与外国签订的现行贸易协定及其他经济协议汇编（第 1 卷）：1935 年 7 月 15 日前签订的现行贸易协定及其他经济协议

莫斯科：外交人民委员部出版，1935，338 页

0629

Сведения о лесах Приамурия и условия местной лесопромышленности Под ред. П. И. Делле

Хабаровск: Типография канцелярии Приамурского генерал-губернатора, 1913. 78 с.

阿穆尔河沿岸地区林业资讯与当地森林工业的条件 П.И. 杰列编

哈巴罗夫斯克：阿穆尔河沿岸地区总督公署印刷厂，1913，78 页（古）

0630

Сдвиги в сельском хозяйстве СССР между XV и XVI партийными съездами: Статистические сведения по сельскому хозяйству за 1927-1930 гг.

М.: Соцэкгиз, 1931. 213 с.

第十五次和第十六次党代表大会之间苏联农业的发展：1927—1930 年农业统计数据

莫斯科：国家社会经济书籍出版社，1931，213 页

0631

Сельское хозяйство в Монголии: Отчет специалиста по животноводству И. М. Морозова И. М. Морозов

С.-Петербург: Типо-литография М. П. Фроловой, 1912. 40 с.

蒙古农业：畜牧专家 И.М. 莫罗佐夫报告 И.М. 莫罗佐夫

圣彼得堡：М.П. 弗罗洛娃印刷厂，1912，40 页（古）

0632

Сельское хозяйство в Приморской области А. Я. Эггенберг

Хабаровск: Типография Канцелярии Приамур. генерал-губернатора, 1912. 127 с.

滨海州农业 А.Я. 埃根堡

哈巴罗夫斯克：阿穆尔河沿岸地区总督公署印刷厂，1912，127 页（古）

0633

Сельское хозяйство СССР ежегодник: 1935 Отв. ред. А. И. Муралов

М.: Сельхозгиз, 1936. 1467 с.

苏联农业年鉴（1935） А.И. 穆拉洛夫编

莫斯科：国家农业书籍出版社，1936，1467 页

0634

Сибирский торгово-промышленный ежегодник 1914-1915 г.г.

Петроград: Изд. Д. Р. Юнг, [1915]. 653 с.

1914—1915 年西伯利亚工商业年鉴

彼得格勒：Д.Р. 云格出版社，［1915］，653 页（古）

0635

Советский Дальний Восток Под ред. С. Ф. Суховия

Чита: Книжное дело, 1923. 159 с.

苏联远东　С.Ф.苏霍维伊编

赤塔：图书业出版社，1923，159 页

0636

Советский Сахалин: К пятнацатилетию Советского Сахалина Г. Ф. Стариков

Хабаровск: Дальгиз, 1940. 58 с.

苏维埃萨哈林：苏维埃萨哈林十五周年　Г.Ф.斯塔里科夫

哈巴罗夫斯克：远东国家出版社，1940，58 页

0637

Советское приморье: Орган приморского губернского экономического совещания

Владивосток: Книжное дело, 1925. 119 с.

苏联滨海边疆区：滨海省经济协商机构

符拉迪沃斯托克：图书业出版社，1925，119 页

0638

Социалистическая колхозная собственность Д. Шепилов

М.: Политиздат при ЦК ВКП(б), 1940. 135 с.

社会主义集体农庄所有制　Д. 谢皮洛夫

莫斯科：联共（布）中央委员会政治书籍出版社，1940，135 页

0639

Социалистическая реконструкция сельского хозяйства в первой 5-летке Я. Никулихин

М.: Партийное изд-во, 1934. 142 с.

"一五计划"时期的农业社会主义改造　Я. 尼库利欣

莫斯科：联共（布）中央委员会党的出版社，1934，142 页

0640

Социалистические формы труда М. Эскин

М.: Партийное изд-во, 1932. 71 с.

社会主义劳动形式　M. 埃斯金

莫斯科：联共（布）中央委员会党的出版社，1932，71 页

0641

Социалистическое строительство Союза ССР: 1933-1938 гг.: Статистический сборник [Отв. ред. И. В. Саутин]

М.: Госпланиздат, 1939. 207 с.

苏联社会主义建设（1933—1938 年）：统计汇编　［И.В.绍京编］

莫斯科：国家计划经济书籍出版社，1939，207 页

0642

Сочинения. Т. III. Социалистическое строительство Г. М. Кржижановский

М.: ОНТИ НКТП СССР, 1936. 499 с.

文集（第 3 卷）：社会主义建设　Г.M. 克日扎诺夫斯基

莫斯科：苏联重工业人民委员部科技出版社联合公司，1936，499 页

0643

СССР и капиталистические страны: Статистический сборник технико-экономических показателей народного хозяйства СССР и капиталистических стран за 1913-1937 гг. Сост. Я. А. Иоффе

М.: Госпланиздат, 1939. 330 с.

苏联和资本主义国家：1913—1937 年苏联和资本主义国家国民经济技术与经济指标统计汇编　Я.A. 约费编

莫斯科：国家计划经济书籍出版社，1939，330 页

0644

Статистический справочник по экономической географии капиталистического мира М. Б. Вольф и В. С. Клупт

Л.: Соцэкгиз, 1936. 575 с.

资本主义世界经济地理统计手册　М.Б. 沃尔夫、В.С. 克卢普特

列宁格勒：国家社会经济书籍出版社，1936，575 页

0645

Статистический справочник по экономической географии СССР и других государств　М. Б. Вольф, Г. А. Мебус; Под ред. В. Э. Дена

М.: Государственное издательство, 1926. 376 с.

苏联和其他国家经济地理统计手册　М.Б. 沃尔夫、Г.А. 梅布斯著，В.Э. 杰恩编

莫斯科：国家出版社，1926，376 页

0646

Страна советов: Краткий экономико-географический очерк СССР　И. Фрейдин

М.: Молодая гвардия, 1937. 352 с.

苏维埃国家：苏联经济地理概论　И. 弗赖季恩

莫斯科：青年近卫军出版社，1937，352 页

0647

Страны Востока: Экономический справочник　Под ред. С. К. Пастухова [и др.]

М.: Изд-во всесоюзно-восточной торговой палаты, 1929. 1028 с.

东方国家经济手册　С.К. 帕斯图霍夫等编

莫斯科：全苏东方商会出版社，1929，1028 页

0648

Страны Востока: Экономический справочник. I. Ближний Восток　Под ред. Ю. О. Ленгиеля

М.: Соцэкгиз, 1934. 570 с.

东方国家经济手册（第 1 册）：近东　Ю.О. 连吉叶利编

莫斯科：国家社会经济书籍出版社，1934，570 页

0649

Техно-экономическая база Японии = THE TECHNICAL AND ECONOMIC BASE OF JAPAN　Константин Попов

М.: Гос. социально-зкономическое изд-во, 1934. 321 с.

日本的技术经济基础　康斯坦丁·波波夫

莫斯科：国家社会经济出版社，1934，321 页

0650

Торговая политика и торговые договоры советской России: 1917-1922 г.г.　Б. Е. Штейн

М.: Гос. изд-во, 1923. 247 с.

苏俄的贸易政策和商业合同（1917—1922 年）　Б.Е. 施泰因

莫斯科：国家出版社，1923，247 页

0651

Торговля России с Востоком: Орган Российско-Восточной Торговой Палаты: Октябрь-Декабрь　Отв. ред. В. И. Юдин

М.: Издательство Российско-Восточной Торговой Палаты, 1926. 48 с.

俄罗斯与东方的贸易：俄罗斯 – 东方商会（10 月—12 月）　В.И. 尤金编

莫斯科：俄罗斯 – 东方商会出版社，1926，48 页

0652

Торгово-промышленный и финансовый словарь　Под ред. Г. В. Цыперовича

Л.: Изд-во Сев-зап. Промбюро В. С. Н. Х., 1926. 895 с.

工商和金融词典　Г.В. 齐佩罗维奇编

列宁格勒：最高国民经济委员会西北工业局出版社，1926，895 页

0653

Торговые отношения СССР со странами Востока

М.: Изд-во В/О международная книга, 1938. 105 с.

苏联与东方国家的贸易关系

莫斯科：国际图书外贸联合公司出版社，1938，105 页

0654

Транспорт и связь СССР в цифрах

М.: Союзоргучет, 1936. 64 с.

苏联运输和通讯数据

莫斯科：苏联组织核算托拉斯，1936，64 页

0655

Труды первого съезда инспекторов мелкого кредита и представителей сельских кредитных товариществ Приамурского края, состоявшегося в Г. Хабаровске: 1-3 сентября 1913 г.　Под. ред. К. К. Куртеева

Хабаровск: Типография канцелярии Приамурского генерал-губернатора, 1914. 149 с.

首届小额贷款监督员和阿穆尔河沿岸地区信贷合作社代表大会著作集（1913 年 9 月 1—3 日在哈巴罗夫斯克召开） К.К. 库尔捷耶夫编

哈巴罗夫斯克：阿穆尔河沿岸地区总督公署印刷厂，1914，149 页（古）

0656

Тяжесть обложения в СССР: Социальный состав, доходы и налоговые платежи населения союза ССР в 1924/25, 1925/26 и 1926/27 годах: Доклад комиссии совета народных комиссаров союза ССР по изучению тяжести обложения населения союза

М.: Гос. финансовое изд-во Союза ССР, 1929. 172 с.

苏联税收负担：1924—1925 年、1925—1926 年和1926—1927 年苏联的社会结构、居民收入和纳税（苏联人民委员会居民税负研究委员会报告）

莫斯科：苏联国家财政出版社，1929，172 页

0657

Узбекистан ко 2-й пятилетке   Сост. И. О. Адов

М.: Объединение государственных издательств Среднеазиатско отделение, 1933. 150 с.

"二五计划"前的乌兹别克斯坦   И.О. 阿多夫编

莫斯科：国家出版社联合公司中亚分公司，1933，150 页

0658

Урожай хлебов и трав в Забайкальской области в 1914 году: По сообщениям добровольных корреспондентов статистического отдела и должностных лиц сельского самоуправления

Иркутск: Паровая типо-литография П. И. Макушина и В. М. Посохина, 1915. 61 с.

1914 年外贝加尔州粮食和牧草产量：基于统计处义务通讯员和农村自治机关官员的报告

伊尔库茨克：П.И. 马库申和 В.М. 波索欣蒸汽印刷厂，1915，61 页（古）

0659

Учение о торговле   Иоганн-Фридрих Шерр; Пер. С. И. Цедербаума

М.: Экономическая жизнь, 1926. 546 с.

贸易学   约翰－弗里德里希·谢尔著，С.И. 采德鲍姆译

莫斯科：经济生活出版社，1926，546 页

0660

Финансы и кредит СССР   В. П. Дьяченко

М.: Госфиниздат, 1940. 573 с.

苏联的财政与信贷   В.П. 季亚琴科

莫斯科：国家财政书籍出版社，1940，573 页

0661

Частновладельческое хозяйство в Амурской области. Т. III

С.-Петербург: Издание Министерства финансов, 1913. 305 с.

阿穆尔州私有经济（第 3 卷）

圣彼得堡：财政部出版，1913，305 页（古）

0662

Экономика зернового хозяйства Канады   Д. П. Павлов

М.: Соцэкгиз, 1934. 247 с.

加拿大谷物经济   Д.П. 巴甫洛夫

莫斯科：国家社会经济书籍出版社，1934，247 页

0663

Экономика и экономическая политика СССР: Учебник для совпартшкол и комвузов   Вл. Сарабьянов

М.: Государственное издательство, 1926. 455 с.

苏联经济与经济政策（苏维埃党校和共产主义大学教科书）   Вл. 萨拉比亚诺夫

莫斯科：国家出版社，1926，455 页

0664

Экономика советской торговли: Учебное пособие для вузов и втузов   Под ред. Л. Гатовского, Г. Неймана, В. Ноделя

М.: Соцэкгиз, 1934. 472 с.

苏联贸易经济（高校和高等技术院校教学参考书）   Л. 加托夫斯基、Г. 奈曼、В. 诺杰尔编

莫斯科：国家社会经济书籍出版社，1934，472 页

0665

Экономика труда: Учебное пособие   Под ред. М.

М. Кривицкого

М.: Соцэкгиз, 1934. 448 c.

劳动经济学（教学参考书） М. М. 克里维茨基编

莫斯科：国家社会经济书籍出版社，1934，448 页

0666

Экономико-статистический справочник по Восточносибирскому краю

Иркутск: Издание Крайгиза, 1932. 428 c.

东西伯利亚边疆区经济统计手册

伊尔库茨克：边疆区国家出版社，1932，428 页

0667

Экономическая география Азии: Учеб. пособие для географических факультетов университетов и педагогических институтов В. М. Штейн

Л.: Гос. учебно-педагогическое изд-во Наркомпроса РСФСР, 1940. 511 c.

亚洲经济地理（大学地理系与师范学院教学参考书） В.М. 施泰因

列宁格勒：俄罗斯苏维埃联邦社会主义共和国教育人民委员部国家教育出版社，1940，511 页

0668

Экономическая география России: Руководство для коммерческих учебных заведений С. Дмитриев

М.: Типография Т-ва И. Д. Сытина, 1916. 455 c.

俄国经济地理：商业学校指南 С. 德米特里耶夫

莫斯科：И.Д. 瑟京印刷厂，1916，455 页（古）

0669

Экономическая география Сибири П. М. Головачев

М.: Типография Т-ва И. Д. Сытина, 1914. 183 c.

西伯利亚经济地理 П.М. 戈洛瓦乔夫

莫斯科：И.Д. 瑟京印刷厂，1914，183 页（古）

0670

Экономическая география Сибири: Пособие для учителей школ I-й и II-й ступеней, учащихся старших групп школ II-й ступени, техникумов, рабфаков, вузов, школ взрослых, курсов, партшкол для самообразования Под ред. А. А. Ан-

сона, М. М. Басова, Г. И. Черемных

Новосибирск: Сибирское краевое издательство, 1928. 303 c.

西伯利亚经济地理（中小学教师、中学高年级学生、技术学校、工人预科、大学、成人学校、培训班、党校自学参考资料） А.А. 安松、М.М. 巴索夫、Г.И. 切列姆内赫编

新西伯利亚：西伯利亚边疆区出版社，1928，303 页

0671

Экономическая география СССР. Ч. I Под ред. П. Г. Журид и Н. А. Ковалевского

М.: Соцэкгиз, 1934. 318 c.

苏联经济地理（第1部分） П.Г. 茹里德、Н.А. 科瓦列夫斯基编

莫斯科：国家社会经济书籍出版社，1934，318 页

0672

Экономическая география СССР. Ч. I Под ред. С. С. Бальзак, В. Ф. Васютина, Я. Г. Фейгина

М.: Соцэкгиз, 1940. 406 c.

苏联经济地理（第1部分） С.С. 巴尔扎克、В.Ф. 瓦休京、Я.Г. 费金编

莫斯科：国家社会经济书籍出版社，1940，406 页

0673

Экономическая география СССР: В сравненин с важнейшими странами П. Г. Тимофеев

М.: Государственное изд-во, 1925. 329 c.

苏联经济地理：与主要国家相比 П.Г. 季莫费耶夫

莫斯科：国家出版社，1925，329 页

0674

Экономическая география СССР: Учеб. для 8 класса средней школы Н. Н. Баранский

М.: Учпедгиз, 1948. 400 c.

苏联经济地理（中学八年级教科书） Н.Н. 巴兰斯基

莫斯科：国家教育出版社，1948，400 页

0675

Экономическая география СССР: Учеб. для 8-го класса средней школы Н. Н. Баранский

М.: Гос. учебно-педагогическое изд-во, 1936. 408 c.

苏联经济地理（中学八年级教科书） Н.Н. 巴兰斯基
莫斯科：国家教育出版社，1936，408 页

0676

Экономическая география СССР: Учебник для 8-го класса средней школы Н. Н. Баранский

М.: Учпедгиз, 1939. 357 с.

苏联经济地理（中学八年级教科书） Н.Н. 巴兰斯基

莫斯科：国家教育出版社，1939，357 页

0677

Экономическая география СССР: Учебник для 8-го класса средней школы Н. Н. Баранский

М.: Учпедгиз, 1937. 372 с.

苏联经济地理（中学八年级教科书） Н.Н. 巴兰斯基

莫斯科：国家教育出版社，1937，372 页

0678

Экономическая жизнь Дальнего Востока. №5, 6, 9.

Хабаровск: Изд. Дальне-Восточного краевого экономического совещания, 1925. 609 с.

远东经济生活（第 5、6、9 期）

哈巴罗夫斯克：远东边疆区经济会议出版社，1925，609 页

0679

Экономическая политика советской власти Л. Сегаль и Б. Таль

М.: Государственное изд-во, 1928. 415 с.

苏维埃政权的经济政策 Л. 谢加尔、Б. 塔尔

莫斯科：国家出版社，1928，415 页

0680

Экономическая проблема Приамурья К. К. Куртеев

Владивосток: Издание т-ва изд. "Свободная Россия", 1921. 16 с.

阿穆尔河沿岸地区经济问题 К.К. 库尔捷耶夫

符拉迪沃斯托克：自由俄国出版社，1921，16 页

0681

Экономические очерки Дальнего Востока М. Н.

Нерсесов

М.: Центральное управление печати ВСНХ СССР, 1926. 118 с.

远东经济概论 М.Н. 涅尔谢索夫

莫斯科：苏联国民经济最高委员会中央出版物管理局，1926，118 页

0682

Экономические очерки Дальнего Востока М. И. Целищев

Владивосток: Красное Знамя, 1925. 131 с.

远东经济概况 М.И. 采利谢夫

符拉迪沃斯托克：红旗出版社，1925，131 页

0683

Экономический рост русского государства за 300 лет: 1613-1913 П. П. Мигулин

М.: Типография Т-ва И. Д. Сытина, 1913. 223 с.

300 年间俄罗斯国家的经济增长（1613—1913） П. П. 米古林

莫斯科：И.Д. 瑟京印刷厂，1913，223 页（古）

0684

Экономическое положение русской деревни И. Гурвич

М.: Госполитиздат, 1941. 210 с.

俄罗斯农村的经济状况 И. 古尔维奇

莫斯科：国家政治书籍出版社，1941，210 页

0685

Экономическое развитие Японии Дж. Орчард

М.: Соцэкгиз, 1934. 627 с.

日本的经济发展 Дж. 奥尔恰尔德

莫斯科：国家社会经济书籍出版社，1934，627 页

0686

Экономическое соревнование социализма и капитализма: Цифровой материал для пропагандистов Сост. Я. А. Иоффе

М.: Госполитиздат, 1939. 119 с.

社会主义和资本主义的经济竞赛：数字宣传材料 Я. А. 约费编

莫斯科：国家政治书籍出版社，1939，119 页

0687

**Якутская АССР. Вып. 4. Почвы и состояние зем-
леделия, луговодства и огородничества Якутской
АССР** Н. К. Недокучаев

Л.: Изд. АН СССР, 1932. 103 с.

雅库特苏维埃社会主义自治共和国（第 4 卷）：雅库
特苏维埃社会主义自治共和国的土壤、农业、草地
经营和蔬菜栽培状况 Н.К. 涅多库恰耶夫

列宁格勒：苏联科学院出版社，1932，103 页

0688

**Якутская АССР. Вып. 6. Птицы и млекопитаю-
щие Якутии** А. Я. Тугаринов, Н. А. Смирнов и А.
И. Иванов

Л.: Изд-во Академии наук СССР, 1934. 67 с.

雅库特苏维埃社会主义自治共和国（第 6 卷）：雅库
特禽类和哺乳动物 А.Я. 图加里诺夫、Н.А. 斯米尔
诺夫、А.И. 伊万诺夫

列宁格勒：苏联科学院出版社，1934，67 页

0689

**Якутская АССР. Вып. 7. Очерки по экономике и
общественному быту у Якутов** М. К. Расцветаев

Л.: Изд-во АН СССР, 1932. 159 с.

雅库特苏维埃社会主义自治共和国（第 7 卷）：雅库
特人的经济和社会生活概况 М.К. 拉斯茨韦塔耶夫

列宁格勒：苏联科学院出版社，1932，159 页

0690

**Докапиталистические пережитки в Ойротии =
Survivances des formes precapitalistes en oirotie** С.
А. Токарев

Л.: Социально-экономическое издательство, 1936.
153 с.

奥伊罗特自治州的前资本主义残余 С.А. 托卡列夫

列宁格勒：社会经济出版社，1936，153 页

0691

Эпоха торгового капитала С. Г. Лозинский

М.: Книга, 1926. 246 с.

商业资本时代 С.Г. 洛津斯基

莫斯科：书籍出版社，1926，246 页

0692

**Капиталистическая рационализация и рабочий
класс** М. Розман

М.: Гос. изд. политической литературы, 1940. 195 с.

资本主义合理化和工人阶级 М. 罗兹曼

莫斯科：国家政治书籍出版社，1940，195 页

0693

**Городское строительство: Марксистско-ленинская
хрестоматия** [Ред. Б. Я. Смулевич]

Москва: Соцэкгиз, 1934. 329 с.

城市建设：马列文选 ［Б.Я. 斯穆列维奇编］

莫斯科：国家社会经济书籍出版社，1934，329 页

0694

**Периодические кризисы перепроизводства = Les
crises periodiques de surproduction. Т. 2. Периодические движения производства. Опыт построения теории** Альберт Афталион; Пер. М. Н. Собо-
лева

М.: Госиздат, 1930. 248 с.

生产过剩的周期性危机（第 2 卷）：生产的周期性
运动、理论构建经验 阿尔伯特·阿夫达里昂著，
М.Н. 索博列夫译

莫斯科：国家出版社，1930，248 页

0695

**Империализм и всеобщий кризис капитализма:
Учебник для вузов. Вып. 1** Е. С. Варга

М.: Партийное издательство, 1932. 255 с.

帝国主义和资本主义普遍危机：高校教科书（第 1
册） Е.С. 瓦尔加

莫斯科：联共（布）中央委员会党的出版社，1932，
255 页

0696

Экономическая система империализма Ю. Каменев

Петроград: Жизнь и знание, 1916. 104 с.

帝国主义经济体系 Ю. 加米涅夫

彼得格勒：生活与知识出版社，1916，104 页（古）

0697

Финансовый капитал: Новейшая фаза в разви-

тии капитализма   Рудольф Гильфердинг; Перевод
И. Степанова

М.: Гос. изд., 1924. 460 с.

金融资本：资本主义发展的最新阶段   鲁道夫·希
尔费勒金格著，И. 斯捷潘诺夫译

莫斯科：国家出版社，1924，460 页

0698

Потребление и спрос в СССР   Под ред. А. И.
Малкиса

Ленинград: Гос. социально-экономическое изд., 1935. 198
с.

苏联的消费与需求   А.И. 马尔基斯编

列宁格勒：国家社会经济出版社，1935，198 页

0699

**Сущность противоречий между городом и дерев-
ней**   С. Слуцкина

М.: Гос. социально-экономическое изд., 1933. 195 с.

城乡矛盾的本质   С. 斯卢茨基娜

莫斯科：国家社会经济出版社，1933，195 页

0700

Мировая социальная проблема   П. П. Маслов

Чита: Тип. Обедин. Союза Забайк. Кооперат., 1921. 267
с.

世界社会问题   П.П. 马斯洛夫

赤塔：外贝加尔合作社联合社印刷厂，1921，267
页

0701

Очерки политической экономии   В. Я. Железнов

М.: Типография т-ва И. Д. Сытина, 1912. 1204 с.

政治经济学概论   В.Я. 热列兹诺夫

莫斯科：И.Д. 瑟京印刷厂，1912，1204 页（古）

0702

**Политико-экономические этюды: Ценность и экс-
плуатация с энергистической точки зрения**   Шток-
ман

С.-Петербург: Книгоиздательство бывш. М. В. Попова, 1914. 130 с.

政治经济学著作：能量视角下的价值与剥削   施托
克曼

圣彼得堡：原 М.В. 波波夫图书出版社，1914，130
页（古）

0703

**Распределение богатства = The distrlbutiob of
wealth**   Дж. Б. Кларк = J. B. Clark; Перевод Д. Стра-
шунского и А. Бесчинского

М.: Гос. социально-экономическое изд., 1934. 298 с.

财富的分配   Дж.Б. 克拉克著，Д. 斯特拉顺斯基、
А. 别辛斯基译

莫斯科：国家社会经济出版社，1934，298 页

0704

История политической экономии   Сост. А. И.
Чупров

Рига: Давид Гликсман, 1924. 223 с.

政治经济学史   А.И. 丘普罗夫编

里加：达维德·格里克斯曼出版社，1924，223 页

0705

**Новые начала политической экономии или О
богатстве в его отношении к народонаселению
= Nouveaux principes deconomie politique ou de la
richesse dans ses rapports avec la population**   Ж.
Симонд де Сисмонди; Пер. А. Ф. Кона

М.: Соцэкгиз, 1937. 386 с.

政治经济学新原理（论财富与人口的关系）   Ж. 西
蒙·德·西斯蒙第著，А.Ф. 科恩译

莫斯科：国家社会经济书籍出版社，1937，386 页

0706

**Исторический очерк потребительной коопера-
ции в России**   А. В. Меркулов

М.: Типо-литография Русского Товарищества печатного и издательского дела, 1917. 112 с.

俄国消费合作社简史   А.В. 梅尔库洛夫

莫斯科：俄国印刷出版公司印刷厂，1917，112 页
（古）

0707

Книга о скудости и богатстве   И. Т. Посошков

М.: Соцэкгиз, 1937. 346 с.

贫富论   И.Т. 波索什科夫

莫斯科：国家社会经济书籍出版社，1937，346 页

0708

Теория земельной ренты Рикардо   Г. С. Гордеев

Ростов-Дон: Буревестник, 1924. 104 с.

李嘉图的地租理论   Г.С. 戈尔杰耶夫

顿河罗斯托夫：海燕出版社，1924，104 页

0709

Экономические и статистические работы   Вильям Петти

М.: Соцэкгиз, 1940. 323 с.

经济学和统计学著作   威廉·佩蒂

莫斯科：国家社会经济书籍出版社，1940，323 页

0710

Кризис капиталистического машиностроения и импорт машин в СССР   Р. Я. Андерс

М.: Соцэкгиз, 1934. 190 с.

资本主义机器制造业危机和苏联的机器进口   Р.Я. 安德斯

莫斯科：国家社会经济书籍出版社，1934，190 页

0711

Основы мирового хозяйства   Герман Леви

М.: Московский рабочий, 1924. 215 с.

世界经济基本理论   格尔曼·莱维

莫斯科：莫斯科工人出版社，1924，215 页

0712

Экономическая география капиталистических стран   И. А. Витвер

М.: Учпедгиз, 1937. 447 с.

资本主义国家经济地理   И.А. 维特韦尔

莫斯科：国家教育出版社，1937，447 页

0713

История труда: Очерки по зкономической истори   С. Г. Лозинский

Л.: Книга, 1924. 332 с.

劳动史：经济史概要   С.Г. 洛津斯基

列宁格勒：书籍出版社，1924，332 页

0714

История хозяйственного быта Западной Европы и России   П. П. Маслов

Омск: Издание Всероссийского Центрального Союза Потребительных Обществ, 1920. 235 с.

西欧和俄国经济生活史   П.П. 马斯洛夫

鄂木斯克：全俄消费合作社中央联社出版，1920，235 页

0715

Общедоступный курс истории народного хозяйства: От первобытных до XX-го столения   Петр Маслов

М.: Гос. изд., 1923. 212 с.

国民经济史通用教程：从原始社会到 20 世纪   彼得·马斯洛夫

莫斯科：国家出版社，1923，212 页

0716

Экономическое развитие древнего мира   Э. Мейер

Петроград: Прибой, 1923. 108 с.

古代世界经济发展   Э. 迈尔

彼得格勒：拍岸浪出版社，1923，108 页

0717

Народный доход западно-европейских стран   С. Н. Прокопович

М.: Государственное, 1930. 195 с.

西欧国家国民收入   С.Н. 普罗科波维奇

莫斯科：国家出版社，1930，195 页

0718

Народное хозяйство в очерках и картинах: Сборник отрывков и извлечений. Т. I   Р. Кабо и И. Рубин

М.: Книга, 1924. 672 с.

国民经济概论和图解：节选和摘录（第 1 卷）   Р. 卡博、И. 鲁宾

莫斯科：图书出版社，1924，672 页

0719

Народное хозяйство СССР. Сборник № 2

М.: Госпланиздат, 1948. 512 с.

苏联国民经济（统计汇编第 2 册）

莫斯科：国家计划经济书籍出版社，1948，512 页

0720

Реконструкция городов СССР: 1933-1937. Т. I

М.: Изд. стандартизация и рационализация, 1933. 371 с.

苏联城市改造（1933—1937）（第 1 卷）

莫斯科：标准化与合理化出版社，1933，371 页

0721

Экономические формы СССР М. Вольфсон

М.: Молодая гвардия, 1925. 125 с.

苏联的经济形式 М. 沃尔夫松

莫斯科：青年近卫军出版社，1925，125 页

0722

Закон о пятилетнем плане восстановления и развития народного хозяйства СССР на 1946-1950 гг.

Москва: Госполитиздат, 1946. 95 с.

苏联国民经济恢复和发展五年计划法（1946—1950 年）

莫斯科：国家政治书籍出版社，1946，95 页

0723

Основы советской экономической политики. Ч. 1 Под. ред. В. П. Милютина

М.: Издательство Коммун. университета имени Я. М. Свердлова, 1927. 306 с.

苏联经济政策基础（第 1 册） В.П. 米柳京编

莫斯科：Я.М. 斯维尔德洛夫共产主义大学出版社，1927，306 页

0724

Экономическая политика Р. С. Ф. С. Р. Вадим Смушков

М.: Красная новь, 1923. 200 с.

俄罗斯苏维埃联邦社会主义共和国经济政策 瓦季姆·斯穆什科夫

莫斯科：红色处女地出版社，1923，200 页

0725

Народное хозяйство СССР в цифрах: 1860-1938 гг. Составил И. Голубничий; Под. ред. П. Петрова

М.: Московский рабочий, 1940. 117 с.

苏联国民经济数据（1860—1938 年） И. 戈卢布尼奇、П. 彼得罗夫编

莫斯科：莫斯科工人出版社，1940，117 页

0726

Социалистическое строительство СССР: Статистический ежегодник [Отв. выпускающий В. А. Азатян]

М.: ЦУНХУ Госплана СССР Союзоргучет, 1934. 128 с.

苏联社会主义建设（统计年鉴）[В.А. 阿扎强负责出版]

莫斯科：苏联国家计划委员会中央国民经济核算局全苏核算组织托拉斯，1934，128 页

0727

Труд в СССР: 1934 год: Ежегодник [Отв. ред. Е. И. Уряшзон, С. А. Хейнман]

М.: ЦУНХУ Госплана СССР в/о Союзоргучет, 1935. 392 с.

苏联的劳动力：1934 年（年鉴）[Е.И. 乌里亚什宗、С.А. 海因曼编]

莫斯科：苏联国家计划委员会中央国民经济核算局全苏核算组织托拉斯，1935，392 页

0728

Народнохозяйственный план на 1936 год: Четвертый год второй пятилетки

М.: Изд. Госплана СССР, 1936. 647 с.

1936 年国民经济计划："二五计划"第四年

莫斯科：苏联国家计划委员会出版社，1936，647 页

0729

Народно-хозяйственный план союза ССР на 1937 год

[М.]: Изд. Госплана СССР, 1937. 177 с.

苏联 1937 年国民经济计划

[莫斯科]：苏联国家计划委员会出版社，1937，177 页

0730

О государственном бюджете СССР на 1941 год и исполнении государственного бюджета СССР за 1939 год А. Г. Зверев

Москва: Госполитиздат, 1941. 62 с.

1941 年苏联国家预算和 1939 年苏联国家预算执行

情况　А.Г. 兹韦列夫
莫斯科：国家政治书籍出版社，1941，62 页

0731
Третья сталинская пятилетка　А. Д. Курский
М.: Госпланиздат, 1940. 103 с.
第三个斯大林五年计划　А.Д. 库尔斯基
莫斯科：国家计划经济书籍出版社，1940，103 页

0732
**Указания и формы к составлению народнохозяй-
ственного плана на 1936 год**　[Ред. Ходжаев, Т. И.,
Айзинсон, С. М.]
М.: Издание Госплана СССР, 1935. 534 с.
制定 1936 年国民经济计划的指南和形式　[Т.И. 霍
贾耶夫、С.М. 艾津松编]
莫斯科：苏联国家计划委员会出版，1935，534 页

0733
Финансы и бюджет　Н. Крестинский
[М.]: Государственное изд., 1922. 45 с.
财政和预算　Н. 科列斯京斯基
[莫斯科]：国家出版社，1922，45 页

0734
Основные итоги работ за 1942-1944 гг.　Е. А. Чуда-
ков, И. С. Лупинович
М.: Изд. Академии наук СССР, 1945. 90 с.
1942—1944 年主要工作总结　Е.А. 丘达科夫、И.С. 卢
皮诺维奇
莫斯科：苏联科学院出版社，1945，90 页

0735
Размещение производительных сил СССР　Я. Фей-
гин
М.: Политиздат при ЦК ВКП(б), 1941. 134 с.
苏联生产力布局　Я. 费金
莫斯科：联共（布）中央委员会政治书籍出版社，
1941，134 页

0736
Электрификация СССР　И. Я. Перельман
М.: Соцэкгиз, 1934. 153 с.
苏联电气化　И.Я. 佩雷尔曼

莫斯科：国家社会经济书籍出版社，1934，153 页

0737
Нижнее поволжье　М. А. Шевченко
М.: Гос. изд., 1929. 126 с.
伏尔加河下游地区　М.А. 舍甫琴柯
莫斯科：国家出版社，1929，126 页

0738
**Экономико-статистический справочник: По
районам Московской области. Ч. I. Выпуск II**
М.: Моспартиздат, 1934. 183 с.
经济统计手册：莫斯科州各地区（第 1 部分第 2 册）
莫斯科：莫斯科联共（布）中央委员会党的出版社，
1934，183 页

0739
**Экономико-статистический справочник: По
районам Московской области. Ч. I. Выпуск I**
М.: Моспартиздат, 1934. 279 с.
经济统计手册：莫斯科州各地区（第 1 部分第 1 册）
莫斯科：莫斯科联共（布）中央委员会党的出版社，
1934，279 页

0740
Возрождение России　Б. В. Остроумов
[Б. м.]: Заря, 1926. 74 с.
俄国的复兴　Б.В. 奥斯特罗乌莫夫
[不详]：霞光出版社，1926，74 页

0741
Война и народное хозяйство　С. Н. Прокопович
М.: Типо-литография Т./Д. "И. Ефимов, Н. Желуд-
кова и К-о", 1917. 214 с.
战争与国民经济　С.Н. 普罗科波维奇
莫斯科：И. 叶菲莫夫和 Н. 热鲁德科夫股份印刷厂，
1917，214 页（古）

0742
**История народного хозяйства СССР. Т. 1. Дока-
питалистические формации**　П. И. Лященко
Ленинград: Государсгиенное издательство политической литературы, 1947. 663 с.

苏联国民经济史（第 1 卷）：前资本主义发展阶段　П.И. 利亚先科

列宁格勒：国家政治书籍出版社，1947，663 页

0743

История народного хозяйства СССР. Т. II. Капитализм　П. И. Лященко

Ленинград: Гос. изд. политической литературы, 1948. 738 с.

苏联国民经济史（第 2 卷）：资本主义　П.И. 利亚先科

列宁格勒：国家政治书籍出版社，1948，738 页

0744

Хрестоматия по истории народного хозяйства России. В. 2　А. М. Большаков, Н. А. Рожков

Л.: Гос. изд., 1925. 289 с.

俄国国民经济史文选（第 2 册）　А.М. 博利沙科夫、Н.А. 罗日科夫

列宁格勒：国家出版社，1925，289 页

0745

Очерки по экономической географии С. С. С. Р: В связи с мировым хозяйством, по новейшим статистическим материалам　Н. П. Огановский

М.: Новая Деревня, 1924. 319 с.

世界经济视域下的苏联经济地理概要（基于最新统计资料）　Н.П. 奥加诺夫斯基

莫斯科：新农村出版社，1924，319 页

0746

Социалистическая реконструкция областей, краев и республик СССР. Ч. 1. РСФСР　Н. Баранский, Б. Каминский

М.: Соцэкгиз, 1932. 527 с.

苏联州、边疆区和共和国的社会主义改造（第 1 册）：俄罗斯苏维埃联邦社会主义共和国　Н. 巴兰斯基、Б. 卡明斯基

莫斯科：国家社会经济书籍出版社，1932，527 页

0747

Экономическая география СССР. Ч. 1　Под ред. Бальзак С. С. , Васютина В. Ф. , Фейгина Я. Г.

М.: Соцэкгиз, 1940. 406 с.

苏联经济地理（第 1 册）　С.С. 巴利扎克、В.Ф. 瓦

休京、Я.Г. 费金编

莫斯科：国家社会经济书籍出版社，1940，406 页

0748

Экономическая география СССР: По областям, краям и республикам. Вып. 1　М. Ф. Грин, А. Г. Кауфман

М.: Соцэкгиз, 1933. 360 с.

苏联经济地理：州、边疆区和共和国（第 1 卷）　М. Ф. 格林、А.Г. 考夫曼

莫斯科：国家社会经济书籍出版社，1933，360 页

0749

Экономическая география СССР: Учебник для 6-го года ФЗС и 2-го года ШКМ　П. Алампиев [и др.]

Л.: Гос. учебно-педагогическое изд., 1932. 243 с.

苏联经济地理（工厂学校六年级和集体农庄青年学校二年级教科书）　П. 阿兰皮耶夫等

列宁格勒：国家教育出版社，1932，243 页

0750

Экономическая роль Владивостока. Ч. 1. Владивосток, как торговый порт　К. К. Куртеев

Владивосток: Свободная Россия, 1921. 76 с.

符拉迪沃斯托克的经济作用（第 1 部分）：商港符拉迪沃斯托克　К.К. 库尔捷耶夫

符拉迪沃斯托克：自由俄国出版社，1921，76 页

0751

Указания и формы к составлению народнохозяйственного плана на 1937 год　Государственная плановая комиссия Союза ССР

М.: Изд. Госплана СССР, 1936. 449 с.

制定 1937 年国民经济计划的指南和形式　苏联国家计划委员会

莫斯科：苏联国家计划委员会出版社，1936，449 页

0752

Народно-хозяйственный план на 1935 год

М.: Изд. Госплана, 1935. 263 с.

1935 年国民经济计划

莫斯科：苏联国家计划委员会出版社，1935，263 页

0753

Италия: Очерк экономики и внешней торгов-ли В. Вл. Юрьев, И. Л. Рабинович

М.: РИО НКВТ, 1925. 127 с.

意大利经济和对外贸易概论 В.Вл. 尤里耶夫、И.Л. 拉比诺维奇

莫斯科：对外贸易人民委员部编辑出版处，1925，127 页

0754

История экономического быта западной Евро-пы И. М. Кулишер

М.: Государственное изд., 1926. 348 с.

西欧经济生活史 И.М. 库利舍尔

莫斯科：国家出版社，1926，348 页

0755

Экономическая политика Рузвельта = The economic policy of Roosevelt С. Далин = S. Dalin

М.: Гос. социально-экономическое изд., 1936. 238 с.

罗斯福的经济政策 С. 达林

莫斯科：国家社会经济出版社，1936，238 页

0756

Новые формы стахановского движения М. Ру-бинштейн

Москва: Гос. изд. политической литературы, 1940. 38 с.

斯达汉诺夫运动的新形式 М. 鲁宾施泰因

莫斯科：国家政治书籍出版社，1940，38 页

0757

Рекорды стахановцев-кривоносовцев железнодо-рожного транспорта: Хроника кривоносовского движения с 15 ноября 1935 г. по 15 января 1936 г.

М.: Трансжелдориздат, 1936. 202 с.

铁路运输斯达汉诺夫工作者和克里沃诺斯工作者的记录：1935 年 11 月 15 日—1936 年 1 月 15 日克里沃诺斯运动大事记

莫斯科：国家铁路运输书籍出版社，1936，202 页

0758

История труда и трудящихся Пьер Бризон; Пере-вод М. А. Дьяконова

Петербург: Гос. изд., 1921. 445 с.

劳动与劳动者史 皮埃尔·布里松著，М.А. 季亚科诺夫译

彼得堡：国家出版社，1921，445 页

0759

Метод Стаханова в действии Под ред. С. С. Гер-чикова

М.: [Б. и.], 1935. 109 с.

斯达汉诺夫法的应用 С.С. 格尔奇科夫编

莫斯科：[不详]，1935，109 页

0760

Труд в СССР: Статистический справочник Под редакцией А. С. Попова

М.: Союзоргучет, 1936. 387 с.

苏联的劳动力：统计手册 А.С. 波波夫编

莫斯科：全苏核算组织托拉斯，1936，387 页

0761

Теория Кооперации Петр Маслов

Чита: Госкнига, 1922. 100 с.

合作社理论 彼得·马斯洛夫

赤塔：国营书店出版社，1922，100 页

0762

Шесть лет аграрного кризиса в цифрах и диа-граммах = SIX ANS DE LA CRISE AGRAIRE EN CHIFFRES ET DIAGRAMMES Под ред. М. Спек-татора

М.: Международный аграрный институт, 1935. 140 с.

六年农业危机（数字与图表） М. 斯佩克塔托尔编

莫斯科：国际农学院，1935，140 页

0763

Аграрный вопрос и крестьянское движение: Спра-вочник. Т. 4 Под ред. В. П. Коларова, М. П. Горова

М.: Международный аграрный институт, 1937. 293 с.

农业问题和农民运动（手册）：第 4 卷 В.П. 科拉罗夫、М.П. 戈罗夫编

莫斯科：国际农业学院，1937，293 页

0764

Важнейшие решения по сельскому хозяйству Сборник составил В. В. Килосанидзе

М.: Сельхозгиз, 1935. 766 с.

重要农业决议 В.В. 基洛萨尼泽编写决议汇编

莫斯科：国家农业书籍出版社，1935，766 页

0765

Материалы королевской комиссии по сельскому хозяйству в Индии = EXTRACTS FROM THE REPORT OF THE ROYAL Commission on Agriculture in INDIA. Т. 1. Центральные провинции и Берар. Бенгалия. Соединенные провинции Ауда и Агра Под общей редакцией Ч. Э. Джонсона = Edited by C. E. Johnson

М.: Международный аграрный институт, 1935. 279 с.

印度皇家农业委员会资料（第 1 卷）：中部省份和贝拉尔，孟加拉，奥德和阿格拉联合省 Ч.Э. 约翰逊编

莫斯科：国际农业学院，1935，279 页

0766

Сельское хозяйсво довоенной России и СССР И. В. Чернышев

Л.: Гос. изд., 1926. 200 с.

战前俄国和苏联的农业 И.В. 切尔内舍夫

列宁格勒：国家出版社，1926，200 页

0767

Важнейшие решения по сельскому хозяйству за 1938-1941 годы

М.: Сельхозгиз, 1942. 344 с.

1938—1941 年重要农业决议

莫斯科：国家农业书籍出版社，1942，344 页

0768

Аграрная политика СССР В. Милютин

Л.; М.: Гос. изд., 1929. 325 с.

苏联农业政策 В. 米柳京

列宁格勒、莫斯科：国家出版社，1929，325 页

0769

Очерки по кооперации: Сборник лекций и статей 1908-1912 г.г. А. Н. Анцыферов

М.: Типография Т-ва И. Н. Кушнерев и К-о, 1912. 259 с.

合作社概论：1908—1912 年讲义和文章汇编 А.

Н. 安齐费罗夫

莫斯科：И.Н. 库什涅列夫股份印刷厂，1912，259 页（古）

0770

Поземельно-хозяйственное устройство крестьянской России М. З. Никонов-Смородин

[Б. м.]: [Б. и.], 1939. 172 с.

农业俄国的土地经营制度 М.З. 尼科诺夫 – 斯莫罗金

[不详]：[不详]，1939，172 页

0771

За социалистический подъем сельского хозяйства В. Молотов, Я. Яковлев

Хабаровск: Дальгиз, 1932. 29 с.

为了社会主义农业的发展 В. 莫洛托夫、Я. 雅科夫列夫

哈巴罗夫斯克：远东国家出版社，1932，29 页

0772

Колхозы во второй сталинской пятилетке: Статистический сборник Под ред. И. В. Саутина

М.: Гостоптехиздат, 1939. 143 с.

第二个斯大林五年计划时期的集体农庄：统计汇编 И.В. 绍京编

莫斯科：国家石油、燃料书籍科学技术出版社，1939，143 页

0773

Победы социалистического сельского хозяйства

М.: Сельхозгиз, 1939. 159 с.

社会主义农业的胜利

莫斯科：国家农业书籍出版社，1939，159 页

0774

МТС и колхозы в 1936 году: Статистическтй сборник

М.: Сельхозгиз, 1937. 677 с.

1936 年机器拖拉机站和集体农庄统计手册

莫斯科：国家农业书籍出版社，1937，677 页

0775

Производительность и использование труда в

колхозах во второй пятилетке Отв. ред. И. В. Саутин

Л.: Госпланиздат, 1939. 140 с.

第二个五年计划时期集体农庄劳动生产率和劳动力使用 И.В. 绍京编

列宁格勒：国家计划经济书籍出版社，1939，140 页

0776

Сортовые посевы СССР 1938 года: Статистический справочник [Отв. ред. Д. Д. Дегтярь]

М.: Гостоптехиздат, 1939. 295 с.

1938 年苏联良种作物：统计手册 [Д.Д. 杰格佳里编]

莫斯科：国家石油、燃料书籍科学技术出版社，1939，295 页

0777

Социалистическое сельское хозяйство СССР: Статистический сборник [Под ред. И. В. Саутина]

Л.: Госпланиздат, 1939. 128 с.

苏联社会主义农业：统计手册 [И.В. 绍京编]

列宁格勒：国家计划经济书籍出版社，1939，128 页

0778

О плане сельскохозяйственных работ на 1938 год Р. И. Эйхе

Москва: Партиздат ЦК ВКП(б), 1938. 31 с.

1938 年农业工作计划 Р.И. 艾赫

莫斯科：联共（布）中央委员会党的出版社，1938，31 页

0779

Русская почвенно-картографическая школа и ее влияние на развитие мировой картографии почв Д. Г. Виленский

М.: Изд. Академии наук СССР, 1945. 141 с.

俄罗斯土壤制图学派及其对世界土壤制图学发展的影响 Д.Г. 维连斯基

莫斯科：苏联科学院出版社，1945，141 页

0780

Государственный план развития животноводства на 1936 год: Постановления СНК СССР и ЦК ВКП

М.: Изд. Госплана СССР, 1936. 102 с.

1936 年国家畜牧业发展计划：苏联人民委员会和联共中央委员会决议

莫斯科：苏联国家计划委员会出版社，1936，102 页

0781

Животноводство СССР в цифрах Составил В. П. Инфонтов

М.: Гос. Социально-Экономическое Изд., 1932. 352 с.

苏联畜牧业数据 В.П. 因芬托夫编

莫斯科：国家社会经济出版社，1932，352 页

0782

Совещание передовиков животноводства с руководителями партии и правительства: Стенографический отчет

М.: Партиздат, 1936. 447 с.

党和政府领导人参加的畜牧业先进分子大会（速记报告）

莫斯科：联共（布）中央委员会党的出版社，1936，447 页

0783

Старая и новая деревня: Материалы исследования с. Ново-Животинного и дер. Моховатки Березовского района, Воронежской области, за 1901 и 1907, 1926 и 1937 гг. К. М. Шуваев

М.: Сельхозгиз, 1937. 247 с.

旧农村和新农村：1901 和 1907 年、1926 和 1937 年沃罗涅日州别廖佐夫斯基区新日沃京诺耶村和莫霍瓦特卡村研究材料 К.М. 舒瓦耶夫

莫斯科：国家农业书籍出版社，1937，247 页

0784

Аграрная политика Столыпина Н. Карнов

Ленинград: [Б. и.], 1925. 238 с.

斯托雷平的农业政策 Н. 卡尔诺夫

列宁格勒：[不详]，1925，238 页

0785

Из истории и опыта земских учреждений в России: Очерки М. Слобожанина М. Слобожанин

С.-Петербург: Издание журнала "Жизнь для всех",

1913. 551 с.

俄国地方自治机构的历史与经验: M. 斯洛博扎宁随笔 M. 斯洛博扎宁

圣彼得堡:《大众生活》杂志社出版, 1913, 551 页（古）

0786

Крестьянская Россия: Сборник статей по вопросам общественно-политическим и экономическим. VIII-IX   Под ред. А. А. Аргунова, А. Л. Бема, С. С. Маслова

[Б. м.]: Издательство "Крестьянская Россия", 192?. 269 с.

农业俄国: 社会政治和经济问题文集（第 8—9 卷） А.А. 阿尔古诺夫、А.Л. 贝姆、С.С. 马斯洛夫编

[不详]: 农业俄国出版社, 192?, 269 页

0787

Наша деревня: Новое в старом и старое в новом   Я. Яковлев

М.: Государственное изд., 1925. 192 с.

我国的农村: 旧中有新与新中有旧   Я. 雅科夫列夫

莫斯科: 国家出版社, 1925, 192 页

0788

Новое в деревне: Всесоюзная сельскохозяйственная выставка 1939 года

М.: Госкиноиздат, 1940. 128 с.

农村新事物: 1939 年全苏农业展览会

莫斯科: 国家电影书籍出版社, 1940, 128 页

0789

Аграрные отношения в бывшей Польше, западной Украине и западной Белоруссии   И. И. Гольдштейн

М.: Соцэкгиз, 1940. 295 с.

原波兰、西乌克兰和西白俄罗斯的农业关系   И. И. 戈尔德施泰因

莫斯科: 国家社会经济书籍出版社, 1940, 295 页

0790

Комбинирование в условиях капитализма и в СССР: Стенограмма докладов и прений в ИПЭИ

Л.: Гос. социально-экономическое изд., 1931. 151 с.

资本主义条件下和苏联的联合: 工业经济研究所报

告和讨论速记

列宁格勒: 国家社会经济出版社, 1931, 151 页

0791

Гигант индустрии социализма   О. Александрова [и др.]

Орел: Издательство Орловского областного Совета депутатов трудящихся, 1940. 151 с.

社会主义工业巨头   О. 亚历山德罗娃等

奥廖尔: 奥廖尔州劳动者代表苏维埃出版社, 1940, 151 页

0792

Медная промышленность России и мировой рынок. Ч. 1-ая   А. Д. Брейтерман

Петроград: [Б. и.], 1922. 153 с.

俄罗斯制铜工业和世界市场（第 1 部分） А.Д. 布赖捷尔曼

彼得格勒: [不详], 1922, 153 页

0793

Сметный справочник цен на фондируемые и местные стройматериалы для капитального ремонта жилфонда и коммунальных предприятий на 1940 год

Хабаровск: Изд. хабаровского горплана, 1940. 166 с.

1940 年住房与公用事业企业大修统一调拨和当地建筑材料价格预算手册

哈巴罗夫斯克: 哈巴罗夫斯克市计划委员会出版社, 1940, 166 页

0794

Постановления СНК СССР, ЦК ВКП(б) и СТО по вопросам строительства   В. И. Межлаук, С. З. Гинзбург

М.: Главная редакция строительной литературы, 1936. 117 с.

苏联人民委员会、联共（布）中央委员会和劳动与国防委员会关于建设问题的决议   В.И. 梅日劳克、С.З. 金斯堡

莫斯科: 建筑书籍总编辑部, 1936, 117 页

0795

Промкооперация во второй пятилетке   И. Г.

Астапов, Я. А. Слоним

М.: Всесоюзное кооперативное объединенное изд., 1932. 104 с.

第二个五年计划时期的工业合作社　И.Г. 阿斯塔波夫、Я.А. 斯洛尼姆

莫斯科：全苏合作社联合出版社，1932，104 页

0796

Естественные производительные силы России. Т. IV. Полезные ископаемые　Сост. Геологическим комитетом

Петроград: Первая государственная типография, 1919. 342 с.

俄罗斯自然生产力（第 4 卷）：矿产　地质学委员会编

彼得格勒：国营第一印刷厂，1919，342 页

0797

Сырьевая база промкооперации: В годы первой и второй пятилетки　С. Заботкин, А. Сенько

М.: Всесоюзное кооперативное объединенное изд., 1935. 144 с.

工业合作社原料基地：第一个和第二个五年计划时期　С. 扎博特金 , A. 先科

莫斯科：全苏合作社联合出版社，1935，144 页

0798

Горные концессии: По материалам Дальне-Восточного Горного Управления

Хабаровск: Дальне-восточная Концессионная комиссия, 1925. 202+23 с.

矿山租让：基于远东矿业管理局资料

哈巴罗夫斯克：远东租让委员会，1925，202+23 页

0799

Нефтяные месторождения Советского Союза　С. Ф. Федоров

М.: Гостоптехиздат, 1939. 536 с.

苏联油田　С.Ф. 费奥多罗夫

莫斯科：国家石油、燃料书籍科学技术出版社，1939，536 页

0800

Победа партии: Черная металлургия к VII съезду
советов СССР　А. И. Гуревич

М.: Объедиенное научно-техническое изд., 1935. 144 с.

党的胜利：苏联第七次苏维埃代表大会前的黑色冶金业　А.И. 古列维奇

莫斯科：科技联合出版社，1935，144 页

0801

Размещение черной металлургии　Н. Ф. Березов

М.: Соцэкгиз, 1933. 356 с.

黑色冶金业的分布　Н.Ф. 别列佐夫

莫斯科：国家社会经济书籍出版社，1933，356 页

0802

Черная металлугия СССР в первой пятилетке

М.: Соцэкгиз, 1935. 308 с.

苏联第一个五年计划时期的黑色冶金业

莫斯科：国家社会经济书籍出版社，1935，308 页

0803

Воздушная служба в Якутии　Сборник статей под ред. Д. И. Бузанова

М.: Советская Азия, 1934. 223 с.

雅库特空中勤务　Д.И. 布扎诺夫编（论文集）

莫斯科：苏维埃亚洲出版社，1934，223 页

0804

Генеральный план электрификации СССР. Т. 2. Электрификация промышленности　Под ред. Г. И. Ломова

М.: Гос. социально-экономическое изд., 1932. 396 с.

苏联电气化总计划（第 2 卷）：工业电气化　Г.И. 洛莫夫编

莫斯科：国家社会经济出版社，1932，396 页

0805

Генеральный план электрификации СССР. Т. 8. Сводный план электрификации　Под ред. Г. И. Ломова

М.: Гос. социально-экономическое изд., 1932. 856 с.

苏联电气化总计划（第 8 卷）：电气化综合计划　Г.И. 洛莫夫编

莫斯科：国家社会经济出版社，1932，856 页

0806

Энергетические ресурсы СССР. Т. I Под ред. Г. М. Кржижановского

М.: Изд. АН СССР, 1937. 635 с.

苏联动力资源（第1卷） Г.М. 克日扎诺夫斯基编

莫斯科：苏联科学院出版社，1937，635 页

0807

Черная металлугия, железорудная и коксовая промышленность СССР: Статистический справочник: 1928-1934 гг. Под ред. Г. Лауэра

М.: Изд. Госплана СССР, 1935. 171 с.

苏联黑色冶金业、铁矿开采工业和焦炭工业：1928—1934 年统计手册 Г. 劳尔编

莫斯科：苏联国家计划委员会出版社，1935，171 页

0808

Пути химической промышленности во 2-й пятилетке Отв. ред. А. Л. Клячко

М.: Гос. социально-экономическое изд., 1933. 463 с.

第二个五年计划时期的化学工业之路 А.Л. 克利亚奇科编

莫斯科：国家社会经济出版社，1933，463 页

0809

История русского народного хозяйства: Материалы для лабораторной проработки вопроса. I. Промышленный капитализм: дореформенный период Б. Д. Греков

Л.: Изд. Брокгауз-Ефрон, 1926. 293 с.

俄国国民经济史：问题的实验室研究材料（第1卷）：改革前工业资本主义 Б.Д. 格列科夫

列宁格勒：布罗克豪斯－叶夫龙出版社，1926，293 页

0810

Материалы по истории крестьянской промышленности: XVIII и первой половины XIX в.. I

М.: Изд. АН СССР, 1935. 427 с.

农民工业历史材料：18 世纪至 19 世纪上半叶（第1卷）

莫斯科：苏联科学院出版社，1935，427 页

0811

Металлургические заводы на территории СССР с XVII века до 1917 г.: Чугун · железо · сталь · медь Общая редакция М. А. Павлов

М.: Изд. АН СССР, 1937. 396 с.

17 世纪至 1917 年苏联的冶金厂：生铁、熟铁、钢、铜 М.А. 帕夫洛夫编

莫斯科：苏联科学院出版社，1937，396 页

0812

Русская фабрика М. Туган-Барановский

М.: Соцэкгиз, 1934. 436 с.

俄国工厂 М. 图甘－巴拉诺夫斯基

莫斯科：国家社会经济书籍出版社，1934，436 页

0813

Географическое размещение пищевой промышленности во 2-м пятилетии Под ред. И. Н. Долинского, М. Е. Шасс

М.: Снабтехиздат, 1932. 285 с.

第二个五年计划时期食品工业的地理分布 И.Н. 多林斯基、М.Е. 沙斯编

莫斯科：国家食品工业技术保障书籍出版社，1932，285 页

0814

Проблемы германской промышленности: Монополии и новейшие процессы загнивания И. М. Файнгар

М.: Соцэкгиз, 1934. 195 с.

德国工业问题：垄断和现代衰败过程 И.М. 法因加尔

莫斯科：国家社会经济书籍出版社，1934，195 页

0815

Современная Америка: Очерки по организации и управлению предприятиями Северной Америки А. У. Зеленко

М.: Изд. Центросоюза, 1923. 271 с.

现代美国：北美企业的组织和管理概论 А.У. 泽连科

莫斯科：苏联消费合作社中央联社出版社，1923，271 页

0816

Столетие железных дорог

М.: Транспечать, 1925. 261 с.

铁路百年

莫斯科：国家铁路运输书籍出版社，1925，261 页

0817

Записка об экономическом положении района железной дороги Иркутск-Жигалово (Устьилга), вероятном грузообороте этой ж.д. и о продолжении ее до г. Бодайбо Сост. И. И. Серебренниковым

Иркутск: Паровая типография И. П. Казанцева, 1912. 295 с.

关于伊尔库茨克 – 日加洛沃（乌斯季伊尔加）铁路沿线经济状况、铁路预计货运量和将该铁路延长至博代博市的报告 И.И. 谢列布连尼科夫编

伊尔库茨克：И.П. 卡赞采夫蒸汽印刷厂，1912，295 页（古）

0818

Справочник по железным дорогам: О провозе грузов, багажа, проезде пассажиров, таможенной пошлине и акцизе Сост. Б. И. Шпак

[Б. м.]: Изд. В. Маевского, 1922. 106 с.

铁路指南：货运、客运、关税和消费税 Б.И. 什帕克编

[不详]：В. 马耶夫斯基出版社，1922，106 页

0819

Тридцать лет (1882-1911 гг.) русской железнодорожной политики и ее экономическое значение

[Б. м.]: ЦБП, 1919. 285 с.

俄国铁路政策三十年及其经济意义（1882—1911 年）

[不详]：中央出版局，1919，285 页

0820

Устав железных дорог СССР с подстатейными дополнениями

М.: Транспечать НКПС, 1927. 275 с.

苏联铁路章程（附条款补充）

莫斯科：交通人民委员部运输印刷厂，1927，275 页

0821

Путеводитель по Иртышу и Оби: 1916 Сост. Товарищества Западно-Сибирского пароходства и торговли

Петроград: Типография М. Пивоварского и Ц. Типографа, 1916. 127 с.

额尔齐斯河和鄂毕河旅行指南：1916 西西伯利亚航运和贸易公司编

彼得格勒：М. 皮沃瓦尔斯基印刷厂，1916，127 页（古）

0822

Как мы строили метро: История метро имени Л. М. Кагановича Главный редактор А. Касарев

М.: История фабрик и заводов, 1935. 771 с.

我们如何建造地铁：Л.М.卡冈诺维奇地铁建造史 А. 卡萨列夫主编

莫斯科：工厂史出版社，1935，771 页

0823

Торгово-промышленный и финансовый словарь Под ред. Г. В. Цыперовича

М.: Издательство Сев.-Зап. промбюро В. С. Н. Х., 1924. 976 с.

工商和金融词典 Г.В. 齐佩罗维奇编

莫斯科：最高国民经济委员会西北工业局出版社，1924，976 页

0824

Статистический справочник по хозяйству связи Под ред. А. С. Жуковского

М.: Связьтехиздат, 1934. 212 с.

通讯业统计手册 А.С. 茹科夫斯基编

莫斯科：国家通信技术书籍出版社，1934，212 页

0825

Живописец вывесок А. Семенюк

Петроград: Издание М. П. Петрова, 1916. 47 с.

画招牌的匠人 А. 谢梅纽克

彼得格勒：М.П. 彼得罗夫出版，1916，47 页（古）

0826

Отчет за 1912 год

Петроград: Типография «Север», 1913. 337 с.

1912 年报告

彼得格勒：北方印刷厂，1913，337 页（古）

0827

Решающий год в развертывании советской тор-говли З. Болотин

М.: Партиздат, 1936. 90 с.

苏联开展贸易的决定性一年 З. 博洛京

莫斯科：联共（布）中央委员会党的出版社，1936，90 页

0828

Внешняя торговля СССР И. С. Гинзбург

М.: Соцэкгиз, 1937. 159 с.

苏联对外贸易 И.С. 金兹堡

莫斯科：国家社会经济书籍出版社，1937，159 页

0829

Народное хозяйство СССР в связи с мировым. Вып. 1. Внешняя торговля И. Огановский

М.: Изд. Центросоюза, 1925. 127 с.

苏联国民经济与世界经济的联系（第 1 册）：对外贸易 И. 奥加诺夫斯基

莫斯科：苏联消费合作社中央联社出版社，1925，127 页

0830

Отчет за 1914 год. Ч. 1. Общий отчет

Петроград: Тип. Т-ва А. С. Суворина-"Новое время", 1915. 337 с.

1914 年报告（第 1 部分）：总报告

彼得格勒：A.C. 苏沃林新时代印刷厂，1915，337 页（古）

0831

Очерк истории русской торговли И. М. Кулишер

Петербург: Атеней, 1923. 318 с.

俄国贸易简史 И.М. 库利舍尔

彼得堡：阿杰涅伊出版社，1923，318 页

0832

Республики и края в советском экспорте И. Г. Лещинский

М.: Внешторгиздат, 1935. 349 с.

苏联共和国和边疆区的出口 И.Г. 列辛斯基

莫斯科：国家外贸出版公司，1935，349 页

0833

Внешняя торговля СССР за 20 лет 1918-1937 гг.: Статистический справочник Составили С. Н. Бакулин, Д. Д. Мишустин

М.: Международная книга, 1939. 264 с.

苏联对外贸易 20 年（1918—1937 年）：统计手册 С. Н. 巴库林、Д.Д. 米舒斯京编

莫斯科：国际图书出版社，1939，264 页

0834

За первую пятилетку: За период с 1928 по 1933 г. Под ред. А. Н. Вознесенского, А. А. Волошинского

М.: Внешторгиздат, 1933. 575 с.

第一个五年计划时期（1928—1933 年） А.Н. 沃兹涅先斯基、А.А. 沃洛申斯基编

莫斯科：国家外贸出版公司，1933，575 页

0835

О государственном бюджете РСФСР на 1940 год и исполнении государственного бюджета РСФСР за 1939 год А. М. Сафронов

Москва: Политиздат, 1940. 39 с.

1940 年俄罗斯苏维埃联邦社会主义共和国国家预算和 1939 年俄罗斯苏维埃联邦社会主义共和国国家预算执行情况 А.М. 萨夫罗诺夫

莫斯科：国家政治书籍出版社，1940，39 页

0836

Финансовая программа Союза ССР на 1937 год Г. Ф. Гринько

М.: Партиздат, 1937. 79 с.

1937 年苏联财政计划 Г.Ф. 格林科

莫斯科：联共（布）中央委员会党的出版社，1937，79 页

0837

Финансовая программа СССР на 1935 г.: Доклад на первой сессии ЦИК СССР 7 февраля 1935 г. Г. Ф. Гринько

М.: Госфиниздат, 1935. 59 с.

苏联 1935 年财政计划：1935 年 2 月 7 日苏联中央

执行委员会第一次会议报告　Г.Ф. 格林科

莫斯科：国家财政书籍出版社，1935，59 页

0838

Новейший номинализм и его предшественники: Очерки из истории денежных теорий　А. Б. Эй-дельнант

М.: Госфиниздат, 1948. 265 c.

现代唯名主义及其先驱：货币理论史纲　А.Б. 艾德尔南德

莫斯科：国家财政书籍出版社，1948，265 页

0839

Основные моменты распада и восстановления денежной системы　Д. Кузовков

М.: Изд. коммунистической академии, 1925. 485 c.

货币体系瓦解和重建的关键时期　Д. 库佐夫科夫

莫斯科：共产主义学院出版社，1925，485 页

0840

Библиография Дальневосточного края = Bibliography of the far-east region. Том II. Геология, полезные ископаемые, палеонтология　А. Н. Асаткин, В. А. Самойлов

М.: Изд-во Всесоюзной ассоциации С.-Х. библиографии, 1935. 414 c.

远东边疆区图书目录（第 2 卷）：地质学、矿产、古生物学　А.Н. 阿萨特金、В.А. 萨莫伊洛夫

莫斯科：全苏农业图书编目协会出版社，1935，414 页

0841

Дворец — музей Царского села: Краткий каталог музея Александровского дворца　Сост. Г. К. Лукомский

Петроград: Каталог напечатан во 2-й Государственной типографии, 1918. 77 c.

皇村宫殿博物馆：亚历山大宫博物馆简明目录　Г.К. 卢科姆斯基编

彼得格勒：国营第二印刷厂印制，1918，77 页（古）

0842

Еврейское государство: Опыт современного разрешения Еврейского вопроса　Теодор Герцль

Петроград: Книгоиздательство Восток, 1917. 80 c.

犹太国家：当代解决犹太问题的经验　特奥多尔·赫茨尔

彼得格勒：东方图书出版社，1917，80 页

0843

История книги в России　С. Ф. Либрович

Петроград; М.: Т-во М. О. Вольф, 1914. 224 c.

俄国图书史　С.Ф. 利布罗维奇

彼得格勒、莫斯科：М.О. 沃尔夫出版社，1914，224 页（古）

0844

История русской педагогии　П. Ф. Каптерев

Петроград: Книжный склад "Земля", 1915. 746 c.

俄国教育史　П.Ф. 卡普捷列夫

彼得格勒：土地书库，1915，746 页（古）

0845

Материалы 1-го республиканского совещания по вопросам строительства национальной бурят-Монгольской школы. 25 VI-1/VII 1930 г.: Протоколы совещания, тезисы докладов, резолюции

Верхнеудинск: Бургосиздат, 1931. 144 c.

1930 年 6 月 25 日—7 月 1 日布里特亚蒙古民族学校建设问题第一次共和国会议资料：会议纪要、报告提纲、决议

上乌金斯克：布里亚特蒙古国家出版社，1931，144 页

0846

Педагогическая энциклопедия. Т. 2　Под ред. А. Г. Калашникова

М.: Работник просвещения, 1928. 634 c.

教育百科全书（第 2 卷）　А.Г. 卡拉什尼科夫编

莫斯科：教育工作者出版社，1928，634 页

0847

Практическая школьная энциклопедия: Настольная книга для народных учителей и других ближайших деятелей в области народного образования　Под ред. Н. В. Тулупова, П. М. Шестакова

М.: Типография П. П. Рябушинского, 1912. 833 c.

实用中小学生百科全书：乡村教师和其他国民教育人士必备书　Н.В. 图卢波夫、П.М. 舍斯塔科夫编

莫斯科：П.П. 里亚布申斯基印刷厂，1912，833 页（古）

0848

Юбилейная сессия Академии наук СССР посвященная 25-летию Великой Октябрьской Социалистической революции　АН СССР

М.: Изд. АН СССР, 1943. 249 с.

苏联科学院伟大十月社会主义革命 25 周年纪念大会　苏联科学院

莫斯科：苏联科学院出版社，1943，249 页

0849

Техническая редакция книги: Теория и методика работы　А. А. Реформатский

М.: Гизлегпром, 1933. 141 с.

图书的技术编辑：工作理论和方法　А.А. 列福尔马茨基

莫斯科：国家轻工业书籍出版社，1933，141 页

0850

Вольная русская печать в российской публичной библиотеке　Под ред. В. М. Андерсона

Петербург: Гос. изд., 1920. 330 с.

俄罗斯公共图书馆的自由俄文出版物　В.М. 安德松编

彼得堡：国家出版社，1920，330 页

0851

Печать СССР в 1938 году: Статистические материалы　Составлены под руководством К. И. Пропиной

М.: Изд. Всесоюзной книжной палаты, 1940. 94 с.

1938 年苏联出版物：统计材料　К.И. 普罗皮娜编

莫斯科：全苏书库出版社，1940，94 页

0852

Решения партии о печати

М.: Политиздат, 1941. 236 с.

党关于印刷品的决议

莫斯科：国家政治书籍出版社，1941，236 页

0853

Руководство для небольших библиотек　Л. Б. Хавкина

М.: Государственное издательство, 1925. 292 с.

小型图书馆指南　Л.Б. 哈芙金娜

莫斯科：国家出版社，1925，292 页

0854

Десятичная классификация　Л. Р. Коган

М.: Гос. изд. Украины, 1924. 147 с.

十进分类法　Л.Р. 科甘

莫斯科：乌克兰国家出版社，1924，147 页

0855

Практическое руководство к современной библиотечной каталогизации　В. В. Бишоп; Перевод с английского, под ред. Л. Б. Хавкиной

М.: Работник просвещения, 1927. 120 с.

现代图书编目实用手册　В.В. 毕晓普著，Л.Б. 哈芙金娜编译自英语

莫斯科：教育工作者出版社，1927，120 页

0856

Руководство по составлению алфавитного каталога　Е. И. Шамурин

М.: Государственная центральная книжная палата РСФСР, 1927. 214 с.

字母顺序目录编排方法　Е.И. 沙穆林

莫斯科：俄罗斯苏维埃联邦社会主义共和国国家中央图书局，1927，214 页

0857

Над арабскими рукописями: Листки воспоминаний о книгах и людях　И. Ю. Крачковский

М.: Изд. АН СССР, 1948. 202 с.

阿拉伯语手稿：关于书籍和人的回忆片段　И.Ю. 克拉奇科夫斯基

莫斯科：苏联科学院出版社，1948，202 页

0858

Основы краевой библиографии　Н. В. Здобнов

М.: Государственное социально-экономическое издательство, 1931. 182 с.

边疆区图书编目基本理论　Н.В. 兹多布诺夫

莫斯科: 国家社会经济出版社，1931，182 页

0859

Тридцать пять лет деятельности русского библиографического общества при Московском Университете: 04. 10.1889-17.10.1924.

М.: Библиографические известия, 1925. 129 с.

莫斯科大学俄罗斯图书协会 35 年（1889 年 10 月 4 日—1924 年 10 月 17 日）

莫斯科: 图书通报杂志社，1925，129 页

0860

Труды первого Всероссийского библиографического съезда: В Москве 2-8 декабря 1924 года

М.: Мосполиграф, 1926. 263 с.

全俄图书第一次代表大会著作集（1924 年 12 月 2—8 日莫斯科）

莫斯科: 莫斯科印刷工业企业联合公司，1926，263 页

0861

Избранные педагогические сочинения. Т. 1 К. Д. Ушинский

М.: Гос. учебно-педагогическое изд., 1939. 415 с.

教育工作者文选（第 1 卷） К.Д. 乌申斯基

莫斯科: 国家教育出版社，1939，415 页

0862

О коммунистическом воспитании и обучении: Сборник статей и речей 1924-1945 гг. М. И. Калинин

М.: Изд. Академии педагогических наук РСФСР, 1948. 232 с.

论共产主义教育: 1924—1945 年文章和发言集 М.И. 加里宁

莫斯科: 俄罗斯苏维埃联邦社会主义共和国教育学院出版社，1948，232 页

0863

Педагогические сочинения Л. Н. Толстой

М.: Изд. Академии педагогических наук, 1948. 399 с.

教育学著作 Л.Н. 托尔斯泰

莫斯科: 教育学院出版社，1948，399 页

0864

Педагогическая энциклопедия. Т. 1 Под ред. А. Г. Калашникова

М.: Работник просвещения, 1927. 1158 с.

教育百科全书（第 1 卷） А.Г. 卡拉什尼科夫编

莫斯科: 教育工作者出版社，1927，1158 页

0865

Российский императорский флот

С.-Петербург: Типография А. Бенке, 1913. 261 с.

俄罗斯帝国海军

圣彼得堡: А. 边克印刷厂，1913，261 页（古）

0866

А. И. Герцен о воспитании: Избранные педагогические высказывания Сборник составлен, снабжён вступительной статьей и комментариями М. Ф. Шабаевой; Под ред. Н. А. Константинова

М.: Государственное учебно-педагогическое издательство Министерства просвещения РСФСР, 1948. 214 с.

А.И. 赫尔岑论教育: 教育主张选集 М.Ф. 沙巴耶娃编写、作序和注释，Н.А. 康斯坦丁诺夫编

莫斯科: 俄罗斯苏维埃联邦社会主义共和国教育部国家教育出版社，1948，214 页

0867

Сборник трудов Иркутского государственного университета = Studiensammlung der staatsuniversitat in irkutsk = Studies of the irkutsk state university. Т. XV Педагогический факультет

Иркутск: Изд. Иркутского университета, 1928. 324 с.

伊尔库茨克国立大学著作集（第 15 卷） 教育系

伊尔库茨克: 伊尔库茨克大学出版社，1928，324 页

0868

Сборник трудов Иркутского государственного университета = Wisstnschafrliche abhandlungen der staatsuniversitat in irkutsk = Recueil de traveaux de luniversite detat a irkoutsk livraison. Вып. XII Педагогический факультет

Иркутск: [Издание Иркутского Университета], 1928. 250 с.

伊尔库茨克国立大学著作集（第 12 卷） 教育系

伊尔库茨克：[伊尔库茨克大学出版]，1928，250 页

0869

Справочная книга

Петроград: Издание Петровского книжного магазина, 1915. 216 с.

参考书

彼得格勒：彼得罗夫斯基书店出版，1915，216 页

0870

Избранные педагогические сочинения. Т. 2 К. Д. Ушинский

М.: Государственное учебно-педагогическое издательство наркомпроса РСФСР, 1939. 468 с.

教育学文选（第 2 卷） К.Д. 乌申斯基

莫斯科：俄罗斯苏维埃联邦社会主义共和国教育人民委员部国家教育出版社，1939，468 页

0871

Русская школа в Восточной Сибири и Приамурском крае П. Соколовский

Харьков: Типография и литография М. Зильберберг и С-вья, 1914. 305 с.

东西伯利亚和阿穆尔河沿岸地区的俄国学校 П. 索科洛夫斯基

哈尔科夫：М. 西尔伯贝格父子印刷厂，1914，305 页（古）

0872

История русской педагогики: До великой октябрьской социалистической революции Е. Н. Медынский

М.: Государственное учебно-педагогическое издательство наркомпроса РСФСР, 1938. 511 с.

俄国教育史：伟大的社会主义十月革命前 Е.Н. 梅登斯基

莫斯科：俄罗斯苏维埃联邦社会主义共和国教育人民委员部国家教育出版社，1938，511 页

0873

Хрестоматия по истории педагогики. Т. IV. История русской педагогики с древнейших времен до Великой Социалтстической Революции: Ч. 1 Сост. Н. А. Желваков

М.: Государственное учебно-педагогическое издательство, 1938. 548 с.

教育史文选（第 4 卷）：从远古到伟大社会主义革命的俄国教育史（第 1 册） Н.А. 热尔瓦科夫编

莫斯科：国家教育出版社，1938，548 页

0874

Современная литература: Учебное пособие для 10-го класса средней школы Л. И. Тимофеев

М.: Учпедгиз, 1946. 432 с.

现代文学（中学十年级教材） Л.И. 季莫费耶夫

莫斯科：国家教育出版社，1946，432 页

0875

Века и труд людей: Книга для классного чтения по истории, отечествоведению и географии Е. Звягинцев, А. Бернашевский

М.: Издание Т-ва И. Д. Сытина, 1917. 440 с.

时代与人类的劳动：历史、祖国常识和地理课堂读物 Е. 兹维亚金采夫、А. 别尔纳舍夫斯基

莫斯科：И.Д. 瑟京出版社，1917，440 页（古）

0876

Справочник для поступающих в высшие учебные заведения союза ССР в 1941 г.

М.: Государственное издательство "Советская наука", 1941. 294 с.

苏联 1941 年高等学校入学指南

莫斯科：苏联科学国家出版社，1941，294 页

0877

Справочник для поступающих в высшие учебные заведения Союза ССР в 1943 г.

М.: Государственное издательство "Советская наука", 1943. 87 с.

1943 年苏联高等学校新生入学指南

莫斯科：苏联科学国家出版社，1943，87 页

0878

Гигиена физических упражнений Р. Цандер; Пер. М. Жолков

С.-Петербург: Издание П. П. Сойкина, 1913. 130 с.

运动卫生学 Р. 赞德著，М. 若尔科夫译

圣彼得堡：П.П. 索伊金出版，1913，130 页

0879

Плавание, прыжки в воду и водное поло: с 175 рисунками　Н. А. Бутович [и др.]

Ленинг.: Кооперативное издательство "Время", 1928. 298 с.

游泳、跳水和水球（附 175 幅图）　Н.А. 布托维奇等

列宁格勒：时间合作出版社，1928，298 页

0880

13 дедей Каиссы: Шахматные юморески　И. Крейчик

М.: Современные проблемы, 1926. 99 с.

卡伊萨的 13 个孩子：国际象棋幽默作品　И. 克赖奇克

莫斯科：当代问题图书出版社，1926，99 页

0881

Критическое пособие: Сборник выдающихся статей русской критики за 100 лет. Т. III　Сост. Л. О. Вейнберг

М.: Типография Т-ва И. Д. Сытина, 1913. 544 с.

评论参考：俄国百年优秀评论文章汇编（第 3 卷）　Л.О. 魏因贝格编

莫斯科：И.Д. 瑟京印刷厂，1913，544 页

0882

Материалы для словаря Древне-Русского языка по письменным памятникам. Т. 3-й. Р-Я и дополнения　И. И. Срезневский

Санкт-Петербург: Типография Императорской АН, 1912. 1869 стлб.

古俄语文献词典资料集（第 3 卷）：Р—Я 及增补　И.И. 斯列兹涅夫斯基

圣彼得堡：皇家科学院印刷厂，1912，1869 条（古）

0883

Русское правописание　Я. К. Грот

Санкт-Петербург: Типография Императорской АН, 1912. 164 с.

俄语正字法　Я.К. 格罗特

圣彼得堡：皇家科学院印刷厂，1912，164 页

0884

Русско-немецкий словарь　Сост. О. Н. Никонова

М.: Гос. изд-во иностранных и национальных словарей, 1941. 415 с.

俄德词典　О.Н. 尼科诺夫编

莫斯科：国家外语和民族语言词典出版社，1941，415 页

0885

Русско-немецкий словарь　Под ред. А. А. Лепинга

М.: Государственное издательство иностранных и национальных словарей, 1946. 568 с.

俄德词典　А.А. 列平格编

莫斯科：国家外语和民族语言词典出版社，1946，568 页

0886

Русско-французский словарь = DICTIONNAIRE RUSSE-FRANCAIS　Сост. Л. В. Щерба, М. И. Матусевич, М. Ф. Дусс

[Б. м.]: [Б. и.], 1939. 791 с.

俄法词典　Л.В. 谢尔巴、М.И. 马图谢维奇、М.Ф. 杜斯编

[不详]：[不详]，1939，791 页

0887

Толковый словарь русского языка. Т. I. А-Кюрины　Сост. Г. О. Винокур [и др.]

М.: Советская энциклопедия, 1935. 1089 с.

俄语详解词典（第 1 卷）：А—Кюрины　Г.О. 维诺库尔等编

莫斯科：苏联百科全书出版社，1935，1089 页

0888

Толковый словарь русского языка. Т. II. Л-Ояловеть　Главный ред. Б. М. Волин, Д. Н. Ушаков

М.: Гос. изд-во инорастнных и национальных словарей, 1938. 1089 стлб.

俄语详解词典（第 2 卷）：Л—Ояловеть　Б.М. 沃林、Д.Н. 乌沙科夫主编

莫斯科：国家外语和民族语言词典出版社，1938，1089 条

0889

Толковый словарь русского языка. Т. II.

П-Ряшка Сост. Г. О. Винокур [и др.]

М.: Советская энциклопедия, 1939. 1499 с.

俄语详解词典（第 2 卷）：П—Ряшка Г.О. 维诺库尔等编

莫斯科：苏联百科全书出版社，1939，1499 页

0890

Толковый словарь русского языка. Т. III. П-Ряшка Главный ред. Б. М. Волин, Д. Н. Ушаков

М.: Гос. изд-во инорастнных и национальных словарей, 1939. 1423 стлб.

俄语详解词典（第 3 卷）：П—Ряшка Б.М. 沃林、Д.Н. 乌沙科夫主编

莫斯科：国家外语和民族语言词典出版社，1939，1423 条

0891

Толковый словарь русского языка. Т. IV, с-ящурный Ред. Б. М. Волин, Д. Н. Ушаков

М.: Государственное издательство иннострранных и национальных словарей, 1940. 1489 с.

俄语详解词典（第 4 卷）：с—ящурный Б.М. 沃林、Д.Н. 乌沙科夫编

莫斯科：国家外语和民族语言词典出版社，1940，1489 页

0892

Марксизм и философия языка: Основные проблемы социологического метода в науке о языке В. Н. Волошинов

Л.: Прибой, 1930. 157 с.

马克思主义和语言哲学：语言学社会学方法论基本问题 В.Н. 沃洛希诺夫

列宁格勒：拍岸浪出版社，1930，157 页

0893

О лингвистической поездке в восточное Средиземноморье Н. Я. Марр

М.: Государственное социально-экономическое издательство, 1934. 128 с.

东地中海的语言学之旅 Н.Я. 马尔

莫斯科：国家社会经济出版社，1934，128 页

0894

Язык и мышление = LE LANGAGE ET LA MENTALITE. IX Институт языка и мышления им. Н. Я. Марра

М.: Издательство Академии наук СССР, 1940. 186 с.

语言和思维（第 9 卷） Н.Я. 马尔语言和思维研究所

莫斯科：苏联科学院出版社，1940，186 页

0895

Язык и мышление = LE LANGAGE ET LA MENTALITE. X Институт языка и мышления им. Н. Я. Марра

М.: Издательство Академии наук СССР, 1940. 194 с.

语言和思维（第 10 卷） Н.Я. 马尔语言和思维研究所

莫斯科：苏联科学院出版社，1940，194 页

0896

Избранные работы. Том 3-й. Язык и общество Н. Я. Марр

Л.: Государственное социально-экономическое издательство, 1934. 422 с.

作品选集（第 3 卷）：语言和社会 Н.Я. 马尔

列宁格勒：国家社会经济出版社，1934，422 页

0897

Славянская кирилловская палеография Е. Ф. Карский

Ленинг.: Издательство академия наук СССР, 1928. 494 с.

斯拉夫基里尔古文字学 Е.Ф. 卡尔斯基

列宁格勒：苏联科学院出版社，1928，494 页

0898

Очерк современного русского литературного языка А. А. Шахматов

[Б. м.]: Государственное издательство, 1930. 212 с.

现代俄语标准语概论 А.А. 沙赫马托夫

[不详]：国家出版社，1930，212 页

0899

История языковедения до конца XIX века: Краткий обзор основных моментов В. Томсен; Перевод. Р. Шор

М.: Учпедгиз, 1938. 159 с.

19 世纪末以前的语言学史：主要阶段简述　В. 汤姆森著，Р. 绍尔译

莫斯科：国家教育出版社，1938，159 页

0900

Руководство по истории русского языка: С хрестоматией и снимками с древних рукописей

М.: Государственное издательство, 1923. 127 с.

俄语历史指南（附文选和古代手稿照片）

莫斯科：国家出版社，1923，127 页

0901

Практический курс Русского правописания. Вып. 1　Н. В. Кузнецов

Рига: Издание К. Г. Зихмана, 1914. 64 с.

俄语正字法实践课（第 1 册）　Н.В. 库兹涅佐夫

里加：К.Г. 季赫曼出版，1914，64 页

0902

Русская симиография: Из области церковно-певческой археологии и палеографии　В. М. Металлов

М.: Изд. Императорского московского археологического института имени императора Николая II-го, 1912. 235 с.

俄国记谱法：教堂唱诗班考古学和古文字学　В.М. 梅塔洛夫

莫斯科：尼古拉二世皇家莫斯科考古研究所出版社，1912，235 页

0903

Толковый словарь живого великорусского языка. Том 3. П-Р　Владимир Даль

С.-Петербург: Изд. т-ва М. О. Вольф, 1914. 1782 стлб.

大俄罗斯活语言详解大词典（第 3 卷）：П—Р　弗拉基米尔·达里

圣彼得堡：М.О. 沃尔夫出版社，1914，1782 条

0904

Бюллетень диалектологического сектора института русского языка. Вып. 6　[Отв. ред. С. П. Об-

норский, Р. И. Аванесов, Ф. П. Филин]

М.: Издательство Академии наук СССР, 1949. 103 с.

俄语研究所方言学研究室简报（第 6 期）　[С.П. 奥布诺尔斯基、Р.И. 阿瓦涅索夫、Ф.П. 菲林编]

莫斯科：苏联科学院出版社，1949，103 页

0905

Материалы и исследования по русской диалектологии. Т. 1　[Ред. С. П. Обнорский, Р. И. Аванесов, Ф. П. Филин]

М.: Издательство Академии наук СССР, 1949. 330 с.

俄语方言学资料与研究（第 1 卷）　[С.П. 奥布诺尔斯基、Р.И. 阿瓦涅索夫、Ф.П. 菲林编]

莫斯科：苏联科学院出版社，1949，330 页

0906

Материалы и исследования по русской диалектологии. Т. 3　[Ред. С. П. Обнорский, Р. И. Аванесов, Ф. П. Филин]

М.: Издательство Академии наук СССР, 1949. 253 с.

俄语方言学资料与研究（第 3 卷）　[С.П. 奥布诺尔斯基、Р.И. 阿瓦涅索夫、Ф.П. 菲林编]

莫斯科：苏联科学院出版社，1949，253 页

0907

Русская диалектология: Хрестоматия с кратким очерком диалектологии и программой для собирания материала по народным говорам　Сост. С. А. Еремин и И. А. Фалев

М.: Государственное издательство, 1928. 195 с.

俄语方言学文选（附方言学概要和民间方言资料收集计划）　С.А. 叶廖明、И.А. 法列夫编

莫斯科：国家出版社，1928，195 页

0908

Грамматика ойротского языка　Н. П. Дыренкова

М.: Издательство Академии наук СССР, 1940. 302 с.

厄鲁特语语法　Н.П. 德连科娃

莫斯科：苏联科学院出版社，1940，302 页

0909

Грамматический очерк агульского языка: С текстами и словарем　Р. Шаумян

М.: Издательство Академии наук СССР, 1941. 198 с.

阿古尔语简明语法（附文章和词汇） P. 绍米扬

莫斯科：苏联科学院出版社，1941，198 页

0910

Синтаксис монгольских языков: Практическое пособие для переводчиков, востоковедных школ и самостоятельного изучения монгольских языков. Вып. XIV Г. Д. Санжеев

[Б. м.]: НИАНКП, 1934. 148 с.

蒙古语句法学：翻译工作者、东方学学校和蒙古语独立研究实用资料（第 14 册） Г.Д. 桑热耶夫

[不详]：民族与殖民地问题科学研究协会，1934，148 页

0911

Грамматика Буря-монгольского языка Н. Н. Поппе

М.: Издательство Академии наук СССР, 1938. 268 с.

布里亚特—蒙古语语法 Н.Н. 波佩

莫斯科：苏联科学院出版社，1938，268 页

0912

Вопросы языка в освещении яфетической теории Сост. В. Б. Аптекарь

Л.: ГАИМК, 1933. 560 с.

雅弗语理论视角下的语言问题 В.Б. 阿普捷卡里编

列宁格勒：国家物质文明史研究院，1933，560 页

0913

Эсперанто в десять уроков: Самоучитель языка эсперанто Т. Кар, М. Панье

М.: Товарищество типографиии А. И. Мамонтова, 1913. 79 с.

世界语十课：世界语自学课本 Т. 卡尔、М. 潘叶

莫斯科：А.И. 马蒙托夫印刷厂，1913，79 页

0914

Американские впечатления П. Павленко

М.: Советский писатель, 1949. 110 с.

美国印象 П. 帕夫连科

莫斯科：苏联作家出版社，1949，110 页

0915

В африканских дебрях Артур Гейе; Пер. с немец-

кого И. А. Биншток

М.: Молодая гвардия, 1930. 94 с.

在非洲的密林里 阿尔图尔·盖叶著，И.А. 宾什托克译自德语

莫斯科：青年近卫军出版社，1930，94 页

0916

В мире исканий: Научно-фантастические повести и рассказы Вадим Охотников

М.: Детгиз, 1949. 335 с.

探索世界（科幻小说） 瓦季姆·奥霍特尼科夫

莫斯科：国家儿童读物出版社，1949，335 页

0917

В последние дни…: Роман-хроника К. Б. Гагарин

Новый сад: Издание русской типографии С. Филонова, 1930. 457 с.

最后的岁月（编年体小说） К.Б. 加加林

诺维萨德：С. 菲洛诺夫俄侨印刷厂出版，1930，457 页

0918

В стране алмазов: Южная звезда Жюль Верн

Одесса: Одесполиграф, 1929. 299 с.

国家的钻石：南部之星 儒勒·凡尔纳

敖德萨：敖德萨印刷厂，1929，299 页

0919

Верная река: Роман Стефан Жеромский; Перев. Евг. Троповского

Ленинград: Изд-во "Мысль", 192?. 230 с.

忠诚的河流（长篇小说） 斯特凡·热罗姆斯基著，Евг. 特罗波夫斯基译

列宁格勒：思想出版社，192?，230 页

0920

Взятие Берлина: Записки военного корреспондента П. Трояновский

М.: Детгиз, 1945. 79 с.

攻克柏林：随军记者笔记 П. 特罗扬诺夫斯基

莫斯科：国家儿童读物出版社，1945，79 页

0921

Война в песках: Материалы по истории граж-

данской войны к XII тому: Гражданская война в Средней Азии   Под ред. М. Горького [и др.]

[Б. м.]: История гражданской войны, 1935. 567 с.

沙漠战争（第12卷内战史资料）：中亚内战   М.高尔基等编

[不详]：内战史出版社，1935，567页

0922

Гавайские рассказы = ISLAND TALES   Джэк Лондон; Пер. А. А. Давыдовой

Л.: Мысль, 1925. 180 с.

夏威夷小说   杰克·伦敦著，А.А.达维多娃译

列宁格勒：思想出版社，1925，180页

0923

Гейша Эйко: AI NO HI: Роман   Пер. с японского А. А. Лейферта

[Б. м.]: Типография, 1929. 218 с.

艺伎爱子：爱之日（长篇小说）   А.А.列伊费尔特译自日语

[不详]：印刷厂，1929，218页

0924

Гоголь уходит в ночь   С. Сергеев-Ценский

М.: Советская литература, 1933. 277 с.

果戈里走入黑夜   С.谢尔盖耶夫 – 倩斯基

莫斯科：苏联文学出版社，1933，277页

0925

Гриша в западне: Продолжение и конец романа "Трагедия унтера Гриши"   Арнольд Цвейг

Рига: Общедоступная библиотека, 1929. 192 с.

陷阱中的格里沙：长篇小说《士官格里沙的悲剧》续集和尾声   阿诺尔德·茨韦伊格

里加：公共图书馆出版社，1929，192页

0926

Двенадцать   А. Блок

М.: Молодая гвардия, 1929. 59 с.

十二个   А.布洛克

莫斯科：青年禁卫军出版社，1929，59页

0927

Девятьсот пятый год   Борис Пастернак

[Б. м.]: Гос. изд-во, 1930. 96 с.

1905 年   鲍里斯·帕斯捷尔纳克

[不详]：国家出版社，1930，96页

0928

Дети мороза   Джэк Лондон; Пер. с английского Л. Бродской

М.: Земля и фабрика, 1927. 143 с.

霜的孩子   杰克·伦敦著，Л.布罗茨卡娅译自英语

莫斯科：土地与工厂出版社，1927，143页

0929

Дикие звери в кинематографе   Иосиф Дельмонт

Л.: Время, 1925. 160 с.

电影艺术中的野兽   约瑟夫·德尔蒙特

列宁格勒：时间出版社，1925，160页

0930

Дмитрий Донской: Роман   Сергей Бородин

М.: Огиз; Гослитиздат, 1949. 395 с.

德米特里·东斯科伊（长篇小说）   谢尔盖·博罗金

莫斯科：国家出版社联合公司、国家文艺书籍出版社，1949，395页

0931

Дневники Софьи Андреевны Толстой: 1897-1909   Ред. С. Л. Толстого

М.: Север, 1932. 298 с.

索菲亚·安德烈耶夫娜·托尔斯塔娅日记（1897—1909）   С.Л.托尔斯泰编

莫斯科：北方出版社，1932，298页

0932

Древние российские стихотворения, собранные Киршею Даниловым

М.: Художественная литература, 1938. 311 с.

俄国古代诗歌（基尔沙·丹尼洛夫收集）

莫斯科：文艺书籍出版社，1938，311页

0933

Древняя русская литература: XI-XVII веков   А. С. Орлов

М.: Изд-во Академии наук СССР, 1945. 341 с.

俄国古代文学（11—17 世纪） А.С. 奥尔洛夫

莫斯科：苏联科学院出版社，1945，341 页

0934

Ей и мне　Маяковский

М.: Государственное издательство, 1923. 41 с.

致她和我　马雅可夫斯基

莫斯科：国家出版社，1923，41 页

0935

Железный поток　А. Серафимович

М.: Гослитиздат, 1946. 208 с.

铁流　А. 绥拉菲莫维奇

莫斯科：国家文艺书籍出版社，1946，208 页

0936

Жизнь Толстого　Ромэн Ролан; Пер. с французского И. Гольденберга

Петроград: Издание М. И. Семенова, 1915. 248 с.

托尔斯泰传　罗门·罗兰著，И. 戈尔登贝格译自法语

彼得格勒：М.И. 谢苗诺夫出版，1915，248 页

0937

За кулисами цирка = MICHAEL, BROTHER OF JERRE　Джэк Лондон; Пер. с англ. Н. Ю. Жуковской

Л.: Мысль, 1924. 264 с.

马戏团的幕后　杰克·伦敦著，Н.Ю. 茹科夫斯卡娅译自英语

列宁格勒：思想出版社，1924，264 页

0938

Законный грех: Повесть　Александр Амфитеатров

С.-Петербург: Труд, 1914. 458 с.

合法的罪（中篇小说）　亚历山大·阿姆菲捷阿特罗夫

圣彼得堡：劳动出版社，1914，458 页

0939

Западно-Сибирский Край: Города и районы: Основные показатели　Под ред. В. Ф. Тиунова

Новосибирск: Западно-Сибирское краевое изд-во,

1936. 375 с.

西西伯利亚边疆区：城市和地区主要指标　В.Ф. 季乌诺夫编

新西伯利亚：西西伯利亚边疆区出版社，1936，375 页

0940

Золотопромышленность Дальнего Востока и алданское золото - русский Клондайк　Н. А. Пономарев

М.: Финансовое изд-во НКФ СССР, 1925. 30 с.

俄罗斯的克朗代克——远东采金业和阿尔丹黄金　Н.А. 波诺马瘳夫

莫斯科：苏联财政人民委员部金融出版社，1925，30 页

0941

И. А. Гончаров　[Ред. М. Блинчевская]

М.: Огиз; Гостехиздат, 1948. 740 с.

И.А. 冈察洛夫　[М. 布林切夫斯卡娅编]

莫斯科：国家出版社联合公司、国家技术出版社，1948，740 页

0942

Избранное　Абай Кунанбаев

М.: Огиз; Гослитиздат, 1945. 319 с.

选集　阿拜·库南巴耶夫

莫斯科：国家出版社联合公司、国家文艺书籍出版社，1945，319 页

0943

Избранные песни　П. Беранже

М.: Издание Т-ва И. Кнебель, 1919. 94 с.

歌曲选　П. 别兰热

莫斯科：И. 克内贝尔公司出版，1919，94 页

0944

Избранные произведения　Ованес Туманян

М.: Огиз; Гослитиздат, 1946. 414 с.

选集　奥瓦涅斯·图马尼扬

莫斯科：国家出版社联合公司、国家文艺书籍出版社，1946，414 页

0945

Избранные произведения. Т. II　И. И. Скворцов-

Степанов

М.: Государственное социально-экономическое издательство, 1931. 568 с.

作品选集（第 2 卷）　И.И. 斯克沃尔佐夫 – 斯捷潘诺夫

莫斯科：国家社会经济出版社，1931，568 页

0946

Избранные рассказы　Эдгар По

Петроград: Издание журнала "Пробуждение", 1912. 126 с.

短篇小说选集　埃德加·坡

彼得格勒:《觉醒》杂志社出版，1912，126 页

0947

Избранные стихи: 1925-1947　Виссарион Саянов

М.: Гослитиздат, 1948. 258 с.

诗选（1925—1947）　维萨里昂·萨亚诺夫

莫斯科：国家文艺书籍出版社，1948，258 页

0948

Избранные стихотворения　Валерий Брюсов

М.: Огиз; Гослитиздат, 1945. 471 с.

诗选　瓦列里·布留索夫

莫斯科：国家出版社联合公司、国家文艺书籍出版社，1945，471 页

0949

История древней русской литературы: Московский период　М. Н. Сперанский

М.: Издание М. и С. Сабашниковых, 1921. 287 с.

俄国古代文学史：莫斯科公国时期　М.Н. 斯佩兰斯基

莫斯科：М. 萨巴什尼科夫和 С. 萨巴什尼科夫出版，1921，287 页

0950

История древней русской литературы: Пособие к лекциям в университете: Введение; Киевский период　М. Н. Сперанский

М.: Издание М. и С. Сабашниковых, 1920. 382 с.

俄国古代文学史（大学讲义参考书）：引言、基辅罗斯时期　М.Н. 斯佩兰斯基

莫斯科：М. 萨巴什尼科夫和 С. 萨巴什尼科夫出版，

1920，382 页

0951

История западно-европейской литературы нового времени. Т. 2-й　Франц Шиллер

М.: Гос. изд-во художественной литературы, 1936. 430 с.

西欧近代文学史（第 2 卷）　弗朗茨·席勒

莫斯科：国家文艺书籍出版社，1936，430 页

0952

История моего современника. I　Вл. Короленко

М.: Издательство Возрождение, 1922. 390 с.

我的同代人的故事（第 1 卷）　Вл. 科罗连科

莫斯科：复兴出版社，1922，390 页

0953

История новобранца 1813 года: Повесть　Эркман-Шатриан; Пер. В. Керженцева

Петроград: Задруга, 1917. 125 с.

1813 年一个新手的故事（中篇小说）　艾克曼 – 夏特良著，В. 克尔任采夫译

彼得格勒：农业生产合作社出版社，1917，125 页

0954

История одной любви: И. С. Тургенев и Полина Виардо　И. М. Гревс

М.: Современные проблемы, 1928. 369 с.

一场爱情故事：И.С. 屠格涅夫和波林娜·维阿尔多　И.М. 格列夫斯

莫斯科：现代问题出版社，1928，369 页

0955

Иудейская война　Лион Фейхтвангер; Пер. В. С. Вальдман

М.: Журнально-газетное объединение, 1937. 220 с.

犹太战争　里昂·孚希特万格著，В.С. 瓦尔德曼译

莫斯科：报刊联合公司，1937，220 页

0956

Как Саша стал красноармейцем: Рассказ　А. Кравченко

М.: Гос. изд-во, 1925. 78 с.

红军战士萨沙成长记（短篇小说）　А. 克拉夫琴科

莫斯科：国家出版社，1925，78 页

0957

Кэк эскимосский мальчик = Kak, the copper eskimo　В. Ирвин, В. Стефенсон; Пер. Е. и Н. Порецких

М.: Посредник, 1929. 169 с.

爱斯基摩男孩卡克　В.伊尔温、В.斯蒂芬森著，Е.波列茨基、Н.波列茨基译

莫斯科：经纪人出版社，1929，169 页

0958

Лейли и Меджнун: Поэма　Алишер Навои; Пер. с узбекского Семён Дипкин

М.: Гос. изд-во художественной литературы, 1945. 212 с.

蕾丽和马杰农（长篇叙事诗）　阿利舍尔·纳沃伊著，谢苗·季普金译自乌兹别克语

莫斯科：国家文艺书籍出版社，1945，212 页

0959

Литература и фольклор: Очерки и этюды　М. Азадовский

М.: Художественная литература, 1938. 293 с.

文学与民间创作：随笔和短文　М. 阿扎多夫斯基

莫斯科：文艺书籍出版社，1938，293 页

0960

Литература этих лет: 1917-1923 гг.　П. С. Коган

Иваново-Вознесенск: Основа, 1925. 148 с.

1917—1923 年的文学　П.С. 科甘

伊万诺沃 – 沃兹涅先斯克：基础出版社，1925，148 页

0961

Литературно-художественные искания: В конце XIX-начале XX в.в.　А. Е. Редько

Л.: Книгоиздательство сеятель Е. В. Высоцкого, 1924. 228 с.

文艺探索：19 世纪末至 20 世纪初　А.Е. 列季科

列宁格勒：传播者 Е.В. 维索茨基出版社，1924，228 页

0962

Личная жизнь　Мих Зощенко

Л.: ГИХЛ, 1934. 150 с.

私生活　米赫·佐先科

列宁格勒：国家文艺书籍出版社，1934，150 页

0963

Любовь в жизни Льва Толстого. К. 2　В. А. Жданов

М.: Издание М. и С. Сабашниковых, 1928. 234 с.

列夫·托尔斯泰的生命之爱（第 2 册）　В.А. 日丹诺夫

莫斯科：М.萨巴什尼科夫和 С.萨巴什尼科夫出版，1928，234 页

0964

М. Горький и А. Чехов: Переписка, статьи и высказывания　Под ред. С. Д. Балухатого

М.: Изд-во Академии наук СССР, 1937. 287 с.

М. 高尔基与 А. 契诃夫：通信、文章和论述　С.Д. 巴卢哈特编

莫斯科：苏联科学院出版社，1937，287 页

0965

Мария Антуанетта　Стефан Цвейг

Рига: Изд-во "Жизни и культура", 1933. 387 с.

玛丽·安托瓦内特　斯蒂芬·茨威格

里加：生活与文化出版社，1933，387 页

0966

Мастерство Гоголя: Исследование　Андрей Белый

М.: Гос. изд-во художественной литературы, 1934. 322 с.

果戈里的写作技巧（研究著作）　安德烈·别雷

莫斯科：国家文艺书籍出版社，1934，322 页

0967

Машина времени　Г. Д. Уэллс; Перевод с английского Э. Пименовой

Л.: Книжные новинки, 1927. 130 с.

时间机器　Г. 威尔斯著，Э. 皮缅诺娃译自英语

列宁格勒：新书出版社，1927，130 页

0968

Между жизнью и смертью: Дневник участника экспедиции Брусилова　В. Альбанов

М.: Гос. изд-во, 1926. 103 с.

生死之间：布鲁西洛夫考察队成员日记 В. 阿尔巴诺夫

莫斯科：国家出版社，1926，103 页

0969

Мерседес из Кастилии; Краснокожие: Роман Фенимор Купер

Москва-Ленинград: Земля и Фабрика, 1928. 211 с.

卡斯蒂利亚来的梅赛德斯；印第安人（长篇小说） 费尼莫尔·库柏

莫斯科、列宁格勒：土地与工厂出版社，1928，211 页

0970

Мир без голода: Роман Братт; Пер. с немецкого С. В. Крыленко

М.: Новая Москва, 1924. 252 с.

没有饥饿的世界（长篇小说） 布拉特著，С.В. 克雷连科译自德语

莫斯科：新莫斯科出版社，1924，252 页

0971

Михаил Юрьевич Лермонтов: Подробный разбор его главнейших произведений для учащихся и биографический очерк Б. А. Майков

С.-Петербург: Книгоиздательское товарищество "Орос", 1913. 168 с.

米哈伊尔·尤里耶维奇·莱蒙托夫：针对学生的主要作品详析和传略 Б.А. 迈科夫

圣彼得堡：奥罗斯图书出版公司，1913，168 页

0972

Море в русской поэзии: Избранные стихи Ред. Л. Длиган

М.: Военно-морское изд-во НКВМФ Союза ССР, 1945. 166 с.

俄罗斯诗歌中的大海（诗选） Л. 德利甘编

莫斯科：苏联海军人民委员部海军出版社，1945，166 页

0973

Морской волк; Поездка на "Ослепительном" Джек Лодон; Пер. с англ. Д. М. Горфинкеля

М.: Детиздат ЦК ВЛКСМ, 1941. 359 с.

海狼；"魔鬼号"之旅 杰克·伦敦著，Д.М. 戈尔芬克利译自英语

莫斯科：苏联列宁共产主义青年团中央委员会儿童读物出版社，1941，359 页

0974

Моя жизнь дома и в Ясной Поляне: Воспоминания. Ч. 3 Т. А. Кузминская

Рига: "Polyglotte" G. m. b. H, 1928. 192 с.

我在家中和亚斯纳亚波良纳的生活：回忆录（第3部分） Т.А. 库兹明斯卡娅

里加：多语种出版社，1928，192 页

0975

Н. А. Добролюбов Валерьян Полянский

М.: Государственное издательство, 1926. 136 с.

Н.А. 杜勃罗留波夫 瓦列里扬·波利扬斯基

莫斯科：国家出版社，1926，136 页

0976

На рубеже двух столетий Андрей Белый

М.: Земля и фабрика, 1930. 495 с.

世纪之交 安德烈·别雷

莫斯科：土地与工厂出版社，1930，495 页

0977

Наутилус во льдах Х. Свердруп

М.: Гослитиздат, 1932. 115 с.

冰上鹦鹉螺 Х. 斯维尔德鲁普

莫斯科：国家文艺书籍出版社，1932，115 页

0978

Недра: Рассказы С. Сергеев-Ценский

М.: Издательство Недра, 1925. 172 с.

矿藏（短篇小说集） С. 谢尔盖耶夫 – 倩斯基

莫斯科：矿藏出版社，1925，172 页

0979

Николай Шугай: Историческая повесть Бела Иллеш; Пер. С. А. Сапожниковой

М.: Гослитиздат, 1931. 60 с.

尼古拉·舒盖（历史小说） 别拉·伊列什著，С.А. 萨波日尼科娃译

莫斯科：国家文艺书籍出版社，1931，60 页

0980

О Пушкине: Статьи А. Л. Бем

Ужгород: Издательство Письмена, 1937. 111 с.

论普希金（文集） А.Л. 贝姆

乌日哥罗德：文字出版社，1937，111 页

0981

Омоложенный: Тайна врача омоложевателя: Роман М. Ролан

Рига: Изд. Б. Шерешевского, 1929. 208 с.

变年轻的人：让人年轻的医生的秘密（长篇小说） М. 罗兰

里加：Б. 舍列舍夫斯基出版社，1929，208 页

0982

От двуглавого орла к красному знамени: 1894-1921. Т. IV П. Н. Краснов

Рига: Грамату драугс, 1931. 394 с.

从双头鹰到红旗（1894—1921）（第 4 卷） П.Н. 克拉斯诺夫

里加：图书之友出版社，1931，394 页

0983

От Путивля до Карпат С. А. Ковпак

М.: Военное изд-во Министерства вооруженных сил СССР, 1949. 208 с.

从普季夫利到喀尔巴山脉 С.А. 科夫帕克

莫斯科：苏联武装力量部军事出版社，1949，208 页

0984

Очерки по истории русской литературы и общественной мысли XVIII века Гр. Гуковский

Л.: Художественная литература, 1938. 314 с.

18 世纪俄国文学和社会思想史纲 Гр. 古科夫斯基

列宁格勒：文艺书籍出版社，1938，314 页

0985

Очерки по истории русской литературы: от 30-х годов XIX ст. до Чехова Н. Кадмин; Под ред. А. К. Бороздина

М.: Издание Н. Н. Клочкова, 1912. 338 с.

俄国文学史概论：19 世纪 30 年代到契诃夫时期 Н. 卡德明著，А.К. 博罗兹金编

莫斯科：Н.Н. 克洛奇科夫出版，1912，338 页

0986

Повольники: Рассказы Александр Яковлев

М.: Недра, 1925. 156 с.

游民（短篇小说） 亚历山大·雅科夫列夫

莫斯科：矿藏出版社，1925，156 页

0987

Поджигатель Владислав Реймонт; Пер. с польского С. Михайловой-Штерн

М.: Гос. изд-во, 1926. 94 с.

纵火者 弗拉季斯拉夫·莱蒙特著，С. 米哈伊洛娃 – 施特恩译自波兰语

莫斯科：国家出版社，1926，94 页

0988

Подкидыш: Роман А. Вальдес

М.: Издание переводчика, 1927. 156 с.

弃婴（长篇小说） А. 瓦尔德斯

莫斯科：翻译者出版，1927，156 页

0989

Полное собрание сочинений С. Т. Аксаков

С.-Петербург: Изд. товарищества издательского дела "Копейка", 1914. 1421 с.

作品全集 С.Т. 阿克萨科夫

圣彼得堡：科佩卡出版社，1914，1421 页

0990

Полное собрание сочинений = TURTLES OF TASMAN. Т. XIII. Черепахи Тэсмана: Рассказы Джэк Лондон; Пер. с английского Е. Г. Гуро

М.: Земля и фабрикка, 1925. 137 с.

作品全集（第 13 卷）：塔斯曼的海龟（短篇小说集） 杰克·伦敦著，Е.Г. 古罗译自英语

莫斯科：土地与工厂出版社，1925，137 页

0991

Полное собрание сочинений. Серия 1 Жюль Верн

М.: Издание Т-ва И. Д. Сытина, 1917. 381 с.

作品全集（系列一） 儒勒·凡尔纳

莫斯科：И.Д. 瑟京出版社，1917，381 页（古）

0992

Полное собрание сочинений. Т. 1　И. А. Бунин

Петроград: Издание Т-ва А. Ф. Маркс, 1915. 246 с.

作品全集（第 1 卷）　И.А. 蒲宁

彼得格勒：А.Ф. 马克斯出版社，1915，246 页

0993

Полное собрание сочинений. Т. 1　Мольер

С.-Петербург: Издание Т-ва А. Ф. Маркс, 1913. 388 с.

作品全集（第 1 卷）　莫里哀

圣彼得堡：А.Ф. 马克斯出版社，1913，388 页

0994

Полное собрание сочинений. Т. 1　А. Н. Майков

С.-Петербург: Издание Т-ва А. Ф. Маркс, 1914. 343 с.

作品全集（第 1 卷）　А.Н. 迈科夫

圣彼得堡：А.Ф. 马克斯出版社，1914，343 页

0995

Полное собрание сочинений. Т. 1　Н. Г. Гарин

Петроград: Издание Т-ва А. Ф. Маркс, 1916. 342 с.

作品全集（第 1 卷）　Н.Г. 加林

彼得格勒：А.Ф. 马克斯出版社，1916，342 页

0996

Полное собрание сочинений. Т. 2　А. С. Грибоедов

С.-Петербург: Изд. Разряда изящной словесности Императорской Академии наук, 1913. 360 с.

作品全集（第 2 卷）　А.С. 格里博耶多夫

圣彼得堡：皇家科学院文学出版社，1913，360 页

0997

Полное собрание сочинений. Т. 2　Н. Г. Гарин

Петроград: Издание Т-ва А. Ф. Маркс, 1916. 393 с.

作品全集（第 2 卷）　Н.Г. 加林

彼得格勒：А.Ф. 马克斯出版社，1916，393 页

0998

Полное собрание сочинений. Т. 2　И. А. Бунин

Петроград: Издание Т-ва А. Ф. Маркс, 1915. 246 с.

作品全集（第 2 卷）　И.А. 蒲宁

彼得格勒：А.Ф. 马克斯出版社，1915，246 页

0999

Полное собрание сочинений. Т. 3　М. Метерлинк; Пер. Н. Минского, Л. Вилькиной

Петроград: Издание Т-ва А. Ф. Маркс, 1915. 410 с.

作品全集（第 3 卷）　М. 梅特林克著，Н. 明斯基、Л. 威尔金娜译

彼得格勒：А.Ф. 马克斯出版社，1915，410 页

1000

Полное собрание Сочинений. Т. 3. Драматическая трилогия　Гр. А. К. Толстой

С.-Петербург: Издание книжного магазина П. В. Луковникова, 1914. 559 с.

作品全集（第 3 卷）：戏剧三部曲　А.К. 托尔斯泰伯爵

圣彼得堡：П.В. 卢科夫尼科夫书店出版，1914，559 页

1001

Полное собрание сочинений. Т. 3-4　А. Н. Майков

С-Петербург: Издание Т-ва А. Ф. Маркс, 1914. 367 с.

作品全集（第 3—4 卷）　А.Н. 迈科夫

圣彼得堡：А.Ф. 马克斯出版社，1914，367 页

1002

Полное собрание сочинений. Т. 4　Н. Г. Гарин

Петроград: Изд. товарищества издательского дела "Копейка", 1916. 357 с.

作品全集（第 4 卷）　Н.Г. 加林

彼得格勒：科佩卡出版社，1916，357 页

1003

Полное собрание сочинений. Т. 4　В. Г. Короленко

С.-Петербург: Издание Т-ва А. Ф. Маркс, 1914. 464 с.

作品全集（第 4 卷）　В.Г. 柯罗连科

圣彼得堡：А.Ф. 马克斯出版社，1914，464 页

1004

Полное собрание сочинений. Т. 5　Н. Г. Гарин

Петроград: Издание Т-ва А. Ф. Маркс, 1916. 398 c.

作品全集（第 5 卷） Н.Г. 加林

彼得格勒：А.Ф. 马克斯出版社，1916，398 页

1005

Полное собрание сочинений. Т. 6 И. А. Бунин

Петроград: Издание Т-ва А. Ф. Маркс, 1915. 332 c.

作品全集（第 6 卷） И.А. 蒲宁

彼得格勒：А.Ф. 马克斯出版社，1915，332 页

1006

Полное собрание сочинений. Т. 6 В. Г. Короленко

С.-Петербург: Издание Т-ва А. Ф. Маркс, 1914. 456 c.

作品全集（第 6 卷） В.Г. 柯罗连科

圣彼得堡：А.Ф. 马克斯出版社，1914，456 页

1007

Полное собрание сочинений. Т. 7 В. Г. Короленко

Петроград: Издание Т-ва А. Ф. Маркс, 1914. 364 c.

作品全集（第 7 卷） В.Г. 柯罗连科

彼得格勒：А.Ф. 马克斯出版社，1914，364 页

1008

Полное собрание сочинений. Т. 7 И. А. Гончаров

Петроград: Издание Глазунова, 1916. 560 c.

作品全集（第 7 卷） И.А. 冈察洛夫

彼得格勒：格拉祖诺夫出版，1916，560 页

1009

Полное собрание сочинений. Т. 7 Н. Г. Гарин

Петроград: Издание Т-ва А. Ф. Маркс, 1916. 290 c.

作品全集（第 7 卷） Н.Г. 加林

彼得格勒：А.Ф. 马克斯出版社，1916，290 页

1010

Полное собрание сочинений. Т. 8 Н. Г. Гарин

Петроград: Издание Т-ва А. Ф. Маркс, 1916. 339 c.

作品全集（第 8 卷） Н.Г. 加林

彼得格勒：А.Ф. 马克斯出版社，1916，339 页

1011

Полное собрание сочинений. Т. 8 В. Г. Короленко

Петроград: Издание Т-ва А. Ф. Маркс, 1914. 379 c.

作品全集（第 8 卷） В.Г. 柯罗连科

彼得格勒：А.Ф. 马克斯出版社，1914，379 页

1012

Полное собрание сочинений. Т. 8. Власть земли, Очерки и рассказы. 1882-1883 Г. И. Успенский

М.: Издательство Академии наук СССР, 1949. 645 c.

作品全集（第 8 卷）：土地权力、杂文和短篇小说集（1882—1883） Г.И. 乌斯片斯基

莫斯科：苏联科学院出版社，1949，645 页

1013

Полное собрание сочинений. Т. I Н. В. Гоголь

Петроград: Издание акционерного общ-ва издательского дела "Копейка", 1914. 638 c.

作品全集（第 1 卷） Н.В. 果戈里

彼得格勒：科佩卡股份出版社，1914，638 页（古）

1014

Полное собрание сочинений. Т. V. Черные лепешки: Рассказы Пантелеймон Романов

М.: Недра, 1928. 254 c.

作品全集（第 5 卷）：黑饼（短篇小说集） 潘捷列伊蒙·罗曼诺夫

莫斯科：矿藏出版社，1928，254 页

1015

Полное собрание сочинений. Т. XII. Исанка: Рассказы В. Вересаев

М.: Недра, 1928. 221 c.

作品全集（第 12 卷）：伊桑卡（短篇小说集） В. 韦列萨耶夫

莫斯科：矿藏出版社，1928，221 页

1016

Полное собрание сочинений. Т. XXI. Железная пята: Роман Джэк Лондон; Перевод с английского Е. Г. Гуро

М.: Земля и фабрика, 1927. 261 c.

作品全集（第 21 卷）：铁蹄（长篇小说） 杰克·伦敦著，Е.Г. 古罗译自英语

莫斯科：土地与工厂出版社，1927，261 页

1017

Полное собрание сочинений. Т. XXIII Дмитрий Сергеевич Мережковский

М.: Типография Т-ва И. Д. Сытина, 1914. 440 с.

作品全集（第 23 卷） 德米特里·谢尔盖耶维奇·梅列日科夫斯基

莫斯科：И.Д. 瑟京印刷厂，1914，440 页

1018

Полное собрание стихотворений. Т. 1 А. А. Фет

С.-Петербург: Издание Т-ва А. Ф. Маркс, 1912. 470 с.

诗歌全集（第 1 卷） А.А. 费特

圣彼得堡：А.Ф. 马克斯出版社，1912，470 页（古）

1019

Порт-Артур: Историческое повествование А. Степанов

М.: Гос. изд-во художественной литературы, 1946. 615 с.

旅顺港：历史叙事 А. 斯捷潘诺夫

莫斯科：国家文艺书籍出版社，1946，615 页

1020

Последние годы "Современника": 1863-1866 В. Евгеньев-Максимов и Г. Тизенгаузен

Л.: Гослитиздат, 1939. 344 с.

同代人的最后岁月（1863—1866） В. 叶甫盖尼耶夫 – 马克西莫夫、Г. 蒂森豪森

列宁格勒：国家文艺书籍出版社，1939，344 页

1021

Похищенная бацилла Г. Уэллс; Перевод О. Богдановой

Л.: Вокруг света, 1929. 151 с.

被盗的杆菌 Г. 威尔斯著，О. 波格丹诺娃译

列宁格勒：环球出版社，1929，151 页

1022

Поэзия Туркмении: Стихи Под ред. П. Г. Скосырева

М.: Советский писатель, 1945. 93 с.

土库曼诗歌集 П.Г. 斯科瑟列夫编

莫斯科：苏联作家出版社，1945，93 页

1023

Поэты Бурят-Монголии: Стихи Под ред. С. Ширабона

Улан-Удэ: Бургосиздат, 1935. 93 с.

布里亚特 – 蒙古诗人：诗集 С. 希拉邦编

乌兰乌德：布里亚特蒙古国家出版社，1935，93 页

1024

Приключения в горах и на равнинах: Сборник рассказов Под ред. А. Насимовича

М.: Изд. Г. Ф. Мириманова, 1928. 152 с.

山川和平原奇遇记（短篇小说集） А. 纳西莫维奇编

莫斯科：米利马诺夫出版社，1928，152 页

1025

Приключения Марка Твэна: Для детей среднего и старшего возраста Э. Выгодская

[Б. м.]: Молодая гвардия, 1930. 200 с.

马克·吐温奇遇记（幼龄和大龄儿童读物） Э. 维戈茨卡雅

[不详]：青年近卫军出版社，1930，200 页

1026

Приключения Сэмюэля Пингля: Научно-фантастический роман С. Беляев

М.: Детгиз, 1945. 246 с.

塞缪尔·平格尔历险记（科幻小说） С. 别利亚耶夫

莫斯科：国家儿童读物出版社，1945，246 页

1027

Путешествие на комете Жюль Верн

М.: Гос. изд-во, 1928. 204 с.

彗星之旅 儒勒·凡尔纳

莫斯科：国家出版社，1928，204 页

1028

Путешествия Миклухо-Маклая П. Аренский

М.: Молодая гвардия, 1933. 218 с.

米克卢霍 – 马克莱游记 П. 阿连斯基

莫斯科：青年近卫军出版社，1933，218 页

1029

Пушкин в жизни: Систематический свод подлин-ных свидетельств современников. Вып. IV В. Вересаев

М.: Недра, 1927. 190 с.

生活中的普希金：同代人的真实记载系统汇编（第4册） В. 韦列萨耶夫

莫斯科：矿藏出版社，1927，190 页

1030

Пушкин—мистик: Историко-литературный очерк Сергей Фон Штейн

Рига: Эсперанто, 1931. 117 с.

神秘主义者普希金（文学史概论） 谢尔盖·冯·斯坦

里加：世界语出版社，1931，117 页

1031

Раб и Рим: Социальный роман из античного мира Александр Стефен

[Б. м.]: Пролетарий, 1930. 288 с.

奴隶和罗马（古代世界社会小说） 亚历山大·斯蒂芬

[不详]：无产者出版社，1930，288 页

1032

Разбойники Ф. Шиллер

М.: Гос. изд-во, 1930. 448 с.

强盗 Ф. 席勒

莫斯科：国家出版社，1930，448 页

1033

Разгром Эмиль Золя; Пер. В. Парнах

М.: Огиз; Гослитиздат, 1945. 448 с.

毁灭 埃米尔·佐利亚著，В. 帕尔纳赫译

莫斯科：国家出版社联合公司、国家文艺书籍出版社，1945，448 页

1034

Революция Джэк Лондон; Пер. А. В. Лучинской

Л.: Мысль, 1924. 155 с.

革命 杰克·伦敦著，А.В. 卢钦斯卡娅译

列宁格勒：思想出版社，1924，155 页

1035

Родина: Сборник высказываний русских писате-лей о Родине

М.: Гослитиздат, 1943. 208 с.

祖国：俄国作家关于祖国的论述

莫斯科：国家文艺书籍出版社，1943，208 页

1036

Русские плачи: Причитания Под ред. М. Горько-го

М.: Советский писатель, 1937. 263 с.

俄罗斯的哀歌（哭别歌） М. 高尔基编

莫斯科：苏联作家出版社，1937，263 页

1037

Северная одиссея Джэк Лондон; Пер. Е. Г. Гуро, Б. Я. Гуро

М.: Земля и фабрика, 1925. 144 с.

北方故事 杰克·伦敦著，Е.Г. 古罗、Б.Я. 古罗译

莫斯科：土地与工厂出版社，1925，144 页

1038

Силуэты далекого прошлого П. В. Быков

М.: Земия и фабрика, 1930. 340 с.

遥远往事的影子 П.В. 贝科夫

莫斯科：土地与工厂出版社，1930，340 页

1039

Сильней всего: Повести Георгий Никифоров

М.: Государственное издательство, 1925. 124 с.

最强之处（中篇小说） 格奥尔吉·尼基福罗夫

莫斯科：国家出版社，1925，124 页

1040

Сказания о русской земле. Часть 3. Образование Московского государства при преемниках Дими-трия Иоанновича Донского Сост. Александр Не-чволодов

С.-Петербург: Государственная типография, 1913. 487 с.

俄国大地的传说（第 3 部分）：德米特里·约安诺维奇·顿斯科伊继任者时期莫斯科公国的建立 亚历山大·涅奇沃洛多夫编

圣彼得堡：国家印刷厂，1913，487 页

1041

Словарь поэтических терминов Сост. А. П. Квятковский

М.: Государственное изд-во иностранных и национальных словарей, 1940. 239 с.

诗歌术语辞典 А.П. 克维亚特科夫斯基编

莫斯科：国家外语和民族语言词典出版社，1940，239 页

1042

Слово о Мамаевом побоище Виссарион Саянов

Л.: Гос. изд-во художественной литературы, 1939. 134 с.

马马耶夫战役记 维萨里昂·萨亚诺夫

列宁格勒：国家文艺书籍出版社，1939，134 页

1043

Собрание избранных сочинений Владимира Даля: Для детей школьного возраста Владимир Даль

Петроград: Издание Т-ва М. О. Вольф, 1915. 317 с.

弗拉基米尔·达里作品选集（学龄儿童读物） 弗拉基米尔·达里

彼得格勒：М.О. 沃尔夫出版社，1915，317 页

1044

Собрание сочинений В. Г. Белинский

Петроград: Издание В. К. Ильничика, 1915. 448 с.

作品集 В.Г. 别林斯基

彼得格勒：В.К. 伊利尼奇克出版，1915，448 页

1045

Собрание сочинений В. Г. Белинский

Петроград: Издание В. К. Ильинчика, 1915. 448 с.

作品集 В.Г. 别林斯基

彼得格勒：В.К. 伊利英奇克出版，1915，448 页（古）

1046

Собрание сочинений. IV И. А. Бунин

Петрополис: [Б. и.], 1935. 202 с.

作品集（第 4 卷） И.А. 蒲宁

彼得罗波利斯：[不详]，1935，202 页

1047

Собрание сочинений. Т. 1. В поисках за утраченным временем в сторону свана Пер. А. А. Фран-

ковского

М.: Издательство Время, 1934. 501 с.

作品集（第 1 卷）：在逝去的时光里向着斯万人的方向寻找 А.А. 弗兰科夫斯基译

莫斯科：时间出版社，1934，501 页

1048

Собрание сочинений. Т. 6. Душа женщины Марк Криницкий

М.: Московское книгоиздательство, 1917. 192 с.

作品集（第 6 卷）：女人心 马克·克里尼茨基

莫斯科：莫斯科图书出版社，1917，192 页（古）

1049

Собрание сочинений. Т. 6. Литературные воспоминания с приложением писем разных лиц Ив. Ив. Панаев

М.: Издание В. М. Саблина, 1912. 447 с.

作品集（第 6 卷）：文学回忆录（附不同人的信件） Ив.Ив. 帕纳耶夫

莫斯科：В.М. 萨布林出版，1912，447 页

1050

Собрание сочинений. Т. I. Гоголь Д. Н. Овсянико-Куликовский

М.; Петроград: Государственное издательство, 1923. 159 с.

作品集（第 1 卷）：果戈里 Д.Н. 奥夫夏尼克 – 库利科夫斯基

莫斯科、彼得格勒：国家出版社，1923，159 页

1051

Собрание сочинений. Т. IX. С критико-биографическим очерком профессора А. И. Кирпичникова Виктор Гюго

Петроград: Издание Т-ва И. Д. Сытина, 1915. 420 с.

作品集（第 9 卷）（附 А.И. 基尔皮奇尼科夫教授批判传记） 维克多·雨果

彼得格勒：И.Д. 瑟京出版社，1915，420 页

1052

Собрание сочинений. Т. V. С критико-биографическим очерком профессора А. И. Кирпичникова Виктор Гюго

М.: Типография Т-ва И. Д. Сытина, 1915. 264 с.

作品集（第 5 卷）（附 А.И. 基尔皮奇尼科夫教授批判传记）　维克多·雨果
莫斯科：И.Д. 瑟京印刷厂，1915，264 页

1053

Собрание сочинений. Т. Х. Путевые очерки　Генрих Сенкевич
М.: Типография Т-ва И. Д. Сытина, 1914. 360 с.
作品集（第 10 卷）：游记　亨利克·显克维支
莫斯科：И.Д. 瑟京印刷厂，1914，360 页

1054

Собрание сочинений. Т. XXV. Глаголют Стяги　Ив. Ф. Наживин
Париж; Новый сад: [Б. и.], 1929. 292 с.
文集（第 25 卷）：旗帜说　Ив.Ф. 纳日温
巴黎、诺维萨德：[不详]，1929，292 页

1055

Собрание сочинений: С критическим очерком Боттани. Том второй. Слава за любовь　Уильям Локк; перевод с английского М. В. Коваленской
Москва: Книгоиздательство "Современные проблемы", 1927. 356 с.
作品集（附伯塔尼的评论）（第 2 卷）：爱的荣誉　威廉·洛克著，М.В. 科瓦连斯卡娅译自英语
莫斯科：当代问题图书出版社，1927，356 页

1056

Соколиные гнезда: Повесть из быта кавказских горцев　Вас. Ив. Немирович -Данченко
М.: Типография Русского Товарищества "Чистые пруды", 1912. 112 с.
鹰巢：高加索山民的生活故事　Вас.Ив. 涅米罗维奇－丹琴科
莫斯科：俄国奇斯特耶普鲁德公司印刷厂，1912，112 页

1057

Сокрушитель скал: Жизнь и путешествия Генри Стэнли по его воспоминаниям　Э. Пименова
М.: Гос. изд-во, 1928. 184 с.
摧毁礁石的人：亨利·斯坦利的生活和旅行（据其回忆录）　Э. 皮缅诺娃

莫斯科：国家出版社，1928，184 页

1058

Сочинения　Николай Герасимович Помяловский
С.-Петербург: Издание товарищества издательского дела «Копейка», 1914. 494 с.
作品集　尼古拉·格拉西莫维奇·波米亚洛夫斯基
圣彼得堡：科佩卡出版社，1914，494 页

1059

Спор о Белинском: Ответ критикам　Ю. Айхенвальд
М.: Типография и цинкогр. т./д. «Мысль», 1914. 100 с.
关于别林斯基的争论：答复评论家　Ю. 艾亨瓦尔德
莫斯科：思想印刷厂，1914，100 页

1060

Средний проспект　Мих. Слонимский
М.: Гослитиздат, 1931. 134 с.
中街　Мих. 斯洛尼姆斯基
莫斯科：国家文艺书籍出版社，1931，134 页

1061

Стихи и поэмы в русских переводах　Тарас Шевченко
М.: Огиз; Гослитиздат, 1948. 127 с.
俄译本诗歌和长诗　塔拉斯·舍甫琴柯
莫斯科：国家出版社联合公司、国家文艺书籍出版社，1948，127 页

1062

Страницы из моей жизни　А. Танеева (Вырубова)
[Петроград]: [Б. и.], 1923. 200 с.
我的生活点滴　А. 塔涅耶娃（维鲁博娃）
[彼得格勒]：[不详]，1923，200 页

1063

Счастливцы　Луиджи Пиранделло; Пер. Э. К. Бродерсен
Л.: Время, 1926. 80 с.
幸运儿　路伊吉·皮兰德娄著，Э.К. 布罗德森译
列宁格勒：时间出版社，1926，80 页

1064

Тайна старой девы: Роман　Е. Марлитт

Рига: Грамату Драугс, 1929. 193 с.

老姑娘的秘密（长篇小说）　E. 马尔利季

里加：图书之友出版社，1929，193 页

1065

Творческой путь Тургенева: Сборник статей　Под ред. Н. Л. Бродского

Петроград: Сеятель, 1923. 319 с.

屠格涅夫的创作之路（文集）　Н.Л. 布罗茨基编

彼得格勒：传播者出版社，1923，319 页

1066

Торженство яйца: Книга впечатлений из нашей американской жизни　Шервуд Андерсон; Пер. с англ. П. Охрименко

М.: Современные проблемы, 1925. 257 с.

鸡蛋的胜利：我们的美国生活印象　舍伍德·安德森著，П. 奥赫里缅科译自英语

莫斯科：当代问题图书出版社，1925，257 页

1067

Трудное плавание　Георгий Соловьев

М.: Военное издательство Министерства вооруженных сил союза ССР, 1949. 194 с.

艰难的航行　格奥尔吉·索洛维约夫

莫斯科：苏联武装力量部军事出版社，1949，194 页

1068

Труды и дни Михаила Ломоносова: Обозрение в 9 главах и 6 иллюминациях　Георгий Шторм

[Б. м.]: Гос. изд-во художественной литературы, 1932. 301 с.

米哈伊尔·罗蒙诺索夫的著作和时代：述评（9 章附 6 幅彩图）　格奥尔吉·施托姆

[不详]：国家文艺书籍出版社，1932，301 页

1069

Труды отдела древне-русской литературы. IV　[Отв. ред. А. С. Орлов]

М.: Издательство Академии наук СССР, 1940. 253 с.

古俄罗斯文学研究室著作集（第 4 卷）　[А.С. 奥尔

洛夫编]

莫斯科：苏联科学院出版社，1940，253 页

1070

Труды: Сборник IV: Новые материалы, письма и статьи　Под ред. Н. Л. Мещерякова

М.: Соцэкгиз, 1939. 234 с.

著作集（第 4 册）：新资料、信函和文章　Н.Л. 梅谢里亚科夫编

莫斯科：国家社会经济书籍出版社，1939，234 页

1071

У горы Магнитной: Повесть　Евгений Федоров

Л.: Советский писатель, 1949. 169 с.

在马格尼特山中（中篇小说）　叶甫根尼·费奥多罗夫

列宁格勒：苏联作家出版社，1949，169 页

1072

У камелька: Моя молодость　С. Р. Минцлов

Рига: Типография Г. Иге, 1930. 211 с.

小壁炉旁：我的青年时代　С.Р. 明茨洛夫

里加：Г. 伊格印刷厂，1930，211 页

1073

Условные страдания завсегдатая кафе　Илья Эренбург

[Б. м.]: Новая жизнь, 1926. 158 с.

咖啡馆老主顾的假想痛苦　伊利亚·爱伦堡

[不详]：新生活出版社，1926，158 页

1074

Хождение по мукам: Трилогия: Сестры. Восемнадцатый год. Хмурое утро　Алексей Толстой

[Б. м.]: Гос. изд-во художественной литературы, 1946. 514 с.

苦难的历程（三部曲）：两姊妹、一九一八年、阴暗的早晨　阿列克谢·托尔斯泰

[不详]：国家文艺书籍出版社，1946，514 页

1075

Хромоножка: Роман　Маргарита Оду; Пер. Р. Ф. Куллэ

Л.: Время, 1927. 215 с.

瘸子（长篇小说） 玛加丽塔·奥杜著，Р.Ф.库勒译

列宁格勒：时间出版社，1927，215 页

1076

Черная кожа: THERE IS CONFUSION: Американский роман Джесси Фосет; Пер. с английского М. Г. Волосова

Л.: Бибиотека всемирной литературы, 1927. 386 с.

黑皮肤（美国长篇小说） 杰西·福西特著，М.Г.沃洛索夫译自英语

列宁格勒：世界文学图书馆，1927，386 页

1077

Четыре весны: Рассказы Нина Емельянова

М.: Советский писатель, 1947. 280 с.

四个春天（短篇小说集） 尼娜·叶梅利亚诺娃

莫斯科：苏联作家出版社，1947，280 页

1078

Эпос Монгольских народов С. А. Козин

М.: Академия Наук СССР, 1948. 247 с.

蒙古民族史诗 С.А. 科津

莫斯科：苏联科学院，1948，247 页

1079

Я пою победу: Военная лирика: 1943-1945 Алексей Сурков

М.: Советский писатель, 1946. 86 с.

我歌颂胜利：军事抒情诗（1943—1945） 阿列克谢·苏尔科夫

莫斯科：苏联作家出版社，1946，86 页

1080

Теория литературы Г. Н. Поспелов

М.: Государственное учебно-педагогическое издательство наркомпроса РСФСР, 1940. 264 с.

文学理论 Г.Н. 波斯佩洛夫

莫斯科：俄罗斯苏维埃联邦社会主义共和国教育人民委员部国家教育出版社，1940，264 页

1081

Теория литературы: Основы науки о литературе Л. И. Тимофеев

М.: Учпедгиз, 1948. 383 с.

文学理论：文学的科学基础 Л.И. 季莫费耶夫

莫斯科：国家教育出版社，1948，383 页

1082

Морские охотники: Необычайные рассказы из жизни морских охотников разных стран и народов Под ред. Вл. А. Попова

М.: Земля и Фабрика, 1924. 117 с.

海上猎人：不同国家和民族海上猎人生活轶事 Вл. А. 波波夫编

莫斯科：土地与工厂出版社，1924，117 页

1083

Книжная летопись. 17-22 Орган государственной библиографии СССР

М.: Всесоюзная книжная палата, 1944. 300 с.

图书年鉴（17—22） 苏联国家名人生平著作目录机构

莫斯科：全苏图书局，1944，300 页

1084

Образцы монгольской народной словесности Б. Я. Владимирцов

Л.: [Б. и.], 1926. 200 с.

蒙古经典民间文学 Б.Я. 弗拉基米尔佐夫

列宁格勒：［不详］，1926，200 页

1085

Японская литература: В образцах и очерках. T. I Н. И. Конрад

Л.: Институт живых восточных языков имени А. С. Енукидзе, 1927. 552 с.

日本文学：范例与概论（第 1 卷） Н.И. 康拉德

列宁格勒：А.С. 叶努基泽东方活语言研究所，1927，552 页

1086

Нарушенный завет: Роман Симадзаки-Тосон; Перевод с японского Н. Фельдман

М.: Государственное издательство, 1931. 318 с.

破戒（长篇小说） 岛崎藤村著，Н. 费尔德曼译自日语

莫斯科：国家出版社，1931，318 页

1087

Унтер-офицер: Роман Оокура Цэора　Оокура Цэо-ра; Пер. с японского Евг. Нельгин

С.-Петербург: Изд. В. Березовский, 1912. 144 с.

士官（大仓つおら长篇小说）　大仓つおら著，Евг. 涅利金译自日语

圣彼得堡: B. 别列佐夫斯基出版社，1912，144 页（古）

1088

Маленькие японцы = The Japanese twins　Люси Фич-Перкинс; Перевод с английского Л. и Ж. Кара-ваевых

М.: Посредник, 1928. 84 с.

日本双胞胎　露西・菲奇－珀金斯著，Л. 卡拉瓦耶夫、Ж. 卡拉瓦耶夫译自英语

莫斯科: 媒介出版社，1928，84 页

1089

Дети великого океана = The Filipino Twins　Л. Фич-Перкинс; Перевод О. Горбуновой-Посадовой

М.: Посредник, 1928. 61 с.

大洋的孩子　Л. 费奇－佩金斯著，O. 戈尔布诺娃－波萨多娃译

莫斯科: 媒介出版社，1928，61 页

1090

Голод: Роман　Бхабани Бхаттачария; Перевод с ан-глийского Е. Калашниковой

М.: Издательство иностранной литературы, 1949. 227 с.

饥饿（长篇小说）　巴巴尼 . 巴达查里雅著，E. 卡拉什尼科娃译自英语

莫斯科: 外国文学出版社，1949，227 页

1091

Старинные индейские рассказы　Ч. А. Истмен

Л.: Государственное издательство, 1925. 134 с.

古印度短篇小说集　Ч.А. 伊斯特缅

列宁格勒: 国家出版社，1925，134 页

1092

Цветы моего сада; Садовник; Гитанджали　Ра-биндранат Тагор; Перевод с английского Н. А. Пу-

шешникова

М.: Новая жизнь, 1925. 187 с.

我的花园里的鲜花；园丁集；吉檀迦利　拉宾德拉纳特・泰戈尔著，Н.А. 普舍什尼科夫译自英语

莫斯科: 新生活出版社，1925，187 页

1093

Воспоминания　Рабиндранат Тагор; Перевод с бенгальского М. И. Тубянского

Л.: Мысль, 1927. 220 с.

回忆录　拉宾德拉纳特・泰戈尔著，М.И. 图比扬斯基译自孟加拉语

列宁格勒: 思想出版社，1927，220 页

1094

Гершл Шамай　А. Абчук; Перевод с еврейского Мнухо Брук

М.: Государственное издательство художественной литературы, 1931. 197 с.

格什・沙麦　А. 阿布丘克著，姆努霍・布鲁克译自犹太语

莫斯科: 国家文艺书籍出版社，1931，197 页

1095

Кабильские сказки　Перевод В. А. Азова

М.: Гос. изд-во, 1923. 115 с.

卡比尔人的故事　В.А. 阿佐夫译

莫斯科: 国家出版社，1923，115 页

1096

Новейшая русская литература　В. Львов-Рогачевский

М.: [Б. и.], 1919. 140 с.

现代俄国文学　В. 利沃夫－罗加切夫斯基

莫斯科: [不详]，1919，140 页

1097

Д. Н. Овсянико-Куликовский. Собрание сочине-ний. T. III. Л. Н. Толстой

М.: Государственное издательство, 1923. 245 с.

Д.Н. 奥夫夏尼科－库利科夫斯基作品集（第 3 卷）: Л.Н. 托尔斯泰

莫斯科: 国家出版社，1923，245 页

1098
Литературное обозрение: Критико-Библиографический двухнедельник при журнале «Литературный критик». Вып. 16-21
М.: Гослитиздат, 1940. 64+64+64+64+64+64 с.
文学评论:《文学批评家》杂志社书刊评介双周刊（第 16—21 期）
莫斯科: 国家文艺书籍出版社，1940，64+64+64+64+64+64 页

1099
Очерки по истории русской литературы и просвещения с начала 19 века　Н. Н. Булич
С.-Петербург: Типография М. М. Стасюлевича, 1912. 712 с.
19 世纪初以来俄国文学与教育史概要　Н.Н. 布利奇
圣彼得堡: М.М. 斯塔休列维奇印刷厂，1912，712 页

1100
Собрание сочинений. Т. V. Герцен, Белинский, Добролюбов, Михайловский, Короленко, Чехов, Горький, Андреев　Д. Н. Овсянико-Куликовский
М.: Государственное издательство, 1923. 171 с.
作品集（第 5 卷）: 赫尔岑、别林斯基、杜勃罗留波夫、米哈伊洛夫斯基、科罗连科、契诃夫、安德烈耶夫　Д.Н. 奥夫夏尼科－库利科夫斯基
莫斯科: 国家出版社，1923，171 页

1101
Творчество и критика　Иванов-Разумник
С.-Петербург: Кн-во "Прометей" Н. Н. Михайлова, 1912. 224 с.
创作与批判　伊万诺夫－拉祖姆尼克
圣彼得堡: Н.Н. 米哈伊洛夫普罗米修斯图书出版社，1912，224 页

1102
Туркменская литература: Очерк развития　Петр Скосырев
М.: Советский писатель, 1945. 154 с.
土库曼文学: 发展概况　彼得·斯科瑟列夫
莫斯科: 苏联作家出版社，1945，154 页

1103
Русская публицистика XVI века　И. У. Будовниц
М.: Издательство Академии наук СССР, 1947. 309 с.
16 世纪俄国政论作品　И.У. 布多夫尼茨
莫斯科: 苏联科学院出版社，1947，309 页

1104
Введение в изучение детской литературы: Из лекций народным учителям на летних курсах по вопросам детской литературы и детского чтения　Н. В. Чехов
М.: Типография Т-ва И. Д. Сытина, 1915. 79 с.
儿童文学研究导论: 乡村教师儿童文学与儿童读物问题夏季培训班讲义　Н.В. 契诃夫
莫斯科: И.Д. 瑟京印刷厂，1915，79 页（古）

1105
Воспоминания: 1824-1870　Е. Я. Панаева
Л.: ACADEMIA, 1927. 508 с.
回忆录（1824—1870）　Е.Я. 帕纳耶娃
列宁格勒: 科学院出版社，1927，508 页

1106
Дуэль и смерть Пушкина　П. Е. Щеголев
М.: Журнально-газетное объединение, 1936. 399 с.
决斗与普希金之死　П.Е. 谢戈廖夫
莫斯科: 报刊联合公司，1936，399 页

1107
Евг. Ляцкий Гончаров: жизнь, личность, творчество, критико-биографические очерки
[Б. м.]: Кн-во Огни, 1912. 395 с.
利亚茨基·冈察洛夫: 生活、个性、创作和批判传略
[不详]: 星火出版社，1912，395 页（古）

1108
Критическое пособие: Сборник выдающихся статей русской критики за 100 лет. IV　Л. О. Вейнберг
М.: Типография Т-ва И. Д. Сытина, 1914. 443 с.
评论参考: 100 年间俄国优秀评论文章汇编（第 4 卷）　Л.О. 魏因贝格
莫斯科: И.Д. 瑟京印刷厂，1914，443 页（古）

1109

Литература эпохи феодализма: Тексты и коммен-тарии　Сост. В. В. Голубков [и др.]

М.: Государственное издательство, 1927. 102 с.

封建时期的文学：文本和注释　В.В. 戈卢布科夫等编

莫斯科：国家出版社，1927，102 页

1110

Мережковский и его новое христианство　Е. Лунд-берг

С-Петербург: Тип. Г. А. Шумахер, 1914. 192 с.

梅列日科夫斯基和他的新基督教　Е. 伦德伯格

圣彼得堡：Г.А. 舒马赫尔印刷厂，1914，192 页（古）

1111

Мои воспоминания　Илья Толстой

М.: Типография Т-ва И. Д. Сытина, 1914. 275 с.

我的回忆录　伊利亚·托尔斯泰

莫斯科：И.Д. 瑟京印刷厂，1914，275 页（古）

1112

Молодые годы Тургенева: По неизданным мате-риалам　В. Н. Горбачева

М.: Издание Тургеневской Комиссии, 1926. 47 с.

屠格涅夫的青年时代（据未发表资料）　В.Н. 戈尔巴乔娃

莫斯科：屠格涅夫委员会出版，1926，47 页

1113

Обзор памятников Русской словесности. Вып. 10. Л. Н. Толстой　Г. Корик

Одесса: Типография "Одесских Новостей", 1912. 110 с.

俄国文学作品概论（第 10 卷）：Л.Н. 托尔斯泰　Г. 科里克

敖德萨：《敖德萨消息报》印刷厂，1912，110 页（古）

1114

Обзор русской литературы XVIII века в темах и планах: Вступ. ст. и 30 тем для самостоят. разработ-ки　Б. П. Померанцев

М.: Типография П. П. Рябушинского, 1914. 72 с.

18 世纪俄国文学选题与提纲概览：绪论和 30 个独

立研究题目　Б.П. 波梅兰采夫

莫斯科：П.П. 里亚布申斯基印刷厂，1914，72 页（古）

1115

Образы прошлого　М. Гершензон

М.: Т-во скоропечатни А. А. Левенсон, 1912. 556 с.

过去的形象　М. 格尔申宗

莫斯科：А.А. 利文森速印公司，1912，556 页（古）

1116

П. Н. Ткачев: Избранные сочинения на социально-политические темы. Т. 2. 1869-1873　П. Н. Ткачев; Ред. Б. П. Козьмина

М.: Издательство всесоюзного общества политка-торжан и ссыльно-поселенцев, 1932. 459 с.

П.Н. 特卡乔夫（社会政治专题作品选第 2 卷）：1869—1873　П.Н. 特卡乔夫著，Б.П. 科兹明编

莫斯科：全苏苦役犯和流放犯协会出版社，1932，459 页

1117

Проект словаря языка Пушкина　Отв. ред. В. В. Виноградов

М.: Издательство Академии наук СССР, 1949. 121 с.

普希金语言词典计划　В.В. 维诺格拉多夫编

莫斯科：苏联科学院出版社，1949，121 页

1118

Пушкин в жизни: Систематический свод подлин-ных свидетельств современников. Вып. III　В. Вересаев

М.: Недра, 1927. 150 с.

生活中的普希金：同代人的真实记载系统汇编（第 3 册）　В. 韦列萨耶夫

莫斯科：矿藏出版社，1927，150 页

1119

Пушкин в работе над историческими источника-ми　Г. Блок

М.: Издательство Академии наук СССР, 1949. 216 с.

普希金的史料研究　Г. 布洛克

莫斯科：苏联科学院出版社，1949，216 页

1120

Пушкин-родоначальник новой русской литературы Под ред. Д. Д. Благого, В. Я. Кирпотина

М.: Издательство Академии наук СССР, 1941. 605 с.

普希金——俄罗斯新文学奠基人 Д.Д. 布拉戈伊、В.Я. 基尔波京编

莫斯科：苏联科学院出版社，1941，605 页

1121

Русская литература: Сборник литературных произведений и критических статей. Часть I. Для 8-го класса средней школы Сост. Н. Л. Бродский и И. Н. Кубиков

М.: Государственное учебно-педагогическое издательство, 1936. 256 с.

俄罗斯文学：文学作品和批判文章集（第 1 册）：中学八年级教材 Н.Л. 布罗茨基、И.Н. 库比科夫编

莫斯科：国家教育出版社，1936，256 页

1122

Русские писатели о литературе XVIII-XX вв. В трех томах. Т. 2 Сост. С. Балухатый [и др.]

Л.: Советский писатель, 1939. 516 с.

俄罗斯作家谈 18—20 世纪的文学（三卷本第 2 卷） С. 巴卢哈特等编

列宁格勒：苏联作家出版社，1939，516 页

1123

Русские писатели после Гоголя: Чтения, Речи и статьи Ореста Миллера. Т. II. И. А. Гончаров; А. Ф. Писемский; М. Е. Салтыков; Гр. Л. Н. Толстой И. А. Шляпкин

Петроград: Издание Т-ва М. О. Вольф, 1915. 443 с.

果戈里之后的俄国作家：奥列斯特·米勒的讲座、发言和文章（第 2 卷）：И.А. 冈察洛夫、А.Ф. 皮谢姆斯基、М.Е. 萨尔特科夫、Л.Н. 托尔斯泰伯爵 И.А. 什利亚普金

彼得格勒：М.О. 沃尔夫出版社，1915，443 页（古）

1124

Сочинения. Т. 5. Пушкин и Белинский: Статьи историко-литературные Иванов-Разумник

Петроград: Типография М. М. Стасюлевича, 1916. 371 с.

作品集（第 5 卷）：普希金和别林斯基（历史文学文集） 伊万诺夫－拉祖姆尼克

彼得格勒：М.М. 斯塔休列维奇印刷厂，1916，371 页（古）

1125

Статьи о Гоголе Б. Г. Белинский

М.: Государственное издательство, 1923. 149 с.

论果戈里（文集） Б.Г. 别林斯基

莫斯科：国家出版社，1923，149 页

1126

Т. Г. Шевченко: Критико-биографический очерк Г. Владимирский

Л.: Художественная литература, 1939. 155 с.

Т.Г. 舍甫琴柯（评论传略） Г. 弗拉基米尔斯基

列宁格勒：文艺书籍出版社，1939，155 页

1127

Творчество А. Н. Островского Под ред. С. К. Шамбинаго

М.: Гос. Изд., 1923. 365 с.

А.Н. 奥斯特洛夫斯基的作品 С.К. 尚比纳戈编

莫斯科：国家出版社，1923，365 页

1128

Тургениана: Статьи и библиография М. Португалов

[Б. м.]: Государственного издательство Орловское отделение, 1922. 110 с.

屠格尼阿娜：文章和著作索引 М. 波尔图加洛夫

[不详]：国家出版社奥廖尔分社，1922，110 页

1129

Ф. М. Достовеский: В воспоминаниях современников и его письмах. Часть 2-я В. Е. Чешихин-Ветринский

М.: Издательство Т-ва "В. В. Думнов, насл. бр. Салаевых", 1923. 159 с.

同代人回忆录和陀思妥耶夫斯基书信中的费奥多尔·米哈伊洛维奇·陀思妥耶夫斯基（第 2 部分） В. Е. 切希欣－韦特林斯基

莫斯科：萨拉耶夫兄弟继承者В.В. 杜姆诺夫出版社，1923，159 页

1130

Эволюция русского натурализма: Гоголь и До-стоевский　В. В. Виноградов

Л.: ACADEMIA, 1929. 390 с.

俄罗斯自然主义的演变：果戈里和陀思妥耶夫斯基　В. В. 维诺格拉多夫

列宁格勒：科学院出版社，1929，390 页

1131

На литературные темы　В. Десницкий

Л.: Государств. издательство художественной лите-ратуры, 1933. 391 с.

文学主题　В. 杰斯尼茨基

列宁格勒：国家文艺书籍出版社，1933，391 页

1132

Очерки современной русской литературы　Георгий Горбачев

Л.: Государственное издательство, 1925. 218 с.

现代俄罗斯文学概论　格奥尔吉·戈尔巴乔夫

列宁格勒：国家出版社，1925，218 页

1133

Павел Петрович Бажов　Л. Скорино

М.: Советский писатель, 1947. 274 с.

帕维尔·彼得罗维奇·巴若夫　Л. 斯科里诺

莫斯科：苏联作家出版社，1947，274 页

1134

Путеводитель по русской литературе XIX века　Сост. Ив. Н. Розанов

М.: [Б. и.], 1927. 340 с.

19 世纪俄罗斯文学指南　Ив.Н. 罗扎诺夫编

莫斯科：[不详]，1927，340 页

1135

Русский романтизм: Сборник статей　Под ред. А. И. Белецкого

Л.: ACADEMIA, 1927. 150 с.

俄罗斯浪漫主义（文集）　А.И. 别列茨基编

列宁格勒：科学院出版社，1927，150 页

1136

Этюды о советской литературе　В. Перцов

М.: Гослитиздат, 1937. 215 с.

苏联文学研究专著　В. 佩尔佐夫

莫斯科：国家文艺书籍出版社，1937，215 页

1137

А. С. Пушкин — великий русский поэт　А. М. Еголин

М.: Государственное издательство художественной литературы, 1949. 63 с.

А.С. 普希金——俄罗斯的伟大诗人　А.М. 叶戈林

莫斯科：国家文艺书籍出版社，1949，63 页

1138

Блок, А. А.: Стенограммы лекций, прочитанных в высшей партийной школе при ЦК ВКП(б)　А. С. Мясников

М.: [Б. и.], 1949. 32 с.

А.А. 布洛克：联共（布）中央委员会高级党校课程速记　А.С. 米亚斯尼科夫

莫斯科：[不详]，1949，32 页

1139

Былины　Под ред. А. Н. Чудинова

С.-Петербург: Типография Глазунова, 1912. 186 с.

壮士歌　А.Н. 丘季诺夫编

圣彼得堡：格拉祖诺夫印刷厂，1912，186 页（古）

1140

В. А. Жуковский: Поэзия чувства и "сердечного воображения"　А. Н. Веселовский

Петроград: Жизнь и знание, 1918. 546 с.

В.А. 茹科夫斯基：情感与内心想象的诗歌　А.Н. 韦谢洛夫斯基

彼得格勒：生活与知识出版社，1918，546 页（古）

1141

Две тайны Русской поэзии: Некрасов и Тют-чев　Д. С. Мережковский

Петроград: Т-во И.Д. Сытина, 1915. 123 с.

俄国诗歌的两大奥秘：涅克拉索夫与秋切夫　Д.С. 梅列日科夫斯基

彼得格勒：И.Д. 瑟京出版社，1915，123 页（古）

1142

Народное песнотворчество об атамане Степане Разине: Из исторических песен XVII века М. А. Яковлев

Л.: Издательство П. П. Сойкина, 1924. 167 с.

纪念斯捷潘·拉辛的民歌：17世纪历史歌曲选 М.А. 雅科夫列夫

列宁格勒：П.П. 索伊金出版社，1924，167页

1143

Письма о русской поэзии Н. С. Гумилев

Петроград: Мысль, 1923. 223 с.

关于俄国诗歌的通信 Н.С. 古米廖夫

彼得格勒：思想出版社，1923，223页

1144

Поэзия первобытного общества и родового строя Сост. В. В. Голубков [и др.]

М.: Государственное издательство, 1927. 74 с.

原始社会与氏族部落诗歌 В.В. 戈卢布科夫等编

莫斯科：国家出版社，1927，74页

1145

Пушкин о русских поэтах в переписке с друзьями П. Н. Якоби

RIGA: IZDEVNIECIBA FILIN, 1937. 48 с.

普希金在与友人通信中论俄国诗人 П.Н. 雅各比

里加：菲林出版社，1937，48页

1146

Русская поэзия XVIII века Г. Гуковский

Л.: ACADEMIA, 1927. 211 с.

18世纪俄罗斯诗歌 Г. 古科夫斯基

列宁格勒：科学院出版社，1927，211页

1147

Русские поэты XVIII века [Под ред. А. М. Его-лина, Е. Н. Михайловой, И. Н. Розанова]

М.: Гослитиздат, 1943. 61 с.

18世纪俄罗斯诗人 ［А.М. 叶戈林、Е.Н. 米哈伊洛娃、И.Н. 罗扎诺夫编］

莫斯科：国家文艺书籍出版社，1943，61页

1148

Драматургия Пушкина: Стенограмма публичной лекции, прочитанной в 1949 году в Ленинграде Б. П. Городецкий

Л.: Всесоюзное общество по распространению по-литических и научных знаний Лениградское отделе-ние, 1949. 36 с.

普希金戏剧：1949年列宁格勒公开讲演速记 Б. П. 戈罗杰茨基

列宁格勒：全苏政治科学知识普及协会列宁格勒分会，1949，36页

1149

Классики русской драмы: Научно-популярные очерки С. Д. Балухатого [и др.]

Л.: Искусство, 1940. 887 с.

俄罗斯经典戏剧：科普纲要 С.Д. 巴卢哈特等

列宁格勒：艺术出版社，1940，887页

1150

Мертвые души Гоголь

М.: Книгоиздательство "Наука" торгового дома М. Гальбрейх и М. Фиртековер, 1913. 72 с.

死魂灵 果戈里

莫斯科：М. 哈尔布雷赫和М. 菲尔特科维尔商行科学图书出版社，1913，72页

1151

Русский фольклор: Учебник для высших учеб-ных заведений Ю. М. Соколов

М.: Учпедгиз, 1938. 560 с.

俄罗斯民俗学（高等学校教材） Ю.М. 索科洛夫

莫斯科：国家教育出版社，1938，560页

1152

Деревня XVIII-XX вв. в русской художественной литературе: Художественные страницы по исто-рии русской культуры. Т. II Ред. Н. Л. Бродского и Н. П. Сидорова

М.: Издательство Л. Д. Френкель, 1925. 358 с.

俄罗斯文艺作品中的18—20世纪的乡村：俄国文化史之艺术篇（第2卷） Н.Л. 布罗茨基、Н.П. 西多罗夫编

莫斯科：Л.Д. 弗伦克尔出版社，1925，358页

1153

История русской литературы. T. IV　А. Н. Пыпин

С.-Петербург: Типография М. М. Стасюлевича, 1913. 677 c.

俄国文学史（第 4 卷）　А.Н. 佩平

圣彼得堡：М.М. 斯塔休列维奇印刷厂，1913，677 页

1154

История русской словесности: Для средних учебных заведений. Часть I. С древнейших времен до Карамзина　Сочи. А. И. Незеленова

М.: Изд. товарищества "В. В. Думнов, наследн. Бр. Салаевых", 1914. 237 c.

俄国文学史（中学读本第 1 部分）：从远古到卡拉姆津时代　А.И. 聂泽列诺夫

莫斯科：萨拉耶夫兄弟继承人 В.В. 杜姆诺夫公司出版社，1914，237 页（古）

1155

Краткий курс историй Русской словесности: С древнейших времен до конца XVIII века　В. Саводник

Коломыя: Издательство Я. Оренштейн, 1912. 481 c.

俄国文学史简明教程：从远古到十八世纪末　В. 萨沃德尼克

科洛梅亚：Я. 奥伦施泰因出版社，1912，481 页

1156

Курс истории русской литературы с XI до XVIII в. и хрестоматия: Для средней школы　Сост. Дм. Дм. Михайлов

Спб.: С.-Петербургская губернская типография, 1913. 200 c.

11 至 18 世纪俄国文学史教程与文选（供中学使用）　Дм.Дм. 米哈伊洛夫编

圣彼得堡：圣彼得堡省印刷厂，1913，200 页

1157

Русская словесность в историческом её развитии: Историко-литературные очерки и образцы. Ч. 3, От Карамзина до Пушкина　Сост. В. Д. Осмоловский

Рига: Издание акц. общ. ВАЛЬТЕРС и РАПА, 1922. 215 c.

俄罗斯文学的历史进程：文学史概论和经典作品（第

3 册): 从卡拉姆津到普希金　В.Д. 奥斯莫洛夫斯基编

里加：瓦尔特斯和拉帕股份公司出版，1922，215 页

1158

Очерк истории Древнерусской литературы До-московского периода: 11-13 вв.　В. М. Истрин

Петроград: Наука и школа, 1922. 248 c.

前莫斯科公国时期俄国古代文学史略（11—13 世纪）　В.М. 伊斯特林

彼得格勒：科学与学派出版社，1922，248 页

1159

Очерки по истории русской сатирической литературы XVII в.　В. П. Адрианова-Перетц

М.: Издательство Академии наук СССР, 1937. 260 c.

17 世纪俄国讽刺文学史略　В.П. 阿德里阿诺娃 – 佩列茨

莫斯科：苏联科学院出版社，1937，260 页

1160

XVIII век. Сборник 2. Статьи и материалы　Отв. ред. Г. А. Гуковский

М.: Издательство Академии наук СССР, 1940. 333 c.

18 世纪：文章与资料集（第 2 册）　Г.А. 古科夫斯基编

莫斯科：苏联科学院出版社，1940，333 页

1161

А. С. Пушкин　А. К. Бороздин

Петроград: Кн-во "Прометей" Н. Н. Михайлова, 1914. 128 c.

А.С. 普希金　А.К. 博罗兹金

彼得格勒：Н.Н. 米哈伊洛夫普罗米修斯图书出版社，1914，128 页

1162

Александр Иванович Герцен　В. Я. Богучарский

С.-Петербург: Издание кружка имени Александра Ивановича Герцена, 1912. 178 c.

亚历山大·伊万诺维奇·赫尔岑　В.Я. 博古恰尔斯基

圣彼得堡：亚历山大·伊万诺维奇·赫尔岑小组出版，1912，178 页（古）

1163

Александр Николаевич Островский: 1823-1923: Сборник статей к столетию со дня рождения Под ред. П. С. Когана

Иваново-Вознесенск: Основа, 1923. 161 с.

亚历山大·尼古拉耶维奇·奥斯特洛夫斯基（1823—1923）：诞辰 100 周年纪念文集 П.С. 科甘编

伊万诺沃 – 沃兹涅先斯克：基础出版社，1923，161 页

1164

Александр Николаевич Островский: Его жизнь и сочинения: Собрник истрико-литературных статей Сост. В. Покровский

М.: Склад в книжном магазине В. Спиридонова и А. Михайлова, 1912. 324 с.

亚历山大·尼古拉耶维奇·奥斯特洛夫斯基：生活与创作（历史文学文集） В. 波克罗夫斯基编

莫斯科：В. 斯皮里多诺夫与 А. 米哈伊洛夫书店书库，1912，324 页

1165

Белинский: В воспоминаниях современников Ред. Ф. М. Головенченко

Москва: Гослитиздат, 1948. 480 с.

别林斯基：同代人回忆录 Ф.М. 戈洛文琴科编

莫斯科：国家文艺书籍出版社，1948，480 页

1166

Жизнь В. Г. Короленко А. Дерман

М.: Детгиз, 1946. 142 с.

В.Г. 科罗连科的生活 А. 德尔曼

莫斯科：国家儿童读物出版社，1946，142 页

1167

Историко-литературная хрестоматия. Часть III. Литература XVIII века Сост. Н. Л. Бродский, Н. М. Мендельсон, Н. П. Сидоров

М.: Государственное издательство, 1923. 315 с.

文学史作品选（第 3 册）：18 世纪文学 Н.Л. 布罗茨基、Н.М. 门德尔松、Н.П. 西多罗夫编

莫斯科：国家出版社，1923，315 页

1168

Историко-литературная хрестоматия. Часть IV.

Девятнадцатый век (литературные направления первых десятилетий) Сост. Н. Л. Бродский, Н. М. Мендельсон и Н. П. Сидоров

М.: Государственное издательство, 1923. 440 с.

文学史作品选（第 4 册）：19 世纪头几十年的文学方向 Н.Л. 布罗茨基、Н.М. 门德尔松、Н.П. 西多罗夫编

莫斯科：国家出版社，1923，440 页

1169

История новой русской литературы: эпоха классицизма: курс, читанный на М. В. Ж. К. в 1917-18 г. П. Н. Сакулин

М.: Московское издательство, 1918. 318 с.

现代俄国文学史：古典主义时期（1917—1918 年在莫斯科高等女子培训班讲授的课程） П.Н. 萨库林

莫斯科：莫斯科出版社，1918，318 页

1170

Л. Н. Толстой Ред. Н. Н. Гусева

М.: Издание государственного литературного музея, 1938. 484 с.

Л.Н. 托尔斯泰 Н.Н. 古谢夫编

莫斯科：国家文学博物馆出版，1938，484 页

1171

Лев Николаевич Толстой: Юбилейный сборник Собрал и ред. Н. Н. Гусев

М.: Государственное издательство, 1928. 440 с.

列夫·尼古拉耶维奇·托尔斯泰（周年纪念文集） Н.Н. 古谢夫收集、编校

莫斯科：国家出版社，1928，440 页

1172

М. Н. Раевская — кн. Волконская в жизни и поэзии Пушкина Б. М. Соколов

М.: [Б. и.], 1922. 92 с.

普希金生活和诗歌中的 М.Н. 拉耶夫斯卡娅 – 沃尔孔斯卡娅公爵小姐 Б.М. 索科洛夫

莫斯科：[不详]，1922，92 页

1173

Музыка в жизни и творчестве Пушкина И. Эйгес

М.: Музгиз, 1937. 286 с.

普希金生活和创作中的音乐　И. 艾格斯

莫斯科：国家音乐出版社，1937，286 页

1174

На рубеже: Хабаровский краевой журнал художественной литературы и публицистики. Книга вторая. Март-апрель　Орган отделения союза советских писателей СССР

Хабаровск: Дальгиз, 1940. 207 с.

在边界：哈巴罗夫斯克边疆区文艺政论杂志（第 2 期：3—4 月）　苏联作家联盟分支机构

哈巴罗夫斯克：远东国家出版社，1940，207 页

1175

Очерк истории новейшей русской литературы: Этюды и характеристики　В. Евгеньев-Максимов

М.: Государственное издательство, 1925. 259 с.

俄罗斯现代文学史略（专题论文与评述）　В. 叶夫根耶夫 – 马克西莫夫

莫斯科：国家出版社，1925，259 页

1176

Очерки литературного движения революционной эпохи: 1917-1927　Вячеслав Полонский

М.: Государственное издательство, 1928. 334 с.

革命时代文学运动概论（1917—1927）　维亚切斯拉夫·波隆斯基

莫斯科：国家出版社，1928，334 页

1177

Пушкин и Некрасов　Корней Чуковский

М.: Гослитиздат, 1949. 47 с.

普希金与涅克拉索夫　科尔涅伊·丘科夫斯基

莫斯科：国家文艺书籍出版社，1949，47 页

1178

Русская словесность в историческом её развитии: Историко-литературные очерки и образцы. Часть 1-ая. Народная словесность и древняя письменность (До начала XVIII века)　[Сост. В. Д. Осмоловский]

Рига: Издание акц. общ. Вальтерс и Рапа, 1921. 148 с.

俄罗斯文学的历史进程：文学史概论和经典作品（第 1 册）：民间文学和古代文献（18 世纪初以前）[В. Д. 奥斯莫洛夫斯基编]

里加：沃尔特斯和拉普股份公司出版，1921，148 页

1179

Сороковые и шестидесятые годы: Очерки по истории русской литературы XIX столетия　И. И. Замотин

Петроград: Издание Т-ва М. О. Вольф, 1915. 437 с.

40 年代和 60 年代：19 世纪俄国文学史概要　И.И. 扎莫京

彼得格勒：M.O. 沃尔夫出版社，1915，437 页（古）

1180

Типы Пушкина　Ред. Н. Д. Носкова

С.-Петербург: Издательство "Словарь литературных типов", 1912. 315 с.

普希金的文学典型　Н.Д. 诺斯科夫编

圣彼得堡：文学典型词典出版社，1912，315 页（古）

1181

Ф. М. Достоевский　В. Переверзев

М.: Государственное издательство, 1925. 134 с.

Ф.М. 陀思妥耶夫斯基　В. 佩列韦尔泽夫

莫斯科：国家出版社，1925，134 页

1182

Юноша-Поэт: Жизнь и творчество С. Я. Надсона　Ал. Алтаев

Петроград: Книгоиздательство "Жизни и знание", 1915. 93 с.

少年诗人：С.Я. 纳德松的生活与创作　Ал. 阿尔塔耶夫

彼得格勒：生活与知识图书出版社，1915，93 页（古）

1183

В. Г. Короленко　Г. А. Бялый

М.: Государственное издательство художественной литературы, 1949. 371 с.

В.Г. 科罗连科　Г.А. 比亚雷

莫斯科：国家文艺书籍出版社，1949，371 页

1184

Николай Островский　С. Трегуб

М.: Государственное издательство "Художественная литература", 1939. 86 с.

尼古拉·奥斯特洛夫斯基 С. 特列古布

莫斯科：国家文艺书籍出版社，1939，86 页

1185

Новейшая русская литература В. Львов-Рогачевский

М.: Изд. Л. Д. Френкель, 1925. 388 с.

现代俄罗斯文学 В. 利沃夫 – 罗加切夫斯基

莫斯科：Л.Д. 弗伦克尔出版社，1925，388 页

1186

Бельведерский торс М. А. Алданов

[Б. м.]: Русские Записки, 1938. 189 с.

贝尔维德雕像 М.А. 阿尔达诺夫

[不详]：俄国杂记出版社，1938，189 页

1187

Жнецы моря: Необычайные рассказы из жизни рыбаков разных стран и народов Под ред. Вл. А. Попова

М.: Земля и фабрика, 1924. 129 с.

海洋的收获者：不同国家和民族渔民不平凡的生活故事 Вл.А. 波波夫编

莫斯科：土地与工厂出版社，1924，129 页

1188

Изборник: 1764-1823 КН. Иван Михайлович Долгорукий

М.: Издание М. и С. Сабашниковых, 1919. 222 с.

古代俄罗斯文学手抄文选（1764—1823） 伊万·米哈伊洛维奇·多尔戈鲁基公爵

莫斯科：М. 萨巴什尼科夫和 С. 萨巴什尼科夫出版，1919，222 页

1189

Альманах писателей Абхазии

Сухуми: Союз советских писателей Абхазии, 1941. 177 с.

阿布哈兹作家作品选

苏呼米：阿布哈兹苏联作家联盟，1941，177 页

1190

В помощь пленным русским воинам: Литературный сборник Под ред. Н. В. Давыдова и Н. Д.

Телешова

М.: Типография Т-ва И. Д. Сытина, 1916. 212 с.

帮助被俘的俄国军人（文学作品汇编） Н.В. 达维多夫、Н.Д. 捷列绍夫编

莫斯科：И.Д. 瑟京印刷厂，1916，212 页（古）

1191

В. Г. Белинский

М.: Государственное издательство, 1923. 175 с.

В.Г. 别林斯基

莫斯科：国家出版社，1923，175 页

1192

Двенадцатый год в произведениях русских писателей и поэтов и юбилейный праздник в память 1812 года Н. Дучинский

М.: Типография Т-ва И. Д. Сытина, 1912. 96 с.

俄国作家和诗人作品中的 1812 年与 1812 年周年纪念日 Н. 杜钦斯基

莫斯科：И.Д. 瑟京印刷厂，1912，96 页

1193

Ежемесячный литературный, научный и политический журнал: Февраль 1916

[Б. м.]: Типо-лит. Акц. О-ва Самообразование, 1916. 372 с.

文学、科学与政治月刊（1916 年 2 月）

[不详]：自学股份印务公司，1916，372 页

1194

Заветы; О ближайших путях развития России; Текущая жизнь

[Б. м.]: [Б. и.], 1914. 412 с.

遗训；论俄国最主要的发展道路；当下的生活

[不详]：[不详]，1914，412 页（古）

1195

Из родной литературы: Для высших начальных училищ и средних учебных заведений. Часть 1 Сост. Н. Н. Городецкий [и др.]

Владивосток: [Б. и.], 1920. 479 с.

祖国文学（高级中小学教科书第 1 册） Н.Н. 戈罗杰茨基等编

符拉迪沃斯托克：[不详]，1920，479 页

1196

Избранные сочинения И. Н. Потапенко и А. В. Амфитеатров

[Б. м.]: Издание редакции журнала "Пробуждение", 1913. 96 с.

作品选集 И.Н. 波塔片科、А.В. 阿姆菲捷阿特罗夫

[不详]:《觉醒》杂志编辑部出版，1913，96 页（古）

1197

Историко-литературная хрестоматия. Часть I. Устная народная словесность с историческими и этнографическими комментариями Сост. Н. Л. Бродский, Н. М. Мендельсон, Н. П. Сидоров

М.: Государственное издательство, 1922. 268 с.

文学史作品选（第 1 册）：民间口头文学（附历史学和民族学注释） Н.Л. 布罗茨基、Н.М. 门德尔松、Н.П. 西多罗夫编

莫斯科：国家出版社，1922，268 页

1198

Историко-литературная хрестоматия. Часть II. Древняя русская письменность XI-XVII в. в. Сост. Н. Л. Бродский, Н. М. Мендельсон, Н. П. Сидоров

М.: Государственное издательство, 1923. 280 с.

文学史作品选（第 2 册）：11—17 世纪古俄罗斯文献 Н.Л. 布罗茨基、Н.М. 门德尔松、Н.П. 西多罗夫编

莫斯科：国家出版社，1923，280 页

1199

Кривое зеркало: Пародии и шаржи А. А. Измайлов

С.-Петербург: Изд. Шиповник, 1912. 237 с.

哈哈镜（讽刺作品和漫画集） А.Л. 伊斯梅洛夫

圣彼得堡：蔷薇出版社，1912，237 页（古）

1200

Литературное наследство А. С. Грибоедов

М.: Издательство Академии наук СССР, 1946. 374 с.

文学遗产 А.С. 格里博耶多夫

莫斯科：苏联科学院出版社，1946，374 页

1201

Литературное наследство. Вып. 3

М.: Журнально-газетное объединение, 1932. 347 с.

文学遗产（第 3 册）

莫斯科：报刊联合公司，1932，347 页

1202

Литературно-художественные альманахи. Книга 18

С.-Петербург: Издательство "Шиповник", 1912. 231 с.

文艺作品选集（第 18 卷）

圣彼得堡：蔷薇出版社，1912，231 页（古）

1203

Литературно-художественные альманахи. Книга 20

С.-Петербург: Изд. "Шиповник", 1913. 232 с.

文艺作品选集（第 20 卷）

圣彼得堡：蔷薇出版社，1913，232 页（古）

1204

Литературно-художественный сборник. №1-2

Улан-Удэ: Бурят-монгольское государственное издательство, 1941. 309 с.

文艺作品集（第 1–2 卷）

乌兰乌德：布里亚特 – 蒙古国立出版社，1941，309 页

1205

На рубеже: Литературно-художественный альманах.

Хабаровск: Огиз; Дальневосточное государственное издательство, 1942. 88 с.

在边界（文艺丛刊）

哈巴罗夫斯克：国家出版社联合公司、远东国家出版社，1942，88 页

1206

Новая Сибирь: Литературно-художественный альманах. Вып. 8

Иркутск: Огиз; Ирсутское областное издательство, 1941. 231 с.

新西伯利亚：文艺作品选（第 8 册）

伊尔库茨克：国家出版社联合公司、伊尔库茨克州立出版社，1941，231 页

1207

Патриотическое школьное литературное утро: Хрестоматия 1914-1915 г.. В пользу раненых воинов и их семейств Составила Клавдия Лукашевич

М.: Типография т-ва И. Д. Сытина, 1915. 194 с.

学校爱国主义文学晨会：1914—1915 年文选（为了受伤军人及其家属的利益） 克拉夫季娅・卢卡舍维奇编

莫斯科：И.Д. 瑟京印刷厂，1915，194 页

1208

Песни и устные рассказы рабочих старой Сиби-ри Сост. Александр Гуревич

Иркутск: Огиз; Иркутское областное издательство, 1940. 130 с.

旧西伯利亚工人的歌曲和口述故事 亚历山大・古列维奇主编

伊尔库茨克：国家出版社联合公司、伊尔库茨克州立出版社，1940，130 页

1209

Полное собрание сочинений К. Ф. Рылеева и А. И. Одоевского К. Ф. Рылеев и А. И. Одоевский

С-Петербург: Журн. "Жизнь для всех", 1913. 565 с.

К.Ф. 雷列耶夫与А.И. 奥多耶夫斯基作品全集 К.Ф. 雷列耶夫、А.И. 奥多耶夫斯基

圣彼得堡：《大众生活》杂志社，1913，565 页（古）

1210

Полное собрание сочинений С. Т. Аксакова

С-Петербург: Издание товарищества издательского дела "Копейка", 1914. 736 с.

С.Т. 阿克萨科夫作品全集

圣彼得堡：科佩卡出版社，1914，736 页（古）

1211

Рафаэль; Дон Жуан; Карл V Борис Зайцев

[Нева]: Издательство Нева, 1924. 144 с.

拉斐尔；唐璜；查理五世 鲍里斯・扎伊采夫

[涅瓦]：涅瓦出版社，1924，144 页

1212

Русские пропилеи. Т. 2

[Б. м.]: [Б. и.], 1916. 351 с.

俄国文集（第2卷）

[不详]：[不详]，1916，351 页

1213

Сборник товарищества "Знание" за 1912 год.

Книга 38

С.-Петербург: Издание товарищества "Знание", 1912. 227 с.

知识出版社 1912 年汇编（第 38 卷）

圣彼得堡：知识出版社，1912，227 页（古）

1214

Современная литература: Хрестоматия Сост. А. Дубовиков, Е. Северин

М.: Учпедгиз, 1939. 183 с.

现代文学（作品选） А. 杜博韦科夫、Е. 谢韦林编

莫斯科：国家教育出版社，1939，183 页

1215

Спорное дело; Избранные рассказы С. Гусев-Оренбургский

Спб.: Пробуждение, 1914. 222 с.

有争议的案件；短篇小说选 С. 古谢夫 – 奥伦堡斯基

圣彼得堡：觉醒出版社，1914，222 页（古）

1216

Хрестоматия: Русская земля и русские люди в образах русской литературы. Вып. I Е. Арронет

Рига: Издание акц. общ. Вальтерс и Рапа, 1924. 197 с.

文选：俄罗斯文学形象中的俄罗斯土地和俄罗斯人民（第 1 册） Е. 阿罗涅特

里加：沃尔特斯和拉帕股份公司出版，1924，197 页

1217

Школьный праздник "Рождественская елка" Александр Тихонович Гречанинов

М.: Типография Т-ва И. Д. Сытина, 1913. 212 с.

学校圣诞枞树节 亚历山大・蒂洪诺维奇・格列恰尼诺夫

莫斯科：И.Д. 瑟京印刷厂，1913，212 页（古）

1218

Эпопея: литературный ежемесячник. № 2 Под ред. Андрей Белый

М.: Книгоиздательство Геликон, 1922. 298 с.

史诗（文学月刊第 2 期） 安德烈・别雷编

莫斯科：赫利孔山图书出版社，1922，298 页

1219

Беглый король: Историческая повесть из времен царствования императрицы Екатерины II Даниил Лукич Мордовцев

Петроград: Издательство П. П. Сойкина, 1914. 206 с.

逃跑的国王：叶卡捷琳娜二世女皇统治时期历史故事 丹尼尔·卢基奇·莫尔多夫采夫

彼得格勒：П.П. 索伊金出版社，1914，206 页（古）

1220

Великие мира: Избранники истории всех времен и народов: Рассказы и очерки М. А. Лятского М. А. Лятский

Петроград: Издание Т-ва М. О. Вольф, 1915. 290 с.

世界伟人：各时期和各民族历史的天才人物（М.А. 利亚茨基短篇小说和纪事集） М.А. 利亚茨基

彼得格勒：М.О. 沃尔夫出版社，1915，290 页（古）

1221

Избранные сочинения М. В. Ломоносов

С.-Петербург: Типография Глазунова, 1912. 92 с.

作品选集 М.В. 罗蒙诺索夫

圣彼得堡：格拉祖诺夫印刷厂，1912，92 页（古）

1222

Избранные сочинения. Т. II. Мыльный пузырь Шолом-Алейхем

М.: Земля и фабрика, 1927. 173 с.

作品选集（第 2 卷）: 肥皂泡 肖洛姆·阿莱赫姆

莫斯科：土地与工厂出版社，1927，173 页

1223

Избранные сочинения. Т. II. Первый полутом Н. Г. Чернышевский

М.: Государственное социально-экономическое издательство, 1937. 701 с.

作品选集（第 2 卷前半卷） Н.Г. 车尔尼雪夫斯基

莫斯科：国家社会经济出版社，1937，701 页

1224

Избранные сочинения: Стихотворения и поэмы Перевод с украинского Иван Франко; Под редакцией М. Ф. Рыльского и Б. А. Турганова

М.: Огиз; Государственное издательство художе-

ственной литературы, 1945. 607 с.

诗歌和史诗作品选 伊凡·弗兰科译自乌克兰语，М.Ф. 雷利斯基、Б.А. 图尔加诺夫编

莫斯科：国家出版社联合公司、国家文艺书籍出版社，1945，607 页

1225

Очерки из петербургской жизни. Стихотворения и пародии Ив. Ив. Панаев

М.: Издание В. М. Саблина, 1912. 827 с.

彼得堡生活纪事（诗歌和讽刺作品集） Ив.Ив. 帕纳耶夫

莫斯科：В.М. 萨布林出版，1912，827 页（古）

1226

Полное собрание сочинеиий А. С. Пушкина: Проза. Т. II А. С. Пушкин

Петроград: Издание акционерного об-ва изд-го дела "КОПЕЙКА", 1914. 406 с.

А.С. 普希金作品全集（散文第 2 卷） А.С. 普希金

彼得格勒：科佩卡股份出版社，1914，406 页（古）

1227

Полное собрание сочинений Н. В. Гоголь

С.-Петербург: Издание акционерного общ-ва издательского дела "Копейка", 1914. 815 с.

作品全集 Н.В. 果戈里

圣彼得堡：科佩卡股份出版社，1914，815 页

1228

Полное собрание сочинений А. С. Грибоедов

С-Петербург: Издаине т-ва "Копейка", 1914. 127 с.

作品全集 А.С. 格里博耶多夫

圣彼得堡：科佩卡出版社，1914，127 页（古）

1229

Полное собрание сочинений Д. И. Фонвизин

С.-Петербург: Копейка, 1914. 222 с.

作品全集 Д.И. 冯维辛

圣彼得堡：科佩卡出版社，1914，222 页（古）

1230

Полное собрание сочинений А. С. Пушкина. Т. III

Петроград: Издание акционерного об-ва издательского дела "Копейка", 1914. 335 с.

А.С. 普希金作品全集（第 3 卷）

彼得格勒：科佩卡股份出版社，1914，335 页（古）

1231

Полное собрание сочинений И. С. Тургенева. Т. VI　И. С. Тургенев

Петроград: Типография Глазунова, 1915. 458 с.

И.С. 屠格涅夫作品全集（第 6 卷）　И.С. 屠格涅夫

彼得格勒：格拉祖诺夫印刷厂，1915，458 页（古）

1232

Полное собрание сочинений И. С. Тургенева. Т. VIII　И. С. Тургенев

Петроград: Типография Глазунова, 1915. 411 с.

И.С. 屠格涅夫作品全集（第 8 卷）　И.С. 屠格涅夫

彼得格勒：格拉祖诺夫印刷厂，1915，411 页（古）

1233

Полное собрание сочинений Льва Николаевича Толстого. Т. XIII

М.: Типография Т-ва И. Д. Сытина, 1913. 276 с.

列夫·尼古拉耶维奇·托尔斯泰作品全集（第 13 卷）

莫斯科：И.Д. 瑟京印刷厂，1913，276 页（古）

1234

Полное собрание сочинений Ф. И. Тютчева　Ф. И. Тютчев; Под ред. П. В. Быкова

С.-Петербург: Издание Т-ва А. Ф. Маркс, 1913. 468 с.

Ф.И. 秋切夫作品全集　Ф.И. 秋切夫著，П.В. 贝科夫编

圣彼得堡：А.Ф. 马克斯出版社，1913，468 页（古）

1235

Полное собрание сочинений. Т. VII　Лев Николаевич Толстой

М.: Типография Т-ва И. Д. Сытина, 1913. 288 с.

作品全集（第 7 卷）　列夫·尼古拉耶维奇·托尔斯泰

莫斯科：И.Д. 瑟京印刷厂，1913，288 页（古）

1236

Полное собрание сочинений. Т. 11　Б. М. Маркевич

М.: Издание В. М. Саблина, 1912. 434 с.

作品全集（第 11 卷）　Б.М. 马尔克维奇

莫斯科：В.М. 萨布林出版，1912，434 页（古）

1237

Полное собрание сочинений. Т. 18. Письма　Н. Щедрин (М. Е. Салтыков)

М.: Государственное издательство «Художественная литература», 1937. 518 с.

作品全集（第 18 卷）：书信集　Н. 谢德林（М.Е. 萨尔特科夫）

莫斯科：国家文艺书籍出版社，1937，518 页

1238

Полное собрание сочинений. Т. 3　А. С. Пушкин

[Б. м.]: Книгоиздательство Слово, 1921. 505 с.

作品全集（第 3 卷）　А.С. 普希金

[不详]：言论图书出版社，1921，505 页

1239

Полное собрание сочинений. Т. 3　А. И. Куприн

С-Петербург: Издание т-ва А. Ф. Маркс, 1912. 314 с.

作品全集（第 3 卷）　А.И. 库普林

圣彼得堡：А.Ф. 马克斯出版社，1912，314 页（古）

1240

Полное собрание сочинений. Т. 3　И. С. Никитин

Петроград: Литературно-издательский отдел комиссариата народного просвещения, 1918. 414 с.

作品全集（第 3 卷）　И.С. 尼基京

彼得格勒：教育人民委员部书籍出版处，1918，414 页（古）

1241

Полное собрание сочинений. Т. 4　А. И. Куприн

С-Петербург: Издание т-ва А. Ф. Маркс, 1912. 311 с.

作品全集（第 4 卷）　А.И. 库普林

圣彼得堡：А.Ф. 马克斯出版社，1912，311 页（古）

1242

Полное собрание сочинений. Т. 5　А. С. Пушкин

[Б. м.]: Книгоиздательство Слово, 1921. 488 с.

作品全集（第 5 卷） А.С. 普希金

[不详]: 言论图书出版社，1921，488 页

1243

Полное собрание сочинений. Т. I　Лев Николае-вич Толстой

М.: Типография т-ва И. Д. Сытина, 1913. 279 с.

作品全集（第 1 卷）　列夫·尼古拉耶维奇·托尔斯泰

莫斯科：И.Д. 瑟京印刷厂，1913，279 页

1244

Полное собрание сочинений. Т. II　Лев Николае-вич Толстой

М.: Типография Т-ва И. Д. Сытина, 1913. 277 с.

作品全集（第 2 卷）　列夫·尼古拉耶维奇·托尔斯泰

莫斯科：И.Д. 瑟京印刷厂，1913，277 页（古）

1245

Полное собрание сочинений. Т. III　Лев Николае-вич Толстой

М.: Т-во И. Д. Сытина, 1913. 373 с.

作品全集（第 3 卷）　列夫·尼古拉耶维奇·托尔斯泰

莫斯科：И.Д. 瑟京出版社，1913，373 页（古）

1246

Полное собрание сочинений. Т. VI　Л. Н. Толстой

М.: Тип. т-ва И. Д. Сытина, 1913. 328 с.

作品全集（第 6 卷）　Л.Н. 托尔斯泰

莫斯科：И.Д. 瑟京印刷厂，1913，328 页（古）

1247

Полное собрание сочинений. Т. XII　Лев Нико-лаевич Толстой

М.: Типография т-ва И. Д. Сытина, 1913. 229 с.

作品全集（第 12 卷）　列夫·尼古拉耶维奇·托尔斯泰

莫斯科：И.Д. 瑟京印刷厂，1913，229 页

1248

Полное собрание сочинений. Т. XIII　Лев Нико-лаевич Толстой

М.: Издание Т-ва И. Д. Сытина, 1913. 481 с.

作品全集（第 13 卷）　列夫·尼古拉耶维奇·托尔斯泰

莫斯科：И.Д. 瑟京出版社，1913，481 页（古）

1249

Полное собрание сочинений. Т. XVIII　Лев Нико-лаевич Толстой

М.: Типография Т-ва И. Д. Сытина, 1913. 322 с.

作品全集（第 18 卷）　列夫·尼古拉耶维奇·托尔斯泰

莫斯科：И.Д. 瑟京印刷厂，1913，322 页（古）

1250

Полное собрание сочинений. Т.II. Губернские очерки　М. Е. Салтыков-Щедрин

Л.: Гос. изда-во художественной литературы ленин-градское отделение, 1933. 460 с.

作品全集（第 2 卷）: 外省散记　М.Е. 萨尔特科夫 –谢德林

列宁格勒：国家文艺书籍出版社列宁格勒分社，1933，460 页

1251

Собрание сочинений Аполлона Григорьева. Вып. I

М.: Типография т-ва И. Н. Кушнерев и К-о, 1915. 104 с.

阿波隆·格里戈里耶夫作品集（第 1 卷）

莫斯科：И.Н. 库什涅列夫股份公司印刷厂，1915，104 页（古）

1252

Собрание сочинений Е. А. Боратынского и Д. В. Веневитинова

С.-Петербург: Издание «Жизнь для всех», 1913. 366 с.

Е.А. 博拉腾斯基和 Д.В. 韦涅维季诺夫著作集

圣彼得堡：大众生活出版社，1913，366 页（古）

1253

Собрание сочинений. 1-я серия　Л. Н. Толстой

М.: Издание В. М. Саблина, 1912. 317 с.

作品集（系列 1）　Л.Н. 托尔斯泰

莫斯科：B.M. 萨布林出版，1912，317 页

1254

Собрание сочинений. Т. 2. Повести, рассказы и очерки: 1840-1844   Ив. Ив. Панаев

М.: Издание В. М. Саблина, 1912. 522 с.

作品集（第 2 卷）：中短篇小说与随笔（1840—1844）   Ив.Ив. 帕纳耶夫

莫斯科：B.M. 萨布林出版，1912，522 页（古）

1255

Собрание сочинений. Том 6   Л. Н. Толстой

М.: Издание В. М. Саблина, 1912. 491 с.

作品集（第 6 卷）   Л.Н. 托尔斯泰

莫斯科：B.M. 萨布林出版，1912，491 页（古）

1256

Собрание сочинений: Басни, комедии, стихи   И. А. Крылов

Петроград: Издание акционерного о-ва издательского дела «Копейка», 1914. 237 с.

作品集：寓言、喜剧、诗歌   И.А. 克雷洛夫

彼得格勒：科佩卡股份出版社，1914，237 页（古）

1257

Собрание сочинений: Записки еврея. Т. 1   Г. Богров

Одесса: Книгоиздательство Шермана, 1912. 336 с.

作品集：一个犹太人的笔记（第 1 卷）   Г. 博格罗夫

敖德萨：谢尔曼图书出版社，1912，336 页（古）

1258

Солнцеворот: Октябрь 1941-февраль 1942   Илья Эренбург

М.: Правда, 1942. 95 с.

冬至：1941 年 10 月—1942 年 2 月   伊利亚·爱伦堡

莫斯科：《真理报》出版社，1942，95 页

1259

Сочинения Льва Николаевича Толстого. Т. XXV

С.-Петербург: Жизнь для всех, 1913. 283 с.

列夫·尼古拉耶维奇·托尔斯泰作品集（第 25 卷）

圣彼得堡：大众生活出版社，1913，283 页（古）

1260

Статьи научного характера. Вып. VIII   П. Л. Лавров

Петроград: Изд-ское т-во Революционная мысль, 1918. 243 с.

科学文集（第 8 卷）   П.Л. 拉夫罗夫

彼得格勒：革命思想出版社，1918，243 页（古）

1261

Хрестоматия по русской литературе XIX века: Учебное пособие для высших педагогических учебных заведений. Часть 1   Сост. А. Г. Цейтлин

М.: Учпедгиз, 1938. 526 с.

19 世纪俄罗斯文学作品选：高等教育学校教科书（第 1 册）   А.Г. 蔡特林

莫斯科：国家教育出版社，1938，526 页

1262

Пионерский театр: Пьесы,инсценировки,стихи и песни советских писателей и композиторов

М.: Издательство ЦК ВЛКСМ «Моладая Гвардия», 1946. 214 с.

少先队剧院：苏联作家和作曲家的剧本、改编剧、诗作和歌曲

莫斯科：全苏列宁共产主义青年团中央委员会青年近卫军出版社，1946，214 页

1263

Полное собрание сочинений. Т. 1   А. И. Куприн

С.-Петербург: Издание Т-ва "А. Ф. Маркс", 1912. 336 с.

作品全集（第 1 卷）   А.И. 库普林

圣彼得堡：А.Ф. 马克斯出版社，1912，336 页（古）

1264

Полное собрание сочинений А. И. Куприна. Т. 4   А. И. Куприн

С-Петербург: Издание Т-ва А. Ф. Маркс, 1912. 311 с.

А.И. 库普林作品全集（第 4 卷）   А.И. 库普林

圣彼得堡：А.Ф. 马克斯出版社，1912，311 页（古）

1265

Полное собрание сочинений А. И. Куприна. Т. 7

С-Петербург: Издание Т-ва А. Ф. Маркс, 1912. 437 с.

А.И. 库普林作品全集（第 7 卷）

圣彼得堡：А.Ф. 马克斯出版社，1912，437 页（古）

1266

Полное собрание сочинений В. В. Вересаева: С портретом автора. Т. 2

С-Петербург: Издание Т-ва А. Ф. Маркс, 1913. 319 с.

В.В. 韦列萨耶夫作品全集（附作者肖像）（第 2 卷）

圣彼得堡：А.Ф. 马克斯出版社，1913，319 页（古）

1267

Полное собрание сочинений Леонида Андреева. Т. 3 Л. Андреев

С-Петербург: Издание Т-ва А. Ф. Маркс, 1913. 330 с.

列昂尼德·安德烈耶夫作品全集（第 3 卷） Л. 安德烈耶夫

圣彼得堡：А.Ф. 马克斯出版社，1913，330 页（古）

1268

Полное собрание сочинений Леонида Андреева: С портретом автора. Т. 1

С-Петербург: Издание Т-ва А. Ф. Маркс, 1913. 272 с.

列昂尼德·安德烈耶夫作品全集（附作者肖像）（第 1 卷）

圣彼得堡：А.Ф. 马克斯出版社，1913，272 页（古）

1269

Полное собрание сочинений. Т. 2 Леонид Андреев

С.-Петербург: Издание Т-ва "А. Ф. Маркс", 1913. 258 с.

作品全集（第 2 卷） 列昂尼德·安德烈耶夫

圣彼得堡：А.Ф. 马克斯出版社，1913，258 页（古）

1270

Полное собрание сочинений. Т. 2 А. И. Куприн

С.-Петербург: Издание Т-ва "А. Ф. Маркс", 1912. 329 с.

作品全集（第 2 卷） А.И. 库普林

圣彼得堡：А.Ф. 马克斯出版社，1912，329 页

1271

Полное собрание сочинений. Т. 3 В. В. Вересаев

С.-Петербург: Издание Т-ва "А. Ф. Маркс", 1913. 343 с.

作品全集（第 3 卷） В.В. 韦列萨耶夫

圣彼得堡：А.Ф. 马克斯出版社，1913，343 页

1272

Полное собрание сочинений. Т. 4 В. В. Вересаев

С-Петербург: Издание Т-ва А. Ф. Маркс, 1913. 343 с.

作品全集（第 4 卷） В.В. 韦列萨耶夫

圣彼得堡：А.Ф. 马克斯出版社，1913，343 页（古）

1273

Полное собрание сочинений. Т. 4 Л. Андреев

С-Петербург: Издание т-ва А. Ф. Маркс, 1913. 190 с.

作品全集（第 4 卷） Л. 安德烈耶夫

圣彼得堡：А.Ф. 马克斯出版社，1913，190 页（古）

1274

Полное собрание сочинений. Т. 7 Л. Андреев

С-Петербург: Издание т-ва А. Ф. Маркс, 1913. 319 с.

作品全集（第 7 卷） Л. 安德烈耶夫

圣彼得堡：А.Ф. 马克斯出版社，1913，319 页（古）

1275

Полное собрание сочинений. Т. 8 А. И. Куприн

С.-Петербург: Издание Т-ва А. Ф. Маркс, 1912. 478 с.

作品全集（第 8 卷） А.И. 库普林

圣彼得堡：А.Ф. 马克斯出版社，1912，478 页（古）

1276

Полное собрание сочинений. Т. 8 Леонид Андреев

С.-Петербург: Издание Т-ва А. Ф. Маркс, 1913. 178 с.

作品全集（第 8 卷） 列昂尼德·安德烈耶夫

圣彼得堡：А.Ф. 马克斯出版社，1913，178 页（古）

1277

Полное собрание сочинений. Т. 9 А. И. Куприн

Петроград: Издание Т-ва А. Ф. Маркс, 1915. 279 с.

作品全集（第 9 卷） А.И. 库普林

彼得格勒：А.Ф. 马克斯出版社，1915，279 页

1278

Полное собрание сочинений. Том Первый В. В. Вересаев

С.-Петербург: Издание Т-ва А. Ф. Маркс, 1913. 703 с.

作品全集（第 1 卷） В.В. 韦列萨耶夫

圣彼得堡：А.Ф. 马克斯出版社，1913，703 页

1279

Полное собрарние сочинений: С портретом автора. Т. 6 А. И. Куприн

С.-Петербург: Издание Т-ва А. Ф. Маркс, 1912. 412 с.

作品全集（附作者肖像）（第 6 卷） А.И. 库普林

圣彼得堡：А.Ф. 马克斯出版社，1912，412 页（古）

1280

Собрание сочинений. Т. 4. Так держать Борис Лавренев

М.: Государственное издательство художественной литературы, 1931. 351 с.

作品集（第 4 卷）：这样坚守 鲍里斯·拉夫列尼奥夫

莫斯科：国家文艺书籍出版社，1931，351 页

1281

Собрание сочинений. Том II. И. С. Тургенев Д. Н. Овсянико-Куликовский

М.: Государственное издательство, 1923. 216 с.

作品集（第 2 卷）：И.С. 屠格涅夫 Д.Н. 奥夫夏尼科 – 库利科夫斯基

莫斯科：国家出版社，1923，216 页

1282

Английские впечатления: Стихотворения Микола Бажан; Перевод с украинского П. Антокольского и Н. Заболоцкого

[М.]: Советский писатель, 1949. 46 с.

英国印象（诗集） 尼古拉·巴然著，П. 安托科利斯基、Н. 扎博洛茨基译自乌克兰语

[莫斯科]：苏联作家出版社，1949，46 页

1283

Антология грузинской патриотической поэзии

Тбилиси: Изд-во "Заря Востока", 1945. 175 с.

格鲁吉亚爱国诗选

第比利斯：东方霞光出版社，1945，175 页

1284

Беглец; Мцыри М. Ю. Лермонтов

М.: Гос. изд-во детской литературы наркомпроса РСФСР, 1945. 46 с.

逃亡者；少年修士 М.Ю. 莱蒙托夫

莫斯科：俄罗斯苏维埃联邦社会主义共和国教育人民委员部国家儿童读物出版社，1945，46 页

1285

Беларусь: Стихи Петрусь Бровка

М.: Советский писатель, 1945. 55 с.

白俄罗斯（诗集） 彼得鲁斯·布罗夫卡

莫斯科：苏联作家出版社，1945，55 页

1286

Былины: Русский героический эпос Редакция и примечания Н. П. Андреева

Л.: Советский писатель, 1938. 574 с.

壮士歌：俄罗斯英雄史诗 Н.П. 安德列耶夫编校和作注

列宁格勒：苏联作家出版社，1938，574 页

1287

В защиту мира!: Стихи советских поэтов

М.: Советский писатель, 1949. 223 с.

保卫和平！（苏联诗人诗集）

莫斯科：苏联作家出版社，1949，223 页

1288

Винтовка и любовь: Стихи: 1921-1923 С. Обрадович

М.: Изд-во "Мосполиграф", 1924. 64 с.

步枪与爱情：诗集（1921—1923） С. 奥布拉多维奇

莫斯科：莫斯科印刷工业企业联合公司出版社，1924，64 页

1289

Грезы и жизнь: Стихотворения В. П. Опочинин

Петроград: [Б. и.], 1915. 114 с.

梦想与生活（诗集） В.П. 奥波齐宁

彼得格勒：[不详]，1915，114 页

1290

Дальневосточные стихи Евг. Долматовский

[Б. м.]: Изд-во Искусство, 1939. 96 с.

远东诗集　Евг. 多尔马托夫斯基

［不详］：艺术出版社，1939，96 页

1291

Епафродит: Эпопея

[Б. м.]: [Б. и.], 1927. 244 с.

叶帕夫罗季特：史诗

［不详］：［不详］，1927，244 页

1292

Избранная лирика　А. С. Пушкин

М.: Гос. изд-во художественной литературы, 1947. 64 с.

抒情诗选　А.С. 普希金

莫斯科：国家文艺书籍出版社，1947，64 页

1293

Избранное　Аркадий Кулешов; Перевод с белорусского М. Исаковский

М.: Советский писатель, 1948. 238 с.

作品选集　阿尔卡季·库列绍夫著，M.伊萨科夫斯基译自白罗斯语

莫斯科：苏联作家出版社，1948，238 页

1294

Избранное　В. Маяковский

М.: Гос. изд-во детской литературы наркомпроса РСФСР, 1945. 158 с.

作品选集　B. 马雅可夫斯基

莫斯科：俄罗斯苏维埃联邦社会主义共和国教育人民委员部国家儿童读物出版社，1945，158 页

1295

Избранное　Маргарита Алигер

М.: Советский писатель, 1941. 211 с.

作品选集　玛加丽塔·阿利格尔

莫斯科：苏联作家出版社，1941，211 页

1296

Избранное　А. Прокофьев

М.: Советский писатель, 1947. 299 с.

作品选集　A. 普罗科菲耶夫

莫斯科：苏联作家出版社，1947，299 页

1297

Избранные произведения　Владимир Маяковский

М.: Гос. изд-во детской литературы, 1949. 177 с.

作品选集　弗拉基米尔·马雅可夫斯基

莫斯科：国家儿童读物出版社，1949，177 页

1298

Избранные стихи　Махтум-кули Фраги; Передод с турскменского Георгия Шенгели

М.: Государственное издательство художественной литературы, 1945. 287 с.

诗歌选集　马赫图姆库里·弗拉吉著，格奥尔吉·申格利译自土库曼语

莫斯科：国家文艺书籍出版社，1945，287 页

1299

Избранные стихи　Аветик Исаакян

М.: Гослитиздат, 1945. 234 с.

诗歌选集　阿韦季克·伊萨克扬

莫斯科：国家文艺书籍出版社，1945，234 页

1300

Избранные стихотворения Тютчева

М.: Государственное издательство, 1923. 267 с.

秋切夫诗歌选集

莫斯科：国家出版社，1923，267 页

1301

Иоганн Гутенберг: Поэма для детей среднего возраста　Е. Я. Данько; Рисунки В. Тронова

М.: Радуга, 1925. 34 с.

约翰内斯·古登堡：中龄儿童史诗读本　Е.Я. 丹科著，B. 特罗诺夫配图

莫斯科：彩虹出版社，1925，34 页

1302

Кому на Руси жить хорошо　Н. А. Некрасов

М.: Госутарственное издательство художественной литературы, 1932. 286 с.

谁在俄罗斯能过好日子　H.A. 涅克拉索夫

莫斯科：国家文艺书籍出版社，1932，286 页

1303

Ледоход: стихи　Александр Жаров

М.: Гос. изд-во, 1925. 131 с.

流冰（诗集） 亚历山大·扎罗夫

莫斯科：国家出版社，1925，131 页

1304

Ленин [Составители А. Е. Адалис, Л. О. Белов]

М.: Гос. изд-во художественная литература, 1941. 224 с.

列宁 ［А.Е. 阿达利斯、Л.О. 别洛夫编］

莫斯科：国家文艺书籍出版社，1941，224 页

1305

Мик: Африканская поэма Н. Гумилев

С.-Петербург: Издательство Гиперборей, 1918. 46 с.

米克（非洲长诗） Н. 古米廖夫

圣彼得堡：北方出版社，1918，46 页（古）

1306

На зеленой земле: Стихи Георгий Тотс

Петроград: Типо-литография "Евг. Тиле преемн.", 1915. 144 с.

在绿色土地上（诗集） 格奥尔吉·托茨

彼得格勒：Евг. 蒂勒继承者印刷厂，1915，144 页（古）

1307

Низами: Пять поэм [Ред. Е. Э. Бертельса и В. В. Гольцева]

М.: Гос. изд-во художественной литературы, 1946. 684 с.

内扎米（长诗五首） ［Е.Э. 别尔捷利斯、В.В. 戈利采夫编］

莫斯科：国家文艺书籍出版社，1946，684 页

1308

Орлиное племя: Стихи о комсомоле и молодежи Составитель И. Кротова

М.; Л.: Гос. изд-во детской литературы, 1948. 275 с.

鹰的部落：共青团和青年人诗歌 И. 克罗托娃编

莫斯科、列宁格勒：国家儿童读物出版社，1948，275 页

1309

От Некрасова до Есенина: Русская поэзия: 1840-

1925 Леонид Гроссман

М.: Современные проблемы, 1927. 199 с.

从涅克拉索夫到叶赛宁：俄罗斯诗歌（1840—1925） 列昂尼德·格罗斯曼

莫斯科：当代问题图书出版社，1927，199 页

1310

Параболы: Стихотворения: 1921-1922 М. Кузмин

Петербург: Петрополис, 1923. 115 с.

抛物线（诗集）：1921—1922 М. 库兹明

彼得堡：彼得罗波利斯出版社，1923，115 页

1311

Пламенный круг: Стихи Федор Сологуб

М.: Издательство З. И. Гржебина, 1922. 203 с.

火圈（诗集） 费奥多尔·索洛古勃

莫斯科：З.И. 格热宾出版社，1922，203 页

1312

Полное собрание сочинений. Т. 1 Е. А. Боратынский

С.-Петербург: Издание разряда изящной словесности Императорской академии наук, 1914. 336 с.

作品全集（第 1 卷） Е.А. 博拉腾斯基

圣彼得堡：皇家科学院文学出版社，1914，336 页（古）

1313

Полное собрание сочинений. Т. 2 А. Н. Майков

С.-Петербург: Издание Т-ва "А. Ф. Маркс", 1914. 200 с.

作品全集（第 2 卷） А.Н. 迈科夫

圣彼得堡：А.Ф. 马克斯出版社，1914，200 页

1314

Полное собрание сочинений. Т. 2 С. Я. Надсон

Петроград: Издание Т-ва А. Ф. Маркс, 1917. 576 с.

作品全集（第 2 卷） С.Я. 纳德松

彼得格勒：А.Ф. 马克斯出版社，1917，576 页（古）

1315

Полное собрание сочинений. Т. 2, 3 А. Н. Майков

С-Петербург: Издание Т-ва А. Ф. Маркс, 1914. 384 с.

作品全集（第2、3卷） А.Н. 迈科夫
圣彼得堡：А.Ф. 马克斯出版社，1914，384 页（古）

1316
Полное собрание сочинений. Т. 3 И. А. Бунин
Петроград: Издание Т-во А. Ф. Маркс, 1915. 247 с.
作品全集（第3卷） И.А. 蒲宁
彼得格勒：А.Ф. 马克斯出版社，1915，247 页（古）

1317
Полное собрание сочинений: Проверенный по рукописям и первопечатным источникам текс и варианты. Т. 1 И. С. Никитин
Петроград: Литературно-издательский отдел комиссариата народного просвещения, 1918. 398 с.
作品全集（根据手稿和初版校对的文本）（第1卷） И.С. 尼基京
彼得格勒：教育人民委员部书籍出版处，1918，398 页（古）

1318
Полное собрание сочинений: Провереный по рукописям и первопечатным источникам текст и варианты. Т. 2 И. С. Никитин
Петроград: Литературно-издательский отдел комиссариата народного просвещения, 1918. 400 с.
作品全集（根据手稿和初版校对的文本）（第2卷） И.С. 尼基京
彼得格勒：教育人民委员部书籍出版处，1918，400 页（古）

1319
Полное собрание стихтворений. Т. 2 А. А. Фет
С.-Петербург: Издание Т-ва А. Ф. Маркс, 1912. 442 с.
诗歌全集（第2卷） А.А. 费特
圣彼得堡：А.Ф. 马克斯出版社，1912，442 页（古）

1320
Полтава А. С. Пушкин
М.: Гос. изд-во детской литературы Министерства провещения РСФСР, 1949. 71 с.
波尔塔瓦 А.С. 普希金
莫斯科：俄罗斯苏维埃联邦社会主义共和国教育部

国家儿童读物出版社，1949，71 页

1321
Поэзия народа: Пролетарская и крестьянская лирика наших дней В. В. Сиповский
Петроград: Книгоиздательство «Сеятель», 1923. 141 с.
人民的诗歌：当代无产阶级和农民抒情诗 В.В. 西波夫斯基
彼得格勒：传播者图书出版社，1923，141 页

1322
Поэмы А. Твардовский
М.: Советский писатель, 1947. 327 с.
长诗集 А. 特瓦尔多夫斯基
莫斯科：苏联作家出版社，1947，327 页

1323
Поэты Дагестана Под редакцией Сергея Обрадовича, Камиля Султанова
М.: Советский писатель, 1944. 126 с.
达吉斯坦诗人 谢尔盖·奥布拉多维奇、卡米勒·苏丹诺夫编
莫斯科：苏联作家出版社，1944，126 页

1324
Поэты Татарии: 1941-1944 Под редакцией Ахмеда Ерикеева
М.: Советский писатель, 1945. 111 с.
鞑靼诗人（1941—1944） 艾哈迈德·叶里克耶夫编
莫斯科：苏联作家出版社，1945，111 页

1325
Прищуренный глаз Жак Нуар
Рига: Изд-во "Пресса", 1925. 77 с.
眯眼 雅克·诺尔
里加：报刊出版社，1925，77 页

1326
Родина счастливых: Сборник стихов посвященных выборам в верховный совет СССР Редактор -составитель И. Уткин
[М.]: Гос. изд-во «Художественная литература», 1937.

144 c.

幸福人的祖国：苏联最高苏维埃选举纪念诗集 И. 乌特金主编

[莫斯科]：国家文艺书籍出版社，1937，144 页

1327

Родные поэты: Избранные стихи русских поэтов XIX века [Составитель сборника Н. И. Шер]

М.: Детгиз, 1948. 156 с.

祖国诗人：19 世纪俄国诗人诗选 [Н.И. 舍尔编]

莫斯科：国家儿童读物出版社，1948，156 页

1328

Россия в родных песнях: Стихотворения Обложка П. К. Калмаков

Петроград: Типография М. Пивоварского и Типографа Моховая, 1915. 159 с.

故乡诗歌中的俄国（诗集） П.К. 卡尔马科夫作封面

彼得格勒：М. 皮沃瓦尔斯基与印刷厂主莫霍瓦娅印刷厂，1915，159 页（古）

1329

Русская баллада Ред. В. И. Чернышева

Л.: Советский писатель, 1936. 501 с.

俄罗斯抒情叙事诗 В.И. 切尔内绍夫编

列宁格勒：苏联作家出版社，1936，501 页

1330

Слоны в комсомоле Владимир Маяковский

М.: Молодая гвардия, 1931. 95 с.

共青团里的新兵 弗拉基米尔·马雅可夫斯基

莫斯科：青年近卫军出版社，1931，95 页

1331

Сочинения М. Ю. Лермонтов

М.: Издание книгоиздательницы А. С. Панафидиной, 1912. 1059 с.

作品集 М.Ю. 莱蒙托夫

莫斯科：图书出版人 А.С. 帕纳菲迪娜出版，1912，1059 页

1332

Сочинения. Т. 3 М. И. Михайлов

[Б. м.]: [Б. и.], 1915. 384 с.

作品集（第 3 卷） М.И. 米哈伊洛夫

[不详]：[不详]，1915，384 页（古）

1333

Стихи Арсений Несмелов

Владивосток: [Б. и.], 1921. 64 с.

诗集 阿尔谢尼·涅斯梅洛夫

符拉迪沃斯托克：[不详]，1921，64 页

1334

Стихи и поэмы А. Адалис

Л.: Советский писатель, 1948. 124 с.

诗歌与史诗集 А. 阿达利斯

列宁格勒：苏联作家出版社，1948，124 页

1335

Стихи и поэмы Габдулла Тукай

М.: Гос. изд-во художественной литературы, 1946. 374 с.

诗歌与史诗集 加布杜拉·图凯

莫斯科：国家文艺书籍出版社，1946，374 页

1336

Стихи и поэмы. Том Второй Александр Жаров

М.: Молодая гвардия, 1932. 254 с.

诗歌与史诗（第 2 卷） 亚历山大·扎罗夫

莫斯科：青年近卫军出版社，1932，254 页

1337

Стихи и поэмы: 1917-1947 [Составление и редакция Л. Белова, В. Перцова и А. Суркова]

М.: Издательство «Правда», 1947. 348 с.

诗歌和史诗集萃（1917—1947） [Л. 别洛夫、В. 佩尔佐夫、А. 苏尔科夫编]

莫斯科：《真理报》出版社，1947，348 页

1338

Стихотворения П. А. Вяземский; Подбор текста и вступительная статья. Б. М. Другова

М.: Государственное издательство художественной литературы, 1944. 62 с.

诗集 П.А. 维亚泽姆斯基著，Б.М. 德鲁戈夫摘选及作序

莫斯科：国家文艺书籍出版社，1944，62 页

1339

Стихотворения　А. С. Пушкин

М.: Государственное издательство художественной литературы, 1949. 111 с.

诗集　А.С. 普希金

莫斯科：国家文艺书籍出版社，1949，111 页

1340

Стихотворения　Баратынский

М.: Гос. изд-во художественной литературы, 1945. 294 с.

诗集　巴拉丁斯基

莫斯科：国家文艺书籍出版社，1945，294 页

1341

Стихотворения　А. С. Хомяков, К. С. Аксаков

С.-Петербург: Жизнь для всех, 1913. 181 с.

诗集　А.С. 霍米亚科夫、К.С. 阿克萨科夫

圣彼得堡：大众生活出版社，1913，181 页（古）

1342

Стихотворения К. Р.: 1879-1912. I　К. Р.

Санкт-Петербург: Типография Императорской Академии наук, 1913. 417 с.

康斯坦丁·罗曼诺夫诗集（1879—1912）（第 1 卷）　康斯坦丁·罗曼诺夫

圣彼得堡：皇家科学院印刷厂，1913，417 页（古）

1343

Стихотворения К. Р.: 1879-1912. III　К. Р.

Петроград: Тип. Императорской АН, 1915. 903 с.

康斯坦丁·罗曼诺夫诗集（1879—1912）（第 3 卷）　康斯坦丁·罗曼诺夫

彼得格勒：皇家科学院印刷厂，1915，903 页（古）

1344

Стихотворения К. Р.: 1879-1912. Т. II　К. Р.

Петроград: Типография Императорской Академии наук, 1915. 451 с.

康斯坦丁·罗曼诺夫诗集（1879—1912）（第 2 卷）　康斯坦丁·罗曼诺夫

彼得格勒：皇家科学院印刷厂，1915，451 页（古）

1345

Три тетради: Военная лирика: 1939-1942　Адексей Сурков

М.: Гослитиздат, 1943. 123 с.

三个笔记本：军事抒情诗（1939—1942）　阿列克谢·苏尔科夫

莫斯科：国家文艺书籍出版社，1943，123 页

1346

Седая старина　Аполлон Коринфский

М.: Типо-литография "Печатник", 1912. 123 с.

远古　阿波隆·科林夫斯基

莫斯科：印刷工人印刷厂，1912，123 页（古）

1347

Семь цветов радуги: Стихи 1912-1915 года　Валерий Брюсов

М.: Издательство К. Ф. Некрасова, 1916. 247 с.

七色彩虹（1912—1915 年诗集）　瓦列里·布留索夫

莫斯科：К.Ф. 涅克拉索夫出版社，1916，247 页（古）

1348

Бабек: Трагедия　Илья Сельвинский

[Б. м.]: Советский писатель, 1946. 203 с.

巴贝克（悲剧）　伊利亚·谢尔文斯基

[不详]：苏联作家出版社，1946，203 页

1349

Большая судьба: Пьеса в четырех действиях, семи картинах　Анатолий Суров

М.: Искусство, 1948. 171 с.

伟大的命运（四幕七场戏剧）　阿纳托利·苏罗夫

莫斯科：艺术出版社，1948，171 页

1350

Великая сила　Б. Ромашов

М.: Гос. изд-во "Искусство", 1949. 57 с.

伟大的力量　Б. 罗马绍夫

莫斯科：国家艺术出版社，1949，57 页

1351

Весна в селе речном: Пьеса в трех действиях, восьми картинах　Анна Бродэлэ

M.: Гос. изд-во "Искусство", 1949. 98 с.

河边村庄的春天（三幕八场戏剧） 安娜·布罗代莱

莫斯科：国家艺术出版社，1949，98 页

1352

Горе от ума В. Г. Белинский

M.: Государственное издательство, 1923. 103 с.

聪明误 В.Г. 别林斯基

莫斯科：国家出版社，1923，103 页

1353

Губернатор провинции Братья Тур, Л. Шейнин

M.: Гос. изд-во "Искусство", 1949. 103 с.

省长 图雷兄弟、Л. 舍伊宁

莫斯科：国家艺术出版社，1949，103 页

1354

Двадцатилетие: Пьеса Е. Рогозинская

M.: Гос. изд-во "Искусство", 1949. 96 с.

二十年（剧本） Е. 罗戈津斯卡娅

莫斯科：国家艺术出版社，1949，96 页

1355

День битвы: Комедия Гр. Алексей Н. Толстой

M.: Изд. Наши дни, 1915. 158 с.

会战日（喜剧） 阿列克谢·Н. 托尔斯泰伯爵

莫斯科：当代出版社，1915，158 页（古）

1356

Достоевский в Лондоне: Повесть в четырех действиях А. З. Штейнберг

[Б. м.]: Изд-во «Парабола», 1932. 80 с.

陀思妥耶夫斯基在伦敦：中篇小说（4个故事） А. З. 施泰因贝格

[不详]：抛物线出版社，1932，80 页

1357

Доходное место: Комедия в пяти действиях А. Н. Островский

M.: Гос. изд-во, 1928. 94 с.

肥缺（五幕喜剧） А.Н. 奥斯特洛夫斯基

莫斯科：国家出版社，1928，94 页

1358

Драматические произведения А. Пушкин

M.: Гос. изд-во, 1928. 223 с.

戏剧作品 А. 普希金

莫斯科：国家出版社，1928，223 页

1359

Драматические произведения: 1927-1932 В. Киршон

Л.: Гос. изд-во художественной литературы, 1933. 353 с.

戏剧作品（1927—1932） В. 基尔雄

列宁格勒：国家文艺书籍出版社，1933，353 页

1360

Дядя Ваня: Сцены из деревенской жизни А. П. Чехов

M.: Гос. изд-во, 1928. 64 с.

万尼亚舅舅（乡村生活戏剧） А.П. 契诃夫

莫斯科：国家出版社，1928，64 页

1361

Живой труп: Драма в 6 действиях и 12 картинах Л. Н. Толстой

M.: Изд. "А. Л. Толстой", 1912. 282 с.

活尸（六幕十二场戏剧） Л.Н. 托尔斯泰

莫斯科：А.Л. 托尔斯泰出版社，1912，282 页（古）

1362

За тех, кто в море: Пьеса в трех действиях Б. Лавренев

M.: Гос. изд-во культурно-просветительной литературы, 1947. 71 с.

为了出海者（三幕剧） Б. 拉夫列尼奥夫

莫斯科：国家文化教育书籍出版社，1947，71 页

1363

Избранные драматические произведения А. П. Сумароков

Петроград: Издание И. Глазунова, 1916. 182 с.

戏剧作品选集 А.П. 苏马罗科夫

彼得格勒：И. 格拉祖诺夫出版，1916，182 页（古）

1364

Комедии Н. В. Гоголь

Л.: Гос. изд-во "Искусство", 1949. 227 с.

喜剧集 Н.В. 果戈里

列宁格勒：国家艺术出版社，1949，227 页

1365

Кровью сердца: Сборник пьес М. Клименко

Рига: [Б. и.], 1929. 157 с.

流血的心（剧本集） М. 克利缅科

里加：[不详]，1929，157 页

1366

Мальчики: Сцены в двух действиях (по рассказу А. П. Чехова) В. П. Авенариус

Л.: НАЧАТКИ ЗНАНИЙ, 1925. 23 с.

男孩们（根据契诃夫短篇小说改编的两幕剧） В. П. 阿韦纳里乌斯

列宁格勒：基础知识出版社，1925，23 页

1367

Общественная драма Евгений Чириков

М.: Московское книгоизд-во, 1912. 276 с.

公益戏剧 叶夫根尼·奇里科夫

莫斯科：莫斯科图书出版社，1912，276 页（古）

1368

Плоды просвещения: Комедия Л. Н. Толстой

М.: Гос. изд-во, 1930. 144 с.

教育的果实（喜剧） Л.Н. 托尔斯泰

莫斯科：国家出版社，1930，144 页

1369

Пьесы К. Тренев [и др.]

М.: Изд-во «Правда», 1947. 283 с.

剧本 К. 特列尼奥夫等

莫斯科：《真理报》出版社，1947，283 页

1370

Пьесы Шалва Дадиани

М.: Искусство, 1949. 135 с.

戏剧集 沙尔瓦·达季阿尼

莫斯科：艺术出版社，1949，135 页

1371

Русские люди: Пьеса в трех действиях, девяти картинах К. Симонов

М.: Искусство, 1942. 71 с.

俄罗斯人（三幕九场戏剧） К. 西蒙诺夫

莫斯科：艺术出版社，1942，71 页

1372

Русский музыкальный театр 1700-1835 гг.: Хрестоматия Составил проф. С. Л. Гинзбург

Л.: Гос. изд-во «Искусство», 1941. 307 с.

俄国音乐戏剧（1700—1835 年）：文选 С.Л. 金兹堡教授编

列宁格勒：国家艺术出版社，1941，307 页

1373

Собрание сочинений. Т. 1 Рихард Демель

М.: Кн-во К. Ф. Некрасова, 1912. 229 с.

作品集（第 1 卷） 理查德·戴默尔

莫斯科：К.Ф. 涅克拉索夫图书出版社，1912，229 页（古）

1374

Собрание сочинений. Т. 15. У нас в домах; Герц Шмуйлович; Носовой платок Марк Криницкий

М.: Московское книгоиздательство, 1918. 161 с.

作品集（第 15 卷）：在我们家园、赫兹·什穆伊洛维奇、手帕 马克·克里尼茨基

莫斯科：莫斯科图书出版社，1918，161 页（古）

1375

Собрание сочинений. Том 15 Евгений Чириков

М.: Московское книгоиздательство, 1917. 272 с.

作品集（第 15 卷） 叶夫根尼·奇里科夫

莫斯科：莫斯科图书出版社，1917，272 页（古）

1376

Советская драматургия: 1917-1947. Т. 1. Пьесы

М.: Гос. изд-во «Искусство», 1948. 254 с.

苏联戏剧作品（1917—1947）（第 1 卷）：剧本

莫斯科：国家艺术出版社，1948，254 页

1377

Сочинения А. Н. Островский

М.: Гос. изд-во художественной литературы, 1934. 361 с.

作品集 А.Н. 奥斯特洛夫斯基

莫斯科：国家文艺书籍出版社，1934，361 页

1378

Сочинения А. Н. Островского. Т. III

М.: Гос. изд-во, 1923. 379 с.

А.Н. 奥斯特洛夫斯基作品集（第 3 卷）

莫斯科：国家出版社，1923，379 页

1379

Сочинения А. Н. Островского. Т. III А. Н. Островскй

М.: Гос. изд-во, 1925. 483 с.

А.Н. 奥斯特洛夫斯基作品集（第 3 卷） А.Н. 奥斯特洛夫斯基

莫斯科：国家出版社，1925，483 页

1380

Сочинения А. Н. Островского. Т. IV А. Н. Островский

М.: Гос. изд-во, 1923. 608 с.

А.Н. 奥斯特洛夫斯基作品集（第 4 卷） А.Н. 奥斯特洛夫斯基

莫斯科：国家出版社，1923，608 页

1381

Сочинения А. Н. Островского. Т. IX

М.: Гос. изд-во, 1924. 476 с.

А.Н. 奥斯特洛夫斯基作品集（第 9 卷）

莫斯科：国家出版社，1924，476 页

1382

Сочинения А. Н. Островского. Т. V

М.: Гос. изд-во, 1923. 503 с.

А.Н. 奥斯特洛夫斯基作品集（第 5 卷）

莫斯科：国家出版社，1923，503 页

1383

Сочинения А. Н. Островского. Т. VI

М.: Государственное издательство, 1923. 431 с.

А.Н. 奥斯特洛夫斯基作品集（第 6 卷）

莫斯科：国家出版社，1923，431 页

1384

Сочинения А. Н. Островского. Т. VII А. Н. Островский.

М.: Государственное издательство, 1923. 383 с.

А.Н. 奥斯特洛夫斯基作品集（第 7 卷） А.Н. 奥斯特洛夫斯基

莫斯科：国家出版社，1923，383 页

1385

Сочинения А. Н. Островского. Т. XI

М.: Государственное издательство, 1926. 715 с.

А.Н. 奥斯特洛夫斯基作品集（第 11 卷）

莫斯科：国家出版社，1926，715 页

1386

Так было: Пьеса в 3-х действиях А. Я. Брушейн и Б. В. Зон

М.: Государственное издательство, 1930. 72 с.

曾经（三幕剧） А.Я. 布鲁施泰因、Б.В. 索恩

莫斯科：国家出版社，1930，72 页

1387

Тихий океан: Пьеса И. Прут

М.: Гос. изд-во «Искусство», 1949. 111 с.

太平洋（戏剧） И. 普鲁特

莫斯科：国家艺术出版社，1949，111 页

1388

Товарищ семивзводный: Театральное представление в 5 действиях Вячеслав Голичников

Л.: Издательский кооперативный союз "Кооперация", 1924. 183 с.

七排的同志（五幕剧） 维亚切斯拉夫·戈利奇尼科夫

列宁格勒：合作社出版联盟，1924，183 页

1389

Чужая тень Константин Симонов

М.: Искусство, 1949. 158 с.

异邦阴影 康斯坦丁·西蒙诺夫

莫斯科：艺术出版社，1949，158 页

1390

Шутники: Картины московской жизни в четы-

pex действиях　А. Н. Островский

М.: Гос. изд-во «Искусство», 1949. 83 с.

快活者: 莫斯科生活万象（四幕剧）　А.Н. 奥斯特洛夫斯基

莫斯科: 国家艺术出版社，1949，83 页

1391

"Русалка": Роман　Е. С. Генин

Рига: Изд. М. Дидковского, 1930. 291 с.

美人鱼（长篇小说）　Е.С. 格宁

里加: М. 季德科夫斯基出版社，1930，291 页

1392

"Старые Горы": Роман　Ярослав Воинов

Рига: Литература, 1929. 260 с.

旧山（长篇小说）　雅罗斯拉夫·沃伊诺夫

里加: 文学出版社，1929，260 页

1393

100% любви, разгула и спекуляции: Роман　Юлий Берзин

Рига: Книгоизд-во "Грамату драугс", 1928. 180 с.

爱情、狂欢和投机百分百（长篇小说）　尤利·别尔津

里加: 图书之友出版社，1928，180 页

1394

14-ое декабря: Роман　Д. С. Мережковский

Владивосток: Свободная Россия, 1921. 104 с.

十二月十四日（长篇小说）　Д.С. 梅列日科夫斯基

符拉迪沃斯托克: 自由俄国出版社，1921，104 页

1395

25 Женских портретов: Исторические миниатюры　Константин Грюнвальд

[Б. м.]: Парабола, 1936. 236 с.

25 幅女性肖像（历史作品）　康斯坦丁·格伦瓦尔德

[不详]: 抛物线出版社，1936，236 页

1396

3 толстяка　Ю. Олеша

М.: Советский писатель, 1924. 208 с.

三个胖子　Ю. 奥廖沙

莫斯科: 苏联作家出版社，1924，208 页

1397

А. Н. Будищев: Избранные рассказы　А. Н. Будищев

[Б. м.]: Издание редакции журнала Пробуждение, 1913. 95 с.

А.Н. 布季谢夫（短篇小说选）　А.Н. 布季谢夫

[不详]:《觉醒》杂志编辑部出版，1913，95 页（古）

1398

Абай: Роман　Мухтар Ауэзов

М.: Советский писатель, 1949. 835 с.

阿拜（长篇小说）　穆赫塔尔·奥埃佐夫

莫斯科: 苏联作家出版社，1949，835 页

1399

Ад живых людей: Роман　Гвидо Да Верона

Рига: Грамату драугс, 1929. 180 с.

人间地狱（长篇小说）　圭多·达·维罗纳

里加: 图书之友出版社，1929，180 页

1400

Американские школьники на каникулах: Повесть. Вып. 2　А. Р. Бонд; Перевод с английского М. В. Зива

Л.: Образование, 1925. 163 с.

美国学生的假期（中篇小说第 2 册）　А.Р. 邦德著，М.В. 西夫译自英语

列宁格勒: 教育出版社，1925，163 页

1401

Амур в лапоточках: Крестьянский роман　Н. С. Лесков

Л.: Изд-во «Время», 1924. 128 с.

穿树皮鞋的阿穆尔（长篇农民小说）　Н.С. 列斯科夫

列宁格勒: 时间出版社，1924，128 页

1402

Ариана (Русская девушка): Роман　Клод Анэ

Рига: Книгоизд-во "Грамату драугс", 1931. 206 с.

俄国姑娘阿里亚娜（长篇小说）　克劳德·艾勒

里加: 图书之友出版社，1931，206 页

1403

Африканские охоты: Рассказы Райдера Хаггарда

[Б. м.]: Земля и фабрика, 1927. 95 с.

非洲猎人（赖德·哈格德短篇小说集）

[不详]: 土地与工厂出版社，1927，95 页

1404

Баррикады в Австрии: Рассказы рабочих-шуцбундовцев Собраны Я. Мировым

М.: Профиздат, 1935. 260 с.

奥地利的街垒：工人保卫同盟者的故事 Я. 米罗夫收集

莫斯科：工会出版社，1935，260 页

1405

Батерфляй: Спортивные рассказы И. Рахтанов

М.: Изд-во ЦК ВКП(б) «Правда», 1939. 47 с.

蝶泳：体育故事 И. 拉赫塔诺夫

莫斯科：联共（布）中央委员会《真理报》出版社，1939，47 页

1406

Беглец из Кремля: Роман Свен Аделон; Пер. М. Ленгарта

Рига: Издательство "Жизнь и культура", 1930. 223 с.

克里姆林宫逃亡者（长篇小说） 斯文·阿德隆著，М. 连加尔特译

里加：生活与文化出版社，1930，223 页

1407

Бедные люди: Роман Ф. М. Достоевский

М.: Гос. изд-во, 1927. 160 с.

穷人（长篇小说） Ф.М. 陀思妥耶夫斯基

莫斯科：国家出版社，1927，160 页

1408

Бежин Луг И. С. Тургенев

М.: Земля, 1919. 28 с.

别任草地 И.С. 屠格涅夫

莫斯科：土地出版社，1919，28 页

1409

Без вины виноватые С. Фонвизин

Петроград: Энергия, 1915. 233 с.

无辜的罪人 С. 冯维辛

彼得格勒：能量出版社，1915，233 页（古）

1410

Без ужасов: Рассказы Александр Плещеев

Рига: Изд-во «Литература», 1928. 207 с.

没有恐惧（短篇小说集） 亚历山大·普列谢耶夫

里加：文学出版社，1928，207 页

1411

Без языка: Рассказ В. Г. Короленко

М.: Гос. Изд-во, 1928. 180 с.

失语（短篇小说） В.Г. 柯罗连科

莫斯科：国家出版社，1928，180 页

1412

Безрогий носорог Михаил Никитин

М.: Московское товарищество писателей, 1933. 223 с.

无角犀 米哈伊尔·尼基京

莫斯科：莫斯科作家协会，1933，223 页

1413

Белладона: Роман Ж. Кессель

Рига: Грамату драугс, 1930. 178 с.

贝拉多纳（长篇小说） Ж. 凯塞尔

里加：图书之友出版社，1930，178 页

1414

Белое золото: Повесть Д. Н. Мамин-Сибиряк

М.: Ред. журн. "Юная Россия", 1913. 136 с.

白金（中篇小说） Д.Н. 马明－西比利亚克

莫斯科：《年轻的俄国》杂志编辑部，1913，136 页（古）

1415

Белые крылья: Роман Вл. Ленский

М.: Московское книгоиздательство, 1916. 268 с.

白色翅膀（长篇小说） Вл. 连斯基

莫斯科：莫斯科图书出版社，1916，268 页（古）

1416

Береговое: Рассказы С. Н. Сергеев-Ценский

Л.: Изд-во «Мысль», 1928. 256 с.

岸边（短篇小说集）　С.Н. 谢尔盖耶夫 – 倩斯基
列宁格勒：思想出版社，1928，256 页

1417
Беспокойные сердца: Очерки　Михаил Златого-
ров
М.: Изд-во ВЦСПС Профиздат, 1949. 151 с.
不安的心（纪事）　米哈伊尔·兹拉托戈罗夫
莫斯科：全苏工会中央理事会工会出版社，1949，
151 页

1418
Блистающий мир　А. С. Грин
М.: Земля и фабрика, 1924. 196 с.
灿烂的世界　А.С. 格林
莫斯科：土地与工厂出版社，1924，196 页

1419
Большая семья　В. Е. Гарбарёв
М.: Учпедгиз, 1949. 179 с.
大家庭　В.Е. 加尔巴廖夫
莫斯科：国家教育出版社，1949，179 页

1420
**Бородатый малютка: Юмористические расска-
зы**　Валентин Катаев
Рига: Книгоизд-во "Грамату драугс", 1929. 192 с.
留胡子的宝宝（幽默故事）　瓦连京·卡塔耶夫
里加：图书之友出版社，1929，192 页

1421
**Борьба двух миров: Исторический роман из вре-
мен имп. Александра I в двух книгах. К. 2**　Кн. О.
Бебутова
Рига: Грамату драугс, 1931. 386 с.
两个世界的斗争：亚历山大一世时期的长篇历史小
说（全两册第 2 册）　Кн.О. 别布托娃
里加：图书之友出版社，1931，386 页

1422
**Борьба с химерами: Сборник фантастических
рассказов**
М.: Изд-во "Земля и фабрика", 1927. 92 с.
与喀迈拉的搏斗（短篇幻想小说集）

莫斯科：土地与工厂出版社，1927，92 页

1423
Ботагоз: Роман　Сабит Муканов
М.: Советский писатель, 1949. 458 с.
博塔戈兹（长篇小说）　萨比特·穆卡诺夫
莫斯科：苏联作家出版社，1949，458 页

1424
Братья: Роман　Конст. Федин
М.: Советский писатель, 1948. 418 с.
兄弟（长篇小说）　Конст. 费定
莫斯科：苏联作家出版社，1948，418 页

1425
**Бригитта приносит счастье: Супружеский роман
без морали**　Макс Кронберг
Рига: Изд-во "Жизнь и культура", 1930. 274 с.
布里吉塔带来幸福：没有流言蜚语的婚姻故事　马克
斯·克龙贝格
里加：生活与文化出版社，1930，274 页

1426
**Бриллианты: Роман из жизни опереточных арти-
стов до-революцинного Петрограда**　О. Г. Бебутова
Рига: Книгоизд-во "Грамату драугс", 1932. 192 с.
钻石：革命前彼得格勒轻歌剧演员生活故事　О.
Г. 别布托娃
里加：图书之友出版社，1932，192 页

1427
Будь готов!: 3-й сборник рассказов　Под редакцией А. Насимовича
Л.: Изд-во Книга, 1925. 113 с.
请做好准备！（故事集第 3 册）　А. 纳西莫维奇编
列宁格勒：书籍出版社，1925，113 页

1428
Былины об Илье Муромце.
М.: Гос. изд-во Художественной литературы, 1947. 47
с.
伊里亚·穆罗梅茨壮士歌
莫斯科：国家文艺书籍出版社，1947，47 页

1429

Былье　Бор Пильняк

Ревель: Библиофил, 1922. 132 с.

野草　博尔・皮利尼亚克

雷瓦尔：图书爱好者出版社，1922，132 页

1430

В кольце льдов: Три года на острове Врангеля　Н. Войтинская

Л.: Красная газета, 1930. 120 с.

北极圈：弗兰格尔岛上的三年　Н. 沃伊京斯卡娅

列宁格勒：红报出版社，1930，120 页

1431

В лесах　П. И. Мельников-Печерский

М.: Гос. изд-во, 1928. 88 с.

在林中　П.И. 梅利尼科夫 – 佩切尔斯基

莫斯科：国家出版社，1928，88 页

1432

В лесах и степях Африки: Рассказы из путешествия Шиллингса　С. Владимиров

М.: Книгоизд-во Г. Ф. Мириманова, 1928. 47 с.

在非洲的森林和草原：希林格斯旅行故事　С. 弗拉基米罗夫

莫斯科：Г.Ф. 米里马诺夫图书出版社，1928，47 页

1433

В огне страстей: Современный экзотический роман в 3-х частях　Н. Н. Брешко-Брешковский

Рига: Изд-во О. Д. Строк, 1927. 190 с.

欲火焚身（三部分现代异国风情小说）　Н.Н. 布列什科 – 布列什科夫斯基

里加：О.Д. 斯特罗克出版社，1927，190 页

1434

В одном населенном пункте: Рассказ пропагандиста　Борис Галин

М.: Московский рабочий, 1948. 138 с.

在一处居民点：宣传员的故事　鲍里斯・加林

莫斯科：莫斯科工人出版社，1948，138 页

1435

В пламени войны　А. И. Донской

М.: Тип. Московское печатное пр-во Вл. Венгерова, 1915. 182 с.

战火中　А.И. 东斯科伊

莫斯科：莫斯科 Вл. 文格罗夫印刷厂，1915，182 页（古）

1436

В садах: Рассказы: 1923 г.　Александр Неверов

М.: Земля и фабрика, 1926. 235 с.

花园里（短篇小说集）：1923 年　亚历山大・涅韦罗夫

莫斯科：土地与工厂出版社，1926，235 页

1437

В снегах Аляски　Л. Рукет; Перевод М. П. Зигомала

М.: Государственное издательство, 1926. 150 с.

在雪国阿拉斯加　Л. 鲁凯特著，М.П. 西格玛尔译

莫斯科：国家出版社，1926，150 页

1438

В сумасшедшем доме　С. Бройде

М.: Изд-во Л. Д. Френкель, 1925. 128 с.

在疯人院　С. 布罗伊德

莫斯科：Л.Д. 弗伦克尔出版社，1925，128 页

1439

Валя: Роман. Часть 1. Преображение　С. Сергеев-Ценский

М.: Гос. изд-во, 1926. 262 с.

瓦利亚（长篇小说第 1 部分）：改变　С. 谢尔盖耶夫 – 倩斯基

莫斯科：国家出版社，1926，262 页

1440

Вами казненный: Роман　Марк Криницкий

М.: Московское книгоизд-во, 1916. 241 с.

死在你们手里的人（长篇小说）　马克・克里尼茨基

莫斯科：莫斯科图书出版社，1916，241 页（古）

1441

Васина тайна: Из прошлого　К. Станюкович

М.: Книгоиздательство Г. Ф. Мириманова, 1928. 24 с.

瓦辛的秘密：往事　К. 斯坦纽科维奇

莫斯科：Г.Ф. 米里马诺夫图书出版社，1928，24 页

1442

Вегетарианцы любви; Пожиратель женщин Пи-

тигрилли

Рига: Жизнь и культура, 1931. 191 с.

爱情素食者；女性"杀手"　皮蒂格里利

里加：生活与文化出版社，1931，191 页

1443

Весна: Роман Сигрид Ундсет

Рига: Грамату драугс, 1929. 237 с.

春天（长篇小说）　西格里德·温塞特

里加：图书之友出版社，1929，237 页

1444

Вечера на хуторе близ Диканьки Н. В. Гоголь

Рига: Изд-во "Саламандра", 1926. 133 с.

狄康卡近乡夜话　Н.В. 果戈里

里加：蝾螈出版社，1926，133 页

1445

Взятие Великошумска: Повесть Леонид Леонов

М.: Изд-во «Правда», 1945. 151 с.

攻克大舒姆斯克（中篇小说）　列昂尼德·列昂诺夫

莫斯科：《真理报》出版社，1945，151 页

1446

Вице-дьявол: Роман Евгений Тарусский

Рига: Изд-во "Литература", 1929. 203 с.

魔鬼的助手（长篇小说）　叶甫盖尼·塔鲁斯基

里加：文学出版社，1929，203 页

1447

Власть и золото: Завоевание Перу в XVI веке Ал.

Алтаев, Арт. Феличе

М.: Молодая гвардия, 1929. 160 с.

政权和黄金：16 世纪征服秘鲁　Ал. 阿尔塔耶夫、

Арт. 费利切

莫斯科：青年近卫军出版社，1929，160 页

1448

Во время войны: Рассказы Борис Лазаревский

Петроград: [Б. и.], 1915. 168 с.

战争年代（短篇小说集）　鲍里斯·拉扎列夫斯基

彼得格勒：[不详]，1915，168 页

1449

Во едину от суббот А. Золотарев

СПБ: Знание, 1913. 240 с.

在一个美好的日子　А. 佐洛塔廖夫

圣彼得堡：知识出版社，1913，240 页（古）

1450

Возвращение Санина: Роман Граф Амори

Рига: Грамату драугс, 1931. 190 с.

萨宁归来（长篇小说）　阿莫里伯爵

里加：图书之友出版社，1931，190 页

1451

Возвращение человеческих прав: Продолжение
романа "Прошу встать-суд идет". Т. V В. Бутлер

Рига: Издание автора, 1930. 287 с.

人权的回归：长篇小说《请起立，继续审理》续（第

5 卷）　В. 布特勒

里加：作者出版，1930，287 页

1452

Возвращенная молодость Мих. Зощенко

Л.: Изд-во писаталей, 1933. 195 с.

回归的青春　Мих. 佐先科

列宁格勒：作家出版社，1933，195 页

1453

Война в Махтра: Роман Эдуард Вилде

М.: Гос. изд-во художсственной литературы, 1949. 426
с.

马赫特拉战争（长篇小说）　爱德华·维尔德

莫斯科：国家文艺书籍出版社，1949，426 页

1454

Воинские повести древней Руси Под редакцией
члена-корреспондента АН СССР В. П. Адриановой-
Перетц

М.; Л.: Изд-во Академии наук СССР, 1949. 358 с.

古罗斯军事小说　苏联科学院通讯院士 В.П. 阿德里

阿诺娃－佩列茨编

莫斯科、列宁格勒：苏联科学院出版社，1949，358
页

1455
Волчий Лог: Роман　З. Бунина
Рига: Книгоиздательство Д. Цымлова, 1927. 211 с.
狼穴（长篇小说）　З. 布宁娜
里加：Д. 岑洛夫图书出版社，1927，211 页

1456
Волчий перекат; Виноград; Росстани　Ив. Шмелев
М.: Книгоиздательство писателей, 1914. 225 с.
狼步；葡萄；离别　Ив. 什梅廖夫
莫斯科：作家图书出版社，1914，225 页

1457
Волчий смех　Юрий Галич
Рига: Книгоизд-во "Грамату драугс", 1929. 217 с.
狼笑　尤里·加利奇
里加：图书之友出版社，1929，217 页

1458
Вольные дни Великого Новгорода: Историческая повесть　Виктор Окс
М.: Издание Т-ва М. О. Вольф, 1914. 159 с.
大诺夫哥罗德的自由年代（历史纪实）　维克托·奥克斯
莫斯科：М.О. 沃尔夫出版社，1914，159 页（古）

1459
Воскресение: Роман. Т. I　Л. Н. Толстой
Рига: Изд-во О. Д. Строк, 1927. 226 с.
复活（长篇小说第 1 卷）　Л.Н. 托尔斯泰
里加：О.Д. 斯特罗克出版社，1927，226 页

1460
Воспоминания　В. Вересаев
М.: Гос. изд-во художественной литературы, 1946. 507 с.
回忆录　В. 韦列萨耶夫
莫斯科：国家文艺书籍出版社，1946，507 页

1461
Восстание на "Св. Анне"　А. Лебеденко; Рисунки и обложка В. Владимирова
М.: Гос. Изд-во, 1930. 222 с.
"圣安娜"号起义　А. 列别坚科著，В. 弗兰基米罗夫插图、封面
莫斯科：国家出版社，1930，222 页

1462
Восток и Запад: Роман. Книга 1　А. Воинова
М.: Товарищество писателей, 1933. 358 с.
东方和西方（长篇小说第 1 册）　А. 沃伊诺娃
莫斯科：作家协会，1933，358 页

1463
Всегда вместе: Повесть　О. Хавкин
М.: Гос. изд-во детской литературы Министерства просвещения РСФСР, 1949. 310 с.
永远在一起（中篇小说）　О. 哈夫金
莫斯科：俄罗斯苏维埃联邦社会主义共和国教育部国家儿童读物出版社，1949，310 页

1464
Встреча　Л. Сейфуллина
М.: Гос. изд-во, 1926. 265 с.
相遇　Л. 塞富林娜
莫斯科：国家出版社，1926，265 页

1465
Встреча: Роман　Н. Никанров
Рига: Изд-во "Мир", 1931. 168 с.
相遇（长篇小说）　Н. 尼坎罗夫
里加：和平出版社，1931，168 页

1466
Гарри меняет профессию: По повести С. Бассет "История шерсти"　Перевод Т. Л. Хитрово; Переработка Н. Г. Смирнова
М.: Гос. изд-во, 1930. 94 с.
哈利转行：根据巴塞特中篇小说《羊毛史》　Т.Л. 希特罗沃译，Н.Г. 斯米尔诺夫校对
莫斯科：国家出版社，1930，94 页

1467

Гарриетта Воге: Роман　Сигрид Ундсет

Рига: Грамату драугс, 1930. 164 с.

哈丽雅特·沃格（长篇小说）　西格里德·温塞特

里加：图书之友出版社，1930，164 页

1468

Где апельсины зреют　Н. А. Лейкин

Рига: Книгоизд-во «Общедоступная библиотека», 1929. 207 с.

哪里的橙子熟了　Н.А. 列伊金

里加：公共图书馆图书出版社，1929，207 页

1469

Геворг Марзпетуни: Исторический роман　Мурацан; Перевод с армянского Анны Иоаннисиан

М.: Гослитиздат, 1945. 303 с.

格沃尔格·马尔兹佩图尼（长篇历史小说）　穆拉灿著，安娜·约安尼西安译自亚美尼亚语

莫斯科：国家文艺书籍出版社，1945，303 页

1470

Геннадий Фукалов　Б. Рябинин

М.: Изд-во ЦК ВЛКСМ «Молодая гвардия», 1949. 176 с.

根纳季·福卡洛夫　Б. 里亚比宁

莫斯科：全苏列宁共产主义青年团中央委员会青年近卫军出版社，1949，176 页

1471

Генриетта: Роман　Катрина Голланд

Рига: Книгоизд-во «Филин», 1933. 147 с.

亨里埃塔（长篇小说）　卡特里娜·戈兰德

里加：菲林图书出版社，1933，147 页

1472

Геркуланум: Роман　В. И. Крыжановская

Рига: Издание М. Дидковского, 1930. 166 с.

赫库兰尼姆（长篇小说）　В.И. 克雷扎诺夫斯卡娅

里加：М. 季德科夫斯基出版，1930，166 页

1473

Герои нок-аута: Рассказы боксера　П. Жеребцов

М.: Земля и фабрика, 1927. 143 с.

淘汰赛英雄：拳击运动员的故事　П. 热列布佐夫

莫斯科：土地与工厂出版社，1927，143 页

1474

Герой романа　Рюрик Ивнев

Рига: Книга для всех, 1929. 237 с.

小说主人公　留里克·伊夫涅夫

里加：大众图书出版社，1929，237 页

1475

Гибель Егорушки　Леонид Леонов

Рига: Издательство О. Д. Строк, 1927. 143 с.

叶戈鲁什卡之死　列昂尼德·列昂诺夫

里加：О.Д. 斯特罗克出版社，1927，143 页

1476

Гипатия　Фриц Маутнер; Перевод А. В. Уитенго-вен

М.: Государственное издательство, 1929. 301 с.

希帕蒂亚　弗里茨·茅特纳著，А.В. 维坚戈文译

莫斯科：国家出版社，1929，301 页

1477

Глаза голубые и серые: Роман　Баронесса Орчи

Рига: Книгоизд-во "Грамату драугс", 1929. 184 с.

蓝灰色眼睛（长篇小说）　男爵夫人奥奇

里加：图书之友出版社，1929，184 页

1478

Гнев Диониса: Роман　Е. А. Нагродская

Рига: Книгоиздательство Грамату драугс, 1930. 233 с.

狄奥尼修斯的愤怒（长篇小说）　Е.А. 纳格罗茨卡娅

里加：图书之友图书出版社，1930，233 页

1479

Годы войны　Вас. Гроссман

[Б. м.]: Гос. изд-во Художественной литературы, 1946. 503 с.

战争年代　Вас. 格罗斯曼

[不详]：国家文艺书籍出版社，1946，503 页

1480

Голова профессора Доуэля   А. Беляев

М.: Земля и фабрика, 1926. 199 с.

道尔教授的头颅   A. 别利亚耶夫

莫斯科：土地与工厂出版社，1926，199 页

1481

Голубой мундир: Роман в двух частях с прологом   Н. Н. Брешко-Брешковский

Рига: Издание М. Дидковского, 1930. 200 с.

蓝制服（2 部分长篇小说，附前言） Н.Н. 布列什科 – 布列什科夫斯基

里加：M. 季德科夫斯基出版，1930，200 页

1482

Голубь над Понтом   Антонин Ладинский

Таллинн: Русская книга, 1938. 211 с.

本都上空的鸽子   安东宁·拉金斯基

塔林：俄罗斯书籍出版社，1938，211 页

1483

Город в степи   А. Серафимович

М.: Советская литература, 1934. 248 с.

草原上的城市   A. 绥拉菲莫维奇

莫斯科：苏联文学出版社，1934，248 页

1484

Горьковские чтения: 1947-1948   Под редакцией А. М. Еголина, Б. В. Михайловского и С. М. Петрова

М.: Изд-во Академии наук СССР, 1949. 523 с.

纪念高尔基的系列报告会（1947—1948） A.M. 叶戈林、Б.В. 米哈伊洛夫斯基与 C.M. 彼得罗夫编

莫斯科：苏联科学院出版社，1949，523 页

1485

Гости в Стукачах: Повесть   В. Овечкин

М.: Изд-во ЦК ВЛКСМ «Молодая гвардия», 1947. 48 с.

斯图卡奇的客人（中篇小说） B. 奥韦奇金

莫斯科：全苏列宁共产主义青年团中央委员会青年近卫军出版社，1947，48 页

1486

Гриша Телепнев, стрелецкий сын: Исторический рассказ из эпохи молодости Петра Великого А. В. Арсеньева   А. А. Арсеньев

Петроград: Т-во М. О. Вольф, 1914. 46 с.

射击军士兵的儿子格里沙·捷列普涅夫：A.B. 阿尔谢尼耶夫笔下彼得大帝青年时期的历史故事   A. A. 阿尔谢尼耶夫

彼得格勒：M.O. 沃尔夫出版社，1914，46 页（古）

1487

Губернатор   Леонид Андреев

М.: Государственное издательство, 1928. 94 с.

省长   列昂尼德·安德烈耶夫

莫斯科：国家出版社，1928，94 页

1488

Гурты на дорогах: Повести и рассказы   Виктор Авдеев

М.: Советский писатель, 1948. 259 с.

路上的畜群（中短篇小说集） 维克托·阿夫杰耶夫

莫斯科：苏联作家出版社，1948，259 页

1489

Давид Гольдер: Роман   Ирина Немировская; Перевод с французского Н. Полынской

Рига: Книга для всех, 1930. 163 с.

大卫·戈尔德（长篇小说） 伊琳娜·涅米罗夫斯卡娅著，H. 波伦斯卡娅译自法语

里加：大众图书出版社，1930，163 页

1490

Дары Тин-тин-хо: Роман   Вячеслав Лебедев

М.: Советская литература, 1933. 240 с.

霍京京的礼物（长篇小说） 维亚切斯拉夫·列别杰夫

莫斯科：苏联文学出版社，1933，240 页

1491

Два капитана: Роман   В. Каверин

М.: Советский писатель, 1947. 687 с.

船长与大尉（长篇小说） B. 卡韦林

莫斯科：苏联作家出版社，1947，687 页

1492

Два мира: Повесть из римской жизни первых времен христианства　Перевод с Французского Ек. Бекетовой

М.: Отдел типогр. Т-ва И. Д. Сытина, 1912. 165 с.

两个世界：基督教早期罗马生活故事　Ек. 别克托娃译自法语

莫斯科：И.Д. 瑟京印刷分厂，1912，165 页（古）

1493

Два сфинкса: Роман. Т. II: Часть 3. Клятва мага　В. И. Крыжановская

Рига: Изд-во М. Дидковский, 1927. 223 с.

两座狮身人面石雕（长篇小说第 2 卷第 3 册）：麻葛的誓言　В.И. 克雷扎诺夫斯卡娅

里加：М. 季德科夫斯基出版社，1927，223 页

1494

Дважды рожденный: Научно-фантастический роман　Ф. Богданов

[Б. м.]: Пучина, 1928. 296 с.

重生者（长篇科幻小说）　Ф. 波格丹诺夫

[不详]: 苍穹出版社，1928，296 页

1495

Двухтомник: Стихи и поэмы. Т. 1　Александр Жаров

М.: Молодая гвардия, 1931. 231 с.

两卷本：诗歌与史诗（第 1 卷）　亚历山大·扎罗夫

莫斯科：青年近卫军出版社，1931，231 页

1496

Девственный мужчина: Роман　Марсель Прево

Рига: Книгоизд-во «Грамату Драугс», 1929. 197 с.

处男（长篇小说）　马塞尔·普雷沃

里加：图书之友出版社，1929，197 页

1497

Девять десятых судьбы: Роман　В. Каверин

М.: Государственное издательство, 1926. 178 с.

命运的十分之九（长篇小说）　В. 卡韦林

莫斯科：国家出版社，1926，178 页

1498

Дело о маске: Повесть　В. А. Тихонов

С.-Петербург: Журн. «Пробуждение», 1913. 128 с.

面具案件（中篇小说）　В.А. 吉洪诺夫

圣彼得堡：《觉醒》杂志社，1913，128 页（古）

1499

Деревня　Жорж Экоут; Перевод М. Веселовской

М.: Государственное издательство, 1925. 120 с.

乡土　乔治·埃克豪特著，М. 韦谢洛夫斯卡娅译

莫斯科：国家出版社，1925，120 页

1500

Деревянные кресты　Ролан Доржелес

Рига: Книгоизд-во «Грамату драугс», 1930. 194 с.

木十字架　罗兰·多热莱斯

里加：图书之友出版社，1930，194 页

1501

Дети герои　Сост. М. Самойлович

[Б. м.]: Одесполиграф, 1928. 292 с.

儿童英雄　М. 萨莫伊洛维奇编

[不详]: 敖德萨印刷厂，1928，292 页

1502

Джангыр-бай　М. Борисоглебский

М.: Государственное издательство, 1928. 158 с.

占格尔 – 巴伊　М. 鲍里索格列布斯基

莫斯科：国家出版社，1928，158 页

1503

Дикое поле. Т. III　Алексей Толстой

М.: Гос. изд-во, 1923. 236 с.

荒野（第 3 卷）　阿列克谢·托尔斯泰

莫斯科：国家出版社，1923，236 页

1504

Дикси делает карьеру: Роман　И. П. Мак Эвой

Рига: Изд-во «Жизнь и культурыа», 1932. 319 с.

迪克西升迁记（长篇小说）　И.П. 麦卡沃伊

里加：生活与文化出版社，1932，319 页

1505

Дневник миллиардера: Роман　Морис Декобра

Рига: Книгоизд-во «Грамату драугс», 1931. 174 с.

亿万富翁的日记（长篇小说） 莫里斯·德科布拉

里加：图书之友出版社，1931，174 页

1506

Дорис хочет быть шикарной: Роман Ирмгард Кейн

Рига: Жизнь и культура, 1933. 157 с.

想变优雅的朵丽丝（长篇小说） 伊姆加德·基恩

里加：生活与文化出版社，1933，157 页

1507

Дорога богатырей: Сборник научно-фантастических повестей [Составитель сборника В. Сапарин]

М.: Учебно-педагогическое изд-во трудовых резервов, 1949. 301 с.

勇士之路（科幻小说集） [B. 萨帕林编]

莫斯科：劳动后备军教育出版社，1949，301 页

1508

Дорога на простор: Роман В. Сафонов

М.: Советский писатель, 1945. 296 с.

自由之路（长篇小说） B. 萨福诺夫

莫斯科：苏联作家出版社，1945，296 页

1509

Достоевский за рулеткой: Роман из жизни великого писателя Леонид Гроссман

Рига: Жизнь и культура, 1932. 341 с.

玩轮盘赌的陀思妥耶夫斯基：伟大作家的生活故事 列昂尼德·格罗斯曼

里加：生活与文化出版社，1932，341 页

1510

Дружный народ: Рассказы Пантелеймон Романов

М.: Недра, 1927. 174 с.

友好的人民（短篇小说集） 潘捷列伊蒙·罗曼诺夫

莫斯科：矿藏出版社，1927，174 页

1511

Дуся: Рассказы В. Микулич

Петроград: Тип. Т-ва А. С. Суворина-Новое Время,

1915. 255 с.

杜霞（短篇小说集） B. 米库利奇

彼得格勒：A.C. 苏沃林新时代印刷厂，1915，255 页（古）

1512

Душа и перевоплощение души Н. Морленд

Latvija: N. Gudkova izdevnieciba, 1938. 100 с.

灵魂及其再现 H. 莫兰德

拉脱维亚：N. 古德科夫出版社，1938，100 页

1513

Дюжина ножей в спину революции: 12 новых рассказов Аркадий Аверченко

Симферополь: Таврический голос, 1920. 52 с.

刺向革命的 12 把刀（12 篇新短篇小说） 阿尔卡季·阿韦尔琴科

辛菲罗波尔：塔夫利达之声出版社，1920，52 页

1514

Дядя Ангел: Рассказы Адриана Зограффи Панаит Истрати; Пер. Изабеллы Шерешевской

Л.: Время, 1925. 176 с.

安格尔舅舅：阿德里安·左格拉菲的故事 潘奈特·依斯特拉蒂著，伊莎贝拉·舍列舍夫斯卡娅译

列宁格勒：时间出版社，1925，176 页

1515

Евпатий Коловрат: Повесть Василий Ряховский

М.: Детгиз, 1947. 86 с.

叶夫帕季·科洛夫拉特（中篇小说） 瓦西里·里亚霍夫斯基

莫斯科：国家儿童读物出版社，1947，86 页

1516

Еврен: Роман Семен Юшкевич

Л.: Книга, 1928. 216 с.

叶夫伦（长篇小说） 谢苗·尤什克维奇

列宁格勒：书籍出版社，1928，216 页

1517

Европа во льдах: Фантастический роман Жака Тудуза

[Б. м.]: Земля и фабрика, 1927. 94 с.

冰上欧洲：雅克·图劳洛丝长篇幻想小说
[不详]：土地与工厂出版社，1927，94 页

1518

Жак Вентра: Трилогия　Жюль Валлес; Перевод с французского П. С. Нейман

М.: Государственное издательство художественной литературы, 1949. 820 с.

雅克·万特拉（三部曲）　儒勒·瓦莱斯著，П.С. 奈曼译自法语

莫斯科：国家文艺书籍出版社，1949，820 页

1519

Железная тишина: Рассказы　Н. Ляшко

М.: Изд-во «Недра», 1930. 224 с.

寂静似铁（短篇小说集）　Н. 利亚什科

莫斯科：矿藏出版社，1930，224 页

1520

Жемчуг в грязи. К. 2　Ирина Шаврова

Рига: Грамату драугс, 1933. 368 с.

泥土里的珍珠（第 2 册）　伊琳娜·沙夫罗娃

里加：图书之友出版社，1933，368 页

1521

Жемчуг в грязи: Роман. Книга 1　Ирина Шаврова

Рига: Книгоиздательство Грамату драугс, 1933. 223 с.

泥土里的珍珠（长篇小说第 1 册）　伊琳娜·沙夫罗娃

里加：图书之友图书出版社，1933，223 页

1522

Жена министра: Роман из жизни петербургской бюрократии　Н. А. Лаппо-Данилевская

Петроград: [Б. и.], 1918. 376 с.

大臣夫人：彼得堡官僚生活故事　Н.А. 拉波 – 丹尼列夫斯卡娅

彼得格勒：[不详]，1918，376 页（古）

1523

Женщина　Георгий Никифоров

М.: Земля и фабрика, 1930. 184 с.

女人　格奥尔吉·尼基福罗夫

莫斯科：土地与工厂出版社，1930，184 页

1524

Жертва: Роман. Книга 2　Вера Наваль

Рига: Книгоизд-во «Грамату драугс», 1932. 381 с.

牺牲（长篇小说第 2 册）　薇拉·纳瓦利

里加：图书之友出版社，1932，381 页

1525

Живые и мертвые: Повесть　Л. Я. Колос

М.: Изд-во «Федерация», 1930. 267 с.

生者与死者（中篇小说）　Л.Я. 科洛斯

莫斯科：联合会出版社，1930，267 页

1526

Живые и мертвые: Роман　Барон Иван, Нолькен Фон

Рига: Скалад издания М. Дидковский, 1927. 193 с.

活人与死人（长篇小说）　巴龙·伊万、诺尔肯·冯

里加：М. 季德科夫斯基出版库，1927，193 页

1527

Жизнь Ивана: Повесть　Алексей Демидов

М.: Земля и фабрика, 1925. 268 с.

伊万的生活（中篇小说）　阿列克谢·杰米多夫

莫斯科：土地与工厂出版社，1925，268 页

1528

Жизнь Тарханова: Роман в трех частях: Возвращение　Евгений Чириков

М.: Московское книгоиздательство, 1917. 353 с.

塔尔哈诺夫的生活（三部分长篇小说）：回家　叶夫根尼·奇里科夫

莫斯科：莫斯科图书出版社，1917，353 页（古）

1529

Жюли: Роман в 2-х частях　А. В. Дружинин

Петроград: Пробуждение, 1916. 194 с.

朱莉（2 部分长篇小说）　А.В. 德鲁日宁

彼得格勒：觉醒出版社，1916，194 页（古）

1530

Забота: Роман　Г. Зудерман

Рига: Книгоизд-во «Грамату драугс», 1930. 214 с.

忧愁（长篇小说） Г. 苏德曼

里加：图书之友出版社，1930，214 页

1531

Заколдованные деревни: Рассказы Пантелеймон
Романов

М.: Недра, 1927. 177 с.

魔法村庄（短篇小说集） 潘捷列伊蒙·罗曼诺夫

莫斯科：矿藏出版社，1927，177 页

1532

**Запашка: Повесть: (По архивным материа-
лам)** М. Новоселов

М.: Гос. изд-во, 1930. 165 с.

耕地（中篇小说）：据档案资料 М.诺沃肖洛夫

莫斯科：国家出版社，1930，165 页

1533

Записки чудака. Т. 1 Андрей Белый

М.: Геликон, 1922. 212 с.

怪人笔记（第 1 卷） 安德烈·别雷

莫斯科：赫利孔山出版社，1922，212 页

1534

Записки чудака. Т. 2 Андрей Белый

М.: Книгоизд-во Геликон, 1922. 237 с.

怪人笔记（第 2 卷） 安德烈·别雷

莫斯科：赫利孔山图书出版社，1922，237 页

1535

Затуманившийся мир Петр Пильский

Рига: Книгоизд-во «Грамату драугс», 1929. 249 с.

朦胧的世界 彼得·皮利斯基

里加：图书之友出版社，1929，249 页

1536

Захар Беркут Иван Франко

М.: Детгиз, 1946. 176 с.

扎哈尔·别尔库特 伊凡·弗兰科

莫斯科：国家儿童读物出版社，1946，176 页

1537

Зачарованная степь Александр Амфитеатров

Ревель: Изд-во «Библиофил», 1921. 180 с.

魔法草原 亚历山大·阿姆菲捷阿特罗夫

雷瓦尔：图书爱好者出版社，1921，180 页

1538

Зачем умирать!; Под одной крышей Морис Декобра; Давид Хаит

Рига: Изд-во «Жизнь и Культура», 1930. 92 с.

为什么死！；同在一个屋檐下 莫里斯·德科布拉；
大卫·海特

里加：生活与文化出版社，1930，92 页

1539

Звериада: Записки Черкесова: Роман Юрий Галич

Рига: Книгоизд-во «Грамату драугс», 1931. 364 с.

地狱野兽：切尔克索夫笔记（长篇小说） 尤里·加
利奇

里加：图书之友出版社，1931，364 页

1540

Зеленый май: Латвийские новеллы Юрий Галич

Рига: Издание М. Дидковского, 1929. 173 с.

绿色五月：拉脱维亚故事 尤里·加利奇

里加：М. 季德科夫斯基出版，1929，173 页

1541

Земля: Сборник восемнадцатый М. Арцыбашев,
В. Винниченко

М.: Московское книгоизд-ство, 1916. 301 с.

土地（第 18 册） М. 阿尔齐巴舍夫、В. 温尼琴科

莫斯科：莫斯科图书出版社，1916，301 页

1542

Змея: Роман. К. 2 Кн. Ольга Бебутова

Рига: Грамату драугс, 1932. 404 с.

蛇（长篇小说第 2 卷） Кн. 奥莉加·别布托娃

里加：图书之友出版社，1932，404 页

1543

Зоин Роман Андрей Задонский

Рига: Издание М. Дидковского, 1930. 174 с.

卓娅的故事 安德烈·扎东斯基

里加：М. 季德科夫斯基出版，1930，174 页

1544

Золотая голытьба: Роман　Алексей Кожевников

М.: Молодая гвардия, 1928. 425 с.

无忧无虑的穷人（长篇小说）　阿列克谢·科热夫尼科夫

莫斯科：青年近卫军出版社，1928，425 页

1545

Золотая пыль: Роман из жизни 1914-1916 гг. Книга 1　О. Бебутова

Рига: Книгоизд-во «Грамату драугс», 1930. 168 с.

金尘：1914—1916 年的生活故事（第 1 册）　О. 别布托娃

里加：图书之友出版社，1930，168 页

1546

Золотая цепь: Роман　А. Грин

Харьков: Изд-во «Пролетарий», 1925. 203 с.

金链（长篇小说）　А. 格林

哈尔科夫：无产者出版社，1925，203 页

1547

Золотое дно: Рассказы 1903-07 г.　И. Бунин

М.: Книгоиздательство писателей, 1914. 210 с.

金窖（1903—1907 年短篇小说集）　И. 蒲宁

莫斯科：作家图书出版社，1914，210 页（古）

1548

Золотые корабли: Скитания　Юрий Галич

Рига: Издание М. Дидковского, [1927]. 317 с.

金船：漂泊　尤里·加利奇

里加：М. 季德科夫斯基出版，［1927］，317 页

1549

И. А. Крылов: Жизнь и творчество　Н. Степанов

М.: Гос. изд-во Художественной литературы, 1949. 374 с.

И.А. 克雷洛夫：生活与创作　Н. 斯捷潘诺夫

莫斯科：国家文艺书籍出版社，1949，374 页

1550

Игра: Повесть　Джэк Лондон; Перев. В. И. Сметанича

Л.: Мысль, 1925. 192 с.

游戏（中篇小说）　杰克·伦敦著，В.И. 斯梅塔尼奇译

列宁格勒：思想出版社，1925，192 页

1551

Из жизни христиан в Турции: Повести и рассказы　К. Леонтьев

М.: Издание В. М. Саблина, 1912. 438 с.

土耳其基督教徒的生活（中短篇小说）　К. 列昂季耶夫

莫斯科：В.М. 萨布林出版，1912，438 页（古）

1552

Избранное　Эльмар Грин

М.: Советский писатель, 1948. 482 с.

作品选集　埃尔马尔·格林

莫斯科：苏联作家出版社，1948，482 页

1553

Избранное　Борис Лавренев

Л.: Изд-во писателей, 1932. 414 с.

作品选集　鲍里斯·拉夫列尼奥夫

列宁格勒：作家出版社，1932，414 页

1554

Избранное　Иван Новиков

М.: Советский писатель, 1941. 286 с.

作品选集　伊万·诺维科夫

莫斯科：苏联作家出版社，1941，286 页

1555

Избранное　Лео Киачели

М.: Советский писатель, 1948. 375 с.

作品选集　列奥·基阿切利

莫斯科：苏联作家出版社，1948，375 页

1556

Избранное　Николай Асеев

М.: Советский писатель, 1948. 319 с.

作品选集　尼古拉·阿谢耶夫

莫斯科：苏联作家出版社，1948，319 页

1557

Избранное　Борис Левин

М.: Советский писатель, 1946. 355 с.
作品选集　鲍里斯·莱温
莫斯科：苏联作家出版社，1946，355 页

1558
Избранные литературно-критические статьи　М. Горький
М.: Гос. изд-во «Художественная литература», 1941. 307 с.
文学批判文选　М. 高尔基
莫斯科：国家文艺书籍出版社，1941，307 页

1559
Избранные повести и разсказы　С. Пшибышевский
[Б. м.]: Издание редакции журнала «Пробуждение», 1912. 128 с.
中短篇小说选集　С. 普希贝舍夫斯基
[不详]:《觉醒》杂志编辑部出版，1912，128 页（古）

1560
Избранные повести и рассказы　Борис Горбатов
М.: Гос. изд-во Художественной литературы, 1948. 478 с.
中短篇小说选集　鲍里斯·戈尔巴托夫
莫斯科：国家文艺书籍出版社，1948，478 页

1561
Избранные произведения　А. П. Чехов
М.: Гослитиздат, 1934. 542 с.
作品选集　А.П. 契诃夫
莫斯科：国家文艺书籍出版社，1934，542 页

1562
Избранные произведения: Рассказы; Земля-кормилица: Роман　Петрас Цвирка
М.: Гос. изд-во Художественной литературы, 1948. 519 с.
作品选集：短篇小说集、养育众生的土地（长篇小说）　彼得拉斯·兹维尔卡
莫斯科：国家文艺书籍出版社，1948，519 页

1563
Избранные рассказы　Артур Шницлер

[Б. м.]: Издание редакции журнала Пробуждение, 1912. 128 с.
短篇小说选集　阿瑟·施尼茨勒
[不详]:《觉醒》杂志编辑部出版，1912，128 页（古）

1564
Избранные рассказы　Е. Н. Чириков
Спб.: Изд. ред. журнала «Пробуждение», 1913. 93 с.
短篇小说选集　Е.Н. 奇里科夫
圣彼得堡：《觉醒》杂志编辑部，1913，93 页（古）

1565
Избранные рассказы　Т. Л. Щепкина-Куперник
СПБ.: Изд. ред. журнала «Пробуждение», 1913. 151 с.
短篇小说选集　Т.Л. 谢普金娜 – 库珀尔尼克
圣彼得堡：《觉醒》杂志编辑部，1913，151 页

1566
Избранные рассказы. Кн. 5: Сила　Борис Лазаревский
СПб.: Журн. «Пробуждение», 1914. 126 с.
短篇小说选（第5册）：力量　鲍里斯·拉扎列夫斯基
圣彼得堡：《觉醒》杂志社，1914，126 页（古）

1567
Избранные рассказы: Собрание рассказов и известных Русских питателей. Книга 1
[Б. м.]: Пробуждение, 1914. 126 с.
短篇小说选：俄国著名作家短篇小说集（第1卷）
[不详]: 觉醒出版社，1914，126 页

1568
Избранные рассказы: Собрание рассказов известных Русских писателей. Кн. 2, 3
[Б. м.]: Пробуждение, 1914. 301 с.
短篇小说选：俄国著名作家短篇小说集（第2、3卷）
[不详]: 觉醒出版社，1914，301 页（古）

1569
Избранные рассказы: Собрание рассказов известных русских писателей. К. 3-ья　Скиталец (С. Г. Петров), А. Серафимович, В. Муйжель

Спб: Т-во Худож. печати, 1914. 159 с.

短篇小说选：俄国著名作家短篇小说集（第3卷） 斯基塔列茨（С.Г. 彼得罗夫）、А. 绥拉菲莫维奇、В. 穆伊热利

圣彼得堡：美术印刷公司，1914，159 页（古）

1570

Избранные рассказы: Собрание рассказов известных русских писателей. Кн. 2, 4

[Б. м.]: Пробуждение, 1914. 285 с.

短篇小说选：俄国著名作家短篇小说集（第2、4卷）
[不详]：觉醒出版社，1914，285 页（古）

1571

Избранные рассказы: Собрание рассказов известных русских писателей. Книга 1-2 А. С. Серафимович

[Б. м.]: Пробуждение, 1914. 267 с.

短篇小说选：俄国著名作家短篇小说集（第1—2卷） А.С. 绥拉菲莫维奇
[不详]：觉醒出版社，1914，267 页（古）

1572

Избранные сочинения М. Е. Салтыков-Щедрин

М.: Гос. изд-во Художественной лителетуры, 1947. 605 с.

作品选集 М.Е. 萨尔特科夫 – 谢德林
莫斯科：国家文艺书籍出版社，1947，605 页

1573

Избранные сочинения С. Т. Аксаков

М.: Гослитиздат, 1949. 594 с.

作品选集 С.Т. 阿克萨科夫
莫斯科：国家文艺书籍出版社，1949，594 页

1574

Избранные сочинения Г. И. Успенский

М.: Гослитиздат, 1949. 495 с.

作品选集 Г.И. 乌斯片斯基
莫斯科：国家文艺书籍出版社，1949，495 页

1575

Избраныне рассказы А. А. Измайлов

[Б. м.]: Издание ред. журнала «Пробуждение», 1913.

94 с.

短篇小说选集 А.А. 伊斯梅洛夫
[不详]：《觉醒》杂志编辑部出版，1913，94 页（古）

1576

Изобретатель сверхпулемета В. А. Сытин

М.: Изд-во ЦК влксм «Молодая гвардия», 1941. 102 с.

超级机枪发明家 В.А. 瑟京
莫斯科：全苏列宁共产主义青年团中央委员会青年近卫军出版社，1941，102 页

1577

Илона: Роман Вера Наваль

Рига: Грамату драугс, 1931. 220 с.

伊洛娜（长篇小说） 薇拉·纳瓦利
里加：图书之友出版社，1931，220 页

1578

Императрица Нур: Эволюция Планеты: Оккультный роман Конрад Принц

Виндава: Издание автора, 1934. 173 с.

努尔王后：地球的进化（神秘主义小说） 康拉德·普林茨
温达瓦：作者出版，1934，173 页

1579

Ирод: Исторический роман Даниил Лукич Мордовцев

Петроград: Издание Типографии П. П. Сойкина, 1916. 176 с.

希律王（长篇历史小说） 丹尼尔·卢基奇·莫尔多夫采夫
彼得格勒：П.П.索伊金印刷厂出版，1916，176 页（古）

1580

Искупление: Роман Клод Фаррер

Каунас: Изд-во Марабу, 1932. 183 с.

赎罪（长篇小说） 克劳德·法瑞尔
考纳斯：秃鹳出版社，1932，183 页

1581

Испанская весна Михаил Кольцов

Л.: Изд-во писателей, 1933. 96 с.

西班牙的春天　米哈伊尔·科利佐夫

列宁格勒：作家出版社，1933，96 页

1582

История моего совеременника. Т. III　Вл. Коро-

ленко

М.: Изд-во Возрождение, 1922. 375 с.

我的同代人的故事（第 3 卷）　Вл. 科罗连科

莫斯科：复兴出版社，1922，375 页

1583

История моего современника: Т. IV　Вл. Короленко

М.: Изд-во Возрождение, 1922. 276 с.

我的同代人的故事（第 4 卷）　Вл. 科罗连科

莫斯科：复兴出版社，1922，276 页

1584

История странной любви　Н. Р. Донец

Рига: Русское изд-во, 1920. 106 с.

奇特的爱情故事　Н.Р. 顿涅茨

里加：俄国出版社，1920，106 页

1585

Ита Гайне: Роман　Семен Юшкевич

Л.: Книга, 1928. 144 с.

伊塔·盖涅（长篇小说）　谢苗·尤什克维奇

列宁格勒：书籍出版社，1928，144 页

1586

Кадет　Леонид Зуров

Рига: Саламандра, 1928. 175 с.

立宪民主党人　列昂尼德·祖罗夫

里加：蝾螈出版社，1928，175 页

1587

Кадет; Город; Студент Вова　Леонид Зуров

Рига: Издательство «Саламандра», 1928. 175 с.

军校学员；都市；大学生沃瓦　列昂尼德·祖罗夫

里加：蝾螈出版社，1928，175 页

1588

Каин-кабак: Собрание сочинений　Л. Сейфулли-

на

М.; Л.: Гос. изд-во, 1927. 333 с.

卡因 – 卡巴克庄园（作品集）　Л. 谢芙琳娜

莫斯科、列宁格勒：国家出版社，1927，333 页

1589

Каменных дел мастер: Повесть　Анатолий Шишко

М.: Молодая гвардия, 1949. 213 с.

石匠（中篇小说）　阿纳托利·希什科

莫斯科：青年近卫军出版社，1949，213 页

1590

Карма: Царь Давид　Н. Р. Донец

Рига: Русское изд-во, 1929. 205 с.

羯磨：大卫王　Н.Р. 顿涅茨

里加：俄罗斯出版社，1929，205 页

1591

Карусель: Рассказы. Т. 6　Ив. Шмелев

М.: Книгоиздательство писателей, 1916. 228 с.

旋转木马（短篇小说集第 6 卷）　Ив. 什梅廖夫

莫斯科：作家图书出版社，1916，228 页（古）

1592

Катакомбы: Повесть из первых времен христи-
анства　Ев. Тур (Е. В. Салиас)

Петроград: Торг. д. Бр. Башмаковых, П. В. Луковни-

ков и М. М. Стасюлевич, 1917. 255 с.

地下墓窟：基督教早期故事　Ев. 图尔（Е.В. 萨利阿

斯）

彼得格勒：巴什马科夫兄弟、П.В. 卢科夫尼科夫与

М.М. 斯塔休列维奇商行，1917，255 页（古）

1593

Кирилл Первый: император Кобургский　Нико-

лай Снессарев

[Б. м.]: [Б. и.], 1925. 251 с.

基里尔一世：科堡皇帝　尼古拉·斯涅萨列夫

[不详]: [不详]，1925，251 页

1594

Китайские тени: Роман　Юрий Галич

Рига: Издание М. Дидковского, 1927. 195 с.

中国皮影戏（长篇小说）　尤里·加利奇

里加：М. 季德科夫斯基出版，1927，195 页

1595
Клуб синяго апельсина: Роман　Вильям Мэкен
Рига: Изд-во «Жизнь и культура», 1932. 190 с.
蓝橙俱乐部（长篇小说）　威廉·梅琴
里加：生活与文化出版社，1932，190 页

1596
Клятва на воробьевых горах: Повесть о юном Герцене　Николай Леонов
М.: Работник просвещения, 1929. 68 с.
麻雀山上的誓言：少年赫尔岑的故事　尼古拉·列昂诺夫
莫斯科：教育工作者出版社，1929，68 页

1597
Книга для родителей　А. Макаренко
М.: Художественная литература, 1937. 326 с.
家长读物　А. 马卡连科
莫斯科：文学出版社，1937，326 页

1598
Кобра Капелла: Роман　В. И. Крыжановская
Рига: М. Дидковский, 1931. 171 с.
眼镜蛇乐团（长篇小说）　В.И. 克雷扎诺夫斯卡娅
里加：М. 季德科夫斯基出版社，1931，171 页

1599
Когда боги ушли　Дионео
М.: Книгоиздательство Геликон, 1923. 283 с.
众神离去之时　季奥涅奥
莫斯科：赫利孔山图书出版社，1923，283 页

1600
Когда в доме ребенок　Лев Максим
Рига: Изд-во «Литература», 1928. 207 с.
当孩子在家时　列夫·马克西姆
里加：文学出版社，1928，207 页

1601
Когда наступает зима: Роман　А. С. М. Хетчинсон
Л.: Время, 1926. 262 с.
冬日来临（长篇小说）　А.С.М. 赫特钦森
列宁格勒：时间出版社，1926，262 页

1602
Конец дневника; Сплетня　С. Фонвизин
Петроград: Типо-литография «Энергия», 1917. 221 с.
日记的结尾；谣言　С. 冯维辛
彼得格勒：能量印刷厂，1917，221 页（古）

1603
Корабль мертвых: Рассказы　В. Брусянин
М.: Московское кн-во, 1915. 248 с.
死者之船（短篇小说集）　В. 布鲁夏宁
莫斯科：莫斯科图书出版社，1915，248 页（古）

1604
Корабль плывет на Гавайи: Роман　Эрль Биггерс
Рига: Жизнь и культура, 1932. 270 с.
轮船驶向港口（长篇小说）　厄尔·比格斯
里加：生活与文化出版社，1932，270 页

1605
Королевский форт: Роман　Пьер Бенуа
Рига: Изд-во «Жизнь и культура», 1933. 187 с.
皇家要塞（长篇小说）　皮埃尔·伯努瓦
里加：生活与文化出版社，1933，187 页

1606
Король и инфант: Историческая повесть из времен Филиппа II　А. Алтаев
М.: Издание Т-ва И. Д. Сытина, 1915. 248 с.
国王与王子：菲利普二世时期历史故事　А. 阿尔塔耶夫
莫斯科：И.Д. 瑟京出版社，1915，248 页（古）

1607
Кошмар: Роман-быль: (Из воспоминаний)　Н. А. Лаппо-Данилевская
Рига: Изд. М. Дидковского, 1931. 172 с.
噩梦：往事（回忆录节选）　Н.А. 拉波 – 丹尼列夫斯卡娅
里加：М. 季德科夫斯基出版社，1931，172 页

1608
Красная зорька. Книга 1. Для чтения в сельской школе　П. Блонский

М.: Гос. изд-во, 1922. 253 с.

红霞（第 1 册）: 乡村学校读物 П. 布隆斯基

莫斯科: 国家出版社，1922，253 页

1609

Красный круг: Роман Эдгар Уоллес (Edgar Wallace)

Рига: Книгоизд-во «Грамату драугс», 1929. 213 с.

红圈（长篇小说） 埃德加·华莱士

里加: 图书之友出版社，1929，213 页

1610

Красный Хоровод: Повесть. 1-ая книга Юрий Галич

Рига: Литература, 1929. 203 с.

红色环舞（中篇小说第 1 册） 尤里·加利奇

里加: 文学出版社，1929，203 页

1611

Красный хоровод: Повесть. Книга 2 Юрий Галич

Рига: Изд-во «Литература», 1929. 182 с.

红色环舞（中篇小说第 2 册） 尤里·加利奇

里加: 文学出版社，1929，182 页

1612

Кремль: Хроника XV-XVI в. в. И. Ф. Наживин

Новый сад: Русская типография С. Филонова, 1931. 343 с.

克里姆林宫: 15—16 世纪编年史 И.Ф. 纳日温

诺维萨德: 俄罗斯 C. 菲洛诺夫印刷厂，1931，343 页

1613

Кровавое зарево: Очерки войны А. С. Панкратов

М.: Типография К. Ф. Некрасова, 1915. 279 с.

血光: 战争纪事 А.С. 潘克拉托夫

莫斯科: К.Ф. 涅克拉索夫印刷厂，1915，279 页（古）

1614

Кровь и кольца = Cartes postales Анна Мар

М.: Книгоиздательство «Современные проблемы»,

1916. 159 с.

鲜血与戒指 安娜·马尔

莫斯科: 当代问题图书出版社，1916，159 页（古）

1615

Кругосветка: Повесть о далеком былом Сергей Григорьев

М.: Московский рабочий, 1946. 148 с.

环球航行: 遥远往事 谢尔盖·格里戈里耶夫

莫斯科: 莫斯科工人出版社，1946，148 页

1616

Кто побеждает?: Роман из жизни артистической и светской 1917 года. Кн. 1-я Ольга Бебутова

Рига: Книгоизд-во «Грамату драугс», 1931. 382 с.

谁能占上风？: 1917 年演员和上流社会生活故事（第 1 册） 奥莉加·别布托娃

里加: 图书之友图书出版社，1931，382 页

1617

Кузьма Рощин: Историческая повесть М. Н. Загоскин

М.: Издание 2-е книжного склада М. В. Клюкина, 1913. 99 с.

库兹马·罗辛（历史故事） М.Н. 扎戈斯金

莫斯科: М.В. 克柳金书库出版（第 2 版），1913，99 页

1618

Кюхля: Повесть о декабристе Юрий Тынянов

[Б. м.]: Прибой, 1929. 429 с.

丘赫尔别凯: 一位十二月党人的故事 尤里·特尼亚诺夫

[不详]: 拍岸浪出版社，1929，429 页

1619

Кюхля: Роман Юрий Тынянов

М.: Советский писатель, 1947. 315 с.

丘赫利亚（长篇小说） 尤里·特尼亚诺夫

莫斯科: 苏联作家出版社，1947，315 页

1620

Латышские рассказы Сост. Л. Г. Блюмфельд

М.: Советский писатель, 1949. 520 с.

拉脱维亚人的故事 Л.Г. 布鲁姆菲尔德编

莫斯科：苏联作家出版社，1949，520 页

1621

Лидия: Роман Клод Анэ

Рига: Книга для всех, 1933. 180 с.

利季娅（长篇小说） 克劳德·艾勒

里加：大众图书出版社，1933，180 页

1622

Лондонские трущобы: Люди Бездны Джэк Лондон; Перевод с английского Л. Н. Рыжевой-Герст и М. И. Брусяниной

Л.: Петроград, 1924. 197 с.

伦敦贫民区：深渊中的人们 杰克·伦敦著，Л.Н. 雷热娃 – 格尔斯特、М.И. 布鲁夏宁娜译自英语

列宁格勒：彼得格勒出版社，1924，197 页

1623

Луна с правой стороны (Необыкновенная любовь): Повесть Серг. Малашкин

Рига: Литература, 1928. 216 с.

右边升起的月亮（不平凡的爱情）（中篇小说） Серг. 马拉什金

里加：文学出版社，1928，216 页

1624

Лунная болезнь: Новеллы Л. Пиранделло; С предисловием П. С. Когана

М.: Гос. изд-во, 1928. 135 с.

月夜狂（短篇小说集） Л. 皮兰德洛著，П.С. 科甘作序

莫斯科：国家出版社，1928，135 页

1625

Любовь Жанны Ней Илья Эренбург

Рига: Изд-во О. Д. Строк, 1925/26. 160 с.

然娜·内伊的爱情 伊利亚·爱伦堡

里加：О.Д. 斯特罗克出版社，1925/26，160 页

1626

Любовь одна: Роман; Контрабандисты: Повесть Цилани Лайос; С. Сергеев-Ценский

Рига: Изд-во «Жизнь и культура», 1932. 184 с.

只有爱（长篇小说）；走私者（中篇小说） 奇拉

尼·拉约斯；С. 谢尔盖耶夫 – 倩斯基

里加：生活与文化出版社，1932，184 页

1627

Любовь отзвучала...: Роман Сигрид Ундсет

Рига: Книгоизд-во «Грамату драугс», 1930. 182 с.

爱已不在……（长篇小说） 西格里德·温塞特

里加：图书之友出版社，1930，182 页

1628

Любовь товарища Муравьева Е. Чириков

Рига: Книгоизд-во «Грамату драугс», 1933. 259 с.

穆拉维约夫同志的爱情 Е. 奇里科夫

里加：图书之友出版社，1933，259 页

1629

Люди заката: Роман Юрий Потехин

Л.: Жизнь искусства, 1925. 300 с.

末日之人（长篇小说） 尤里·波捷欣

列宁格勒：艺术生活出版社，1925，300 页

1630

Люди и тени: Сборник рассказов. Книга 3 Влад. Гущик

Эстония: Русская книга, 1934. 207 с.

人与影子（短篇小说集第 3 册） Влад. 古希克

爱沙尼亚：俄罗斯书籍出版社，1934，207 页

1631

Магистраль: Роман. Часть I Алексей Карцев

М.: Советский писатель, 1935. 420 с.

干线（长篇小说第 1 部分） 阿列克谢·卡尔采夫

莫斯科：苏联作家出版社，1935，420 页

1632

Майская ночь или утопленница Н. В. Гоголь

[Б. м.]: [Б. и.], 1927. 135 с.

五月之夜（又名女溺亡者） Н.В. 果戈里

[不详]：[不详]，1927，135 页

1633

Малахитовая шкатулка Павел Бажов

М.: Советский писатель, 1947. 410 с.

孔雀石小匣 帕维尔·巴若夫

莫斯科：苏联作家出版社，1947，410 页

1634
Маленькие рассказы о большой жизни　В. Бах-
метьев
М.: Земля и фабрика, 1924. 120 с.
大生活小故事　В. 巴赫梅季耶夫
莫斯科：土地与工厂出版社，1924，120 页

1635
Март-апрель　В. Кожевников
М.: Изд-во ЦК ВЛКСМ «Молодая гвардия», 1945.
70 с.
三月—四月　В. 科热夫尼科夫
莫斯科：全苏列宁共产主义青年团中央委员会青年
近卫军出版社，1945，70 页

1636
Маруся золотые очи: Роман　Александр Дроздов
М.: Недра, 1928. 132 с.
马鲁夏金色的眼睛（长篇小说）　亚历山大·德罗
兹多夫
莫斯科：矿藏出版社，1928，132 页

1637
Марья Лусьева: Роман. Ч. 1　Александр Амфитеатров
Рига: Грамату драугс, 1928. 186 с.
玛丽亚·卢西耶娃（长篇小说第 1 部分）　亚历山
大·阿姆菲捷阿特罗夫
里加：图书之友出版社，1928，186 页

1638
Марья Лусьева: Роман. Ч. 2　Александр Амфитеатров
Рига: Грамату драугс, 1928. 189 с.
玛丽亚·卢西耶娃（长篇小说第 2 部分）　亚历山
大·阿姆菲捷阿特罗夫
里加：图书之友出版社，1928，189 页

1639
Маскарад чувства: Роман. Часть 1　Марк Криницкий
Рига: Книгоизд-во «Филин», 1930. 174 с.
虚伪的感情（长篇小说第 1 部分）　马克·克里尼茨基

里加：菲林图书出版社，1930，174 页

1640
Маскарад чувства: Роман. Часть 2　Марк Криницкий
Рига: Книгоизд-во «Филин», 1930. 163 с.
虚伪的感情（长篇小说第 2 部分）　马克·克里尼
茨基
里加：菲林图书出版社，1930，163 页

1641
Месть: Роман　В. И. Крыжановская
Рига: Издание М. Дидковского, 1930. 168 с.
复仇（长篇小说）　В.И. 克雷扎诺夫斯卡娅
里加：М. 季德科夫斯基出版，1930，168 页

1642
Миллионы Бурлаковых: Роман　Н. А. Лаппо-
Данилевская
Рига: Издание М. Дидковского, 1929. 260 с.
布尔拉科夫家族的巨额财富（长篇小说）　Н.А. 拉
波 – 丹尼列夫斯卡娅
里加：М. 季德科夫斯基出版，1929，260 页

1643
**Минувшие дни: Иллюстрированный историче-
ский альманах**　Под редакцией М. А. Сергеева, П.
И. Чагина
Л.: Изд-во «Красная газета», 1927. 159 с.
过去的日子（插图版历史论文选集）　М.А. 谢尔盖
耶夫、П.И. 恰金编
列宁格勒：红报出版社，1927，159 页

1644
Мир любви　Л. Кормчий
М.: Изд-во «Школа жизни», 1931. 206 с.
爱的世界　Л. 科尔姆奇
莫斯科：生活学校出版社，1931，206 页

1645
Мир на стану: Повесть　Н. Попова
Свердловск: Свердловское областное государственное издательство, 1948. 180 с.
宿营地的和平（中篇小说）　Н. 波波娃
斯维尔德洛夫斯克：斯维尔德洛夫斯克州国家出版

社，1948，180 页

1646
Мир неведомый - любовь: Роман　Мартэн Морис; Авторизов. перевод Ар. Шершевского
Рига: Книгоизд-во «Общедоступная библиотека», 1929. 151 с.
爱情——神奇的世界（长篇小说）　马丁·莫里斯著，Ар. 舍尔舍夫斯基译（译本经作者审定）
里加：公共图书馆图书出版社，1929，151 页

1647
Мирные завоеватели: Повесть　Марк Чертван
Петроград: Типография Якорь, 1915. 165 с.
和平征服者（中篇小说）　马克·切尔特万
彼得格勒：锚印刷厂，1915，165 页（古）

1648
Михаил Коцюбинский: Повесть　Леонид Смилянский; Перевод с украинского Вл. Россельса
М.: Советский писатель, 1947. 224 с.
米哈伊尔·科秋宾斯基（中篇小说）　列昂尼德·斯米良斯基著，Вл. 罗塞尔斯译自乌克兰语
莫斯科：苏联作家出版社，1947，224 页

1649
Мишка Додонов: Повесть　Александр Неверов
М.: Гос. изд-во, 1928. 141 с.
米什卡·多多诺夫（中篇小说）　亚历山大·涅韦罗夫
莫斯科：国家出版社，1928，141 页

1650
Мишка-Герой: Быль　Б. Скубенко-Яблоновский
М.: Земля и фабрика, 1924. 84 с.
英雄米什卡：往事　Б. 斯库边科 – 亚布洛诺夫斯基
莫斯科：土地与工厂出版社，1924，84 页

1651
Мой грех: Трагедия одного брака: Повесть　Анна Арайс
Рига: Издание автора, 1934. 56 с.
我之罪：一场婚姻的悲剧（中篇小说）　安娜·阿赖斯

里加：作者出版，1934，56 页

1652
Молодая Москва: Стихи молодых поэтов
М.: Московский рабочий, 1947. 135 с.
年轻的莫斯科：青年诗人诗集
莫斯科：莫斯科工人出版社，1947，135 页

1653
Молочные воды　Георгий Венус
Л.: Издательство Писателей, 1933. 230 с.
莫洛奇纳亚河流域　格奥尔吉·韦努斯
列宁格勒：作家出版社，1933，230 页

1654
Море зовет: Морские рассказы. Книга 2-я　А. Новиков-Прибой
Чита: Кооперативное кн-во «Утес», 1922. 167 с.
海的呼唤：海洋故事（第 2 册）　А. 诺维科夫 – 普里博伊
赤塔：悬崖合作图书出版社，1922，167 页

1655
Моряк Принц: Роман　Конрад Принц
Рига: Мир, 1932. 215 с.
水手王子（长篇小说）　康拉德·普林茨
里加：和平出版社，1932，215 页

1656
Москва под рукою Наполеона: историческо-бытовая повесть　Г. Северцев-Полилов
М.: Типография К. Л. Меньшова, 1912. 232 с.
拿破仑统治下的莫斯科（历史生活故事）　Г. 谢韦尔采夫 – 波利洛夫
莫斯科：К.Л. 梅尼绍夫印刷厂，1912，232 页（古）

1657
Москва: Роман. Часть 1　Андрей Белый
М.: Коопер. изд-во писателей «Никитинские субботники», 1928. 250 с.
莫斯科（长篇小说第 1 部分）　安德烈·别雷
莫斯科：尼基京义务星期六作家合作出版社，1928，250 页

1658

Москва: Роман. Часть II   Андрей Белый

М.: Никитинские субботники, 1928. 239 с.

莫斯科（长篇小说第 2 部分） 安德烈·别雷

莫斯科：尼基京义务星期六出版社，1928，239 页

1659

Мужики   А.П. Чехов

М.: Государственное издательство, 1929. 87 с.

农民   А.П. 契诃夫

莫斯科：国家出版社，1929，87 页

1660

Мужчины: Эротический роман   Ив. Коноплин

Рига: Книгоизд-во «Грамату драугс», 1932. 247 с.

男人（色情小说） Ив. 科诺普林

里加：图书之友出版社，1932，247 页

1661

Муза Барковская   Лариса Варнк

Рига: Книгоиздательство «Грамату драугс», 1931. 188 с.

穆扎·巴尔科夫斯卡娅   拉里莎·瓦尔恩克

里加：图书之友出版社，1931，188 页

1662

Муму: Повесть   И. С. Тургенев

С.-Петербург: Изд. И. Глазунова, 1913. 44 с.

木木（中篇小说） И.С. 屠格涅夫

圣彼得堡：И. 格拉祖诺夫出版社，1913，44 页（古）

1663

Мундир короля   Б. Никонов

Л.: Книгоизд-во Радуга, 1926. 64 с.

国王的礼服   Б. 尼科诺夫

列宁格勒：彩虹图书出版社，1926，64 页

1664

На «Красине»: Повесть о днях Красинского похода   Эм. Миндлин

М.: Земля и фабрика, 1929. 257 с.

在"克拉辛"号上：克拉辛号远征故事   Эм. 明德林

莫斯科：土地与工厂出版社，1929，257 页

1665

На гору магнитную   Л. Строковский

М.: Молодая гвардия, 1932. 48 с.

登上马格尼特山   Л. 斯特罗科夫斯基

莫斯科：青年近卫军出版社，1932，48 页

1666

На дне: Повести и рассказы   И. Франко

Харьков: Украинсикий рабочий, 1927. 296 с.

在底层（中短篇小说集） И. 弗兰科

哈尔科夫：乌克兰工人出版社，1927，296 页

1667

На заре времен: Рассказы о жизни доисторических людей

М.: Издание акц. изд. «Земля и фабрика», 1927. 95 с.

早期岁月：史前人类生活故事

莫斯科：土地与工厂出版社，1927，95 页

1668

На лебяжьих озерах: Повесть   А. Чапыгин

М.: Артель писателей «Круг», 1927. 252 с.

天鹅湖上（中篇小说） А. 恰佩金

莫斯科：克鲁格作家合作社，1927，252 页

1669

На отмелях   Джозеф Конрад; Перевод Ст. Вольского

М.: Государственное издательство, 1925. 502 с.

浅滩上   约瑟夫·康拉德著，Ст. 沃尔斯基译

莫斯科：国家出版社，1925，502 页

1670

На охоте: Сборник рассказов   Под общей редакцией М. С. Кузнецова

М.: Московский рабочий, 1949. 635 с.

狩猎（短篇小说集） М.С. 库兹涅佐夫主编

莫斯科：莫斯科工人出版社，1949，635 页

1671

На плавающих льдинах по Ледовитому океану: Рассказ о борьбе человека с природой в северных полярных странах   Н. А. Рубакин

Петроград: Издательство Союза Коммун Северной

области, 1919. 88 с.

在北冰洋浮冰区：北极国家人与自然斗争的故事　Н. А. 鲁巴金

彼得格勒：北方州公社联盟出版社，1919，88 页

1672

На советской низовке: Очерки из жизни низового советского люда　Бор. Солоневич

[Б. м.]: Изд-во «Голос России», 1938. 239 с.

苏联基层组织：苏联底层民众生活纪实　Бор. 索洛涅维奇

[不详]：俄国之声出版社，1938，239 页

1673

На суше и на море: Иллюстрированный сборник. Книжка 4-6

[М.]: Бесплатное приложение к журналу «Вокруг Света», [1912]. 314 с.

陆地和海洋（画册第 4—6 期）

[莫斯科]：《环球》杂志赠刊，[1912]，314 页

1674

На хуторе: Повести и рассказы　М. Эгарт

[Б. м.]: Советский писатель, 1947. 254 с.

在农庄（中短篇小说集）　М. 埃加特

[不详]：苏联作家出版社，1947，254 页

1675

Наваждение: Роман. Книга 1　Вера Наваль

Рига: Книгоизд-во «Грамату драугс», 1932. 174 с.

魔力（长篇小说第 1 册）　薇拉·纳瓦利

里加：图书之友出版社，1932，174 页

1676

Наклонная Елена: Повести и рассказы　С. Н. Сергеев-Ценский

Л.: Изд-во «Мысль», 1928. 231 с.

一落千丈的叶莲娜（中短篇小说集）　С.Н. 谢尔盖耶夫－倩斯基

列宁格勒：思想出版社，1928，231 页

1677

Наследник: Роман　Лев Славин

Рига: Изд-во «Книга для всех», 1931. 232 с.

继承人（长篇小说）　列夫·斯拉温

里加：大众图书出版社，1931，232 页

1678

Наталья Тарнова. К. 2　Сергей Семенов

Л.: Писатель, 1931. 356 с.

纳塔利娅·塔尔诺娃（第 2 册）　谢尔盖·谢苗诺夫

列宁格勒：作家出版社，1931，356 页

1679

Нахэма: Оккультный роман　В. И. Крыжановская

Рига: Книгоиздательство М. Дидковского, 1932. 155 с.

长浜（神秘主义小说）　В.И. 克雷扎诺夫斯卡娅

里加：М. 季德科夫斯基图书出版社，1932，155 页

1680

Наше прошлое: Рассказы из русской истории. Ч. I. До Петра Великого　Под ред. Е. И. Вишнякова, С. П. Мельгунова, Б. Е. и В. Е. Сыроечковских

М.: Задруга, 1913. 367 с.

我们的过去：俄国历史故事（第 1 册）：彼得大帝以前时期　Е.И. 维什尼亚科夫、С.П. 梅利古诺夫、Б.Е. 瑟罗耶奇科夫斯基、В.Е. 瑟罗耶奇科夫斯基编

莫斯科：农业生产合作社出版社，1913，367 页（古）

1681

Наши заграницей: Юмористическое описание поездки супругов Николая Ивановьча и Глафиры Семеновны Ивановых в Париж и обратно　Н. А. Лейкин

Рига: Изд-во «Прогресс», 1928. 221 с.

俄侨：尼古拉·伊万诺维奇·伊万诺夫和格拉菲拉·谢苗诺夫娜·伊万诺夫夫妇往返巴黎趣事　Н. А. 列伊金

里加：进步出版社，1928，221 页

1682

Наши Ребята: Рассказы　Г. Никифоров

М.: Государственное издательство, 1925. 80 с.

我们的孩子（短篇小说集）　Г. 尼基福罗夫

莫斯科：国家出版社，1925，80 页

1683

Неживой зверь Тэффи

[Б. м.]: [Б. и.], 1916. 188 с.

死兽 苔菲

[不详]：[不详]，1916，188 页（古）

1684

Неизданные произведения: Юмористические рассказы А. П. Чехов

Рига: Изд-во «Книга для всех», 1929. 206 с.

未发表的作品（幽默故事） А.П. 契诃夫

里加：大众图书出版社，1929，206 页

1685

Необыкновенное лето: Роман Конст. Федин

М.: Изд-во ЦК влксм «Молодая гвардия», 1949. 548 с.

不平凡的夏天（长篇小说） Конст. 费定

莫斯科：全苏列宁共产主义青年团中央委员会青年近卫军出版社，1949，548 页

1686

Непокорённые: Семья Тараса Борис Горбатов

М.: Военное издательство Народного комиссариата обороны, 1944. 126 с.

不屈的人们：塔拉斯一家 鲍里斯·戈尔巴托夫

莫斯科：国防人民委员部军事出版社，1944，126 页

1687

Ниссо: Роман Павел Лукницкий

Л.: Изд-во ЦК влксм Молодая гвардия, 1949. 475 с.

尼索（长篇小说） 帕维尔·卢克尼茨基

列宁格勒：全苏列宁共产主义青年团中央委员会青年近卫军出版社，1949，475 页

1688

Новая земля: Повесть Федор Гладков

М.: Гос. изд-во художественной литературы, 1931. 288 с.

新土地（中篇小说） 费奥多尔·格拉德科夫

莫斯科：国家文艺书籍出版社，1931，288 页

1689

Новое государство: Роман Ансис Гульбис

Рига: Печатано в типографии Акц. общ. «Рити», 1933. 246 с.

新国家（长篇小说） 安西斯·古利比思

里加：里季股份公司印刷厂印刷，1933，246 页

1690

Новое Поколение = Le Couple: роман Виктор Маргерит

Рига: Сфинкс, 1925. 223 с.

新一代（长篇小说） 维克托·马格里特

里加：斯芬克斯出版社，1925，223 页

1691

Ночи Варшавы: Роман Н. Н. Брешко-Брешковский

Рига: Литература, 1927. 243 с.

华沙之夜（长篇小说） Н.Н. 布列什科 – 布列什科夫斯基

里加：文学出版社，1927，243 页

1692

О морали и классовых нормах Е. А. Преображенский

М.: Государственное издательство, 1923. 114 с.

论道德与阶级准则 Е.А. 普列奥布拉任斯基

莫斯科：国家出版社，1923，114 页

1693

О чем даже думать не хотят: Роман Габриэля Запольская

Рига: Книгоизд-во «Грамату драугс», 1930. 214 с.

想都不愿想（长篇小说） 加布里埃利亚·扎波里斯卡娅

里加：图书之友出版社，1930，214 页

1694

Обездоленные: Рассказы Сигрид Ундсет

Рига: Грамату Драугс, 1929. 171 с.

被剥夺者（短篇小说集） 西格里德·温塞特

里加：图书之友出版社，1929，171 页

1695

Обломов: Роман И. А. Гончаров

С.-Петербург: Типография Глазунова, 1913. 482 с.

奥勃洛莫夫（长篇小说） И.А. 冈察洛夫

圣彼得堡: 格拉祖诺夫印刷厂，1913，482 页（古）

1696
Обломов: Роман И. А. Гончаров

С-Петербург: Типография Глазунова, 1913. 482 с.

奥勃洛莫夫（长篇小说） И.А. 冈察洛夫

圣彼得堡: 格拉祖诺夫印刷厂，1913，482 页（古）

1697
Обломов: Роман в четырех частях. Часть III И. А. Гончаров

М.: Гос. изд-во, 1923. 159 с.

奥勃洛莫夫（四部分长篇小说第 3 部分） И.А. 冈察洛夫

莫斯科: 国家出版社，1923，159 页

1698
Огненная Земля Аркадий Первенцев

М.: Детгиз, 1949. 334 с.

火地岛 阿尔卡季·佩尔文采夫

莫斯科: 国家儿童读物出版社，1949，334 页

1699
Огни: Роман Анна Караваева

М.: Правда, 1945. 272 с.

激情（长篇小说） 安娜·卡拉瓦耶娃

莫斯科:《真理报》出版社，1945，272 页

1700
Огоньки: Рассказы Романов Пантелеймон

Рига: Книгоиздательство «Грамату драугс», 1929. 206 с.

星火（短篇小说集） 罗曼诺夫·潘捷列伊蒙

里加: 图书之友出版社，1929，206 页

1701
Одержимая Русь: Демонические повести XVII века А. Амфитеатров

[Б. м.]: Медный всадник, 1928. 278 с.

着魔的罗斯（17 世纪精灵小说） А. 阿姆菲捷阿特罗夫

[不详]: 青铜骑士出版社，1928，278 页

1702
Один в поле не воин Шпильгаген

М.: Красаная новь, 1924. 442 с.

孤掌难鸣 斯皮尔哈根

莫斯科: 红色处女地出版社，1924，442 页

1703
Одинокий = Der einsame mann: Роман Клара Фибих; Перев. А. М. Карнауховой

Л.: Издательство «Мысль», 1925. 259 с.

孤独的人（长篇小说） 克拉拉·维比希著，А.М. 卡尔瑙霍娃译

列宁格勒: 思想出版社，1925，259 页

1704
Однополчане: Рассказы Евгений Воробьев; Рисунки О. Верейского

М.: Военное изд-во Министерства вооруженных сил союза ССР, 1947. 120 с.

同团的战友（短篇小说集） 叶甫盖尼·沃罗比约夫著，О. 韦列伊斯基配图

莫斯科: 苏联武装力量部军事出版社，1947，120 页

1705
Одноэтажная Америка. Часть 1. Из окна 27 этажа

Л.: [Б. и.], 1937. 407 с.

美国的平房（第 1 部分）: 从 27 楼窗户往外看

列宁格勒: [不详]，1937，407 页

1706
Около земли Аркадий Тиванов

Л.: Радуга, 1926. 141 с.

耕地周边 阿尔卡季·季瓦诺夫

列宁格勒: 彩虹出版社，1926，141 页

1707
Олени: Необычайные рассказы из жизни ручных и диких оленей

М.: Земля и фабрика, 1927. 130 с.

鹿: 驯化鹿与野生鹿的奇特生活故事

莫斯科: 土地与工厂出版社，1927，130 页

1708

Опасные минуты: Рассказы Ч. Робертса, П. Л. Хауорз, Ф. Бузс и Ф. Коомб Перевод Л. и Ж. Караваевых

М.: Посредник, 1925. 46 с.

危急时刻：Ч. 罗伯茨、П.Л. 豪尔斯、Ф. 布兹和 Ф. 科姆布短篇小说集 Л. 卡拉瓦耶夫、Ж. 卡拉瓦耶夫译

莫斯科：媒介出版社，1925，46 页

1709

Ордер на любовь Павел Логинов-Лесняк

Рига: Книгоизд-во «Общедоступная библиотека», 1929. 192 с.

爱情凭证 帕维尔·洛吉诺夫 – 列斯尼亚克
里加：公共图书馆图书出版社，1929，192 页

1710

Ослы: Необычайные рассказы из жизни домашних и диких ослов.

М.: Земля и фабрика, 1927. 180 с.

驴：家驴和野驴的奇特生活
莫斯科：土地与工厂出版社，1927，180 页

1711

Остров Жасминов: Роман Юрий Галич

Рига: Издание М. Дидковского, 1928. 211 с.

茉莉岛（长篇小说） 尤里·加利奇
里加：М. 季德科夫斯基出版，1928，211 页

1712

Островные птицы: Рассказы А. Чеглок

М.: Земля и фабрика, 1925. 241 с.

岛上的鸟类（故事集） А. 切戈洛克
莫斯科：土地与工厂出版社，1925，241 页

1713

Осуждение Паганини: К столетию со дня смерти Николо Паганини. 1840-1940: Роман Анатолий Виноградов

М.: Гос. изд-во «Художественная литература», 1940. 360 с.

对帕格尼尼判罪：尼科罗·帕格尼尼逝世 100 周年（1840—1940）（长篇小说） 阿纳托利·维诺格拉多夫

莫斯科：国家文艺书籍出版社，1940，360 页

1714

Офицер танковых войск Б. Галин

М.: Военное изд-во Министерства вооруженных сил союза ССР, 1946. 80 с.

坦克兵军官 Б. 加林
莫斯科：苏联武装力量部军事出版社，1946，80 页

1715

Очерки Москвы сороковых годов И. Т. Кокорев

М.: Academia, 1932. 403 с.

四十年代莫斯科随笔 И.Т. 科科列夫
莫斯科：科学院出版社，1932，403 页

1716

Ошибка Оноре де Бальзака: Роман Натан Рыбак; Перевод с укранского Вл. Россельса

М.: Гослитиздат, 1946. 238 с.

奥诺雷·德·巴尔扎克之误（长篇小说） 纳丹·雷巴克著，Вл. 罗塞尔斯译自乌克兰语
莫斯科：国家文艺书籍出版社，1946，238 页

1717

Пархоменко; Бронепоезд 14-69 Всеволод Иванов

М.: Советский писатель, 1948. 628 с.

帕尔霍缅科；14—69 号装甲列车 弗谢沃洛德·伊万诺夫
莫斯科：苏联作家出版社，1948，628 页

1718

Патриотизм Д. Донцов

Львов: Квартальник Вестника, 1936. 63 с.

爱国主义 Д. 东佐夫
利沃夫：季度通讯，1936，63 页

1719

Пейпус-озеро Вяч. Шишков

М.: Изд-во «Недра», 1930. 171 с.

楚德湖 Вяч. 希什科夫
莫斯科：矿藏出版社，1930，171 页

1720

Первая весна: Рассказы Кави Наджми; Перевод

с татарского Гайши Шариповой

М.: Гос. изд-во художественной литературы, 1933. 115 с.

第一个春天（短篇小说集） 卡维·纳季米著，盖沙·莎莉波娃译自鞑靼语

莫斯科：国家文艺书籍出版社，1933，115 页

1721
Перегной: Рассказы Л. Сейфуллина

Рига: Книгоиздательство Грамату драугс, 1928. 198 с.

腐殖质（长篇小说） Л. 塞富林娜

里加：图书之友出版社，1928，198 页

1722
Перед штормом Анатолий Коломейцев

М.: Гос. изд-во Художественной литературы, 1932. 120 с.

风暴即将来临 阿纳托利·科洛梅伊采夫

莫斯科：国家文艺书籍出版社，1932，120 页

1723
Передел: Роман Алексей Тверяк

Рига: Книгоизд-во «Грамату драугс», 1927. 240 с.

重分（长篇小说） 阿列克谢·特维里亚克

里加：图书之友出版社，1927，240 页

1724
Перст божий: Фантастическая повесть Павел Тутковский

Новый сад: Издательство «Святослав» М. Г. Ковалева, 1924. 108 с.

上帝的手指（中篇幻想小说） 帕维尔·图特科夫斯基

诺维萨德：М.Г. 科瓦廖夫斯维亚托斯拉夫出版社，1924，108 页

1725
Песнь о жизни: Автобиографическая повесть О. Матюшина

Л.: Молодая гвардия, 1947. 272 с.

生命之歌（自传体小说） О. 马秋申娜

列宁格勒：青年近卫军出版社，1947，272 页

1726
Писатели Великому Октябрю: Сборник. Т. I Редактор А. Митрофанов

М.: Гос. изд-во художественной литературы, 1932. 670 с.

纪念伟大的十月革命：作家著作集（第 1 卷） А. 米特罗法诺夫编

莫斯科：国家文艺书籍出版社，1932，670 页

1727
Письма А. П. Чехова: 1892-1896. Т. IV

М.: Типография П. П. Рябушинского, 1914. 538 с.

А.П. 契诃夫信件集（1892—1896）（第 4 卷）

莫斯科：П.П. 里亚布申斯基印刷厂，1914，538 页（古）

1728
Пленница Доктора Шомберга: Роман Морис Декобра

Рига: Жизнь и культура, 1929. 94 с.

肖贝格医生的俘虏（长篇小说） 莫里斯·德科布拉

里加：生活与文化出版社，1929，94 页

1729
Повести и рассказы Валентин Овечкин

М.: Молодая гвардия, 1947. 305 с.

中短篇小说集 瓦连京·奥维奇金

莫斯科：青年近卫军出版社，1947，305 页

1730
Повесть ненужного человека; «Мурад»; Песня о смерти Вик. Торинович

С.-Петербург: Тип. т-ва. А. С. Суворина-«Новое время», 1914. 165 с.

多余人的故事；穆拉德；死亡之歌 Вик. 托里诺维奇

圣彼得堡：А.С. 苏沃林新时代印刷厂，1914，165 页

1731
Повесть о Пушкине Всеволод Воеводин

Л.: Молодая гвардия, 1949. 160 с.

普希金的故事 弗谢沃洛德·沃耶沃金

列宁格勒：青年近卫军出版社，1949，160 页

1732

Под парусами: Воспоминания капитана　Д. Лух-манов

М.: Изд-во ЦК ВЛКСМ «Молодая гвардия», 1948. 204 с.

扬帆：船长回忆录　Д. 卢赫马诺夫

莫斯科：全苏列宁共产主义青年团中央委员会青年近卫军出版社，1948，204 页

1733

Подпасок: Повесть　П. Замойский

М.: Советский писатель, 1947. 305 с.

牧童（中篇小说）　П. 扎莫伊斯基

莫斯科：苏联作家出版社，1947，305 页

1734

Полное собрание сочинений　А. В. Кольцов

С.-Петербург: Копейка, 1914. 107 с.

作品全集　А.В. 科利佐夫

圣彼得堡：科佩卡出版社，1914，107 页（古）

1735

Полное собрание сочинений　А. С. Грибоедов

С.-Петербург: Издание т-ва издательского дела Копейка, 1914. 127 с.

作品全集　А.С. 格里博耶多夫

圣彼得堡：科佩卡出版社，1914，127 页（古）

1736

Полное собрание сочинений Ант. П. Чехова. Т. 23

Петроград: Издание Т-ва А. Ф. Маркс, 1916. 138 с.

Ант.П. 契诃夫作品全集（第 23 卷）

彼得格勒：А.Ф. 马克斯出版社，1916，138 页（古）

1737

Полное собрание сочинений В. Г. Короленко. Т. 2

С-Петербург: Издание Т-ва А. Ф. Маркс, 1914. 418 с.

В.Г. 柯罗连科作品全集（第 2 卷）

圣彼得堡：А.Ф. 马克斯出版社，1914，418 页（古）

1738

Полное собрание сочинений В. Г. Короленко. Т.

9　В. Г. Короленко

Петроград: Издание Т-ва А. Ф. Маркс, 1914. 430 с.

В.Г. 柯罗连科作品全集（第 9 卷）　В.Г. 柯罗连科

彼得格勒：А.Ф. 马克斯出版社，1914，430 页（古）

1739

Полное собрание сочинений Дмитрия Сергееви-ча Мережковского. Т. VIII

М.: Типография Т-ва И. Д. Сытина, 1914. 197 с.

德米特里·谢尔盖耶维奇·梅列日科夫斯基作品全集（第 8 卷）

莫斯科：И.Д. 瑟京印刷厂，1914，197 页（古）

1740

Полное собрание сочинений Дмитрия Сергееви-ча Мережковского. Т. XVII

М.: Типография Т-ва И. Д. Сытина, 1914. 242 с.

德米特里·谢尔盖耶维奇·梅列日科夫斯基作品全集（第 17 卷）

莫斯科：И.Д. 瑟京印刷厂，1914，242 页（古）

1741

Полное собрание сочинений Дмитрия Сергее-вича Мережковского. Том VII-VIII. Александр I　Дмитрий Сергеевич Мережковский

М.: Типография Т-ва И. Д. Стытина, 1914. 420 с.

德米特里·谢尔盖耶维奇·梅列日科夫斯基作品全集（第 7—8 卷）：亚历山大一世　德米特里·谢尔盖耶维奇·梅列日科夫斯基

莫斯科：И.Д. 瑟京印刷厂，1914，420 页（古）

1742

Полное собрание сочинений И. А. Бунина. Т. 5

Петроград: Издание Т-ва А. Ф. Маркс, 1915. 342 с.

И.А. 蒲宁作品全集（第 5 卷）

彼得格勒：А.Ф. 马克斯出版社，1915，342 页（古）

1743

Полное собрание сочинений Лева Николаевича Толстого. Т. IX　Л. Н. Толстой

М.: Типография Т-ва И. Д. Сытина, 1913. 327 с.

列夫·尼古拉耶维奇·托尔斯泰作品全集（第 9 卷）　Л.Н. 托尔斯泰

莫斯科：И.Д. 瑟京印刷厂，1913，327 页（古）

1744

Полное собрание сочинений Льва Николаевича Толстого. Т. XV

М.: Издание Т-ва И. Сытина, 1913. 438 с.

列夫·尼古拉耶维奇·托尔斯泰作品全集（第15卷）

莫斯科：И. 瑟京出版社，1913，438 页

1745

Полное собрание сочинений Н. В. Гоголя: В 10 Томах. Т. 5 Н. В. Гоголь

[Б. м.]: Слово, 1921. 254 с.

Н.В. 果戈里作品全集（十卷本第5卷） Н.В. 果戈里

[不详]：言论出版社，1921，254 页

1746

Полное собрание сочинений Ф. М. Достоевского. Том 12, Ч. 2. Братья Карамазовы: Роман в 4 частях с эпилогом

Петроград: Литературно-издательский отдел комиссариата народного просвещения, 1918. 920 с.

Ф.М. 陀思妥耶夫斯基作品全集（第12卷第2部分）：卡拉马佐夫兄弟（四部分长篇小说附尾声）

彼得格勒：教育人民委员部书籍出版处，1918，920 页（古）

1747

Полное собрание сочинений. IV Д. Н. Мамин-Сибиряк

Петроград: Издание Т-ва Маркс, 1915. 560 с.

作品全集（第4卷） Д.Н. 马明 – 西比利亚克

彼得格勒：马克斯出版社，1915，560 页（古）

1748

Полное собрание сочинений. XI-XII Дмитрий Сергеевич Мережковский

М.: Типография Т-ва И. Д. Сытина, 1914. 511 с.

作品全集（第11—12卷） 德米特里·谢尔盖耶维奇·梅列日科夫斯基

莫斯科：И.Д. 瑟京印刷厂，1914，511 页

1749

Полное собрание сочинений. Т. 1 М. Горький

Петроград: Издание Т-ва А. Ф. Маркс, 1917. 420 с.

作品全集（第1卷） М. 高尔基

彼得格勒：А.Ф. 马克斯出版社，1917，420 页

1750

Полное собрание сочинений. Т. 1 Н. Г. Помяловский

С-Петербург: Издание Т-ва А. Ф. Маркс, 1912. 406 с.

作品全集（第1卷） Н.Г. 波米亚洛夫斯基

圣彼得堡：А.Ф. 马克斯出版社，1912，406 页（古）

1751

Полное собрание сочинений. Т. 12 Д. Н. Мамин-Сибиряк

Петроград: Издание Т-ва А. Ф. Маркс, 1917. 546 с.

作品全集（第12卷） Д.Н. 马明 – 西比利亚克

彼得格勒：А.Ф. 马克斯出版社，1917，546 页（古）

1752

Полное собрание сочинений. Т. 2 А. Н. Радищев

М.: Изд-во Академии наук СССР, 1941. 429 с.

作品全集（第2卷） А.Н. 拉季谢夫

莫斯科：苏联科学院出版社，1941，429 页

1753

Полное собрание сочинений. Т. 2 М. Г. Горький

Петроград: Издание Т-ва А. Ф. Маркс, 1917. 443 с.

作品全集（第2卷） М.Г. 高尔基

彼得格勒：А.Ф. 马克斯出版社，1917，443 页（古）

1754

Полное собрание сочинений. Т. 2 Н. Г. Помяловский

С.-Петербург: Издание Т-ва «А. Ф. Маркс», 1912. 343 с.

作品全集（第2卷） Н.Г. 波米亚洛夫斯基

圣彼得堡：А.Ф. 马克斯出版社，1912，343 页（古）

1755

Полное собрание сочинений. Т. 2 Д. Н. Мамин-Сибиряк

Петроград: Издание Т-ва А. Ф. Маркс, 1915. 540 с.

作品全集（第2卷） Д.Н. 马明 – 西比利亚克

彼得格勒：А.Ф. 马克斯出版社，1915，540 页（古）

1756

Полное собрание сочинений. Т. 2 И. А. Гончаров

Петроград: Издание Глазунова, 1916. 381 с.

作品全集（第 2 卷） И.А. 冈察洛夫

彼得格勒：格拉祖诺夫出版，1916，381 页（古）

1757

Полное собрание сочинений. Т. 23 Ант. П. Чехов

Петроград: Издание Т-во А. Ф. Маркс, 1916. 138 с.

作品全集（第 23 卷） Ант.П. 契诃夫

彼得格勒：А.Ф. 马克斯出版社，1916，138 页（古）

1758

Полное собрание сочинений. Т. 3 Н. Г. Гарин

Петроград: Издание Т-ва А. Ф. Маркс, 1916. 452 с.

作品全集（第 3 卷） Н.Г. 加林

彼得格勒：А.Ф. 马克斯出版社，1916，452 页（古）

1759

Полное собрание сочинений. Т. 3 В. Г. Короленко

С.-Петербург: Издание Т-во А. Ф. Маркс, 1914. 417 с.

作品全集（第 3 卷） В.Г. 柯罗连科

圣彼得堡：А.Ф. 马克斯出版社，1914，417 页（古）

1760

Полное собрание сочинений. Т. 3 Д. Н. Мамин-Сибиряк

Петроград: Издание Т-ва А. Ф. Маркс, 1915. 494 с.

作品全集（第 3 卷） Д.Н. 马明 – 西比利亚克

彼得格勒：А.Ф. 马克斯出版社，1915，494 页（古）

1761

Полное собрание сочинений. Т. 3 М. Горький

Петроград: Издание Т-ва А. Ф. Маркс, 1918. 473 с.

作品全集（第 3 卷） М. 高尔基

彼得格勒：А.Ф. 马克斯出版社，1918，473 页（古）

1762

Полное собрание сочинений. Т. 4 И. А. Бунин

Петроград: Издание Т-ва А. Ф. Маркс, 1915. 220 с.

作品全集（第 4 卷） И.А. 蒲宁

彼得格勒：А.Ф. 马克斯出版社，1915，220 页（古）

1763

Полное собрание сочинений. Т. 5 Д. Н. Мамин-Сибиряк

Петроград: Издание Т-ва А. Ф. Маркс, 1916. 460 с.

作品全集（第 5 卷） Д.Н. 马明 – 西比利亚克

彼得格勒：А.Ф. 马克斯出版社，1916，460 页（古）

1764

Полное собрание сочинений. Т. 5 В. Г. Короленко

С.-Петербург: Издание Т-ва А. Ф. Маркс, 1914. 424 с.

作品全集（第 5 卷） В.Г. 柯罗连科

圣彼得堡：А.Ф. 马克斯出版社，1914，424 页（古）

1765

Полное собрание сочинений. Т. 6 И. А. Гончаров

Петроград: Издание Глазунова, 1916. 392 с.

作品全集（第 6 卷） И.А. 冈察洛夫

彼得格勒：格拉祖诺夫出版，1916，392 页（古）

1766

Полное собрание сочинений. Т. 6 Н. Г. Гарин

Петроград: Издание Т-ва А. Ф. Маркс, 1916. 291 с.

作品全集（第 6 卷） Н.Г. 加林

彼得格勒：А.Ф. 马克斯出版社，1916，291 页（古）

1767

Полное собрание сочинений. Т. 6 Д. Н. Мамин-Сибиряк

Петроград: Издание А. Ф. Маркса, 1916. 444 с.

作品全集（第 6 卷） Д.Н. 马明 – 西比利亚克

彼得格勒：А.Ф. 马克斯出版，1916，444 页（古）

1768

Полное собрание сочинений. Т. 7 Д. Н. Мамин-Сибиряк

Петроград: Издание т-ва А. Ф. Маркс, 1916. 461 с.

作品全集（第 7 卷） Д.Н. 马明 – 西比利亚克

彼得格勒：А.Ф. 马克斯出版社，1916，461 页

1769

Полное собрание сочинений. Т. 9 Д. Н. Мамин-Сибиряк

Петроград: Издание Т-ва «А. Ф. Маркс», 1917. 589 с.

作品全集（第 9 卷） Д.Н. 马明 – 西比利亚克

彼得格勒：А.Ф. 马克斯出版社，1917，589 页

1770

Полное собрание сочинений. Т. 9 И. А. Гончаров

Петроград: Издание Глазунова, 1916. 348 с.

作品全集（第 9 卷） И.А. 冈察洛夫

彼得格勒：格拉祖诺夫出版，1916，348 页（古）

1771

Полное собрание сочинений. Т. II Н. В. Гоголь

Петроград: Издание акционерного общ-ва издательского дела «Копейка», 1914. 638 с.

作品全集（第 2 卷） Н.В. 果戈里

彼得格勒：科佩卡股份出版社，1914，638 页（古）

1772

**Полное собрание сочинений. Т. II. Черное и бе-
лое** Александр Неверов

М.: Земля и Фабрика, 1928. 282 с.

作品全集（第 2 卷）：黑与白 亚历山大·涅韦罗夫

莫斯科：土地与工厂出版社，1928，282 页

1773

**Полное собрание сочинений. Т. III. Страшный
кам: Повести и рассказы** Вяч. Шишков

М.: Земля и фабрика, 1927. 239 с.

作品全集（第 3 卷）：可怕的卡姆人（中短篇小说
集） Вяч. 希什科夫

莫斯科：土地与工厂出版社，1927，239 页

1774

Полное собрание сочинений. Т. IV В. А. Тихонов

Петроград: Изд. «А. А. Каспари», [1912]. 446 с.

作品全集（第 4 卷） В.А. 吉洪诺夫

彼得格勒：А.А. 卡斯帕里出版社，[1912]，446 页
（古）

1775

Полное собрание сочинений. Т. IV Лев Николаевич Толстой

М.: Типография Т-ва И. Д. Сытина, 1913. 296 с.

作品全集（第 4 卷） 列夫·尼古拉耶维奇·托尔
斯泰

莫斯科：И.Д. 瑟京印刷厂，1913，296 页（古）

1776

Полное собрание сочинений. Т. IX Дмитрий
Сергеевич Мережковский

М.: Типография Т-ва И. Д. Сытина, 1914. 176 с.

作品全集（第 9 卷） 德米特里·谢尔盖耶维奇·梅
列日科夫斯基

莫斯科：И.Д. 瑟京印刷厂，1914，176 页

1777

Полное собрание сочинений. Т. IX И. С. Тургенев

Петроград: Типография Глазунова, 1915. 698 с.

作品全集（第 9 卷） И.С. 屠格涅夫

彼得格勒：格拉祖诺夫印刷厂，1915，698 页（古）

1778

**Полное собрание сочинений. Т. VI. Без черемухи:
Рассказы** Пантелеймон Романов

М.: Недра, 1928. 225 с.

作品全集（第 6 卷）：没有稠李（短篇小说集） 潘
捷列伊蒙·罗曼诺夫

莫斯科：矿藏出版社，1928，225 页

1779

Полное собрание сочинений. Т. XIII Дмитрий
Сергеевич Мережковский

М.: Типография Т-ва «И. Д. Сытина», 1914. 238 с.

作品全集（第 13 卷） 德米特里·谢尔盖耶维
奇·梅列日科夫斯基

莫斯科：И.Д. 瑟京印刷厂，1914，238 页（古）

1780

Полное собрание сочинений. Т. XIX Лев Николаевич Толстой

М.: Типография Т-ва И. Д. Сытина, 1913. 268 с.

作品全集（第 19 卷） 列夫·尼古拉耶维奇·托尔
斯泰

莫斯科：И.Д. 瑟京印刷厂，1913，268 页（古）

1781

Полное собрание сочинений. Т. XV Д. С. Мережковский

М.: Тип. т-ва И. Д. Сытина, 1914. 205 с.

作品全集（第 15 卷） Д.С. 梅列日科夫斯基

莫斯科：И.Д. 瑟京印刷厂，1914，205 页（古）

1782

Полное собрание сочинений. T. XVII Д. С. Ме-режковский

М.: Тип. т-ва И. Д. Сытина, 1914. 242 с.

作品全集（第 17 卷） Д.С. 梅列日科夫斯基

莫斯科：И.Д. 瑟京印刷厂，1914，242 页（古）

1783

Полное собрание сочинений. Том I Д. Н. Мамин-Сибиряк

Петроград: Издание Т-ва А. Ф. Маркс, 1915. 551 с.

作品全集（第 1 卷） Д.Н. 马明 – 西比利亚克

彼得格勒：А.Ф. 马克斯出版社，1915，551 页（古）

1784

Полное собрание художественных произведений. T. V Л. Толстой

М.: Гос. изд-во, 1929. 322 с.

文艺作品全集（第 5 卷） Л. 托尔斯泰

莫斯科：国家出版社，1929，322 页

1785

Полное собрание художественных произведений. T. VII Л. Толстой

М.: Государственное издательство, 1929. 383 с.

文艺作品全集（第 7 卷） Л. 托尔斯泰

莫斯科：国家出版社，1929，383 页

1786

Полное собрание художественных произведений. T. X Л. Толстой

М.: Гос. изд-во, 1930. 380 с.

文艺作品全集（第 10 卷） Л. 托尔斯泰

莫斯科：国家出版社，1930，380 页

1787

Полное собрание художественных произведений. T. XII Л. Толстой

М.: Гос. изд-во, 1928. 241 с.

文艺作品全集（第 12 卷） Л. 托尔斯泰

莫斯科：国家出版社，1928，241 页

1788

Полунощное солнце: Роман Пьер Бенуа

Рига: Книгоиздательство Грамату драугс, [1916]. 162 с.

午夜的太阳（长篇小说） 皮埃尔·伯努瓦

里加：图书之友出版社，[1916]，162 页（古）

1789

Последний выстрел В. Бианки

М.: Государственное издательство, 1930. 24 с.

最后的枪声 В. 比安基

莫斯科：国家出版社，1930，24 页

1790

Последний Колонна: Роман в двух частях: 1832 и 1843 г. В. Кюхельбекер

Л.: Гослитиздат, 1937. 119 с.

最后的科隆纳家族（两部分长篇小说）：1832 年和 1843 年 В. 丘赫尔别凯

列宁格勒：国家文艺书籍出版社，1937，119 页

1791

Последняя авантюра: Роман; Превращенная в мужчину: Роман Эдмунд Заботт; Гейнц Эверс Ганс

Рига: Изд-во «Жизнь и культура», 1929. 236 с.

最后的冒险（长篇小说）；女变男变性人（长篇小说） 埃蒙德·扎博特；海因茨·埃弗斯·汉斯

里加：生活与文化出版社，1929，236 页

1792

Последняя команда Казимир Полилейка

Каунас: MENO, 1933. 153 с.

最后的命令 卡济米尔·波利列伊卡

考纳斯：艺术出版社，1933，153 页

1793

Последняя любовь маркизы (Вождь): Роман Клод Фаррер

Рига: Книгоизд-во «Грамату драугс», 1931. 187 с.

侯爵夫人的新欢（领袖）（长篇小说） 克劳德·法瑞尔

里加：图书之友出版社，1931，187 页

1794
Посмертные художественные произведения Льва Николаевича Толстого. Т. I-й Лев Николаевич Толстой

СПБ.: Изд. «Свет», 1913. 126 с.

列夫·尼古拉耶维奇·托尔斯泰遗作（第 1 卷） 列夫·尼古拉耶维奇·托尔斯泰

圣彼得堡：光明出版社，1913，126 页（古）

1795
Постройка одного туннеля: Рассказ А. Н. Пассек

Л.: Гос. изд-во, 1925. 61 с.

一条隧道的建设（短篇小说） А.Н. 帕谢克

列宁格勒：国家出版社，1925，61 页

1796
Преступление Сухово-Кобылина Леонид Гроссман

Л.: Прибой, 1928. 267 с.

苏霍沃 – 科贝林的罪行 列昂尼德·格罗斯曼

列宁格勒：拍岸浪出版社，1928，267 页

1797
Прибежище: Повесть В. Ирецкий

Рига: Изд-во «Жизнь и культура», 1931. 62 с.

避难所（中篇小说） В. 伊列茨基

里加：生活与文化出版社，1931，62 页

1798
Приключения Юнги И. Ликстанов

М.: Детгиз, 1949. 254 с.

少年水兵奇遇记 И. 利克斯塔诺夫

莫斯科：国家儿童读物出版社，1949，254 页

1799
Принц Майо: Роман Филипп Оппенгейм

Рига: Гратату драугс, 1930. 168 с.

梅奥王子（长篇小说） 菲利普斯·奥本海姆

里加：图书之友出版社，1930，168 页

1800
Проказы дьявола Н. Орлович

[Б. м.]: [Б. и.], 1921. 112 с.

魔鬼的恶作剧 Н. 奥尔洛维奇

[不详]：[不详]，1921，112 页

1801
Профессор Буйко: Повесть Яков Баш; Перевод с укранского Владимира Юрезинского

М.: Детгиз, 1947. 143 с.

布伊科教授（中篇小说） 雅科夫·巴什著，弗拉基米尔·尤列津斯基译自乌克兰语

莫斯科：国家儿童读物出版社，1947，143 页

1802
Прыжок в неизвестность; Прибежище Петр Франке; В. Ирецкий

Рига: Изд-во «Жизнь и культура», 1931. 205 с.

跳进未知世界；避难所 彼得·弗兰克；В. 伊列茨基

里加：生活与文化出版社，1931，205 页

1803
Путешествие на берег моря: Экскурсия на тему «Наш водный путь» Е. К. Замысловская

Петроград: Культурно- просветительное кооперативное товарищество «Начатки знаний», 1924. 62 с.

海岸之旅："我们的水路"主题游 Е.К. 扎梅斯洛夫斯卡娅

彼得格勒：初步知识文化教育合作社，1924，62 页

1804
Пушкин в Михайловском: Роман Иван Новиков

М.: Советский писатель, 1937. 361 с.

普希金在米哈伊洛夫斯科耶（长篇小说） 伊万·诺维科夫

莫斯科：苏联作家出版社，1937，361 页

1805
Пять лет спустя: Рассказы Евгений Воробьев

М.: Военное издательство МВС СССР, 1949. 102 с.

五年后（短篇小说集） 叶甫盖尼·沃罗比约夫

莫斯科：苏联武装力量部军事出版社，1949，102 页

1806
Пять побегов　Александр Ивич
М.: Мододоя гвардия, 1931. 80 с.
五次逃跑　亚历山大·伊维奇
莫斯科：青年近卫军出版社，1931，80 页

1807
Радуга: Рассказы. Книга 2　Н. Ляшко
М.: Изд-во писателей «Кузница», 1923. 167 с.
彩虹（故事集第 2 册）　Н. 利亚什科
莫斯科：熔炉作家出版社，1923，167 页

1808
Ранние всходы　Евгений Чириков
М.: Московское книгоиздательство, 1916. 263 с.
早芽　叶夫根尼·奇里科夫
莫斯科：莫斯科图书出版社，1916，263 页（古）

1809
Распад: Роман　З. М. Бунина
[Б. м.]: Космос, 1927. 164 с.
瓦解（长篇小说）　З.М. 布宁娜
[不详]：宇宙出版社，1927，164 页

1810
Распад: Роман　Семен Юшкевич
М.: Книга, 1928. 161 с.
瓦解（长篇小说）　谢苗·尤什克维奇
莫斯科：书籍出版社，1928，161 页

1811
Рассказ о великом плане　М. Ильин
М.: Гос. изд-во, 1930. 171 с.
伟大计划的故事　М. 伊利英
莫斯科：国家出版社，1930，171 页

1812
Рассказы　М. Горький
М.: Гос. изд-во детской литературы Министерства
просвещения РСФСР, 1946. 247 с.
短篇小说集　М. 高尔基
莫斯科：俄罗斯苏维埃联邦社会主义共和国教育部
国家儿童读物出版社，1946，247 页

1813
Рассказы　Л. Андреев
М.: Государственное издательство, 1930. 102 с.
短篇小说集　Л. 安德列耶夫
莫斯科：国家出版社，1930，102 页

1814
Рассказы　Н. Телешов
[Б. м.]: Издательство З. И. Гржебина, 1922. 413 с.
短篇小说集　Н. 捷列绍夫
[不详]：З.И. 格热宾出版社，1922，413 页

1815
Рассказы　Леонид Андреев
М.: Государственное издательство, 1928. 80 с.
短篇小说集　列昂尼德·安德烈耶夫
莫斯科：国家出版社，1928，80 页

1816
Рассказы　И. Бабель
М.: Федерация, 1932. 217 с.
短篇小说集　И. 巴贝尔
莫斯科：联邦出版社，1932，217 页

1817
Рассказы　Юр. Юркун
М.: Типо-литография Русского товарищества пе-
чатн. и издат. дела, 1916. 254 с.
短篇小说集　Юр. 尤尔昆
莫斯科：俄国印刷出版公司印刷厂，1916，254 页
（古）

1818
Рассказы Васьки Зыбина
М.: Молодая гвардия, 1925. 77 с.
瓦西卡·济宾的故事
莫斯科：青年近卫军出版社，1925，77 页

1819
**Рассказы для выздоравливающих; Веселые устри-
цы**　Аркадий Аверченко
Петроград: Издание Т-ва А. Ф. Маркс, 1916. 374 с.
康复人员读物；快乐的牡蛎　阿尔卡季·阿韦尔琴
科

彼得格勒：А.Ф. 马克斯出版社，1916，374 页（古）

1820

Рассказы о земле Ю. Вагнер

М.: Типография Крестного календаря, 1912. 59 с.

土地故事 Ю. 瓦格纳

莫斯科：教历印刷厂，1912，59 页（古）

1821

Рассказы о Родине Андрей Платонов

Москва: Гослитиздат, 1943. 92 с.

祖国纪事 安德烈·普拉托诺夫

莫斯科：国家文艺书籍出版社，1943，92 页

1822

Рассказы. Т. 4 Д. И. Свирский

С-Петербург: Книгоизд-во «Освобождение», 1913. 254 с.

短篇小说集（第 4 卷） Д.И. 斯维尔斯基

圣彼得堡：解放图书出版社，1913，254 页（古）

1823

Растратчики: Повесть Валентин Катаев

Рига: Издательство «Литература», 1928. 206 с.

盗用公款者（中篇小说） 瓦连京·卡塔耶夫

里加：文学出版社，1928，206 页

1824

Республика беспризорных: Шкид Г. Белых, Л. Пантелеев

Рига: Книгоизд-во «Грамату драугс», 1930. 222 с.

流浪儿的共和国：陀思妥耶夫斯基社会劳动教育学校 Г. 别雷赫、Л. 潘捷列耶夫

里加：图书之友出版社，1930，222 页

1825

Республика Шкид Г. Белых и Л. Пантелеев

Л.: Огиз; Молодая гвардия, 1933. 387 с.

陀思妥耶夫斯基社会劳动教育学校 Г. 别雷赫、Л. 潘捷列耶夫

列宁格勒：国家出版社联合公司、青年近卫军出版社，1933，387 页

1826

Римские женщины: Исторические разсказы по Тациту. V. Вместо эпилога. Нерон, сын Агриппины П. Н. Кудрявцев

С-Петербург: Типография Герольд, 1913. 115 с.

罗马女人（根据塔西佗著作改编的历史故事）（第 5 册）：代替尾声：阿格里平娜的儿子尼禄 П.Н. 库德里亚夫采夫

圣彼得堡：承宣官印刷厂，1913，115 页（古）

1827

Римские женщины: Исторические рассказы по Тациту. I. Агриппина старшая и Мессалина П. Н. Кудрявцев

С.-Петербург: Типография «Герольд», 1913. 115 с.

罗马女人（根据塔西佗著作改编的历史故事）（第 1 册）：大阿格里平娜与麦瑟琳娜 П.Н. 库德里亚夫采夫

圣彼得堡：承宣官印刷厂，1913，115 页（古）

1828

Римские женщины: Исторические рассказы по Тациту. III. Агриппина Младшая и Поппея Сабина П. Н. Кудрявцев

С.-Петербург: Типография «Герольд», 1913. 150 с.

罗马女人（根据塔西佗著作改编的历史故事）（第 3 册）：小阿格里平娜和波贝娅·萨宾娜 П.Н. 库德里亚夫采夫

圣彼得堡：承宣官印刷厂，1913，150 页（古）

1829

Роковой завтрак; Бал Пьер Бенуа; Ирина Немировская

Рига: Изд-во «Жизнь и культура», 1931. 241 с.

关键的早餐；舞会 皮埃尔·伯努瓦；伊琳娜·涅米罗夫斯卡娅

里加：生活与文化出版社，1931，241 页

1830

Роковые мгновения Стефан Цвейг

Рига: Книгоизд-во «Грамату драугс», 1930. 201 с.

决定命运的时刻 斯蒂芬·茨威格

里加：图书之友出版社，1930，201 页

1831

Роковые яйца   Мих. Булгаков

Рига: Литература, 1928. 184 с.

不祥的蛋   Мих. 布尔加科夫

里加：文学出版社，1928，184 页

1832

Роман вице-губернатора   С. Фонвизин

Петроград: Типо-литография «Энергия», 1916. 244 с.

副省长的罗曼蒂克   С. 冯维辛

彼得格勒：能量印刷厂，1916，244 页（古）

1833

Роман декабриста Каховского, казненного 13 Июля 1826 года   Б. Л. Модзалевский

Л.: Гос. изд-во, 1926. 126 с.

1826 年 7 月 13 日遇难的十二月党人卡霍夫斯基的故事   Б.Л. 莫扎列夫斯基

列宁格勒：国家出版社，1926，126 页

1834

Роман Княгини Светик: Роман   Н. Н. Брешко-Брешковский

Рига: Издание М. Дидковского, 1933. 104 с.

斯韦季科公爵夫人的罗曼蒂克史（长篇小说）   Н. Н. 布列什科 – 布列什科夫斯基

里加：М. 季德科夫斯基出版，1933，104 页

1835

Роман с театром   Петр Пильский

Рига: Книгоизд-во «Общедоступная библиотека», 1929. 210 с.

戏剧故事   彼得·皮利斯基

里加：公共图书馆图书出版社，1929，210 页

1836

Роман царевича: Приморская повесть   Юрий Галич

Рига: Книгоизд-во «Грамату драугс», 1931. 324 с.

王子的罗曼蒂克：海边的故事   尤里·加利奇

里加：图书之友出版社，1931，324 页

1837

Русская Америка: Повесть   Николай Чуковский

М.: Гос. изд-во, 1923. 112 с.

俄属美洲（中篇小说）   尼古拉·丘科夫斯基

莫斯科：国家出版社，1923，112 页

1838

Рыжие братья: Роман   Иден Филлпот

Рига: Книгоизд-во «Грамату драугс», 1930. 192 с.

棕红色头发的兄弟（长篇小说）   伊登·菲尔波特

里加：图书之友出版社，1930，192 页

1839

Рыжик: Приключения бродяги   А. И. Свирский

М.: Гос. изд-во, 1925. 316 с.

雷日克：流浪汉奇遇记   А.И. 斯维尔斯基

莫斯科：国家出版社，1925，316 页

1840

С фронтовым приветом: Повесть   Валентин Овечкин

М.: Советский писатель, 1946. 195 с.

前方的问候（中篇小说）   瓦连京·奥维奇金

莫斯科：苏联作家出版社，1946，195 页

1841

Саранчуки: Повесть   Леонид Леонов

М.: Государственное-издательство художественной литературы, 1932. 80 с.

蝗蝻（中篇小说）   列昂尼德·列昂诺夫

莫斯科：国家文艺书籍出版社，1932，80 页

1842

Сборник пушкинского дома на 1923 год   Л. Толстой [и др.]

Петроград: Гос. изд-во, 1922. 332 с.

1923 年普希金之家著作集   Л. 托尔斯泰等

彼得格勒：国家出版社，1922，332 页

1843

Свадебный бунт: Исторический роман. 1705   Е. А. Салиас

[Б. м.]: [Б. и.], 1939. 390 с.

婚礼上的暴动（历史小说）：1705   Е.А. 萨利阿斯

[不详]：[不详]，1939，390 页

1844

Свет и тени: Рассказы для старшего возраста　П. В. Засодимский

М.: Типография Т-ва И. Д. Сытина, 1915. 222 с.

光与影（大龄儿童故事）　П.В. 扎索季姆斯基

莫斯科：И.Д. 瑟京印刷厂，1915，222 页（古）

1845

Свидание: Рассказы　Н. Ляшко

Л.: Кузница, 1930. 95 с.

约会（短篇小说集）　Н. 利亚什科

列宁格勒：熔炉出版社，1930，95 页

1846

Святые озёра　С. Р. Минцлов

Рига: Сибирское книгоиздательство, 1912. 238 с.

圣湖　С.Р. 明茨洛夫

里加：西伯利亚图书出版社，1912，238 页

1847

Севастопольская страда: Эпопея　С. Н. Сергеев-Ценский

М.: Гос. изд-во художественной литературы, 1949. 785 с.

塞瓦斯托波尔激战（史诗）　С.Н. 谢尔盖耶夫 – 倩斯基

莫斯科：国家文艺书籍出版社，1949，785 页

1848

Секретная шкатулка　Сергей Дзюбинский

[Б. м.]: Работник просвещения, 1929. 51 с.

神秘的匣子　谢尔盖·久宾斯基

[不详]：教育工作者出版社，1929，51 页

1849

Семь лун блаженной Бригитты: Роман　А. Чернявский-Черниговский

Таллинн: [Б. и.], 1938. 408 с.

圣布里吉特的七个月亮（长篇小说）　А. 切尔尼亚夫斯基 – 切尔尼戈夫斯基

塔林：[不详]，1938，408 页

1850

Сергей Шумов: Рассказы. Книга 1　Н. Тимковский

М.: Т-во Книгоиздательство писателей, 1917. 252 с.

谢尔盖·舒莫夫（短篇小说集第1卷）　Н. 季姆科夫斯基

莫斯科：作家图书出版社，1917，252 页（古）

1851

Силуэты　М. Ясинская

Новый сад: Русская типография С. Филонова, 1933. 112 с.

轮廓　М. 亚辛斯卡娅

诺维萨德：С. 菲洛诺夫俄语印刷厂，1933，112 页

1852

Синий Шелк　Овадий Савич

Рига: Литература, 1927. 238 с.

蓝丝绸　奥瓦季·萨维奇

里加：文学出版社，1927，238 页

1853

Сказки моей жизни: Рассказы　Александр Яковлев

М.: Государственное изд-во, 1927. 86 с.

我的生活故事（短篇小说集）　亚历山大·雅科夫列夫

莫斯科：国家出版社，1927，86 页

1854

Сказки Южных славян

М.: Государственное издательство, 1923. 79 с.

南斯拉夫人的故事

莫斯科：国家出版社，1923，79 页

1855

Сказки. Т. 17　М. Горький

Петроград: Жизнь и Знание, 1915. 258 с.

童话集（第17卷）　М. 高尔基

彼得格勒：生活与知识出版社，1915，258 页（古）

1856

Скверная шутка: Роман　Пьер Мак Орлан

Рига: Изд-во «Жизнь и культура», 1930. 158 с.

低俗的玩笑（长篇小说） 皮埃尔·马克·奥尔兰
里加：生活与文化出版社，1930，158 页

1857

Сквозь спезы: Избранные рассказы Шолом Алей-
хем; Перевод с еврейского Ю. И. Пинуса

М.: Современные проблемы, 1928. 181 с.

破涕（小说选集） 肖洛姆·阿莱赫姆著，Ю.И. 皮
努斯译自犹太语

莫斯科：当代问题图书出版社，1928，181 页

1858

Скиталец: Избранные рассказы

[Б. м.]: Издание редакции журнала Пробуждение,
1913. 92 с.

漂泊者（短篇小说选）

[不详]:《觉醒》杂志编辑部出版，1913，92 页（古）

1859

Скоро взойдет солнце О. Иваненко; Перевод Е.
Живовой

М.: Издательство детской литературы, 1940. 32 с.

太阳即将升起 О. 伊万年科著，Е. 日沃娃译
莫斯科：儿童文学出版社，1940，32 页

1860

Скутаревский Леонид Леонов

М.: Федерация, 1932. 467 с.

斯库塔列夫斯基 列昂尼德·列昂诺夫
莫斯科：联邦出版社，1932，467 页

1861

Скучная история; Дом с мезонином А. П. Чехов

М.: Гос. изд-во, 1928. 96 с.

没意思的故事；带阁楼的房子 А.П. 契诃夫
莫斯科：国家出版社，1928，96 页

1862

Слово. Т. 5 Ив. Бунин [и др.]

М.: Книгоиздательство писателей в Москве, 1915.
288 с.

语言（第 5 卷） Ив. 蒲宁等
莫斯科：莫斯科作家图书出版社，1915，288 页
（古）

1863

Смелей, Чарли!: Роман Людвиг Вольф; Пер. Л.
Ефимовой

Рига: Книгоиздательство «Литература», 1927. 188 с.

勇敢些，查利！（长篇小说） 路德维希·沃尔夫著，
Л. 叶菲莫娃译

里加：文学图书出版社，1927，188 页

1864

Смерть Вазир-Мухтара Юрий Тынянов

Л.: Гос. изд-во Художественной литературы, 1931.
424 с.

瓦济尔－穆赫塔尔之死 尤里·特尼亚诺夫
列宁格勒：国家文艺书籍出版社，1931，424 页

1865

Смок Беллью Джэк Лондон; Перевод с английского Н. Ф. Давыдовой

М.: Земля и фабрика, 1926. 143 с.

斯莫克·贝洛 杰克·伦敦著，Н.Ф. 达维多娃译自
英语

莫斯科：土地与工厂出版社，1926，143 页

1866

Снег Св. Петра: Роман Лео Перуц; Пер. В. Златогорского

Рига: Dzive un kultura, 1934. 173 с.

圣彼得的雪（长篇小说） 里奥·佩鲁茨著，В. 兹
拉托戈尔斯基译

里加：生活与文化出版社，1934，173 页

1867

Снежная пустыня А. Серафимович

М.: Гос. изд-во, 1930. 246 с.

雪原 А. 绥拉菲莫维奇
莫斯科：国家出版社，1930，246 页

1868

Собачий переулок: Роман Лев Гумилевский

Рига: Книгоизд-во «Грамату драугс», 1928. 224 с.

狗巷（长篇小说） 列夫·古米廖夫斯基
里加：图书之友出版社，1928，224 页

1869

Собачья доля: Петербургский сборник расска-зов А. Ремизова [и др.]

[Б. м.]: Слово, 1922. 70 с.

狗的命运：彼得堡故事集 А. 列米佐娃等

[不详]：言论出版社，1922，70 页

1870

Собрание сочинений А. И. Эртеля. Т. 1. Записки степняка

М.: Мос. книгоиздательство писателей, 1918. 275 с.

А.И. 埃特尔作品集（第 1 卷）：草原居民笔记

莫斯科：莫斯科作家图书出版社，1918，275 页
（古）

1871

Собрание сочинений Е. А. Салиаса. Т. XVIII. Не-веста fin de siecle; Мелкие рассказы

М.: Издание А. А. Карцева, 1914. 512 с.

Е.А. 萨利阿斯作品集（第 18 卷）：世纪新娘、短小说

莫斯科：А.А. 卡尔采夫出版，1914，512 页（古）

1872

Собрание сочинений Ив. Ив. Панаева. Том 4. Повести, рассказы и очерки: 1845-1858 Ив. Ив. Панаев

М.: Издание В. М. Саблина, 1912. 579 с.

Ив.Ив. 帕纳耶夫作品集（第 4 卷）：中短篇小说和随笔（1845—1858） Ив.Ив. 帕纳耶夫

莫斯科：В.М. 萨布林出版，1912，579 页（古）

1873

Собрание сочинений К. Леонтьева. Том 3. Из жиз-ни христиан в Турции. Повести и рассказы К. Леонтьев

М.: Издание В. М. Саблина, 1912. 481 с.

К. 列昂季耶夫作品集（第 3 卷）：土耳其基督教徒的生活（中短篇小说） К. 列昂季耶夫

莫斯科：В.М. 萨布林出版，1912，481 页（古）

1874

Собрание сочинений. Книга 20 Антон Чехов

[Б. м.]: Гос. изд-во, 1929. 383 с.

著作集（第 20 卷） 安东·契诃夫

[不详]：国家出版社，1929，383 页

1875

Собрание сочинений. Т. 1. По морям и пусты-ням Николай Каринцев

М.: Московское товарищество писателей, 1928. 243 с.

作品集（第 1 卷）：海洋与沙漠 尼古拉·卡林采夫

莫斯科：莫斯科作家协会，1928，243 页

1876

Собрание сочинений. Т. 1. Роман и повести К. Лсонтьев

М.: Издание В. М. Саблина, 1912. 665 с.

作品集（第 1 卷）：中长篇小说 К.列昂季耶夫

莫斯科：В.М. 萨布林出版，1912，665 页（古）

1877

Собрание сочинений. Т. 12 Марк Криницкий

М.: Московское книгоиздательство, 1918. 236 с.

作品集（第 12 卷） 马克·克里尼茨基

莫斯科：莫斯科图书出版社，1918，236 页（古）

1878

Собрание сочинений. Т. 3. Романы и повести: 1847-1852 Ив. Ив. Панаев

М.: Издание В. М. Саблина, 1912. 482 с.

作品集（第 3 卷）：中长篇小说集（1847—1852） Ив. Ив. 帕纳耶夫

莫斯科：В.М. 萨布林出版，1912，482 页（古）

1879

Собрание сочинений. Т. 7. Родное слово: год 3-й К. Д. Ушинский

М.: Издательство Академии педагогических наук, 1949. 357 с.

作品集（第 7 卷）：三年级语文 К.Д. 乌申斯基

莫斯科：教育学院出版社，1949，357 页

1880

Собрание сочинений. Т. I. Снежная пустыня А. Серафимович

М.: Государственное издательство, 1925. 260 с.

作品集（第 1 卷）：雪原 А. 绥拉菲莫维奇

莫斯科：国家出版社，1925，260 页

1881

Собрание сочинений. Т. III А. Серафимович

М.: Гослитиздат, 1947. 407 с.

作品集（第 3 卷） А. 绥拉菲莫维奇

莫斯科：国家文艺书籍出版社，1947，407 页

1882

Собрание сочинений. Т. IV. Эмигрант: Роман Линард Лайцен

М.: Гос. изд-во Художественной литературы, 1931. 207 с.

作品集（第 4 卷）：侨民（长篇小说） 利纳尔德·莱岑

莫斯科：国家文艺书籍出版社，1931，207 页

1883

Собрание сочинений. Т. IX Иоганнес В. Иенсен; Пер. Т. С. Макоцкой

М.: Издание В. М. Саблина, 1912. 252 с.

作品集（第 9 卷） 约翰内斯·В·延森著，Т.С. 马科茨卡娅译

莫斯科：В.М. 萨布林出版，1912，252 页

1884

Собрание сочинений. Т. V. Невозвратное Н. Крашенинников

М.: Московское книгоиздательство, 1917. 201 с.

作品集（第 5 卷）：永远失去 Н. 克拉舍宁尼科夫

莫斯科：莫斯科图书出版社，1917，201 页（古）

1885

Собрание сочинений. Т. XX. Новая Сандрильона Е. А. Салиас

М.: Издание А. А. Карцева, 1914. 465 с.

作品集（第 20 卷）：新灰姑娘 Е.А. 萨利阿斯

莫斯科：А.А. 卡尔采夫出版，1914，465 页（古）

1886

Собрание сочинений. Т.6. Большое сердце Борис Пильняк

М.: Гос. изд-во, 1929. 235 с.

作品集（第 6 卷）：丰富的感情 鲍里斯·皮利尼亚克

克

莫斯科：国家出版社，1929，235 页

1887

Собрание сочинений: Повести, рассказы и очерки: 1840-1844. Т. 2 Ив. Ив. Панаев

М.: Издание В. М. Саблина, 1912. 523 с.

作品集（中短篇小说集和随笔）：1840—1844（第 2 卷） Ив.Ив. 帕纳耶夫

莫斯科：В.М. 萨布林出版，1912，523 页（古）

1888

Современники: Роман

М.: Государственное издательство, 1927. 259 с.

同时代人（长篇小说）

莫斯科：国家出版社，1927，259 页

1889

Соглядатай В. Сиринь

[Б. м.]: Изд-во «Русские записки», 1938. 252 с.

暗探 В. 西林

[不详]：俄国杂记出版社，1938，252 页

1890

Созерцатель скал: Роман Е. Кораблев

М.: Гос. изд-во Художественной литературы, 1931. 307 с.

岩礁观察者（长篇小说） Е. 科拉布廖夫

莫斯科：国家文艺书籍出版社，1931，307 页

1891

Соловей и роза: Рассказы Вера Инбер

Харьков: Пролетарий, 1928. 284 с.

夜莺与玫瑰（短篇小说集） 薇拉·因贝尔

哈尔科夫：无产者出版社，1928，284 页

1892

Сон Обломова: Отрывок из романа И. А. Гончаров

М.: Государственное издательство, 1928. 68 с.

奥勃洛莫夫的梦（长篇小说节选） И.А. 冈察洛夫

莫斯科：国家出版社，1928，68 页

1893

Сочинения　Н. Г. Помяловский

М.: Изд-во «Правда», 1949. 458 с.

作品集　Н.Г. 波米亚洛夫斯基

莫斯科:《真理报》出版社，1949，458 页

1894

Сочинения М. И. Михайлова. Т. 2　М. И. Михайлов

[Б. м.]: [Б. и.], 1915. 383 с.

М.И. 米哈伊洛夫作品集（第 2 卷）　М.И. 米哈伊洛夫

[不详]: [不详]，1915，383 页（古）

1895

Сочинения М. И. Михайлова: Юношеские стихотворения: 1845-1849. Т. 3

[Б. м.]: Т-во Худож. печати, 1915. 384 с.

М.И. 米哈伊洛夫作品集（青年诗歌）: 1845—1849（第 3 卷）

[不详]: 美术印刷公司，1915，384 页（古）

1896

Сочинения. Т. 1　М. И. Михайлов

[Б. м.]: [Б. и.], 1915. 365 с.

作品集（第 1 卷）　М.И. 米哈伊洛夫

[不详]: [不详]，1915，365 页

1897

Сочинения. Т. 2　В. В. Вересаев

М.: Гос. изд-во Художественной литературы, 1947. 671 с.

作品集（第 2 卷）　В.В. 韦列萨耶夫

莫斯科: 国家文艺书籍出版社，1947，671 页

1898

Сочинения. Т. 3　В. В. Вересаев

М.: Огиз; Гослитиздат, 1948. 410 с.

作品集（第 3 卷）　В.В. 韦列萨耶夫

莫斯科: 国家出版社联合公司、国家文艺书籍出版社，1948，410 页

1899

Старая секретная: Повесть о былом　Федор Глад-

ков

М.: Земля и фабрика, 1930. 125 с.

陈年秘密: 往事　费奥多尔·格拉德科夫

莫斯科: 土地与工厂出版社，1930，125 页

1900

Стенька Разин: Исторический очерк　С. И. Тхоржевский

Петербург: Изд-во Брокгауз-Ефрон, 1923. 132 с.

斯坚卡·拉辛（历史特写）　С.И. 特霍热夫斯基

彼得堡: 布罗克豪斯 – 叶夫龙出版社，1923，132 页

1901

Страна отцов. Т. III　С. И. Гусев-Оренбургский

Петроград: Жизнь и знание, 1915. 287 с.

神甫之国（第 3 卷）　С.И. 古谢夫 – 奥伦堡斯基

彼得格勒: 生活与知识出版社，1915，287 页（古）

1902

Стране своей любимой: Сборник очерков

М.: Изд-во ВЦСПС профиздат, 1949. 369 с.

致我热爱的国家（随笔集）

莫斯科: 全苏工会中央理事会工会出版社，1949，369 页

1903

Стук.. стук..стук!: Рассказ И.С. Тургенева　И. С. Тургенев

Петроград: Издание И. Глазунова, 1918. 46 с.

咚咚咚！（И.С. 屠格涅夫短篇小说）　И.С. 屠格涅夫

彼得格勒: И. 格拉祖诺夫出版，1918，46 页（古）

1904

Счастливый голос: Повесть в 3-х частях　М. Громов

М.: Советский писатель, 1939. 332 с.

幸福之声（三部分中篇小说）　М. 格罗莫夫

莫斯科: 苏联作家出版社，1939，332 页

1905

Счастье Горелкина: Роман　Алексей Петров

М.: Недра, 1928. 146 с.

戈列尔金的幸福（长篇小说）阿列克谢·彼得罗夫

莫斯科：矿藏出版社，1928，146 页

1906

Сын народа: Повесть Всеволод Саблин

М.: Детгиз, 1948. 262 с.

人民的儿子（中篇小说）弗谢沃洛德·萨布林

莫斯科：国家儿童读物出版社，1948，262 页

1907

Тайна Бытия: Повесть Сант-Элли

[Б. м.]: [Б. и.], 1925. 131 с.

生活的秘密（中篇小说）桑特－艾丽

[不详]：[不详]，1925，131 页

1908

Тайна старой усадьбы: Можжевеловый куст А. Г. Белинский

[Б. м.]: [Б. и.], 1926. 118 с.

老庄园的秘密：刺柏丛 А.Г. 别林斯基

[不详]：[不详]，1926，118 页

1909

Тайпа: Роман в трех частях Л. Пасынков

М.: Земля и фабрика, 1930. 470 с.

部落（三部分长篇小说）Л. 帕森科夫

莫斯科：土地与工厂出版社，1930，470 页

1910

Так было.. и будет: Повесть Ив. Янушкевич

Новый сад: Русская типография С. Филонова, 1930. 154 с.

过去如此，将来亦是（中篇小说）Ив. 亚努什克维奇

诺维萨德：俄罗斯 С. 菲洛诺夫印刷厂，1930，154 页

1911

Танго Смерти Тэффи

М.: Земля и Фабрика, 1927. 216 с.

死亡探戈 泰菲

莫斯科：土地与工厂出版社，1927，216 页

1912

Татарченок Ассан: Повесть А. Алтаев

М.: Ред. журнала «Юная Россия», 1912. 238 с.

鞑靼男孩阿桑（中篇小说）А. 阿尔塔耶夫

莫斯科：《年轻的俄国》杂志编辑部，1912，238 页

1913

Ташкент-город хлебный: Повесть Александр Неверов

Рига: Книгоизд-во «Грамату драугс», 1929. 189 с.

粮城塔什干（中篇小说）亚历山大·涅韦罗夫

里加：图书之友出版社，1929，189 页

1914

Тевтон и араб: Роман в 3-х частях Никитин Иван

Л.: Московское товарищество писателей, 1923. 283 с.

日耳曼人与阿拉伯人（三部分长篇小说）尼基京·伊万

列宁格勒：莫斯科作家协会，1923，283 页

1915

Тель-Авив: Палестинский роман А. Высоцкий

Рига: Книгоизд-во «Просвещение», 1933. 312 с.

特拉维夫（巴勒斯坦小说）А. 维索茨基

里加：教育图书出版社，1933，312 页

1916

Темное царство Н. А. Добролюбов

М.: Гос. изд-во, 1923. 216 с.

黑暗王国 Н.А. 杜勃罗留波夫

莫斯科：国家出版社，1923，216 页

1917

Тень минувшего И. А. Ефремов; Рисунки К. Арцеулова

М.: Гос. изд-во детской литературы наркомпроса РСФСР, 1945. 77 с.

过去的影子 И.А. 叶夫列莫夫著，К. 阿尔采乌洛夫配图

莫斯科：俄罗斯苏维埃联邦社会主义共和国教育人民委员部国家儿童读物出版社，1945，77 页

1918

Тихий Дон: Роман. Кн. 2　Мих. Шолохов

М.: Гос. Изд. художественной литературы, 1933. 416 с.

静静的顿河（长篇小说第 2 册）　Мих. 肖洛霍夫

莫斯科：国家文艺书籍出版社，1933，416 页

1919

То, о чем забыть нельзя: Из недавнего прошлого　Аркадий Бауман

Рига: Скалад издания: «Книга для всех», 1931. 237 с.

难以忘却的往事　阿尔卡季·鲍曼

里加：大众图书出版库，1931，237 页

1920

Товарищ Анна: Роман　Антонина Коптяева

М.: Советский писатель, 1947. 432 с.

安娜同志（长篇小说）　安东宁娜·科普佳耶娃

莫斯科：苏联作家出版社，1947，432 页

1921

Том Хэнсом: Летчик　Курт Матул

М.: Земля и фабрика, 1925. 122 с.

汤姆·汉瑟姆（飞行员）　库尔特·马图尔

莫斯科：土地与工厂出版社，1925，122 页

1922

Топь: Роман　М. Борисоглебский

Л.: [Б. и.], 1927. 223 с.

泥塘（长篇小说）　М. 鲍里索格列布斯基

列宁格勒：[不详]，1927，223 页

1923

Трагедия Нади: Из записок моей современницы: Роман　С. Тасова

Рига: Авторское изд-во, 1933. 408 с.

娜佳的悲剧：我的同代人笔记节选（长篇小说）　С. 塔索瓦

里加：作者出版社，1933，408 页

1924

Три подруги: Роман　Стефания Лютык

Ковно: Издание автора, 1934. 315 с.

三个女友（长篇小说）　斯特凡尼娅·柳特克

科夫诺：作者出版，1934，315 页

1925

Трилогия　Бомарше; Перевод В. Э. Морица

М.: Государственное издательство, 1930. 380 с.

三部曲　博马舍著，В.Э. 莫里茨译

莫斯科：国家出版社，1930，380 页

1926

Трубка дон Алонсо　Владимир Владимиров

М.: Работник просвещения, 1929. 69 с.

唐·阿隆索的烟斗　弗拉基米尔·弗拉基米罗夫

莫斯科：教育工作者出版社，1929，69 页

1927

Трудовой фронт молодых ленинградцев　[Отв. ред. З. Плавскин]

Л.: Молодая гвардия, 1948. 199 с.

列宁格勒青年人的劳动战线　[З. 普拉夫斯金编]

列宁格勒：青年近卫军出版社，1948，199 页

1928

Тупейный художник: Рассказы　Н. С. Лесков

[Б. м.]: Военное издательство, 1946. 64 с.

理发师（短篇小说集）　Н.С. 列斯科夫

[不详]：军事出版社，1946，64 页

1929

У житницы правосудия: Очерки. Юморески　С. Беляцкин

Литва: Mokslas, 1935. 292 с.

在司法机关的粮仓旁：幽默作品　С. 别利亚茨金

立陶宛：科学出版社，1935，292 页

1930

Уклон　Ив. Никитин

М.: Земля и фабрика, 1929. 286 с.

倾向　Ив. 尼基京

莫斯科：土地与工厂出版社，1929，286 页

1931

Улица накрашенных губ: Роман　Морис Декобра; Перевод Е. С. Кузнецовой- Пильской

Рига: Изд-во «Жизнь», 1934. 182 с.

红唇街（长篇小说） 莫里斯·德科布拉著，E.C.库兹涅佐娃－皮利斯卡娅译

里加：生活出版社，1934，182 页

1932

Уходим завтра в море Игорь Всеволожский

М.: Военное изд-во Министерства вооруженных сил Союза ССР, 1949. 290 с.

明天出海 伊戈尔·弗谢沃洛日斯基

莫斯科：苏联武装力量部军事出版社，1949，290 页

1933

Ученик наборного художества Т. Богданович

Л.: Огиз; Молодая гвардия, 1933. 202 с.

排字术学徒 Т. 波格丹诺维奇

列宁格勒：国家出版社联合公司、青年近卫军出版社，1933，202 页

1934

Фабиан: Это было в 1931 году: Роман Эрих Кестнер

Рига: Жизнь и культура, 1933. 224 с.

法比安：1931 年的故事（长篇小说） 埃里希·凯斯特纳

里加：生活与文化出版社，1933，224 页

1935

Фаина: Роман Арсений Формаков

Рига: Изд-во «Логос», 1938. 186 с.

法因娜（长篇小说） 阿尔谢尼·福尔马科夫

里加：洛戈斯出版社，1938，186 页

1936

Финикийский корабль: Историческая повесть Василий Ян

М.: Огиз; Молодая гвардия, 1931. 183 с.

腓尼基人的船（中篇历史小说） 瓦西里·杨

莫斯科：国家出版社联合公司、青年近卫军出版社，1931，183 页

1937

Хибинский клад: Повесть Юрий Марк

М.: Молодая гвардия, 1932. 235 с.

希比内山的宝藏（中篇小说） 尤里·马克

莫斯科：青年近卫军出版社，1932，235 页

1938

Хождение по мукам: Роман Алексей Толстой

Рига: Грамату драугс, 1927. 222 с.

苦难的历程（长篇小说） 阿列克谢·托尔斯泰

里加：图书之友出版社，1927，222 页

1939

Хозяева: Повесть Осип Черный

М.: Изд-во ВЦСПС Профиздат, 1948. 216 с.

主人们（中篇小说） 奥西普·乔尔内

莫斯科：全苏工会中央理事会工会出版社，1948，216 页

1940

Царство счастья Кришнамурти

Tallinn: Звезда, 1927. 101 с.

幸福王国 克里希那穆提

塔林：星星出版社，1927，101 页

1941

Царь и поручик: Страдания и гибель поручика Тенгинского пехотного полка Михаила Лермонтова: Роман Конст. Большаков

Рига: Грамату драугс, 1930. 234 с.

沙皇与中尉：坚金步兵团中尉米哈伊尔·莱蒙托夫的苦难与死亡（长篇小说） Конст. 博利沙科夫

里加：图书之友出版社，1930，234 页

1942

Цветная кровь: Роман С. Миллин; Перевод М. И. Старк

М.: Государственное издательство, 1927. 247 с.

彩色血（长篇小说） С. 米林著，М.И. 斯塔尔克译

莫斯科：国家出版社，1927，247 页

1943

Цусима А. Новиков-Прибой

М.: Советский писатель, 1934. 368 с.

对马岛 А. 诺维科夫－普里博伊

莫斯科：苏联作家出版社，1934，368 页

1944

Человек из моря: Рассказы Р. Л. Стивенсон

М.: Изд-во «Земля и фабрика», 1927. 92 с.

海上来客（短篇小说集） Р.Л. 史蒂文森

莫斯科：土地与工厂出版社，1927，92 页

1945

Человек из проруби: Из хроники южно-русского села И. Н. Потапенко

М.: Земля и фабрика, 1924. 165 с.

从冰窟窿里上来的人：南俄乡村故事 И.Н. 波塔片科

莫斯科：土地与工厂出版社，1924，165 页

1946

Человек меняет кожу Бруно Ясенский

М.: Советская литература, 1934. 300 с.

蜕皮人 布鲁诺·亚先斯基

莫斯科：苏联文学出版社，1934，300 页

1947

Человек меняет кожу. Книга 2 Бруно Ясенский

М.: Советская Литература, 1934. 360 с.

蜕变（第2册） 布鲁诺·亚先斯基

莫斯科：苏联文学出版社，1934，360 页

1948

Человек огня: Роман Эмилио Сальгари

М.: Молодая гвардия, 1928. 382 с.

性情如火的人（长篇小说） 埃米利奥·卡洛

莫斯科：青年近卫军出版社，1928，382 页

1949

Человек с системой: 1905-1907 Н. Тимковский

М.: Т-во книгоиздательство писателей, 1918. 204 с.

有计划的人：1905—1907 Н. 季姆科夫斯基

莫斯科：作家图书出版社，1918，204 页（古）

1950

Человек шагает: Рассказы Александр Дроздов

М.: Земля и фабрика, 1926. 151 с.

前行者（短篇小说集） 亚历山大·德罗兹多夫

莫斯科：土地与工厂出版社，1926，151 页

1951

Человека жалко: Новые рассказы Мих. Зощенко

Рига: Книжная лавка писателей, 1929. 175 с.

可怜人（新短篇小说集） Мих.佐先科

里加：作家书店，1929，175 页

1952

Человеческая весна: Рассказы Дм. Крачковский

Петроград: Книгоиздательство бывш. М. В. Попова, 1916. 222 с.

人类的春天（短篇小说集） Дм. 克拉奇科夫斯基

彼得格勒：原 М.В. 波波夫图书出版社，1916，222 页（古）

1953

Человеческая волна: Роман М. Арцыбашев

Рига: Книгоизд-во «Грамату драугс», 1931. 201 с.

人潮（长篇小说） М. 阿尔齐巴舍夫

里加：图书之友出版社，1931，201 页

1954

Через препятствия: Повесть о жизни двух изобретателей

М.: Посредник, 1930. 78 с.

跨越障碍：两位发明家的生活故事

莫斯科：媒介出版社，1930，78 页

1955

Черная Америка: Рассказы о неграх в соединенных штатах Собрала Б. Болеславская

[Б. м.]: Огиз; Молодая гвардия, 1931. 125 с.

美国黑人：美国黑人故事 Б. 博列斯拉夫斯卡娅收集

[不详]：国家出版社联合公司、青年近卫军出版社，1931，125 页

1956

Черная молния: Рассказ А. И. Куприн

Спб.: Т-во Художествен. Печати, 1913. 78 с.

黑色的闪电（短篇小说） А.И. 库普林

圣彼得堡：美术印刷公司，1913，78 页（古）

1957

Черная молния; Мистерия Рождества Христова А. И. Куприн; Я. Аракин
[Б. м.]: Пробуждение, 1913. 143 с.
黑色的闪电；耶稣诞生 А.И. 库普林；Я. 阿拉金
[不详]：觉醒出版社，1913，143 页（古）

1958

Черниговцы: Повесть о восстании Черниговского полка (1826) Александр Слонимский
М.: Молодая гвардия, 1931. 256 с.
切尔尼戈夫人：切尔尼戈夫军团起义故事（1826） 亚历山大·斯洛尼姆斯基
莫斯科：青年近卫军出版社，1931，256 页

1959

Чертополох А. Дроздов
Рига: Изд-во О. Д. Строк, 1927. 143 с.
飞廉 А. 德罗兹多夫
里加：О.Д. 斯特罗克出版社，1927，143 页

1960

Четвертая жена: Роман Лео Тий Раковский
Л.: Издательство писателей, 1930. 353 с.
第四任妻子（长篇小说） 列奥·季·拉科夫斯基
列宁格勒：作家出版社，1930，353 页

1961

Чистая Криница Евг. Поповкин
М.: Молодая гвардия, 1948. 310 с.
清泉 Евг. 波波夫金
莫斯科：青年近卫军出版社，1948，310 页

1962

Чувство локтя: Рассказы 1928/29 г. Вера Инбер
Харьков: Пролетарий, 1930. 169 с.
互助精神（1928/29 年短篇小说集） 薇拉·因贝尔
哈尔科夫：无产者出版社，1930，169 页

1963

Чудодейственная флейта: Сборник рассказов П. Засодимский
М.: Изд. т-ва И. Д. Сытина, 1914. 198 с.
神奇的长笛（短篇小说集） П. 扎索季姆斯基

莫斯科：И.Д. 瑟京出版社，1914，198 页

1964

Шальной профессор = DER TOLLE PROFESSOR: Роман Г. Зудерман
Рига: Издательство «Книга для всех», 1930. 186 с.
狂妄的教授（长篇小说） Г. 苏德曼
里加：大众图书出版社，1930，186 页

1965

Шаромыжники: Рассказы Виктор Горный
М.: Новая Москва, 1925. 76 с.
爱占便宜的人（短篇小说集） 维克托·戈尔内
莫斯科：新莫斯科出版社，1925，76 页

1966

Шевченко Мариэтта Шагинян
М.: Гос. изд-во «Художественной литературы», 1941. 271 с.
舍甫琴科 玛丽埃塔·沙吉尼扬
莫斯科：国家文艺书籍出版社，1941，271 页

1967

Шесть спичек: Рассказы А. С. Грин
[Б. м.]: Мысль, 1927. 191 с.
六根火柴（短篇小说集） А.С. 格林
[不详]：思想出版社，1927，191 页

1968

Шлюха: Роман Сергей Малашкин
Л.: Московское товарищество писателей, 1923. 234 с.
娼妓（长篇小说） 谢尔盖·马拉什金
列宁格勒：莫斯科作家协会，1923，234 页

1969

Штурман «Четырех ветров»: Рассказы А. С. Грин
М.: Земля и фабрика, 1926. 133 с.
"四种风"领航员（短篇小说集） А.С. 格林
莫斯科：土地与工厂出版社，1926，133 页

1970

Эдгар По: Избранные рассказы

[Б. м.]: Издание журнала «Пробуждение», 1912. 255 с.

埃德加·坡（短篇小说选）

[不详]:《觉醒》杂志出版，1912，255 页（古）

1971

Эпизоды Семен Юшкевич

М.: Земля и фабрика, 1926. 222 с.

插曲 谢苗·尤什克维奇

莫斯科：土地与工厂出版社，1926，222 页

1972

Эхо Войны Евгений Чириков

М.: Московское книгоиздательство, 1916. 220 с.

战争回响 叶夫根尼·奇里科夫

莫斯科：莫斯科图书出版社，1916，220 页（古）

1973

Юные русские герои: Очерки и рассказы о военных подвигах русских мальчиков Виктор Русаков

Петроград: Издание товарищества М. О. Вольф, 1914. 120 с.

俄国少年英雄：俄国男孩战功纪实和故事 维克托·鲁萨科夫

彼得格勒：М.О. 沃尔夫出版社，1914，120 页（古）

1974

Юный Геркулес или Орсо: Рассказ Генрих Сенкевич

М.: Г. Ф. Мириманов, 1927. 24 с.

年轻的赫尔克里士（又名大力神）（短篇小说） 亨利克·显克维支

莫斯科：Г.Ф. 米里马诺夫出版社，1927，24 页

1975

Юрий Милославский или Русские в 1612 году: Исторический роман М. Н. Загоскина в сокращенном изложении для юношества Н. Г. Вучетич

М.: Издание А. А. Ступина, 1914. 200 с.

尤里·米洛斯拉夫斯基（又名 1612 年的俄国人）：М.Н. 扎戈斯金长篇历史小说缩写本（供青少年阅读） Н.Г. 武切季奇

莫斯科：А.А. 斯图平出版，1914，200 页（古）

1976

Я и его любовница: Роман; Друг и жена: Роман Марсель Прево; Перевод И. Ефимова

Рига: Книгоизд-во «Литература», 1927. 213 с.

我和他的情妇（长篇小说）；朋友与妻子（长篇小说） 马塞尔·普雷沃著，И. 叶菲莫夫译

里加：文学图书出版社，1927，213 页

1977

Яблони цветут: Роман О. Миртов

СПб: [Б. и.], 1913. 432 с.

苹果树开花（长篇小说） О. 米尔托夫

圣彼得堡：[不详]，1913，432 页

1978

Яванская роза: Роман Горас Ван Оффель

Л.: Время, 1927. 100 с.

亚万玫瑰（长篇小说） 贺拉斯·万·奥费利

列宁格勒：时间出版社，1927，100 页

1979

Муза с барабаном: Юмористические рассказы О. Л. Д'Ор

Петроград: Издательство Г. С. Цукермана, 1915. 180 с.

鼓手缪斯（幽默短篇小说集） 约瑟夫·利沃维奇·奥尔舍尔

彼得格勒：Г.С. 楚克尔曼出版社，1915，180 页（古）

1980

«Блиц-криг» не получился: Сборник статей

М.: Военное Изд. Народного комиссариата Обороны СССР, 1942. 83 с.

"闪电战" 失败（文集）

莫斯科：苏联国防人民委员部军事出版社，1942，83 页

1981

А все-таки она вертится И. Эренбург

М.: Геликон, 1922. 140 с.

她仍会继续 И. 爱伦堡

莫斯科：赫利孔山出版社，1922，140 页

1982

Враг будет разбит: Статьи, доклады и лекции Г. Александров

М.: Огиз; Госполитиздат, 1942. 239 с.

必将战胜敌人（文章、报告和讲演） Г. 亚历山德罗夫

莫斯科：国家出版社联合公司、国家政治书籍出版社，1942，239 页

1983

Горючий камень: Книга о жизни и работе шахтеров Макс Зингер

М.: Молодая гвардия, 1931. 125 с.

煤：矿工的生活和工作 马克斯·辛格尔

莫斯科：青年近卫军出版社，1931，125 页

1984

Жизнь летчика Н. С. Бобров

М.: Огиз; Молодая гвардия, 1931. 138 с.

飞行员的生活 Н.С. 博布罗夫

莫斯科：国家出版社联合公司、青年近卫军出版社，1931，138 页

1985

Каторга и бродяги Сибири В. Гартевельд

М.: Дело, 1913. 195 с.

西伯利亚的苦役犯和流浪者 В. 哈特维尔德

莫斯科：事业出版社，1913，195 页（古）

1986

Мечта пилота Михаил Водопьянов

М.: Молодая гвардия, 1937. 167 с.

驾驶员的梦想 米哈伊尔·沃多皮亚诺夫

莫斯科：青年近卫军出版社，1937，167 页

1987

Поездка на Балканы: Заметки военного корреспондента Евгений Чириков

М.: Московское книгоиздательство, 1913. 163 с.

巴尔干之行：战地记者杂记 叶夫根尼·奇里科夫

莫斯科：莫斯科图书出版社，1913，163 页

1988

Теплоход «Кахетия»: Записки военного вра-ча Ольга Джигурда

М.: Советский писатель, 1948. 262 с.

"卡赫季亚"号内燃机船：军医笔记 奥莉加·吉古尔达

莫斯科：苏联作家出版社，1948，262 页

1989

Белинский: Письма. Т. II. 1839-1843 Ред. и примечания Е. А. Ляцкого

С.-Петербург: Типография М. М. Стасюлевича, 1914. 439 с.

别林斯基（信件集第 2 卷）：1839—1843 Е.А. 利亚茨基编注

圣彼得堡：М.М. 斯塔休列维奇印刷厂，1914，439 页

1990

Блондинки в большом спросе: Назидательный дневник одной молодой дамы Анита Луус

Рига: Литература, 1927. 190 с.

当红金发女郎：一位年轻女士可资借鉴的日记 阿尼塔·鲁乌斯

里加：文学出版社，1927，190 页

1991

В плену у «Обезьян»: Записки «Контрреволюционера» Ф. Винберг

Киев: Тип. «Для общей пользы», 1918. 199 с.

被"野人"俘虏的日子："反革命者"的笔记 Ф. 温贝格

基辅：公益印刷厂，1918，199 页（古）

1992

Валаам Борис Зайцев

Таллин: Изд-во «Странник», 1936. 78 с.

瓦拉姆 鲍里斯·扎伊采夫

塔林：朝圣者出版社，1936，78 页

1993

Воспоминания А. П. Керн

Л.: ACADEMIA, 1929. 473 с.

回忆录 А.П. 克恩

列宁格勒：科学院出版社，1929，473 页

1994

Время, вперед!　Валентин Катаев

М.: Федерация, 1932. 430 с.

时间到，前进！　瓦连京·卡塔耶夫

莫斯科：联邦出版社，1932，430 页

1995

Годы близости с Достоевским: Дневник-повесть-письма　А. П. Суслова

Москва: Издание М. и С. Сабашниковых, 1928. 195 с.

与陀思妥耶夫斯基一起的日子（日记、小说、书信集）　А.П. 苏斯洛娃

莫斯科：М. 萨巴什尼科夫和 С. 萨巴什尼科夫出版，1928，195 页

1996

Декабрист Н. И. Тургенев: Письма к брату С. И. Тургеневу

М.: Изд-во Академии наук СССР, 1936. 587 с.

十二月党人 Н.И. 屠格涅夫：写给弟弟 С.И. 屠格涅夫的书信

莫斯科：苏联科学院出版社，1936，587 页

1997

Дневник А. Г. Достоевской 1867 г.　А. Г. Достоев-ская

М.: Новая Москва, 1923. 390 с.

А.Г. 陀思妥耶夫斯卡娅 1867 年日记　А.Г. 陀思妥耶夫斯卡娅

莫斯科：新莫斯科出版社，1923，390 页

1998

Дневник Ал. Блока: 1911-1913　Ал. Блок

Л.: Изд-во писателей, 1928. 226 с.

Ал. 布洛克日记（1911—1913）　Ал. 布洛克

列宁格勒：作家出版社，1928，226 页

1999

Дневник гимназиста: 4-го, 5-го и 6-го класса　В. Строев

М.: Типография Т-ва И. Д. Сытина, 1914. 143 с.

中学生日记（4—6 年级）　В. 斯特罗耶夫

莫斯科：И.Д. 瑟京印刷厂，1914，143 页（古）

2000

Дневник Пушкина: 1833-1855　Пушкин

М.: Государственное изд-во, 1923. 275 с.

普希金日记（1833—1855）　普希金

莫斯科：国家出版社，1923，275 页

2001

Дневник юного разведчика

Петроград: Т-во О. Вольф, 1916. 88 с.

青年侦查员日记

彼得格勒：О. 沃尔夫出版社，1916，88 页（古）

2002

Дневники и письма: Театр Островского　А. Н. Островский

М.: ACADEMIA, 1937. 429 с.

日记与书信：奥斯特洛夫斯基的剧本　А.Н. 奥斯特洛夫斯基

莫斯科：科学院出版社，1937，429 页

2003

Живой с живыми: Сборник статей　С. Трегуб

М.: Советский писатель, 1949. 362 с.

人和人们（文集）　С. 特列古布

莫斯科：苏联作家出版社，1949，362 页

2004

Жизнь Имтеургина старшего　Тэки Одулок

Л.: Огиз; Государственное изд-во детской литерату-ры, 1934. 143 с.

老伊姆捷乌尔金的生活　泰克·奥杜洛克

列宁格勒：国家出版社联合公司、国家儿童读物出版社，1934，143 页

2005

Заметки советского врача　Сергей Беляев

Л.: Прибой, 1926. 134 с.

苏联医生笔记　谢尔盖·别利亚耶夫

列宁格勒：拍岸浪出版社，1926，134 页

2006

Записки　П. А. Каратыгин

Л.: ACADEMIA, 1929. 451 с.

笔记　П.А. 卡拉特金

列宁格勒：科学院出版社，1929，451 页

2007
Записки бурсака С. И. Сычугов
М.: ACADEMIA, 1933. 352 с.
宗教寄宿学校学生笔记 С.И. 瑟丘戈夫
莫斯科：科学院出版社，1933，352 页

2008
**Записки и письма декабриста И. И. Горбачевско-
го** Под ред. Б. Е. Сыроечковского
М.: Современные проблемы, 1925. 398 с.
十二月党人 И.И. 戈尔巴乔夫斯基的笔记与书信
集 Б.Е. 瑟罗耶奇科夫斯基编
莫斯科：当代问题图书出版社，1925，398 页

2009
Записки из плена Кирилл Левин
М.: Федерация, 1931. 219 с.
俘虏笔记 基里尔·莱温
莫斯科：联邦出版社，1931，219 页

2010
Записки Оли Петровой Т. Арброва
Петроград: Издание Т-ва М. О. Вольф, 1916. 262 с.
奥莉娅·彼得罗娃日记 Т. 阿尔布洛娃
彼得格勒：М.О. 沃尔夫出版社，1916，262 页（古）

2011
Записки отдела рукописей. Вып. I Под Ред. Е. Ф.
Розмирович
М.: Государственное социально-экономическое изд-
во, 1938. 70 с.
手稿部记事（第 1 册） Е.Ф. 罗兹米罗维奇编
莫斯科：国家社会经济出版社，1938，70 页

2012
Записки писателя. Вып. I М. Арцыбашев
[Б. м.]: За свободу, 1925. 104 с.
作家日记（第 1 册） М. 阿尔齐巴舍夫
[不详]：为了自由出版社，1925，104 页

2013
Записки свободной женщины С. Фонвизин

Петроград: Тип. «Энергия», 1917. 259 с.
一个独立女人的笔记 С. 冯维辛
彼得格勒：能量印刷厂，1917，259 页（古）

2014
Записки шлиссельбуржца: 1887-1905 М. В. Но-
ворусский
Петербург: Государственное изд-во, 1920. 245 с.
施吕瑟尔堡人笔记（1887—1905） М.В. 诺沃鲁斯
基
彼得堡：国家出版社，1920，245 页

2015
Записки: 1812-1841 Екатерина Сушкова
Л.: ACADEMIA, 1928. 446 с.
笔记（1812—1841） 叶卡捷琳娜·苏什科娃
列宁格勒：科学院出版社，1928，446 页

2016
Записки: Новое издание по рукописи П. А. Каратыгин
Л.: ACADEMIA, 1930. 495 с.
笔记（手稿） П.А. 卡拉特金
列宁格勒：科学院出版社，1930，495 页

2017
Звери, люди и боги Фердинанд Оссендовский
Рига: Изд-во Г. Л. Биркган, 1925. 226 с.
兽、人与神 费迪南德·奥先多夫斯基
里加：Г.Л. 比尔克甘出版社，1925，226 页

2018
Из деревни. 12 писем. 1872-1887 А. Н. Энгель-
гардт
М.: Огиз; Соцэкгиз, 1937. 491 с.
12 封农村来信（1872—1887） А.Н. 恩格尔哈特
莫斯科：国家出版社联合公司、国家社会经济书籍
出版社，1937，491 页

2019
Исповедь старого холостяка Ярослав Хашек
Рига: Книга для всех, 1928. 205 с.
老单身汉的忏悔 雅罗斯拉夫·哈谢克
里加：大众图书出版社，1928，205 页

2020

Мои литературные и нравственные скитальче-ства　Аполлон Григорьев

М.: Книгоиздательство К. Ф. Некрасова, 1915. 253 с.

我的文学与道德彷徨　阿波隆·格里戈里耶夫

莫斯科：К.Ф. 涅克拉索夫图书出版社，1915，253
页（古）

2021

Мой сослуживец Шаляпин　В. А. Теляковский

Л.: ACADEMIA, 1927. 161 с.

我的同事夏里亚宾　В.А. 捷利亚科夫斯基

列宁格勒：科学院出版社，1927，161 页

2022

На жизненном пути. Том 2　А. Ф. Кони

С.-Петербург: Тип. т-ва печ. и изд. дела Труд, 1913.
917 с.

在生活的道路上（第 2 卷）　А.Ф. 科尼

圣彼得堡：劳动印刷出版公司印刷厂，1913，917
页（古）

2023

На путях: утверждение евразийцев. К. 2　Петр
Савицкий [и др.]

М.: Геликон, 1922. 356 с.

在路上：欧亚主义者的论断（第 2 册）　彼得·萨维
茨基等

莫斯科：赫利孔山出版社，1922，356 页

2024

**На Тамани: Отрывок из третьей книги «Записки
партизана»**　П. Игнатов

М.: Военное изд-во Министерства вооруженных сил
СССР, 1946. 61 с.

在塔曼：《游击队员的笔记》第 3 册摘录　П. 伊格
纳托夫

莫斯科：苏联武装力量部军事出版社，1946，61 页

2025

Накануне: Из моих записок　Ив. Наживин

[Б. м.]: Русское творчество, 1923. 253 с.

前夜：我的笔记　Ив. 纳日温

[不详]：俄国创作出版社，1923，253 页

2026

Неизданная переписка 1851-1869　В. П. Боткин и
И. С. Тургенев

М.: Academia, 1930. 349 с.

1851—1869 年 未 出 版 的 书 信 集　В.П. 博 特 金、
И.С. 屠格涅夫

莫斯科：科学院出版社，1930，349 页

2027

Новая Россия　И. Х. Озеров

Петроград: Тип. акц. о-ва Изд. дела Копейка, 1917.
266 с.

新俄国　И.Х. 奥泽罗夫

彼得格勒：科佩卡出版股份公司印刷厂，1917，266
页（古）

2028

Очерки и речи: Второй сборник статей　В. О.
Ключевский

Петроград: Литературно-издательский отдел Комиссариата Народного Просвещения, 1918. 495 с.

随笔和发言（文集第 2 本）　В.О. 克柳切夫斯基

彼得格勒：教育人民委员部书籍出版处，1918，495
页

2029

Переписка из двух углов　М. О. Гершензон и В. И.
Иванов

М.: Огоньки, 1927. 71 с.

两地书　М.О. 格尔申宗、В.И. 伊万诺夫

莫斯科：星火出版社，1927，71 页

2030

Петербург и его жизнь　Н. С. Дороватовский [и
др.]

С.-Петербург: Типография Бр. В. и И. Линник, 1914.
335 с.

彼得堡和它的生活　Н.С. 多罗瓦托夫斯基等

圣彼得堡：В. 林尼克与 И. 林尼克兄弟印刷厂，1914，
335 页（古）

2031

Письма А. П. Чехова: 1890-1891　А. П. Чехов

М.: Издание М. П. Чеховой, 1913. 360 с.

А.П. 契诃夫信件集（1890—1891） А.П. 契诃夫

莫斯科：М.П. 契诃娃出版，1913，360 页

2032

Письма А. С. Суворина к В. В. Розанову　А. С. Суворин

С-Петербург: Тип. т-ва А. С. Суворина, 1913. 183 с.

А.С. 苏沃林写给 В.В 罗扎诺夫的信　А.С. 苏沃林

圣彼得堡：А.С. 苏沃林印刷厂，1913，183 页（古）

2033

Письма женщин к Пушкину　Ред. Леонида Гроссмана

М.: Современные проблемы, 1928. 248 с.

女性写给普希金的书信　列昂尼德·格罗斯曼编

莫斯科：当代问题图书出版社，1928，248 页

2034

Письма из Африки　Беюл

М.: Государ. изд., 1928. 76 с.

非洲来信　贝尤尔

莫斯科：国家出版社，1928，76 页

2035

Письма об Испании　Л. Никулин

М.: Федерация, 1931. 315 с.

关于西班牙的书信集　Л. 尼库林

莫斯科：联邦出版社，1931，315 页

2036

Письма. Т. 1. 1829-1839　Белинский; Ред. и примечания Е. А. Ляцкого

С.-Петербург: Типография М. М. Стасюлевича, 1914. 427 с.

信件集（第 1 卷）：1829—1839　别林斯基著，Е.А. 利亚茨基编注

圣彼得堡：М.М. 斯塔休列维奇印刷厂，1914，427 页

2037

Письма: 1862-1975. Т. I　И. Н. Крамской

Л.: Государственное изд-во изобразительных искусств, 1937. 350 с.

书信集（1862—1975）（第 1 卷）　И.Н. 克拉姆斯科伊

列宁格勒：国家美术出版社，1937，350 页

2038

Письма: 1876-1887. Т. II　И. Н. Крамской

Л.: Огиз, 1937. 492 с.

书信集（1876—1887）（第 2 卷）　И.Н. 克拉姆斯科伊

列宁格勒：国家出版社联合公司，1937，492 页

2039

Роман угля и железа: Очерки　Мариэтта Шагинян

М.: Молодая гвардия, 1930. 150 с.

煤与铁的故事（随笔）　玛丽埃塔·沙吉尼扬

莫斯科：青年近卫军出版社，1930，150 页

2040

Русские писатели в отечественной войне 1812 года　С. Н. Дурылин

М.: Советский писатель, 1943. 123 с.

1812 年卫国战争中的俄罗斯作家　С.Н. 杜雷林

莫斯科：苏联作家出版社，1943，123 页

2041

Русские писатели о пруссачестве: Сборник высказываний

М.: Огиз; Государственное изд-во жудожественной литературы, 1943. 103 с.

俄罗斯作家论普鲁士主义（论述集）

莫斯科：国家出版社联合公司、国家文艺书籍出版社，1943，103 页

2042

Сборник　И. С. Тургенев

М.: [Б. и.], 1940. 245 с.

作品集　И.С. 屠格涅夫

莫斯科：[不详]，1940，245 页

2043

Семья солнца　М. Ивановский

М.: Детгиз, 1946. 168 с.

太阳之家　М. 伊万诺夫斯基

莫斯科：国家儿童读物出版社，1946，168 页

2044

Синие дали: Из военной были　Николай Ротштейн

Таллин: [Б. и.], 1938. 142 с.

蓝色远方：战争往事　尼古拉·罗特施泰因

塔林：[不详]，1938，142 页

2045

Солдат-полководец: Очерки о Суворове　Кирилл
Пигарев

М.: Огиз; Государственное изд-во художественной
литературы, 1943. 159 с.

士兵－统帅：苏沃洛夫纪事　基里尔·皮加列夫

莫斯科：国家出版社联合公司、国家文艺书籍出版
社，1943，159 页

2046

Соціяльне　Петро Войн

Львов: Дешева книжка, 1936. 32 с.

社会性　彼得罗·沃因

利沃夫：廉价图书出版社，1936，32 页

2047

**Федор Михайлович Достоевский: В воспомина-
ниях современников и в его письмах. Ч. I**　Вас. Е.
Чешихин-Ветринский

М.: В. В. Думнов, насл. бр. Салаевых, 1923. 169 с.

**费奥多尔·米哈伊洛维奇·陀思妥耶夫斯基：同代人
回忆录和陀思妥耶夫斯基书信中（第 1 部分）**　Вас.
Е. 切希欣－韦特林斯基

莫斯科：萨拉耶夫兄弟继承者В.В.杜姆诺夫出版社，
1923，169 页

2048

Статьи и письма　Н. А. Бестужев

М.: Изд-во всесоюзного общества политических ка-
торжан и ссыльнопоселенцев, 1933. 327 с.

文章和书信集　Н.А. 别斯图热夫

莫斯科：全苏苦役犯和流放犯协会出版社，1933，
327 页

2049

**Народая словесность Кавказа: Материалы для
библиографического указателя**　А. В. Багрий

Баку: [Б. и.], 1926. 130 с.

高加索民间文学（图书索引材料）　А.В. 巴格里

巴库：[不详]，1926，130 页

2050

Былины севера. Т. 1. Мезень и Печора　Записи,
вступительная статья и комментарий А. М. Астахо-
вой

М.: Изд-во Академии наук СССР, 1938. 655 с.

北方壮士歌（第 1 卷）：梅津河与伯朝拉河　А.М. 阿
斯塔霍娃记录、作序和注释

莫斯科：苏联科学院出版社，1938，655 页

2051

**Легенда об Уленшпигеле и Ламме Гудзаке, их
приключениях геройских, забавных и достослав-
ных, во Фландрии и иных странах**　Шарль Де-
Костэр

Петроград: Издание Т-ва А. Ф. Маркс, 1916. 448 с.

**欧伦施皮格尔和拉姆·戈查克在佛兰德和其他地方
的光荣、快活、英勇的奇遇和传说**　查尔斯·德·科
斯特

彼得格勒：А.Ф. 马克斯出版社，1916，448 页（古）

2052

**Летописи государственного литературного музея.
К. 6. Былины М. С. Крюковой**　Записали и ком-
ментировали Э. Бородина и Р. Липец

М.: Издание государственного литературного музея,
1939. 749 с.

**国家文学博物馆大事记（第 6 册）：М.С. 克留科娃
壮士歌**　Э. 博罗金娜、Р. 利佩茨记录和注释

莫斯科：国家文学博物馆出版，1939，749 页

2053

Русские народные песни

Одесса: Книгоизд-во «Наука», 1913. 42 с.

俄国民歌集

敖德萨：科学图书出版社，1913，42 页（古）

2054

Бог на помощь: Рассказы и сказки　А. Федоров-
Давыдов

М.: Издание А. А. Ступина, 1912. 45 с.

愿上帝相助（短篇小说和童话集） A. 费奥多罗夫 –
达维多夫
莫斯科：A.A. 斯图平出版，1912，45 页（古）

2055
Бориславские рассказы Иван Франко
М.: Государственное изд-во, 1930. 240 с.
鲍里斯拉夫的故事 伊凡·弗兰科
莫斯科：国家出版社，1930，240 页

2056
Васильки: Легенды Л. Соловьева, Н. Манасеина
М.: Издательство Т-ва И. Д. Сытина, 1915. 101 с.
矢车菊（传说） Л. 索洛维约娃、Н. 马纳谢因娜
莫斯科：И.Д. 瑟京出版社，1915，101 页（古）

2057
**Волк Фенрис: Финансовая повесть: Тескт и ком-
ментарии** Ферсхофен
М.: Государственное изд-во, 1927. 104 с.
芬瑞斯狼（金融小说）: 正文和评注 费斯霍芬
莫斯科：国家出版社，1927，104 页

2058
Волшебная сказка: Повесть для юношества Лидия Чарская
Петроград: Тип. акц. общ. Типогр., 1915. 254 с.
神话故事（青年读物） 利季娅·恰尔斯卡娅
彼得格勒：股份印刷厂，1915，254 页（古）

2059
Живая вода: Сказки. Вып. 1-й
[Б. м.]: Издание А. М. Бродовикова, 1920. 16 с.
仙水（神话集第 1 册）
[不详]：А.М. 布罗多维科夫出版，1920，16 页

2060
Живинка в деле: Уральские сказы И. Бажов
М.: Профиздат, 1948. 202 с.
工作干劲（乌拉尔的故事） И. 巴若夫
莫斯科：工会出版社，1948，202 页

2061
Избранные рассказы

Петроград: Т-во Художеств. печати, 1914. 125 с.
短篇小说选集
彼得格勒：美术印刷公司，1914，125 页（古）

2062
К свету: Для старшего возраста В. В. Огарков
М.: Издание Т-ва И. Д. Сытина, 1914. 323 с.
走向光明（大龄读物） В.В. 奥加尔科夫
莫斯科：И.Д. 瑟京出版社，1914，323 页（古）

2063
**Кошки: Необычайные рассказы о домашних и
диких кошках** Под ред. Вл. А. Попова
М.: Земля и фабрика, 1927. 116 с.
猫: 家猫与野猫的轶事 Вл.А. 波波夫编
莫斯科：土地与工厂出版社，1927，116 页

2064
Куда ворон костей не заносил С. Бельский
С.-Петербург: Общественная Польза, 1914. 217 с.
天涯海角 С. 别利斯基
圣彼得堡：公益出版社，1914，217 页（古）

2065
**Лес шумит: Полеская легенда; Мгновение:
Очерк** В. Г. Короленко
М.: Огиз; Гослитиздат, 1947. 47 с.
森林在呼啸（波列斯科传奇）; 瞬间（随笔） В.Г. 柯
罗连科
莫斯科：国家出版社联合公司、国家文艺书籍出版
社，1947，47 页

2066
Литовские народные сказки Перевод с литов-
ского Ф. И. Шуравина
Рига: [Б. и.], 1931. 109 с.
立陶宛民间故事 Ф.И. 舒拉温译自立陶宛语
里加：[不详]，1931，109 页

2067
**На воздушном шаре в Гренландию!: Приклю-
чения двух мальчиков на крайнем севере** Э. К.
Пименова
Л.: Начатки знаний, 1925. 134 с.

乘热气球去格陵兰岛！：两个男孩的北极历险记　Э.
К. 皮缅诺娃
列宁格勒：基础知识出版社，1925，134 页

2068
На земле: Сборник рассказов　Н. А. Соловьев-
Несмелов
М.: Издание Т-ва И. Д. Сытина, 1917. 198 с.
土地上（短篇小说集）　Н.А. 索洛维约夫 – 涅斯梅
洛夫
莫斯科：И.Д. 瑟京出版社，1917，198 页（古）

2069
Народные русские легенды　А. Н. Афанасьев
М.: Современные проблемы, 1914. 316 с.
俄国民间故事　А.Н. 阿法纳西耶夫
莫斯科：当代问题图书出版社，1914，316 页（古）

2070
Нинкины сказочки　В. В. Князев
Петроград: Издание Т-ва М. О. Вольф, 1915. 27 с.
尼娜童话　В.В. 克尼亚泽夫
彼得格勒：М.О. 沃尔夫出版社，1915，27 页（古）

2071
Отчина　Леонид Зуров
Рига: Саламандра, 1928. 111 с.
世袭领地　列昂尼德·祖罗夫
里加：蝾螈出版社，1928，111 页

2072
Плен страстей　Евгений Чириков
М.: Московское книгоиздательство, 1912. 308 с.
欲望的俘虏　叶夫根尼·奇里科夫
莫斯科：莫斯科图书出版社，1912，308 页（古）

2073
Рассказ о Прошлом　В. Н. Давыдов
М.: ACADEMIA, 1931. 475 с.
往事　В.Н. 达维多夫
莫斯科：科学院出版社，1931，475 页

2074
Рассказы　Илья Сургучев

С.-Петербург: Изд. товарищества «Знание», 1913.
306 с.
短篇小说集　伊利亚·苏尔古乔夫
圣彼得堡：知识出版社，1913，306 页（古）

2075
**Светочи Моря: Необычайные рассказы из жизни
маячных сторожей разных стран и народов**
М.: Земля и фабрика, 1923. 134 с.
海上明灯：不同国家和民族灯塔看守人不平凡的生
活故事
莫斯科：土地与工厂出版社，1923，134 页

2076
**Серебряная пряжа: Сказы Ивановских тек-
стильщиков**　Михаил Кочнев
М.: Советский писатель, 1946. 259 с.
银纱：伊万诺沃纺织工人故事　米哈伊尔·科奇涅
夫
莫斯科：苏联作家出版社，1946，259 页

2077
Сказание о русской земле. Ч. 4　Сост. Александр
Нечволодов
С.-Петербург: Государственная типография, 1913.
639 с.
俄国大地的传说（第 4 部分）　亚历山大·涅奇沃
洛多夫编
圣彼得堡：国家印刷厂，1913，639 页（古）

2078
Сказки　М. Е. Салтыков-Щедрин
М.: Гослитиздат, 1947. 62 с.
故事集　М.Е. 萨尔特科夫 – 谢德林
莫斯科：国家文艺书籍出版社，1947，62 页

2079
**Тихоокеанские сказки: Австралия и Полине-
зия**　Под ред. А. Н. Горлина
М.: Государственное изд-во, 1923. 75 с.
太平洋故事：澳大利亚与波利尼西亚　А.Н. 戈尔林
编
莫斯科：国家出版社，1923，75 页

2080

Тысячи лет тому назад: Рассказы из истории Греции　В. Лукьянская

М.: Т-во И. Н. Кушнерев и Ко, 1916. 400 с.

数千年前：希腊历史故事　B. 卢基扬斯卡娅

莫斯科：И.Н. 库什涅列夫股份公司，1916，400 页
（古）

2081

Басни русских писателей: Народные прибаутки, присказки, пословицы и загадки

М.: Типография т-ва Сытина, 1914. 159 с.

俄国作家寓言：民间俏皮话、俗语、谚语和谜语

莫斯科：瑟京印刷厂，1914，159 页（古）

2082

Слава　Демьян Бедный

М.: Гос. изд-вохудожественной литературы, 1945. 190 с.

荣誉　杰米扬·别德内

莫斯科：国家文艺书籍出版社，1945，190 页

2083

Стройте сами новую жизнь; Утро в деревне　Е. Горбунова; Н. Ф. Золотницкий

М.: Типо-литография Т-ва И. Н. Кушнерев и К-о, 1917. 204 с.

自己去创造新生活吧；乡村的早晨　E. 戈尔布诺娃著，Н.Ф. 佐洛特尼茨基

莫斯科：И.Н. 库什涅列夫股份印刷厂，1917，204 页（古）

2084

Избранное　Агния Барто

М.: Советский писатель, 1948. 159 с.

作品选集　阿格尼娅·巴尔托

莫斯科：苏联作家出版社，1948，159 页

2085

Мальчик наоборот　А. Барто

М.: Детгиз, 1934. 31 с.

男孩反着来　А. 巴尔托

莫斯科：国家儿童读物出版社，1934，31 页

2086

Путешествие за облака　М. Рудерман

М.: Детгиз, 1934. 24 с.

云外之旅　М. 鲁德尔曼

莫斯科：国家儿童读物出版社，1934，24 页

2087

Радуга: Русские поэты для детей　Сост. Саша Черный

М.: Книгоизд-во «Слово», 1922. 417 с.

虹：俄罗斯儿童诗人　萨沙·乔尔内编

莫斯科：言论图书出版社，1922，417 页

2088

Али: Рассказ　А. Соловово

М.: Государственное изд-во, 1928. 37 с.

阿里（短篇小说）　А. 索洛沃沃

莫斯科：国家出版社，1928，37 页

2089

Беглецы и другие рассказы　З. Вендрова [и др.]

М.: Типо-литография Т-ва И. Н. Кушнерев, 1913. 186 с.

《逃亡者》等短篇小说　З. 文德罗娃等

莫斯科：И.Н. 库什涅列夫印刷厂，1913，186 页

2090

Белый ошейник: Рассказ　Е. Марков

М.: Изд-во Г. Ф. Мириманова, 1927. 24 с.

白颈圈（短篇小说）　Е. 马尔科夫

莫斯科：Г.Ф. 米里马诺夫出版社，1927，24 页

2091

В бурную ночь

М.: Издание Г. Ф. Мириманова, 1928. 31+47+23 с.

风雨交加的夜晚

莫斯科：Г.Ф. 米里马诺夫出版，1928，31+47+23 页

2092

В глухом углу: Из жизни скромных тружениц　Кладия Лукашевич

М.: Типография Т-ва И. Д. Сытина, 1916. 43 с.

在偏僻角落：朴素劳动者的生活纪事　克拉季亚·卢卡舍维奇

莫斯科：И.Д. 瑟京印刷厂，1916，43 页（古）

2093

Верный друг и другие рассказы　Н. Телешов

М.: Книгоиздательство писателей, 1915. 115 с.

《忠诚的朋友》等短篇小说　Н. 捷列绍夫

莫斯科：作家图书出版社，1915，115 页（古）

2094

Веселый вечерок; Птичьи домики　Л. и Ж. Каравасвы

М.: Типо-литография Т-ва И. Н. Кушнерев, 1917. 223 с.

愉快的晚会；鸟屋　Л. 卡拉瓦耶夫、Ж. 卡拉瓦耶夫

莫斯科：И.Н. 库什涅列夫印刷厂，1917，223 页

2095

Война　О. Гурьян

М.: Государственное изд-во, 1930. 16 с.

战争　О. 古里扬

莫斯科：国家出版社，1930，16 页

2096

Волчонок: Рассказ для детей старшего возраста　В. И. Дмитриева

М.: Изд-во Г. Ф. Мириманова, 1927. 35 с.

狼崽（大龄儿童故事）　В.И. 德米特里耶娃

莫斯科：Г.Ф. 米里马诺夫出版社，1927，35 页

2097

Вперед, капитаны!: Повесть

М.: Детгиз, 1947. 207 с.

大尉们，前进！（中篇小说）

莫斯科：国家儿童读物出版社，1947，207 页

2098

Гой Дальбак: Повесть　Н. Дмитриева

М.: Государственное изд-во, 1930. 235 с.

戈伊·达尔巴克（中篇小说）　Н. 德米特里耶娃

莫斯科：国家出版社，1930，235 页

2099

Голубая цапля = Леди Джэн: для детей среднего возраста　С. В. Джемисон

[Б. м.]: Светоч, 1927. 221 с.

蓝鹭（又名简夫人）：中龄儿童读物　С.В. 詹姆森

[不详]：明灯出版社，1927，221 页

2100

Горюн и другие рассказы для детей　В. И. Дмитриева

М.: Изд. И. Д. Сытина, 1913. 222 с.

《戈留恩》等儿童故事　В.И. 德米特里耶娃

莫斯科：И.Д. 瑟京出版社，1913，222 页（古）

2101

Дворовый Пашка: Рассказ крепостного　Е. Верейская

М.: Молодая гвардия, 1929. 79 с.

仆人帕什卡：农奴故事　Е. 维列伊斯卡娅

莫斯科：青年近卫军出版社，1929，79 页

2102

Девочка Лида: Рассказ для детей　Л. Нелидова

М.: Типо-литография Т-ва И. Н. Кушнерев и К-о., 1919. 268 с.

女孩丽达（儿童故事）　Л. 涅利多娃

莫斯科：И.Н. 库什涅列夫股份公司印刷厂，1919，268 页

2103

День Файзуллы: Рассказ　Б. Шатилов

М.: Государственное изд-во, 1928. 31 с.

法伊祖拉的一天（短篇小说）　Б. 沙季洛夫

莫斯科：国家出版社，1928，31 页

2104

Детские годы: Сборник рассказов　Клавдия Лукашевич

М.: Издание 6-е Т-ва И. Д. Сытина, 1912. 165 с.

童年时代（短篇小说集）　克拉夫季娅·卢卡舍维奇

莫斯科：И.Д. 瑟京出版社（第 6 版），1912，165 页（古）

2105

Дневник школьника　Карл Данц

М.: Огиз; Молодая гвардия, 1931. 142 с.

学生日记　卡尔・丹茨

莫斯科：国家出版社联合公司、青年近卫军出版社，1931，142 页

2106

Записки Сиротки: Повесть для детей　Л. А. Чарская

С.-Петербург: Издание Т-ва М. О. Вольф, 1912. 139
с.

孤儿日记（儿童读物）　Л.А. 恰尔斯卡娅

圣彼得堡：М.О. 沃尔夫出版社，1912，139 页（古）

2107

Избранные рассказы для детей. К. 1　А. П. Чехов

М.: Государственное изд-во, 1923. 103 с.

儿童短篇小说选集（第 1 册）　А.П. 契诃夫

莫斯科：国家出版社，1923，103 页

2108

**Избранные сочинения: Для детей школьного
возраста**　П. И. Мельников-Печерский; Под ред. Н.
О. Лернера

Петроград: Издание Т-ва М. О. Вольф, 1915. 318 с.

作品选集（学龄儿童读物）　П.И. 梅利尼科夫 – 佩
切尔斯基著，Н.О. 莱纳编

彼得格勒：М.О. 沃尔夫出版社，1915，318 页（古）

2109

История одного грача: Рассказ для детей　П. Ду-
доров

М.: Государственное изд-во, 1923. 38 с.

一只白嘴鸦的故事（儿童小说）　П. 杜多罗夫

莫斯科：国家出版社，1923，38 页

2110

**Как люди научились летать и как летают по воз-
духу: Популярные рассказы о воздухоплавании
для семьи и школы**　Н. А. Рубакин

Петроград: Издание Петроградского Совета Рабочих и Красноармейских Депутатов, 1919. 140 с.

人类如何学会飞行和空中怎样飞行：家庭和学校航
空普及读物　Н.А. 鲁巴金

彼得格勒：彼得格勒工人和红军代表苏维埃出版，
1919，140 页

2111

**Любимые друзья: Сборник рассказов для детей
младшего возраста**　Клавдия Лукашевич

М.: Изд. Т-ва И. Д. Сытина, 1915. 127 с.

亲爱的朋友们（低龄儿童故事集）　克拉夫季娅・卢
卡舍维奇

莫斯科：И.Д. 瑟京出版社，1915，127 页

2112

Маленький оборвыш　Д. Гринвуд; Под ред. М.
Леонтьевой

[Б. м.]: Одесполиграф, 1928. 320 с.

流浪儿　Д. 格林伍德著，М. 列昂季耶娃编

[不详]：敖德萨印刷厂，1928，320 页

2113

**Мои звери: Для детей среднего и старшего воз-
раста**　В. Л. Дуров

М.: Молодая гвардия, 1930. 190 с.

我的野兽（中龄和大龄儿童读物）　В.Л. 杜罗夫

莫斯科：青年近卫军出版社，1930，190 页

2114

Остров в степи　Г. Замчалов и О. Перовская

[Б. м.]: Детгиз, 1934. 165 с.

草原上的孤林　Г. 扎姆恰罗夫、О. 佩罗夫斯卡娅

[不详]：国家儿童读物出版社，1934，165 页

2115

От каучука до калоши　Ольга Дейнеко и Николай
Трошин

М.: Молодая гвардия, 1931. 22 с.

从橡胶到胶皮套鞋　奥莉加・杰伊涅科、尼古
拉・特罗申

莫斯科：青年近卫军出版社，1931，22 页

2116

Охота без ружья　В. Лонг; Перевод А. Ульяновой

М.: Тип. Т-ва Рябушинских, 1914. 32 с.

徒手狩猎　В. 朗戈斯著，А. 乌里扬诺娃译

莫斯科：里亚布申斯基印刷厂，1914，32 页（古）

2117

Повесть о сорока семи нижних чинах　Лев Рубинштейн

М.: Огиз; Детгиз, 1934. 142 с.

47 名士兵的故事　列夫·鲁宾施泰因

莫斯科：国家出版社联合公司、国家儿童读物出版社，1934，142 页

2118

Ранние грозы: Рассказы для детей　Л. Лиданова

М.: Типография Т-ва И. Д. Сытина, 1915. 213 с.

清晨的雷雨（儿童故事）　Л. 利达诺娃

莫斯科：И.Д. 瑟京印刷厂，1915，213 页（古）

2119

Сатанджио: Рассказ из жизни Кавказской пантеры　Е. Марков

М.: Государственное изд-во, 1929. 37 с.

撒坦吉奥：高加索豹的生活故事　Е. 马尔科夫

莫斯科：国家出版社，1929，37 页

2120

Светлячок: Двухнедельный журнал для детей младшего возраста　Под ред. А. А. Федорова-Давыдова

[Б. м.]: [Б. и.], 1914. 174 с.

萤火虫（低龄儿童双周刊）　А.А. 费奥多罗夫 – 达维多夫编

[不详]：[不详]，1914，174 页（古）

2121

Товарищи Мурзилки: Новые удивительныые приключения и странствования маленьких лесных человечков　Пальмер Кокс

С.-Петербург: Издание Т-ва М. О. Вольф, 1914. 64 с.

穆尔济尔卡的朋友们：新小棕仙快乐历险记　帕尔默·考克斯

圣彼得堡：М.О. 沃尔夫出版社，1914，64 页（古）

2122

Утренние тени: Рассказы для детей　Л. Лиданова

М.: [Б. и.], 1912. 134 с.

曙影（儿童故事）　Л. 利达诺娃

莫斯科：[不详]，1912，134 页（古）

2123

Филимоша: Рассказ: (Из поволжских былей)　Н. А. Соловьев-Несмелов

М.: Типография Русского товарищества, 1914. 64 с.

菲利莫沙（短篇小说）：伏尔加河往事　Н.А. 索洛维约夫 – 涅斯梅洛夫

莫斯科：俄国公司印刷厂，1914，64 页

2124

Хитрые и Умные　Мих. Зощенко

М.: Детиздат ЦК ВЛКСМ, 1940. 18 с.

狡猾人和聪明人　Мих. 佐先科

莫斯科：全苏列宁共产主义青年团中央委员会儿童读物出版社，1940，18 页

2125

Что было и чего не было: 7 рассказов для детей　О. Григорьева

С-Петербург: Издание Т-ва М. О. Вольф, 1914. 176 с.

发生过的事和没发生过的事（7 个儿童故事）　О. 格里戈里耶娃

圣彼得堡：М.О. 沃尔夫出版社，1914，176 页（古）

2126

Чудесное путешествие Нильса с дикими гусями: Сказочная повесть Сельмы Лагерлеф

М.: Детгиз, 1940. 126 с.

尼尔斯骑鹅历险记：塞尔玛·拉格洛夫童话故事

莫斯科：国家儿童读物出版社，1940，126 页

2127

Юность Кати и Вари Солнцевых: Повесть для юношества

Петроград: Издание А. Ф. Девриена, 1918. 477 с.

卡佳·松采夫与瓦利娅·松采夫的青年时代（青年中篇小说）

彼得格勒：А.Ф. 杰夫里延出版，1918，477 页（古）

2128

Юрий Милославский: по роману М. Н. Загоскина

М.: Типография К. Л. Меньшова, 1916. 192 с.

尤里·米洛斯拉夫斯基（根据 М.Н. 扎戈斯金长篇小说改编）

莫斯科：К.Л. 梅尼绍夫印刷厂，1916，192 页（古）

2129

Ясное утро: Книга для классного чтения Всеволод Флеров

М.: Государственное изд-во, 1923. 174 с.

晴朗的早晨（课堂读物） 弗谢沃洛德·弗廖罗夫

莫斯科：国家出版社，1923，174 页

2130

В уютном уголке: Повести и рассказы для детей

С-Петербург: Типография Ю. Н. Эрлих, 1912. 150 с.

舒适的角落里（儿童中短篇小说集）

圣彼得堡：Ю.Н. 埃利希印刷厂，1912，150 页（古）

2131

Волк Евстифей и Михайло Потапыч: Сказка для детей А. Можаровский

М.: Издание А. Д. Ступина, 1919. 61 с.

沃尔克·叶夫斯季费伊和米哈伊洛·波塔佩奇（童话） А. 莫扎罗夫斯基

莫斯科：А.Д. 斯图平出版，1919，61 页（古）

2132

История одного детства Е. Н. Водовозова

М.: Детгиз, 1947. 239 с.

童年故事 Е.Н. 沃多沃佐娃

莫斯科：国家儿童读物出版社，1947，239 页

2133

Пионер железной дороги: Рассказ из жизни Стефенсона Ник. Каринцев

М.: Новая Москва, 1924. 98 с.

铁路先驱：斯蒂芬森的生活故事 Ник. 卡林采夫

莫斯科：新莫斯科出版社，1924，98 页

2134

Победитель морей Роберт Фультон: Повесть Лев Вайсенберг

М.: Государственное изд-во, 1930. 125 с.

大海征服者罗伯特·富尔顿（中篇小说） 列夫·魏森伯格

莫斯科：国家出版社，1930，125 页

2135

Дикое сердце = The Wild Heart Э. Скуайр; Перевод Е. И. Горбуновой-Посадовой

М.: Посредник, 1928. 89 с.

狂野的心 Э. 斯夸尔著，Е.И. 戈尔布诺娃 – 波萨多娃译

莫斯科：媒介出版社，1928，89 页

2136

Обезьяны: Необычайные рассказы из жизни ручных и диких обезьян

М.: Земля и фабрика, 1927. 148 с.

猴子：驯化与野生猴子的奇特生活故事

莫斯科：土地与工厂出版社，1927，148 页

2137

Сказки природы Карл Эвальд

С.-Петербург: Тип. Т-ва Худож. печати, 1912. 128 с.

自然故事 卡尔·埃瓦尔德

圣彼得堡：美术印刷公司印刷厂，1912，128 页（古）

2138

Ягодки Нина Саконская

М.: Государственное изд-во, 1930. 11 с.

野果 尼娜·萨孔斯卡娅

莫斯科：国家出版社，1930，11 页

2139

Два века русской литературы Н. К. Пиксанов

М.: Государственное издательство, 1923. 208 с.

俄罗斯文学二百年 Н.К. 皮克萨诺夫

莫斯科：国家出版社，1923，208 页

2140

Виновна ли?: Роман Габриэль Запольская; Перевод с польского Я. Вильпишевской

Рига: Скиф, 1932. 128 с.

她之过吗？（长篇小说） 加布里埃尔·扎波利斯卡娅著，Я. 维利皮舍夫斯卡娅译自波兰语

里加：斯基泰人出版社，1932，128 页

2141

Возвращение на старую землю: Фантастический

роман Г. Жулавский; Пер. с польского М. Тимофеевой

М.: Издательство Пучина, 1928. 209 с.

重游旧地（长篇幻想小说） Г. 茹拉大斯基著，M. 季莫费耶娃译自波兰语

莫斯科：苍穹出版社，1928，209 页

2142
Генрик Сенкевич. Том V. Потоп Пер. В. М. Лавров

М.: Типо-Литография Т-ва И. Н. Кушнерев и К-о, 1917. 294 с.

亨利克·显克维支（第5卷）: 洪流 B.M. 拉夫罗夫译

莫斯科：И.Н. 库什涅列夫股份印刷厂，1917，294 页（古）

2143
Генрих Сенкевич собрание сочинений. Т. XI Пер. Витолда Ахрамовича

М.: Издание Т-ва И. Д. Сытина, 1914. 303 с.

亨利克·显克维支作品集（第 11 卷） 维托尔德·阿赫拉莫维奇译

莫斯科：И.Д. 瑟京出版社，1914，303 页（古）

2144
Генрих Сенкевич Собрание сочинений. Т. XII Генрих Сенкевич; Перевод Владислава Ходасевича

М.: Типография т-ва И. Д. Сытина, 1914. 591 с.

亨利克·显克维支作品集（第 12 卷） 亨利克·显克维支著，弗拉季斯拉夫·霍达谢维奇译

莫斯科：И.Д. 瑟京印刷厂，1914，591 页（古）

2145
Из дней минувших: Повесть Густав Даниловский; Перевод с польского Евг. Троповского

Л.: Мысль, 1925. 224 с.

昔日（中篇小说） 古斯塔夫·达尼洛夫斯基著，Евг. 特罗波夫斯基译自波兰语

列宁格勒：思想出版社，1925，224 页

2146
Матросы корабля «Надежда»: Рассказ для детей старшего возраста Вацлав Серошевский; Пере-

вод с польского С. Михайловой-Штерн

М.: Издание Г. Ф. Мириманова, 1928. 96 с.

"希望"号船员（大龄儿童读物） 瓦茨拉夫·谢罗舍夫斯基著，С. 米哈伊洛娃 – 施特恩译自波兰语

莫斯科：Г.Ф. 米里马诺夫出版社，1928，96 页

2147
Миллион кассира Спеванкевича: Роман Андрей Струг; Перевод с польского Евг. Троповского

Л.: Прибой, 1929. 356 с.

收银员斯佩万科维奇的百万财富（长篇小说） 安德烈·斯特鲁格著，Евг. 特罗波夫斯基译自波兰语

列宁格勒：拍岸浪出版社，1929，356 页

2148
На луне: Фантастический роман Г. Жулавский; Перевод с польского С. Михайловой-Штерн

[Б. м.]: Пучина, 1927. 275 с.

月亮之上（长篇幻想小说） Г. 茹拉夫斯基著，С. 米哈伊洛娃 – 施特恩译自波兰语

[不详]：苍穹出版社，1927，275 页

2149
Радуга: Повесть Ванда Василевская; Перевод с польского Е. Усиевич

М.: Правда, 1945. 223 с.

虹（中篇小说） 万达·瓦西里耶夫斯卡娅著，Е. 乌西耶维奇译自波兰语

莫斯科：《真理报》出版社，1945，223 页

2150
Роман Терезы Геннерт С. Ригер-Налковская; Перевод с польского Е. Гонзаго

М.: Современные проблемы, 1926. 215 с.

特里萨·亨尼特的故事 С. 里格尔 – 纳尔科夫斯卡娅著，Е. 贡扎戈译自波兰语

莫斯科：当代问题图书出版社，1926，215 页

2151
Сизифов труд = SYZYFOWE PRACE

Л.: Мысль, 1926. 263 с.

西叙福斯的劳动

列宁格勒：思想出版社，1926，263 页

2152
Собрание сочинений. Т. XI. Мужики В. Реймонт; Пер. В. Высоцкого
М.: Издание В. М. Саблина, 1912. 436 с.
作品集（第 11 卷）：农夫 В. 莱蒙特著，В. 维索茨基译
莫斯科：В.М. 萨布林出版，1912，436 页（古）

2153
Собрание сочинений. Т. XII. Мужики В. Реймонт; Пер. В. Высоцкого
М.: Издание В. М. Саблина, 1912. 368 с.
作品集（第 12 卷）：农夫 В. 莱蒙特著，В. 维索茨基译
莫斯科：В.М. 萨布林出版，1912，368 页（古）

2154
Собрание сочинений. Том II. Огнем и Мечом: исторический роман Генрих Сенкевич; Пер. В. Д. Высоцкого
М.: Типография Т-ва И. Д. Сытина, 1914. 298 с.
作品集（第 2 卷）：火与剑（长篇历史小说） 亨利克·显克维支著，В.Д. 维索茨基译
莫斯科：И.Д. 瑟京印刷厂，1914，298 页（古）

2155
Собрание сочинений. Том VII. Пан Володыевский: исторический роман Генрих Сенкевич; Пер. В. Д. Высоцкого
М.: Типография Т-ва И. Д. Сытина, 1914. 407 с.
作品集（第 7 卷）：渥洛杜耶夫斯基先生（长篇历史小说） 亨利克·显克维支著，В.Д. 维索茨基译
莫斯科：И.Д. 瑟京印刷厂，1914，407 页（古）

2156
Собрание сочинений: Повести и рассказы. Т. I Генрих Сенкевич
М.: Типография Т-ва И. Д. Сытина, 1914. 329 с.
作品集（中短篇小说集第 1 卷） 亨利克·显克维支
莫斯科：И.Д. 瑟京印刷厂，1914，329 页（古）

2157
Четыре автора: Роман
Рига: [Б. и.], 1915. 254 с.
四位作者（长篇小说）
里加：[不详]，1915，254 页

2158
Янко-Музыкант Генрих Сенкевич
М.: Изд. Г. Ф. Мириманова, 1927. 14 с.
音乐家扬科 亨利克·显克维支
莫斯科：Г.Ф. 米里马诺夫出版社，1927，14 页

2159
Гимнадения: Роман. Ч. 2 Сигрид Ундсет
Рига: Грамату драугс, 1930. 178 с.
手参（长篇小说第 2 部分） 西格里德·温塞特
里加：图书之友出版社，1930，178 页

2160
На встречу опасности = IM GRONLANDEIS MIT MYLIUS ERICHSEN А. Фрис; Перевод Н. Д. Шаховской
М.: Посредник, 1928. 90 с.
直面危险 А. 弗里斯著，Н.Д. 沙霍夫斯卡娅译
莫斯科：媒介出版社，1928，90 页

2161
Не убий: Сборник рассказов Е. Магнусгофская
Рига: Изд-во «Саламандра», 1929. 112 с.
戒杀（短篇小说集） Е. 马格努斯戈夫斯卡娅
里加：蝾螈出版社，1929，112 页

2162
Шесть лет под водой Иоганн Шпис; Перевод с немецкого Е. Р. Траянской
Л.: Изд-во Брокгауз-Ефрон, 1929. 183 с.
水下六年 约翰·斯皮斯著，Е.Р. 特拉扬斯卡娅译自德语
列宁格勒：布罗克豪斯 – 叶夫龙出版社，1929，183 页

2163
Стихотворения и драматические произведения Шиллера Н. В. Гербель
Петроград: Типография Л. Я. Ганзбурга, 1918. 487 с.
席勒诗集和戏剧作品集 Н.В. 格贝尔
彼得格勒：Л.Я. 汉斯堡印刷厂，1918，487 页（古）

2164

Полное собрание сочинений. Т. VII. Венера Генрих Ман; Пер. Е. И. Барсовой

М.: Издание В. М. Саблина, 1912. 271 с.

作品全集（第 7 卷）：金星 亨利希·曼著，Е.И. 巴尔索娃译

莫斯科：В.М. 萨布林出版，1912，271 页（古）

2165

Вопреки всему: Избранные стихотворения Ф. Фрейлиграт; Перевод М. Зенкевич

М.: Государственное изд-во, 1926. 42 с.

不顾一切（诗歌选集） Ф. 弗赖利格拉特著，М. 津克维奇译

莫斯科：国家出版社，1926，42 页

2166

Лирика Генрих Гейне

М.: Государственное изд-во, 1928. 258 с.

抒情作品 海因里希·海涅

莫斯科：国家出版社，1928，258 页

2167

Вилыгельм Телль: Драматическое представление Фридрих Шиллер

Петербург: Государственное изд-во, 1922. 204 с.

威廉·退尔（剧作） 弗里德里希·席勒

彼得堡：国家出版社，1922，204 页

2168

Избранные драмы Под общей редакцией А. В. Луначарского, Н. К. Пиксанова

М.: Гос. изд-во, 1930. 579 с.

戏剧选集 А.В. 卢那察尔斯基、Н.К. 皮克萨诺夫编

莫斯科：国家出版社，1930，579 页

2169

Адвокат Лаудин: Роман. Кн. 2 Я. Вассерман

Рига: Книга для всех, 1930. 163 с.

劳丁律师（长篇小说第 2 册） Я. 瓦谢尔曼

里加：大众图书出版社，1930，163 页

2170

Бегство во мрак: Роман Артур Шницлер; Перевод с немецкого Л. Мейерсона

Рига: Грамату драугс, 1931. 172 с.

逃入黑暗（长篇小说） 亚瑟·施尼茨勒著，Л. 迈耶尔松译自德语

里加：图书之友出版社，1931，172 页

2171

Бедный расточитель. Вып. 1 Эрнст Вайс; Перевод с немецкого Е. М. Закс

М.: Журнально-газетное объединение, 1938. 259 с.

贫穷的挥霍者（第 1 册） 恩斯特·韦斯著，Е.М. 扎克斯译自德语

莫斯科：报刊联合公司，1938，259 页

2172

Бедный расточитель. Вып. II Эрнст Вайс; Перевод с немецкого Е. М. Закс

М.: Журнально-Газетное объединение, 1938. 191 с.

贫穷的挥霍者（第 2 册） 恩斯特·韦斯著，Е.М. 扎克斯译自德语

莫斯科：报刊联合公司，1938，191 页

2173

Бесстрашные: Роман Михаил Цвик

Рига: FILIN, 1938. 109 с.

勇敢者（长篇小说） 米哈伊尔·茨维克

里加：菲林出版社，1938，109 页

2174

Будденброки: Роман Томас Манн

Рига: ACADEMIA, 1930. 240 с.

布登勃洛克一家（长篇小说） 托马斯·曼

里加：科学院出版社，1930，240 页

2175

Вернись, Ирен!: Роман Иоганна Сибелиус

RIGA: IZDEVNIECIBA FILIN, 1937. 104 с.

回来吧，伊伦！（长篇小说） 约翰娜·西贝柳斯

里加：菲林出版社，1937，104 页

2176

Верхний Город = OBERSTADT: Роман Дирк Зееберг; Перевод с немецкого К. И. Цедербаум

М.: Недра, 1928. 153 с.

上城（长篇小说） 德克·西贝尔格著，К.И. 采德鲍姆译自德语

莫斯科：矿藏出版社，1928，153 页

2177

Восстание из-за юноши Эрнста Якоб Вассерман; Перевод с немецкого С. Я. Голомб

Л.: Время, 1927. 127 с.

恩斯特青年起义 雅各布·瓦瑟曼著，С.Я. 戈隆布译自德语

列宁格勒：时间出版社，1927，127 页

2178

Героини степного пожара: Рассказы Перевод с английского С. Лялицкой

М.: Издание Г. Ф. Мириманова, 1928. 80 с.

草原火灾女英雄（短篇小说集） С. 利亚利茨卡娅译自英语

莫斯科：Г.Ф. 米里马诺夫出版，1928，80 页

2179

Дом в бреду = DAS FIEBERNDE HAUS: Роман Вальтер Голлендер = WALTHER HOLLANDER; Перевод с немецкого М. Б. Венус, Л. М. Варковицкой

Л.: Мысль, 1928. 256 с.

呓语屋（长篇小说） 沃尔瑟·霍兰德著，М.Б. 韦努斯、Л.М. 瓦尔科维茨卡娅译自德语

列宁格勒：思想出版社，1928，256 页

2180

Дураки и герои: Из заметок бродяги В. Бонзельс

Л.: Петроград, 1930. 236 с.

傻瓜与英雄：流浪汉的印象 В. 邦塞斯

列宁格勒：彼得格勒出版社，1930，236 页

2181

Запах Императрицы: Роман в трех частях Леонид Грабарь

Рига: Книгоиздательство «Общедоступная библиотека», 1929. 192 с.

女皇的气味（三部分长篇小说） 列昂尼德·格拉巴里

里加：公共图书馆图书出版社，1929，192 页

2182

Ингеборг = Ingeborg: Роман Бернгард Келлерман

Рига: Изд-во О. Д. Строк, 1927. 167 с.

英格堡（长篇小说） 伯恩哈德·凯勒曼

里加：О.Д. 斯特罗克出版社，1927，167 页

2183

Йорн Уль: Роман Густав Френсен; Пер. В. Лежнева

С.-Петербург: Деятель, 1913. 488 с.

约翰·乌尔（长篇小说） 古斯塔夫·弗伦森著，В. 列日涅夫译

圣彼得堡：活动家出版社，1913，488 页（古）

2184

Исповедь каторжника: Детство преступника Томас Манн; Перевод Т. Жирмунской

Л.: Прибой, 1927. 91 с.

囚徒自白：罪犯的童年 托马斯·曼著，Т. 日尔蒙斯卡娅译

列宁格勒：拍岸浪出版社，1927，91 页

2185

Канцлер мировой державы: Роман Под ред. А. Г. Горнфельда; Перевод с немецкого А. Н. Карасика

Л.: Изд-во Сеятель, 1924. 176 с.

大国总理（长篇小说） А.Г. 戈尔恩费尔德编，А.Н. 卡拉西克译自德语

列宁格勒：传播者出版社，1924，176 页

2186

Карьера Дизраэли Андре Моруа; Перевод С. А. Лопашова

М.: Кооперативное изд-во, 1934. 392 с.

迪斯雷利传 安德烈·莫洛亚著，С.А. 洛帕绍夫译

莫斯科：合作出版社，1934，392 页

2187

Кенигсмарк Пьер Бенуа; Перевод А. В. Коссовича

Рига: Изд-во О. Д. Строк, 1925. 188 с.

柯尼希斯马克 皮埃尔·伯努瓦著，А.В. 科索维奇译

里加：О.Д. 斯特罗克出版社，1925，188 页

2188

Корабль смерти　Б. Травэн; Перевод с немецкого Э. Грейнер Гекк

Ленинград: Молодая гвардия, 1931. 164 с.

死亡之船　Б. 特拉文著，Э. 格赖纳·黑克译自德语

列宁格勒：青年近卫军出版社，1931，164 页

2189

Маленькая Фелицита понимает все: Роман　Эрнст Лотар; Перевод с немецкого В. Златогорского

[Б. м.]: DZIVE UN KULTURA, 1935. 394 с.

难不倒的小费利齐塔（长篇小说）　恩斯特·洛塔尔著，В. 兹拉托戈尔斯基译自德语

[不详]：生活与文化出版社，1935，394 页

2190

Мансарда снов: Роман　Эрих Ремарк; Перевод Г. А. Л-ина

Рига: Грамату драугс, 1930. 207 с.

梦中阁楼（长篇小说）　埃里希·雷马克著，译者不详

里加：图书之友出版社，1930，207 页

2191

Маска против Маски: Роман　Герман Гилген-дорф; Перевод с немецкого И. М. Шлосберга

Рига: Заря, 1930. 184 с.

面具对面具（长篇小说）　赫尔曼·吉尔根多夫著，И.М. 施洛斯贝格译自德语

里加：霞光出版社，1930，184 页

2192

Месть молодого Ме, или, Чудо вторичного цветения слив = DIE RACHE DES JUNGEN MEH, ODER, DAS WUNDER DER ZWEITEN PFLAUMENBLUTE: Роман из китайской жиз-ни　Перевод с немец. В. О. Цедербаума

М.: Федерация, 1929. 291 с.

青年人梅的复仇（又名李树花开二度的奇迹）：中国生活故事　В.О. 采德鲍姆译自德语

莫斯科：联邦出版社，1929，291 页

2193

Мице на фабрике　Карл Данц; Перевод с немецко-

го М. А. Гершензона

М.: Гос. Изд., 1928. 136 с.

工厂里的草莓　卡尔·丹茨著，М.А. 格尔申宗译自德语

莫斯科：国家出版社，1928，136 页

2194

На черной полосе: Роман　А. Бибик

М.: Недра, 1930. 224 с.

黑色地带（长篇小说）　А. 比比克

莫斯科：矿藏出版社，1930，224 页

2195

Остров великой матери или Чудо на Иль-де-дам: Роман　Гергарт Гауптман

Л.: Время, 1925. 317 с.

伟大母亲之岛（又名圣母院的奇迹）（长篇小说）　格哈德·豪普特曼

列宁格勒：时间出版社，1925，317 页

2196

Отель Савой: Роман　Иосиф Рот; Перевод с не-мецкого Германа Генкель

Л.: Прибой, 1925. 114 с.

萨沃伊饭店（长篇小说）　约瑟夫·罗特著，格尔曼·亨克尔译自德语

列宁格勒：拍岸浪出版社，1925，114 页

2197

Песня дружбы: Роман. Вып. II　Бернард Келлер-ман; Перевод с немецкого Е. Магат

М.: Журнально-газетное объединение, 1937. 579 с.

友谊之歌（长篇小说第 2 册）　伯恩哈德·凯勒曼著，Е. 马加特译自德语

莫斯科：报刊联合公司，1937，579 页

2198

Поток жизни: Роман　Адольф Вильбранд

Каунас: Изд-во Марабу, 1932. 159 с.

生命之流（长篇小说）　阿道夫·维尔布兰特

考纳斯：秃鹳出版社，1932，159 页

2199

Путем-Дорогой　Артур Гейе; Перевод с немецкого

Л. Гербильской

М.: Государственное изд-во, 1930. 247 с.

路上 阿图尔·海伊著，Л. 格尔比利斯卡娅译自德语

莫斯科：国家出版社，1930，247 页

2200

Разбойники: Роман Леонигард Франк; Перевод с немецкого В. И. Сметанича

Л.: Мысль, 1925. 263 с.

强盗（长篇小说） 莱昂哈德·弗兰克著，В.И. 斯梅塔尼奇译自德语

列宁格勒：思想出版社，1925，263 页

2201

Рассказы о животных. Книга I Чарльз Робертс; Пер. с английского Б. Пегелау

М.: Типография К. Л. Меньшова, 1915. 191 с.

动物故事（第 1 册） 查尔斯·罗伯茨著，Б. 佩格劳译自英语

莫斯科：К.Л. 梅尼绍夫印刷厂，1915，191 页

2202

Светские люди: Роман Генрих Манн

Рига: Грамату драугс, 1927. 233 с.

世俗的人们（长篇小说） 亨利希·曼

里加：图书之友出版社，1927，233 页

2203

Семья: Роман Якоб Вассерман; Перевод с немецкого З. Вершининой

М.: Гос. Изд., 1927. 312 с.

家（长篇小说） 雅各布·瓦瑟曼著，З. 韦尔希宁娜译自德语

莫斯科：国家出版社，1927，312 页

2204

Серьезная жизнь: Роман Генрих Манн; Перевод Надежды Вольнин

М.: Гослитиздат, 1934. 232 с.

严肃的生活（长篇小说） 亨利希·曼著，娜杰日达·沃尔宁译

莫斯科：国家文艺书籍出版社，1934，232 页

2205

Собрание сочинений. Том IX. Дочери рейнской земли Клара Фибих; Пер. М. и О. Ауэрбах

М.: Издание В. М. Саблина, 1912. 384 с.

作品集（第 9 卷）：莱茵河大地的女儿们 克拉拉·维比格著，М. 奥尔巴赫、О. 奥尔巴赫译

莫斯科：В.М. 萨布林出版，1912，384 页（古）

2206

Сожженная кровать = DAS VERBRANNTE BETT: Роман Алиса Беренд = ALICE BEREND; Перевод с немецкого Г. И. Ярхо

М.: Недра, 1928. 133 с.

烧毁的床（长篇小说） 艾丽丝·贝伦德著，Г.И. 亚尔霍译自德语

莫斯科：矿藏出版社，1928，133 页

2207

Страдание = PASSION: Роман Клара Фибих = CLARA VIEBIG; Перевод с немецкого Г. И. Гордона

Л.: Мысль, 1926. 253 с.

苦难（长篇小说） 克拉拉·维比格著，Г.И. 戈尔东译自德语

列宁格勒：思想出版社，1926，253 页

2208

Трое в одной лодке Джером К. Джером

М.: Молодая гвардия, 1928. 240 с.

三人同舟 杰罗姆·К·杰罗姆

莫斯科：青年近卫军出版社，1928，240 页

2209

Туннель: Роман Б. Келлерман

М.: Изд. ВЦСПС, 1925. 136 с.

隧道（长篇小说） Б. 凯勒尔曼

莫斯科：全苏工会中央理事会出版社，1925，136 页

2210

Фальшивомонетчики: Роман Андре Жид; Перевод А. А. Франковского

Л.: ACADEMIA, 1926. 625 с.

伪币制造者（长篇小说） 安德烈·纪德著，А.А. 弗兰科夫斯基译

列宁格勒：科学院出版社，1926，625 页

2211

Чрезвычайно неудавшееся путешествие вокруг света　Альберг Даудистель; Перевод с немецкого С. Бернер

М.: Государственное изд-во, 1928. 90 с.

失败的环球旅行　艾伯特·道吉斯特著，C. 贝尔纳译自德语

莫斯科：国家出版社，1928，90 页

2212

Шахтеры: Роман　Ганс Мархвица; Авторизованный перевод с немецкого З. Вершининой

М.: Гос. Изд. Художественной литературы, 1933. 152 с.

矿工们（长篇小说）　汉斯·马尔希维查著，作者授权 3. 韦尔希宁娜译自德语

莫斯科：国家文艺书籍出版社，1933，152 页

2213

Макс Хавелаар, или, Кофейные аукционы Нидерландского торгового общества: Автобиографический роман　Мультатули (Эдуард Дауэс Деккер); Перевод с немецкого И. Д. Маркусона

Л.: Мысль, 1925. 240 с.

马克斯·哈弗拉尔（又名荷兰贸易公司的咖啡交易）（自传体小说）　穆尔塔图里（爱德华·道维斯·戴克尔）著，И.Д. 马尔库松译自德语

列宁格勒：思想出版社，1925，240 页

2214

Биплан «C 666»: Из Записок летчика на западном фронте　Гейдемарк; Перевод с немецкого Л. М. Гаусман

М.: Гос. Изд., 1926. 63 с.

C666 号双翼机：西部战线飞行员笔记　海德马克著，Л.М. 豪斯曼译自德语

莫斯科：国家出版社，1926，63 页

2215

Вильгельм II: Воспоминания и мысли　Отто Бисмарк; Перевод с немецкого А. Н. Карасика

М.: Гос. Изд., 1923. 174 с.

威廉二世：回忆与思考　奥托·俾斯麦著，А.Н. 卡拉西克译自德语

莫斯科：国家出版社，1923，174 页

2216

Дневник подростка　Перевод с немецкого под редакцией В. И. Бинштока

Л.: Время, 1925. 294 с.

少年日记　В.И. 宾什托克编译自德语

列宁格勒：时间出版社，1925，294 页

2217

Крик души: Письма из тюрьмы к подруге　Филипп Гальсман

[Б. м.]: Заря, 1930. 192 с.

心灵的呐喊：狱中致女友的书信集　菲利普·哈尔斯曼

[不详]：霞光出版社，1930，192 页

2218

История Платтнера: Рассказы　Г. Уэллс; Перевод М. Ирской

Л.: Вкруг света, 1928. 102 с.

普拉特纳的故事（短篇小说集）　Г. 威尔斯著，М. 伊尔斯卡娅译

列宁格勒：环球出版社，1928，102 页

2219

Дядя и Племянник: Рассказ из жизни негров-невольников　Франц Гофман; Пер. Н. Николаева

С.-Петербург: Изд. В. И. Губинского, 1914. 111 с.

叔侄二人：黑奴生活故事　弗朗茨·霍夫曼著，Н.尼古拉耶夫译

圣彼得堡：В.И. 古宾斯基出版社，1914，111 页（古）

2220

За свободу: Из эпохи великой крестьянской войны 1525 года　Роберт Швейхель

М.: Гос. Изд., 1928. 241 с.

为了自由：1525 年伟大农民战争时代　罗伯特·施韦切尔

莫斯科：国家出版社，1928，241 页

2221

Пещерные дети: Повесть　A. Зонлейтенр; Перевела с немецкого Э. Вульфсон

М.: Гос. Изд., 1926. 258 с.

穴居的孩子（中篇小说）　A. 索恩莱特纳著，Э. 武尔夫松译自德语

莫斯科：国家出版社，1926，258 页

2222

Самонадеянный: (Упрямец): Рассказ для юношества　Франц Гофман

С.-Петербург: Издание В. И. Губинского, 1914. 109 с.

过于自信者（固执的人）（青年短篇小说）　弗朗茨·霍夫曼

圣彼得堡：В.И. 古宾斯基出版，1914，109 页（古）

2223

Трагедия унтера Гриши: Роман　Арнольд Цвейг

Рига: Общедоступная билиотека, 1929. 208 с.

士官格里沙的悲剧（长篇小说）　阿诺尔德·茨威格

里加：公共图书馆出版社，1929，208 页

2224

В стране карликов, горилл и бегемотов: Очерки и рассказы из африканской жизни　Ренэ Гузи

Л.: Вокруг света, 1928. 73 с.

在矮人、大猩猩和河马的国度：非洲生活概述和故事　勒内·古齐

列宁格勒：环球出版社，1928，73 页

2225

Император Португальский: Вермландская повесть　Сельма Лагерлеф; Перевод со шведского М. Благовещенской

М.: Акционерное общество «Универсальная библиотека», 1915. 296 с.

葡萄牙皇帝：韦姆兰的故事　塞尔玛·拉格洛夫著，М. 布拉戈维申斯卡娅译自瑞典语

莫斯科：综合图书股份公司，1915，296 页（古）

2226

От смерти к жизни: Роман　Сельма Лагерлеф; Перевод со шведского Е. Н. Благовещенской

Петроград: А. Ф. Маркс, 1924. 197 с.

从死到生（长篇小说）　塞尔玛·拉格洛夫著，Е.Н. 布拉戈维申斯卡娅译自瑞典语

彼得格勒：А.Ф. 马克斯出版社，1924，197 页

2227

Полное собрание сочинений. Т. 2. Повести. Рассказы. Драмы　Август Стриндберг

М.: Издание В. М. Саблина, 1912. 230 с.

作品全集（第 2 卷）：中短篇小说和戏剧集　奥古斯特·斯特林堡

莫斯科：В.М. 萨布林出版，1912，230 页（古）

2228

Тора: Роман　Густав аф Гейерстам; Перевод М. В. Ватсон

Л.: Мысль, 1926. 180 с.

摩西五经（长篇小说）　古斯塔夫·耶伊尔斯塔姆著，М.В. 瓦特松译

列宁格勒：思想出版社，1926，180 页

2229

Август　Кнут Гамсун; Первод с норвежского С. А. Полиевктовой

М.: Гос. изд. Художественной литературы, 1933. 383 с.

八月　克努特·汉姆生著，С.А. 波利耶夫克托娃译自挪威语

莫斯科：国家文艺书籍出版社，1933，383 页

2230

Дикие гуси: Роман　Марта Остенсо; Перевод с английского Марка Волосова

М.: Земля и фабрика, 1926. 264 с.

野鹅（长篇小说）　马塔·奥斯滕索著，马克·沃洛索夫译自英语

莫斯科：土地与工厂出版社，1926，264 页

2231

Иенни: Роман　Сигрид Ундсет

[Б. м.]: Грамату драугс, 1928. 221 с.

珍妮（长篇小说）　西格里德·温塞特

[不详]：图书之友出版社，1928，221 页

2232

Избранные рассказы　Кнут Гамсун

[Б. м.]: Ред. журн. «Пробуждение», 1912. 127 с.

短篇小说选集　克努特·汉姆生

[不详]:《觉醒》杂志编辑部，1912，127 页（古）

2233

Наутилус во льдах: Роман　X. Свердруп

М.: Гос. изд. художественной литературы, 1932. 115 с.

"鹦鹉螺号" 冰海航行（长篇小说）　X. 斯维德鲁普

莫斯科：国家文艺书籍出版社，1932，115 页

2234

Последняя глава: Роман　Кнут Гамсун; перевод с норвежского М. А. Полиевктовой

М.: Мосполиграф, 1924. 344 с.

最后一章（长篇小说）　克努特·哈姆森著，M.A. 波利耶夫克托娃译自挪威语

莫斯科：莫斯科印刷工业企业联合公司，1924，344 页

2235

Сидсель, длинная рубаха: Повесть　Ганс Онруд; Пер. с норвежского Р. Тираспольской

М.: Типо-литография Русского товарищества Печатного и издательского дела, 1915. 103 с.

西塞儿，长衬衫（中篇小说）　汉斯·昂鲁德著，P. 季拉斯波利斯卡娅译自挪威语

莫斯科：俄国印刷出版公司印刷厂，1915，103 页（古）

2236

Смелый. (Трюгген): Повесть　Хр. Герлеф; Перевод с норвежского Е. Хольмбо

М.: Типо-лит т-ва И. Н. Кушнерев и К-о, 1917. 92 с.

勇敢的人（特里夫）（中篇小说）　Xp. 格列夫著，E. 霍利姆波译自挪威语

莫斯科：И.H. 库什涅列夫股份印刷厂，1917，92 页（古）

2237

Струны прошлого: Роман　Сигрид Ундсет; Перевод с норвежского М. П. Благовещенской

[Б. м.]: Заря, 1930. 136 с.

往事之弦（长篇小说）　西格里德·温塞特著，М.П. 布拉戈维申斯卡娅译自挪威语

[不详]: 霞光出版社，1930，136 页

2238

Школьник Свен: Из норвежской жизни　Бернт Ли

М.: Гос. изд., 1926. 108 с.

小学生斯文：挪威生活　伯恩特·李

莫斯科：国家出版社，1926，108 页

2239

Без устоев: Роман　Гудмундур Камбан; Перевод с датского А. В. Ганзен

М.: Гос. Изд-во, 1927. 251 с.

无基础（长篇小说）　古德蒙德·坎班著，A.B. 汉森译自丹麦语

莫斯科：国家出版社，1927，251 页

2240

Великая любовь: Роман　Агнеса Хеннингсен; перевод с датского М. П. Благовещенской

Латвия: Ориент, 1929. 271 с.

伟大的爱情（长篇小说）　艾格尼丝·汉宁森著，М.П. 布拉戈维申斯卡娅译自丹麦语

拉脱维亚：东方出版社，1929，271 页

2241

Во льдах Гренландий: Приключения капитана Миккельсена　Перевод с Датского А. Даманский

Петроград: Школа наборного и печатного дела В. О. Средний, 1914. 176 с.

格陵兰岛冰原上：米克尔森船长历险记　A. 达曼斯基译自丹麦语

彼得格勒：B.O. 斯列德尼排字印刷学校，1914，176 页（古）

2242

Джон Дэль: Роман　Э. Миккельсен; первод с датского А. Иоргенсен

М.: Гос. изд., 1926. 247 с.

约翰·德尔（长篇小说）　Э. 米克尔森著，A. 乔根森译自丹麦语

莫斯科：国家出版社，1926，247 页

2243

Тайна　Карин Михаэлис; Перевод с датского А. и М. Ганзен

Л.: Прибой, 1927. 288 с.

秘密　卡林・米哈埃利斯著，А. 汉森、М. 汉森译自丹麦语

列宁格勒：拍岸浪出版社，1927，288 页

2244

Божественная комедия　Данте Алигьери; Перевод М. Лозинского

М.: Гос. изд. художественной литературы, 1939. 239 с.

神曲　但丁・阿利基耶里著，М. 洛津斯基译

莫斯科：国家文艺书籍出版社，1939，239 页

2245

Девственная жизнь: Роман　Джильберто Беккари; Перевод с итальянского Е. Фортунато

Л.: Время, 1927. 205 с.

处女的生活（长篇小说）　吉尔伯托・贝卡利著，Е. 福尔图纳托译自意大利语

列宁格勒：时间出版社，1927，205 页

2246

Женщина, которая изобрела любовь　Гвидо-Да-Верона; Перевод с итальянского Р. Животовской

[Б. м.]: Литература, 1927. 224 с.

编造出爱情的女人　圭多・达・维罗纳著，Р. 日沃托夫斯卡娅译自意大利语

［不详］：文学出版社，1927，224 页

2247

Клавдия Партичелла, любовница кардинала　Бенито Муссолини

[Б. м.]: Литература, 1929. 133 с.

克劳迪娅・帕提瑟拉（又名主教的情人）　贝尼托・墨索里尼

［不详］：文学出版社，1929，133 页

2248

Ловцы трепанга　Э. Сальгари; Перевод с итальян-ского Е. Ка-н

М.: Молодая гвардия, 1928. 226 с.

捞参人　Э. 萨尔加里著，译自意大利语译者不详

莫斯科：青年近卫军出版社，1928，226 页

2249

Одиночество: Новеллы　Грация Деледда; Пер. с итальянского И. А. Маевского

М.: Типография П. П. Рябушинского, 1912. 244 с.

孤独（小说）　格拉齐亚・黛莱达著，И.А. 马耶夫斯基译自意大利语

莫斯科：П.П. 里亚布申斯基印刷厂，1912，244 页

2250

Осада Флоренции: Исторический роман　Ф. Д. Гверацци; Перевод С. В. Герье

М.: ACADEMIA, 1934. 628 с.

围攻佛罗伦萨（长篇历史小说）　Ф.Д. 圭拉齐著，С.В. 格里耶译

莫斯科：科学院出版社，1934，628 页

2251

Отвергнутая: Роман　Луиджи Пиранделло; Перевод Зин. Львовского, Е. С. Коц

Л.: Время, 1928. 216 с.

被抛弃的女人（长篇小说）　路伊吉・皮兰德娄著，Зин. 利沃夫斯基、Е.С. 科茨译

列宁格勒：时间出版社，1928，216 页

2252

Честная компания: Роман　Риккардо Бальзамо-Кривелли; Перевод с итальянского С. М. Гершберг

Л.: Время, 1927. 102 с.

诚实的伙伴（长篇小说）　里卡多・巴萨莫 – 克里维利著，С.М. 格尔什贝格译自意大利语

列宁格勒：时间出版社，1927，102 页

2253

Маленькие Гарибальдийцы: Рассказ　Эдмондо Де-Амичис

М.: Издание Книжного склада М. В. Клюкина, 1916. 16 с.

小加里波第人（短篇小说）　爱德蒙多・德・亚米契斯

莫斯科：М.В. 克柳金书库出版，1916，16 页（古）

2254

Собрание сочинений. Т. 1. Проклятый хутор Висенте Бласко Ибаньес; Перевод с испанского В. Кошевич

М.: Современные проблемы, 1926. 210 с.

作品集（第 1 卷）：万恶的农庄 维森特·布拉斯科·伊巴涅斯著，B. 科舍维奇译自西班牙语

莫斯科：当代问题图书出版社，1926，210 页

2255

Собрание сочинений: Роман. Т. 3. В апельсинных садах Висинте Бласко Ибаньес; Перевод с испанского Татьяны Герценштейн

М.: Современные проблемы, 1927. 324 с.

长篇小说集（第 3 卷）：在橙子园 维森特·布拉斯科·伊巴涅斯著，塔季扬娜·赫尔岑施泰因译自西班牙语

莫斯科：当代问题图书出版社，1927，324 页

2256

Фуэнте Овехуна: Текст и комментарии Лопе де Вега

М.: Гос. изд., 1927. 60 с.

羊泉村：正文和注释 洛佩·德·维加

莫斯科：国家出版社，1927，60 页

2257

В поисках Великого хана (Кристобаль Колон): Роман Висенте Бласко Ибаньес; Перевод с испанского Д. Выгодского

М.: Гос. Изд. художественной литературы, 1931. 384 с.

寻找大汗（克里斯托弗·哥伦布）（长篇小说） 维森特·布拉斯科·伊巴涅斯著，Д. 维戈茨基译自西班牙语

莫斯科：国家文艺书籍出版社，1931，384 页

2258

Вокруг света Бласко Ибаньес; Перевод М. В. Ватсон

Л.: Мысль, 1926. 301 с.

环球 布拉斯科·伊巴涅斯著，М.В. 瓦特松译

列宁格勒：思想出版社，1926，301 页

2259

Дон-Кихот Ламанчский. Ч. 1 Мигель Де-Сервантес Сааведр; Пер. М. В. Ватсон

Петроград: Издание Т-ва А. Ф. Маркс, 1917. 508 с.

堂吉诃德（第 1 部分） 米格尔·德·塞万提斯·萨维德拉著，М.В. 瓦特松译

彼得格勒：А.Ф. 马克斯出版社，1917，508 页（古）

2260

Закат Бласко Ибаньес; Авт. перевод с испанского М. В. Ватсон

Л.: Время, 1924. 131 с.

日落 布拉斯科·伊巴涅斯著，经作者同意 М.В. 瓦特松译自西班牙语

列宁格勒：时间出版社，1924，131 页

2261

Кровь и песок: Роман Бласко Ибаньс; Перевод с испанского А. Вольтера

Рига: Книгоиздательство, 1924. 275 с.

碧血黄沙（长篇小说） 布拉斯科·伊巴涅斯著，А. 沃尔特译自西班牙语

里加：图书出版社，1924，275 页

2262

Майский Цвет: Роман Висенте Бласко Ибаньес; Перевод с испанского В. Кошевич

Л.: Библиотека всемирной литературы, 1927. 261 с.

五月花（长篇小说） 维森特·布拉斯科·伊巴涅斯著，B. 科舍维奇译自西班牙语

列宁格勒：世界文学丛书出版社，1927，261 页

2263

Ностромо: Роман Джозеф Конрад; Перевод с английского Марка Волосова

Л.: Время, 1928. 370 с.

诺斯特罗莫（长篇小说） 约瑟夫·康拉德著，马克·沃洛索夫译自英语

列宁格勒：时间出版社，1928，370 页

2264

Остроумно-изобретательный идальго Дон-Кихот

Ламанчский. Ч. 2 Сост. Мигеля Де-Сервантеса Сааведра; Пер. М. В. Ватсон

Петроград: Издание Т-ва А. Ф. Маркс, 1917. 552 с.

奇想联翩的绅士堂吉诃德·德·拉曼恰（第2卷） 米盖尔·德·塞万提斯·萨维德拉编，M.B. 瓦特松译

彼得格勒：А.Ф. 马克斯出版社，1917，552 页（古）

2265

Собрание сочинений: Роман. Т. 2. Обнаженная Висенте Бласко Ибаньес; Единственный разрешенный автором перевод с испанского Татьяны Герценштейн

М.: Современные проблемы, 1927. 366 с.

作品集（长篇小说第2卷）：裸女 维森特·布拉斯科·伊巴涅斯著，作者唯一许可的译本由塔季扬娜·赫尔岑施泰因译自西班牙语

莫斯科：当代问题图书出版社，1927，366 页

2266

Собрание сочинений: Роман. Т. 6. Амазонка Висенте Бласко Ибаньес; Перевод Р. Калменс

М.: Современные Проблемы, 1927. 261 с.

作品集（长篇小说第6卷）：女骑士 维森特·布拉斯科·伊巴涅斯著，Р. 卡尔缅斯译

莫斯科：当代问题图书出版社，1927，261 页

2267

Солнце мертвых: Рассказы Висенте Бласко Ибаньес; Перевод с испанского Д. И. Выгодского

М.: Гос. Изд., 1927. 165 с.

死者的太阳（短篇小说集） 维森特·布拉斯科·伊巴涅斯著，Д.И. 维戈茨基译自西班牙语

莫斯科：国家出版社，1927，165 页

2268

Сцена-эстрада: Веселые миниатюры Составил Ясновидящий

Петроград: Типогр. Север, 1915. 159 с.

舞台文艺节目（小型欢乐文艺作品） 亚斯诺维佳希编

彼得格勒：北方印刷厂，1915，159 页（古）

2269

Очерк развития западных литератур В. М.

Фриче

[Б. м.]: Пролетарий, 1930. 237 с.

西方文学发展概论 В.M. 弗里切

[不详]：无产者出版社，1930，237 页

2270

История английской литературы = HISTORY OF ENGLISH LITERFTURE. T. 1

М.: Изд. АН СССР, 1945. 655 с.

英国文学史（第1卷）

莫斯科：苏联科学院出版社，1945，655 页

2271

Байрон Андре Моруа; Перевод с французского М. Богословской

М.: Художественная литература, 1936. 150 с.

拜伦传 安德烈·莫洛亚著，М. 博戈斯洛夫斯卡娅译自法语

莫斯科：文艺书籍出版社，1936，150 页

2272

Полное собрание сочинений Оскара Уайльда. Т. 2 Оскар Уайльд; Под ред. К. И. Чуковского

С.-Петербург: Издание Т-ва «А. Ф. Маркс», 1912. 340 с.

奥斯卡·王尔德作品全集（第2卷） 奥斯卡·王尔德著，К.И. 丘科夫斯基编

圣彼得堡：А.Ф. 马克斯出版社，1912，340 页（古）

2273

Полное собрание сочинений Оскара Уайльда: С критико-биографическим очерком и портретом автора. Т. 3

С-Петербург: Издание Т-ва А. Ф. Маркс, 1912. 325 с.

奥斯卡·王尔德作品全集（附评论传略和作者肖像）（第3卷）

圣彼得堡：А.Ф. 马克斯出版社，1912，325 页（古）

2274

Полное собрание сочинений Оскара Уайльда: С критико-биографическим очерком и портретом автора. Т. 3, 4 О. Уайльд

С-Петербург: Издание т-ва А. Ф. Маркс, [1912]. 521 с.

奥斯卡·王尔德作品全集（附评论传略和作者肖像）
（第 3、4 卷） O. 王尔德

圣彼得堡：А.Ф. 马克斯出版社，[1912]，521 页（古）

2275

Полное собрание сочинений Оскара Уайльда: С
критико-биографическим очерком и портретом
автора. Т. 4

С-Петербург: Издание Т-ва А. Ф. Маркс, 1912. 196 с.

奥斯卡·王尔德作品全集（附评论传略和作者肖像）
（第 4 卷）

圣彼得堡：А.Ф. 马克斯出版社，1912，196 页（古）

2276

Полное собрание. Т. 2. Домби и сын Чарльз Диккенс; Пер. В. Л. Ранцова

Спб.: Издание книжного магазина П. В. Луконивни-
кова, 1912. 920 стлб.

作品全集（第 2 卷）：董贝父子 查尔斯·狄更斯著，
В.Л. 兰佐夫译

圣彼得堡：П.В. 卢科夫尼科夫书店出版，1912，920
条（古）

2277

Лирика любви и жизни; Читра Рабиндранат Тагор; Перевод с английского В. Спасской

М.: Современные проблемы, 1925. 170 с.

爱情与生活抒情诗；吉德拉 拉宾德拉纳特·泰戈
尔著，В. 斯帕斯卡娅译自英语

莫斯科：当代问题图书出版社，1925，170 页

2278

Избранные стихотворения Р. Киплинг; Перевод
Ады Оношкович-Яцына

М.: Мысль, 1922. 80 с.

诗歌选集 Р. 基普林著，阿达·奥诺什科维奇 – 亚
济诺译

莫斯科：思想出版社，1922，80 页

2279

Потерянный рай и возвращенный рай: Поэмы
Иоанна Мильтона

М.: Издание торгового дома Евдокия Коновалова и
К°, 1913. 352 с.

失乐园、复乐园（约翰·弥尔顿长诗集）

莫斯科：叶夫多基娅·科诺瓦洛娃股份商行出版社，
1913，352 页（古）

2280

Странствование Чайльд-Гарольда Байрон; Перевод русских поэтов, редакция А. К. Виноградова

М.: Гос. Изд., 1929. 192 с.

恰尔德·哈洛尔德游记 拜伦著，俄罗斯诗人集体
翻译，А.К. 维诺格拉多夫编

莫斯科：国家出版社，1929，192 页

2281

Венецианский купец; Кориолан: Тексты и ком-
ментарии В. Шекспир

М.: Гос. Изд., 1927. 302 с.

威尼斯商人、科利奥兰纳斯：剧本和注释 В. 莎士
比亚

莫斯科：国家出版社，1927，302 页

2282

Волокита: Пьеса неприятная Б. Шоу; Перевод Л.
Экснера, О. Всеволодского

М.: Издание В. М. Саблина, 1912. 348 с.

好逑者（不愉快的戏剧） Б. 萧（萧伯纳）著，Л. 埃
克斯纳、О. 弗谢沃洛茨基译

莫斯科：В.М. 萨布林出版，1912，348 页（古）

2283

Коварство и любовь; Карл Моор (отрывок
из «Разбойников»); Песнь о колоколе. Вып.
VIII Фр. Шиллер

М.: Гос. Изд., 1927. 165 с.

阴谋与爱情；卡尔·穆尔（《强盗》节选）；钟之歌
（第 8 册） Фр. 席勒

莫斯科：国家出版社，1927，165 页

2284

Король Ричард третий; Король Лир; Леонардо
да-Винчи Вильям Шекспир; Габриэль Сэайль

С.-Петербург: Издание Акц. общ. типогр. дела в
Спб, 1914. 307 с.

理查三世；李尔王；列奥纳多·达·芬奇 威廉·莎
士比亚；加布里埃尔·塞亚伊

圣彼得堡：圣彼得堡印刷股份出版社，1914，307
页（古）

2285

Макбет　В. Шекспир

Петроград: Гос. Изд., 1923. 93 с.

麦克白　В. 莎士比亚

彼得格勒：国家出版社，1923，93 页

2286

Отелло　В. Шекспир; Перевод П. Вейнберга

Петроград: Гос. Изд., 1923. 152 с.

奥赛罗　В. 莎士比亚著，П. 魏因贝格译

彼得格勒：国家出版社，1923，152 页

2287

Трагедия о Гамлете, принце датском　В. Шек-спир

М.: Гос. Изд., 1923. 144 с.

丹麦王子哈姆雷特的悲剧　В. 莎士比亚

莫斯科：国家出版社，1923，144 页

2288

61-ая секунда: Роман　Овен Джонсон

[Б. м.]: Книга для всех, 1931. 218 с.

第 61 秒（长篇小说）　欧文·约翰逊

[不详]：大众图书出版社，1931，218 页

2289

Автобиография бродяги　Джим Тулли; Перевод с английского Э. Паттерсон

М.: Гос. Изд., 1926. 197 с.

流浪汉自传　吉姆·塔利著，Э. 帕特森译自英语

莫斯科：国家出版社，1926，197 页

2290

Ангел, автор и другие　Джером К. Джером; Перевод с английского Л. А. Мурахиной-Аксеновой

М.: Типография Т-ва И. Д. Сытина, 1912. 128 с.

天使、作家和其他人　杰罗姆·К·杰罗姆著，Л.А. 穆拉希娜 – 阿克肖诺娃译自英语

莫斯科：И.Д. 瑟京印刷厂，1912，128 页（古）

2291

Артур Стирлинг = The journal of Arthur stirling　Эптон Синклер = Upton Sinclair; Перевод с английского В. И. Сметанича

Л.: Мысль, 1925. 172 с.

阿瑟·斯特林　厄普顿·辛克莱著，В.И. 斯梅塔尼奇译自英语

列宁格勒：思想出版社，1925，172 页

2292

Бинго: История моей собаки и другие расска-зы　Эрнест Сэтон Томпсон; Пер. Э. Пименовой

М.: Гос. Изд., 1923. 222 с.

忠狗宾果传：我的爱犬等故事　欧内斯特·西顿·汤普森著，Э. 皮缅诺娃译

莫斯科：国家出版社，1923，222 页

2293

Бук-почтовая собака　Джек Лондон; Пер. Мана-сеиной

М.: [Б. и.], 1923. 58 с.

布克狗　杰克·伦敦著，马纳谢伊娜译

莫斯科：[不详]，1923，58 页

2294

Буря над Россией: Исповедь английского дипло-мата　Р. Локкарт; Перевод В. Гольденберга

Рига: Жизнь и культура, 1933. 346 с.

俄国风暴：一名英国外交官的自白　Р. 洛克哈特著，В. 戈登伯格译

里加：生活与文化出版社，1933，346 页

2295

В прериях Техаса: Роман: Из жизни охотников на бизонов　Зэн Грей; Перевод с английского Л. С. Савельева

М.: Книга, 1928. 237 с.

在德克萨斯州大草原（长篇小说）：北美野牛狩猎者的生活　泽恩·格雷著，Л.С. 萨韦利耶夫译自英语

莫斯科：书籍出版社，1928，237 页

2296

В тяжелые годы: Роман　Джемс Оливер Кервуд; Перевод с английского Марка Волосова

Л.: Вокруг света, 1928. 216 с.

艰难岁月（长篇小说） 詹姆斯·奥利弗·柯尔伍德著，马克·沃洛索夫译自英语

列宁格勒：环球出版社，1928，216 页

2297

Веселые приключения норвежской девочки Д. Цвильгмейер; Перевод с английского М. Горбунова-Посадова

М.: Посредник, 1927. 127 с.

一个挪威女孩的开心事 Д. 茨韦尔格梅耶尔著，М. 戈尔布诺夫 – 波萨多夫译自英语

莫斯科：媒介出版社，1927，127 页

2298

Возвышение Сюзанны Ленокс: Роман Грэхем Филлипс; Перевод с английского Марка Волосова

Л.: Время, 1928. 299 с.

苏珊·莱诺克斯的提升（长篇小说） 格雷厄姆·菲利普斯著，马克·沃洛索夫译自英语

列宁格勒：时间出版社，1928，299 页

2299

Гнет поколений: Роман Андзя Езерска; Перевод с английского М. Волосова

Л.: Время, 1926. 260 с.

世代压迫（长篇小说） 安齐亚·耶齐尔斯卡著，М. 沃洛索夫译自英语

列宁格勒：时间出版社，1926，260 页

2300

Горизонт Роберт Кэрс; Перевод с английского А. Г. Мовшенсон, Б. П. Спиро

Л.: Время, 1928. 232 с.

地平线 罗伯特·卡尔斯著，А.Г. 莫夫申松、Б.П. 斯皮罗译自英语

列宁格勒：时间出版社，1928，232 页

2301

Горящий светильник = THE TRIMMED LAMP O. Генри = O. Henry; Перевод с английского Э. К. Бродерсен

Л.: Мысль, 1925. 182 с.

剪亮的灯盏 O. 亨利著，Э.К. 布罗德森译自英语

列宁格勒：思想出版社，1925，182 页

2302

Дело доктора Деруги: Роман Рикарда Гух; Перевод П. С. Бернштейн, Т. Н. Жирмунской

Л.: Время, 1926. 221 с.

德鲁加医生案件（长篇小说） 理卡达·胡赫著，П.С. 伯恩斯坦、Т.Н. 日尔蒙斯卡娅译

列宁格勒：时间出版社，1926，221 页

2303

Джон Ячменное Зерно или Алкогольные воспоминания: Роман Джэк Лондон; Перевод с английского под редакцией В. Онегина

М.: Петроград, 1925. 198 с.

大麦约翰（又名酗酒者的回忆）：长篇小说 杰克·伦敦著，В. 奥涅金编译自英语

莫斯科：彼得格勒出版社，1925，198 页

2304

Джоргенсен: Роман Тристрем Тэппер; Перевод с английского Марка Волосова

Л.: Время, 1927. 164 с.

约根森（长篇小说） 崔斯特瑞姆·塔珀著，马克·沃洛索夫译自英语

列宁格勒：时间出版社，1927，164 页

2305

Дневник одного паломничества Джером К. Джером; Пер. Л. А. Мурахиной-Аксеновой

М.: Типография Т-ва И. Д. Сытина, 1912. 280 с.

朝圣日记 杰罗姆·К.杰罗姆著，Л.А. 穆拉希娜 – 阿克肖诺娃译

莫斯科：И.Д. 瑟京印刷厂，1912，280 页（古）

2306

Доктор Терн Райдер Хаггард

М.: Гос. Изд., 1927. 119 с.

特恩医生 赖得·哈格德

莫斯科：国家出版社，1927，119 页

2307

Домик под водой Чарльз Робертс; Перевод с английского М. П. Волошиновой

М.: Гос. Изд., 1923. 87 с.

水下小屋　查尔斯·罗伯茨著，М.П.沃洛希诺娃译自英语

莫斯科：国家出版社，1923，87 页

2308

Дочь повелителя Анахуака = Montezumas Daughter: Роман　Райдер Хаггард; Перевод с английск. под ред. Н. Казмина

[Б. м.]: Пучина, 1927. 210 с.

蒙特苏玛皇帝的女儿（长篇小说）　莱德·哈格德著，Н. 卡兹明编译自英语

[不详]：苍穹出版社，1927，210 页

2309

Жуан в Америке　Эрик Линклэйтер; Перевод с английского В. А. Барбашовой

М.: Гос. Изд. художественной литературы, 1933. 295 с.

若昂在美国　埃里克·林克莱特著，В.А. 巴尔巴绍娃译自英语

莫斯科：国家文艺书籍出版社，1933，295 页

2310

За серебряным руном: Роман　В. Бургхардт Дюбойс; Перевод с английского А. С. Полоцкой

Л.: Сеятель, 1925. 270 с.

寻找银羊毛（长篇小说）　В. 伯格哈特·杜波依斯著，А.С. 波洛茨卡娅译自英语

列宁格勒：传播者出版社，1925，270 页

2311

Звезда моря (STELLA MARIS): Роман　Уильям Дж. Локк

[Б. м.]: Грамату драугс, 1929. 245 с.

海之星（长篇小说）　威廉·Дж. 洛克

[不详]：图书之友出版社，1929，245 页

2312

Земля　Пэрл Бак; Перевод с английского Н. Л. Дарузес

М.: Художественная литература, 1931. 276 с.

大地　珀尔·巴克著，Н.Л. 达鲁泽斯译自英语

莫斯科：文艺书籍出版社，1931，276 页

2313

Золотые перезвоны: Роман　Фанни Херст; Перевод с английского Марианны Кузнец

Л.: Время, 1925. 285 с.

幸福的钟声（长篇小说）　范妮·赫斯特著，玛丽安娜·库兹涅茨译自英语

列宁格勒：时间出版社，1925，285 页

2314

Зулусы наступают　Эрнест Гленвилль; Перевод с английского и обработка А. В. Кривцовой

М.: Гос. Изд. Юношеской и детской литературы, 1931. 189 с.

祖鲁人即将进攻　欧内斯特·克伦维尔著，А.В. 克里夫佐娃编译自英语

莫斯科：国家青少年和儿童读物出版社，1931，189 页

2315

Избранные произведения　Бернард Шоу

М.: Гос. Изд. художественной литературы, 1933. 308 с.

作品选集　伯纳德·肖

莫斯科：国家文艺书籍出版社，1933，308 页

2316

История мистера Полли: Роман　Г. Уэллс; Перевлод с английкого Э. К. Пименовой, А. Я. Острогорской

М.: Петроград, 1924. 210 с.

波利先生的故事（长篇小说）　Г. 威尔斯著，Э.К. 皮缅诺娃、А.Я. 奥斯特罗戈尔斯卡娅译自英语

莫斯科：彼得格勒出版社，1924，210 页

2317

Карьера эмигрантки-продавщицы: От прилавка к миллионам: Роман　К. и А. Вильямсон

[Б. м.]: Филин, 1930. 160 с.

女移民售货员的职业生涯：从柜台到拥有百万财富（长篇小说）　К. 威廉姆森、А. 威廉姆森

[不详]：菲林出版社，1930，160 页

2318

Клег Келли: Роман　С. Кроккетт; С англ. перед. А.

Анненской

Гомель: Гос. Изд., 1921. 133 c.

克雷格·凯利（长篇小说） С. 克罗克特著，А. 安年斯卡娅译自英语

戈梅利：国家出版社，1921，133 页

2319

Колокола: Рассказ Ч. Диккенс

М.: Гос. Изд., 1927. 109 c.

教堂钟声（短篇小说） Ч. 狄更斯

莫斯科：国家出版社，1927，109 页

2320

Красный песок: Роман Т. С. Стриблинг; Перевод с английского Марка Волосова

Л.: Время, 1928. 245 c.

红沙（长篇小说） Т.С. 斯特里普林著，马克·沃洛索夫译自英语

列宁格勒：时间出版社，1928，245 页

2321

Крушение Великого океана = The wreek of the «Pacific» Ф. Марриэт

М.: Земля и фабрика, 1928. 230 c.

"太平洋"号沉没 Ф. 马里埃特

莫斯科：土地与工厂出版社，1928，230 页

2322

Луна и шестипенсовик: Роман В. С. Могэм; Перевод с английского З. А. Вершининой

Л.: Библиотека всемирной литературы, 1928. 263 c.

月亮和六便士（长篇小说） В.С. 毛姆著，З.А. 韦尔希宁娜译自英语

列宁格勒：世界文学丛书出版社，1928，263 页

2323

Любовь и слезы: Роман Оливия Уэдсли; Перевод с английского В. А. и Л. А. Шполянских

[Б. м.]: Литература, [1926]. 214 c.

爱情与眼泪（长篇小说） 奥利维亚·韦尔斯利著，В.А. 什波良斯基、Л.А. 什波良斯基译自英语

[不详]：文学出版社，[1926]，214 页

2324

Люди как боги Г. Дж. Уэллс; Перевод с английского Л. М. Карнауховой

Л.: Земля и фабрика, 1930. 227 c.

神人 Г.Дж. 威尔斯著，Л.М. 卡尔瑙霍娃译自英语

列宁格勒：土地与工厂出版社，1930，227 页

2325

Люди тумана: Роман = THE PEOPLE OF THE MIST Райдер Хаггард = RIDER HAGGARD; Перевод под ред. С. Михайловой-Штерн

[Б. м.]: Пучина, 1928. 351 c.

雾中人（长篇小说） 赖德·哈格德著，С. 米哈伊洛娃 – 施特恩编译

[不详]：苍穹出版社，1928，351 页

2326

Маленький ушан Ч. Робертс; Перевод с английского М. Волошиновой

М.: Гос. Изд., 1923. 31 c.

小大耳蝠 Ч. 罗伯茨著，М. 沃洛希诺娃译自英语

莫斯科：国家出版社，1923，31 页

2327

Мендель Маранц Д. Фридман

[Б. м.]: ACADEMIA, 1930. 176 c.

孟德尔·马兰茨 Д. 弗里德曼

[不详]：科学院出版社，1930，176 页

2328

Меня зовут Плотником Эптон Синклер

Л.: Мысль, 1925. 171 c.

他们叫我木匠 厄普顿·辛克莱

列宁格勒：思想出版社，1925，171 页

2329

Миссис Меривель: Роман Поль Кимболл; Перевод с английского Марка Волосова

Л.: Время, 1927. 264 c.

梅里韦尔太太（长篇小说） 保罗·金博尔著，马克·沃洛索夫译自英语

列宁格勒：时间出版社，1927，264 页

2330

Мистер Блетсворти на острове Рэмполь = Mr Blettsworthy on Rampole island H. G. Wells; Перевод с английского С. Г. Займовского

[Б. м.]: [Б. и.], 1928. 429 с.

布莱茨先生在兰波岛 H.G. 威尔斯著，С.Г. 扎伊莫夫斯基译自英语

[不详]: [不详]，1928，429 页

2331

Мистер Блетсуорси на острове Рэмполь = MR. BLETTSWORTHY ON RAMPOLE ISLAND Герберт Уэльс = H. G. WELLS; Перевод с английского Л. В. Шпигель

[Б. м.]: Киев-печать, 1929. 271 с.

布莱茨先生在兰波岛 赫伯特·威尔斯著，Л.В. 施皮格尔译自英语

[不详]: 基辅印刷厂，1929，271 页

2332

Молниеносный = Swift lightning Джемс Оливер Кэрвуд = James Oliver Curwood; Перевод с английского В. И. Сметанича

Л.: Мысль, 1927. 231 с.

迅疾的闪电 詹姆斯·奥利弗·柯伍德著，В.И. 斯梅塔尼奇译自英语

列宁格勒: 思想出版社，1927，231 页

2333

Морской ястреб = THE SEA-HAWK: Роман Рафаель Сабатини = RAFAEL SABATINI; Перевод с английского А. Б. Розенбаум

Л.: Мысль, 1928. 272 с.

海鹰（长篇小说） 拉斐尔·萨巴蒂尼著，А.Б. 罗森包姆译自英语

列宁格勒: 思想出版社，1928，272 页

2334

На коралловом острове: Рассказ Дж. Лондона и другие необычайные рассказы из жизни трудового люда разных стран и народов Дж. Лондон

М.: Земля и фабрика, 1924. 92 с.

在珊瑚岛上: Дж. 伦敦的故事和不同国家与民族劳动人民生活的不平凡故事 Дж. 伦敦

莫斯科: 土地与工厂出版社，1924，92 页

2335

На экране: Роман Роберт Хиченс; Перевод с английского Елены Юст

Л.: Время, 1928. 220 с.

屏幕上（长篇小说） 罗伯特·希琴斯著，叶连娜·尤斯特译自英语

列宁格勒: 时间出版社，1928，220 页

2336

Наброски для повести Пер. Л. А. Мурахиной-Аксеновой

М.: Типография Т-ва И. Д. Сытина, 1912. 152 с.

小说草稿 Л.А. 穆拉希娜 – 阿克肖诺娃译

莫斯科: И.Д. 瑟京印刷厂，1912，152 页（古）

2337

Нашествие варваров: Роман Уильям Джерарди; Перевод с английского Э. Паттерсон

М.: Гос. Изд., 1926. 192 с.

野蛮人的入侵（长篇小说） 威廉·杰哈迪著，Э. 帕特森译自英语

莫斯科: 国家出版社，1926，192 页

2338

Неведомая тропа: Повесть Том Бивэн; Перевод с английского и обработка А. В. Кривцовой

М.: Гос. Изд., 1928. 110 с.

诡秘的小路（中篇小说） 汤姆·贝文著，А.В. 克里夫佐娃编译自英语

莫斯科: 国家出版社，1928，110 页

2339

Невидимка Герберт Дж. Уэльс

М.: Красная новь, 1923. 160 с.

隐身人 赫伯特·Дж. 威尔斯

莫斯科: 红色处女地出版社，1923，160 页

2340

Непримиримые: Роман Тэмпл Сэрстон; Перевод с английского А. Картужанской

Л.: Время, 1927. 249 с.

毫不妥协的人（长篇小说） 坦普尔·瑟斯顿著，

A. Картутженскакарья译自英语

列宁格勒: 时间出版社, 1927, 249 页

2341

Новое общество (Рафке и Ко): Роман-сатира Артур Ландсбергер; Перевод Э. К. Бродерсен

Л.: Мысль, 1925. 216 с.

新伙伴（又名拉夫克股份公司）（长篇讽刺小说） 阿瑟·兰兹伯格著, Э.К. 布罗德森译

列宁格勒: 思想出版社, 1925, 216 页

2342

Новый Багдад = STRICTLY BUSINESS О. Генри = O. Henry; Перевод с английского Э. К. Бродерсен

Л.: Мысль, 1925. 207 с.

毫不通融 O. 亨利著, Э.К. 布罗德森译自英语

列宁格勒: 思想出版社, 1925, 207 页

2343

Огонь из кремня: Роман Уолтер Уайт; Перевод с английского А. Свияженинова

М.: Недра, 1926. 224 с.

燧石取火（长篇小说） 沃尔特·怀特著, A. 斯维亚热尼诺夫译自英语

莫斯科: 矿藏出版社, 1926, 224 页

2344

Одним летом = Einen Sommer lang: Роман Георг Герман = Georg Hermann; Перевод с немецкого И. Е. Хародчинской

Л.: Мысль, 1926. 216 с.

一个夏天（长篇小说） 格奥尔格·赫尔曼著, И.E 哈罗德琴斯卡娅译自德语

列宁格勒: 思想出版社, 1926, 216 页

2345

Падение Сюзанны Ленокс: Роман Грэхем Филлипс; Перевод с английского Марка Волосова

Л.: Кооперативное изд-во, 1928. 351 с.

苏珊·伦诺克斯的堕落（长篇小说） 格雷厄姆·菲利普斯著, 马克·沃洛索夫译自英语

列宁格勒: 合作出版社, 1928, 351 页

2346

Песок = SAND: Роман Оливия Уэдсли; Перевод с английского В. и Л. Шполянских

[Б. м.]: Изд-во «Пучина», 1928. 256 с.

沙（长篇小说） 奥利维亚·韦尔斯利著, В. 什波良斯基、Л. 什波良斯基译自英语

[不详]: 苍穹出版社, 1928, 256 页

2347

По следам скрытой жизни: Рассказы о животных Ч. Робертс; Перевод Е. Филипповой

Л.: Гос. Изд., 1924. 69 с.

隐秘生活的痕迹: 动物故事 Ч. 罗伯茨著, E. 菲利波娃译

列宁格勒: 国家出版社, 1924, 69 页

2348

Подземный мир: Повесть из жизни шотландских углекопов Джемс Уэлш; Перевод с английского З. Вершининой

М.: Недра, 1927. 256 с.

地下世界: 苏格兰矿工生活故事 詹姆斯·威尔士著, З. 韦尔希宁娜译自英语

莫斯科: 矿藏出版社, 1927, 256 页

2349

Полное собрание фантастических романов. Т. X. Война в воздухе Г. Дж. Уэллс; Перевод с английского Э. Пименовой

М.: Земля и Фабрика, 1930. 391 с.

长篇幻想小说全集（第 10 卷）: 星际战争 Г.Дж. 威尔斯著, Э. 皮缅诺娃译自英语

莫斯科: 土地与工厂出版社, 1930, 391 页

2350

Последний день Джо Корри; Пер. с английского Марка Волосова

М.: Земля и фабрика, 1930. 254 с.

最后一天 乔·科里著, 马克·沃洛索夫译自英语

莫斯科: 土地与工厂出版社, 1930, 254 页

2351

Поэт Бродяга = The beloved vagabond: Роман Уильям Локк; Перевод с английского Е. Торнеус

M.: Современные проблемы, 1927. 311 с.

流浪诗人（长篇小说） 威廉·洛克著，E. 托尔涅乌斯译自英语

莫斯科：当代问题图书出版社，1927，311 页

2352
Приключения на суше и на море Р. Киплинг; Перевод с английского И. Колубовского

Л.: Книга, 1928. 188 с.

陆海奇遇记 Р. 吉卜林著，И. 科卢博夫斯基译自英语

列宁格勒：书籍出版社，1928，188 页

2353
Приключения Якова Верного Ф. Марриет; Перевод с английского под ред. М. Левидова

М.: Гос. Изд., 1927. 271 с.

忠实的雅各布奇遇记 Ф. 马里亚特著，М. 列维多夫编译自英语

莫斯科：国家出版社，1927，271 页

2354
Рассказы о непокое Джозеф Конрад; Пер. с английского А. В. Кривцовой

М.: Земля и Фабрика, 1925. 319 с.

不平静的故事 约瑟夫·康拉德著，А.В. 克里夫佐娃译自英语

莫斯科：土地与工厂出版社，1925，319 页

2355
Риппл Мередит: Роман Берта Рэк; Перевод с английского Л. С. Савельева

Л.: Время, 1927. 274 с.

里普尔·梅雷迪斯（长篇小说） 伯塔·拉克著，Л.С. 萨韦利耶夫译自英语

列宁格勒：时间出版社，1927，274 页

2356
Робинзон Крузо: По оригиналу Даниеля де Фо Перевод с немецкого, переработано для юношества О. Цыммерманом

Киев: Владел. «Южно-Русского Книгоиздат Ф. А. Иогансон», 1914. 242 с.

鲁宾逊漂流记：根据丹尼尔·笛福原著改编 О. 岑

美尔曼编译自德语（供青年阅读）

基辅：Ф.А. 约翰逊南俄图书出版社所有者，1914，242 页（古）

2357
Рожденная в ночи: Рассказы Джэк Лондон; Перевод с английского А. М. Абрамовой

М.: Земля и фабрика, 1925. 156 с.

午夜出生的女孩（短篇小说集） 杰克·伦敦著，А.М. 阿布拉莫娃译自英语

莫斯科：土地与工厂出版社，1925，156 页

2358
Сдается в наем: Роман Джон Голсуорси; Перевод с английского Н. Вольпин

Рига: Литература, 1928. 208 с.

出租（长篇小说） 约翰·高尔斯华绥著，Н. 沃尔平译自英语

里加：文学出版社，1928，208 页

2359
Семейство Балтазаров: Роман Уильям Локк; Перевод Э. К. Бродерсон

[Б. м.]: Космос, 1928. 250 с.

波尔塔扎尔家族（长篇小说） 威廉·洛克著，Э.К. 布罗德森译

[不详]：宇宙出版社，1928，250 页

2360
Сентиментальное путешествие по Франции и Италии Лоренс Стерн; Перевод Д. В. Аверкиева

Петербург: Гос. Изд., 1922. 174 с.

法国和意大利的感伤之旅 劳伦斯·斯特恩著，Д.В. 阿韦尔基耶夫译

彼得堡：国家出版社，1922，174 页

2361
Скиталец: Роман Роберт Сервис; Перевод с английского М. М. Биринского

Л.: Время, 1926. 266 с.

漂泊者（长篇小说） 罗伯特·瑟维斯著，М.М. 比林斯基译自英语

列宁格勒：时间出版社，1926，266 页

2362

Снизу вверх Феликс Ризенберг; Перевод с английского Л. М. Вайсенберга

Л.: Мысль, 1929. 308 с.

自下而上 菲利克斯·里森伯格著，Л.М.魏森贝格译自英语

列宁格勒：思想出版社，1929，308 页

2363

Собрание сочинений Брэт-Гарта. Кн. IV. Романы, повести, рассказы Брэт-Гарт

М.: Издание т-ва И. Д. Сытина, 1915. 111 с.

布勒特－哈特作品集（第4卷）：长中短篇小说集 布勒特－哈特

莫斯科：И.Д.瑟京出版社，1915，111 页（古）

2364

Собрание сочинений. V. С индейцами в Скалистых горах: Повесть Джемс В. Шульц; Перевод с английского и обработка А. В. Кривцовой

М.: Гос. Изд., 1930. 161 с.

作品集（第5卷）：与印第安人在落基山脉（中篇小说） 詹姆斯·В.舒尔茨著，А.В.克里夫佐娃编译自英语

莫斯科：国家出版社，1930，161 页

2365

Собрание сочинений. Книга VII. Роман. Повести. Рассказы Брэт Гарт

М.: Изд. т-ва И. Д. Сытина, 1915. 304 с.

作品集（第7卷）：长中短篇小说集 布勒特·哈特

莫斯科：И.Д.瑟京出版社，1915，304 页

2366

Собрание сочинений. Книга XII: Романы, повести, рассказы Брэт-Гарт

М.: Издание Т-ва И. Д. Сытина, 1915. 122 с.

作品集（第12卷）：长中短篇小说集 布勒特－哈特

莫斯科：И.Д.瑟京出版社，1915，122 页（古）

2367

Собрание сочинений. Книга X-XII Брэт Гарт

М.: Издание Т-ва И. Д. Сытина, 1915. 334 с.

作品集（第10—12卷） 布勒特·哈特

莫斯科：И.Д.瑟京出版社，1915，334 页（古）

2368

Собрание сочинсний. Т. 2. Обреченные Джек Лондон; Пер. с англ. А. В. Каменского

С.-Петербург: Прометей, 1912. 244 с.

作品集（第2卷）：深渊里的人们 杰克·伦敦著，А.В.卡缅斯基译自英语

圣彼得堡：普罗米修斯出版社，1912，244 页（古）

2369

Собрание сочинений. Т. 4. Свадебный гость: Роман Конрад Берковичи; Перевод с английского Т. Щепкиной-Куперник

М.: Современные проблемы, 1927. 235 с.

作品集（第4卷）：婚礼宾客（长篇小说） 康拉德·别尔科维奇著，Т.谢普金娜－库珀尔尼克译自英语

莫斯科：当代问题图书出版社，1927，235 页

2370

Собрание сочинений. Т. I Майн-Рид

М.: Издание Т-ва И. Д. Сытина, 1916. 459 с.

作品集（第1卷） 梅恩－里德

莫斯科：И.Д.瑟京出版社，1916，459 页（古）

2371

Собрание сочинений. Т. IV. На взгляд Запада: Роман Джозеф Конрад; Пер. с английского А. В. Кривцовой

М.: Земля и фабрика, 1925. 503 с.

作品集（第4卷）：西方视角（长篇小说） 约瑟夫·康拉德著，А.В.克里夫佐娃译自英语

莫斯科：土地与工厂出版社，1925，503 页

2372

Собрание сочинений: Повесть. II. Сын племени навахов В. Шульц; Перевод с английского и обработка А. В. Кривцовой

М.: Гос. Изд., 1929. 178 с.

作品集（中篇小说第2卷）：纳瓦霍人部落之子 В.舒尔茨著，А.В.克里夫佐娃编译自英语

莫斯科：国家出版社，1929，178 页

2373

Собрание сочинений: Роман. повести. Рассказы. Книга 1　Брэт-Гарт

М.: Издание Т-ва И. Д. Сытина, 1915. 128 с.

作品集（长中短篇小说集第 1 卷）　布勒特－哈特

莫斯科：И.Д. 瑟京出版社，1915，128 页（古）

2374

Собрание фантастических романов и рассказов. Т. IV　Г. Дж. Уэллс

М.: Земля и Фабрика, 1930. 132 с.

科幻小说集（第 4 卷）　Г.Дж. 威尔斯

莫斯科：土地与工厂出版社，1930，132 页

2375

Сокровище красного племени　Чарльз Джильсон; Перевод с английского и обработка А. В. Кривцовой

М.: Гос. Изд., 1928. 116 с.

红色部落的宝藏　查尔斯·吉尔森著，А.В. 克里夫佐娃编译自英语

莫斯科：国家出版社，1928，116 页

2376

Сон　Г. Дж. Уэллс; Перевод с английского Р. Ф. Куллэ

М.: Земля и фабрика, 1930. 344 с.

梦　Г.Дж. 威尔斯著，Р.Ф. 库勒译自英语

莫斯科：土地与工厂出版社，1930，344 页

2377

Счастье Теофила: Роман　Уильям Локк; Перевод с английского Елены Юст

Л.: Мысль, 1929. 368 с.

西奥菲尔的幸福（长篇小说）　威廉·洛克著，叶莲娜·尤斯特译自英语

列宁格勒：思想出版社，1929，368 页

2378

Тайна снегов　Альфред Джюдд; Перевод с английского и обработка А. В. Кривцовой

М.: Гос. Изд., 1928. 150 с.

雪的秘密　阿尔弗雷德·雷德尔著，А.В. 克里夫佐娃译自英语

莫斯科：国家出版社，1928，150 页

2379

Те, кого предали = Verratene Jungen: Роман　Петр М. Лампель = Peter Martin Lampel; Перевод Г. Л-ина

[Б. м.]: Книга для всех, 1930. 176 с.

被出卖者（长篇小说）　彼得·M. 兰佩尔著，Г. 利恩译

[不详]：大众图书出版社，1930，176 页

2380

Тори и виги: Роман　Вальтер Скотт

М.: Земля и фабрика, 1928. 446 с.

托利党与辉格党（长篇小说）　沃尔特·斯科特

莫斯科：土地与工厂出版社，1928，446 页

2381

Третья книжка праздных мыслей праздного человека: Для чтения в праздники　Джером К. Джером; Пер. с англ. Л. А. Мурахиной-Аксеновой

М.: Типография Т-ва И. Д. Сытина, 1912. 127 с.

闲人漫谈（第 3 部）：假日读物　杰罗姆·К·杰罗姆著，Л.А. 穆拉希娜－阿克肖诺娃译自英语

莫斯科：И.Д. 瑟京印刷厂，1912，127 页（古）

2382

Три Шарлотты = Girls　Эдна Фербер; Перевод с английского Л. Л. Домгера

Л.: Время, 1927. 238 с.

女孩子们　埃德娜·费伯著，Л.Л. 多姆格尔译自英语

列宁格勒：时间出版社，1927，238 页

2383

Трое в лодке (кроме собаки)　К. Джером; Перевод Е. С. Кудашевой

М.: Типография Т-ва И. Д. Сытина, 1912. 167 с.

三人同舟（外加小狗）　К. 杰罗姆著，Е.С. 库达舍娃译

莫斯科：И.Д. 瑟京印刷厂，1912，167 页（古）

2384

У старого моста　Уильям Локк; Перевод с английского Э. Выгодской

Рига: Издательство О. Д. Строк, 1927. 258 с.

老桥旁　威廉·洛克著，Э. 维戈茨卡娅译自英语
里加：О.Д. 斯特罗克出版社，1927，258 页

2385
Убийство мистера Больфема　Г. Эзертон; Перевод с английского Н. А. Сахаровой
Л.: Мысль, 1929. 312 с.
谋杀鲍尔福先生　Г. 艾希瑟顿著，Н.А. 萨哈罗娃译自英语
列宁格勒：思想出版社，1929，312 页

2386
Уна Голден = The job: Роман　Синклер Льюис; Первод с английского Э. К. Пименовой и Т. А. Богданович
Л.: Изд-во «Мысль», 1926. 222 с.
乌纳·戈尔坚（长篇小说）　辛克莱·刘易斯著，Э.К. 皮缅诺娃、Т.А. 波格丹诺维奇译自英语
列宁格勒：思想出版社，1926，222 页

2387
Ураган = La bete errante　Ф. Руккет = F. Rouqueffe; Перев. Л. М. Вайсенберга, Е. М. Калужского
Л.: Мысль, 1925. 283 с.
飓风　Ф. 鲁克夫著，Л.M. 魏森伯格、Е.М. 卡卢日斯基译
列宁格勒：思想出版社，1925，283 页

2388
Флейта Аарона: Роман　Д. Лоуренс
[Б. м.]: Грамату драугс, 1929. 196 с.
亚伦的长笛（长篇小说）　Д. 劳伦斯
[不详]：图书之友出版社，1929，196 页

2389
Хорошая женщина: Роман　Л. Бромфилд; Перевод с английского Л. Л. Домгера
Л.: Время, 1928. 280 с.
好女人（长篇小说）　Л. 布罗姆菲尔德著，Л.Л. 多姆格尔译自英语
列宁格勒：时间出版社，1928，280 页

2390
Черная Африка　Альбер Лондр; Перевод Е. Алек-сандровой, Б. Болеславского
М.: Федерация, 1930. 224 с.
黑非洲　阿尔伯特·伦敦著，Е. 亚历山德罗娃、Б. 博列斯拉夫斯基译
莫斯科：联邦出版社，1930，224 页

2391
Член палаты Мильтоун: Роман　Дж. Гэльсуорси; Перевод с английского Э. К. Пименовой
Л.: Мысль, 1926. 248 с.
议员米尔顿（长篇小说）　Дж. 高尔斯华绥著，Э.К. 皮缅诺娃译自英语
列宁格勒：思想出版社，1926，248 页

2392
Чудак: Роман　Флойд Делл; Пер. Н. С. Петровой-Шур
М.: Государственное издательство, 1930. 206 с.
怪人（长篇小说）　弗洛伊德·戴尔著，Н.С. 彼得罗娃－舒尔译
莫斯科：国家出版社，1930，206 页

2393
Шквалы = LES RAFFALES　Ж. Г. Рони-Старший = J. H. Rosny; Перевод Е. Г. Шатуновской
Л.: Мысль, 1925. 182 с.
狂风　Ж.Г. 大罗斯奈著，Е.Г. 沙图诺夫斯卡娅译
列宁格勒：思想出版社，1925，182 页

2394
Школа джентльменов　Джон Эйтон; Перевод и переработка Н. Камионской
М.: Гос. Изд., 1928. 112 с.
绅士学园　约翰·艾顿著，Н. 卡米翁斯卡娅编译
莫斯科：国家出版社，1928，112 页

2395
Я люблю тебя снова …: Роман　Рой Коген
Riga: FILIN, 1938. 146 с.
又一次爱上你……（长篇小说）　罗伊·科恩
里加：菲林出版社，1938，146 页

2396
Яркая шаль: Роман из жизни острова Куба　Джо-

зеф Гершсгеймер; Перевод с английского А. Швырова

[Б. м.]: Пучина, 1926. 181 с.

鲜艳的披巾：古巴岛生活故事 约瑟夫·赫什格梅尔著，A. 什维罗夫译自英语

[不详]：苍穹出版社，1926，181 页

2397

Письма маркизы Лили Браун; Пер. Э. К. Пименовой

М.: Голос минувшего, 1913. 228 с.

侯爵夫人的信 莉莉·布朗著，Э.К. 皮缅诺娃译

莫斯科：往事之声出版社，1913，228 页

2398

Сказание о Форсайтах. Т. II. Под тяжестью ярма Джон Голсуорси

М.: Земля и фабрика, 1927. 291 с.

福尔赛世家（第 2 卷）：骑虎 约翰·高尔斯华绥

莫斯科：土地与工厂出版社，1927，291 页

2399

В лесах Канады Сара Бассет; Пер. с английского и обработка Е. Гуро

М.: Гос. Изд., 1930. 127 с.

在加拿大的森林里 萨拉·巴西特著，E. 古罗编译自英语

莫斯科：国家出版社，1930，127 页

2400

Маленькие японцы = THE JAPANESE TWINS Люси Фич-Перкинс; Пер. с английского Л. и Ж. Караваевых

М.: Посредник, 1928. 84 с.

日本双胞胎 露西·菲奇 – 珀金斯著，Л. 卡拉瓦耶夫、Ж. 卡拉瓦耶夫译自英语

莫斯科：媒介出版社，1928，84 页

2401

Маленький лорд Фаунтлерой Ф. Бернетт

М.: Издание Т-ва «Бессарабское книгоиздательство», 1918. 156 с.

小少爷方特罗伊 Ф. 伯内特

莫斯科：比萨拉比亚图书出版社，1918，156 页（古）

2402

Маугли: Из книги джунглей Р. Киплинг; Перевод с английского С. Г. Займовского

М.: Гос. Изд., 1926. 163 с.

狼孩儿莫戈里（丛林故事） Р. 吉卜林著，С.Г. 扎伊莫夫斯基译自英语

莫斯科：国家出版社，1926，163 页

2403

Отважные мореплаватели: Повесть для детей старшего возраста Редиард Киплинг; Пер. с английского под ред. А. Адалис

М.: Молодая гвардия, 1930. 231 с.

勇敢的航海者（大龄儿童故事） 鲁德亚德·吉卜林著，A. 阿达利斯编译自英语

莫斯科：青年近卫军出版社，1930，231 页

2404

Погоня в стране молчания: Повесть для детей старшего возраста С. Уайт; Перевод с Английского О. Н. Анненкорной

М.: Молодая гвардия, 1930. 126 с.

沉默国家的角逐（大龄儿童故事） С.怀特著，О.Н. 安年科尔娜译自英语

莫斯科：青年近卫军出版社，1930，126 页

2405

Юный китолов: Повесть Джордж Тюкер; Пер. с английского Е. М. Челнокова

М.: Гос. Изд., 1928. 178 с.

青年捕鲸者（中篇小说） 乔治·丘克著，Е.М. 切尔诺科夫译自英语

莫斯科：国家出版社，1928，178 页

2406

Маленькие голландцы = THE DUTCH TWINS Л. Фич-Перкинс; Перевод Л. и Ж. Караваевых

М.: Посредник, 1928. 80 с.

荷兰小双胞胎 Л. 费奇 – 佩金斯著，Л. 卡拉瓦耶夫、Ж. 卡拉瓦耶夫译

莫斯科：媒介出版社，1928，80 页

2407

Маленький моряк Перевод и переработка с английского С. Лялицкой

М.: 2-е Издание Г. Ф. Мирманова, 1927. 32 с.

小水兵　С. 利亚利茨卡娅编译自英语

莫斯科：Г.Ф. 米里马诺夫再版，1927，32 页

2408

Ребята диких: Рассказы из жизни детей живот-
ных　Ч. Робертс; Перевод с английского П. Буланже

М.: [Б. и.], 1914. 159 с.

野人的孩子：兽崽的生活故事　Ч. 罗伯茨著，П. 布
兰热译自英语

莫斯科：［不详］，1914，159 页（古）

2409

Избранные произведения　Перевод с голландского Мультатули; Под редакцией М. Демидовой, М.
Чечановского

М.: Гос. Изд. Художественной литературы, 1949.
319 с.

作品选集　穆尔塔图里译自荷兰语，М. 杰米多娃、
М. 切恰诺夫斯基编

莫斯科：国家文艺书籍出版社，1949，319 页

2410

Якобочка: Роман　Я. П. Сомерс-Фермер; Перевод
с голландского Е. Н. Половцовой

Л.: Время, 1926. 215 с.

雅科博奇卡（长篇小说）　Я.П. 萨默斯 – 维米尔著，
Е.Н. 波洛夫佐娃译自荷兰语

列宁格勒：时间出版社，1926，215 页

2411

Полное собрание сочинений. Т. 4　М. Метерлинк;
Пер. Н. Минского, Л. Вилькиной

Петроград: Издание Т-ва «А. Ф. Маркс», 1915. 290 с.

作品全集（第 4 卷）　М. 梅特林克著，Н. 明斯基、
Л. 威尔金娜译

彼得格勒：А.Ф. 马克斯出版社，1915，290 页（古）

2412

Полное собрание сочинений. Т. 2　М. Метерлинк

Петроград: Издание Т-ва «А. Ф. Маркс», 1915. 247 с.

作品全集（第 2 卷）　М. 梅特林克

彼得格勒：А.Ф. 马克斯出版社，1915，247 页（古）

2413

Тулон: избранная публицистика　Жан-Ришар
Блок

М.: Гос. Изд. Художественной литературы, 1949.
177 с.

土伦：政论选编　让 · 理查德 · 布洛赫

莫斯科：国家文艺书籍出版社，1949，177 页

2414

Полное собрание сочинений Эдмонда Ростана. Т.
2　Перевод Т. Л. Щепкиной-Куперник

С-Петербург: Издание Т-ва А. Ф. Маркс, 1914. 472 с.

埃德蒙 · 罗斯坦作品全集（第 2 卷）　Т.Л. 谢普金
娜 – 库珀尔尼克译

圣彼得堡：А.Ф. 马克斯出版社，1914，472 页（古）

2415

Полное собрание сочинений. Т. 1　Эдмонд Ро-
стан; Перевод Т. Л. Щепкиной-Куперник

С-Петербург: Издание Т-ва А. Ф. Маркс, 1914. 355 с.

作品全集（第 1 卷）　埃德蒙 · 罗斯坦著，Т.Л. 谢
普金娜 – 库珀尔尼克译

圣彼得堡：А.Ф. 马克斯出版社，1914，355 页（古）

2416

Собрание сочинений Виктора Гюго. Т. IV. С
критико-биографическим очерком профессора А.
И. Кирпичникова　Виктор Гюго

М.: Издание Т-ва И. Д. Сытина, 1915. 352 с.

维克多 · 雨果作品集（第 4 卷）（附 А.И. 基尔皮奇
尼科夫教授批判传记）　维克多 · 雨果

莫斯科：И.Д. 瑟京出版社，1915，352 页（古）

2417

Собрание сочинений Виктора Гюго. Т. XI　Виктор Гюго

М.: Издание Т-ва И. Д. Сытина, 1915. 295 с.

维克多 · 雨果作品集（第 11 卷）　维克多 · 雨果

莫斯科：И.Д. 瑟京出版社，1915，295 页（古）

2418

Собрание сочинений Виктора Гюго. Т. XII　Виктор Гюго

М.: Издание Т-ва И. Д. Сытина, 1915. 192 с.

维克多·雨果作品集（第 12 卷） 维克多·雨果
莫斯科：И.Д. 瑟京出版社，1915，192 页（古）

2419
Собрание сочинений. Т. II Виктор Гюго
М.: Изд. Т-ва И. Д. Сытина, 1915. 520 с.
作品集（第 2 卷） 维克多·雨果
莫斯科：И.Д. 瑟京出版社，1915，520 页

2420
Собрание сочинений. Т. III Виктор Гюго
М.: Изд. т-ва. И. Д. Сытина, 1915. 284 с.
作品集（第 3 卷） 维克多·雨果
莫斯科：И.Д. 瑟京出版社，1915，284 页（古）

2421
Собрание сочинений. Т. VII Виктор Гюго
М.: Типография Т-ва И. Д. Сытина, 1915. 284 с.
作品集（第 7 卷） 维克多·雨果
莫斯科：И.Д. 瑟京印刷厂，1915，284 页（古）

2422
Собрание сочинений. Т. VIII Виктор Гюго
М.: Изд. Т-ва И. Д. Сытина, 1915. 432 с.
作品集（第 8 卷） 维克多·雨果
莫斯科：И.Д. 瑟京出版社，1915，432 页（古）

2423
Собрание сочинений. Т. X Виктор Гюго
М.: Типография Т-ва И. Д. Сытина, 1915. 264 с.
作品集（第 10 卷） 维克多·雨果
莫斯科：И.Д. 瑟京印刷厂，1915，264 页（古）

2424
Собрание сочинений. Т. XI Виктор Гюго
С.-Петербург: Типография Т-ва И. Д. Сытина, 1915.
196 с.
作品全集（第 11 卷） 维克多·雨果
圣彼得堡：И.Д. 瑟京印刷厂，1915，196 页

2425
Безумный день, или, Женитьба Фигаро П. Бо-
марше
М.: Гос. Изд., 1929. 152 с.

疯狂的一天（又名费加罗的婚礼） П. 博马舍
莫斯科：国家出版社，1929，152 页

2426
Избранные комедии Мольер
М.: Гос. Изд., 1929. 514 с.
喜剧选集 莫里哀
莫斯科：国家出版社，1929，514 页

2427
Полное собрание сочинений Мольера. Т. 3 Мольер; Ред. П. И. Вейнберга, П. В. Быкова
С.-Петербург: Издание Т-ва «А. Ф. Маркс», 1913.
718 с.
莫里哀作品全集（第 3 卷） 莫里哀著，П.И. 魏因
贝格、П.В. 贝科夫编
圣彼得堡：А.Ф. 马克斯出版社，1913，718 页（古）

2428
Полное собрание сочинений. Т. 2 Мольер
С.-Петербург: Издание Т-ва А. Ф. Маркс, 1913. 388
с.
作品全集（第 2 卷） 莫里哀
圣彼得堡：А.Ф. 马克斯出版社，1913，388 页（古）

2429
Полное собрание сочинений. Т. 4 Мольер; Ред. П.
И. Вейнберг, П. В. Быков
С.-Петербург: Издание Т-ва А. Ф. Маркс, 1913. 332
с.
作品全集（第 4 卷） 莫里哀著，П.И. 魏因贝格、
П.В. 贝科夫编
圣彼得堡：А.Ф. 马克斯出版社，1913，332 页（古）

2430
Агасфер. Т. 4 Эжен Сю; Пер. с французского Е.
Ильиной
М.: ACADEMIA, 1936. 734 с.
阿格斯菲尔（第 4 卷） 尤金·苏著，Е. 伊利英娜
译自法语
莫斯科：科学院出版社，1936，734 页

2431
Анатоль Франс в туфлях и в халате Жан-Жак Брус-

сон; Пер. с французского А. А. Поляк, П. К. Губера

М.: Петроград, 1925. 238 с.

穿便鞋与长衫的阿纳托尔·法朗士 让－雅克·布鲁松著，А.А. 波利亚克、П.К. 古别尔译自法语

莫斯科：彼得格勒出版社，1925，238 页

2432

Ариана: Роман Клод Анэ

[Б. м.]: Книга для всех, [1935]. 151 с.

阿丽亚娜（长篇小说） 克劳德·艾勒

[不详]：大众图书出版社，[1935]，151 页

2433

Атлантида Пьер Бенуа; Пер. А. Н. Горлина

[Б. м.]: Гос. Изд. Петербург, 1922. 270 с.

大西洲 皮埃尔·伯努瓦著，А.Н. 戈尔林译

[不详]：彼得堡国家出版社，1922，270 页

2434

Батуала: Подлинный негритянский роман Рене Маран; Пер. с французского Зин. Венгеровой

М.: Накануне, 1923. 159 с.

巴图阿拉：黑人真实故事 勒内·马兰著，Зин. 文格罗娃译自法语

莫斯科：前夜出版社，1923，159 页

2435

Боковая качка: Роман Морис Ларуи; Перевод с французского В. А. Розеншильд-Паулина

Л.: Время, 1927. 280 с.

横摇（长篇小说） 莫里斯·拉鲁伊著，В.А. 罗森希尔德－保利纳译自法语

列宁格勒：时间出版社，1927，280 页

2436

Братья Тибо: Роман Рожэ Мартэн Дю-Гар; пер. с французского И. Рыковой, Е. Коц

Л.: Время, 1929. 223 с.

蒂博一家（长篇小说） 罗杰·马丁·杜·加尔著，И. 雷科娃、Е. 科茨译自法语

列宁格勒：时间出版社，1929，223 页

2437

Бунт Машин = LA GREVE DES MACHINES:

Фантастический роман А. Сель

М.: Изд-во «Пучина», 1927. 160 с.

机器的反抗（长篇幻想小说） А. 塞尔

莫斯科：苍穹出版社，1927，160 页

2438

В поисках за утраченным временем = A La recherche du temps perdu. I. В сторону Свана: Роман Марсель Пруст; Пер. и предисловие А. А. Франковского

Л.: ACADEMIA, 1927. 288 с.

追忆似水年华（第 1 卷）：去斯万家那边（长篇小说） 马塞尔·普鲁斯特著，А.А. 弗兰科夫斯基翻译并作序

列宁格勒：科学院出版社，1927，288 页

2439

В пороховом дыму: Военные рассказы Альфонс Додэ; Пер. М. А. Лятского

С.-Петербург: Издание Т-ва М. О. Вольф, 1915. 95 с.

硝烟之下（战争故事） 阿尔丰斯·都德著，М.А. 利亚茨基译

圣彼得堡：М.О. 沃尔夫出版社，1915，95 页（古）

2440

В тисках Бастилии Мазер де Латюд; Пер. с французского А. Н. Горлина

Л.: Красная газета, 1929. 134 с.

在巴士底狱桎梏下 马瑟斯·德·拉图德著，А.Н. 戈尔林译自法语

列宁格勒：红报出版社，1929，134 页

2441

Вавилонские владыки = Les rois de Babel: Современный роман Морис Верн; Перевод с фарнцузского Теодора Левита

Л.: Изд-во «Пучина», 1927. 172 с.

巴比伦统治者（现代小说） 莫里斯·凡尔纳著，特奥多尔·列维特译自法语

列宁格勒：苍穹出版社，1927，172 页

2442

Великое белое безмолвие = LE GRAND SILENCE BLANC: Роман из жизни в Аляске Луи Рукетт = Louis Rouquette; Пер. с франц. Е. Г. Шатуновской

Л.: Мысль, 1925. 206 с.

伟大的白色寂静：阿拉斯加生活故事　路易斯·鲁昆特著，Е.Г. 沙图诺夫斯卡娅译自法语

列宁格勒：思想出版社，1925，206 页

2443

Весна: Роман　Роже Мартэн дю-Гар; Пер. под ред Г. П. Федотова

Л.: Время, 1925. 348 с.

春天（长篇小说）　罗杰·马丁·杜·加尔著，Г.П. 费多托夫编译

列宁格勒：时间出版社，1925，348 页

2444

Во льдах = DANS LES GLACES　Август Байли = AUGUSTE BAILLY; Пер. с французского В. Федорова

М.: Книгоиздательство Г. Ф. Мириманова, 1928. 16 с.

在冰上　奥古斯特·贝利著，В. 费奥多罗夫译自法语

莫斯科：Г.Ф. 米里马诺夫图书出版社，1928，16 页

2445

Вокруг солнца: Фантастический роман　Ле-Фор и Графиньи

[Б. м.]: Пучина, 1926. 303 с.

围绕太阳（长篇幻想小说）　勒－福尔、格拉非尼

[不详]：苍穹出版社，1926，303 页

2446

Воля короля: Роман　Анри Де-Ренье; Пер. В. А. Розеншильд-Паулина

Л.: Мысль, 1925. 240 с.

国王的意志（长篇小说）　亨利·德·雷尼埃著，В.А. 罗森希尔德－鲍林译

列宁格勒：思想出版社，1925，240 页

2447

Воспоминания пролетария　Эркман-Шатриан

Петроград: Путь к знанию, 1923. 231 с.

无产者回忆录　艾克曼－夏特良

彼得格勒：求知之路出版社，1923，231 页

2448

Голливуд: Роман　Люк Дюртен; Пер. с французского Н. Рыковой, Г. Рубцовой

Л.: Прибой, 1928. 197 с.

好莱坞（长篇小说）　卢克·杜顿著，Н. 雷科娃、Г. 鲁布佐娃译自法语

列宁格勒：拍岸浪出版社，1928，197 页

2449

Грядущий Адам　Н. Роже; Пер. с французского А. Гессен

Л.: Гос. Изд., 1926. 187 с.

即将到来的亚当　Н. 罗杰著，А. 格森译自法语

列宁格勒：国家出版社，1926，187 页

2450

Двенадцать тысяч лет назад: Конец одного мира　Клод Анэ

[Б. м.]: Молодая гвардия, 1930. 124 с.

一万两千年前：一个世界的终结　克劳德·艾勒

[不详]：青年近卫军出版社，1930，124 页

2451

Девушка, которая путешествовала: Роман　Клод Фаррер

Рига: Хронос, 1925. 96 с.

旅行的女孩（长篇小说）　克劳德·法瑞尔

里加：时间出版社，1925，96 页

2452

Деньги: Роман: Текст и комментарии　Э. Золя

М.: Гос. Изд., 1927. 135 с.

金钱（长篇小说）：正文和注释　Э. 佐利亚

莫斯科：国家出版社，1927，135 页

2453

Дети Моники Лербье = LE COUPLE: Роман　Виктор Маргерит; Пер. с французского С. Г. Займовского

М.: Современные проблемы, 1927. 270 с.

莫妮卡·勒尔比耶的孩子们（长篇小说）　维克托·马格里特著，С.Г. 扎伊莫夫斯基译自法语

莫斯科：当代问题图书出版社，1927，270 页

2454
Джума Ренэ Маран; Авт. пер. А. Н. Горлина
Л.: Новинки Всемирной Литературы, 1927. 245 с.
周五祷告会　勒内·马兰著，A.H. 戈尔林译
列宁格勒：世界文学新作品图书馆，1927，245 页

2455
Динго: Роман Октав Мирбо; Пер. с французского
Е. Г. Шатуновской
Л.: Мысль, 1925. 272 с.
澳洲犬（长篇小说）　奥克塔夫·米尔博著，E.Г. 沙图诺夫斯卡娅译自法语
列宁格勒：思想出版社，1925，272 页

2456
Дом в квартале Батиньоль Тьерри Сандр; Пер. с французского Л. Савельева
Л.: Мысль, 1926. 174 с.
巴蒂诺尔街区的房子　蒂埃里·桑德雷著，Л. 萨韦利耶夫译自法语
列宁格勒：思想出版社，1926，174 页

2457
Дом людей живых = LA MAISON DES HOMMES VIVANTS: Роман Клод Фаррер; пер. с французского Георгия Павлова
М.: Современные проблемы, 1927. 143 с.
活人屋（长篇小说）　克劳德·法瑞尔著，格奥尔吉·帕夫洛夫译自法语
莫斯科：当代问题图书出版社，1927，143 页

2458
Дорога чести Флоримон Бонт; Пер. с французского М. Абкиной [и др.]
М.: Изд. Иностранной литературы, 1949. 362 с.
荣誉之路　弗洛里蒙·邦特著，M. 阿布金娜等译自法语
莫斯科：外国文学出版社，1949，362 页

2459
Жан Кристоф Ромэн Роллан; Пер. и обработка А. С. Соколовой
М.: Гос. Изд., 1930. 45 с.
约翰·克利斯朵夫　罗曼·罗兰著，A.C. 索科洛娃编译
莫斯科：国家出版社，1930，45 页

2460
Жизнь в цвету Анатоль Франс; Пер. Н. Эфроса
М.: Гос. Изд., 1922. 250 с.
如花的生命　阿纳托尔·法朗士著，H. 埃夫罗斯译
莫斯科：国家出版社，1922，250 页

2461
Жизнь и приключения Даниэля Де Фо автора Робинзона Крузо Поль Доттен; Пер. с французского С. Г. Займовского
М.: Гос. Изд., 1926. 141 с.
《鲁宾逊漂流记》作者丹尼尔·笛福的生平故事　保罗·多滕著，С.Г. 扎伊莫夫斯基译自法语
莫斯科：国家出版社，1926，141 页

2462
Золото: Чудесная повесть о генерале Иоганне Августе Сутере Блэз Сандрар; Пер. с французского М. М. Симонович
М.: Прометей, 1926. 126 с.
黄金：约翰·奥古斯特·索特将军的神奇故事　布莱斯·桑德拉斯著，M.M. 西蒙诺维奇译自法语
莫斯科：普罗米修斯出版社，1926，126 页

2463
Иветта: Роман Гюи Де-Мопассан
Рига: Издание О. Д. Строк, 1927. 128 с.
伊薇特（长篇小说）　居伊·德·莫泊桑
里加：О.Д. 斯特罗克出版，1927，128 页

2464
Избранное Жюль Ренар; Пер. Н. Жарковой, С. Парнок
М.: Гос. Изд. художественной литературы, 1946. 556 с.
作品选集　儒勒·勒纳尔著，H. 扎尔科娃、C. 帕尔诺克译
莫斯科：国家文艺书籍出版社，1946，556 页

2465
Избранные произведения Немецких и француз-

ских писателей: Для классного и домашнего чтения   Под ред. С. А. Манштейна; Обработал И. О. Фуррер

Петроград: Издание С. А. Манштейна, 1917. 113 с.

德国和法国作家作品选（供课堂和家庭阅读） С. А. 曼施泰因编，И.О. 弗列尔整理

彼得格勒：С.А. 曼施泰因出版，1917，113 页（古）

2466

Избранные рассказы   Г. Д'Аннунцио

[Б. м.]: Издание редакции журнала Пробуждение, 1912. 128 с.

短篇小说选集   Г. 邓南遮

[不详]:《觉醒》杂志编辑部出版，1912，128 页（古）

2467

Избранные сочинения. II. Десять лет спустя   Александр Дюма; Пер. А. А. Франковского

Л.: ACADEMIA, 1929. 434 с.

作品选集（第2卷）：十年以后   亚历山大·仲马著，А.А. 弗兰科夫斯基译

列宁格勒：科学院出版社，1929，434 页

2468

Избранные сочинения. Т. 2. Граф Монте-Кристо   Александра Дюма; Пер. с французского под ред. М. Лозинского, А. А. Смирнова

М.: ACADEMIA, 1931. 659 с.

作品选集（第2卷）：基督山伯爵   亚历山大·仲马著，М. 洛津斯基、А.А. 斯米尔诺夫编译自法语

莫斯科：科学院出版社，1931，659 页

2469

Избранные сочинения: Агасфер. Т. 2   Эжен Сю; Пер. с францущского Е. Ильиной

М.: ACADEMIA, 1934. 679 с.

作品选集：阿格斯菲尔（第2卷） 欧仁·苏著，Е.伊利英娜译自法语

莫斯科：科学院出版社，1934，679 页

2470

Капитан Конан: Роман   Роже Версель; Пер. с французского М. К. Левиной

М.: Журнально-газетное объединение, 1937. 232 с.

大尉科南（长篇小说）   罗杰·韦塞尔著，М.К. 莱维娜译自法语

莫斯科：报刊联合公司，1937，232 页

2471

Картины Парижа. Т. 2   Луи-Себастьян Мерсье; Пер. В. А. Барбашевой

М.: ACADEMIA, 1936. 193 с.

巴黎图景（第2卷） 路易－塞巴斯蒂安·梅尔西爱著，В.А. 巴尔巴舍娃译

莫斯科：科学院出版社，1936，193 页

2472

Колодезь Иакова: Роман   Пьер Бенуа; Пер. с Францз. С. Тамаркиной

Рига: Культура, 1926. 173 с.

雅各井（长篇小说） 皮埃尔·伯努瓦著，С.塔马尔金娜译自法语

里加：文化出版社，1926，173 页

2473

Комический роман   Поль Скаррон

М.: ACADEMIA, 1934. 650 с.

长篇喜剧小说 保罗·斯卡伦

莫斯科：科学院出版社，1934，650 页

2474

Красные боги   Жан д'Эм; Пер. с французского Бенедикта Лившица

Л.: Гос. Изд., 1924. 308 с.

美丽的神 让·艾姆著，贝内迪克特·利夫希茨译自法语

列宁格勒：国家出版社，1924，308 页

2475

Круг измены: Роман   Андрэ Моруа

Рига: Жизнь и культура, 1933. 271 с.

背叛的圈子（长篇小说） 安德烈·莫洛亚

里加：生活与文化出版社，1933，271 页

2476

Лаковый поднос = LE PLATEAU DE LAQUE   Анри де Ренье; Пер.и предисловие А. А. Смирнова

Л.: ACADEMIA, 1926. 253 с.

挂漆托盘　亨利·德·雷尼尔著，А.А. 斯米尔诺夫翻译和作序

列宁格勒：科学院出版社，1926，253 页

2477
Лучшее в ее жизни: Роман　Габриель Гро; Пер. с французского П. Н. Ариан

Л.: Время, 1928. 179 с.

生命之美（长篇小说）　加布里埃尔·格罗著，П.Н. 阿里安译自法语

列宁格勒：时间出版社，1928，179 页

2478
Любовь Мишелины: Роман　Поль Бурже, Жерар Дувиль; Пер. В. В. Харламовой

Л.: Время, 1927. 231 с.

米舍利娜的爱情（长篇小说）　保罗·布尔热、杰拉德·杜维尔著，В.В. 哈尔拉莫娃译

列宁格勒：时间出版社，1927，231 页

2479
Любовь на 60° северной широты: Роман　М. Бэ-дэль; Пер. с французского С. М. Гершберг

Л.: Время, 1928. 215 с.

爱在北纬 60°（长篇小说）　М. 贝德尔著，С.М. 格尔什贝格译自法语

列宁格勒：时间出版社，1928，215 页

2480
Марсо-Лароз　Эли Ришар; Пер. с французского Бенедикта Лившица

М.: Земля и Фабрика, 1930. 192 с.

玛索－拉罗斯　伊利·理查德著，贝内迪克特·利夫希茨译自法语

莫斯科：土地与工厂出版社，1930，192 页

2481
Матросская песня; Дом безрадостного возвраще-ния　Пьер Мак Орлан; Перевод с фрацузского З. А. Вершининой

М.: Земля и фабрика, 1928. 332 с.

水手之歌；不愿回去的家　皮埃尔·马克·奥尔兰著，З.А. 韦尔希宁娜译自法语

莫斯科：土地与工厂出版社，1928，332 页

2482
Мельница на Сурдине　Марсель Эме; Пер. с французского Ю. Б. Мирской

М.: Журн.-газ. объединение, 1937. 223 с.

苏迪纳的磨坊　马塞尔·艾梅著，Ю.Б. 米尔斯卡娅译自法语

莫斯科：报刊联合公司，1937，223 页

2483
Мемуары　Франсуа-Жозеф Тальма

М.: ACADEMIA, 1926. 366 с.

回忆录　弗朗索瓦·约瑟夫·塔尔马

莫斯科：科学院出版社，1926，366 页

2484
Миллионы Марко Поло: Психоаналитический криминальный роман　Франк Хеллер

Рига: Жизнь и культура, 1931. 185 с.

马尔科·波洛的巨额财富（犯罪心理分析小说）　弗兰克·海勒

里加：生活与文化出版社，1931，185 页

2485
Мими путешествовала... = Une jeune fille voyagea...: Роман　Клод Фаррер; Пер. с француз-ского Георгия Павлова

М.: Современные проблемы, 1927. 173 с.

咪咪游记（长篇小说）　克劳德·法瑞尔著，格奥尔吉·帕夫洛夫译自法语

莫斯科：当代问题图书出版社，1927，173 页

2486
Мой друг Робеспьер: Роман　Анри Беро; Пер. с французского Георгия Павлова, А. Жирмунского

М.: Современные проблемы, 1927. 232 с.

我的朋友罗伯斯庇尔（长篇小说）　亨利·贝劳德著，格奥尔吉·帕夫洛夫、А. 日尔蒙斯基译自法语

莫斯科：当代问题图书出版社，1927，232 页

2487
Народный театр　Роман Роллан

Петроград: Изд. театрального отдела Народного комиссариата по просвещению, 1919. 134 с.

人民戏剧 罗曼·罗兰

彼得格勒：教育人民委员部戏剧处出版社，1919，134 页

2488

Негритянка в купальне: Роман В. Гиспа, Ф. Мизор; Пер. с французского Н. Соколовой

М.: Современные проблемы, 1926. 250 с.

浴棚里的女黑人（长篇小说） B. 吉斯帕、Ф. 米佐尔著，H. 索科洛娃译自法语

莫斯科：当代问题图书出版社，1926，250 页

2489

Новый потоп = LE NOUVEAU DELUGE: Роман Ноэль Роже = NOELLE ROGER; Пер. с французского Б. К. Рынды-Алексеева

М.: Гос. Изд., 1926. 174 с.

新洪水（长篇小说） 诺埃尔·罗杰著，Б.К. 伦德－阿列克谢耶夫译自法语

莫斯科：国家出版社，1926，174 页

2490

Париж в снегу = LE QUAI DES BRUMES: Роман Пьер Мак Орлан; Пер. с французского Эллит Ставрогиной

М.: Современные проблемы, 1928. 174 с.

雪中的巴黎（长篇小说） 皮埃尔·马克·奥尔兰著，埃利特·斯塔夫罗金娜译自法语

莫斯科：当代问题图书出版社，1928，174 页

2491

Песнь песней. Книга вторая Пьер Амп; Пер. под. ред. Бенедикта Лившица

Л.: Гос. Изд., 1925. 172 с.

雅歌（第 2 册） 皮埃尔·安普著，贝尼迪克特·利夫希茨编译

列宁格勒：国家出版社，1925，172 页

2492

Племянник Рамо Дени Дидро; пер. с французского, предисловие и комментарии Д. И. Гачева

М.: Художественная литература, 1936. 150 с.

拉摩的侄儿 德尼·狄德罗著，Д.И. 加切夫译自法语、作序并注释

莫斯科：文艺书籍出版社，1936，150 页

2493

Пленники: Роман = LES CAPTIFS: ROMAN Ж. Кессель = J. KESSEL; Пер. с французского Инны Теслин

М.: Недра, 1928. 180 с.

俘虏（长篇小说） Ж.凯塞尔著，因纳·特斯林译自法语

莫斯科：矿藏出版社，1928，180 页

2494

По дороге мандаринов Ролан Доржелес; Пер. с французского Е. С. Левина

М.: Земля и фабрика, 1926. 173 с.

沿着柑子路 罗兰·多热莱斯著，E.C. 莱温译自法语

莫斯科：土地与工厂出版社，1926，173 页

2495

Получеловек: Роман Д. Барри; Пер. с французского И. С. Данилова

М.: Современные проблемы, 1926. 144 с.

下等人（长篇小说） Д. 巴利著，И.С. 丹尼洛夫译自法语

莫斯科：当代问题图书出版社，1926，144 页

2496

Последний бог: Роман Клод Фаррер; Пер. с французского И. Ефимова

Рига: Литература, 1927. 224 с.

最后的上帝（长篇小说） 克劳德·法瑞尔著，И. 叶菲莫夫译自法语

里加：文学出版社，1927，224 页

2497

Похмелье: Роман Луи-Жан Фино; пер. с французского М. С. Горевой

Л.: Время, 1925. 131 с.

醉酒（长篇小说） 路易－让·菲诺著，M.C. 戈列娃译自法语

列宁格勒：时间出版社，1925，131 页

2498

Похождения Галюпена: Роман Жан Дро; Пер. с французского Г. И. Гордона

Л.: Время, 1928. 288 с.

加柳片的奇遇（长篇小说） 让·德罗著，Г.И. 戈尔东译自法语

列宁格勒：时间出版社，1928，288 页

2499

Преступление и его оправдание: Роман Альбер Эрланд; Пер. с французского под ред. Г. А. Дюперрона

Л.: Время, 1926. 153 с.

罪行与辩解（长篇小说） 艾伯特·厄兰著，Г.А. 久佩隆编译自法语

列宁格勒：时间出版社，1926，153 页

2500

Приключения капитана «Авессалома» и его спутников: Роман Андрэ Савиньон; Пер. с французского Зин. Львовского

Л.: Время, 1928. 235 с.

"押沙龙"号船长和同伴的冒险故事（长篇小说） 安德烈·萨维尼翁著，Зин. 利沃夫斯基译自法语

列宁格勒：时间出版社，1928，235 页

2501

Прогулка по звездам Камилл Фламмарион; Перевод с французского П. Оленина-Волгаря

М.: Пучина, 1924. 121 с.

星球游历 卡米伊·弗拉马利翁著，П. 奥列宁 – 沃尔加里译自法语

莫斯科：苍穹出版社，1924，121 页

2502

Путь к счастью: Роман Габриэль Морьер; Пер. с французского под ред. Н. Н. Шульговского

Л.: Время, 1927. 222 с.

通向幸福之路（长篇小说） 加布里埃尔·莫里尔著，Н.Н. 舒利戈夫斯基编译自法语

列宁格勒：时间出版社，1927，222 页

2503

Рек-ба: Роман Фердинанд Дюшен; пер. с французского Зин. Львовского

Л.: Время, 1927. 174 с.

雷克 – 巴（长篇小说） 费迪南德·杜兴著，Зин. 利沃夫斯基译自法语

列宁格勒：时间出版社，1927，174 页

2504

Рельсы Пьер Амп; Пер. с французского И. А. Лихачова

Л.: Изд. Фонетического института языков, 1925. 214 с.

轨道 皮埃尔·安普著，И.А. 利哈乔夫译自法语

列宁格勒：语言语音学研究所出版社，1925，214 页

2505

Рыцари виски: Спиртоносы: Роман Виктор Ллона; Пер. с французского Е. Сорокиной

М.: Земля и фабрика, 1927. 216 с.

威士忌骑士（又名酒贩子）（长篇小说） 维克托·劳娜著，Е. 索罗金娜译自法语

莫斯科：土地与工厂出版社，1927，216 页

2506

Сафо = Нравы Парижа Альфонс Додэ; Перевод с французского Вероники Андреевой

Л.: Государственное изд-во, 1927. 281 с.

萨芙（巴黎风俗） 阿尔丰斯·都德著，韦罗妮卡·安德烈耶娃译自法语

列宁格勒：国家出版社，1927，281 页

2507

Сила Анри Барбюс; Пер. с французского Е. Е. Быховской

[Б. м.]: Космос, 1925. 224 с.

力量 亨利·巴布斯著，Е.Е 贝霍夫斯卡娅译自法语

[不详]：宇宙出版社，1925，224 页

2508

Скала Хорива: Роман Жорж Дюамель; Пер. с франц. яз. З. Вершининой

М.: [Б. и.], 1926. 176 с.

何烈山的山岩（长篇小说） 乔治·杜哈明著，3. 韦尔希宁娜译自法语

莫斯科：［不详］，1926，176 页

2509

Слепой корабль Жан Баррейр; Пер. с французского Е. Э. и Г. П. Блок

Л.: Время, 1926. 130 с.

盲船 让·巴雷尔著，Е.Э. 布洛克、Г.П. 布洛克译自法语

列宁格勒：时间出版社，1926，130 页

2510

Собрание сочинений. Книга первая. Сафо: Нравы Парижа Альфонс Додэ; Перевод с французского Вероники Андреевой

Л.: Библиотека Всемирной Литературы, 1927. 281 с.

作品集（第 1 卷）：萨芙（巴黎风俗） 阿尔丰斯·都德著，韦罗妮卡·安德烈耶娃译自法语

列宁格勒：世界文学丛书出版社，1927，281 页

2511

Собрание сочинений. Серия I. Безымянное семейство: Роман Жюль Верн; Пер. с французского под ред. С. П. Полтавского

М.: Земля и Фабрика, 1930. 278 с.

作品集（第 1 部）：无名之家（长篇小说） 儒勒·凡尔纳著，С.П. 波尔塔夫斯基编译自法语

莫斯科：土地与工厂出版社，1930，278 页

2512

Собрание сочинений. Серия I. Капитан Гаттерас, его путешествия и приключения Жюль Верн; Пер. с французского под редакцией М. Зенкевича

М.: Земля и Фабрика, 1927. 272 с.

作品集（系列 1）：哈特拉斯船长历险记 儒勒·凡尔纳著，М. 津克维奇编译自法语

莫斯科：土地与工厂出版社，1927，272 页

2513

Собрание сочинений. Т. 1 Клод Фаррер

М.: Современные проблемы, 1926. 211 с.

作品集（第 1 卷） 克劳德·法瑞尔

莫斯科：当代问题图书出版社，1926，211 页

2514

Собрание сочинений. Т. 10. Дом людей живых : Роман Клод Фаррер; Пер. с французского Георгия Павлова

М.: Современные проблемы, 1927. 143 с.

作品集（第 10 卷）：活人屋（长篇小说） 克劳德·法瑞尔著，格奥尔吉·帕夫洛夫译自法语

莫斯科：当代问题图书出版社，1927，143 页

2515

Собрание сочинений. Т. 3. Девица Дакс Клод Фаррер; Пер. М. Коваленской

М.: Современные проблемы, 1926. 201 с.

作品集（第 3 卷）：少女达克斯 克劳德·法瑞尔著，М. 科瓦连斯卡娅译

莫斯科：当代问题图书出版社，1926，201 页

2516

Собрание сочинений. Т. 8 Клод Фаррер; Перевод с французского Гeoрия Павлова, Евгения Гимпельсон

М.: Современные проблемы, 1927. 172 с.

作品集（第 8 卷） 克劳德·法勒著，格奥尔吉·帕夫洛夫、叶夫根尼·金佩尔松译自法语

莫斯科：当代问题图书出版社，1927，172 页

2517

Собрание сочинений. Т. IX. Ледник В. Иенсен; Пер. Е. С. Макоцкой

М.: Изд. В. М. Саблина, 1912. 252 с.

作品集（第 9 卷）：冰河 В. 延森著，Е.С. 马科茨卡娅译

莫斯科：В.М. 萨布林出版社，1912，252 页（古）

2518

Собрание сочинений: Деловая женщина: Роман Ж. Рони; Пер. с французского Р. Калменс

М.: Современные проблемы, 1928. 177 с.

作品集：干练的女性（长篇小说） Ж. 罗尼著，Р. 卡尔缅斯译自法语

莫斯科：当代问题图书出版社，1928，177 页

2519

Собрание сочинений: Роман. Т. 2. Битва　Клод Фаррер

М.: Современные проблемы, 1927. 209 с.

长篇小说作品集（第 2 卷）：会战　克劳德·法瑞尔

莫斯科：当代问题图书出版社，1927，209 页

2520

Страх любви: Роман　Анри де Ренье; Перевод с французского А. Печковского

М.: Изд. «Универсальная библиотека», 1915. 285 с.

爱的恐惧（长篇小说）　亨利·德·雷尼埃著，А. 佩奇科夫斯基译自法语

莫斯科：综合图书出版社，1915，285 页（古）

2521

Тайна похищения генерала Кутепова: Роман　Клод Фелисье

Рига: Грамату драугс, 1930. 189 с.

绑架库捷波夫将军之谜（长篇小说）　克洛德·费利西亚

里加：图书之友出版社，1930，189 页

2522

Танцовщица: Роман　Жан Бертеруа; Пер. с французского С. С. Миримановой

Рига: Издательство Литература, 1929. 189 с.

女舞者（长篇小说）　让·伯特瓦著，С.С. 米里马诺娃译自法语

里加：文学出版社，1929，189 页

2523

Торговец ядом: Роман　Жорж Онэ

[Б. м.]: Типография Т-ва «Свет», 1913. 171 с.

贩卖毒药的人（长篇小说）　乔治·奥内

[不详]：光明印刷厂，1913，171 页（古）

2524

Углекопы　Э. Золя; Перевод с французского Е. Л. Овсянниковой

Л.: Прибой, 1928. 180 с.

采煤工人　Э. 佐利亚著，Е.Л. 奥夫相尼科娃译自法语

列宁格勒：拍岸浪出版社，1928，180 页

2525

Узники: Роман　Ж. Кессель

Л.: Время, 1927. 184 с.

囚徒（长篇小说）　Ж. 凯塞尔

列宁格勒：时间出版社，1927，184 页

2526

Улица: Роман　Ж. А. Рони; Перев. под ред. Д. О. Гликмана

Л.: Мысль, 1925. 285 с.

街道（长篇小说）　Ж.А. 罗尼著，Д.О. 格利克曼编译

列宁格勒：思想出版社，1925，285 页

2527

Умирающая земля: Роман = La terre qui meurt　Рене Базен = Rene Bazin; Пер. под редакц. Е. Смирнова

Л.: Мысль, 1926. 216 с.

日渐贫瘠的土地（长篇小说）　勒内·巴赞著，Е. 斯米尔诺夫编译

列宁格勒：思想出版社，1926，216 页

2528

Фарфоровая джонка: Роман　Жозеф Дельтей; Пер. с французского Е. В. Алексадровой

М.: Недра, 1927. 77 с.

瓷帆船（长篇小说）　约瑟夫·德尔泰尔著，Е.В. 亚历山德罗娃译自法语

莫斯科：矿藏出版社，1927，77 页

2529

Фея Снегов: Роман　Виктор Форбэн; Пер. с французского А. П. и Н. М. Зельдович

Л.: Время, 1927. 220 с.

雪姑娘（长篇小说）　维克多·福尔宾著，А.П. 泽利多维奇、Н.М. 泽利多维奇译自法语

列宁格勒：时间出版社，1927，220 页

2530

Через Атлантику на гидроплане = LA MER DE SARGASSE : Роман　Пер. с французского Е. Бренева

[Б. м.]: Пучина, 1928. 194 с.

乘水上飞机飞越大西洋（长篇小说） E. 布列涅夫 译自法语

[不详]：苍穹出版社，1928，194 页

2531

Ярмо славы = Les Trains-la-Gloire　Жорж Адриан = Georges Adrian; пер. Г. Гольшмана

Л.: Мысль, 1925. 175 с.

荣誉的桎梏　乔治·阿德里安著，Г. 戈利什曼译

列宁格勒：思想出版社，1925，175 页

2532

Милостью аллаха: Роман　Гилэр Беллок; Пер. с английского С. М. Антик

М.: Гос. Изд., 1926. 270 с.

真主保佑（长篇小说）　希莱尔·贝洛克著，С.М. 安季克译自英语

莫斯科：国家出版社，1926，270 页

2533

Музыканты наших дней　Ромэн Роллан; Перевод с французского Ю. Римской-Корсаковой

Петроград: Мысль, 1923. 193 с.

当代音乐家　罗曼·罗兰著，Ю. 里姆斯卡娅 – 科尔萨科娃译自法语

彼得格勒：思想出版社，1923，193 页

2534

Москва без покровов: Девять лет работы в стране Советов　Жозеф Дуйе

Рига: Саламандра, 1928. 164 с.

真实的莫斯科：在苏维埃国家工作的九年　约瑟夫·杜伊

里加：蝾螈出版社，1928，164 页

2535

На родине Наполеона

[Б. м.]: Восход, 1935. 185 с.

在拿破仑的故乡

[不详]：东方出版社，1935，185 页

2536

Великий Император и маленький паж: Историческая повесть　Э. Дюпюи

М.; С-Петербург: Издание М. О. Вольфа, 1913. 304 с.

大帝与少年侍从（历史纪实）　Э. 杜普伊

莫斯科、圣彼得堡：M.O. 沃尔夫出版，1913，304 页（古）

2537

История одного ребенка: Повесть для детей старшего возраста　Альфонс Додэ

М.: Типография Т-ва И. Д. Сытина, 1916. 240 с.

小东西（大龄儿童读物）　阿尔丰斯·都德

莫斯科：И.Д. 瑟京印刷厂，1916，240 页（古）

2538

Пленники леса: Повесть: Для детей старшего возраста　Фредерик Бартлетт; Перевод и обработка С. Лялицкой

М.: Изд. Г. Ф. Мириманова, 1928. 168 с.

森林的囚徒（中篇小说）：大龄儿童故事　弗雷德里克·巴特利特著，С. 利亚利茨卡娅编译

莫斯科：Г.Ф. 米里马诺夫出版社，1928，168 页

2539

Ледяной сфинкс: Фантастическое путешествие к южному полюсу　Жюль Верн

Л.: Гос. Изд., 1930. 213 с.

冰塑狮身人面像：南极奇幻之旅　儒勒·凡尔纳

列宁格勒：国家出版社，1930，213 页

2540

Рассказы о животных　Луи Перго; Пер. с французского Е. Филипповой

М.: Гос. Изд., 1927. 180 с.

动物故事　路易·佩尔戈著，Е. 菲利波娃译自法语

莫斯科：国家出版社，1927，180 页

2541

История русской музыки: В исследованиях и материалах. Т. 1　Под ред. проф. К. А. Кузнецова

М.: Музсектор госиздата, 1924. 204 с.

俄罗斯音乐史：研究成果和资料（第 1 卷）　К.А. 库兹涅佐夫教授编

莫斯科：国家音乐书籍出版社，1924，204 页

2542

Юношеские воспоминания индейца　Ч. А. Ист-мен; Пер. С. Кублицкой-Пиоттух

Л.: Гос. Изд., 1925. 214 с.

一个印第安人的少年时代回忆录　Ч.А. 伊斯门著，C. 库布利茨卡娅 – 皮奥图赫译

列宁格勒：国家出版社，1925，214 页

2543

Медвеженок Джонни　Эрнест Томпсон Сэтон

М.: Изд. Кнебель, 1916. 32 с.

小熊约翰尼　欧内斯特·汤普森·西顿

莫斯科：克内贝尔出版社，1916，32 页（古）

2544

Сыны Рагузы: Роман　Эдгар Уоллес

Рига: Грамату драугс, 1930. 222 с.

拉古萨之子（长篇小说）　埃德加·华莱士

里加：图书之友出版社，1930，222 页

2545

Черная ведьма: Роман　Эд. Уоллес; Пер. И. Тон-ского

Рига: Литература, 1930. 158 с.

黑巫婆（长篇小说）　Эд. 华莱士著，И. 通斯基译

里加：文学出版社，1930，158 页

2546

Полное собрание сочинений. Т. II　Брет-Гарт

Л.: [Б. и.], 1928. 216 с.

作品全集（第 2 卷）　布列特 – 加尔特

列宁格勒：[不详]，1928，216 页

2547

Полное собрание сочинений. Т. V　Брет-Гарт

Л.: Красная газета, 1928. 194 с.

作品全集（第 5 卷）　布列特 – 加尔特

列宁格勒：红报出版社，1928，194 页

2548

Полное собрание сочинений. Т. VI　Брет-Гарт

Л.: [Б. и.], 1928. 158 с.

作品全集（第 6 卷）　布列特 – 加尔特

列宁格勒：[不详]，1928，158 页

2549

Заколдованная земля: Фантастический роман　Карл Глоух

М.: Гос. Изд., 1923. 162 с.

魔法之地（科幻小说）　卡尔·格洛乌赫

莫斯科：国家出版社，1923，162 页

2550

Африканские рассказы　Юрген Юргенсен

Петербург: Всемирная литература, 1919. 153 с.

非洲故事　尤尔根·尤尔根松

彼得堡：世界文学出版社，1919，153 页

2551

Беббит = BEBBIT　Синклер Льюис = SINCLAIR LEWIS

Л.: Издательство «Мысль», 1928. 368 с.

白璧德　辛克莱·刘易斯

列宁格勒：思想出版社，1928，368 页

2552

Беглец: Путешествие на «Ослепительном»　Джэк Лондон

М.: Мысль, 1914. 195 с.

出走者："耀眼" 号历险记　杰克·伦敦

莫斯科：思想出版社，1914，195 页（古）

2553

Бэлисэнд: Роман из американской жизни　Джо-зеф Гершсгеймер; Пер. с английского А. Швырова

М.: [Б. и.], 1926. 196 с.

巴黎桑德：美国生活故事　约瑟夫·赫格斯海默著，А. 什维罗夫译自英语

莫斯科：[不详]，1926，196 页

2554

В Сибирь за кладом: Роман　Деннис Уитли; Пер. с английского К. Верховской

Рига: DZIVE UN KULTURA, 1935. 350 с.

到西伯利亚寻宝（长篇小说）　丹尼斯·惠特利著，К. 韦尔霍夫斯卡娅译自英语

里加：生活与文化出版社，1935，350 页

2555

Великие американские писатели В. Трент, Дж. Эрскин

СПБ: Изд. П. И. Певина, 1914. 143 с.

伟大的美国作家 B. 特伦特、Дж. 厄斯金

圣彼得堡：П.И. 佩温出版社，1914，143 页（古）

2556

Гавань: роман из рабочей жизни Нью-Йоркского порта Эрнест Пуль; Пер. Л. Я. Круковской

Л.: Сеятель, 1924. 319 с.

港湾：纽约港工作生活故事 欧内斯特·普尔著，Л.Я. 克鲁科夫斯卡娅译

列宁格勒：传播者出版社，1924，319 页

2557

Джимми Хиггинс: Роман Уптон Синклер; Пер. с английского М. А. Дьяконова

М.: Гос. Изд., 1923. 315 с.

吉米·希金斯（长篇小说） 厄普顿·辛克莱著，M.A. 季亚科诺夫译自英语

莫斯科：国家出版社，1923，315 页

2558

До Адама = Before Adam Джэк Лондон = Jack London; Перев. Зин. Львовского

Л.: Мысль, 1926. 160 с.

亚当之前 杰克·伦敦著，Зин. 利沃夫斯基译

列宁格勒：思想出版社，1926，160 页

2559

Дом гордости: Рассказы Джэк Лондон; Перев. Д. Е. Лейхтенберг

Л.: Мысль, 1925. 135 с.

傲慢之家（短篇小说集） 杰克·伦敦著，Д.Е. 洛伊希滕贝格译

列宁格勒：思想出版社，1925，135 页

2560

Дорога Джэк Лондон; Пер. С. А. Адрианова

Л.: Мысль, 1924. 159 с.

路 杰克·伦敦著，C.A. 阿德里阿诺夫译

列宁格勒：思想出版社，1924，159 页

2561

Дочь снегов: Роман Джек Лондон; Перевод с английского Д. Зинева

М.: Новелла, 1924. 204 с.

雪国的女儿（长篇小说） 杰克·伦敦著，Д. 季涅夫译自英语

莫斯科：故事出版社，1924，204 页

2562

Железная пята: Роман Джек Лондон; Пер. с английского Зин. Львовского

Л.: Мысль, 1927. 232 с.

铁蹄（长篇小说） 杰克·伦敦著，Зин. 利沃夫斯基译自英语

列宁格勒：思想出版社，1927，232 页

2563

Зверобой Фенимор Купер; Пер. И. И. Введенского

Берлин; Петербург; М.: Изд. З. И. Гржебина, 1923. 326 с.

杀鹿人 费尼莫尔·库柏著，И.И. 韦坚斯基译

柏林、彼得堡、莫斯科：З.И. 格热宾出版社，1923，326 页

2564

Зверь из бездны Джек Лондон; Пер. с английского Зин. Львовского

Л.: Мысль, 1925. 159 с.

深渊野兽 杰克·伦敦著，Зин. 利沃夫斯基译自英语

列宁格勒：思想出版社，1925，159 页

2565

Зеленые дворцы: Роман из жизни в тропическом лесу В. Гудзон; С шестнадцатого английского изд. П. Охрименко

М.: Современные проблемы, 1926. 226 с.

绿色宫殿：热带雨林生活小说 B. 哈德森著，П. 奥赫里缅科译自英文原著第 16 版

莫斯科：当代问题图书出版社，1926，226 页

2566

Зельда Марш: Роман Чарльз Норрис; Пер. с английского М. Е. Абкиной

Л.: Мысль, 1929. 463 с.

泽尔达·马尔什（长篇小说） 查尔斯·诺里斯著，M.E. 阿布金娜译自英语

列宁格勒：思想出版社，1929，463 页

2567

Земля обетованная = The valley of the Moon: Роман Джэк Лондон; Пер. Э. К. Бродерсен

Л.: Мысль, 1924. 262 с.

月亮谷（长篇小说） 杰克·伦敦著，Э.К. 布罗德森译

列宁格勒：思想出版社，1924，262 页

2568

Зов пустыни = The call of the wild Джэк Лондон = Jack London; Перевод с английского Зин. Львовского

Л.: Мысль, 1925. 160 с.

荒野的呼唤 杰克·伦敦著，Зин. 利沃夫斯基译自英语

列宁格勒：思想出版社，1925，160 页

2569

Исповедь Американца Гарри Кемп; Перевод М. Г. Волосова

Л.: Гос. Изд., 1926. 315 с.

一个美国人的忏悔 加里·凯普著，М.Г. 沃洛索夫译

列宁格勒：国家出版社，1926，315 页

2570

Конгаи: Роман Гарри Гервей; Перевод с английского Т. О. Давыдовой

Л.: Мысль, 1928. 246 с.

康加伊（长篇小说） 哈里·哈维著，Т.О. 达维多娃译自英语

列宁格勒：思想出版社，1928，246 页

2571

Контора Натан Аш; Пер. с английского И. Стрешнева

[Б. м.]: Круг, 1927. 247 с.

事务所 纳坦·阿什著，И. 斯特列什涅夫译自英语

[不详]：克鲁格出版社，1927，247 页

2572

Красный петушок: Роман = THE SCARLET COCKEREL М. Сэблетт = M. Sublette; Пер. с английского А. Ф. Равинской

Л.: Мысль, 1927. 222 с.

红公鸡（长篇小说） М. 萨布列特著，А.Ф. 拉温斯卡娅译自英语

列宁格勒：思想出版社，1927，222 页

2573

Лев святого Марка: Роман Фенимор Купер

М.: Молодая гвардия, 1930. 143 с.

圣马克的狮子（长篇小说） 费尼莫尔·库柏

莫斯科：青年近卫军出版社，1930，143 页

2574

Манхэттэн: Роман Джон Дос Пассос; Пер. с английского Валентина Стенича

Л.: Прибой, 1930. 355 с.

曼哈顿（长篇小说） 约翰·多斯·帕索斯著，瓦莲京·斯捷尼奇译自英语

列宁格勒：拍岸浪出版社，1930，355 页

2575

Мартин Идэн: Роман Джек Лондон

М.: Живое слово, 1914. 396 с.

马丁·伊登（长篇小说） 杰克·伦敦

莫斯科：活语言出版社，1914，396 页（古）

2576

Микаэль, Брат Джерри Джэк Лондон; Пер. Я. И. Ясинского

Л.: [Б. и.], 1924. 126 с.

米卡埃尔、杰瑞兄弟 杰克·伦敦著，Я.И. 亚辛斯基译

列宁格勒：[不详]，1924，126 页

2577

Мисс бобби = Mother knows best Эдна Фербер = EDNA FERBER; Пер. с английского М. Г. Волосова

Л.: Мысль, 1928. 223 с.

母亲最了解 埃德娜·费伯著，М.Г. 沃洛索夫译自英语

列宁格勒：思想出版社，1928，223 页

2578

Мистер Беббит: Роман　Синклер Льюис; Пер. с английского М. Пруссак

М.: Гос. Изд., 1926. 413 с.

白璧德（长篇小说）　辛克莱·刘易斯著，M. 普鲁萨克译自英语

莫斯科：国家出版社，1926，413 页

2579

На вольном воздухе: Роман　Синклер Льюис; Перев. Т. А. Богданович

Л.: Мысль, 1925. 281 с.

在自由的空气里（长篇小说）　辛克莱·刘易斯著，Т.А. 波格丹诺维奇译

列宁格勒：思想出版社，1925，281 页

2580

Наш мистер Ренн = Our mister Wrenn　Синклер Льюис; Пер. М. Матвеевой

Л.: Мысль, [1929]. 308 с.

我们的瑞恩先生　辛克莱·刘易斯著，M. 马特维耶娃译

列宁格勒：思想出版社，[1929]，308 页（古）

2581

Негритянский рай　Карл Ван Вехтен; Пер. А. В. Швырова

Л.: Библиотека всемирной литературы, 1928. 319 с.

黑人天堂　卡尔·凡·韦奇滕著，A.B. 什维罗夫译

列宁格勒：世界文学丛书出版社，1928，319 页

2582

Непобедимые строители　А. Руссель Бонд; Пер. с английского под ред. Вл. А. Попова

М.: Книга, 1925. 169 с.

不可战胜的建设者　A. 拉塞尔·邦德著，Вл.A. 波波夫编译自英语

莫斯科：书籍出版社，1925，169 页

2583

Нефть: Роман　Эптон Синклер; Пер. с английского В. А. Барбашевой , Е. К. Гдалевой

М.: Гос. Изд., 1926. 306 с.

石油（长篇小说）　厄普顿·辛克莱著，B.A. 巴尔巴舍娃、E.K. 格达列娃译自英语

莫斯科：国家出版社，1926，306 页

2584

Полное собрание романов: Роман. Т. 1. Шпион　Фенимор Купер; Под ред. Н. Могучего

М.: Земля и Фабрика, 1927. 223 с.

长篇小说全集（第 1 卷）：间谍　费尼莫尔·库柏著，H. 莫古奇编

莫斯科：土地与工厂出版社，1927，223 页

2585

Полное собрание сочинений. Т. IX. Лунный лик　Джэк Лондон; Первод с английского под. ред. З. А. Вершининой

М.: Земля и Фабрика, 1925. 150 с.

作品全集（第 9 卷）：月亮脸　杰克·伦敦著，З.A. 韦尔希宁娜编译自英语

莫斯科：土地与工厂出版社，1925，150 页

2586

Полное собрание сочинений. Т. VIII. Потерянный лик: Рассказы　Джэк Лондон; Первод с английского под ред. Евгения Ланна

М.: Земля и Фабрика, 1925. 114 с.

作品全集（第 8 卷）：丢脸先生（短篇小说集）　杰克·伦敦著，叶夫根尼·兰恩编译自英语

莫斯科：土地与工厂出版社，1925，114 页

2587

Полное собрание сочинений. Т. VIII. Северная Одиссея　Джэк Лондон; Перевод с английского Е. Г. Гуро

М.: Земля и Фабрика, 1925. 114 с.

作品全集（第 8 卷）：北方的奥蒂塞　杰克·伦敦著，Е.Г. 古罗译自英语

莫斯科：土地与工厂出版社，1925，114 页

2588

Полное собрание сочинений. Т. X. Любовь к жизни　Джэк Лондон; Первод с английского под ред. Евгения Ланна

М.: Земля и Фабрика, 1925. 126 с.

作品全集（第 10 卷）：热爱生命　杰克·伦敦著，

叶夫根尼·兰恩编译自英语

莫斯科：土地与工厂出版社，1925，126 页

2589

Полное собрание сочинений. Т. X. Сила сильных Джэк Лондон; Первод с английского Н. Уткиной, Л. Бродской

М.: Земля и Фабрика, 1927. 127 с.

作品全集（第 10 卷）：强者的力量 杰克·伦敦著，Н. 乌特金娜、Л. 布罗茨卡娅译自英语

莫斯科：土地与工厂出版社，1927，127 页

2590

Полное собрание сочинений. Т. XI. Рассказы рыбачьего патруля Джэк Лондон; Первод с английского под ред. З. Вершининой

М.: Земля и Фабрика, 1927. 266 с.

作品全集（第 11 卷）：渔业巡警故事集 杰克·伦敦著，З. 韦尔希宁娜编译自英语

莫斯科：土地与工厂出版社，1927，266 页

2591

Полное собрание сочинений. Т. XI: К. I. Голландская доблесть Джэк Лондон; Перевод с агнглийского А. В. Кривцовой и В. Житомирского

М.: Земля и фабрика, 1924. 107 с.

作品全集（第 11 卷第 1 册）：荷兰人的英勇精神 杰克·伦敦著，А.В. 克里夫佐娃、В. 日托米尔斯基译自英语

莫斯科：土地与工厂出版社，1924，107 页

2592

Полное собрание сочинений. Т. XII. Когда боги смеются: Рассказы Джэк Лондон; Первод с английского под ред. Евгения Ланна

М.: Земля и Фабрика, 1925. 154 с.

作品全集（第 12 卷）：众神笑（短篇小说集） 杰克·伦敦著，叶夫根尼·兰恩编译自英语

莫斯科：土地与工厂出版社，1925，154 页

2593

Полное собрание сочинений. Т. XII. Принцесса Джэк Лондон; Первод с английского под ред. З. А. Вершининой

М.: Земля и Фабрика, 1927. 103 с.

作品全集（第 12 卷）：公主 杰克·伦敦著，З.А. 韦尔希宁娜编译自英语

莫斯科：土地与工厂出版社，1927，103 页

2594

Полное собрание сочинений. Т. XIII Джэк Лондон; Первод с английского Н. Уткиной, Л. Бродской

М.: Земля и Фабрика, 1925. 114 с.

作品全集（第 13 卷） 杰克·伦敦著，Н. 乌特金娜、Л. 布罗茨卡娅译自英语

莫斯科：土地与工厂出版社，1925，114 页

2595

Полное собрание сочинений. Т. XIII. Вера в человека Джэк Лондон; Первод с английского М. П. Чехова

М.: Земля и Фабрика, 1927. 183 с.

作品全集（第 13 卷）：对人的信任 杰克·伦敦著，М.П. 契诃夫译自英语

莫斯科：土地与工厂出版社，1927，183 页

2596

Полное собрание сочинений. Т. XIV. На цыновке Макалоа Джэк Лондон

М.: Земля и Фабрика, 1927. 147 с.

作品全集（第 14 卷）：在马卡洛阿的草席上 杰克·伦敦

莫斯科：土地与工厂出版社，1927，147 页

2597

Полное собрание сочинений. Т. XIV. Сказки южных морей Джэк Лондон; Первод с английского Е. Уткиной

М.: Земля и Фабрика, 1925. 140 с.

作品全集（第 14 卷）：南海故事 杰克·伦敦著，Е. 乌特金娜译自英语

莫斯科：土地与工厂出版社，1925，140 页

2598

Полное собрание сочинений. Т. XIV. Храм гордыни: Рассказы Джэк Лондон; Первод с английского А. В. Кривцовой

М.: Земля и Фабрика, 1925. 91 с.

作品全集（第 14 卷）：骄傲的神殿（短篇小说集） 杰克·伦敦著，А.В. 克里夫佐娃译自英语

莫斯科：土地与工厂出版社，1925，91 页

2599

Полное собрание сочинений. Т. XIX Джек Лондон; Первод с английского М. П. Чехова, И. С. Бахметьева

М.: Земля и Фабрика, 1927. 289 с.

作品全集（第 19 卷） 杰克·伦敦著，М.П. 契诃夫、И.С. 巴赫梅季耶夫译自英语

莫斯科：土地与工厂出版社，1927，289 页

2600

Полное собрание сочинений. Т. XV. Путешествие на «Снарке» Джек Лондон

М.: Земля и Фабрика, 1927. 195 с.

作品全集（第 15 卷）："斯纳克号"的巡航 杰克·伦敦

莫斯科：土地与工厂出版社，1927，195 页

2601

Полное собрание сочинений. Т. XVI. Мятеж на «Эльсиноре»: Роман Джек Лондон; Первод с английского М. А. Шишмаревой

М.: Земля и Фабрика, 1925. 328 с.

作品全集（第 16 卷）："埃尔西诺号"上的叛变（长篇小说） 杰克·伦敦著，М.А. 希什马廖娃译自英语

莫斯科：土地与工厂出版社，1925，328 页

2602

Полное собрание сочинений. Т. XVII. Сердца трех: Роман Джек Лондон; Пер. с английского Н. Ф. Давыдовой

М.: Земля и фабрика, 1927. 352 с.

作品全集（第 17 卷）：三颗心（长篇小说） 杰克·伦敦著，Н.Ф. 达维多娃译自英语

莫斯科：土地与工厂出版社，1927，352 页

2603

Полное собрание сочинений. Т. XVIII. До Адама; Алая чума Джек Лондон; Первод с английского Л. Ланской

М.: Земля и Фабрика, 1925. 148 с.

作品全集（第 18 卷）：亚当之前、腥红疫 杰克·伦敦著，Л. 兰斯卡娅译自英语

莫斯科：土地与工厂出版社，1925，148 页

2604

Полное собрание сочинений. Т. XX. Майкель брат Джерри Джэк Лондон; Первод с английского Е. Уткиной

М.: Земля и Фабрика, 1925. 269 с.

作品全集（第 20 卷）：杰瑞的兄弟迈克尔 杰克·伦敦著，Е. 乌特金娜译自英语

莫斯科：土地与工厂出版社，1925，269 页

2605

Полное собрание сочинений. Т. XXII. Люди бездны Джек Лондон; Первод с английского Е. Уткиной

М.: Земля и Фабрика, 1925. 182 с.

作品全集（第 22 卷）：深渊里的人们 杰克·伦敦著，Е. 乌特金娜译自英语

莫斯科：土地与工厂出版社，1925，182 页

2606

Потерянный лик: Рассказы Джэк Лондон; Первод с английского под ред. Евгения Ланна

М.: Земля и Фабрика, 1925. 114 с.

丢脸先生（短篇小说集） 杰克·伦敦著，叶夫根尼·兰恩编译自英语

莫斯科：土地与工厂出版社，1925，114 页

2607

Прерия Фенимор Купер; Под ред. М. Горького

Петербург: Изд. З. И. Гржебина, 1923. 453 с.

大草原 费尼莫尔·库珀著，М. 高尔基编

彼得堡：З.И. 格热宾出版社，1923，453 页

2608

Приключение = Adventure Джэк Лондон = Jack London; Пер. А. Г. Мовшенсона

Л.: Мысль, 1925. 219 с.

历险记 杰克·伦敦著，А.Г. 莫夫申松译

列宁格勒：思想出版社，1925，219 页

2609
Приключения Гекльберри Финна Марк Твен;
Пер. с английского под ред. К. Чуковского
М.: Гос. Изд. Детской Литературы, 1942. 207 с.
哈克贝利·费恩历险记 马克·吐温著，K. 丘科夫
斯基编译自英语
莫斯科：国家儿童读物出版社，1942，207 页

2610
Приключения Джэка Лондона Лев Вайсенберг
М.: Гос. изд., 1927. 103 с.
杰克·伦敦奇遇记 列夫·魏森伯格
莫斯科：国家出版社，1927，103 页

2611
**Приключения щенка Джерри: Четвероногий
Одиссей** Джек Лондон
М.: Изд. Г. Ф. Мириманова, 1928. 202 с.
猎犬杰瑞的奇遇：四脚奥德修斯 杰克·伦敦
莫斯科：Г.Ф. 米里马诺夫出版社，1928，202 页

2612
**Промышленная республика = The industrial
republic** Эптон Синклер = Upton Sinclair; Пер. А.
М. Карнауховой
Л.: Мысль, 1925. 192 с.
工业共和国 厄普顿·辛克莱著，A.M. 卡尔瑙霍娃
译
列宁格勒：思想出版社，1925，192 页

2613
Пытка: Роман Джэк Лондон; Перевод с английского Э. К. Пименовой
Л.: Мысль, 1925. 347 с.
拷问（长篇小说） 杰克·伦敦著，Э.К. 皮缅诺娃
译自英语
列宁格勒：思想出版社，1925，347 页

2614
Робин гуд = ROBIN HOOD Эскотт Линн =
ESCOTT LYNN; пер. с английского и переработка А.
В. Кривцовой
М.: Гос. Изд., 1928. 265 с.
罗宾汉 埃斯科特·林恩著，A.B. 克里夫佐娃编译

自英语
莫斯科：国家出版社，1928，265 页

2615
Сестра Керри = SISTER CARRIE: Роман Теодор
Драйзер
Рига: ACADEMIA, 1930. 224 с.
嘉莉妹妹（长篇小说） 西奥多·德莱塞
里加：科学院出版社，1930，224 页

2616
Сила сильных = The Strength of the strong Джэк
Лондон = Jack London; Пер. Н. Ю. Жуковской
Л.: Мысль, 1925. 121 с.
强者的力量 杰克·伦敦著，Н.Ю. 茹科夫斯卡娅
译
列宁格勒：思想出版社，1925，121 页

2617
Сильная духом: Роман = A man's woman Франк
Норрис = Frank Norris; Пер. с английского Е. Фортунато
Л.: Мысль, 1928. 269 с.
男人的女人（长篇小说） 弗兰克·诺里斯著，E. 福
图纳托译自英语
列宁格勒：思想出版社，1928，269 页

2618
Смерть миллионера Г. и М. Коль; Пер. с английского Е. И. Яхниной
Л.: Гос. Изд., 1926. 237 с.
百万富翁之死 Г. 科尔、M. 科尔著，Е.И. 亚赫尼
娜译自英语
列宁格勒：国家出版社，1926，237 页

2619
Смок Беллью = Smoke Bellew Джэк Лондон =
Jack London; Пер. Зин. Львовского
Л.: Мысль, 1925. 177 с.
斯莫克·贝洛 杰克·伦敦著，Зин. 利沃夫斯基译
列宁格勒：思想出版社，1925，177 页

2620
Смок и Маленький Джэк Лондон; Пер. с англий-

ского В. И. Сметанича

Л.: Мысль, 1924. 194 с.

斯莫克和小男孩 杰克·伦敦著，В.И. 斯梅塔尼奇译自英语

列宁格勒：思想出版社，1924，194 页

2621

Смок и малыш Джэк Лондон; Перевод с Английского В. И. Орекиной

М.: Земля и фабрика, 1926. 156 с.

斯莫克和小男孩 杰克·伦敦著，В.И. 奥列金娜译自英语

莫斯科：土地与工厂出版社，1926，156 页

2622

Собрание сочинений. Т. 3. На чужом берегу: Американские рассказы А. Реизен; Пер. С. Карлина

М.: Гос. Изд. художественной литературы, 1931. 76 с.

作品集（第 3 卷）：在彼岸（美国短篇小说集） А. 列伊津著，С. 卡尔林译

莫斯科：国家文艺书籍出版社，1931，76 页

2623

Собрание сочинений. Т. IV Джек Лондон

Л.: Гос. Изд., 1925. 276 с.

作品集（第 4 卷） 杰克·伦敦

列宁格勒：国家出版社，1925，276 页

2624

Собрание сочинений. Т. IX Джек Лондон; Пер. Н. С. Кауфмана, Э. И. Нелиус, В. К. Загорской

М.: Гос. Изд., 1926. 348 с.

作品集（第 9 卷） 杰克·伦敦著，Н.С. 考夫曼、Э.И. 涅利乌斯、В.К. 扎戈尔斯卡娅译

莫斯科：国家出版社，1926，348 页

2625

Собрание сочинений: Вера в человека: Рассказы. Т. III Джэк Лондон; Пер. с английского А. В. Каменского

С.-Петербург: Изд. «Прометей», 1912. 229 с.

作品集：人们的信任（短篇小说集第 3 卷） 杰克·伦敦著，А.В. 卡缅斯基译自英语

圣彼得堡：普罗米修斯出版社，1912，229 页（占）

2626

Собрание сочинений: Роман. Т. III. Деньги Уптон Синклер; Пер. с английского Е. В. Святловского

С.- Петербург: Прометей, 1912. 236 с.

作品集（长篇小说第 3 卷）：金钱 厄普顿·辛克莱著，Е.В. 斯维亚特洛夫斯基译自英语

圣彼得堡：普罗米修斯出版社，1912，236 页（古）

2627

Спрут Ф. Норрис

М.: Гос. Изд., 1926. 111 с.

贪婪的怪物 Ф. 诺里斯

莫斯科：国家出版社，1926，111 页

2628

Страсть мистера Маррапита: Роман А. Хэтчинсон; Пер. с английского Марианны Кузрец

Л.: Время, 1926. 288 с.

马拉皮特先生的激情（长篇小说） А. 哈钦森著，玛丽安娜·库兹雷茨译自英语

列宁格勒：时间出版社，1926，288 页

2629

Том из мирной долины = Tom of peace valley: Повесть из жизни юных американцев Джон Кэз; Пер. с английского К. П. Озеровой

М.: Посредник, 1927. 93 с.

来自和平谷的汤姆：美国年轻人生活故事 约翰·克兹著，К.П. 奥泽罗娃译自英语

莫斯科：媒介出版社，1927，93 页

2630

Три мысли горбуньи Луиджи Пиранделло; Пер. Г. В. Рубцовой, З. О. Таль

Л.: Время, 1926. 165 с.

女罗锅的三个想法 路伊吉·皮兰德娄著，Г.В. 鲁布佐娃、З.О. 塔尔译

列宁格勒：时间出版社，1926，165 页

2631

Три поколения = The three black Pennys Джозеф

Гершсгеймер; Пер. с английского А. Швырова

М.: [Б. и.], 1925. 190 с.

三代人 约瑟夫·赫什格梅尔著，A. 什维罗夫译自英语

莫斯科：[不详]，1925，190 页

2632

Чаща Э. Синклер

М.: Красная новь, 1923. 148 с.

密林 Э. 辛克莱

莫斯科：红色处女地出版社，1923，148 页

2633

Человек в зоологическом саду: Роман Д. Гернетт; Пер. с английского М. М. Любимова

М.: Современные проблемы, 1925. 136 с.

动物园里的人（长篇小说） Д. 加尼特著，M.M. 柳比莫夫译自英语

莫斯科：当代问题图书出版社，1925，136 页

2634

Человек, который знал Кулиджа = THE MAN WHO KNEW COOLIDGE Синклер Льюис = SINCLAIR LEWS; Перевод с англ. Л. В. Шпигель

[Б. м.]: Культура, 1928. 140 с.

认识库利奇的人 辛克莱·刘易斯著，Л.В. 施皮格尔译自英语

[不详]：文化出版社，1928，140 页

2635

Черепахи Тэсмана: Рассказы Джэк Лондон; пер. с английского Е. Г. Гуро

М.: Земля и фабрика, 1925. 137 с.

泰斯曼的乌龟（短篇小说集） 杰克·伦敦著，Е.Г. 古罗译自英语

莫斯科：土地与工厂出版社，1925，137 页

2636

Эскимосик Киш: Рассказ Джек Лондон

М.: Земля и Фабрика, 1924. 139 с.

基什的故事（短篇小说） 杰克·伦敦

莫斯科：土地与工厂出版社，1924，139 页

2637

Юг и север: Роман из эпохи сев.-американской гражданск. войны. Ч. II Эптон Синклер

Л.: Красная газета, 1929. 148 с.

南方和北方：北美内战时期长篇小说（第 2 册） 厄普顿·辛克莱

列宁格勒：红报出版社，1929，148 页

2638

Дрэд: Роман Г. Бичер-Стоу; Сокращенный перевод с английского Э. А. Серебрякова

С.-Петербург: Вестник знания, 1912. 255 с.

德雷德（长篇小说） Г. 比彻·斯托著，Э.A. 谢列布里亚科夫节译自英语

圣彼得堡：科学通报出版社，1912，255 页（古）

2639

Письма о любви = The Kempton-Wace Letters Джэк Лондон , Анна Стронская; Пер. Д. П. Носовича

Л.: Мысль, 1925. 176 с.

论爱情（肯普顿 – 韦斯书信集） 杰克·伦敦、安娜·斯特隆斯卡娅著，Д.П. 诺索维奇译

列宁格勒：思想出版社，1925，176 页

2640

Ковбои Техаса: Повесть для юношества Аллан Донн; Авт. перевод с английского и рисунки П. Перова

[Б. м.]: ОТТО КИРХНЕР и Ко, 1922. 107 с.

得克萨斯牛仔（青年中篇小说） 阿伦·多恩著，П. 佩罗夫译自英语并配图

[不详]：奥托·基尔希纳股份公司出版社，1922，107 页

2641

Клуб египетских инженеров: Из жизни американских школьников Р. Бонд

Л.: Образование, 1924. 203 с.

埃及工程师俱乐部：美国中学生生活 Р. 邦德

列宁格勒：教育出版社，1924，203 页

2642

Избранные сочинения на социально-политические темы в семи томах. Т. 6. 1870-1877 П. Н. Ткачев

M.: Государственное социально-экономическое издательство, 1937. 507 с.

社会政治主题作品选（七卷本第6卷）: 1870—1877
П.Н. 特卡乔夫

莫斯科: 国家社会经济出版社, 1937, 507 页

2643

**Архитектурные детали. Выпуск III. Кирпичные
карнизы, пояски и оконные обрамления в массо-
вом малоэтажном строительстве** П. М. Жданов

M.: Издательство Академии Архитектуры СССР,
1947. 43 с.

建筑细目（第3卷）: 公共低层建筑中的砖檐、腰线
和窗框 П.М. 日丹诺夫

莫斯科: 苏联建筑科学院出版社, 1947, 43 页

2644

Глинка и его современники К. А. Кузнецов

M.: Государственное изд-во Музыкальный сектор,
1926. 70 с.

格林卡和他的同代人 К.А. 库兹涅佐夫

莫斯科: 国家音乐书籍出版社, 1926, 70 页

2645

Мои записки о китайском театре Вера Юренева

[Б. м.]: [Б. и.], 1928. 36 с.

中国戏剧札记 维拉·尤列涅娃

[不详]: [不详], 1928, 36 页

2646

**Очерк истории православного церковного пения
в России** В. Металлов

M.: Печатня А. И. Снегиревой, 1915. 170 с.

俄国东正教教会歌曲历史概要 В. 梅塔洛夫

莫斯科: А.И. 斯涅吉廖娃印书馆, 1915, 170 页
（古）

2647

Письма Ф. Шопен; Пер. Анны Гольденвейзер

M.: Гос. изд. музыкальный сектор, 1929. 418 с.

书信集 Ф. 肖邦著, 安娜·戈登魏泽尔译

莫斯科: 国家音乐书籍出版社, 1929, 418 页

2648

**История искусств = PRECIS DHISTOIRE DE IART:
Архитектура, скульптура, Живопись** К. Байэ; Пер.
В. Никольского

С.-Петербург: Типография Герольд, 1914. 96 с.

艺术史: 建筑、雕塑、绘画 К. 贝伊著, В. 尼科利
斯基译

圣彼得堡: 承宣官印刷厂, 1914, 96 页（古）

2649

История искусства. Вып. I Мариэтта Шагинян

Петербург: Гос. Изд., 1922. 118 с.

艺术史（第1册） 玛丽埃塔·沙吉尼扬

彼得堡: 国家出版社, 1922, 118 页

2650

Проблема войны в мировом искусстве Я. Ту-
гендхольд

M.: Издание Т-ва И. Д. Сытина, 1916. 168 с.

世界艺术中的战争问题 Я. 图根霍尔德

莫斯科: И.Д. 瑟京出版社, 1916, 168 页（古）

2651

Искусство советской Белоруссии: Сборник

M.: Искусство, 1940. 146 с.

苏维埃白俄罗斯艺术（文集）

莫斯科: 艺术出版社, 1940, 146 页

2652

Картины В. И. Сурикова Очерки Н. М. Щекото-
ва

M.: Искусство, 1944. 117 с.

В.И. 苏里科夫的画作 Н.М. 谢科托夫随笔

莫斯科: 艺术出版社, 1944, 117 页

2653

**Техника живописи. V. Техника живописи старых
мастеров** Д. И. Киплик

Л.: Изд. Академии художеств, 1927. 154 с.

绘画技术（第5卷）: 老画家的绘画技术 Д.И. 基
普利克

列宁格勒: 艺术学院出版社, 1927, 154 页

2654

О связях Русской живописи с Византией и Запа-дом XIII-XX вв.: Мысли живописца　А. Грищен-ко

М.: Издание А. Грищенко, 1913. 89 с.

论 13—20 世纪俄国绘画与拜占庭和西方的联系：画家的思想　А. 格里先科

莫斯科：А. 格里先科出版，1913，89 页（古）

2655

Русская национальная живопись: Очерк Викто-ра Никольского　Виктор Никольский

Петроград: Издание П. П. Сойкина, 1916. 31 с.

俄罗斯民族绘画：维克托·尼科利斯基的随笔　维克托·尼科利斯基

彼得格勒：П.П. 索伊金出版，1916，31 页（古）

2656

Портретная живопись в России: XVIII век　Э. Голлербах

М.: Гос. изд., 1923. 139 с.

俄国肖像画（18 世纪）　Э. 格勒巴赫

莫斯科：国家出版社，1923，139 页

2657

Душа Петербурга　Н. П. Анциферов

Петербург: Брокгауз-Ефрон, 1922. 227 с.

彼得堡之魂　Н.П. 安齐费罗夫

彼得堡：布罗克豪斯 – 叶夫龙出版社，1922，227 页

2658

Альбом старого Львова　В. Верещагин (преди-словие)

Петроград: Типография Сириус, 1917. 110 с.

老利沃夫画册　В. 韦列夏金作序

彼得格勒：天狼星印刷厂，1917，110 页（古）

2659

Музыка живого слова: Основы Русского художе-ственного чтения　Юрий Озаровский

С-Петербург: Издание Т-ва О. Н. Поповой, 1914. 319 с.

口语音乐：俄国艺术阅读基础知识　尤里·奥扎罗夫斯基

圣彼得堡：О.Н. 波波娃出版社，1914，319 页（古）

2660

Письма к А. А. Голенищеву-Кутузову　М. П. Му-соргский

М.: Гос. музыкальное изд., 1939. 117 с.

给 А.А. 戈列尼谢夫 – 库图佐夫的信　М.П. 穆索尔斯基

莫斯科：国家音乐出版社，1939，117 页

2661

Переписка М. А. Балакирева с В. В. Стасовым. Т. I. 1858-1869　Редакция, предисловие и коммента-рии Влад. Каренина

М.: Музгиз, 1935. 230 с.

М.А. 巴拉基廖夫与В.В. 斯塔索夫通信集（第 1 卷）：1858—1869　Влад. 卡列宁主编、题序、注释

莫斯科：国家音乐出版社，1935，230 页

2662

Очерки по истории музыки в России: С древней-ших времен до конца XVIII века. Т. I. С древней-ших времен до начала XVIII века　Финдейзен

М.: Музсектор, 1928. 248 с.

俄罗斯音乐史概略：从远古到 18 世纪末（第 1 卷）：从远古到 18 世纪初　芬代森

莫斯科：国家音乐书籍出版社，1928，248 页

2663

Моя исповедь　Айседора Дункан

Рига: Книга для всех, 1928. 256 с.

我的自白　伊莎多拉·邓肯

里加：大众图书出版社，1928，256 页

2664

Режиссерский план «ОТЕЛЛО»　К. С. Станис-лавский

М.: Искусство, 1945. 392 с.

"奥瑟罗"导演计划　К.С. 斯坦尼斯拉夫斯基

莫斯科：艺术出版社，1945，392 页

2665

Краткие либретто　Всеволод Чешихин

Рига: Изд. П. Гр. Руцкого, 1915. 237 с.

剧情简介 弗谢沃洛德·切希欣

里加：П.Гр. 鲁茨基出版社，1915，237 页（古）

2666

Театральная периодика: 1774-1917. Ч. I Сост. Вен. Вишневским

М.: Искусство, 1941. 126 с.

戏剧期刊（1774—1917）（第 1 册） Вен. 维什涅夫斯基编

莫斯科：艺术出版社，1941，126 页

2667

Театральная периодика: 1917-1940: Библиографический указатель. Ч. II Сост. Вен. Вишневским

М.: Искусство, 1941. 145 с.

戏剧期刊：1917—1940 年图书索引（第 2 册） Вен. 维什涅夫斯基编

莫斯科：艺术出版社，1941，145 页

2668

«Регулярное» государство Петра Первого и его идеология. Ч. I Б. И. Сыромятников

М.: Изд-во АН СССР, 1943. 211 с.

彼得一世的"正规"国家及其思想体系（第 1 部分） Б.И. 瑟罗米亚特尼科夫

莫斯科：苏联科学院出版社，1943，211 页

2669

1905-й год: От января к октябрю: Материалы к циклу докладов о перой русской революции Собрано Ц. Бобровской

Л.: Прибой, 1925. 72 с.

1905 年：从 1 月到 10 月（第一次俄国革命系列报告） Ц. 博布罗夫斯卡娅收集

列宁格勒：拍岸浪出版社，1925，72 页

2670

1905-революционное движение на Дальнем Востоке

Владивосток: Акц. О-во «Книжное дело», 1925. 274 с.

1905 年远东革命运动

符拉迪沃斯托克：图书业股份公司，1925，274 页

2671

1917 год в Москве: Хроника революции Сост. М. Ахун, В. Петров

М.: Московский рабочий, 1934. 241 с.

1917 年的莫斯科：革命纪事 М. 阿洪、В. 彼得罗夫编

莫斯科：莫斯科工人出版社，1934，241 页

2672

250 дней в царской ставке: 25 сент. 1915-2 июля 1916 Мих. Лемке

Петербург: Гос. изд-во, 1920. 859 с.

沙皇大本营 250 天（1915 年 9 月 25 日—1916 年 7 月 2 日） Мих. 列姆克

彼得堡：国家出版社，1920，859 页

2673

UHP: Испания. Том I. До 18 июля 1936 года И. Эренбург

Л.: ОГИЗ; ИЗОГИЗ, 1937. 102 с.

西班牙内战：西班牙（第 1 卷）：1936 年 7 月 18 日前 И. 爱伦堡

列宁格勒：国家出版社联合公司、国家造型艺术出版社，1937，102 页

2674

XX лет рабоче-крестьянской Красной Армии и военно-морского флота: Речь на торжественном заседании московского совета РК и КД с участием общественных организаций и воинских частей, посвященном XX-летию рабоче-крестьянской красной армии и военно-морского флота 22 февраля 1938 г. К. Е. Ворошилов

М.: Воениздат, 1938. 31 с.

工农红军和海军 20 年：1938 年 2 月 22 日在莫斯科工农红军和海军委员会工农红军和海军建军 20 周年庆祝大会上的讲话（社会组织和部队参加） К. Е. 伏罗希洛夫

莫斯科：军事出版社，1938，31 页

2675

Абиссинская авантюра Итальянского фашиз-

ма   П. Лисовский

М.: Соцэкгиз, 1936. 222 c.

意大利法西斯主义的阿比西尼亚冒险   П. 利索夫斯基

莫斯科：国家社会经济书籍出版社，1936，222 页

2676

Административно-территориальное деление союза ССР: Изменения, происшедшие за время с I/XI-1931 г. по I/VII-1932 г.

М.: Власть советов, 1932. 127 c.

苏联行政区划：1931 年 11 月 1 日至 1932 年 7 月 1 日的变化

莫斯科：苏维埃政权出版社，1932，127 页

2677

Азиатская Россия. Том второй. Земля и хозяйство   Издано под ближайшим общим руководством Г. В. Глинки

С. Петербург: Товарищество «А. Ф. Маркс», 1914. 640 c.

亚俄地区（第 2 卷）：土地和经济   Г.В. 格林卡主持出版

圣彼得堡：А.Ф. 马克斯出版社，1914，640 页（古）

2678

Азиатская Россия. Том первый. Люди и порядки за Уралом   Издано под ближайшим общим руководством Г. В. Глинки

С. Петербург: Товарищество «А. Ф. Маркс», 1914. 576 c.

亚俄地区（第 1 卷）：外乌拉尔地区的人口与习俗   Г.В. 格林卡主持出版

圣彼得堡：А.Ф. 马克斯出版社，1914，576 页（古）

2679

Американская авантюра в Сибири: 1918-1920   Пер. с английского А. Ф. Сперанского [и др.]

М.: Государственное военное издательство, 1932. 247 c.

美国在西伯利亚的冒险（1918—1920）   А.Ф. 斯佩兰斯基等译自英语

莫斯科：国家军事出版社，1932，247 页

2680

Английские путешественники в московском государстве в XVI веке   Перевод с английского Ю. В. Готье

Л.: ОГИЗ, 1929. 307 c.

16 世纪莫斯科公国的英国旅行者   Ю.В. 戈季耶译自英语

列宁格勒：国家出版社联合公司，1929，307 页

2681

Англо-русское соперничество в Азии в XIX веке   Д-р Руир; Перевод с французского А. М. Сухотина

М.: Красная новь, 1924. 178 c.

19 世纪英俄在亚洲的竞争   鲁伊尔博士著，А.М. 苏霍京译自法语

莫斯科：红色处女地出版社，1924，178 页

2682

Архив хивинских ханов XIX в.: Исследование и описание документов с историческим введением: Новые источники для истории народов Средней Азии   П. П. Иванов

Л.: Издание Государственной публичной библиотеки, 1940. 288 c.

19 世纪希瓦汗档案：文献研究与阐述（附史学引论：中亚民族新史料）   П.П. 伊万诺夫

列宁格勒：国家公共图书馆出版，1940，288 页

2683

Атлас Союза Советских Социалистических республик

М.: Изд. ЦИК СССР, 1928. 130 c.

苏联地图

莫斯科：苏联中央执行委员会出版社，1928，130 页

2684

Бабидские восстания в Иране: 1848-1852   М. С. Иванов

М.: Изд-во Академии наук СССР, 1939. 173 c.

伊朗巴布教徒起义（1848—1852）   М.С. 伊万诺夫

莫斯科：苏联科学院出版社，1939，173 页

2685

Баварская советская республика　Н. Застенкер

М.: Партиздат, 1934. 158 с.

巴伐利亚苏维埃共和国　Н. 扎斯滕克尔

莫斯科：联共（布）中央委员会党的出版社，1934，158 页

2686

Башкирия　С. Атнагулов

М.: Государственное изд-во, 1925. 122 с.

巴什基尔　С. 阿特纳古洛夫

莫斯科：国家出版社，1925，122 页

2687

Белорусская Советская Социалистическая Республика

Минск: Издание СНК БССР, 1927. 528 с.

白俄罗斯苏维埃社会主义共和国

明斯克：白俄罗斯苏维埃社会主义共和国人民委员会出版，1927，528 页

2688

Бельгийская дипломатическая переписка, относящаяся до войны 1914 г.: 24 июля-29 Августа

Петроград: Книжный Магазин б. Мелье и Ко, 1914. 71 с.

比利时关于 1914 年战争的外交信函（7 月 24 日—8 月 29 日）

彼得格勒：梅尔耶兄弟股份书店，1914，71 页（古）

2689

Библиография Востока. Вып. 1. История: 1917-1925　Под ред Д. Н. Егорова

М.: [Б. и.], 1928. 299 с.

东方图书目录（第 1 卷）：历史（1917—1925）　Д. Н. 叶戈罗夫编

莫斯科：[不详]，1928，299 页

2690

Борьба московского государства с татарами в первой половине XVII века　А. А. Новосельский

М.: Изд-во Академии наук СССР, 1948. 442 с.

17 世纪上半叶莫斯科公国与鞑靼人的斗争　А.А. 诺沃谢利斯基

莫斯科：苏联科学院出版社，1948，442 页

2691

Бурят-Монгольская АССР　М. И. Помус

М.: Гос. социально-экономическое изд-во, 1937. 395 с.

布里亚特蒙古苏维埃社会主义自治共和国　М.И. 波穆斯

莫斯科：国家社会经济出版社，1937，395 页

2692

Буряты, их хозяйственный быт и землепользование. Т. I　И. И. Серебренников

Верхнеудинск: Бурят-монгольское научное о-во им. Доржи Банзарова, 1925. 225 с.

布里亚特人及其经济生活和土地使用（第 1 卷）　И. И. 谢列布连尼科夫

上乌金斯克：班扎罗夫布里亚特蒙古科学协会，1925，225 页

2693

В дебрях Уссурийского края　В. К. Арсеньев; С рисунками С. И. Яковлева

Хабаровск: Книжное дело, 1928. 456 с.

乌苏里江地区的密林里　В.К. 阿尔谢尼耶夫著，С.И. 雅科夫列夫（配图）

哈巴罗夫斯克：图书业出版社，1928，456 页

2694

В неведомых горах Якутии: Открытие хребта Черского　Сергей Обручев

М.: Государственное издательство, 1928. 247 с.

在雅库特不为人知的群山中：切尔斯基山脉的发现　谢尔盖·奥布鲁切夫

莫斯科：国家出版社，1928，247 页

2695

В огне революции: Сборник статей и воспоминаний о революционных событиях на Дальнем Востоке　Под ред. Я. Я. Грунт

Хабаровск: Книжное дело, 1927. 291 с.

革命的火焰：远东革命事件文章和回忆录集　Я. Я. 格伦特编

哈巴罗夫斯克：图书业出版社，1927，291 页

2696

В Сибирь за мамонтом: Очерки из путешествия в Северо-Восточную Сибирь Е. В. Пфиценмайер; Пер. Н. Нейман

М.: Гос. изд-во, 1928. 178 с.

去西伯利亚寻找猛玛象：东北西伯利亚旅行纪事 Е.В.普费钦马尔著，Н.奈曼译

莫斯科：国家出版社，1928，178 页

2697

В стране полуночного солнца: Воспоминания о Мурманской экспедиции К. П. Ягодовский

М.: Государственное изд-во, 1921. 317 с.

在极昼的国度：回忆摩尔曼斯克考察队 К.П. 亚戈多夫斯基

莫斯科：国家出版社，1921，317 页

2698

В страну будущего: Великий Северный путь из Европы в Сибирь через Карское море

Петроград: Издание К. И. Ксидо, 1915. 454 с.

走向未来之国：由欧洲经喀拉海到西伯利亚的北方路线

彼得格勒：К.И. 克西多出版，1915，454 页（古）

2699

Введение в советское краеведение С. Толстов

М.: Государственное социально-экономическое изд-во, 1932. 159 с.

苏联地方志概论 С. 托尔斯托夫

莫斯科：国家社会经济出版社，1932，159 页

2700

Великая отечественная война: 1812-й год Петр Ниве

М.: Типография Т-ва И. Д. Сытина, 1912. 146 с.

伟大的卫国战争：1812 年 彼得·尼韦

莫斯科：И.Д. 瑟京印刷厂，1912，146 页（古）

2701

Великая отечественная война: По поводу 100-летнего юбилея Сост. П. М. Андрианов

С.-Петербург: Т-во Р. Голике и А. Вильборг, 1912. 79 с.

伟大的卫国战争：100 周年纪念 П.М. 安德里阿诺夫编

圣彼得堡：Р. 戈利克和 А. 维尔博格股份公司，1912，79 页（古）

2702

Великий корифей Марксистско-Ленинской науки: К шестидесятилетию со дня рождения И. В. Сталина

М.: Воениздат, 1940. 214 с.

马列主义科学巨擘：斯大林诞辰六十周年

莫斯科：军事出版社，1940，214 页

2703

Версальский мирный договор Под ред. Ю. В. Ключникова и Андрея Сабанина

М.: Издание Литиздата НКИД, 1925. 139 с.

凡尔赛和约 Ю.В 克柳奇尼科夫、安德列·萨巴宁编

莫斯科：外交人民委员部书籍出版社，1925，139 页

2704

Вершины западного Кавказа: Путеводитель Сост. Б. Н. Делоне

М.: Физкультура и спорт, 1938. 101 с.

西高加索山（旅行指南） Б.Н. 杰洛涅编

莫斯科：体育与运动出版社，1938，101 页

2705

Взятие Ак-Мечети в 1853 году, как начало завоевания Кокандского Ханства М. Л. Юдин

М.: Издание Владимира Балашева, 1912. 140 с.

1853 年攻占阿克麦切特——征服浩罕汗国的开端 М.Л. 尤金

莫斯科：弗拉基米尔·巴拉舍夫出版，1912，140 页（古）

2706

Внеевропейские страны: Азия. Африка. Америка. Австралия. Антарктида Юрий Новоселов

Рига: Издание АЦК. О-ва Вальтерс и Рапа в Риге, 1928. 157 с.

欧洲以外国家：亚洲、非洲、美国、澳大利亚、南

极洲　尤里·诺沃谢洛夫

里加：里加沃尔特斯和拉普股份公司出版，1928，157 页

2707

Внеземледельческие домашние промыслы сельского населения и сельское рыболовство в Забайкальской области: По данным анкеты 1910 года　Сост. В. В. Солдатов

Хабаровск: Типография канцелярии Приамурского генерал-губернатора, 1912. 313 с.

外贝加尔州农村居民的非农业家庭副业和农村渔业：基于 1910 年调查数据　В.В. 索尔达托夫编

哈巴罗夫斯克：阿穆尔河沿岸地区总督公署印刷厂，1912，313 页（古）

2708

Внешняя торговля капиталистических стран: Статистический справочник 1929-1936 гг.

М.: Изд-во В/О международная книга, 1937. 512 с.

资本主义国家对外贸易：1929—1936 年统计手册

莫斯科：全苏国际图书外贸公司出版社，1937，512 页

2709

Война и экономика Японии　Ш. Лиф

[Б. м.]: Партиздат ЦК ВКП(б), 1940. 246 с.

日本的战争与经济　Ш. 利夫

［不详］：联共（布）中央委员会党的出版社，1940，246 页

2710

Волны Балтики, 1914-1915 г.　Черномор

Рига: IZDEVN «DLA VAS», 1939. 315 с.

1914—1915 年波罗的海的运动浪潮　切尔诺莫尔

里加：德拉瓦斯出版社，1939，315 页

2711

Вопросы мировой войны: Сборник статей　Под ред. М. И. Туган-Барановского

Петроград: Право, 1915. 675 с.

世界大战问题（论文集）　М.И. 图甘－巴拉诺夫斯基编

彼得格勒：法律出版社，1915，675 页（古）

2712

Воспоминания　Н. А. Тучкова-Огарева

Л.: ACADEMIA, 1929. 544 с.

回忆录　Н.А. 图奇科娃－奥加廖娃

列宁格勒：科学院出版社，1929，544 页

2713

Восстание 1755 г. в Башкирии　А. П. Чулошников

М.: Издательство Академии наук СССР, 1940. 108 с.

1755 年巴什基尔起义　А.П. 丘洛什尼科夫

莫斯科：苏联科学院出版社，1940，108 页

2714

Восточная Сибирь от первого ко второму съезду Советов: Отчет Исполнительного комитета второму съезду советов Восточносибирского края 3 января 1935 г.　Я. З. Пахомов

М.; Иркутск: Типография Огиза треста «Полиграфкнига» Иргутск, 1935. 78 с.

第一次和第二次苏维埃代表大会之间的东西伯利亚：东西伯利亚边疆区第二次苏维埃代表大会执行委员会报告（1935 年 1 月 3 日）　Я.З. 帕霍莫夫

莫斯科、伊尔库茨克：伊尔库茨克书刊印刷托拉斯国家联合出版公司印刷厂，1935，78 页

2715

Восьмая сессия верховного совета СССР: 25 февраля-1 марта 1941 г.: Стенографический отчет

М.: Издание верховного совета СССР, 1941. 585 с.

苏联最高苏维埃第八次会议（1941 年 2 月 25 日—3 月 1 日）：速记报告

莫斯科：苏联最高苏维埃出版，1941，585 页

2716

Время славянофильствует: Война, Германия, Европа и Россия　Владимир Эрн

М.: Типография Т-ва И. Д. Сытина, 1915. 48 с.

信奉斯拉夫主义的时代：战争、德国、欧洲和俄国　弗拉基米尔·埃恩

莫斯科：И.Д. 瑟京印刷厂，1915，48 页（古）

2717

Вся Москва 1930: Дополнения и изменения

М.: Мосрекламсправиздат, [1930]. 62 с.

1930 年莫斯科大全：补充和修订

莫斯科：莫斯科广告咨询出版社，[1930]，62 页

2718

Вторая сессия верховного совета СССР: 10-21 августа 1938 г.: Стенографический отчет

М.: Издание верховного совета СССР, 1938. 816 с.

苏联最高苏维埃第二次会议（1938 年 8 月 10—21 日）：速记报告

莫斯科：苏联最高苏维埃出版，1938，816 页

2719

Вторая угольная база СССР Кузбасс Под ред. М. С. Строилова

Новосибирск: Государственное объединенное научно-техническое изд-во, 1935. 288 с.

苏联第二大煤炭基地库兹巴斯 М.С. 斯特罗伊洛夫编

新西伯利亚：国家科技联合出版社，1935，288 页

2720

Второй всеславянский митинг в Москвы: 4 апреля 1942 г.

М.: Издательство Академии наук СССР, 1942. 55 с.

莫斯科第二届全斯拉夫大会（1942 年 4 月 4 日）

莫斯科：苏联科学院出版社，1942，55 页

2721

Второй всесоюзный съезд колхозников ударников 11-17 февраля 1935 года: Стенографический отчет

[Б. м.]: Огиз; Сельхозгиз, 1935. 302 с.

1935 年 2 月 11—17 日第二届全苏集体农庄突击手代表大会（速记报告）

[不详]：国家出版社联合公司、国家农业书籍出版社，1935，302 页

2722

Ганс-Дударь: Восстание крестьян Германии конца XV века Ал. Алтаев

М.: Земля и фабрика, 1924. 94 с.

汉斯－杜达尔：15 世纪末德国农民起义 Ал. 阿尔塔耶夫

莫斯科：土地与工厂出版社，1924，94 页

2723

Генерал от поражений: В. А. Сухомлинов В. А. Апушкин

Л.: Былое, 1925. 132 с.

败将 В.А. 苏霍姆林诺夫 В.А. 阿普什金

列宁格勒：往事出版社，1925，132 页

2724

География Российской империи: Курс городских и уездных училищ Сост. А. Баранов

М.: Издание наследников автора, 1914. 127 с.

俄罗斯帝国地理：市县学校教程 А. 巴拉诺夫编

莫斯科：作者继承人出版，1914，127 页（古）

2725

Гиляки, орочи, ольды, негидальцы, айны: Статьи и материалы Л. Я. Штернберг

Хабаровск: Дальгиз, 1933. 740 с.

基里亚克人、鄂罗奇人、奥利达人、涅基达尔人、阿伊努人（文章和资料） Л.Я. 施特恩贝格

哈巴罗夫斯克：远东国家出版社，1933，740 页

2726

Голос минувшего: Журнал истории и истории литературы. № 10. Октябрь 1915 Под. ред. С. П. Мельгунова, В. И. Семевского

М.: Типография Т-ва Рябушинских, 1915. 324 с.

往事之声（历史和文学史杂志）（第 10 期）: 1915 年 10 月 С.П. 梅利古诺夫，В.И. 谢梅夫斯基编

莫斯科：里亚布申斯基印刷厂，1915，324 页（古）

2727

Голос минувшего: Журнал истории и истории литературы. №7-8 Под ред. С. П. Мельгунова, В. И. Семевского

М.: Типография т-ва Рябушинских, 1915. 392 с.

往事之声（历史和文学史杂志）（第 7—8 期） С. П. 梅利古诺夫、В.И. 谢梅夫斯基编

莫斯科：里亚布申斯基印刷厂，1915，392 页（古）

2728

Гражданская война в Австрии Г. Зиновьев

Харьков: Украинский работник, 1934. 115 с.

奥地利内战 Г. 季诺维也夫

哈尔科夫：乌克兰工人出版社，1934，115 页

2729

Гражданская война в Дальневосточном крае: 1918-1922 гг. З. Карпенко

Хабаровск: Дальпартиздат, 1934. 167 с.

远东边疆区内战（1918—1922 年） З. 卡尔片科

哈巴罗夫斯克：远东政党出版社，1934，167 页

2730

Гражданская война в Сибири и северной области Сост. С. А. Алексеев

М.: Государственное изд-во, 1927. 480 с.

西伯利亚和北部地区的内战 С.А. 阿列克谢耶夫编

莫斯科：国家出版社，1927，480 页

2731

Гражданская война: 1918-1921. Т. 3. Оперативно-стратегический очерк боевых действий красной армии Под ред. А. С. Бабнова

М.: Государственное изд-во Отдел военной литературы, 1930. 560 с.

内战：1918—1921（第 3 卷）：红军作战行动战役战略简况 А.С. 巴布诺夫编

莫斯科：国家出版社军事书籍分社，1930，560 页

2732

Дальистпарт: Сборник материалов по истории революционного движения на Дальнем Востоке. Кн. I

Чита: Книжное дело, 1923. 287 с.

远东党史：远东革命运动史资料汇编（第 1 册）

赤塔：图书业出版社，1923，287 页

2733

Дальне-Восточная область В. Е. Глуздовский

Владивосток: Красное знамя, 1925. 240 с.

远东州 В.Е. 格鲁兹多夫斯基

符拉迪沃斯托克：红旗出版社，1925，240 页

2734

Дальневосточный край в цифрах Под ред. Р. Шишлянникова, А. Рясенцева, Г. Мевзоса

Хабаровск: Книжное дело, 1928. 281 с.

数字远东边疆区 Р. 希什利业尼科夫、А. 里亚谢尼采夫、Г. 梅夫佐斯编

哈巴罗夫斯克：图书业出版社，1928，281 页

2735

Дальневосточный край: Политико-экономический обзор Г. Прокопенко, И. Кизин, К. Генищенко

[Б. м.]: Дальгиз, 1932. 96 с.

远东边疆区：政治经济概述 Г. 普罗科片科、И. 基津、К. 格尼先科

[不详]：远东国家出版社，1932，96 页

2736

Дальний Восток ждет переселенцев Г. Самарин, В. Антонович

М.: Сельхозгиз, 1940. 111 с.

远东等待移民 Г. 萨马林、В. 安东诺维奇

莫斯科：国家农业书籍出版社，1940，111 页

2737

Декабристы. Книга 3 Влад. Бонч-Бруевич

М.: Государственный литературный музей, 1938. 561 с.

十二月党人（第 3 册） Влад. 邦奇 – 布鲁耶维奇

莫斯科：国家文学博物馆，1938，561 页

2738

Денежное обращение на русском Дальнем Востоке с 1918 по 1924 год К. П. Курсель, А. А. Лука-сюк

Чита: Книжное дело, 1924. 63 с.

俄罗斯远东的货币流通（1918—1924 年） К.П. 库尔谢利、А.А. 卢卡休克

赤塔：图书业出版社，1924，63 页

2739

День мира Под редакции М. Горького и Мих. Кольцова

М.: Журнально-газетное объединение, 1937. 590 с.

和平年代 М. 高尔基、Мих. 科利佐夫编

莫斯科：报刊联合公司，1937，590 页

2740

Десять лет секретной дипломатии Э. Д. Морель;

Пер. С. Антропова

М.: Государственное издательство, 1924. 203 с.

十年秘密外交 Э.Д. 莫雷尔著，С. 安特罗波夫译

莫斯科：国家出版社，1924，203 页

2741

Десять лет советского строительства: Сборник статей Под ред. Л. Рябинина

М.: ОГОНЕК, 1927. 326 с.

苏维埃政权建设十年（文集） Л. 里亚比宁编

莫斯科：星火出版社，1927，326 页

2742

Дипломатия Г. Никольсон

М.: Госполитиздат, 1941. 153 с.

外交 Г. 尼科尔森

莫斯科：国家政治书籍出版社，1941，153 页

2743

Дневник А. С. Суворина Ред. Мих. Кричевского

М.: Изд-во Л. Д. Френкель, 1923. 407 с.

А.С. 苏沃林日记 Мих. 克里切夫斯基编

莫斯科：Л.Д. 弗伦克尔出版社，1923，407 页

2744

Дневник Е. А. Перетца: 1880-1883 Е. А. Перетц

М.: Государственное изд-во, 1927. 171 с.

Е.А. 佩列茨日记（1880—1883） Е.А. 佩列茨

莫斯科：国家出版社，1927，171 页

2745

Дневник: 1877-1884 П. А. Валуев

Петроград: Издательство «Былое», 1919. 311 с.

日记（1877—1884） П.А. 瓦卢耶夫

彼得格勒：往事出版社，1919，311 页（古）

2746

Доклады и материалы комиссий земского собрания

Владивосток: Изд. Приморской Областной Земской Управы, 1919. 260 с.

地方自治会委员会报告和资料集

符拉迪沃斯托克：滨海州地方自治局出版社，1919，260 页

2747

Документы Великой Октябрьской Социалисти-ческой Революции [Отв. ред. В. Игнатьева]

М.: Огиз; Госполитиздат, 1942. 130 с.

伟大十月社会主义革命文献集 [В.伊格纳季耶夫编]

莫斯科：国家出版社联合公司、国家政治书籍出版社，1942，130 页

2748

Документы обвиняют: Сборник документов о чу-довищных зверствах германских властей на вре-менно захваченных ими советских территориях. Вып. I

М.: Госполитиздат, 1943. 253 с.

控诉文件：德国当局在苏联短期被占领土上的暴行文献汇编（第 1 册）

莫斯科：国家政治书籍出版社，1943，253 页

2749

Документы по истории гражданской войны в СССР. Т. 1. Первый этап гражданской вой-ны Под ред. И. Минца, Е. Городецкого

М.: Политиздат при ЦК ВКП(б), 1941. 543 с.

苏联内战史文献（第1卷）：内战第一阶段 И.明茨、Е. 戈罗杰茨基编

莫斯科：联共（布）中央委员会政治书籍出版社，1941，543 页

2750

Донесения императорских Российских Консуль-ских Представителей за-границей по торгово-промышленным вопросам: 1913 год

СпБ: Типография В. Ф. Киршбаума, 1913. 129 с.

俄国皇家驻外工商业问题领事代表报告：1913 年

圣彼得堡：В.Ф. 基尔什鲍姆印刷厂，1913，129 页（古）

2751

Донская летопись: Сборник материалов по но-вейшей истории Донского Казачества со времени Русской революции 1917 года. № 2

[Б. м.]: [Б. и.], 1923. 374 с.

顿河编年史：1917 年俄国革命以来顿河哥萨克现代史料汇编（第 2 期）

[不详]: [不详]，1923，374 页（古）

2752

Донская Летопись: Сборник материалов по новейшей истории Донского Казачества со времени Русской революции 1917 года

М.: Из-во Донской исторической комиссии, 1923. 341 с.

顿河编年史：1917 年俄国革命以来顿河哥萨克现代史料汇编

莫斯科：顿河历史委员会出版社，1923，341 页

2753

Древнерусские летописи   Ред В. Лебедева

М.: ACADEMIA, 1936. 390 с.

古罗斯编年史   В. 列别杰夫编

莫斯科：科学院出版社，1936，390 页

2754

Евреи в России

[Б. м.]: [Б. и.], 1924. 70 с.

俄罗斯犹太人

[不详]: [不详]，1924，70 页

2755

Еврейская земледельческая колонизация в старой России: Политика; Идеология; Хозяйство; Быт   С. Я. Боровой

М.: Издание М. и С. Сабашниковых, 1928. 200 с.

古代俄国犹太人的农业垦殖：政治、思想、经济、日常生活   С.Я. 博罗沃伊

莫斯科：М. 萨巴什尼科夫和 С. 萨巴什尼科夫出版，1928，200 页

2756

Еврейская мысль: Научно-литературный сборник

Л.: Сеятель, 1926. 318 с.

犹太人的思想（学术文集）

列宁格勒：传播者出版社，1926，318 页

2757

Его Императорское Величество государь император Николай Александрович в действующей

армии: Ноябрь-декабрь 1914 г.   Сост. Дубенский

Петроград: [Б. и.], 1915. 189 с.

尼古拉·亚历山德罗维奇皇帝陛下在作战部队（1914年 11 月—12 月）   杜边斯基编

彼得格勒：[不详]，1915，189 页（古）

2758

Ежегодник мирового хозяйства и мировой политики на 1930 год   Под ред. Е. Варга [и др.]

М.: Издательство коммунистической академии, 1930. 716 с.

1930 年世界经济与国际政治年鉴   Е. 瓦尔加等编

莫斯科：共产主义学院出版社，1930，716 页

2759

Екатерина II в борьбе за престол: По новым материалам   Н. Д. Чечулин

Л.: Издательство «Время», 1924. 133 с.

为王位而战的叶卡捷琳娜二世（基于新资料）   Н. Д. 切丘林

列宁格勒：时间出版社，1924，133 页

2760

Железнодорожные поселки по Забайкальской линии: Статистическое описание и материалы по переписи 1910 года. Т. V. Таблицы   В. Солдатов

С-Петербург: Слово, 1912. 983 с.

外贝加尔铁路沿线村镇：1910 年统计和普查资料（第 5 卷）：表格   В. 索尔达托夫

圣彼得堡：言论出版社，1912，983 页（古）

2761

Желтая книга: Документы относящиеся к великой европейской войне 1914 г.   Габриэль Ганото

С-Петербург: Освобождение, 1914. 619 с.

黄皮书：1914 年欧洲大战文献   加布里埃尔·阿诺托

圣彼得堡：解放出版社，1914，619 页（古）

2762

Жизнь замечательных людей: Что читать. Вып. III   И. В. Владиславлев

М.: Наука, 1914. 176 с.

杰出人物的生活：读什么（第 3 卷） И.В. 弗拉基斯拉夫列夫

莫斯科：科学出版社，1914，176 页（古）

2763

За шесть лет (1906-1912 г. г.) Петр Полежаев

С-Петербург: [Б. и.], 1912. 175 с.

六年间（1906—1912 年） 彼得·波列扎耶夫

圣彼得堡：[不详]，1912，175 页（古）

2764

Забайкальские Казаки: Исторический очерк. Т. II А. П. Васильев

Г. Чита: Типография Войскового Хозяйственного Правления Забайк. каз. войска, 1916. 358 с.

外贝加尔哥萨克简史（第 2 卷） А.П. 瓦西里耶夫

赤塔：外贝加尔哥萨克军军队经营管理委员会印刷厂，1916，358 页（古）

2765

Забайкальские Казаки: Исторический очерк. Т. III и приложение к нему А. П. Васильев

Г. Чита: Типография Войскового Хозяйственного Правления Забайк. каз. войска, 1918. 348 с.

外贝加尔哥萨克简史（第 3 卷及附录） А.П. 瓦西里耶夫

赤塔：外贝加尔哥萨克军军队经营管理委员会印刷厂，1918，348 页（古）

2766

Забытые русские земли: Чукотский полуостров и Камчатка Борис Горовский

С.-Петербург: Издание Б. А. Суворина, 1914. 122 с.

被遗忘的俄国土地：楚科奇半岛和堪察加 鲍里斯·戈罗夫斯基

圣彼得堡：Б.А. 苏沃林出版，1914，122 页（古）

2767

Запад и Россия: Стаьи и документы из истории XVIII-XX в.в. Е. В. Тарле

Петроград: Былое, 1918. 219 с.

西方与俄国：18—20 世纪历史文集与文献 Е.В. 塔尔列

彼得格勒：往事出版社，1918，219 页（古）

2768

Западная Монголия и Урянхайский край. Т. 2. Исторический очерк этих стран в связи с историей Средней Азии Сост. Г. Е. Грумм-Гржимайло

Ленинград: Издание ученого комитета Монгольской народной республики, 1926. 896 с.

西蒙古和乌梁海地区（第 2 卷）：与中亚史相关的国家简史 Г.Е. 格鲁姆 – 格日迈洛编

列宁格勒：蒙古人民共和国学术委员会出版，1926，896 页

2769

Западная Украина Д. Мин

М.: Огиз; Гос. изд. политической литературы, 1939. 48 с.

西乌克兰 Д. 米恩

莫斯科：国家出版社联合公司、国家政治书籍出版社，1939，48 页

2770

Записки волонтера: Гражданская война в Китае Генри А. Аллен; Пер. с английской рукописи Олег Ордынец

Л.: Рабочее издательство «Прибой», 1927. 221 с.

志愿兵笔记：中国内战 亨利·А. 艾伦著，奥列格·奥尔德涅茨译自英文手稿

列宁格勒：拍岸浪工人出版社，1927，221 页

2771

Записки о гражданской войне. Т. 3 В. А. Антонов-Овсеенко

М.: Государственное военное изд-во, 1932. 350 с.

内战随笔（第 3 卷） В.А. 安东诺夫 – 奥夫谢延科

莫斯科：国家军事出版社，1932，350 页

2772

Записки посла Жор Луи

М.: Издание литиздата НКИД, 1925. 87 с.

大使笔记 乔治·路易

莫斯科：外交人民委员部书籍出版社，1925，87 页

2773

Записки Приамурского отдела Императорского общества Востоковедения: 11-й год издания.

Вып. 11. 1913 год

Хабаровск: Типография канцелярии Приамурского генерал-губернатора, 1913. 391 с.

皇家东方学学会阿穆尔河沿岸地区分会会刊（第十一年出版）（第 11 册）：1913 年

哈巴罗夫斯克：阿穆尔河沿岸地区总督公署印刷厂，1913，391 页（古）

2774

Заработная плата: Как проблема распределения: С таблицами и диаграммами С. И. Солнцев

М.: Государственное изд-во, 1925. 276 с.

工资：分配问题（附表格和图表） С.И. 索恩采夫

莫斯科：国家出版社，1925，276 页

2775

Золотая орда Б. Греков и А. Якубовский

Л.: Соцэкгиз, 1937. 3202 с.

金帐汗国 Б. 格列科夫、А 雅库鲍夫斯基

列宁格勒：国家社会经济书籍出版社，1937，3202 页

2776

Из истории Москвы: 1147-1913: Иллюстрированные очерки В. В. Назаревский

М.: Т-во скоропечатни А. А. Левенсон, 1914. 373 с.

莫斯科史（1147—1913）：插图版纪事 В.В. 纳扎列夫斯基

莫斯科：А.А. 列文森速印公司，1914，373 页（古）

2777

Из истории покорения Сибири: Покорение Юкагирской земли В. Огородников

Чита: [Б. и.], 1922. 104 с.

西伯利亚征服史：征服尤卡吉尔土地 В. 奥戈罗德尼科夫

赤塔：[不详]，1922，104 页

2778

Из истории России

[Б. м.]: [Б. и.], [191?]. 205 с.

俄国历史节选

[不详]：[不详]，[191?]，205 页（古）

2779

Из мировой войны: Боевые записи и воспоминания командира полка и офицера Генерального Штаба за 1914-1917 годы Э. А. Верцинский

Таллинн-Ревель: [ERK], 1931. 167 с.

世界大战：1914—1917 年一位团长与一名总参谋部军官的战地日记和回忆录 Э.А. 韦尔岑斯基

塔林 – 雷瓦尔：[塔林 ERK 印刷厂]，1931，167 页

2780

Из прошлого Греции и Рима: Для старшего возраста М. И. Ростовцев

М.: Издание Т-ва И. Д. Сытина, 1915. 91 с.

希腊和罗马的过去（大龄读本） М.И. 罗斯托夫采夫

莫斯科：И.Д. 瑟京出版社，1915，91 页（古）

2781

Известия Восточно-сибирского отдела Государственного Русского географического общества. LIII

Иркутск: [Б. и.], 1928. 144 с.

俄罗斯国家地理学会东西伯利亚分会通报（第 53 卷）

伊尔库茨克：[不详]，1928，144 页

2782

Известия Министерства иностранных дел. Книга IV

Петроград: Типография В. Ф. Киршбаума, 1915. 206 с.

外交部通报（第 4 册）

彼得格勒：В.Ф. 基尔什鲍姆印刷厂，1915，206 页（古）

2783

Известия Министерства иностранных дел. Книга IV-VI

С.-Петербург: Типография В. Ф. Киршбаума, 1912. [720 с.]

外交部通报（第 4—6 册）

圣彼得堡：В.Ф. 基尔什鲍姆印刷厂，1912，[720 页]（古）

2784

Известия Министерства иностранных дел: 1913. Книга II

С.-Петсрбург: Типография В. Ф. Киршбаума, 1913. 230 с.

外交部通报：1913（第 2 册）

圣彼得堡：В.Ф. 基尔什鲍姆印刷厂，1913，230 页（古）

2785

Известия Министерства иностранных дел: Пятый год издания, 1915. Книга I

Петроград: Типография В. Ф. Киршбаума, 1915. 520 с.

外交部通报：第五年 1915 年出版（第 1 册）

彼得格勒：В.Ф. 基尔什鲍姆印刷厂，1915，520 页（古）

2786

Известия Министерства иностранных дел: Пятый год издания, 1916. Книга I-VI

Петроград: Типография В. Ф. Киршбаума, 1916. 1109 с.

外交部通报：第五年 1916 年出版（第 1—6 册）

彼得格勒：В.Ф. 基尔什鲍姆印刷厂，1916，1109 页（古）

2787

Известия Министерства иностранных дел: Третий год издания, 1914. Книга III

Петроград: Типография В. Ф. Киршбаума, 1914. 186 с.

外交部通报：第三年 1914 年出版（第 3 册）

彼得格勒：В.Ф. 基尔什鲍姆印刷厂，1914，186 页（古）

2788

Император под запретом　С. Ф. Либрович

С.-Петербург: Издание Т-ва М. О. Вольф, 1912. 164 с.

被禁的皇帝　С.Ф. 利布罗维奇

圣彼得堡：М.О. 沃尔夫出版社，1912，164 页（古）

2789

Империализм, национал-реформизм и аграрная революция в Индии: Сборник статей　Л. Мадьяр [и др.]

М.: Международный аграрный институт, 1934. 228 с.

印度的帝国主义、民族改良主义和农业革命（文集）　Л. 马季亚尔等

莫斯科：国际农学院，1934，228 页

2790

Индия　А. Пронин

М.: Социэкгиз, 1940. 183 с.

印度　А. 普罗宁

莫斯科：国家社会经济书籍出版社，1940，183 页

2791

Индия в борьбе за независимость　М. Павлович, В. Гурко-Кряжин, С. Вельтман

М.: Научная Ассоциация Востоковедения при ЦИК СССР, 1925. 117 с.

为了独立而斗争的印度　М. 帕夫洛维奇、В. 古尔科 – 科里亚任、С. 韦尔特曼

莫斯科：苏联中央执行委员会东方学协会，1925，117 页

2792

Индонезия и Индокитай　А. Губер

М.: Огиз; Государственное издательство политической литературы, 1942. 80 с.

印度尼西亚和印度支那　А. 古别尔

莫斯科：国家出版社联合公司、国家政治书籍出版社，1942，80 页

2793

Иран　Л. Лазаревский

М.: Огиз; Госполитиздат, 1941. 51 с.

伊朗　Л. 拉扎列夫斯基

莫斯科：国家出版社联合公司、国家政治书籍出版社，1941，51 页

2794

Исследователи Якутии　П. П. Хороших

[Б. м.]: Издание Вост.-Сиб. Отдела Русск. Географ. Общества, 1925. 20 с.

雅库特研究者　П.П. 霍罗希赫

[不详]: 俄罗斯地理学会东西伯利亚分会出版，1925，20 页

2795

Историческая хрестоматия: По истории русской словесности. Т. 1. Русская литература XVIII века　В. В. Сиповский

С.-Петербург: Издание Я. Башмакова и К°, 1913. 224 с.

历史文选: 俄国文学史（第 1 卷）: 18 世纪俄国文学　В.В. 西波夫斯基

圣彼得堡: Я. 巴什马科夫股份出版社，1913，224 页（古）

2796

Исторические записки　Отв. ред. Б. А. Греков

М.: Издательство Академии наук СССР, 1938. 397 с.

历史札记　Б.А. 格列科夫编

莫斯科: 苏联科学院出版社，1938，397 页

2797

Исторические записки. Т. I　Отв. ред. Н. М. Лукин

М.: Изд-во Академии наук СССР, 1937. 239 с.

历史文集（第 1 卷）　Н.М. 卢金编

莫斯科: 苏联科学院出版社，1937，239 页

2798

Исторические очерки　А. А. Кизеветтер

М.: Издательство «ОКТО», 1912. 502 с.

历史随笔　А.А. 基泽韦特

莫斯科: 奥克托出版社，1912，502 页（古）

2799

Исторические судьбы Еврейского народа на территории русского государства　И. Берлин

Петербург: Книгоиздательство «Еврейская историческая библиотека», 1919. 200 с.

俄国犹太民族的历史沿革　И. 柏林

彼得堡: 犹太历史丛书图书出版社，1919，200 页

2800

Исторический архив. II

М.: Изд-во Академии наук СССР, 1939. 287 с.

历史档案（第 2 卷）

莫斯科: 苏联科学院出版社，1939，287 页

2801

Исторический архив. III　Отв. ред. Б. Д. Гроков

М.: Изд-во Академии наук СССР, 1940. 388 с.

历史档案（第 3 卷）　Б.Д. 格罗科夫编

莫斯科: 苏联科学院出版社，1940，388 页

2802

Исторический сборник. 4　Ред. В. П. Волгин

М.: Изд-во Академии наук СССР, 1935. 335 с.

历史著作集（第 4 卷）　В.П. 沃尔金编

莫斯科: 苏联科学院出版社，1935，335 页

2803

История безработицы в России 1857-1919 г.г.　Л. М. Клейнборт

М.: Изд-во ВЦСПС, 1925. 300 с.

1857—1919 年俄国失业史　Л.М. 克莱因博特

莫斯科: 全苏工会中央理事会出版社，1925，300 页

2804

История Бурят-Монгольского народа: От XVII в. до 60-х годов XIX в.: Очерки　Ф. А. Кудрявцев

М.: Изд. АН СССР, 1940. 242 с.

布里亚特蒙古民族史（从 17 世纪到 19 世纪 60 年代）: 简史　Ф.А. 库德里亚夫采夫

莫斯科: 苏联科学院出版社，1940，242 页

2805

История Византии: Краткий очерк　М. В. Левченко

М.: Огиз; Гос. социально-экономическое изд-во, 1940. 262 с.

拜占庭简史　М.В. 列夫琴科

莫斯科: 国家出版社联合公司、国家社会经济书籍出版社，1940，262 页

2806

История военного искусства: В рамках политической истории. Т. 3. Средневековье

М.: Государственное военное изд-во наркомата обороны СССР, 1938. 514 с.

政治史框架下的军事艺术史（第 3 卷）: 中世纪

莫斯科: 苏联国防人民委员部国家军事出版社，1938，514 页

2807

История геологического исследования Сибири: Период третий (1851-1888 гг.) В. А. Обручев

Л.: Изд. АН СССР, 1934. 439 с.

西伯利亚地质研究史: 第三阶段（1851—1888 年） В. А. 奥布鲁切夫

列宁格勒: 苏联科学院出版社，1934，439 页

2808

История Древнего Востока В. В. Струве

М.: Госполитиздат, 1941. 482 с.

古代东方史 В.В. 斯特鲁韦

莫斯科: 国家政治书籍出版社，1941，482 页

2809

История Казакстана: С древнейших времен. Т. 1 С. Д. Асфендиаров

Алма-Ата: Казакстанское краевое изд-во, 1935. 262 с.

哈萨克斯坦史: 远古以来（第 1 卷） С.Д. 阿斯芬季阿罗夫

阿拉木图: 哥萨克边疆区出版社，1935，262 页

2810

История Литвы. Ч. 1 И. А. Кацель

Ковно: Типография Бр. Гурвич, 1921. 140 с.

立陶宛史（第 1 部分） И.А. 卡采利

科夫诺: 古尔维奇兄弟印刷厂，1921，140 页

2811

История монголов: От Чингиз-хана до Тамерлана. Т. I. Чингиз-Хан К. Д'Оссон; Перевод Н. Козьмина

Иркутск: Восточносибирское областное изд-во, 1937. 249 с.

蒙古史: 从成吉思汗到塔梅尔兰（第 1 卷）: 成吉思汗 К. 多桑著，Н. 科兹明译

伊尔库茨克: 东西伯利亚州立出版社，1937，249

页

2812

История переселения казаков в Республику Перу П. Королевич

Новый Сад: Русская типография Н. Филонова, 1930. 138 с.

哥萨克移民秘鲁共和国史 П. 科罗列维奇

诺维萨德: 俄罗斯 Н. 菲洛诺夫印刷厂，1930，138 页

2813

История польского народа в XIX веке А. Погодин

М.: Издание Г. А. Лемана и С. И. Сахарова, 1915. 297 с.

19 世纪波兰民族史 А. 波戈金

莫斯科: Г.А. 莱曼 和 С.И. 萨哈罗夫出版，1915，297 页（古）

2814

История русского быта

М.: [Б. и.], [1914]. 437 с.

俄国日常生活史

莫斯科: [不详]，[1914]，437 页（古）

2815

История Сибири. II Г. Ф. Миллер

М.: Изд-во Академии наук СССР, 1941. 637 с.

西伯利亚史（第 2 卷） Г.Ф. 米勒

莫斯科: 苏联科学院出版社，1941，637 页

2816

История современной России. Ч. I. Введение (Очерк развития русского государства). Крымская война. Царствование Александра II. Царствование Александра III Под ред. В. А. Поссе

С-Петербург: Жизни для всех, 1912. 292 стлб.

当代俄国史:（第 1 部分）: 绪论（俄罗斯国家发展概要）、克里米亚战争、亚历山大二世时期、亚利山大三世时期 В.А. 波谢编

圣彼得堡: 大众生活出版社，1912，292 条（古）

2817

История сословий в России В. О. Ключевский

Петроград: Литературно-издательский отдел комиссариата народного просвещения, 1918. 276 с.

俄国各阶层史 В.О. 克柳切夫斯基

彼得格勒：教育人民委员部书籍出版处，1918，276 页（古）

2818

Источниковедение истории СССР: С древнейших времен до конца XVIII в. Т. I М. Н. Тихомиров

М.: Огиз; Гос. социально-экономическое изд-во, 1940. 256 с.

苏联史史料学：从远古到 18 世纪末（第 1 卷） М. Н. 季霍米罗夫

莫斯科：国家出版社联合公司、国家社会经济书籍出版社，1940，256 页

2819

Истрия русской армии и флота: Роскошно иллюстрированное издание. Т. 10

М.: Образование, 1913. 170 с.

俄国陆军和海军史（精美插图版）（第 10 卷）

莫斯科：教育出版社，1913，170 页（古）

2820

Истрия русской армии и флота: Роскошно иллюстрированное издание. Т. 14

М.: Образование, 1912. 182 с.

俄国陆军和海军史（精美插图版）（第 14 卷）

莫斯科：教育出版社，1912，182 页（古）

2821

Истрия русской армии и флота: Роскошно иллюстрированное издание. Т. 7

М.: Образование, 1912. 145 с.

俄国陆军和海军史（精美插图版）（第 7 卷）

莫斯科：教育出版社，1912，145 页（古）

2822

К вопросу о турецко-монгольском феодализме Н. П. Козьмин

М.: Огиз, 1934. 149 с.

土耳其 – 蒙古封建主义问题 Н.П. 科兹明

莫斯科：国家出版社联合公司，1934，149 页

2823

К истории Бурято-Монголии: Материалы дискуссии, состоявшейся в июне 1934 г. в Улан-Удэ Под ред. А. В. Шестакова, А. И. Ломакина

М.: Государственное социально-экономическое издательство, 1935. 181 с.

布里亚特蒙古史：1934 年 6 月乌兰乌德讨论会资料集 А.В. 舍斯塔科夫、А.И. 洛马金编

莫斯科：国家社会经济出版社，1935，181 页

2824

К. П. Победоносцев и его корреспонденты: Письма и записки с предисловием М. Н. Покровского. Т. I. NOVUM REGNUM: полутом 2-й

М.: Государственное изд-во, 1923. 1147 с.

К.П. 波别多诺斯采夫和与他通信的人：信件和便函（М.Н. 波克罗夫斯基作序）（第 1 卷下半卷）

莫斯科：国家出版社，1923，1147 页

2825

Казакская АССР. Вып. 2 И. М. Гроссман, М. И. Коган

М.: Изд-во Советская Азия, 1932. 58 с.

哈萨克苏维埃社会主义自治共和国（第 2 册） И. М. 格罗斯曼、М.И. 科甘

莫斯科：苏维埃亚洲出版社，1932，58 页

2826

Казахская ССР [Н. Тимофеев]

М.: Огиз; Госполитиздат, 1941. 126 с.

哈萨克斯坦苏维埃社会主义共和国 [Н. 季莫费耶夫]

莫斯科：国家出版社联合公司、国家政治书籍出版社，1941，126 页

2827

Камчатский край М. А. Сергеев

М.: [Б. и.], 1934. 90 с.

堪察加边疆区 М.А. 谢尔盖耶夫

莫斯科：[不详]，1934，90 页

2828

Карта маршрутов экспедиций в Якутской А. С. С. Республике

[Б. м.]: [Б. и.], 1926. 1 с.

雅库特苏维埃社会主义自治共和国考察路线图

[不详]：[不详]，1926，1 页

2829

Карта распространения древесных пород в Якутской А. С. С. Республике

[Б. м.]: [Б. и.], 1926. 1 с.

雅库特苏维埃社会主义自治共和国乔木树种分布图

[不详]：[不详]，1926，1 页

2830

Каторга и ссылка: Историко-революционный вестник. Книга 23　Под ред. Вл. Виленского (Сибирякова)

М.: [Б. и.], 1926. 305 с.

苦役和流放：革命史通报（第 23 卷）　Вл. 维连斯基（西比里亚科夫）编

莫斯科：[不详]，1926，305 页

2831

Каторга и ссылка: Историко-революционный вестник. Книга 25　Под ред. Вл. Виленского (Сибирякова)

М.: [Б. и.], 1926. 305 с.

苦役和流放：革命史通报（第 25 卷）　Вл. 维连斯基（西比里亚科夫）编

莫斯科：[不详]，1926，305 页

2832

Киев　З. Шамурина

М.: Издание Т-ва «Образование», 1912. 83 с.

基辅　З. 沙穆林娜

莫斯科：教育出版社，1912，83 页（古）

2833

Киргизстан　Т. Р. Рыскулов

М.: Огиз; Соцэкгиз, 1935. 187 с.

吉尔吉斯斯坦　Т.Р. 雷斯库洛夫

莫斯科：国家出版社联合公司、国家社会经济书籍出版社，1935，187 页

2834

Китай и его жизнь　Г. Д. Джайльс; Пер. И. Г. Гуменюка, А. И. Иванова

С-Петербург: Издание П. П. Сойкина, 1914. 198 с.

中国及其生活　Г.Д. 贾尔斯著，И.Г. 古梅纽克、А.И. 伊万诺夫译

圣彼得堡：П.П. 索伊金出版，1914，198 页（古）

2835

Китай: Страна, народ, история　И. Мамаев, В. Колоколов

М.: Воениздат, 1924. 270 с.

中国：国家、人口、历史　И. 马马耶夫、В. 科洛科洛夫

莫斯科：军事出版社，1924，270 页

2836

Китай: Страна, население, история　И. Мамаев, В. Колоколов

М.: Воениздат, 1924. 266 с.

中国：国家、人口、历史　И. 马马耶夫、В. 科洛科洛夫

莫斯科：军事出版社，1924，266 页

2837

Китайцы, Корейцы и Японцы в Приамурье　Отчет В. В. Граве

С-Петербург: Типография В. Ф. Киршбаума, 1912. 464 с.

阿穆尔河沿岸地区的中国人、朝鲜人和日本人　В.В. 格拉韦报告

圣彼得堡：В.Ф. 基尔什鲍姆印刷厂，1912，464 页（古）

2838

Китайцы, Корейцы и Японцы в Приамурье: Отчет уполномоченного Министерства иностранных дел　В. В. Граве

С.-Петербург: Типография В. Ф. Киршбаума, 1912. 479 с.

阿穆尔河沿岸地区的中国人、朝鲜人和日本人：外交部全权代表报告　В.В. 格拉韦

圣彼得堡：В.Ф. 基尔什鲍姆印刷厂，1912，479 页（古）

2839

Клаузевиц: 1806 год = CLAUSEWITZ PREUSSEN IM JAHRE 1806

М.: Оборонгиз, 1937. 193 с.

克劳塞维茨：1806 年

莫斯科：国家国防书籍出版社，1937，193 页

2840

Колониальная политика российского царизма в Азербайджане в 20-60-х гг. XIX в. Ч. I. Феодаль-ные отношения и колониальный режим 1827-1843 гг. Сост. Н. Г. Богданова и Я. М. Притыкин

М.: Изд-во Академии наук СССР, 1936. 463 с.

19 世纪 20—60 年代沙皇俄国在阿塞拜疆的殖民政策（第 1 部分）：1827—1843 年封建关系和殖民制度 Н.Г. 波格丹诺夫、Я.М. 普里特金编

莫斯科：苏联科学院出版社，1936，463 页

2841

Конец русского царизма: Воспоминания бывше-го командира корпуса жандармов П. Курлов

М.: Гос. изд-во, 1923. 296 с.

俄国沙皇制度的终结：宪兵团原指挥官回忆录 П. 库尔洛夫

莫斯科：国家出版社，1923，296 页

2842

Константинополь и проливы: По секретным документам б. Министерства иностранных дел Под ред. Е. А. Адамова

М.: Издание литиздата НКИД, 1925. 472 с.

君士坦丁堡和海峡：基于原外交部的秘密文件 Е. А. 阿达莫夫编

莫斯科：外交人民委员部书籍出版社，1925，472 页

2843

Корейский вопрос в Приамурье Отчет В. Д. Пе-соцкого

Хабаровск: Типография канцелярии Приамурского генерал-губернатора, 1913. 188 с.

阿穆尔河沿岸地区的朝鲜问题 В.Д. 佩索茨基报告

哈巴罗夫斯克：阿穆尔河沿岸地区总督公署印刷厂，1913，188 页（古）

2844

Краткие записки по русской истории. Ч. I

М.: Печать, 1932. 143 с.

俄国简史（第 1 册）

莫斯科：报刊出版社，1932，143 页

2845

Краткий геологический очерк Приамурья Сост. Э. Э. Анерт

С-Петербург: Типография М. М. Стасюлевича, 1913. 199 с.

阿穆尔河沿岸地区地质概要 Э.Э. 阿尔涅特编

圣彼得堡：М.М. 斯塔休列维奇印刷厂，1913，199 页（古）

2846

Крымская война: 1853-1856 гг. С. К. Бушуев

М.: Издательство Академии наук СССР, 1940. 157 с.

克里米亚战争（1853—1856 年） С.К. 布舒耶夫

莫斯科：苏联科学院出版社，1940，157 页

2847

Крымская кампания Е. А. Берков

М.: Московский рабочий, 1939. 95 с.

克里米亚战争 Е.А. 别尔科夫

莫斯科：莫斯科工人出版社，1939，95 页

2848

Культурное строительство СССР: 1935

М.: Союзоргучет, 1936. 279 с.

苏联文化建设（1935）

莫斯科：全苏核算组织托拉斯，1936，279 页

2849

Куропаткин и его помощники: Поучения и вы-воды из Русско-Японской войны. Ч. 1. От Геок-Тепе до Ляояна С немецкого перевел М. Грулев

С.-Петербург: Изд. В. Березовский, 1913. 327 с.

库罗帕特金和他的助手们：日俄战争的教训与结论（第 1 部分）：从盖奥克泰佩到辽阳 М. 格鲁列夫译自德语

圣彼得堡：В. 别列佐夫斯基出版社，1913，327 页（古）

2850

Куропаткин и его помощники: Поучения и выводы из Русско-Японской войны. Ч. 2. От Ляояна до Мукдена С немецкого перевел М. Грулев

С.-Петербург: Изд. В. Березовский, 1914. 380 с.

库罗帕特金和他的助手们：日俄战争的教训与结论（第 2 部分）：从辽阳到奉天 М. 格鲁列夫译自德语

圣彼得堡：В. 别列佐夫斯基出版社，1914，380 页（古）

2851

Курс истории России XIX века. Ч. I А. Корнилов

М.: Издательство М. и С. Сабашниковых, 1918. 283 с.

19 世纪俄国史教程（第 1 部分） А. 科尔尼洛夫

莫斯科：М. 萨巴什尼科夫和 С. 萨巴什尼科夫出版社，1918，283 页（古）

2852

Курс истории России XIX века. Ч. II А. Корнилов

М.: Изд. М. и С. Сабашниковых, 1918. 272 с.

19 世纪俄国史教程（第 2 部分） А. 科尔尼洛夫

莫斯科：М. 萨巴什尼科夫和 С. 萨巴什尼科夫出版社，1918，272 页（古）

2853

Курс русской истории. Ч. II В. Ключевский

М.: Государственное изд-во, 1925. 492 с.

俄国史教程（第 2 卷） В. 克柳切夫斯基

莫斯科：国家出版社，1925，492 页

2854

Курс русской истории. Ч. III В. Ключевский

М.: Государственное изд-во, 1923. 471 с.

俄国史教程（第 3 卷） В. 克柳切夫斯基

莫斯科：国家出版社，1923，471 页

2855

Курс русской истории. Ч. IV В. Ключевский

М.: Государственное изд-во, 1925. 480 с.

俄国史教程（第 4 卷） В. 克柳切夫斯基

莫斯科：国家出版社，1925，480 页

2856

Курс русской истории. Ч. V В. Ключевский

Петербург: Государственного изд-во, 1921. 352 с.

俄国史教程（第 5 卷） В. 克柳切夫斯基

彼得堡：国家出版社，1921，352 页

2857

Ледяные ночи: Документальный рассказ журналиста, участника необычайного путешествия в зимнюю Арктику Мих. Розенфельд

М.: Молодая гвардия, 1934. 182 с.

寒夜：一位参加冬季北极非常之旅的记者的纪实故事 Мих. 罗森菲尔德

莫斯科：青年近卫军出版社，1934，182 页

2858

Лекции по древней русской истории до конца XVI века М. К. Любавский

М.: Фотолитографировано Т/Д Г. А. Леман и П. С. Филиппов, 1918. 312 с.

16 世纪末以前的俄国古代史讲义 М.К. 柳巴夫斯基

莫斯科：Г.А. 莱曼与 П.С. 菲利波夫商行照相平版印刷，1918，312 页（古）

2859

Лекции по истории развития главнейших основ китайской материальной и духовной культуры: Читанные в 1918-1919 акад. году в Восточном Институте, ныне Восточном факультете Государственного Дальневосточного Университета Н. В. Кюнер

Владивосток: Изд. Н. В. Репина, 1921. 120 с.

中国物质和精神文化重要基础发展史讲义：东方学院（今远东国立大学东方系）1918—1919 学年 Н.В. 丘涅尔

符拉迪沃斯托克：Н.В. 列宾出版社，1921，120 页

2860

Ленские прииски: Сборник документов Под ред. П. Поспелова

М.: История заводов, 1937. 564 с.

勒拿河金矿（文献汇编） П. 波斯佩洛夫编

莫斯科：工厂史出版社，1937，564 页

2861

Летопись Нестора: Со включением поучения Владимира Мономаха

С.-Петербург: Издание И. Глазунова, 1912. 202 с.

涅斯托尔编年史（附弗拉基米尔·莫诺马赫的训诫）

圣彼得堡：И. 格拉祖诺夫出版，1912，202 页（古）

2862

Малая антанта: Социально-экономическо-политический очерк   Б. Бошкович

М.: Социально-экономическое издательство, 1934. 150 с.

小协约国：社会经济政治概况　Б. 博什科维奇

莫斯科：国家社会经济书籍出版社，1934，150 页

2863

Малый Тибет, Индия, Сиам   Бернхард Келлерман; Перевод с немецкого З. Вершининой

М.: Земля и фабрика, 1930. 174 с.

小西藏、印度、暹罗　伯恩哈德·凯勒曼著，З. 韦尔希宁娜译自德语

莫斯科：土地与工厂出版社，1930，174 页

2864

Маньчжурия и угроза Японо-Американской войны   И. Горшенин

М.: Партийное изд-во, 1933. 108 с.

满洲和日美战争威胁　И. 戈尔舍宁

莫斯科：联共（布）中央委员会党的出版社，1933，108 页

2865

Материалы Бурят-Монгольской антропологической экспедиции 1931 года. Ч. 1. Обзор работ экспедиции   Г. И. Петров

Л.: Изд-во АН СССР, 1933. 140 с.

1931 年布里亚特蒙古人类学考察队资料集（第 1 部分）：考察队工作概况　Г.И. 彼得罗夫

列宁格勒：苏联科学院出版社，1933，140 页

2866

Материалы для терминологического словаря древней России   Сост. Г. Е. Кочин; Под ред. Б. Д. Грекова

М.: Издательство Академии наук СССР, 1937. 487 с.

古代俄国术语词典资料　Г.Е. 科钦、Б.Д. 戈列科夫编

莫斯科：苏联科学院出版社，1937，487 页

2867

Материалы к отчету ДКИК IV Дальневосточному Краевому Съезду Советов

Хабаровск: Изд-во ДКИК и ДКплана, 1931. 219 с.

第四次远东边疆区苏维埃代表大会远东边疆区执行委员会报告资料

哈巴罗夫斯克：远东边疆区执行委员会和远东边疆区计划委员会出版社，1931，219 页

2868

Материалы по изучению Востока

С-Петербург: Издание Министерства иностранных дел, 1915. 591 с.

东方研究资料集

圣彼得堡：外交部出版，1915，591 页（古）

2869

Материалы по исследованию путей сообщения Приамурского края: Дорожный отдел. Вып. IV. Скотопрогонные тракты из Монголии и Маньчжурии в Приамурье в связи с условиями скотопромышленности Приамурского края   П. П. Чубинский, П. П. Крынин

Благовещенск: И. Я. Чурин и К-о, 1913. 107 с.

阿穆尔河沿岸地区交通路线研究资料：交通运输处（第 4 册）：基于阿穆尔河沿岸地区肉禽贩卖业条件的蒙古和满洲通往阿穆尔河沿岸地区的牧道　П.П. 丘宾斯基、П.П. 克雷宁

布拉戈维申斯克：И.Я. 秋林股份公司，1913，107 页（古）

2870

Материалы по истории франко-русских отношений за 1910-1914 г.г.: Сборник секретных дипломатических документов бывш. Императорского Российского Мин-ва иностранных дел

М.: [Б. и.], 1922. 730 с.

1910—1914 年法俄关系史资料集：前帝俄外交部秘密外交文件集

莫斯科：[不详]，1922，730 页

2871

**Материалы по обследованию крестьянских хо-
зяйств Приморской области: Старожилы стодеся-
тинники. Т. III. Текст**   Сост. А. Меньщиков; Под
ред. А. А. Татищева

Саратов: Типография губернского правления, 1912.
505 с.

滨海州农民经济调查资料：可短期利用或赎买 100
俄亩国有土地的农民（第 3 卷）：文本   A. 梅尼希
科夫编，A.A. 塔季谢夫主编

萨拉托夫：省公所印刷厂，1912，505 页（古）

2872

**Материалы по обследованию крестьянских хо-
зяйств Приморской области: Старожилы стоде-
сятинники. Т. IV. Описание селений**   Под ред. А.
А. Татищева

Саратов: Типография губернского правления, 1912.
575 с.

滨海州农民经济调查资料：可短期利用或赎买 100
俄亩国有土地的农民（第 4 卷）：村镇描述   A.A. 塔
季谢夫编

萨拉托夫：省公所印刷厂，1912，575 页（古）

2873

**Материалы по обследованию крестьянских хо-
зяйств Приморской области: Таблицы и текст.
Т. V. Новоселы, наделенные по душевой нор-
ме**   Сост. А. Меньщиков; Под ред. Б. Н. Клепинина

Владивосток: Типография Приморского областного
правления, 1914. 475 с.

滨海州农民经济调查资料：表格和文本（第 5 卷）：
按人均标准分配土地的新住户   A. 梅尼希科夫编，
Б.Н. 克列皮宁主编

符拉迪沃斯托克：滨海州公所印刷厂，1914，475
页（古）

2874

**Материалы по туземному вопросу на Дальнем
Востоке. Вып. I**

Чита: [Б. и.], 1924. 38 с.

远东土著问题资料集（第 1 册）

赤塔：[不详]，1924，38 页

2875

**Материалы по этнографии Сибири XVIII века:
1771-1772**   В. Ф. Зуев

М.: Изд-во Академии наук СССР, 1947. 96 с.

18 世纪西伯利亚民族学资料（1771—1772）   В.
Ф. 祖耶夫

莫斯科：苏联科学院出版社，1947，96 页

2876

**Между миром и войной: Мои последние пере-
говоры в Петербурге в 1914 году**   Гр. Пурталес;
Пер. М. Алексеева

М.: Гос. изд-во, 1923. 80 с.

和平与战争之间：1914 年我在彼得堡的最后谈
判   波达尔斯伯爵著，M. 阿列克谢耶夫译

莫斯科：国家出版社，1923，80 页

2877

Меньшевистская и Советская Грузия   Тедо
Глонти

М.: Красная новь, 1923. 36 с.

孟什维克格鲁吉亚和苏维埃格鲁吉亚   捷多·格隆
季

莫斯科：红色处女地出版社，1923，36 页

2878

**Мирный договор между Россией с одной сторо-
ны и Германией, Австро-Венгрией, Болгарией и
Турцией с другой**

М.: Типография Московского совета рабочих и сол-
датских депутатов, 1918. 150 с.

俄国与德国、奥匈帝国、保加利亚、土耳其和约

莫斯科：莫斯科工人士兵代表苏维埃印刷厂，1918，
150 页（古）

2879

**Мировая война: 1914-1918 гг.: Кампания 1914
года в Бельгии и Франции. Т. I. От начала войны
до расположения сторон на Марне**   В. Новицкий

М.: Воениздат, 1938. 338 с.

世界大战（1914—1918 年）：1914 年比利时和法
国战役（第 1 卷）：从战争爆发到各方在马恩河的部

署　B. 诺维茨基
莫斯科：军事出版社，1938，338 页

2880
Мировая война: 1914-1918 гг.: Кампания 1914 года в Бельгии и Франции. Т. II. От завязки сражения на Р. Марне до установления позиционной войны　В. Ф. Новицкий
М.: Воениздат, 1938. 351 с.
世界大战（1914—1918 年）：1914 年比利时和法国战役（第 2 卷）：从马恩河会战开始到转入阵地战　В.Ф. 诺维茨基
莫斯科：军事出版社，1938，351 页

2881
Мои воспоминания о войне 1914-1918 г.г. Т. 2　Э. Людендорф
М.: Высший военный редакционный совет, гос. изд-во, 1924. 315 с.
我的 1914—1918 年战争回忆录（第 2 卷）　Э. 柳登多尔夫
莫斯科：军事书籍高级编辑委员会和国家出版社联合出版，1924，315 页

2882
Монголия и Амдо и мертвый город Хара-Хото　П. К. Козлов
М.: Госгеолиздат, 1948. 328 с.
蒙古、安多和死城哈喇浩特　П.К. 柯兹洛夫
莫斯科：国家地质书籍出版社，1948，328 页

2883
Монголия и Амдо и мертвый город Хара-хото: Экспедиция Русского географического общества в нагорной Азии　П. К. Козлов
М.: Гос. изд-во, 1923. 678 с.
蒙古、安多和死城哈喇浩特：俄罗斯地理学会亚洲山地考察　П.К. 科兹洛夫
莫斯科：国家出版社，1923，678 页

2884
Монголия и монгольский вопрос　Ю. Кушелев
С-Петербург: Издано при содействии «Общества ревнителей военных знаний», 1912. 123 с.

蒙古和蒙古问题　Ю. 库舍列夫
圣彼得堡：军事知识促进会协助出版，1912，123 页（古）

2885
Монголы и Русь: История татарской политики на Руси
М.: Изд-во Академии наук СССР, 1940. 177 с.
蒙古人和罗斯：罗斯鞑靼政治史
莫斯科：苏联科学院出版社，1940，177 页

2886
Монгольские летописи XVII века: Труды института востоковедения. XVI　Ц. Ж. Жамцарано
М.: Изд-во Академии наук СССР, 1936. 120 с.
17 世纪蒙古编年史：东方学研究所著作（第 16 册）　Ц.Ж. 扎姆察兰诺
莫斯科：苏联科学院出版社，1936，120 页

2887
Морские пути советской арктики
М.: Изд-во «Советская Азия», 1933. 107 с.
苏联北极海路
莫斯科：苏维埃亚洲出版社，1933，107 页

2888
Моряки в революции 1905-6 гг.　Сост. С. Игнат
Л.: Молодая гвардия, 1925. 316 с.
1905—1906 年革命中的水兵　С. 伊格纳特编
列宁格勒：青年近卫军出版社，1925，316 页

2889
Моя первая русская история: В рассказах для детей Н. Н. Головина
М.: Издание Т-ва М. О. Вольф, 1915. 129 с.
我的第一个俄国故事：Н.Н. 戈洛温儿童故事
莫斯科：М.О. 沃尔夫出版社，1915，129 页（古）

2890
На Дальнем Востоке　Юр. Лигин
М.: Задруга, 1913. 172 с.
在远东　Юр. 利金
莫斯科：农业生产合作社出版社，1913，172 页（古）

2891

На службе Франции = AU SERVICE DE LA FRANCE: Воспоминания за девять лет　Раймонд Пуанкаре

М.: Соцэкгиз, 1936. 527 с.

为法国服务：九年回忆录　雷蒙·普恩加莱

莫斯科：国家社会经济书籍出版社，1936，527 页

2892

Накануне 1917 года: Воспоминания и документы о рабочем движении и революционном подполье за 1914-1917 гг.　А. Шляпников

М.: [Б. и.], 1920. 290 с.

1917 年前夕：1914—1917 年工人运动与革命地下组织回忆录和文献集　А. 什利亚普尼科夫

莫斯科：[不详]，1920，290 页

2893

Наполеон и Александр I: Франко-Русский союз во время первой империи. Том III. Разрыв франко-русского союза　Альберт Вандаль; Пер. В. Шиловой

С.-Петербург: Издание товарищества «Знание», 1913. 609 с.

拿破仑与亚历山大一世：第一帝国时期的法俄同盟（第 3 卷）：法俄同盟的破裂　阿尔伯特·范达尔著，В. 希洛娃译

圣彼得堡：知识出版社，1913，609 页（古）

2894

Народы и страны западной Европы. T. I-VI　Элизе Реклю; Пер. с французского под ред. и с доп. Н. К. Лебедева

М.: Типография Т-ва И. Д. Сытина, 1915. 108 с.

西欧民族与国家（第 1—6 卷）　埃利塞·何克律著，Н.К. 列别杰夫编译自法语

莫斯科：И.Д. 瑟京印刷厂，1915，108 页（古）

2895

Народы и страны западной Европы. T. VII-XII　Элизе Реклю; Пер. с французского под ред. и с доп. Н. К. Лебедева

М.: Типография Т-ва И. Д. Сытина, 1915. 84 с.

西欧民族与国家（第 7—12 卷）　埃利塞·何克律

著，Н.К. 列别杰夫编译自法语

莫斯科：И.Д. 瑟京印刷厂，1915，84 页（古）

2896

Населенные и жилые места Приморского района: Крестьяне. Инородцы. Желтые. Перепись населения 1-20 июня 1915 г.

Владивосток: Типография Приморского областного правления, 1915. 136 с.

滨海地区居民点：农民、异族人、黄种人（1915 年 6 月 1—20 日人口普查）

符拉迪沃斯托克：滨海州公所印刷厂，1915，136 页（古）

2897

Национально-культурное строительство в РСФСР к XV-летию октябрьской революции: Сборник статей　Под ред. А. Р. Рахимбаева

М.: Учпедгиз, 1933. 191 с.

十月革命十五周年前俄罗斯苏维埃联邦社会主义共和国的民族文化建设（论文集）　А.Р. 拉希姆巴耶夫编

莫斯科：国家教育出版社，1933，191 页

2898

Начатки познания России　С. А. Басов, В. Я. Закс

С.-Петербург: Изд. «Жизни для всех», 1913. 302 с.

俄国知识入门　С.А. 巴索夫、В.Я. 扎克斯

圣彼得堡：大众生活出版社，1913，302 页（古）

2899

Неведомая Монголия. T. I. Урянхайский край　Д. Каррутерс; Пер. Н. В. Турчанинова

Петербург: Издание Переселенческого управления Главного Управления Землеустройства и Земледелия, 1914. 340 с.

不为人知的蒙古（第 1 卷）：乌梁海地区　Д. 卡拉瑟斯著，Н.В. 图尔洽尼诺夫译

彼得堡：土地规划与耕作管理总局移民局出版，1914，340 页（古）

2900

Несколько данных о современной Монголии　А. П. Беннигсен

С.-Петербург: Типография А. С. Суворина, 1912. 103 с.

当代蒙古简讯　А.П. 本尼格森

圣彼得堡: А.С. 苏沃林印刷厂, 1912, 103 页（古）

2901

Нижегородская ярмарка 1925 года　С. Малышев

Н. Новгород: Изд. Нижегородского Ярмарочного Комитета, 1925. 42 с.

1925 年下诺夫哥罗德展销会　С. 马雷舍夫

下诺夫哥罗德: 下诺夫哥罗德展销会委员会出版社, 1925, 42 页

2902

Николай II и великие князья: Родственные письма к последнему царю　Ред. В. И. Семенникова

Л.: Государственное изд-во, 1925. 155 с.

尼古拉二世和亲王们: 亲属写给末代沙皇的信　В. И. 谢缅尼科夫编

列宁格勒: 国家出版社, 1925, 155 页

2903

Новая Индия: Очерк экономического и политического развития страны　М. Н. Рой; Перевод с английского П. Охрименко

М.: Государственное изд-во, 1923. 200 с.

新印度: 国家经济和政治发展概况　М.Н. 罗伊著, П. 奥赫里缅科译自英语

莫斯科: 国家出版社, 1923, 200 页

2904

Новая история колониальных и зависимых стран. Т. 1　Под ред. С. Н. Ростовского [и др.]

М.: Соцэкгиз, 1940. 782 с.

殖民地国家和附属国近代史（第 1 卷）　С.Н. 罗斯托夫斯基等编

莫斯科: 国家社会经济书籍出版社, 1940, 782 页

2905

Новая история: в документах и материалах. Вып. I　Под ред. Н. М. Лукина и В. М. Далина

М.: Соцэкгиз, 1934. 407 с.

近代史: 文献与史料（第 1 卷）　Н.М. 卢金、В.М. 达林编

莫斯科: 国家社会经济书籍出版社, 1934, 407 页

2906

Новая Турция: Ее экономическое состояние и виды на будущее　В. Лирау; Перевод с немецкого В. Н. Розанова

М.: Книга, 1924. 78 с.

新土耳其: 经济状况与前景　В. 利拉乌著, В.Н. 罗扎诺夫译自德语

莫斯科: 书籍出版社, 1924, 78 页

2907

Нужды народного образования в Приамурском крае: Доклад окружного инспектора училищ Приамурского края　Н. С. Иваницкий

Хабаровск: Типография канцелярии Приамурского генерал-губернатора, 1914. 100 с.

阿穆尔河沿岸地区的国民教育需要: 阿穆尔河沿岸地区区学监报告　Н.С. 伊万尼茨基

哈巴罗夫斯克: 阿穆尔河沿岸地区总督公署印刷厂, 1914, 100 页（古）

2908

О защите социалистического отечества　В. И. Ленин, И. В. Сталин

М.: Огиз; Гос. изд-во политической литературы, 1943. 171 с.

论保卫社会主义祖国　В.И. 列宁、И.В. 斯大林

莫斯科: 国家出版社联合公司、国家政治书籍出版社, 1943, 171 页

2909

О Москве Ивана Грозного: Записки немца опричника　Генрих Штаден

Л.: Издание М. и С. Сабашниковых, 1925. 182 с.

伊凡雷帝的莫斯科: 德国禁军士兵日记　亨里希·施塔登

列宁格勒: М. 萨巴什尼科夫和 С. 萨巴什尼科夫出版, 1925, 182 页

2910

О Сибири: Речь на вечере Сибиряков 28 февраля 1927 г.　Л. Троцкий

М.: [Б. и.], 1927. 15 с.

论西伯利亚：1927 年 2 月 28 日西伯利亚人晚会上的讲话　Л. 托洛茨基
莫斯科：[不详]，1927，15 页

2911
О тех, кто прсдал Францию　Андре Симон [и др.]
М.: Гослитиздат, 1941. 395 с.
谈法国的背叛者　安德烈·西蒙等
莫斯科：国家文艺书籍出版社，1941，395 页

2912
Обзор записок, дневников, воспоминаний, писем и путешествий, относящихся к истории России и напечатанных на русском языке. Вып. II и III. Времена Императоров Александра I и Николая I　Сост. Е. В. Тинцлов
Новгород: Губернская типография, 1912. 197 с.
与俄国历史有关的俄文笔记、日记、回忆录、信件和游记简介（第 2 和第 3 册）：亚历山大一世和尼古拉一世时期　Е.В. 季茨洛夫编
诺夫哥罗德：省印刷厂，1912，197 页（古）

2913
Обзор записок, дневников, воспоминаний, писем и путешествий, относящихся к истории России и напечатанных на русском языке. Вып. IV и V. Времена Императоров Александра II, Александра III и Николая II　Сост. Е. В. Минцлов
Новгород: Губернская Типография, 1912. 115 с.
与俄国历史有关的俄文笔记、日记、回忆录、信件和游记简介（第 4 和第 5 册）：亚历山大二世、亚历山大三世和尼古拉二世时期　Е.В. 明茨洛夫编
诺夫哥罗德：省印刷厂，1912，115 页（古）

2914
Оборона Индии　К. В. Дембицкий
М.: Издание разведывательного отдела штаба Р. К. К. А., 1924. 68 с.
印度国防　К.В. 坚比茨基
莫斯科：工农红军参谋部侦查处出版，1924，68 页

2915
Образование русского национального государства　В. В. Мавродин
М.: Госполитиздат, 1941. 208 с.
俄罗斯民族国家的形成　В.В. 马夫罗金
莫斯科：国家政治书籍出版社，1941，208 页

2916
Общественное движение в России при Александре I　А. Н. Пыпин; С предисловием. Н. А. Котляревского
Петроград: Издательство Огни, 1918. 542 с.
亚历山大一世时期俄国的社会运动　А.Н. 佩平著，Н.А. 科特利亚列夫斯基作序
彼得格勒：星火出版社，1918，542 页（古）

2917
Общественное движение в шестидесятых и первой половине семидесятых годов　Л. Э. Шишко
М.: Издание русского библиографического института Бр. А. и И. Гранат и Ко., 1920. 91 с.
60 年代和 70 年代前半期的社会运动　Л.Э. 希什科
莫斯科：А. 格拉纳特和 И. 格拉纳特兄弟股份公司俄国图书研究所出版，1920，91 页

2918
Общественный строй Монголов: Монгольский кочевой феодализм　Б. Я. Владимирцов
Л.: Изд-во Академии наук СССР, 1934. 223 с.
蒙古人社会制度：蒙古游牧封建制　Б.Я. 弗拉基米尔佐夫
列宁格勒：苏联科学院出版社，1934，223 页

2919
Общий отчет дорожного отряда. Т. I. Водные пути　Сост. П. П. Чубинский
С.-Петербург: Типография Морского Министерства, в Главном Адмиралтействе, 1913. 242 с.
交通运输队总报告（第 1 卷）：水路　П.П. 丘宾斯基编
圣彼得堡：海军部大厦海军部印刷厂，1913，242 页（古）

2920
Октябрьская революция и гражданская война на Дальнем Востоке: Хроника событий 1917-1922 гг.　С. Цыпкин, А. Шурыгин, С. Булыгин

М.: Дальгиз, 1933. 305 с.

十月革命和远东内战：1917—1922 年大事记　С. 齐普金、А. 舒雷金、С. 布雷金

莫斯科：远东国家出版社，1933，305 页

2921

Описания плаваний судов в море Лаптевых и в Западной части Восточносибирского моря　Хмызников

Л.: Типография «Коминтерн», 1937. 180 с.

拉普捷夫海和东西伯利亚西部船舶航行记　赫梅兹尼科夫

列宁格勒：共产国际印刷厂，1937，180 页

2922

От казачьего зимовья до советского Иркутска: 1652-1920: Очерки по истории города для юношества　Ф. А. Кудрявцев

Иркутск: Иркутское областное изд-во, 1940. 92 с.

从哥萨克过冬的地方到苏联的伊尔库茨克（1652—1920）：城市简史（青少年读本）　Ф.А. 库德里亚夫采夫

伊尔库茨克：伊尔库茨克州立出版社，1940，92 页

2923

От Петербурга до Кары в 80-х гг.　А. В. Прибылев

М.: Колос, 1923. 143 с.

80 年代从彼得堡到卡拉　А.В. 普里贝列夫

莫斯科：科洛斯出版社，1923，143 页

2924

От Урала до Тихого океана по Великому Сибирскому пути: Справочник-путеводитель　Г. А. Липовецкий, М. Е. Дубинский

М.: Советская Азия, 1933. 168 с.

沿西伯利亚大铁路从乌拉尔到太平洋：旅行指南　Г.А. 洛波维茨基、М.Е. 杜宾斯基

莫斯科：苏维埃亚洲出版社，1933，168 页

2925

Отечественная война и Русское общество: 1812-1912. Т. I　Ред. А. К. Дживелегов, С. П. Мельгунов, В. И. Пичета

М.: Изд-во И. Д. Сытина, 1912. 232 с.

卫国战争与俄国社会（1812—1912）（第 1 卷）　А.К. 吉韦列戈夫、С.П. 梅利古诺夫、В.И. 皮切塔编

莫斯科：И.Д. 瑟京出版社，1912，232 页

2926

Отечественная война и Русское общество: 1812-1912. Т. II　Ред. А. К. Дживелегова, С. П. Мельгунова, В. И. Пичета

М.: Изд-во И. Д. Сытина, 1912. 270 с.

卫国战争与俄国社会（1812—1912）（第 2 卷）　А.К. 吉韦列戈夫、С.П. 梅利古诺夫、В.И. 皮切塔编

莫斯科：И.Д. 瑟京出版社，1912，270 页

2927

Отечественная война и Русское общество: 1812-1912. Т. III　Ред. А. К. Дживелегова, С. П. Мельгунова, В. И. Пичета

М.: Изд-во И. Д. Сытина, 1912. 227 с.

卫国战争与俄国社会（1812—1912）（第 3 卷）　А.К. 吉韦列戈夫、С.П. 梅利古诺夫、В.И. 皮切塔编

莫斯科：И.Д. 瑟京出版社，1912，227 页

2928

Отечественная война и Русское общество: 1812-1912. Т. IV　Ред. А. К. Дживелегова, С. П. Мельгунова, В. И. Пичета

М.: Изд-во И. Д. Сытина, 1912. 268 с.

卫国战争与俄国社会（1812—1912）（第 4 卷）　А.К. 吉韦列戈夫、С.П. 梅利古诺夫、В.И. 皮切塔编

莫斯科：И.Д. 瑟京出版社，1912，268 页

2929

Отечественная война и Русское общество: 1812-1912. Т. V　Ред. А. К. Дживелегова, С. П. Мельгунова, В. И. Пичета

М.: Изд-во И. Д. Сытина, 1912. 235 с.

卫国战争与俄国社会（1812—1912）（第 5 卷）　А.К. 吉韦列戈夫、С.П. 梅利古诺夫、В.И. 皮切塔编

莫斯科：И.Д. 瑟京出版社，1912，235 页

2930

Отечественная война и Русское общество: 1812-1912. Т. VI　Ред. А. К. Дживелегова, С. П. Мельгунова, В. И. Пичета

М.: Изд-во И. Д. Сытина, 1912. 204 с.

卫国战争与俄国社会（1812—1912）（第6卷） А.
К. 吉韦列戈夫、С.П. 梅利古诺夫、В.И. 皮切塔编

莫斯科：И.Д. 瑟京出版社，1912，204 页

2931

**Отечественная война и Русское общество: 1812-
1912. T. VII** Ред. А. К. Дживелегова, С. П. Мельгунова, В. И. Пичета

М.: Изд-во И. Д. Сытина, 1912. 321 с.

卫国战争与俄国社会（1812—1912）（第7卷） А.
К. 吉韦列戈夫、С.П. 梅利古诺夫、В.И. 皮切塔编

莫斯科：И.Д. 瑟京出版社，1912，321 页

2932

**Отечествоведение: Курс географии России стар-
ших классов средних учебных заведений** К. М.
Курдов, А. А. Ивановский

М.: Книгоиздательство Т-ва И. Д. Сытина, 1916. 185
с.

祖国常识：中学高年级俄国地理教程 К.М. 库尔多
夫、А.А. 伊万诺夫斯基

莫斯科：И.Д. 瑟京图书出版社，1916，185 页（古）

2933

**Открытое письмо большевикам Совета Петро-
градских рабочих депутатов** В. Пуришкевич

Владивосток: [Б. и.], 1917. 4 с.

致彼得格勒工人代表苏维埃布尔什维克的公开信 В.
普里什克维奇

符拉迪沃斯托克：[不详]，1917，4 页（古）

2934

**Отчет Дальне-восточного краевого исполнитель-
ного комитета за 1925-26 год** Под ред. М. П. Ко-
пытина, П. Е. Терлецкого

Хабаровск: [Б. и.], 1927. 536 с.

远东边疆区执行委员会 1925—1926 年报告 М.П.科
雷金、П.Е. 捷尔列茨基编

哈巴罗夫斯克：[不详]，1927，536 页

2935

Отчет За 1909-1910 год Общества изучения Амур-

ского края: Филиальное отделение Приамурского
отдела Императорского Географического Общества

Владивосток: Типография Н. П. Матвеева, 1914. 32
с.

**1909—1910 年阿穆尔边疆区研究会报告：帝国地
理学会阿穆尔河沿岸地区分部**

符拉迪沃斯托克：Н.П. 马特维耶夫印刷厂，1914，
32 页（古）

2936

**Отчет по рекогносцировочным исследованиям в
1909 году рек Камчатского полуострова Камчатки, Большой и Авачи** Сост. П. Крынин

С.-Петербург: Издано под ред. Бюро изысканий
управления В. В. П. и Ш. Д., 1913. 274 с.

**1909 年堪察加半岛堪察加河、博利沙亚河与阿瓦
洽河勘测报告** П. 克雷宁编

圣彼得堡：国内水路与公路管理局勘测处编辑出版，
1913，274 页（古）

2937

**Отчет, состоящего под покровительством Его
Императорского Высочества Великого Князя
Александра Михайловича общества изучения
Амурского края (Владивостонского Отделения
Приамурского Отдела Императорского Геогра-
фического Общества за 1915 год)**

[Б. м.]: Типография В. К. Иогансон, 1917. 45 с.

**亚历山大·米哈伊洛维奇大公殿下主持下的阿穆尔
边疆区研究会报告（1915 年帝国地理学会阿穆尔
河沿岸地区分部符拉迪沃斯托克分会）**

[不详]：В.К. 约翰逊印刷厂，1917，45 页（古）

2938

**Очерк истории борьбы белорусского народа про-
тив польских панов** И. Ф. Лочмель

М.: Воениздат, 1940. 162 с.

白俄罗斯民族反对波兰地主斗争史纲 И.Ф. 洛奇梅
尔

莫斯科：军事出版社，1940，162 页

2939

Очерк истории Якутского народа С. А. Токарев

М.: Соцэкгиз, 1940. 247 с.

雅库特民族史纲　С.А. 托卡列夫

莫斯科：国家社会经济书籍出版社，1940，247 页

2940

Очерки из истории западных Бурят-Монголов = ETUDES SUR LHISTOIRE DES BOURIAT-MONGOLS OSSIDENTAUX: XVI-XVIII　А. П. Окладников

М.: Огиз; Соцэкгиз, 1937. 424 с.

西布里亚特蒙古人史纲（第 16—18 卷）　А.П. 奥克拉德尼科夫

莫斯科：国家出版社联合公司、国家社会经济书籍出版社，1937，424 页

2941

Очерки из русской истории: Монографии и статьи по истории Слободской Украины　Д. И. Багалей

Харьков: Типография и литография М. Зильберберг и С-вья, 1913. 374 с.

俄国史纲：乌克兰村镇史专著和文章　Д.И. 巴加列伊

哈尔科夫：М. 西尔伯贝格父子印刷厂，1913，374 页（古）

2942

Очерки истории и экономики Тувы. Часть 1. Дореволюционная Тува　Р. Кабо

М.: Соцэкгиз, 1934. 201 с.

图瓦历史与经济纲要（第 1 部分）：革命前的图瓦　Р. 卡博

莫斯科：国家社会经济书籍出版社，1934，201 页

2943

Очерки Кавказа: Картины Кавказской жизни, природы и истории　Евгений Марков

С-Петербург: Издание товарищества «М. О. Вольф», 1913. 591 с.

高加索纪事：高加索生活、自然和历史写照　叶甫盖尼·马尔科夫

圣彼得堡：М.О. 沃尔夫出版社，1913，591 页（古）

2944

Очерки Крыма: Картины крымской жизни, при-роды и истории　Евгений Марков

С-Петербург: Издание товарищества «М. О. Вольф», 1913. 520 с.

克里米亚纪事：克里米亚生活、自然和历史写照　叶甫盖尼·马尔科夫

圣彼得堡：М.О. 沃尔夫出版社，1913，520 页（古）

2945

Очерки литературы и общественности при Александре I　А. Н. Пыпин

Петроград: Издательство «Огни», 1917. 529 с.

亚历山大一世时期的文学与社团组织纪实　А.Н. 佩平

彼得格勒：星火出版社，1917，529 页（古）

2946

Очерки мировой войны 1914-1918 гг.　Е. Болтин, Ю. Вебер

М.: Воениздат, 1940. 147 с.

1914—1918 年世界大战概论　Е. 博尔京、Ю. 韦贝尔

莫斯科：军事出版社，1940，147 页

2947

Очерки по истории Алаш-Орды　С. Брайнин, Ш. Шафиро

Алма-Ата: Казахстанское краевое изд-во, 1935. 146 с.

阿拉什汗国史纲　С. 布赖宁、Ш. 沙菲罗

阿拉木图：哈萨克斯坦边疆区出版社，1935，146 页

2948

Очерки по истории колониальной политики царизма в Камчатском Крае　С. Б. Окунь

М.: Огиз; Соцэкгиз, 1935. 150 с.

堪察加边疆区沙皇殖民政策史纲　С.Б. 奥昆

莫斯科：国家出版社联合公司、国家社会经济书籍出版社，1935，150 页

2949

Очерки по истории феодализма в Киевской Руси　С. В. Юшков

М.: Изд-во Академии наук СССР, 1939. 254 с.

基辅罗斯封建制度史纲　C.B. 尤什科夫

莫斯科：苏联科学院出版社，1939，254 页

2950

Очерки по истории феодолизма в Киевской Руси　С. В. Юшков

М.: Изд-во Академии наук СССР, 1939. 254 с.

基辅罗斯封建制度史纲　C.B. 尤什科夫

莫斯科：苏联科学院出版社，1939，254 页

2951

Очерки политической Болгарии　Л. Троцкий, Х. Кабакчиев

М.: Государственное издательство, 1923. 203 с.

保加利亚政策概要　Л. 托洛茨基、Х. 卡巴克奇耶夫

莫斯科：国家出版社，1923，203 页

2952

Очерки правительственной деятельности времени Павла I　М. В. Клочков

Петроград: Сенатская типография, 1916. 628 с.

保罗一世时期政府活动纪事　М.В. 克洛奇科夫

彼得格勒：枢密院印刷厂，1916，628 页（古）

2953

Очерки революционного движения в Приморье: 1900-1916 гг.　В. П. Голионко

Хабаровск: Дальневосточное государственное изд-во, 1940. 98 с.

滨海地区革命运动概况（1900—1916 年）　В.П. 戈利翁科

哈巴罗夫斯克：远东国家出版社，1940，98 页

2954

Очерки современной Польши　А. Романский

М.: Прометей, 1926. 256 с.

现代波兰概况　А. 罗曼斯基

莫斯科：普罗米修斯出版社，1926，256 页

2955

Падение царского режима: Стенографические отчеты допросов и показаний, данных в 1917 г. в Чрезвычайной Следственной Комиссии Временного Правительства. T. I　Ред. П. Е. Щеголева

Л.: Государственное изд-во, 1924. 432 с.

沙皇制度的瓦解：1917 年临时政府特别侦查委员会审讯和供词速记报告（第 1 卷）　П.Е. 谢戈廖夫编

列宁格勒：国家出版社，1924，432 页

2956

Падение царского режима: Стенографические отчеты допросов и показаний, данных в 1917 г. в Чрезвычайной следственной Комиссии Временного Правительства. T. II　Ред. П. Е. Щеголева

М.: Государственное изд-во, 1925. 439 с.

沙皇制度的瓦解：1917 年临时政府特别侦查委员会审讯和供词速记报告（第 2 卷）　П.Е. 谢戈廖夫编

莫斯科：国家出版社，1925，439 页

2957

Падение царского режима: Стенографические отчеты допросов и показаний, данных в 1917 г. в Чрезвычайной Следственной Комиссии Временного Правительства. T. III　Ред. П. Е. Щеголева

М.: Государственное изд-во, 1925. 506 с.

沙皇制度的瓦解：1917 年临时政府特别侦查委员会审讯和供词速记报告（第 3 卷）　П.Е. 谢戈廖夫编

莫斯科：国家出版社，1925，506 页

2958

Падение царского режима: Стенографические отчеты допросов и показаний, данных в 1917 г. в Чрезвычайной Следственной Комиссии Временного Правительства. T. V　Ред. П. Е. Щеголева

М.: Государственное изд-во, 1926. 439 с.

沙皇制度的瓦解：1917 年临时政府特别侦查委员会审讯和供词速记报告（第 5 卷）　П.Е. 谢戈廖夫编

莫斯科：国家出版社，1926，439 页

2959

Падение царского режима: Стенографические отчеты допросов и показаний, данных в 1917 г. в Чрезвычайной Следственной комиссии Временного Правительства. T. VII　Ред. П. Е. Щеголева

М.: Государственное изд-во, 1927. 476 с.

沙皇制度的瓦解：1917 年临时政府特别侦查委员会审讯和供词速记报告（第 7 卷）　П.Е. 谢戈廖夫编

莫斯科：国家出版社，1927，476 页

2960

Памяти В. Г. Богораза: 1865-1936　[Отв. ред. И. И. Мещанинов]

М.: Изд-во Академии наук СССР, 1937. 382 с.

缅怀 В.Г. 博戈拉兹（1865—1936）[И.И. 梅夏尼诺夫编]

莫斯科：苏联科学院出版社，1937，382 页

2961

Памятная книжка Иркутской губернии　Издание Иркутского губернского статистического комитета

Иркутск: Губернская типография, 1914. 305 с.

伊尔库茨克省纪念册　伊尔库茨克省统计委员会出版物

伊尔库茨克：省印刷厂，1914，305 页（古）

2962

Памятные дни: Из воспоминаний гвардейских стрелков. 3　Под ред. Э. А. Верцинского

Таллинн: [Б. и.], 1939. 136 с.

难忘的时光：近卫军射手回忆录（第3卷）　Э.А. 韦尔钦斯基编

塔林：[不详]，1939，136 页

2963

Партизанское движение в Сибири. Т. I. Приенисейский край　Под ред. В. В. Максакова

М.: Государственное изд-во, 1925. 295 с.

西伯利亚的游击运动（第1卷）：叶尼塞边疆区　В.В. 马克萨科夫编

莫斯科：国家出版社，1925，295 页

2964

Первая русская революция: 1905-1907 г.г.　А. Панкратова

М.: Политиздат при ЦК ВКП(б), 1940. 191 с.

第一次俄国革命（1905—1907 年）　A.潘克拉托娃

莫斯科：联共（布）中央委员会政治书籍出版社，1940，191 页

2965

Первое всесоюзное совещание рабочих и работниц-Стахановцев: 14-17 ноября 1935: Стенографиче-

ский отчет

М.: Партиздат ЦК ВКП(б), 1935. 370 с.

第一次全苏斯达汉诺夫工作者会议（1935 年 11 月 14—17 日）：速记报告

莫斯科：联共（布）中央委员会党的出版社，1935，370 页

2966

Первые исследователи Дальнего Востока　Л. Г. Каманин

М.: Госгеолиздат, 1946. 78 с.

远东首批研究者　Л.Г. 卡马宁

莫斯科：国家地质书籍出版社，1946，78 页

2967

Первый слет ударников-просвещенцев БМАССР: 17-20 июня 1934 года

Улан-Удэ: Бурпартиздат, 1934. 103 с.

布里亚特蒙古苏维埃社会主义自治共和国教育工作者突击手第一次大会（1934 年 6 月 17—20 日）

乌兰乌德：布里亚特政党出版社，1934，103 页

2968

Пересмотр Версальского договора　Джон Майнард Кейнс

Петербург: Эпоха, 1922. 267 с.

凡尔赛条约的修订　约翰·迈纳尔德·凯恩斯

彼得堡：时代出版社，1922，267 页

2969

Петербург в 1903-1910 годах　С. Р. Минцлов

Рига: Изд-во «Книга для всех», 1931. 304 с.

彼得堡（1903—1910 年）　С.Р. 米茨洛夫

里加：大众图书出版社，1931，304 页

2970

Петербургские очерки: Памфлеты эмигранта: 1860-1867　П. В. Долгоруков

М.: Север, 1934. 473 с.

彼得堡随笔：侨民抨击性作品（1860—1867）　П.В. 多尔戈鲁科夫

莫斯科：北方出版社，1934，473 页

2971

Петр Великий и его реформа　М. Богословский

М.: Кооперативное изд-во, 1920. 117 с.

彼得大帝及其改革　М. 博戈斯洛夫斯基

莫斯科：合作社出版社，1920，117 页

2972

По горам и пустыням средней Азии　В. А. Обручев

М.: Изд-во Академии наук СССР, 1948. 242 с.

走遍中亚的山脉和沙漠　В.А. 奥布鲁切夫

莫斯科：苏联科学院出版社，1948，242 页

2973

По родному краю: Краткий очерк Дальне-Восточной республики и Прибайкалья

Верхнеудинск: Книгоиздательство объединенного прибайкальского союза кооперативов, 1922. 106 с.

故乡：远东共和国和贝加尔湖沿岸地区概览

上乌金斯克：贝加尔湖沿岸地区合作社联盟图书出版社，1922，106 页

2974

По Южному Алтаю: Записки туристов　И. Д. Бобынина, С. В. Бруевич, А. Д. Гагарин

М.: Изд. об-ва. изучения Урала, Сибири и Дальнего Востока, 1928. 56 с.

南阿尔泰（游记）　И.Д. 博贝宁、С.В. 布鲁耶维奇、А.Д. 加加林

莫斯科：乌拉尔、西伯利亚和远东研究会出版社，1928，56 页

2975

Подъем рабочего движения в России: 1912-1914 гг.　А. К. Цветков-Просвещенский

М.: Госполитиздат, 1939. 110 с.

俄国工人运动的高涨（1912—1914 年）　А.К. 茨韦特科夫 – 普罗斯韦先斯基

莫斯科：国家政治书籍出版社，1939，110 页

2976

Политические партии в Польше, зап. Белоруссии и зап. Украине　Под ред. С. Скульского

Минск: Изд-во Белорусской Академии наук, 1935. 333 с.

波兰、白俄罗斯西部和乌克兰西部政党　С. 斯库利斯基编

明斯克：白俄罗斯科学院出版社，1935，333 页

2977

Политические процессы в России 1860-х гг.: По архивным документам　Мих. Лемке

М.: Государственное изд-во, 1923. 684 с.

1860 年代俄国的政治进程：基于档案文件　Мих. 莱姆克

莫斯科：国家出版社，1923，684 页

2978

Порт Владивосток СССР

Владивосток: Книжное дело, 1927. 105 с.

苏联符拉迪沃斯托克港

符拉迪沃斯托克：图书业出版社，1927，105 页

2979

Порты Японии: В их связи с природой и экономикой страны　Л. Мекинг; Перевод с немецкого К. Грушевого

М.: Военмориздат, 1941. 339 с.

日本港口：与国家自然和经济的联系　Л. 麦克林著，К. 格鲁舍沃伊译自德语

莫斯科：海军出版社，1941，339 页

2980

Посадские люди и их классовая борьба до середины XVII века. Т. I　Павел Смирнов

М.: Изд-во Академии наук СССР, 1947. 490 с.

17 世纪中叶前的城镇工商区居民及其阶级斗争（第 1 卷）　帕维尔·斯米尔诺夫

莫斯科：苏联科学院出版社，1947，490 页

2981

Последние дни Колчаковщины　М. М. Константинов

М.: Гос. изд-во, 1926. 230 с.

高尔察克军事独裁政权最后的日子　М.М. 康斯坦丁诺夫

莫斯科：国家出版社，1926，230 页

2982

Правовое положение Русских в занятых Японией местностях Сахалинской области

Владивосток: Свободная Россия, 1921. 58 с.

萨哈林州日本占领区俄国人的法律地位

符拉迪沃斯托克：自由俄国出版社，1921，58 页

2983

Практический комментарий гражданского кодекса РСФСР: Законодательный и ведомственный материал и судебная практика до 1 октября 1930 г.　С. Абрамов [и др.]

М.: Госюриздат, 1931. 872 с.

俄罗斯苏维埃联邦社会主义共和国民法典解释：1930年 10 月 1 日前立法与部门资料及司法实践　C.阿布拉莫夫等

莫斯科：国家法律书籍出版社，1931，872 页

2984

При дворе двух императоров: Воспоминания-Дневник　А. Ф. Тютчева; Перевод Е. В. Герье

М.: Издание М. и С. Сабашниковых, 1928. 220 с.

两任皇帝的宫中（日记体回忆录）　А.Ф. 秋切娃著，E.B. 格里耶译

莫斯科：М. 萨巴什尼科夫和 C. 萨巴什尼科夫出版，1928，220 页

2985

Приамурский край: Очерк　П. Ф. Унтербергер

С-Петербург: Типография В. Ф. Киршбаума, 1912. 481 с.

阿穆尔河沿岸地区（概况）　П.Ф. 温捷尔伯格

圣彼得堡：В.Ф. 基尔什鲍姆印刷厂，1912，481 页（古）

2986

Приморско-Амурская окраина и Северная Маньчжурия　Составил В. Е. Глуздовский

Владивосток: Типогр. и цинк. «Далекая окраина», 1917. 183 с.

滨海 – 阿穆尔边区和北满　В.Е. 格卢兹多夫斯基编

符拉迪沃斯托克：边陲印刷厂，1917，183 页（古）

2987

Проблемы народов Индии　Т. В. Гольдернес; Пер. В. Брадиса

СПб: Издание П. И. Певина, 1914. 143 с.

印度民族问题　Т.В. 戈利杰尔内斯著，В. 布拉迪斯译

圣彼得堡：П.И. 佩温出版，1914，143 页（古）

2988

Против Японского империализма и нанкинских палачей: МОПР в Китае и Японии　Ред. И. Сонов

М.: Изд. ЦК МОПР СССР, 1932. 30 с.

反对日本帝国主义和南京刽子手：中国和日本国际革命战士救援会　И. 索诺夫编

莫斯科：苏联国际革命战士救援会中央委员会出版社，1932，30 页

2989

Профсоюзы СССР в создании красной армии: 1918-1920　Сост. К. Гулевич, Е. Михайлова

М.: Профиздат, 1939. 191 с.

红军成立过程中的苏联工会（1918—1920）　К. 古列维奇、E. 米哈伊洛夫编

莫斯科：工会出版社，1939，191 页

2990

Прошлое Казахстана: В источниках и материалах. Сб. 2　Под ред. С. Д. Асфендиарова

Алма-Ата: Казахстанское краевое изд-во, 1936. 294 с.

哈萨克斯坦的过去：史料与资料（第 2 辑）　С.Д. 阿斯芬季阿罗夫编

阿拉木图：哈萨克斯坦边疆区出版社，1936，294 页

2991

Путеводитель по Туркестану и железным дорогам Средне-Азиатской и Ташкентской　Под ред. А. И. Дмитриева-Мамонова

С-Петербург: Типография И. Шурухт, 1913. 446 с.

突厥斯坦和中亚、塔什干铁路旅行指南　А.И. 德米特里耶夫 – 马莫诺夫编

圣彼得堡：И. 舒鲁赫特印刷厂，1913，446 页（古）

2992

Путешествие в восточный Тянь-Шань и в Нань-Шань: Труды экспедиции Русского географического общества по центральной Азии в 1893-1895 гг.　В. И. Роборовский

М.: Государственное издательство Географической литературы, 1949. 491 с.

东天山和南山游记：1893—1895 年俄罗斯地理学会中亚考察队著作集　В.И. 罗博罗夫斯基

莫斯科：国家地理书籍出版社，1949，491 页

2993

Путешествие в Уссурийском крае: 1867-1869　Н. Пржевальский

М.: Гос. социально-экономическое изд-во, 1937. 319 с.

乌苏里斯克边疆区游记（1867—1869）　Н. 普热瓦利斯基

莫斯科：国家社会经济出版社，1937，319 页

2994

Путешествия по западной Сибири, северо-западному Туркестану и северо-восточной Африке　А. Брэм

[Б. м.]: [Б. и.], 192?. 324 с.

西西伯利亚、突厥斯坦西北部和非洲东北部游记　А. 布雷姆

[不详]：[不详]，192?，324 页

2995

Путешествия. Т. II　Н. Н. Миклухо-Маклай

М.: Издательство Академии наук СССР, 1941. 142 с.

游记（第 2 卷）　Н.Н. 米克卢霍－马克莱

莫斯科：苏联科学院出版社，1941，142 页

2996

Пути по русскому Алтаю　В. В. Сапожников

Томск: Типо-лит. Сибирского Т-ва печатного дела, 1912. 170 с.

俄国阿尔泰游记　В.В. 萨波日尼科夫

托木斯克：西伯利亚印刷公司印刷厂，1912，170 页（古）

2997

Путь новой Турции: 1919-1927. Т. IV. Победа новой Турции: 1921-1927　Мустафа Кемаль

М.: Соцэкгиз, 1934. 571 с.

1919—1927 年新土耳其之路（第 4 卷）：新土耳其的胜利（1921—1927）　穆斯塔法·凯末尔

莫斯科：国家社会经济书籍出版社，1934，571 页

2998

Рабочая печать в Сибири: Исторический очерк　Ф. Г. Виноградов

Омск: Издание омского общества краеведения, 1927. 95 с.

西伯利亚工人刊物：历史纲要　Ф.Г. 维诺格拉多夫

鄂木斯克：鄂木斯克地方志协会出版，1927，95 页

2999

Рабоче-крестьянский календарь на 1924 г.

Петроград: Издательство «Московский рабочий», 1924. 152 с.

1924 年工农大事记

彼得格勒：莫斯科工人出版社，1924，152 页

3000

Разгром Деникина: 1919　А. И. Егоров

М.: Государственное военное изд-во, 1931. 229 с.

邓尼金的溃败：1919　А.И. 叶戈罗夫

莫斯科：国家军事出版社，1931，229 页

3001

Разложение родового строя у племен северного Алтая: Материальное производство　Л. П. Потапов

М.: Гос. изд-во социально-экономическое, 1935. 120 с.

北阿尔泰部落氏族制度的瓦解：物质生产　Л.П. 波塔波夫

莫斯科：国家社会经济出版社，1935，120 页

3002

Районирование СССР: Сборник материалов по районированию с 1917 по 1925 год　Под ред. К. Д. Егорова

М.: Плановое хозяйство, 1926. 307 с.

苏联区划：1917—1925 年区划资料汇编　К.Д. 叶戈罗夫编

莫斯科：国家计划经济书籍出版社，1926，307 页

3003

Районированная Сибирь: Краткий культурно-экономический очерк округов　В. Г. Болдырев, П. А. Гуринович

Новониколаевск: Сибкрайиздат, 1926. 46 с.

西伯利亚区划：各区文化经济概况　В.Г. 博尔德列夫、П.А. 古里诺维奇

新尼古拉耶夫斯克：西伯利亚边疆区出版社，1926，46 页

3004

Районированный Дальне-Восточный край: Культурно-экономический очерк　А. Н. Лагутин

Владивосток: Книжное дело, 1926. 46 с.

远东边疆区区划：文化经济概况　А.Н. 拉库金

符拉迪沃斯托克：图书业出版社，1926，46 页

3005

Революционная Монголия　А. Каллиников

М.: Государственное изд-во, 1923. 96 с.

革命的蒙古　А. 卡林尼科夫

莫斯科：国家出版社，1923，96 页

3006

Революционная Москва: 1888-1905　С. И. Мицкевич

М.: Гослитиздат, 1940. 487 с.

革命的莫斯科：1888—1905　С.И. 米茨克维奇

莫斯科：国家文艺书籍出版社，1940，487 页

3007

Революционный период русской истории (1861-1881 гг.): Исторические очерки. Час. 2　Б. Б. Глинский

С.-Петербург: Новое время, 1913. 554 с.

俄国历史的革命时期（1861—1881 年）：史学概论（第 2 部分）　Б.Б. 格林斯基

圣彼得堡：新时代出版社，1913，554 页（古）

3008

Река Зея: Приток реки Амура　Сост. А. И. Фидман

С.-Петербург: Типография Министерства путей сообщения, 1914. 157 с.

结雅河：阿穆尔河支流　А.И. 菲德曼编

圣彼得堡：交通部印刷厂，1914，157 页（古）

3009

Речь на XVIII съезде ВКП(б): 13 марта 1939 г.　К. Е. Ворошилов

М.: Госполитиздат, 1939. 39 с.

联共（布）第十八次代表大会上的讲话（1939 年 3 月 13 日）　К.Е. 伏罗希洛夫

莫斯科：国家政治书籍出版社，1939，39 页

3010

Российско-американская компания　С. Б. Окунь

М.: Соцэкгиз, 1939. 259 с.

俄美公司　С.Б. 奥昆

莫斯科：国家社会经济书籍出版社，1939，259 页

3011

Россия в царствование Ивана Грозного

М.: Госполитиздат, 1939. 55 с.

伊凡雷帝时期的俄国

莫斯科：国家政治书籍出版社，1939，55 页

3012

Россия и Германия: В их взаимных отношениях　Н. В. Бочкарев

М.: [Б. и.], 1914. 67 с.

俄国和德国：两国相互关系　Н.В. 博奇卡廖夫

莫斯科：[不详]，1914，67 页（古）

3013

Россия и запад: Исторические сборники. 1　Под ред. А. И. Заозерского

Петербург: ACADEMIA, 1923. 212 с.

俄罗斯与西方（历史文集）：第 1 卷　А.И. 藻泽尔斯基编

彼得堡：科学院出版社，1923，212 页

3014

Россия и Русские. Т. 1. Воспоминания изгнанника Николай Тургенев; Пер. Н. И. Соболевского

М.: Книгоиздательство, 1915. 384 с.

俄国与俄国人（第 1 卷）：流放犯回忆录 尼古拉·屠格涅夫著，Н.И. 索博列夫斯基译

莫斯科：图书出版社，1915，384 页（古）

3015

Россия под скипетром Романовых: Очерки из русской истории за время с 1613 по 1913 год Под ред. П. Н. Жуковича

С-Петербург: Государственная типография, 1912. 320 с.

罗曼诺夫家族统治下的俄国：1613—1913 年俄国史纲 П.Н. 茹科维奇编

圣彼得堡：国家印刷厂，1912，320 页（古）

3016

Россия: Полное географическое описание нашего отечества. Том 19. Туркестанский край Под ред. В. П. Семенова-Тянь-Шанского; Сост. В. И. Масальский

С.-Петербург: Издание А. Ф. Девриена, 1913. 861 с.

俄国：祖国地理全描述（第 19 卷）：突厥斯坦边疆区 В.П. 谢苗诺夫 – 天山斯基主编，В.И. 马萨利斯基编

圣彼得堡：А.Ф. 杰夫里延出版，1913，861 页（古）

3017

Ростопчин и Кутузов: Россия в 1812 году И. Шницлер

С.-Петербург: Типография «Лучь», 1912. 235 с.

罗斯托普钦和库图佐夫：1812 年的俄国 И. 施尼茨勒

圣彼得堡：光辉印刷厂，1912，235 页（古）

3018

Румыния К. К. Перский

Петроград: Мысль, 1934. 175 с.

罗马尼亚 К.К. 佩尔斯基

彼得格勒：思想出版社，1934，175 页

3019

Русская история в жизнеописаниях её главнейших деятелей. Том 2. Господство дома Романовых до вступления на престол Екатерины II Н. И. Костомаров

Петроград: Изд. П. П. Сойкина, 1915. 408 с.

重要历史人物传记中的俄国历史（第 2 卷）：叶卡捷琳娜二世登基前罗曼诺夫王朝的统治 Н.И. 科斯托马罗夫

彼得格勒：П.П. 索伊金出版社，1915，408 页（古）

3020

Русская история в жизнеописаниях ей главнейших деятелей. Книга 3. Господство Дома Романовых до вступления на престол Екатерины II: XVIII-ое столетие Н. И. Костомаров

С.-Петербург: Издание Литературного Фонда, 1913. 570 с.

重要历史人物传记中的俄国历史（第 3 卷）：叶卡捷琳娜二世登基前罗曼诺夫王朝的统治：18 世纪 Н.И. 科斯托马罗夫

圣彼得堡：文学基金会出版，1913，570 页（古）

3021

Русская история в самом сжатом очерке: Утвержден коллегией наркомпроса РСФСР как учебник для средней школы М. Н. Покровский

М.: Партийное изд-во, 1933. 544 с.

俄罗斯简史：俄罗斯苏维埃联邦社会主义共和国教育人民委员部委员会批准的中学教科书 М.Н. 波克罗夫斯基

莫斯科：联共（布）中央委员会党的出版社，1933，544 页

3022

Русская история в сравнительно-историческом освещении. Т. 5 . Конец дворянской революции в России Н. А. Рожков

М.: Книга, 1928. 274 с.

历史比较分析视角下的俄国史（第 5 卷）：俄国贵族革命的终结 Н.А. 罗日科夫

莫斯科：书籍出版社，1928，274 页

3023

Русская история в сравнительно-историческом освещении: Основы социальной динамики. Т. 11. Производственный капитализм и революцион-ное движение в России второй половины XIX и начала XX века Н. А. Рожков

М.: Книга, 1925. 406 с.

历史比较分析视角下的俄国历史: 社会基本进程（第11 卷）: 19 世纪下半叶和 20 世纪初俄国的资本主义生产和革命运动 Н.А. 罗日科夫

莫斯科: 书籍出版社, 1925, 406 页

3024

Русская история в сравнительно-историческом освещении: Основы социальной динамики. Т. 3. Падение феодализма Н. А. Рожков

М.: Книга, 1928. 372 с.

历史比较分析视角下的俄国历史: 社会基本进程（第3 卷）: 封建主义的瓦解 Н.А. 罗日科夫

莫斯科: 书籍出版社, 1928, 372 页

3025

Русская история в сравнительно-историческом освещении: Основы социальной динамики. Т. 7. Старый порядок: Господство дворянства Н. А. Рожков

М.: Книга, 1928. 273 с.

历史比较分析视角下的俄国历史: 社会基本进程（第7 卷）: 旧制度（贵族统治） Н.А. 罗日科夫

莫斯科: 书籍出版社, 1928, 273 页

3026

Русская история в сравнительно-историческом освещении: Основы социальной динамики. Т. 9. Производственный (аграрный и промышлен-ный) капитализм в западной Европе и внеевро-пейских странах Н. А. Рожков

М.: Книга, 1924. 370 с.

历史比较分析视角下的俄国历史: 社会基本进程（第9 卷）: 西欧和非欧洲国家的资本主义生产（农业和工业资本主义） Н.А. 罗日科夫

莫斯科: 书籍出版社, 1924, 370 页

3027

Русская история с древнейших времен. Т. 7 М. Н. Покровский

М.: Государственное изд-во, 1924. 371 с.

远古以来的俄国史（第 7 卷） М.Н. 波克罗夫斯基

莫斯科: 国家出版社, 1924, 371 页

3028

Русская история с древнейших времен. Т. III М. Н. Покровский

М.: Государственное изд-во, 1924. 307 с.

远古以来的俄国史（第 3 卷） М.Н. 波克罗夫斯基

莫斯科: 国家出版社, 1924, 307 页

3029

Русская история с древнейших времен. Т. IV М. Н. Покровский

М.: Издание т-ва «Мир», 1912. 336 с.

远古以来的俄国史（第 4 卷） М.Н. 波克罗夫斯基

莫斯科: 和平出版社, 1912, 336 页（古）

3030

Русские сатирические журналы XVIII века: Из-бранные статьи и заметки: Учеб. пособия для высших учебных заведений Сост. Л. Б. Лехтблау

М.: Учпедгиз, 1940. 350 с.

18 世纪俄国讽刺杂志: 文选和札记（高等学校参考书） Л.Б. 列赫特布拉乌编

莫斯科: 国家教育出版社, 1940, 350 页

3031

Русский быт по воспоминаниям современников XVIII век. Ч. II. От Петра до Павла I Сост. П. Е. Мельгуновой, К. В. Сивковым и Н. П. Сидоровым

М.: Задруга, 1918. 314 с.

18 世纪同时代人记忆中的俄国生活（第 2 部分）: 从彼得大帝到保罗一世 П.Е. 梅利古诺娃、К.В. 西夫科夫、Н.П. 西多罗夫编

莫斯科: 农业生产合作社出版社, 1918, 314 页（古）

3032

Русский быт по воспоминаниям современников. XVIII век. Время Екатерины II: Сборник от-

рывков из записок, воспоминаний и писем. Ч.
II Сост. П. Е. Мельгуновой, К. В. Сивковым, Н. П.
Сидоровым

М.: Тип. «Полиграфическое искусство», 1923. 260 с.

同时代人记忆中的俄国生活（18 世纪叶卡捷琳娜二
世时期）：日记、回忆录、书信节选集（第 2 部分） П.
Е. 梅里古诺娃、К.В. 西夫科夫、Н.П. 西多罗夫编

莫斯科：印刷艺术印刷厂，1923，260 页

3033
**Русский быт по воспоминаниям современников:
XVIII век** Сост. П. Е. Мельгуновой, К. В. Сивко-
вым и Н. П. Сидоровым

М.: Задруга, 1922. 234 с.

同代人记忆中的俄国生活（18 世纪） П.Е. 梅利古
诺夫、К.В. 西夫科夫、Н.П. 西多罗夫编

莫斯科：农业生产合作社出版社，1922，234 页

3034
Русский быт: Очерки

Петроград: Жизни для всех, 1914. 86 с.

俄国日常生活纪事

彼得格勒：大众生活出版社，1914，86 页（古）

3035
**С. М. Киров: Материалы к биографии: 1886-
1934** М. Москалев

М.: Партиздат ЦК ВКП(б), 1934. 109 с.

С.М. 基洛夫：生平资料（1886—1934） М. 莫斯
卡廖夫

莫斯科：联共（布）中央委员会党的出版社，1934，
109 页

3036
Сахалин: Путевые записки этнографа Лев Ал-
патов

М.: Федерация, 1930. 163 с.

萨哈林：民族学家游记 列夫·阿尔帕托夫

莫斯科：联邦出版社，1930，163 页

3037
**Сахалин: Сборник статей о прошлом и настоя-
щем** Под ред. Д. Григорьева

Сахалин: Типография при канцелярии Сахалинского

Губернатора, 1913. 90 с.

萨哈林：过去和现在（文集） Д. 格里戈里耶夫编

萨哈林：萨哈林总督公署印刷厂，1913，90 页（古）

3038
**Сахалин: Сборник статей: По современным во-
просам Сахалинской области**

О. Сахалин: Типография при Канцелярии Сахалинского губернатора, 1912. 94 с.

萨哈林：关于萨哈林州当前问题的文集

萨哈林岛：萨哈林总督公署印刷厂，1912，94 页
（古）

3039
**Сборник географических, топографических и
статистических материалов по Азии. Вып. 85**

С.-Петербург: Изд. отдела генерал-квартирмейстера,
1912. 228 с.

亚洲地理、地形和统计资料集（第 85 卷）

圣彼得堡：军务总监处出版社，1912，228 页（古）

3040
**Сборник географических, топографических
и статистических материалов по Азии. Вып.
LXXXVI**

С.-Петербург: Изд. отдела генерал-квартирмейстера,
1913. 374 с.

亚洲地理、地形和统计资料集（第 86 卷）

圣彼得堡：军务总监处出版社，1913，374 页（古）

3041
**Сборник дипламатических документов: Перего-
воры от 10 до 24 июля 1914 г.**

С.-Петербург: Государственная типография, 1914.
60 с.

外交文件汇编：1914 年 7 月 10—24 日谈判

圣彼得堡：国家印刷厂，1914，60 页（古）

3042
**Сборник дипломатических документов, касаю-
щих событий в Персии. Выпуск VI (с 1 января по
30 июня 1911 г.)**

С.-Петербург: Государственная типография, 1913.
433 с.

波斯事件相关外交文件汇编（第 6 册）（1911 年 1
月 1 日—6 月 30 日）
圣彼得堡：国家印刷厂，1913，433 页（古）

3043

**Сборник дипломатических документов, касающихся событий в Персии. Выпуск IV (с 1 января
по 30 июня 1910 г.)**
С.-Петербург: Военная типография (в здании Главного Штаба), 1912. 255 с.
波斯事件相关外交文件汇编（第 4 册）（1910 年 1
月 1 日—6 月 30 日）
圣彼得堡：军事印刷厂（总参谋部大厦内），1912，
255 页（古）

3044

**Сборник дипломатических документов: Реформы в Армении. 26 ноября 1912 года-10 мая 1914
года**
Петроград: Государственная типография, 1915. 294
с.
外交文件汇编：亚美尼亚改革（1912 年 11 月 26 日—
1914 年 5 月 10 日）
彼得格勒：国家印刷厂，1915，294 页（古）

3045

**Сборник статистико-экономических сведений по
Амурской области**
Благовещенск: [Б. и.], 1917. 174 с.
阿穆尔州经济统计资料汇编
布拉戈维申斯克：[不详]，1917，174 页（古）

3046

**Сборники документов по международной политике и международному праву. Вып. IV. Лозаннские соглашения. Женевская конференция
по разоружению. Признание Маньчжоу-ГО и
др.** Под ред. К. В. Антонова
М.: Издание Народного комиссариата по иностранным делам, 1933. 191 с.
国际政治与国际法文件汇编（第 4 卷）：洛桑协定、
日内瓦裁军会议、承认满洲国等 К.В. 安东诺夫编
莫斯科：外交人民委员部出版，1933，191 页

3047

Северная Азия Вл. Виленский-Сибиряков
М.: [Б. и.], 1925. 23 с.
北亚 Вл. 维连斯基 – 西比里亚科夫
莫斯科：[不详]，1925，23 页

3048

**Северо-Американские Соединенные Штаты и
Россия** Н. А. Бородин
Петербург: Якорь, 1915. 324 с.
北美合众国与俄国 Н.А. 博罗金
彼得堡：锚出版社，1915，324 页（古）

3049

Секретное поручение: Путешествие в Урянхай С. Р. Минцлов
Рига: Сибирское книгоиздательство, [1915]. 276 с.
秘密任务：乌梁海之行 С.Р. 明茨洛夫
里加：西伯利亚图书出版社，[1915]，276 页（古）

3050

**Сергей Миронович Киров: 1886-1934: Краткий
биографический очерк**
М.: Госполитиздат, 1939. 127 с.
谢尔盖·米罗诺维奇·基洛夫（1886—1934）：生
平简介
莫斯科：国家政治书籍出版社，1939，127 页

3051

Сибиреведение. № 1 и 2
Новосибирск: [Б. и.], 1930. 41 с.
西伯利亚学（第 1 和第 2 期）
新西伯利亚：[不详]，1930，41 页

3052

**Сибирская живая старина: Этнографический
сборник** Г. С. Виноградов [и др.]
Иркутск: Вост. Сиб. отд. Русского геогр. о-ва, 1923.
178 с.
鲜明的西伯利亚古风：民族学文集 Г.С. 维诺格拉
多夫等
伊尔库茨克：俄罗斯地理学会东西伯利亚分会，1923，
178 页

3053
Сибирский Архив: Журнал истории, археологии, географии и этнографии Сибири, Средней Азии и Дальнего Востока. № 1-12
Минусинск: Типография А. Ф. Метелкина, 1914. 569 с.
西伯利亚档案：西伯利亚、中亚和远东历史、考古、地理和民族学杂志（第 1—12 期）
米努辛斯克：А.Ф. 梅捷尔金印刷厂，1914，569 页（古）

3054
Сибирский Архив: Журнал истории, археологии, географии и этнографии Сибири, Средней Азии и Дальнего Востока. № 1
Иркутск: Типография Т-ва М. П. Окунев и Ко, 1912. 556 с.
西伯利亚档案：西伯利亚、中亚和远东历史、考古、地理和民族学杂志（第 1 期）
伊尔库茨克：М.П. 奥古涅夫股份公司印刷厂，1912，556 页（古）

3055
Сибирь в 1923-24 году Под ред. В. М. Лаврова
Новониколаевск: Издание Сибревкома, 1925. 266 с.
1923—1924 年的西伯利亚 В.М. 拉夫罗夫编
新尼古拉耶夫斯克：西伯利亚革命委员会出版，1925，266 页

3056
Сибирь в известиях западно-европейских путешественников и писателей = Sibirien nach den berichten der westeuropaischen reisenden und schriftsteller. Том I. XIII-XVII в.в. М. П. Алексеев
Иркутск: Крайгиз, 1932. 368 с.
西欧旅行者和作家西伯利亚见闻记（第 1 卷）：13—17 世纪 М.П. 阿列克谢耶夫
伊尔库茨克：边疆区国家出版社，1932，368 页

3057
Сибирь в известиях западно-европейских путешественников и писателей: Введение, тексты и комментарии. Т. I. 2-я половина XVII века М. П.

Алексеев
Иркутск: Крайгиз, 1936. 151 с.
西欧旅行者和作家西伯利亚见闻记：引言、正文和注释（第 1 卷）：17 世纪下半叶 М.П. 阿列克谢耶夫
伊尔库茨克：国家边疆区出版社，1936，151 页

3058
Сибирь в известиях западно-европейских путешественников и писателей: Введение, тексты и комментарий: XIII-XVII в.в. М. П. Алексеев
Иркутск: Иркутское областное изд-во, 1941. 610 с.
西欧旅行者和作家西伯利亚见闻记：引言、正文和注释（13—17 世纪） М.П. 阿列克谢耶夫
伊尔库茨克：伊尔库茨克州立出版社，1941，610 页

3059
Сиогун и сеий Тайсиогун. Бакуфу = 幕府将军和征夷大将军: Лингвистический и исторический очерк В. М. Мендрин
Владивосток: Издание и печать Восточного института, 1916. 198 с.
幕府将军和征夷大将军：语言学和历史学概述 В. М. 门德林
符拉迪沃斯托克：东方学院出版印刷，1916，198 页（古）

3060
Сказания Иностранцев о Московском государстве В. Ключевский
Петроград: [Б. и.], 1918. 333 с.
外国人关于莫斯科公国的传说 В. 克柳切夫斯基
彼得格勒：[不详]，1918，333 页（古）

3061
Сказания иностранцев о русской армии в войну 1904-1905 г.г. Издание Князя Абамелек-Лазарева
С.-Петербург: Типография «Родник», 1912. 301 с.
外国人关于 1904—1905 年战争中俄国军队的故事 阿巴梅列克 – 拉扎列夫公爵出版物
圣彼得堡：泉水印刷厂，1912，301 页（古）

3062
Сказяния о русской земле. Часть 2 . От разделе-
ния власти на Руси при сыновьях Ярослава Му-
дрого до конца великого княжения Дмитрия Ио-
анновича Донского Сост. Александр Нечволодов
С.-Петербург: Государственная типография, 1913.
487 с.
俄国大地的传说（第2部分）: 从智者雅罗斯拉夫的
子孙划分罗斯政权到德米特里·约安诺维奇·顿斯
科伊大公统治末期 亚历山大·涅奇沃洛多夫编
圣彼得堡：国家印刷厂，1913，487 页（古）

3063
Скандинавия М. Ефимов
М.: Госполитиздат, 1940. 69 с.
斯堪的纳维亚 М. 叶菲莫夫
莫斯科：国家政治书籍出版社，1940，69 页

3064
Скрябин: Опыт характеристики Игорь Глебов
Петербург: Светозар, 1923. 50 с.
斯克里亚宾：描写的经验 伊戈尔·格列博夫
彼得堡：斯韦托扎尔出版社，1923，50 页

3065
Славянское горе Александр Амфитеатров
М.: Московское книгоиздательство, 1912. 285 с.
斯拉夫人的苦难 亚历山大·阿姆菲捷阿特罗夫
莫斯科：莫斯科图书出版社，1912，285 页（古）

3066
Смутное время в Московском государстве Ред.
В. Н. Бочкарева, Ю. В. Готье, В. И. Пичета
М.: Задруга, 1913. 284 с.
莫斯科公国混乱时期 В.Н. 博奇卡廖夫、Ю.В. 戈
季耶、В.И. 皮切塔编
莫斯科：农业生产合作社出版社，1913，284 页
（古）

3067
Советская Россия и капиталистическая Англия:
От эпохи царизма до правительства Чемберлена-
Болдуина 1925 г. Мих. Павлович
М.: Прометей, 1925. 202 с.
苏维埃俄国和资本主义英国：从沙皇制度时代到
1925 年张伯伦－鲍德温政府 Мих. 帕夫洛维奇
莫斯科：普罗米修斯出版社，1925，202 页

3068
Советская Россия и Польша
М.: Издание Народного комиссариата по иностранным делам, 1921. 118 с.
苏俄与波兰
莫斯科：外交人民委员部出版，1921，118 页

3069
Советская Тунгусия: Эвенкийский националь-
ный округ Восточносибирского края А. П. Ку-
рилович и Н. П. Наумов
М.: Государственное изд-во «Стандартизация и рационализация», 1934. 179 с.
苏联通古斯：东西伯利亚边疆区埃文基民族州 А.
П. 库里洛维奇、Н.П. 瑙莫夫
莫斯科：国家标准化与合理化出版社，1934，179
页

3070
Советская Якутия Г. Г. Колесов, С. Г. Потапов
М.: Соцэкгиз, 1937. 338 с.
苏联雅库特 Г.Г. 科列索夫、С.Г. 波塔波夫
莫斯科：国家社会经济书籍出版社，1937，338 页

3071
Советский календарь на 1919 год
М.: Изд-во всероссийского центрального исполнительного комитета, 1919. 215 с.
1919 年苏联日历
莫斯科：全俄中央执行委员会出版社，1919，215
页

3072
Советский Союз и Берлинский вопрос: Докумен-
ты. Вып. 2
М.: Госполитиздат, 1949. 100 с.
苏联和柏林问题：文件（第2卷）
莫斯科：国家政治书籍出版社，1949，100 页

3073

Советское востоковедение. I [Отв. ред. А. П. Баранников]

М.: Изд-во Академии наук СССР, 1940. 267 с.

苏联东方学（第 1 卷） [А.П. 巴兰尼科夫编]

莫斯科：苏联科学院出版社，1940，267 页

3074

Советское Забайкалье

Чита: Изд-во «Забайкальский рабочий», 1940. 167 с.

苏联外贝加尔

赤塔：外贝加尔工人出版社，1940，167 页

3075

Современная Индия. Часть II. Туземная политика Ж. Шейэ; Пер. М. А. Брагинского

Спб.: Изд. «Брокгауз-Ефрон», 1913. 412 с.

当代印度（第 2 部分 ）: 土著政策 Ж. 夏伊著，М.А. 布拉金斯基译

圣彼得堡：布罗克豪斯 – 叶夫龙出版社，1913，412 页（古）

3076

Современная Монголия: Отчет Монгольской экспедиции, снаряженной Иркутской Конторой Всероссийского центрального Союза потребительных обществ «Центросоюз» И. Майский

Иркутск: Иркутское отделение, 1921. 326 с.

现代蒙古：全俄消费者协会中央联合会伊尔库茨克办事处装备的蒙古考察队报告 И. 迈斯基

伊尔库茨克：伊尔库茨克分社，1921，326 页

3077

Современная Япония. Сборник 2 Под ред. П. Мифа и Г. Войтинского

М.: Издание института МХ и МП, 1934. 229 с.

现代日本（资料汇编第 2 册 ） П. 米夫、Г. 沃伊京斯基编

莫斯科：世界经济与国际政治研究所出版，1934，229 页

3078

Современная Япония: Экономическо-географический обзор по новейшим японским источникам Т. С. Юр-

кевич

Владивосток: [Б. и.], 1925. 191 с.

现代日本：基于最新日本资料的经济地理概论 Т. С. 尤尔克维奇

符拉迪沃斯托克：[不详]，1925，191 页

3079

Современное хозяйство города Москвы: Издание Московского городского управления Под ред. И. А. Вернера

М.: Городская типография, 1913. 635 с.

当前莫斯科的经济状况：莫斯科市管理局出版物 И. А. 韦尔纳编

莫斯科：市印刷厂，1913，635 页（古）

3080

Современный Китай Жан Род; Пер. М. А. Брагинского

Спб.: Изд. «Брокгауз-Ефрон», 1912. 294 с.

当代中国 让·罗德著，М.А. 布拉金斯基译

圣彼得堡：布罗克豪斯 – 叶夫龙出版社，1912，294 页（古）

3081

Социально-экономические изменения в деревне: Мелитопольский: 1885-1938 гг. А. Е. Арина, Г. Г. Котов, К. В. Лосева

М.: Сельхозгиз, 1939. 406 с.

农村社会经济变迁：麦里托波尔（1885—1938 年 ） А. Е. 阿林娜、Г.Г. 科托夫、К.В. 洛谢娃

莫斯科：国家农业书籍出版社，1939，406 页

3082

Справочная книжка по Амурскому переселенческому району на 1912 год

С.-Петербург: Изд. Переселенческого управления Г. У. З. и З., 1912. 56 с.

1912 年阿穆尔移民区参考手册

圣彼得堡：土地规划与耕作管理总局移民局出版社，1912，56 页（古）

3083

СССР и империалистическое окружение. Книга 1 Л. Иванов

M.: Из-во коммунистической академии, 1928. 154 с.

苏联和帝国主义的包围（第 1 册） Л. 伊万诺夫

莫斯科：共产主义学院出版社，1928，154 页

3084

CCCP по районам: Северо-восточная область Сост. М. И. Ивановский

M.: Государственное изд-во, 1926. 98 с.

苏联区划：东北地区   М.И. 伊万诺夫斯基编

莫斯科：国家出版社，1926，98 页

3085

Старинные люди у холодного океана: Русское устье Якутской области Верхоянского округа В. М. Зензинов

M.: Типография П. П. Рябушинского, 1914. 133 с.

北冰洋沿岸的老住户：上扬斯克区雅库茨克州俄罗斯河口 В.М. 津济诺夫

莫斯科：П.П.里亚布申斯基印刷厂，1914，133 页（古）

3086

Статистико-географический и экономический очерк Кореи, ныне японского генерал-губернаторства Циосен. Часть I, Статистико-географический очерк Кореи Н. В. Кюнер

Владивосток: Изд-во и печать Восточного института, 1912. 698 с.

朝鲜（现日本总督管辖区）地理和经济统计概要（第 1 部分）：朝鲜地理统计概要   Н.В. 屈纳

符拉迪沃斯托克：东方学院出版社，1912，698 页（古）

3087

Статистические данные, показывающий племенной состав населения Сибири, язык и роды инородцев: На основании данных специальной разработки материала переписи 1897 г. Том III. Иркутская губ, Амурская, Якутская, Приморская обл. и о. Сахалин С. Патканов

С.-Петербург: Тип. «Ш. Буссель», 1912. 999 с.

西伯利亚居民的部落结构、异族人语言和原籍统计资料：基于 1897 年普查资料专门处理数据（第 3 卷）：伊尔库茨克省、阿穆尔州、雅库茨克州、滨海州和萨哈林岛   С. 帕特卡诺夫

圣彼得堡：Ш. 布塞尔印刷厂，1912，999 页（古）

3088

Стенографический отчет пятого пленума Даль-крайисполкома второго созыва: 25-29 октября 1928 г.

Хабаровск: [Б. и.], 1928. 226 с.

第二届远东边疆区执行委员会第五次全体会议速记报告（1928 年 10 月 25—29 日）

哈巴罗夫斯克：[不详]，1928，226 页

3089

Страна социализма: Календарь на 1940 год

M.: Соцэкгиз, 1940. 648 с.

社会主义国家：1940 年大事记

莫斯科：国家社会经济书籍出版社，1940，648 页

3090

Страны Востока: Экономический справочник. II. Средний Восток Под ред. В. Петрина

M.: Соцэкгиз, 1936. 400 с.

东方国家经济手册（第 2 册）：中东   В. 彼得林编

莫斯科：国家社会经济书籍出版社，1936，400 页

3091

Страны заповедные Э. К. Пименова

M.: Книга, 1928. 191 с.

实行自然保护区政策的国家   Э.К. 皮缅诺娃

莫斯科：书籍出版社，1928，191 页

3092

Страны Литинской Америки Под ред. Ф. Н. Петрова

M.: Советская энциклопедия, 1949. 959 с.

拉丁美洲国家   Ф.Н. 彼得罗夫编

莫斯科：苏联百科全书出版社，1949，959 页

3093

Съезды советов всероссийские и Союза ССР: В постановлениях и резолюциях Ред. А. Алымов [и др.]

M.: Власть советов, 1935. 528 с.

全俄和苏联苏维埃代表大会：决定和决议   А. 阿雷莫夫等编

莫斯科：苏维埃政权出版社，1935，528 页

3094

Съезды советов РСФСР: В постановлениях и резолюциях　Под ред. А. Я. Вышинского

М.: Изд-во «Ведомостей верховного совета РСФСР», 1939. 540 с.

俄罗斯苏维埃联邦社会主义共和国苏维埃代表大会：决定和决议　А.Я. 维辛斯基编

莫斯科：俄罗斯苏维埃联邦社会主义共和国最高苏维埃公报出版社，1939，540 页

3095

Сырье и война　А. Шпирт

М.: Госполитиздат, 1940. 56 с.

原料与战争　А. 施皮尔特

莫斯科：国家政治书籍出版社，1940，56 页

3096

Тавгийцы: Материалы по этнографии авамских и ведеевских тавгийцев　А. А. Попов

М.: Изд. АН СССР, 1936. 111 с.

塔夫吉人：阿瓦姆河和韦捷雅河塔夫吉人民族学资料集　А.А. 波波夫

莫斯科：苏联科学院出版社，1936，111 页

3097

Таджикистан　В. М. Бардиер

Сталинабад: Гос. изд-во Таджикистана, 1939. 102 с.

塔吉克斯坦　В.М. 巴尔季耶尔

斯大林纳巴德：塔吉克斯坦国家出版社，1939，102 页

3098

Тайны Тибета　Э. К. Пименова

Л.: Изд-во Брокгауз-Ефрон, 1929. 159 с.

西藏的秘密　Э.К. 皮缅诺娃

列宁格勒：布罗克豪斯 – 叶夫龙出版社，1929，159 页

3099

Тибет и Далай-Лама　П. К. Козлов

Петербург: [15-ая гос. типография], 1920. 95 с.

西藏和达赖喇嘛　П.К. 科兹罗夫

彼得堡：[国营第十五印刷厂]，1920，95 页

3100

Третья сессия верховного совета РСФСР: 28 мая-2 июля 1940 г. : Стенографический отчет

[Б. м.]: Изд. верховного совета РСФСР, 1940. 615 с.

俄罗斯苏维埃联邦社会主义共和国最高苏维埃第三次会议（1940 年 5 月 28 日至 7 月 2 日）：速记报告

[不详]：俄罗斯苏维埃联邦社会主义共和国最高苏维埃出版社，1940，615 页

3101

Третья экскурсия по восточной Персии: Хорасан, Сеистан и Персидский Белуджистан: 1900-1901 гг.　Н. Зарудный

Петроград: Типография М. М. Стасюлевича, 1916. 448 с.

波斯东部的第三次旅行：呼罗珊省、锡斯坦省和波斯俾路支省（1900—1901 年）　Н. 扎鲁德内

彼得格勒：М.М. 斯塔休列维奇印刷厂，1916，448 页（古）

3102

Три века: Россия от смуты до нашего времени. Т. VI　Под ред. В. В. Каллаша

М.: Излание Т-ва И. Д. Сытина, 1913. 332 с.

三个世纪：从混乱时期至今的俄国（第 6 卷）　В.В. 卡拉什编

莫斯科：И.Д. 瑟京出版社，1913，332 页（古）

3103

Три года за полярным кругом: Очерки научных экспедиций в центральную Лапландию 1920-1922 годов　А. Е. Ферсман

М.: Молодая гвардия, 1924. 78 с.

在北极圈的三年：1920—1922 年拉普兰中部科学考察随笔　А.Е. 费斯曼

莫斯科：青年近卫军出版社，1924，78 页

3104

Туркестан　Гейер

[Б. м.]: [Б. и.], 1939. 380 с.

突厥斯坦　盖尔

[不详]：[不详]，1939，380 页（古）

3105
Туркестан: География и история края Составил М. В. Лавров
М.: Издание торгового дома «Думнов, Клочков, Луковников и К-о», 1914. 198 с.
突厥斯坦：边区地理和历史 М.В. 拉夫罗夫编
莫斯科：杜姆诺夫、克洛奇科夫、卢科夫尼科夫股份出版社，1914，198 页（古）

3106
Туркестан-Колония: Очерк истории колониальной политики русского царизма в Средней Азии П. Г. Галузо
Ташкент: Государственное изд-во УзССР, 1935. 222 с.
殖民地突厥斯坦：沙俄中亚殖民政策史纲 П.Г. 加卢佐
塔什干：乌兹别克苏维埃社会主义共和国国家出版社，1935，222 页

3107
Туркменская ССР Н. Струдзюмов
М.: Соцэкгиз, 1940. 86 с.
土库曼苏维埃社会主义共和国 Н. 斯特鲁久莫夫
莫斯科：国家社会经济书籍出版社，1940，86 页

3108
Убийство Гапона: Записки П. М. Рутенберг
Л.: Былое, 1925. 152 с.
杀害加蓬：记录 П.М.鲁滕堡
列宁格勒：往事出版社，1925，152 页

3109
Убийство царской семьи и членов дома Романовых на Урале. Ч. I М. К. Дитерихс
Владивосток: [Типография военной академии], 1922. 441 с.
在乌拉尔杀害皇室和罗曼诺夫家族成员（第 1 部分） М.К. 季捷里赫斯
符拉迪沃斯托克：[军事科学院印刷厂]，1922，441 页

3110
Убийство царской семьи и членов дома Романо-

вых на Урале. Ч. II. Материалы и мысли** М. К. Дитерихс
Владивосток: [Типография военной академии], 1922. 232 с.
在乌拉尔杀害皇室和罗曼诺夫家族成员（第 2 部分）：资料与思考 М.К. 季捷里赫斯
符拉迪沃斯托克：[军事科学院印刷厂]，1922，232 页

3111
Удар по Колчаку весной 1919 г. Ф. Огородников
М.: Воениздат, 1938. 316 с.
1919 年春攻击高尔察克 Ф. 奥格罗德尼科夫
莫斯科：军事出版社，1938，316 页

3112
Указатель к истории России с древнейших времен Сергей Михайлович Соловьев
С.-Петербург: Издание высочайше утвержденного товарищества «Общественная Польза», [1920]. 615 стлб.
远古以来的俄国史索引 谢尔盖·米哈伊洛维奇·索洛维约夫
圣彼得堡：公益协会出版，[1920]，615 条

3113
Украинский вопрос Мих. Грушевский
М.: Изд. т-ва «Родная речь», 1917. 66 с.
乌克兰问题 Мих. 格鲁舍夫斯基
莫斯科：祖国语言出版社，1917，66 页（古）

3114
Украинский народ в его прошлом и настоящем. Т. 1 Под ред. Ф. К. Волкова [и др.]
Петроград: Типография Т-ва «Общественная Польза», 1914. 360 с.
乌克兰民族的过去和现在（第 1 卷） Ф.К. 沃尔科夫等编
彼得格勒：公益印刷厂，1914，360 页（古）

3115
Украинский народ в его прошлом и настоящем. Т. 2 Под ред. Ф. К. Волкова [и др.]
Петроград: Типография Т-ва «Общественная Поль-

за», 1916. 707 с.

乌克兰民族的过去和现在（第 2 卷） Ф.К. 沃尔科夫等编

彼得格勒：公益印刷厂，1916，707 页（古）

3116

Устав внутренней службы РККА 1937: УВС-37

М.: Воениздат, 1938. 131 с.

1937 年工农红军内务条令：УВС-37

莫斯科：军事出版社，1938，131 页

3117

Ученая экспедиция в Бухару: в 1841-1842 гг. М. М. Соловьев

М.: Изд-во Акдемии Наук СССР, 1936. 216 с.

布哈尔科学考察（1841—1842 年） М.М. 索洛维约夫

莫斯科：苏联科学院出版社，1936，216 页

3118

Ученые записки историко-филологического фа-культета в г. Владивостоке. Т. I. 1919 г. Под ред. С. М. Широкогорова

Владивосток: Типография областной земской упра-вы, 1919. 155 с.

符拉迪沃斯托克市历史语文系学术论丛（第 1 卷）：1919 年 С.М. 希罗科戈罗夫编

符拉迪沃斯托克：州地方自治局印刷厂，1919，155 页（古）

3119

Ученые записки тихоокеанского института. Т. III. Китайский сборник [Под ред. Е. М. Жукова, А. А. Губера, Б. К. Рубцова]

М.: Изд-во Академии наук СССР, 1949. 179 с.

太平洋研究所学术论丛（第 3 卷）：中国专刊 [Е. М. 茹科夫、А.А. 古别尔、Б.К. 鲁布佐夫编]

莫斯科：苏联科学院出版社，1949，179 页

3120

Ученые записки: Серия востоковедческих наук. Вып. 1 Отв. ред. И. П. Петрушевский

Л.: Изд-во ленинградского гос. ордена Ленина уни-верситета им. А. А. Жданова, 1949. 283 с.

学术论丛：东方学系列（第 1 册） И.П. 彼得鲁舍夫斯基编

列宁格勒：国立列宁格勒列宁勋章 А.А. 日丹诺夫大学，1949，283 页

3121

Французы в России 1812 г.: По воспоминаниям современников-иностранцев Сост. А. М. Васю-тинским, А. К. Дживелеговым, С. П. Мельгуновем

М.: Задруга, 1912. 200 с.

1812 年法国人在俄国：同代外国人回忆录 А.М. 瓦休京斯基、А.К. 吉韦列戈夫、С.П. 梅利古诺夫编

莫斯科：农业生产合作社出版社，1912，200 页（古）

3122

Хрестоматия по истории СССР. Т. I Сост. В. И. Лебедев, В. Е. Сыроечковский, М. Н. Тихомиров

М.: Учпедгиз, 1937. 407 с.

苏联史文选（第 1 卷） В.И. 列别杰夫、В.Е. 瑟罗耶奇科夫斯基、М.Н. 季霍米罗夫编

莫斯科：国家教育出版社，1937，407 页

3123

Хрестоматия по истории хозяйства России. Вып. 1 А. М. Большаков, Н. А. Рожков

Л.: Государственное изд-во, 1925. 248 с.

俄国经济史文选（第 1 卷） А.М.博利沙科夫、Н.А.罗日科夫

列宁格勒：国家出版社，1925，248 页

3124

Хрестоматия по русской истории. Т. II Сост. Михаил Коваленский

М.: Государственное изд-во, 1922. 311 с.

俄国史文选（第 2 卷） 米哈伊尔·科瓦连斯基编

莫斯科：国家出版社，1922，311 页

3125

Хрестоматия по русской истории. Т. III Михаил Коваленский

М.: Государственное изд-во, 1923. 304 с.

俄国史文选（第 3 卷） 米哈伊尔·科瓦连斯基

莫斯科：国家出版社，1923，304 页

3126

Хрестоматия по русской истории. Т. IV Сост.
Михаил Коваленский
М.: Государственное изд-во, 1923. 423 с.
俄国史文选（第 4 卷） 米哈伊尔·科瓦连斯基编
莫斯科：国家出版社，1923，423 页

3127

**Царизм в борьбе с революцией: 1905-1907 гг.:
Сборник документов** Под ред. А. К. Дрезен
М.: Государственное социально-экономическое издательство, 1936. 259 с.
与革命斗争中的沙皇制度（1905—1907 年）：文献
汇编 А.К. 德列津编
莫斯科：国家社会经济出版社，1936，259 页

3128

Царская Россия в мировой войне. Т. I Центрар-
хив
Л.: Гос. изд-во, 1925. 300 с.
世界大战中的沙皇俄国（第 1 卷） 岑特拉尔希夫
列宁格勒：国家出版社，1925，300 页

3129

Царская Россия во время мировой войны Морис Палеолог
М.: Гос. изд-во, 1923. 314 с.
世界大战期间的沙皇俄国 莫里斯·帕莱奥洛格
莫斯科：国家出版社，1923，314 页

3130

Царская Россия накануне революции Морис
Палеолог; Перевод с французского Д. Протопопова
и Ф. Ге
М.: Государственное изд-во, 1923. 471 с.
革命前夕的沙皇俄国 莫里斯·帕莱奥洛格著,Д. 普
洛托波波夫、Ф. 格译自法语
莫斯科：国家出版社，1923，471 页

3131

Царство Колчака: Сибирская быль Вл. Д.
Виленский-Сибиряков
М.: Федерация, 1931. 268 с.
高尔察克统治时期：西伯利亚往事 Вл.Д. 维连斯基–

西比里亚科夫
莫斯科：联邦出版社，1931，268 页

3132

**Чешские легионы в Сибири: Чешское предатель-
ство** К. В. Сахаров
Рига: Типография «Глобус», 1930. 136 с.
捷克军团在西伯利亚：捷克的叛变 К.В. 萨哈罗夫
里加：地球仪出版社，1930，136 页

3133

Чтения по Истории Сибири. Вып. 2 Н. Н. Фирсов
М.: Издание Русского Библиографического Института БР. А. и И. ГРАНАТ и Ко., 1921. 71 с.
西伯利亚史读物（第 2 册） Н.Н. 菲尔索夫
莫斯科：俄罗斯 А. 格拉纳特和 И. 格拉纳特兄弟股
份公司图书研究所出版，1921，71 页

3134

**Шестая сессия верховного совета СССР: 29 марта-4
апреля 1940 г.: стенографический отчет**
М.: Госполитиздат, 1940. 543 с.
苏联最高苏维埃第六次会议（1940 年 3 月 29 日—
4 月 4 日）：速记报告
莫斯科：国家政治书籍出版社，1940，543 页

3135

**Эрин-Изумрудный остров (Ирландия): Историко-
этнографический очерк** Э. Пименова
Петроград: Изд. Всерос. центр. Союза потр. общества, 1920. 96 с.
爱尔兰翡翠绿岛：历史民族概况 Э. 皮缅诺娃
彼得格勒：全俄消费者协会中央联合会出版社，
1920，96 页

3136

Якутская АССР В. Халдеев
М.: Плановое хозяйство, 1927. 97 с.
雅库特苏维埃社会主义自治共和国 В. 哈尔杰耶夫
莫斯科：国家计划经济书籍出版社，1927，97 页

3137

Япония Вл. Вилинский (Сибиряков)

М.: Типография «Мосполиграф», 1923. 204 с.

日本 Вл. 维林斯基（西比里亚科夫）

莫斯科：莫斯科印刷工业企业联合公司印刷厂，1923，204 页

3138

Япония = JAPAN: Очерки географии и экономики Константин Попов

М.: Гос. социально-экономическое изд-во, 1931. 447 с.

日本：地理与经济概要 康斯坦丁·波波夫

莫斯科：国家社会经济出版社，1931，447 页

3139

Япония на путях к «Большой войне»: Военно-фашистский заговор в Токио 26-29 февраля 1936 г. Ал. Хамадан

М.: Соцэкгиз, 1936. 47 с.:

走向大战的日本：1936 年 2 月 26—29 日东京法西斯军事阴谋 Ал. 哈马丹

莫斯科：国家社会经济书籍出版社，1936，47 页：

3140

Япония: Страна, население, история, политика Димитрий Позднеев

М.: Гос. военное издательство, 1925. 351 с.

日本：国家、人口、历史、政治 德米特里·波兹涅耶夫

莫斯科：国家军事出版社，1925，351 页

3141

Японская интервенция в Сибири и церковь Борис Кандидов

М.: Гос. антирелигиозное изд-во, 1932. 64 с.

日本对西伯利亚的武装干涉和教会 鲍里斯·坎季多夫

莫斯科：国家反宗教出版社，1932，64 页

3142

Японская интервенция на Дальнем Востоке 1918-1922 гг.: Краткий очерк Г. Рейхберг

М.: Соцэкгиз, 1935. 115 с.

1918—1922 年日本对远东的武装干涉：概况 Г. 赖希贝格

莫斯科：国家社会经济书籍出版社，1935，115 页

3143

Японские милитаристы провоцируют войну Г. Болдырев

М.: Госполитиздат, 1938. 53 с.

日本军国主义者挑起战争 Г. 博尔德列夫

莫斯科：国家政治书籍出版社，1938，53 页

3144

Собрание сочинений: Статьи историко-философские. IV серия П. Л. Лавров

Петроград: Изд. «Революционная мысль», 1917. 199 с.

作品集：历史哲学文集（系列4） П.Л. 拉夫罗夫

彼得格勒：革命思想出版社，1917，199 页（古）

3145

Каменный век: Из художественной литературы по истории первобытной культуры Сост. Н. и Т. Анциферовы

Л.: Изд. Брокгауз-Ефрон, 1924. 196 с.

石器时代：原始文化史的艺术文献 Н. 安齐费罗夫、Т. 安齐费罗夫编

列宁格勒：布罗克豪斯 – 叶夫龙出版社，1924，196 页

3146

Из прошлого Греций и Рима: Для старшего возраста М. И. Ростовцев

М.: Типография Т-ва И. Д. Сытина, 1915. 89 с.

希腊和罗马的过去（大龄读本） М.И. 罗斯托夫采夫

莫斯科：И.Д. 瑟京印刷厂，1915，89 页（古）

3147

История рабства в античном мире А. Валлон

М.: Госполитиздат, 1941. 282 с.

古希腊、罗马奴隶制历史 А. 瓦隆

莫斯科：国家政治书籍出版社，1941，282 页

3148

Книга для чтения по древней истории. Ч. I. Первобытная культура. Восток. Греция. Для III-IV

классов средне-учебных заведений　Под ред. А. М. Васютинского [и др.]

М.: Задруга, 1916. 462 с.

古代史读本（第 1 册）: 原始文化、东方、希腊（供中学三、四年级使用） А.М. 瓦休京斯基等编

莫斯科: 农业生产合作社出版社，1916，462 页（古）

3149

Древний Вавилон: Популярно-научные очерки по истории культуры Сумера, Вавилона и Ассура　Н. Никольский

М.: Издание Т-ва «Мир», 1913. 434 с.

古巴比伦: 苏麦尔、巴比伦和阿苏尔文化史科普纲要 Н. 尼科利斯基

莫斯科: 和平出版社，1913，434 页（古）

3150

Идеологии Востока: Очерки восточной теократии　М. Рейснер

М.: Гос. изд., 1927. 344 с.

东方思想体系: 东方神权政治概论 М. 赖斯纳

莫斯科: 国家出版社，1927，344 页

3151

История древнего востока. I　Б. А. Тураев

Ленинград: Соцэкгиз, 1935. 337 с.

古代东方史（第 1 卷） Б.А. 图拉耶夫

列宁格勒: 国家社会经济书籍出版社，1935，337 页

3152

История Древнего Востока. II　Б. А. Тураев

Ленинград: Соцэкгиз, 1935. 341 с.

古代东方史（第 2 卷） Б.А. 图拉耶夫

列宁格勒: 国家社会经济书籍出版社，1935，341 页

3153

Гибель античной цивилизации　Гульельмо Ферреро

Киев; Лейпциг: Изд. Ратай, 1923. 121 с.

古希腊、罗马文明的灭亡 古列尔莫·费雷罗

基辅、莱比锡: 农夫出版社，1923，121 页

3154

Византия и Иран: На рубеже VI и VII веков　Н. В. Пигулевская

М.: Изд. АН СССР, 1946. 289 с.

拜占庭和伊朗: 6 世纪和 7 世纪之交 Н.В. 皮古列夫斯卡娅

莫斯科: 苏联科学院出版社，1946，289 页

3155

История средних веков: Курс систематический　К. А. Иванов

С-Петербург: Типо-лит. М.П. Фроловой, 1913. 200 с.

中世纪史: 系统教程 К.А. 伊万诺夫

圣彼得堡: М.П. 弗罗洛娃印刷厂，1913，200 页（古）

3156

Очерки из истории средневекового общества и государства　Д. М. Петрушевский

М.: Научное слово, 1917. 402 с.

中世纪社会和国家史纲 Д.М. 彼得鲁舍夫斯基

莫斯科: 学术语言出版社，1917，402 页（古）

3157

Собрание сочинений К. Леонтьева. Т. 5. Восток, Россия и Славянство　К. Леонтьев

М.: Издание В. М. Саблина, 1912. 468 с.

К. 列昂季耶夫作品集（第 5 卷）: 东方、俄国与斯拉夫人 К. 列昂季耶夫

莫斯科: В.М. 萨布林出版，1912，468 页（古）

3158

История Византии. Т. I (395-518)　Юлиан Кулаковский

Киев: Типо-Литография С. В. Кульженко, 1913. 550 с.

拜占庭史（第 1 卷）（395—518） 尤利安·库拉科夫斯基

基辅: С.В. 库利任科印刷厂，1913，550 页（古）

3159

Новая история 1870-1918: Учебник для 9 класса средней школы　И. С. Галкин [и др.]

М.: Учепедгиз, 1947. 184 с.

近代史（1870—1918）：中学九年级教科书　И.С. 加尔金等
莫斯科：国家教育出版社，1947，184 页

3160

Новая история: 1789-1870: Учебник для VIII класса　А. В. Ефимов

М.: Учепедгиз, 1941. 238 с.

近代史（1789—1870）：八年级教科书　А.В. 叶菲莫夫
莫斯科：国家教育出版社，1941，238 页

3161

Вслед за войной: Очерки великой европейскокй войны (Август 1914 г.-Март 1915 г.)　С. С. Кондурушкин

Петроград: Издательское Т-во писателей, 1915. 277 с.

战争之后：欧洲大战纪实（1914 年 8 月—1915 年 3 月）　С.С. 孔杜鲁什金
彼得格勒：作家出版社，1915，277 页（古）

3162

Марна: Трагическое крушение германского наступления на Париж в августе-сентябре 1914 года　Ник. Якоби
RIGA: DLA VAS, 1938. 375 с.

马恩河：1914 年 8—9 月德国进攻巴黎惨败　Ник. 雅各比
里加：德拉瓦斯出版社，1938，375 页

3163

На путях к мировой войне 1914-1918 гг.　А. А. Могилевич, М. Э. Айрапетян
Ленинград: Гос. изд. политической литературы, 1940. 293 с.

在通向 1914—1918 年世界大战的路上　А.А. 莫吉列维奇，М.Э. 艾拉佩强
列宁格勒：国家政治书籍出版社，1940，293 页

3164

Очерки мировой войны на суше и на море: Обзор военных действий на главных театрах　К. Шумский

Петроград: Издание Т-ва «А. Ф. Маркс», 1915. 252 с.

世界陆战与海战纪实：主要战区的军事行动概览　К. 舒姆斯基
彼得格勒：А.Ф. 马克斯出版社，1915，252 页（古）

3165

Происхождение мировой войны. Т. I　Сидней Фей

М.: Соцэгиз, 1934. 388 с.

世界大战的起源（第 1 卷）　西德尼·费伊
莫斯科：国家社会经济书籍出版社，1934，388 页

3166

Фош и победа союзников 1918 года　Рене Турнэс
М.: Воениздат, 1938. 264 с.

福熙与 1918 年同盟国的胜利　雷内·图尔内斯
莫斯科：军事出版社，1938，264 页

3167

Ежегодник газеты «Речь» на 1915 год
Петроград: Издание редакции газеты «Речь», 1915. 524 с.

《语言报》1915 年年刊
彼得格勒：《语言报》编辑部出版，1915，524 页（古）

3168

Вторая империалистическая война началась　И. Лемин
М.: Воениздат, 1939. 96 с.

第二次帝国主义战争爆发　И. 列明
莫斯科：军事出版社，1939，96 页

3169

Этнография　Под ред. В. Д. Виленского-Сибирякова [и др.]
М.: Госиздат, 1927. 260 с.

民族学　В.Д. 维连斯基 – 西比里亚科夫等编
莫斯科：国家出版社，1927，260 页

3170

Сокровенное сказание: Монгольская хроника 1240 г.: Монгольский обыденный изборник. Т. I　Перевод С. А. Козин
М.: Изд. АН СССР, 1941. 619 с.

迷藏传说：1240 年蒙古编年史（蒙古日常文选第 1 卷） C.A. 科津译

莫斯科：苏联科学院出版社，1941，619 页

3171

Вопросы китайской революции. Т. 1. Положение пролетариата и развитие рабочего движения в Китае Под ред. Карла Радека

М.: Гос. Изд., 1927. 256 с.

中国革命问题（第 1 卷）：中国无产阶级状况和工人运动的发展 卡尔·拉杰克编

莫斯科：国家出版社，1927，256 页

3172

Советский Китай А. Ивин

[Б. м.]: Молодая гвардия, 1931. 159 с.

苏维埃中国 А. 伊温

[不详]：青年近卫军出版社，1931，159 页

3173

Очерки по истории Востока в эпоху империализма Под ред. Аб. Алимова, М. Годеса

М.: Соцэкгиз, 1934. 431 с.

帝国主义时期东方史纲 Аб. 阿利莫夫、М. 戈杰斯编

莫斯科：国家社会经济书籍出版社，1934，431 页

3174

История сиогуната в Японии = 日本外史. Книга IV. Ходзио Сочинение Рай Дзио Сисей; Перевод с Японского В. М. Мендрин

Владивосток: Издание и печать Восточного института, 1913. 188 с.

日本外史（第 4 册）：北条氏 赖襄子成著，В.М. 门德林译自日语

符拉迪沃斯托克：东方学院出版印刷，1913，188 页（古）

3175

Проблемы современной Персии: Дискуссионный сборник И. Висанов [и др.]

М.: Изд. Научной ассоциации Востоковедения при ЦИК СССР, 1927. 100 с.

当代波斯问题辩论集 И. 维萨诺夫等

莫斯科：苏联中央执行委员会东方学联合会出版社，1927，100 页

3176

Путь новой Турции: 1921-1927. Т. IV. Победа новой Турции Мустафа Кемаль

М.: Гос. социально-экономическое изд., 1934. 571 с.

新土耳其之路（1921—1927）（第 4 卷）：新土耳其的胜利 穆斯塔法·凯末尔

莫斯科：国家社会经济出版社，1934，571 页

3177

Старая Турция и младотурки: Год в Константинополе Ариадна Тыркова

Петроград: Типография Б. М. Вольфа, 1916. 180 с.

旧土耳其和青年土耳其党人：在君士坦丁堡的一年 阿里阿德娜·特尔科娃

彼得格勒：Б.М. 沃尔夫印刷厂，1916，180 页（古）

3178

Раздел азиатской турции: По секретным документам Б. Министерства иностранных дел Под ред. Е. А. Адамова

М.: Изд. Литиздата НКИД, 1924. 383 с.

亚洲土耳其篇：根据原外交部秘密文件 Е.А. 阿达莫夫编

莫斯科：外交人民委员部书籍出版社，1924，383 页

3179

Константинополь: От Византии до Стамбула Джелал Эссад; Пер. П. Безобразова

М.: Изд. М. и С. Сабашниковых, 1919. 336 с.

君士坦丁堡：从拜占庭到伊斯坦布尔 贾拉勒·埃萨德著，П. 别佐布拉佐夫译

莫斯科：М. 萨巴什尼科夫和 С. 萨巴什尼科夫出版社，1919，336 页

3180

История западных славян: Прибалтийских, чехов и поляков М. К. Любавский

М.: Фотолитографировано Т/Д. Г. А. Леман и П. С. Филиппов, 1918. 458 с.

西斯拉夫人历史：波罗的海人、捷克人与波兰人 М.

К. Любавский
莫斯科：Г.А. 莱曼与 П.С. 菲利波夫商行照相平版印刷，1918，458 页（古）

3181
Археологии, истории и этнографии. Т. XXXIII, Вып. I. Посвящается 5-ти летнему юбилею Татарской Республики 1920-1925 г.
Казань: [Б. и.], 1925. 158 с.
考古学、历史学和民族学（第 33 卷第 1 册）：纪念鞑靼自治共和国成立五周年（1920—1925 年）
喀山：[不详]，1925，158 页

3182
Из тьмы времен в светлое будущее: Рассказы из истории человеческой культуры Н. Рубакин
Казань: Гос. изд., 1920. 296 с.
从蒙昧时代到光明的未来：人类文化史故事 Н. 鲁巴金
喀山：国家出版社，1920，296 页

3183
Исторические записки. 12 Отв. ред. Б. Д. Греков
М.: Изд. АН СССР, 1941. 283 с.
历史随笔（第 12 册） Б.Д. 格列科夫编
莫斯科：苏联科学院出版社，1941，283 页

3184
Курс русской истории. Ч. I В. Ключевский
М.: Гос. Изд., 1925. 464 с.
俄国史教程（第 1 卷） В. 克柳切夫斯基
莫斯科：国家出版社，1925，464 页

3185
Лекции по русской истории С. Ф. Платонов
С-Петербург: Сенатская типография, 1913. 743 с.
俄国史教程 С.Ф. 普拉托诺夫
圣彼得堡：枢密院印刷厂，1913，743 页（古）

3186
Опыты и исследования: Первый сборник статей В. О. Ключевский
Петроград: Литературно-издательский отдел Комиссариата Народного Просвещения, 1918. 472 с.

经验与研究（第一本论文集） В.О. 克柳切夫斯基
彼得格勒：教育人民委员部书籍出版处，1918，472 页（古）

3187
Хрестоматия по русской истории. Т. I Сост. Михаил Коваленский
М.: Гос. изд., 1923. 190 с.
俄国史文选（第 1 卷） 米哈伊尔·科瓦连斯基编
莫斯科：国家出版社，1923，190 页

3188
Хрестоматия по русской истории. Т. V Сост. Михаил Коваленский
М.: Гос. изд., 1923. 336 с.
俄国史文选（第 5 卷） 米哈伊尔·科瓦连斯基编
莫斯科：国家出版社，1923，336 页

3189
Элементарный курс всеобщей и русской истории Сост. И. Беллярминов
Петроград: Типография М. А. Александрова, 1916. 389 с.
世界史与俄国史入门 И. 别利亚尔米诺夫编
彼得格勒：М.А. 亚历山德罗夫印刷厂，1916，389 页（古）

3190
Голос минувшего: Журнал истории и истории литературы. 12 Под ред. С. П. Мельгунова, В. И. Семевского
М.: Тип. Т-ва Рябушинских, 1915. 337 с.
往事之声（历史和文学史杂志）（第 12 期） С.П. 梅利古诺夫、В.И. 谢梅夫斯基编
莫斯科：里亚布申斯基印刷厂，1915，337 页（古）

3191
Боярская дума Древней Руси В. О. Ключевский
Петербург: Литературно-Изд. Отдел Народного комиссариата по Просвещению, 1919. 534 с.
古罗斯的大贵族杜马 В.О. 克柳切夫斯基
彼得堡：教育人民委员部书籍出版处，1919，534 页

3192

Пленные в России с древних времен. Вып. 1. Вы-куп пленных Юлий Гессен

Петроград: [Б. и.], 1918. 84 с.

俄国古代以来的俘虏（第 1 册）：赎回俘虏 尤利·格森

彼得格勒：[不详]，1918，84 页（古）

3193

Война 1812 года. Бородино М. Свечников

М.: Воениздат, 1937. 112 с.

1812 年博罗季诺战争 М. 斯韦奇尼科夫

莫斯科：军事出版社，1937，112 页

3194

Димитрий самозванец О. Пирлинг; Пер. с фран-цузского В. П. Потемкина

М.: К-во «Сфинкс», 1912. 511 с.

伪德米特里 О. 皮林著，В.П. 波将金译自法语

莫斯科：斯芬克斯图书出版社，1912，511 页（古）

3195

Лекции по русской истории. Т. II, Вып. 1. Запад-ная Русь и Литовско-русское государство А. Е. Пресняков

М.: Соцэкгиз, 1939. 246 с.

俄国史讲义（第 2 卷第 1 册）：西罗斯和立陶宛罗斯国 А.Е. 普列斯尼亚科夫

莫斯科：国家社会经济书籍出版社，1939，246 页

3196

Религиозные движения при Александр I А. Н. Пыпин

Петроград: Издание «Огни», 1916. 483 с.

亚历山大一世时期的宗教运动 А.Н. 佩平

彼得格勒：星火出版社，1916，483 页（古）

3197

Русские войска в восточной Пруссии в семилет-ней войне К. Осипов

Москва: Гос. Изд. политической литературы, 1945. 51 с.

七年战争时期东普鲁士的俄国军队 К.奥西波夫

莫斯科：国家政治书籍出版社，1945，51 页

3198

Учебник русской истории: для старших классов среднеучебных заведений. Часть II. Курс VI-го класса Сост. Михаил Коваленский

М.: Издание В. М. Саблина, 1912. 227 с.

俄国史教材（供中学高年级使用）（第 2 册）：6 年级课程 米哈伊尔·卡瓦连斯基编

莫斯科：В.М. 萨布林出版，1912，227 页（古）

3199

Культура Киевской Руси Б. Д. Греков

М.: Изд. АН СССР, 1944. 75 с.

基辅罗斯文化 Б.Д. 格列科夫

莫斯科：苏联科学院出版社，1944，75 页

3200

Лекции по русской истории. Т. I. Киевская русь А. Е. Пресняков

М.: Гос. соц. -экономическое изд., 1938. 279 с.

俄国史讲义（第 1 卷）：基辅罗斯 А.Е. 普列斯尼亚科夫

莫斯科：国家社会经济出版社，1938，279 页

3201

Старый Киев: Очерк из жизни славян на Дне-пре М. А. Крылова

М.: Издание «С. Курнин и К-о», 1916. 144 с.

老基辅：第聂伯河斯拉夫人生活概况 М.А. 克雷洛娃

莫斯科：С.库尔宁股份出版社，1916，144 页（古）

3202

Борис Годунов С. Ф. Платонов

Петроград: Огни, 1921. 157 с.

鲍里斯·戈杜诺夫 С.Ф. 普拉托诺夫

彼得格勒：星火出版社，1921，157 页

3203

Образование Великорусского государства: Очер-ки по истории XIII-XV столетий А. Е. Пресня-ков

Петроград: Типография Я. Башмаков и К-о, 1918. 458 с.

大俄罗斯国家的建立：13—15 世纪历史概要 А.Е. 普

列斯尼亚科夫

彼得格勒: Я. 巴什马科夫股份印刷厂, 1918, 458 页（古）

3204

Разгром русскими войсками Пруссии 1756-1762 гг.: Документы

Москва: Гос. изд. политической литературы, 1943. 86 с.

1756—1762 年俄国军队毁灭普鲁士（文献集）

莫斯科: 国家政治书籍出版社, 1943, 86 页

3205

Загадочный фельдмаршал русской армии: Исторический очерк С. Ф. Либровича　С. Ф. Либрович

М.: Издание Т-ва М. О. Вольф, 1915. 30 с.

神秘的俄军元帅: С.Ф. 利布罗维奇史略　С.Ф. 利布罗维奇

莫斯科: М.О. 沃尔夫出版社, 1915, 30 页（古）

3206

Законодательные акты Петра I: Акты о высших государственных установлениях. Т. I　Н. А. Воскресенский, Под ред. Б. И. Сыромятникова

М.: Изд. АН СССР, 1945. 602 с.

彼得一世法令: 最高国家机关法（第 1 卷）　Н.А. 沃斯克列先斯基著, Б.И. 瑟罗米亚特尼科夫编

莫斯科: 苏联科学院出版社, 1945, 602 页

3207

Иван Грозный: 1530-1584　К. Валишевский

М.: Изд. Эра, 1912. 418 с.

伊凡雷帝（1530—1584）　К. 瓦利舍夫斯基

莫斯科: 时代出版社, 1912, 418 页（古）

3208

Минин и Пожарский: Национальная борьба русского народа в начале XVII в.　К. Осипов

М.: Учпедгиз, 1948. 87 с.

米宁和波扎尔斯基: 17 世纪初俄国人民的民族斗争　К. 奥西波夫

莫斯科: 国家教育出版社, 1948, 87 页

3209

Отзывы и ответы. 3. Сборник статей　В. Ключевский

М.: Тип. П. П. Рябушинского, 1914. 505 с.

评论与答复（第 3 卷）: 文集　В. 克柳切夫斯基

莫斯科: П.П. 里亚布申斯基印刷厂, 1914, 505 页（古）

3210

Очерк истории Нижегородского ополчения 1611-1613 гг.　П. Г. Любомиров

М.: Государственное социально-экономическое издательство, 1939. 340 с.

1611 年—1613 年下诺夫哥罗德义勇军简史　П. Г. 柳博米罗夫

莫斯科: 国家社会经济出版社, 1939, 340 页

3211

Очерки по истории смуты в московском государстве XVI-XVII вв.: Опыт изучения общественного строя и сословных отношений в смутное время　С. Ф. Платонов

М.: Огиз; Соцэкгиз, 1937. 490 с.

16—17 世纪莫斯科公国动乱史概要: 动乱时期社会制度和等级关系研究经验　С.Ф. 普拉托诺夫

莫斯科: 国家出版社联合公司、国家社会经济书籍出版社, 1937, 490 页

3212

Разгром польской интервенции в начале XVII века　А. И. Козаченко

Москва: Гос. изд. политической литературы, 1939. 175 с.

17 世纪初粉碎波兰武装干涉　А.И. 科扎琴科

莫斯科: 国家政治书籍出版社, 1939, 175 页

3213

Русская история: В сравнительно-историческом освещении. Т. 6. Дворянская революция в южной Руси, в Западной Европе, на древнем востоке и в античном мире　Н. А. Рожков

М.: Книга, 1928. 285 с.

历史比较分析视角下的俄国历史（第 6 卷）: 南罗斯、西欧、古代东方和古代世界的贵族革命　Н.А. 罗日

科夫

莫斯科：书籍出版社，1928，285 页

3214

Феодальное землевладение в северо-восточной Руси. Т. I С. Б. Веселовский

М.: Изд. АН СССР, 1947. 495 с.

东北罗斯封建土地占有制（第 1 卷） С.Б. 韦谢洛夫斯基

莫斯科：苏联科学院出版社，1947，495 页

3215

Холопство и холопы в московском государстве XVII в.: По архивным документам холопьего и посольского приказов, оружейной палаты и разряда. Т. I А. Яковлев

М.: Изд. АН СССР, 1943. 562 с.

17 世纪莫斯科公国的奴隶制和农奴：基于农奴衙门、外交事务衙门、兵器署和职官部档案文献（第 1 卷） А. 雅科夫列夫

莫斯科：苏联科学院出版社，1943，562 页

3216

Военное духовенство в борьбе России с Наполеоном Г. И. Шавельский

М.: Типография т-ва И. Д. Сытина, 1912. 31 с.

俄国抗击拿破仑斗争中的军事神职人员 Г.И. 沙维尔斯基

莫斯科：И.Д. 瑟京印刷厂，1912，31 页（古）

3217

Записки И. Д. Якушкина

М.: Кн-во «Современные проблемы», 1926. 191 с.

И.Д. 亚库什金笔记

莫斯科：当代问题图书出版社，1926，191 页

3218

На государевой службе: Воспоминания В. И. Мамантов

Таллин: [Б. и.], 1926. 246 с.

担任国家公职（回忆录） В.И. 马曼托夫

塔林：[不详]，1926，246 页

3219

На заре русской общественности: Из истории русского общества. Вып. III В. А. Мякотин

М.: Задруга, 1918. 80 с.

俄国社会团体的兴起：俄国社会史（第 3 册） В. А. 米亚科京

莫斯科：农业生产合作社出版社，1918，80 页（古）

3220

Религизно-общественные движения XVII-XVIII вв. в России С. П. Мельгунов

М.: [Б. и.], 1922. 195 с.

17—18 世纪俄国的宗教和社会运动 С.П. 梅利古诺夫

莫斯科：[不详]，1922，195 页

3221

Среди врагов: Дневник юноши, очевидца войны 1812 года В. П. Авенариус

С.-Петербург: Издание книжного магазина П. В. Луковникова, 1912. 173 с.

在敌人中间：1812 年战争的青年目击者日记 В.П. 阿韦纳里乌斯

圣彼得堡：П.В. 卢科夫尼科夫书店出版，1912，173 页（古）

3222

Вопросы гражданской истории. I

Л.: Соцэкгиз, 1935. 279 с.

人文史问题（第 1 卷）

列宁格勒：国家社会经济书籍出版社，1935，279 页

3223

Воспоминания: 1898-1917 В. А. Теляковский

Петербург: Время, 1924. 368 с.

回忆录（1898—1917） В.А. 捷利亚科夫斯基

彼得堡：时间出版社，1924，368 页

3224

Календарь русской революции Под ред. В. Л. Бурцева

Петроград: Изд-во «Шиповник», 1917. 344 с.

俄国革命进程 В.Л. 布尔采夫编

彼得格勒：蔷薇出版社，1917，344 页（古）

3225

Крепостная интеллигенция Е. С. Коц

Л.: Сеятель, 1926. 232 с.

农奴知识分子 Е.С. 科茨

列宁格勒：传播者出版社，1926，232 页

3226

Курс истории России XIX в. Ч. III А. Корнилов

М.: Издательство М. и С. Сабашниковых, 1918. 330 с.

19 世纪俄国史教程（第 3 部分） А. 科尔尼洛夫

莫斯科：М. 萨巴什尼科夫和 С. 萨巴什尼科夫出版社，1918，330 页（古）

3227

Обзор новейшей Русской истории. Т. I М. В. Довнар-Запольский

Киев: Типграфия И. И. Чоколов, 1912. 420 с.

俄国现代史概要（第 1 卷） М.В. 多夫纳尔 – 扎波利斯基

基辅：И.И. 乔科洛夫印刷厂，1912，420 页（古）

3228

Революционное движение в царском флоте: 1825-1917 С. Ф. Найда

М.: Изд. АН СССР, 1948. 605 с.

沙皇海军的革命运动（1825—1917） С.Ф. 奈达

莫斯科：苏联科学院出版社，1948，605 页

3229

Хрестоматия по истории классовой борьбы в России Сост. М. Н. Коваленский [и др.]

М.: Гос. Изд., 1926. 440 с.

俄国阶级斗争史文选 М.Н. 科瓦连斯基等编

莫斯科：国家出版社，1926，440 页

3230

Крепостное право и крестьянская реформа в произведениях М. Е. Салтыкова В. И. Семевский

Петроград: Задруга, 1917. 112 с.

М.Е. 萨尔特科夫作品中的农奴制和农民改革 В.

И. 谢梅夫斯基

彼得格勒：农业生产合作社出版社，1917，112 页（古）

3231

Очерки истории самоуправления государственных крестьян К. И. Зайцев

С.-Петербург: Типо-литография Шредера, 1912. 204 с.

国家农民自治史纲 К.И. 扎伊采夫

圣彼得堡：施雷德尔印刷厂，1912，204 页（古）

3232

Помещичьи крестьяне накануне освобождения И. И. Игнатович

Л.: Мысль, 1925. 405 с.

解放前的地主农民 И.И. 伊格纳托维奇

列宁格勒：思想出版社，1925，405 页

3233

Источниковедение истории СССР XIX в.: До начала 90-х годов: Курс источниковедения истории СССР. Т. II С. А. Никитин

М.: Соцэкгиз, 1940. 227 с.

19 世纪苏联史史料学（90 年代初以前）：苏联史史料学教程（第 2 卷） С.А. 尼基京

莫斯科：国家社会经济书籍出版社，1940，227 页

3234

Отцы и дети судебной реформы: (К пятидесятилетию судебных уставов) 1864-20 ноября-1914 А. Ф. Кони

М.: Издание Т-ва И. Д. Сытина, 1914. 317 с.

司法改革的父与子：《审判条例》颁布 50 年（1864 年 11 月 20 日—1914 年 11 月 20 日） А.Ф. 科尼

莫斯科：И.Д. 瑟京出版社，1914，317 页（古）

3235

Большевики в государственной думе: Воспоминания А. Е. Бадаев

М.: Партиздат, 1932. 404 с.

国家杜马中的布尔什维克们：回忆录 А.Е. 巴达耶夫

莫斯科：联共（布）中央委员会党的出版社，1932，

404 页

3236

Столыпинская реформа: Капитализация сельского хозяйства в XX веке　С. Дубровский

Л.: Прибой, 1925. 302 с.

斯托雷平改革：20 世纪农业资本化　С. 杜布罗夫斯基

列宁格勒：拍岸浪出版社，1925，302 页

3237

Аграрная программа большевиков в первой русской революции　Ем. Ярославский

[Б. м.]: Политиздат, 1941. 35 с.

第一次俄国革命时期布尔什维克的农业纲领　Ем. 雅罗斯拉夫斯基

[不详]：国家政治书籍出版社，1941，35 页

3238

Буржуазия и царизм в революции 1905-1907 гг.　Е. Д. Черменский, Под ред. В. А. Быстрянского

М.: Соцэкгиз, 1939. 375 с.

1905—1907 年革命时期的资产阶级和沙皇制度　Е. Д. 切尔缅斯基、В.А. 贝斯特良斯基编

莫斯科：国家社会经济书籍出版社，1939，375 页

3239

Сквозь строй　П. Львов

М.: Изд. всесоюзного общества поликаторжан и ссыльно-поселенцев, 1933. 150 с.

列队鞭笞　П. 利沃夫

莫斯科：全苏苦役犯和流放犯协会出版社，1933，150 页

3240

Как создавалась Красная армия Советской России: Уроки недавнего прошлого　А. И. Андогский

Владивосток: [Б. и.], 1921. 77 с.

苏俄红军是怎样成立的：不久前的教训　А.И. 安多格斯基

符拉迪沃斯托克：[不详]，1921，77 页

3241

Распад «Добровольцев»: Побежденные　Георгий Виллиам

М.: Гос. Изд., 1923. 97 с.

"志愿军"的瓦解：失败者　格奥尔吉·威廉

莫斯科：国家出版社，1923，97 页

3242

Борьба за Царицын в 1918 году　Э. Генкина

[Б. м.]: Политиздат, 1940. 217 с.

1918 年察里津保卫战　Э. 亨基娜

[不详]：国家政治书籍出版社，1940，217 页

3243

Пермская катастрофа и контрнаступление восточного фронта　А. Федоров

М.: Воениздат, 1939. 189 с.

彼尔姆灾难与东部战线的反攻　А. 费奥多罗夫

莫斯科：军事出版社，1939，189 页

3244

Как мы били японских самураев: Сборник статей и документов

[Б. м.]: Молодая гвардия, 1938. 313 с.

我们如何打败日本武士：论文和文献汇编

[不详]：青年近卫军出版社，1938，313 页

3245

Москва в период восстановления народного хозяйств: 1921-1925 гг.　А. Матюгин

М.: Московский рабочий, 1947. 80 с.

国民经济恢复时期的莫斯科（1921—1925 年）　А. 马秋金

莫斯科：莫斯科工人出版社，1947，80 页

3246

Первое всесоюзное совещание рабочих и работниц-стахановцев: 14-17 ноября 1935

[М.]: Партиздат ЦК ВКП(б), 1935. 378 с.

全苏斯达汉诺夫工作者第一次会议（1935 年 11 月 14—17 日）

[莫斯科]：联共（布）中央委员会党的出版社，1935，378 页

3247

Революция в деревне: Очерки　Под ред. В. Г. Тана-Богораза

М.: Красная новь, 1924. 144 с.

农村革命（概论）　В.Г. 塔纳 – 博戈拉兹编

莫斯科：红色处女地出版社，1924，144 页

3248

Славная севастопольская оборона: Очерки: В память пятидесятилетия　Клавдия Лукашевич

М.: Отдел. типогр. Т-ва И. Д. Сытина, 1915. 117 с.

光荣的塞瓦斯托波尔保卫战（纪实）：50 周年纪念　克拉大季娅·卢卡舍维奇

莫斯科：И.Д. 瑟京独立印刷厂，1915，117 页（古）

3249

Тула　А. Кипарисова

М.: Изд. АН СССР, 1948. 65 с.

图拉　А. 基帕里索娃

莫斯科：苏联科学院出版社，1948，65 页

3250

Ясная Поляна: Статьи, документы　Сост. С. А. Толстая-Есенина, Э. Е. Зайденшнур, Е. Н. Чеботаревская

Москва: Госполитиздат, 1942. 231 с.

雅斯纳雅波良纳（文章与文献）　С.А. 托尔斯塔娅 – 叶塞宁娜、Э.Е. 扎伊登什努尔、Е.Н. 切博塔廖夫斯卡娅编

莫斯科：国家政治书籍出版社，1942，231 页

3251

Кремль: Хроника XV-XVI　И. Ф. Наживин

Новый сад: Русская типография С. Филонова, 1931. 343 с.

克里姆林宫：15—16 世纪编年史　И.Ф. 纳日温

诺维萨德：С. 菲洛诺夫俄语印刷厂，1931，343 页

3252

15 лет советской социалистической Чувашии: 1920-1935

Чебоксары: Чувашское гос. Изд., 1935. 479 с.

苏联社会主义楚瓦什十五年（1920—1935）

切博克萨雷：楚瓦什国家出版社，1935，479 页

3253

Гатчина　В. Я. Курбатов

[Б. м.]: Изд. Лениградского Губернского совета профессиональных Союзов, 1925. 112 с.

加特契纳　В.Я. 库尔巴托夫

[不详]：列宁格勒省工会苏维埃出版社，1925，112 页

3254

Город Устюг Великий　Борис Дунаев

[Б. м.]: Образование, 1919. 53 с.

大乌斯秋格市　鲍里斯·杜纳耶夫

[不详]：教育出版社，1919，53 页

3255

Древний Псков　С. А. Тараканова

М.: Изд. АН СССР, 1946. 54 с.

古老的普斯科夫　С.А. 塔拉卡诺娃

莫斯科：苏联科学院出版社，1946，54 页

3256

За социалистический Биробиджан　А. Канторович

Москва: Дальгиз, 1933. 62 с.

为了社会主义的比罗比詹　А. 坎托罗维奇

莫斯科：远东国家出版社，1933，62 页

3257

История древней Карелии　А. Я. Брюсов

М.: Изд. Гос. исторического музея, 1940. 320 с.

古卡累利阿史　А.Я. 布留索夫

莫斯科：国家历史博物馆出版社，1940，320 页

3258

Очерки истории народа коми-зырян　Н. И. Ульянов

М.: Партийное изд., 1932. 181 с.

科米民族史纲　Н.И. 乌里扬诺夫

莫斯科：联共（布）中央委员会党的出版社，1932，181 页

3259

Петербург: Как возник, основался и рос Санкт-Петербург　П. Н. Столпянский

Петроград: Издательское товарищество «Колос», 1918. 397 с.

彼得堡：圣彼得堡的出现、建立和发展　П.Н. 斯托尔皮扬斯基

彼得格勒：科洛斯出版公司，1918，397 页（古）

3260

Сибирские вопросы. № 13-14

С.-Петербург: Типография Альтшулера, 1912. 183 с.

西伯利亚问题（第 13—14 期）

圣彼得堡：阿尔特舒勒印刷厂，1912，183 页（古）

3261

Советская Чувашия　И. Л. Фрейдин

М.: Соцэкгиз, 1940. 111 с.

苏联楚瓦什　И.Л. 弗赖金

莫斯科：国家社会经济书籍出版社，1940，111 页

3262

Древний Псков и его художественная жизнь　А. И. Некрасов

М.: [Б. и.], 1923. 74 с.

古老的普斯科夫及其艺术生活　А.И. 涅克拉索夫

莫斯科：[不详]，1923，74 页

3263

Кузнецкстрой: История Кузнецкстроя в воспоминаниях　Сост. Л. Тоом

Новосибирск: Западно-сибирское краевое издательство, 1934. 184 с.

库兹涅茨克冶金厂建设局：库兹涅茨克冶金厂建设局历史回忆录　Л. 托姆编

新西伯利亚：西西伯利亚边疆区出版社，1934，184 页

3264

Основные моменты исторического развития западной Украины и западной Белоруссии　В. Пичета

М.: Соцэкгиз, 1940. 136 с.

西乌克兰和西白俄罗斯历史发展的关键时期　В. 皮切塔

莫斯科：国家社会经济书籍出版社，1940，136 页

3265

Галичина, Буковина, Угорская Русь　Сост. сотрудниками журнала «Украинская жизнь»

М.: Задруга, 1915. 230 с.

加利西亚、布科维纳、乌戈尔罗斯　《乌克兰生活》杂志工作人员编

莫斯科：农业生产合作社出版社，1915，230 页（古）

3266

Как жил и живет украинский народ　Г. И. Петровский

[Б. м.]: Партиздат, 1937. 35 с.

过去和现在乌克兰人民的生活　Г.И. 彼得罗夫斯基

[不详]：联共（布）中央委员会党的出版社，1937，35 页

3267

Бессарабия: Страна-люди-хозяйство　Л. С. Берг

Петроград: Изд-во Огни, 1918. 242 с.

比萨拉比亚：国家、人口、经济　Л.С. 贝格

彼得格勒：星火出版社，1918，242 页（古）

3268

В скорбные дни: Кишиневский погром 1903 года　М. Б. Слуцкий

Кишинев: [Б. и.], 1930. 119 с.

在悲伤的日子里：1903 年基什尼奥夫大屠杀　М.Б. 斯卢茨基

基什尼奥夫：[不详]，1930，119 页

3269

Сванетия　С. С. Анисимов

М.: Соцэкгиз, 1940. 115 с.

斯瓦涅季亚　С.С. 阿尼西莫夫

莫斯科：国家社会经济书籍出版社，1940，115 页

3270

Гюлистан-и Ирам　Аббас-Кули-Ага Бакиханов

Баку: Изд. Общества обследования и изучения Азербайджана, 1926. 196 с.

古鲁斯坦·伊拉姆　阿巴斯－库里－阿加·巴基哈诺夫

巴库：阿塞拜疆调查与研究学会出版社，1926，196

页

3271

Материалы для Библиографии Азербайджана.
Вып. 1 А. В. Багрий

Баку: Дома Работников Просвещения, 1924. 92 с.

阿塞拜疆图书编目材料（第 1 册） A.B. 巴格里

巴库：教育工作者之家出版社，1924，92 页

3272

Советская Армения Мариэтта Шагинян

М.: Гос. Изд., 1923. 125 с.

苏联亚美尼亚 玛丽埃塔·沙吉尼扬

莫斯科：国家出版社，1923，125 页

3273

Новгородский исторический сборник. Вып.
7 Под общей ред. Б. Д. Грекова

Новгород: [Б. и.], 1940. 126 с.

诺夫哥罗德历史文集（第 7 册） Б.Д. 格列科夫编

诺夫哥罗德：[不详]，1940，126 页

3274

Царство Польское: 1815-1830 гг. Шимон Аскена-
зи; Перевод с Польского Владимир Высоцкий

М.: Книгоиздательство писателей, 1915. 167 с.

波兰王国：1815—1830 年 西蒙·阿斯肯齐著，弗
拉基米尔·维索茨基译自波兰语

莫斯科：作家图书出版社，1915，167 页（古）

3275

Галиция накануне Великой Войны: 1914 года:
С картой Галиций и Буковины с Угорской Ру-
сью Н. В. Ястребов

Петроград: Типография А. Э. Коллинс, 1915. 146 с.

大战前夕的加利西亚：1914 年（附加利西亚、布科
维纳和乌戈尔罗斯地图） H.B. 亚斯特列博夫

彼得格勒：А.Э. 柯林斯印刷厂，1915，146 页（古）

3276

Ян Гус: Великий подвижник чешского наро-
да В. Е. Романовский

М.: Издание А. С. Панафидиной, 1915. 96 с.

扬·胡斯：捷克人民伟大的殉道者 В.Е. 罗曼诺夫

斯基

莫斯科：А.С. 帕纳菲迪娜出版，1915，96 页（古）

3277

Дневник заложника: 7 месяцев плена в Карлсба-
де Е. А. Могиленский

Петроград: Типография «Двигатель», 1915. 226 с.

人质日记：卡尔斯巴德 7 个月的囚徒生活 Е.А. 莫
吉连斯基

彼得格勒：发动机印刷厂，1915，226 页（古）

3278

От Носке до Гитлера Н. Корнев

М.: Советская литература, 1934. 391 с.

从诺斯克到希特勒 Н. 科尔涅夫

莫斯科：苏联文学出版社，1934，391 页

3279

Вильгельм II: Что он говорит, что он дума-
ет Жюль Аррен; Пер. с французского М. М. Твер-
ского

М.: Издание А. А. Левенсона, 1914. 261 с.

威廉二世：所言所想 儒勒·艾林著，M.M. 特维尔
科伊译自法语

莫斯科：А.А. 利文森出版，1914，261 页（古）

3280

Пути Германии: Экономические факторы и со-
циальные силы 1913-1924 г.г. в фактах и циф-
рах Сост. Л. Полонская

М.: Гос. Изд., 1925. 228 с.

德国道路：1913—1924 年的经济因素和社会力量
（事实和数字） Л. 波隆斯卡娅编

莫斯科：国家出版社，1925，228 页

3281

Историческое освещение финляндского вопро-
са М. Руссобтовский

С.-Петербург: Издательство О. Н. Поповой, 1912.
218 с.

芬兰问题的历史阐述 М. 鲁索布托夫斯基

圣彼得堡：О.Н. 波波娃出版社，1912，218 页（古）

3282

Швеция   Д. Страшунский; Под ред. Е. Адамова

М.: Огиз; Соцэккгиз, 1940. 216 с.

瑞典   Д. 斯特拉顺斯基著，Е. 阿达莫夫编

莫斯科：国家出版社联合公司、国家社会经济书籍出版社，1940，216 页

3283

Испанский народ победит!

[Б. м.]: Партиздат, 1937. 174 с.

西班牙人民必将胜利！

[不详]：联共（布）中央委员会党的出版社，1937，174 页

3284

Народы и страны Западной Европы. Т. I. Франция   Элизе Реклю; Перевод с Французского Н. К. Лебедев

М.: Типография Т-ва И. Д. Сытина, 1915. 118 с.

西欧民族与国家（第1卷）：法国   埃利塞·何克律著，Н.К. 列别杰夫译自法语

莫斯科：И.Д. 瑟京印刷厂，1915，118 页（古）

3285

Белая книга о войне с Турцией: Дипломатическая переписка Англии, предшествовавшая войне с Турцией

Петроград: Книгоизд-во М. В. Попова, 1914. 158 с.

对土战争白皮书：战前英国与土耳其的外交信函

彼得格勒：М.В. 波波夫图书出版社，1914，158 页（古）

3286

Английская деревня XIII-XIV вв. и восстание Уота Тайлера   Состав. Е. А. Косминским, Д. М. Петрушевским

М.: Госсоцэкгиз, 1935. 231 с.

13—14 世纪英国农村和瓦特·泰勒起义   Е.А. 科斯明斯基、Д.М. 彼得鲁舍夫斯基编

莫斯科：国家社会经济书籍出版社，1935，231 页

3287

Англичане и их страна   Э. Пименова

Петроград: [Б. и.], 1920. 143 с.

英国人和他们的国家   Э. 皮缅诺娃

彼得格勒：[不详]，1920，143 页

3288

История Англии в эпоху империализма. I   Э. Галеви; Пер. с французского Б. Вебера

М.: Соцэкгиз, 1937. 408 с.

帝国主义时期的英国史（第1卷）   Э.加列维著,Б. 韦贝尔译自法语

莫斯科：国家社会经济书籍出版社，1937，408 页

3289

Народы и страны Западной Европы. Т. IV. Германия   Элизе Реклю; Пер. с французского Н. К. Лебедева

М.: Типография т-ва И. Д. Сытина, 1915. 108 с.

西欧民族与国家（第4卷）：德国   埃利塞·何克律著，Н.К. 列别杰夫译自法语

莫斯科：И.Д. 瑟京印刷厂，1915，108 页（古）

3290

История Галичины в рр. 1918-19.: Нарис истории Украинской революций 1917-1920 р. III.   О. Слободич

Яворив: Громада, 1930. 44 с.

1918—1919 年加利西亚史：1917—1920 年乌克兰革命简史（第3册）   О. 斯洛博季奇

亚沃利夫：格罗马达出版社，1930，44 页

3291

Мексика: Страна смут   Г. Берлейн

Спб.: Издание П. И. Певина, 1914. 139 с.

墨西哥：混乱国家   Г. 别尔列因

圣彼得堡：П.И. 佩温出版，1914，139 页（古）

3292

Мое детство   Иошио Маркино; Перевод с английского Ф. Флятау

М.: [Б. и.], 1917. 216 с.

我的童年   牧野义雄著，Ф. 弗利亚塔乌译自英语

莫斯科：[不详]，1917，216 页（古）

3293

Карма: Царь Саул   Н. Р. Донец

Рига: Русское изд-во, 1928. 210 с.

羯磨：扫罗王 Н.Р. 顿涅茨

里加：俄罗斯出版社，1928，210 页

3294

А. Н. Скрябин А. Сабанеев

М.: Книгоизд-во «Работник просвешения», 1922. 31 с.

А.Н. **斯克里亚宾** А. 萨巴涅耶夫

莫斯科：教育工作者图书出版社，1922，31 页

3295

Адмирал Степан Осипович Макаров Вл. Семе-нов

С.-Петербург: Издание Т-ва М. О. Вольф, 1913. 84 с.

海军上将斯捷潘・奥西波维奇・马卡罗夫 Вл. 谢苗诺夫

圣彼得堡：М.О. 沃尔夫出版社，1913，84 页（古）

3296

Александр I А. Е. Пресняков

Петербург: Изд-во Брокгауз-Ефрон, 1924. 188 с.

亚历山大一世 А.Е. 普列斯尼亚科夫

彼得堡：布罗克豪斯 – 叶夫龙出版社，1924，188 页

3297

Александр Николаевич Заварицкий

М.: Изд-во Академии наук СССР, 1946. 39 с.

亚历山大・尼古拉耶维奇・扎瓦里茨基

莫斯科：苏联科学院出版社，1946，39 页

3298

Апогей самодержавия: Николай I А. Е. Пресня-ков

Л.: Изд-во Брокгауз-Ефрон, 1925. 98 с.

专制制度的顶峰：尼古拉一世 А.Е. 普列斯尼亚科夫

列宁格勒：布罗克豪斯 – 叶夫龙出版社，1925，98 页

3299

Багратион С. Борисов

М.: Гос. военное изд-во Наркомата обороны союза

CCP, 1938. 40 с.

巴格拉季翁 С. 鲍里索夫

莫斯科：苏联国防人民委员部国家军事出版社，1938，40 页

3300

Богдан Хмельницкий К. Осипов

М.: Изд-во ЦК ВЛКСМ «Молодая гвардия», 1948. 450 с.

波格丹・赫梅利尼茨基 К. 奥西波夫

莫斯科：全苏列宁共产主义青年团中央委员会青年近卫军出版社，1948，450 页

3301

Воспоминания Д. Н. Овсянико-Куликовский

Петербург: Изд-во «Время», 1923. 188 с.

回忆录 Д.Н. 奥夫夏尼克 – 库利科夫斯基

彼得堡：时间出版社，1923，188 页

3302

Воспоминания балетмейстера А. П. Гаушков-ский

Л.: Гос. изд-во «Искусство», 1940. 247 с.

舞剧编导回忆录 А.П. 豪什科夫斯基

列宁格勒：国家艺术出版社，1940，247 页

3303

Воспоминания Бориса Николаевича Чичерина: Московский университет

М.: Издание М. и С. Сабашниковых, 1929. 279 с.

鲍里斯・尼古拉耶维奇・契切林回忆录：莫斯科大学

莫斯科：М. 萨巴什尼科夫和 С. 萨巴什尼科夫出版，1929，279 页

3304

Гримасы жизни: Из воспоминаний военного юриста М. Корольков

Новый сад С. Х. С.: Изд. Русской типографии С. Ф. Филонова, 1929. 168 с.

生活丑态：军事律师回忆录 М. 科罗利科夫

南斯拉夫诺维萨德：俄罗斯 С.Ф. 菲洛诺夫印刷厂出版社，1929，168 页

3305

Двенадцатый год: В воспоминаниях и переписке современников Сост. В. В. Каллаш

М.: Типография Т-ва И. Д. Сытина, 1912. 279 с.

1812 年：同代人回忆录和信函中 В.В. 卡拉什编

莫斯科：И.Д. 瑟京印刷厂，1912，279 页（古）

3306

Друг Толстого Мария Александровна Шмидт Е. Е. Горбунова-Посадова

М.: Издание Толстовского музея, 1929. 111 с.

托尔斯泰的朋友玛丽亚·亚历山大罗夫娜·施密特 Е.Е. 戈尔布诺娃 – 波萨多娃

莫斯科：托尔斯泰博物馆出版，1929，111 页

3307

Записки крепостного актера М. С. Щепкина

М.: Книгоизд-во «Современные проблемы», 1928. 266 с.

农奴演员 М.С. 谢普金日记

莫斯科：当代问题图书出版社，1928，266 页

3308

Записки ректора и профессора Академии художеств Федора Ивановича Иордан Сост. С. П. Виноградовым

М.: Издание магазина «Пламя», 1918. 392 с.

美术学院院长费奥多尔·伊万诺维奇·约尔丹教授札记 С.П. 维诺格拉多夫编

莫斯科：火焰书店出版，1918，392 页（古）

3309

Иван Константинович Айвазовский Н. Барсамов

М.: Гос. изд-во «Искусство», 1941. 81 с.

伊凡·康斯坦丁诺维奇·艾瓦佐夫斯基 Н. 巴尔萨莫夫

莫斯科：国家艺术出版社，1941，81 页

3310

Иосиф Федорович Дубровинский П. Зеликсон-Бобровская

М.: Партиздат ЦК ВКП(б), 1937. 16 с.

约瑟夫·费奥多罗维奇·杜布罗温斯基 П. 泽利克松 – 博布罗夫斯卡娅

莫斯科：联共（布）中央委员会党的出版社，1937，16 页

3311

Ломоносов М. Муратов

М.: Гос. изд-во детской литературы Наркомпроса РСФСР, 1945. 214 с.

罗蒙诺索夫 М. 穆拉托夫

莫斯科：俄罗斯苏维埃联邦社会主义共和国教育人民委员部国家儿童文学出版社，1945，214 页

3312

М. Мусоргский Н. Туманина

М.: [Б. и.], 1939. 238 с.

М. 穆索尔斯基 Н. 图马尼娜

莫斯科：［不详］，1939，238 页

3313

М. С. Щепкин Юрий Соболев

М.: Журнально-газетное объединение, 1933. 159 с.

М.С. 谢普金 尤里·索博列夫

莫斯科：报刊联合公司，1933，159 页

3314

Михаил Семенович Щепкин: Великие люди русского народа С. Н. Дурылин

М.: Изд-во ЦК ВЛКСМ «Молодая гвардия», 1943. 64 с.

米哈伊尔·谢苗诺维奇·谢普金：俄罗斯民族伟大人物 С.Н. 杜雷林

莫斯科：全苏列宁共产主义青年团中央委员会青年近卫军出版社，1943，64 页

3315

Мои воспоминания Акад. А. Н. Крылов

М.: Изд-во Академии наук СССР, 1942. 238 с.

我的回忆录 А.Н. 克雷洛夫院士

莫斯科：苏联科学院出版社，1942，238 页

3316

Мои воспоминания из прошлого. Выпуск 1. От кадетского корпуса к Академии художеств (1828-1852 гг.) Л. М. Жемчужников

Л.: Изд-во М. и С. Сабашниковых, 1926. 168 с.

往事回忆录（第 1 卷）：从士官武备学校到美术学院
（1828—1852 年） Л.M. 热姆丘日尼科夫

列宁格勒：M. 萨巴什尼科夫和 C. 萨巴什尼科夫出
版社，1926，168 页

3317

Мои воспоминания из прошлого. Выпуск 2. В крепостной деревне: 1852-1857 г.г. Л. М. Жемчужников

Л.: Издание М. и С. Сабашниковых, 1927. 238 с.

我的历史回忆录（第 2 册）：在农奴制农村（1852—
1857 年） Л.M. 热姆丘日尼科夫

列宁格勒：M. 萨巴什尼科夫和 C. 萨巴什尼科夫出
版，1927，238 页

3318

Н. А. Римский-Корсаков: Жизнь и творчество. Выпуск IV А. Н. Римский-Корсаков

М.: Гос. музыкальное изд-во, 1937. 170 с.

Н.А. 里姆斯基 – 科尔萨科夫：生活与创作（第 4
册） А.Н. 里姆斯基 – 科尔萨科夫

莫斯科：国家音乐出版社，1937，170 页

3319

Нестор летописец: Опыт историко-литературной характеристики М. Д. Приселков

Петербург: Изд-во Брокгауз-Ефрон, 1923. 112 с.

编年史撰写者涅斯托尔：史学和文学叙事经验 М.
Д. 普里肖尔科夫

彼得堡：布罗克豪斯 – 叶夫龙出版社，1923，112
页

3320

Островский: Литературно-театральный семинарий Н. К. Пиксанов

Иваново-Вознесенск: Книгоиздательское товарищество «Основа», 1923. 101 с.

奥斯特洛夫斯基：文学戏剧讨论 Н.К. 皮克萨诺夫
伊万诺沃 – 沃兹涅先斯克：基础图书出版社，1923，
101 页

3321

Памяти С. М. Кирова: 1886-1934 С. М. Киров

М.: Партиздат ЦК ВКП(б), 1934. 46 с.

缅怀 С.М. 基洛夫（1886—1934） С.M. 基洛夫
莫斯科：联共（布）中央委员会党的出版社，1934，
46 页

3322

Петр I: Материалы для биографии. Т. 1. Детство. Юность. Азовские походы М. М. Богословский

Л.: Гос. социально-экономическое изд-во, 1940. 436 с.

彼得一世（传记资料第 1 卷）：童年、少年时代、远
征亚速 М.М. 博戈斯洛夫斯基

列宁格勒：国家社会经济出版社，1940，436 页

3323

Петр Великий: Личность и деятельность С. Ф. Платонов

Л.: Изд-во «Время», 1926. 110 с.

彼得大帝：个性和事业 С.Ф. 普拉托诺夫
列宁格勒：时间出版社，1926，110 页

3324

Письма Вл. Соловьев

Петербург: Изд-во «Время», 1923. 243 с.

书信集 Вл. 索洛维约夫
彼得堡：时间出版社，1923，243 页

3325

Письма к брату: Избранные места М. О. Гершензон

Л.: Изд. М. и С. Сабашниковых, 1927. 231 с.

给兄弟的信（节选） М.О. 格尔中宗
列宁格勒：M. 萨巴什尼科夫和 C. 萨巴什尼科夫出
版社，1927，231 页

3326

Преемники Петра К. Валишевский; Перевод с французского Н. Васина

М.: Книгоизд-во «Современные проблемы», 1912. 354 с.

彼得的继承人们 К. 瓦利舍夫斯基著，Н. 瓦辛译自
法语

莫斯科：当代问题图书出版社，1912，354 页（古）

3327

Пугачев А. Гайсинович

М.: Журнально газетное обьединение, 1937. 248 с.

普加乔夫 А. 盖西诺维奇

莫斯科：报刊联合公司，1937，248 页

3328

Рассказ о моей жизни Алексей Стаханов

М.: Гос. социально-экономическое изд-во, 1937. 167 с.

我的生活故事 阿列克谢·斯达汉诺夫

莫斯科：国家社会经济出版社，1937，167 页

3329

Римский-Корсаков: Опыт характеристики Игорь Глебов

Петербург: Светозар, 1923. 56 с.

里姆斯基 – 科萨科夫：描述经验 伊戈尔·格列博夫

彼得堡：斯韦托扎尔出版社，1923，56 页

3330

Сергей Иванович Танеев: Его музыкальная жизнь. Вып. 2. Музыкальная секция Вас. Яковлев

М.: [Б. и.], 1927. 104 с.

谢尔盖·伊凡诺维奇·塔涅耶夫的音乐生涯（第 2 册）：音乐篇 Вас. 雅科夫列夫

莫斯科：[不详]，1927，104 页

3331

Сергею Федоровичу Ольденбургу к пятидесяти-летию научно-общественной деятельности 1882-1932: Сборник статей Редакционная коллегия: академик И. Ю. Крачковский [и др.]

Л.: Изд-во Академии наук СССР, 1934. 637 с.

谢尔盖·费奥多罗维奇·奥尔登堡科学社会活动五十周年纪念（1882—1932）（文集） 编委会：И.Ю. 克拉奇科夫斯基院士等

列宁格勒：苏联科学院出版社，1934，637 页

3332

Соперник царя Михаила Феодоровича Романо-ва: Исторический очерк С. Ф. Либрович

М.: Изд. Т-ва «М. О. Вольф», 1913. 6 с.

沙皇米哈伊尔·费奥多罗维奇·罗曼诺夫的竞争者：历史纪实 С.Ф. 利布罗维奇

莫斯科：М.О. 沃尔夫出版社，1913，6 页（古）

3333

Тимирязев А. С. Цетлин

М.: Изд-во АН СССР, 1945. 153 с.

季米里亚泽夫 А.С. 采特林

莫斯科：苏联科学院出版社，1945，153 页

3334

Фома Гордеев М. Горький

ПГД: А. Ф. Маркс, 1917. 443 с.

福马·高尔杰耶夫 М. 高尔基

彼得格勒：А.Ф. 马克斯出版社，1917，443 页（古）

3335

Художник-иллюстратор А. А. Агин: Его жизнь и творчество Конст. Кузьминский

М.: Гос. изд-во, 1923. 156 с.

插画艺术家 А.А. 阿金：生活与创作 Конст. 库兹明斯基

莫斯科：国家出版社，1923，156 页

3336

Четыре катастрофы: Воспоминания Ген. К. Гоппер

Рига: [Б. и.], 1920. 168 с.

四场灾难（回忆录） К. 戈佩尔将军

里加：[不详]，1920，168 页

3337

Научные работники Ленинграда: С приложени-ем перечня научных учреждений Ленинграда

Л.: Изд-во Академии наук СССР, 1934. 722 с.

列宁格勒科学工作者（附列宁格勒科学机构目录）

列宁格勒：苏联科学院出版社，1934，722 页

3338

Сергей Иваннович Танеев: Личность, творче-ство и документы его жизни: К 10-ти летию со дня его смерти 1915-1925

М.: Музсектор, 1925. 205 с.

谢尔盖·伊万诺维奇·塔涅耶夫：个人、创作和生

平文献：逝世十周年（1915—1925）纪念

莫斯科：国家音乐书籍出版社，1925，205 页

3339

Августейший поэт К. Р.: Жизнь и деятельность: Великий князь Константин Константинович, как государственный и общественный деятель, поэт и человек. Оценка творчества в письмах наших классиков.Мои воспоминания Н. Н. Сергиевский

Петроград: Издание Журнала «Наша старина», 1915. 49 с.

至尊的诗人康斯坦丁·罗曼诺夫（生活与事业）：国务和社会活动家、诗人及高尚的人康斯坦丁·康斯坦丁诺维奇大公，我国经典作家信函中对其作品的评价，我的回忆 Н.Н. 谢尔吉耶夫斯基

彼得格勒：《古代俄国》杂志社出版，1915，49 页（古）

3340

Адам Мицкевич: Его жизнь и творчество. Т. 1 А. Л. Погодин

М.: Издание В. М. Саблина, 1912. 350 с.

亚当·密茨凯维奇：生活与创作（第 1 卷） А.Л. 波戈金

莫斯科：В.М. 萨布林出版，1912，350 页（古）

3341

Франц Лист (1811-1886): Опыт характеристики Игорь Глебов

Петроград: Светозар, 1922. 62 с.

弗朗茨·李斯特（1811—1886）：描写的经验 伊戈尔·格列博夫

彼得格勒：斯韦托扎尔出版社，1922，62 页

3342

На пути к звездам = Vom arbeiter zum astronomen: Воспоминания о детстве и юности рабочего, ставшего астрономом Бруно Бюргель; Перевод с Немецкого Н. Д. Шаховской

М.: Посредник, 1928. 61 с.

探索星空之路：一名成为天文学家的工人的童年和少年时代回忆录 布鲁诺·比格尔著，Н.Д. 沙霍夫斯卡娅译自德语

莫斯科：媒介出版社，1928，61 页

3343

Роман моей жизни: Мемуары социалистки. Т. II. Годы борьбы Лилли Браун; Перевод с Немецкого З. Н. Журавской

Петроград: Издание Петроградского совета рабочих и Красноармейских депутатов, 1919. 372 с.

我的生活故事：女社会民主党人回忆录（第 2 卷）：斗争年代 莉莉·布劳恩著，З.Н. 茹拉夫斯卡娅译自德语

彼得格勒：彼得格勒工人和红军代表苏维埃出版，1919，372 页

3344

Роман моей жизни: Мемуары социалистки. Т.I Лилли Браун; Перевод с Неменцкого З. Н. Журавской

Петроград: Издание Петроградскаго совета рабочих и Красноармейских депутатов, 1919. 364 с.

我的生活故事：女社会民主党人回忆录（第 1 卷） 莉莉·布朗著，З.Н. 茹拉夫斯卡娅译自德语

彼得格勒：彼得格勒工人和红军代表苏维埃出版，1919，364 页

3345

И. Г. Песталоцци: 12.I.1746-17.II.1827 А. П. Пинкевич

М.: Журнально-Газетное обьединение, 1933. 126 с.

И.Г. 裴斯泰洛齐（1746 年 1 月 12 日—1827 年 2 月 17 日） А.П. 平克维奇

莫斯科：报刊联合公司，1933，126 页

3346

Геродот С. Я. Лурье

М.: Изд-во Академии наук СССР, 1947. 210 с.

希罗多德 С.Я. 卢里耶

莫斯科：苏联科学院出版社，1947，210 页

3347

Жизнь Паганини И. Шулячук

М.: Тип. Торг. дом «Моск. Изд. Копейка», 1912. 130 с.

帕格尼尼的生活 И. 舒利亚丘克

莫斯科：莫斯科科佩卡出版社印刷厂，1912，130 页（古）

3348

Гении-изобретатели и люди труда Н. А. Соловьев-Несмелов

М.: Издание Третье т-ва И. Д. Сытина, 1912. 159 с.

天才发明家与劳动人民 Н.А. 索洛维约夫 – 涅斯梅洛夫

莫斯科：И.Д. 瑟京出版社（第 3 版），1912，159 页（古）

3349

Гракх-Бабеф П. Щеголев

М.: Журнально-Газетное объединение, 1933. 155 с.

格拉古·巴贝夫 П. 谢戈廖夫

莫斯科：报刊联合公司，1933，155 页

3350

Передовой боец Славянофильства: Констатин Аксаков С. А. Венгеров

С-Петербург: Кн-во «Прометей» Н. Н. Михаилова, 1912. 247 с.

斯拉夫派的排头兵：康斯坦丁·阿克萨科夫 С.А. 文格罗夫

圣彼得堡：Н.Н. 米哈伊洛夫普罗米修斯图书出版社，1912，247 页（古）

3351

Моя жизнь, мои достижения Генри Форд

Л.: Изд-во «Время», 1926. 273 с.

我的生活与成就 亨利·福特

列宁格勒：时间出版社，1926，273 页

3352

Сегодня и завтра: Продолжение книги «Моя жизнь, мои достижения» Генри Форд

Л.: Изд-во «Время», 1927. 285 с.

今天和明天：著作《我的生活，我的成就》续 亨利·福尔德

列宁格勒：时间出版社，1927，285 页

3353

Мемуары черной графини Жозефина Бекер

Рига: Изд-во «Литература», 1928. 191 с.

黑人伯爵夫人回忆录 若泽芬娜·贝克尔

里加：文学出版社，1928，191 页

3354

Археологические памятники, их охрана, учет и первичное изучение П. А. Сухов

М.: Изд-во Академии наук СССР, 1941. 123 с.

出土文物及其保护、登记和初步研究 П.А. 苏霍夫

莫斯科：苏联科学院出版社，1941，123 页

3355

Сборник статей по археологии СССР. Выпуск VIII [Редактор А. Я. Брюсов]

М.: Изд. гос. исторического музея, 1938. 190 с.

苏联考古学文集（第 8 册） [А.Я. 布留索夫编]

莫斯科：国家历史博物馆出版社，1938，190 页

3356

Эллинство и иранство на Юге России М. И. Ростовцев

Петроград: Издание «Огни», 1918. 185 с.

俄国南部的希腊文化与伊朗文化 М.И. 罗斯托夫采夫

彼得格勒：星火出版社，1918，185 页（古）

3357

Записки Императорского Московского археологического института имени императора Николая II. Т. I. Посвященный ознаменованию 300-летия царствования дома Романовых Под ред. А. И. Успенский

М.: Печатня А. И. Снегиревой, 1913. 399 с.

尼古拉二世莫斯科皇家考古研究所论文集（第 1 卷）：纪念罗曼诺夫王朝统治 300 年 А.И. 乌斯片斯基编

莫斯科：А.И. 斯涅吉廖娃印书馆，1913，399 页（古）

3358

Первобытная религия в свете этнографии: Исследования, статьи, лекции Л. Я. Штернберг

Л.: Изд-во института народов севера ЦИК СССР им. П. Г. Смидовича, 1936. 568 с.

民族学视角下的原始宗教（研究著作、文章、讲义） Л.Я. 施特恩贝格

列宁格勒：苏联中央执行委员会 П.Г. 斯米多维奇北方民族研究所出版社，1936，568 页

3359

Китайчата = The rabbit lantern　Д. Роу

М.: Посредник, 1928. 55 с.

中国小孩（又名兔子灯笼）　Д. 罗乌

莫斯科：媒介出版社，1928，55 页

3360

Быт и нравы русского дворянства в первой по-
ловина 18 века　М. Богословский

Петроград: Типография Т-ва «Задруга», 1918. 47 с.

18 世纪上半叶俄国贵族的日常生活和习俗　М. 博
戈斯洛夫斯基

彼得格勒：农业生产合作社印刷厂，1918，47 页
（古）

3361

Библиографический указатель Русской этногра-
фической литературы о внешнем быте народов
России. 1700-1910 гг. (Жилище. Одежда. Музыка.
Искусство. Хозяйственный быт): Труды Комис-
сии по составлению этнографических карт Рос-
сии. I　Составил Д. К. Зеленин

С-Петербург: Типография А. В. Орлов, 1913. 733 с.

关于 1700—1910 年俄国各民族外在生活习惯的俄
国民族学文献书目索引（住所、服饰、音乐、艺术、
经济生活）：俄国民族志地图编制委员会著作集（第
1 卷）　Д.К. 泽列宁编

圣彼得堡：А.В. 奥尔洛夫印刷厂，1913，733 页（古）

3362

В стране папуасов = Bei den kannibalen von
papua　Мерлин Мур Тэйлор; Перевод И. А. Биншток

М.: Изд-во «Молодая гвардия», 1929. 237 с.

在巴布亚人的国家　梅林·摩尔·泰勒著，И.А. 宾
什托克译

莫斯科：青年近卫军出版社，1929，237 页

3363

По персидским караванным путям　Бернгард
Келлерман; Авторизованный перевод с немецкого Р.
Ландау

М.: Земля и фабрика, 1930. 131 с.

沿着波斯商队走过的道路　伯恩哈德·凯勒尔曼著，

Р. 兰道译自德语

莫斯科：土地与工厂出版社，1930，131 页

3364

Путешествие в Абиссинию　Б. Цейтлин

М.: Изд-во ЦК влксм Молодая гвардия, 1936. 157 с.

阿比西尼亚之旅　Б. 蔡特林

莫斯科：全苏列宁共产主义青年团中央委员会青年
近卫军出版社，1936，157 页

3365

Люди сильной воли: Из истории великих иссле-
дований XIX века　Ник. Каринцев

М.: Изд-во товарищество «Книга», 1924. 183 с.

意志坚强的人们：19 世纪伟大研究史　Ник. 卡林采
夫

莫斯科：书籍出版社，1924，183 页

3366

По древней Литве: Путевые наброски　М. С.
Минцлова

[Б. м.]: Типография Т-ва Технич. Шк., 1914. 120 с.

古立陶宛（旅行摘记）　М.С. 明茨洛娃

[不详]：技术学校印刷厂，1914，120 页（古）

3367

СССР: административно-территориальное де-
ление Союзных республик (На 1 октября 1938
года)　[Редактор П. В. Туманов]

М.: Изд-во «Власть Советов», 1938. 327 с.

苏联：加盟共和国行政区划（截至 1938 年 10 月 1
日）[П.В. 图马诺夫编]

莫斯科：苏维埃政权出版社，1938，327 页

3368

Героический дрейф «Седова»　Л. Хват, М. Чер-
ненко

М.: Гос. изд-во политической лит., 1940. 62 с.

"谢多夫"号英勇的漂流　Л. 赫瓦特、М. 契尔年科

莫斯科：国家政治书籍出版社，1940，62 页

3369

Ленский поход　С. Морозов

М.: Молодая гвардия, 1934. 116 с.

勒拿河远征　С. 莫罗佐夫

莫斯科：青年近卫军出版社，1934，116 页

3370

На Балканах: Статьи. Путевые очерки　В. В. Водовозов

Петроград: Изд-во «Огни», 1917. 138 с.

在巴尔干（文章和旅行纪事）　В.В. 沃多沃佐夫

彼得格勒：星火出版社，1917，138 页（古）

3371

Путешествие по Карагассии　Борис Чудинов

Л.: Молодая гвардия, 1931. 180 с.

卡拉加西亚之旅　鲍里斯·丘季诺夫

列宁格勒：青年近卫军出版社，1931，180 页

3372

Семафоры в пустыне = Semaphores au desert　Зинаида Рихтер

М.: Изд-во «Молодая гвардия», 1929. 223 с.

沙漠里的信号装置　季娜伊达·里希特

莫斯科：青年近卫军出版社，1929，223 页

3373

Офейра: Путевые заметки. Часть 1　Андрей Белый

М.: Т-во «Книгоизд-во писателей», 1921. 198 с.

奥菲拉：旅行杂记（第 1 部分）　安德烈·别雷

莫斯科：作家图书出版社，1921，198 页

3374

Воспоминания Бориса Николаевича Чичерина: Путешествие за границу　Бориса Николаевича Чичерина

М.: Кооперативное изд-во «Север», 1932. 144 с.

鲍里斯·尼古拉耶维奇·奇切林回忆录：国外旅行　鲍里斯·尼古拉耶维奇·奇切林

莫斯科：北方合作出版社，1932，144 页

3375

Полярный Робинзон: Приключения капитана Миккельсена во льдах Гренландии: Экспедиция 1909-1912 года　Э. К. Пименовой

Л.: Изд-во «Книга», 1928. 139 с.

极地鲁滨逊：米凯尔森船长格陵兰岛冰原奇遇记（1909—1912 年考察）　Э.К. 皮缅诺娃

列宁格勒：书籍出版社，1928，139 页

3376

Впервые вокруг света (Путешествие Магеллана)　Антонио Пигафетта; Перевод и примечания Б. П. Дитмара

Л.: Изд-во Брокгауз-Ефрон, 1928. 165 с.

麦哲伦首次环球航行　安东尼奥·皮加菲塔著，Б.П. 迪特马尔翻译和作注

列宁格勒：布罗克豪斯 – 叶夫龙出版社，1928，165 页

3377

Бюллетени Краеведческого Научно-Исследовательского Института при Государственном Дальневосточном Университете. № 1　Под ред. Е. М. Чепурковского и Г. Н. Гассовского

Владивосток: [Б. и.], 1925. 86 с.

远东国立大学方志学研究所学报（第 1 期）　Е.М. 切普尔科夫斯基、Г.Н. 加索夫斯基编

符拉迪沃斯托克：[不详]，1925，86 页

3378

В. К. Арсеньев путешественник и натуралист: 1872-1930　Н. Е. Кабанов

М.: Издательство московского общества испытателей природы, 1948. 94 с.

旅行家和自然科学家 В.К. 阿尔谢尼耶夫（1872—1930）　Н.Е. 卡巴诺夫

莫斯科：莫斯科大自然体验者协会出版社，1948，94 页

3379

Дневники Челюскинцев　[Сост. М. А. Дьяконов, Е. Б. Рубинчик]

Л.: Гослитиздат, 1935. 567 с.

切柳斯金号轮船船员日记　[М.А. 季亚科诺夫、Е.Б. 鲁宾奇克编]

列宁格勒：国家文艺书籍出版社，1935，567 页

3380

Путешествия на край света　Н. А. Рубакин

[Б. м.]: Издательство всероссийского центрального исполнительного комитета, 1919. 110 с.

天际之旅　Н.А. 鲁巴金

［不详］：全俄中央执行委员会出版社，1919，110 页

3381

Экспедиции академии наук СССР

[Б. м.]: [Б. и.], 1935. 535 с.

苏联科学院考察队

［不详］：［不详］，1935，535 页

3382

Экспедиции всесоюзной академии наук: 1931 г.　Под ред. И. М. Губкина

Л.: Издательство Академии наук СССР, 1932. 378 с.

全苏科学院考察队（1931 年）　И.М. 古布金编

列宁格勒：苏联科学院出版社，1932，378 页

3383

В царстве смекалки или арифметика для всех: Книга для семьи и школы. Книга 3　Е. И. Игнатьев

Петроград: Новое Время, 1915. 322 с.

聪明王国（又名大众算数）: 家庭和学校读物（第 3 册）　Е.И. 伊格纳季耶夫

彼得格勒：新时代印刷厂，1915，322 页（古）

3384

Занимательная авиация　К. Е. Вейгелин

Л.: Кооперативное изд-во «Время», 1928. 229 с.

趣味航空学　К.Е. 魏格林

列宁格勒：时间合作出版社，1928，229 页

3385

Наш пруд; Наши зимующие птицы; В лесу и на лугу　Евгений Шведер

Рига: Изд. К. Г. Зихмана, 1914. [300 с.]

我们的池塘；我国的越冬鸟类；林中和草地上　叶夫根尼·施韦德尔

里加：К.Г. 季赫曼出版社，1914，[300 页]（古）

3386

Курс физики для медиков и биологов: Учеб. для студентов　Э. Лехер

М.: Гос. изд-во, 1930. 568 с.

物理教程：医学和生物学专业本科生教材　Э. 列赫尔

莫斯科：国家出版社，1930，568 页

3387

Методы расчета оптических систем　Г. Г. Слюсарев

Л.: ОНТИ. НКТП. СССР, 1937. 698 с.

光学系统计算方法　Г.Г. 斯柳萨列夫

列宁格勒：苏联重工业人民委员部科技联合出版社，1937，698 页

3388

Николай Егорович Жуковский, 1847-1921 гг.: Воспоминания и материалы к биографии　Е. А. Домбровская

М.: Гос. изд. оборонной промышленности, 1939. 247 с.

尼古拉·叶戈罗维奇·茹科夫斯基（1847—1921 年）: 回忆录和生平资料　Е.А. 东布罗夫斯卡娅

莫斯科：国家国防工业出版社，1939，247 页

3389

Видимые и невидимые лучи　Р. Бернштейн, В. Марквальд; Перевод Э. В. Шпольского

М.: Природа, 1914. 186 с.

可见光与不可见光　Р. 伯恩斯坦、В. 马克瓦尔德著，Э.В. 什波利斯基译

莫斯科：自然出版社，1914，186 页（古）

3390

Аршаны Монголии = MONGOL ORONII ARSAANUUDIIN TUS　В. А. Смирнов

Л.: Издательство Академии наук СССР, 1932. 48 с.

蒙古阿尔山人　В.А. 斯米尔诺夫

列宁格勒：苏联科学院出版社，1932，48 页

3391

Богатства России: Минеральные воды　А. Д. Стопневич

Петроград: Издание комиссии по изучению естественных производительных сил России состоящей при Российской АН, 1920. 36 с.

俄罗斯资源：矿泉水　А.Д. 斯托普涅维奇

彼得格勒：俄罗斯科学院俄罗斯自然生产力研究委员会出版，1920，36 页

3392

Восточная Монголия: Географическое и геологическое описание. Ч. 1 и 2. Обзор литературы. Орографический и гидрографический очерк　В. А. Обручев

М.: Изд-во Академии наук СССР, 1947. 349 с.

东蒙古：地理和地质描述（第 1 和第 2 部分）：文献综述、地形和水文概况　В.А. 奥布鲁切夫

莫斯科：苏联科学院出版社，1947，349 页

3393

Географические очерки Маньчжурии　В. А. Анучин

М.: Огиз; Географгиз, 1948. 299 с.

满洲地理概况　В.А. 阿努钦

莫斯科：国家出版社联合公司、国家地理书籍出版社，1948，299 页

3394

Геология Сибири. Том I. Докембрий и древний палеозой　В. А. Обручев

М.: АН СССР, 1935. 381 с.

西伯利亚地质学（第 1 卷）：前寒武纪与古生代　В. А. 奥布鲁切夫

莫斯科：苏联科学院，1935，381 页

3395

Дневник наблюдений над природой　А. И. Черский

[Б. м.]: [Б. и.], 1914. 276 с.

自然观察日记　А.И. 切尔斯基

[不详]：[不详]，1914，276 页（古）

3396

Записки Общества изучения Амурского края Владивостокского отделения Приамурского отдела Императорского русского географического общества. Т. VIII

С.-Петербург: Фототипия и тип. А. Ф. Дресслера, 1913. 65 с.

俄罗斯帝国地理学会阿穆尔河沿岸地区分部符拉迪沃斯托克分会阿穆尔边疆区研究会科研成果集（第 8 卷）

圣彼得堡：А.Ф.德雷斯勒印刷厂，1913，65 页（古）

3397

Изучение климата Приморского района: Метеорологическая хрестоматия для Дальнего Востока　Н. В. Кирилов

Владивосток: Типография и Цинкография «Далекая Окраина», 1914. 264 с.

滨海地区气候研究：远东气象学文选　Н.В. 基里洛夫

符拉迪沃斯托克：边陲印刷厂，1914，264 页（古）

3398

Индия: Страна и народ. Вып. I. Физическая Индия　А. Е. Снесарев

М.: Изд-во Института Востоковедения, 1926. 144 с.

印度：国家和人民（第 1 卷）：印度自然地理　А. Е. 斯涅萨列夫

莫斯科：东方学研究所出版社，1926，144 页

3399

Карта полезных ископаемых Дальнего Востока = MAP OF USEFUL MINERALS OF THE RUSSIAN FAR EAST　Под ред. П. И. Полевого

Владивосток: Типо-лит. Иосиф Корот, 1923. 4 с.

远东矿产地图　П.И. 波列伏依编

符拉迪沃斯托克：约瑟夫·科罗特印刷厂，1923，4 页

3400

Климат Восточносибирского края　К. Н. Миротворцев

Иркутск: Полиграфкнига, 1935. 210 с.

东西伯利亚边疆区气候　К.Н. 米罗特沃尔采夫

伊尔库茨克：书刊印刷托拉斯，1935，210 页

3401

Материалы по геологии и полезным ископаемым Дальнего Востока. № 1-21

[Б. м.]: [Б. и.], 1920-1921. 130 с.

远东地质与矿产资源资料集（第 1—21 册）

[不详]: [不详]，1920–1921，130 页

3402

Материалы по геологии и полезным ископае-
мым Дальнего Востока. № 22-23 (1921); 28, 31-32,
34-35 (1924)

Владивосток: Типография гос. дальневосточного
университета, 1921; 1924. 210 с.

远东地质与矿产资源资料集（1921 年第 22—23 册，
1924 年第 28、31—32、34—35 册）

符拉迪沃斯托克：远东国立大学印刷厂，1921、
1924，210 页

3403

Минеральные ресурсы Урала

Свердловск: Уральское изд-во, 1934. 636 с.

乌拉尔矿产资源

斯维尔德洛夫斯克：乌拉尔出版社，1934，636 页

3404

На Камчатке: Сборник статей и очерков　Глав.
ред. В. Н. Васильев

М.: Путь Октября, 1936. 213 с.

在勘察加：论文随笔集　В.Н. 瓦西里耶夫主编

莫斯科：十月之路出版社，1936，213 页

3405

Новые данные о водных силах Алтая: Новые
ледники Катунского хребта: Химической ха-
рактеристике некоторых источников и рек Ал-
тая　Б. В. Тронов и М. В. Тронов, Е. А. Крюгер

Новосибирск: Издание общества изучения Сибири
и ее производительных сил, 1930. 85 с.

阿尔泰水力新数据：卡通山的新冰河（阿尔泰地
区部分泉源和河流的化学特征）　Б.В. 特罗诺夫、
М.В. 特罗诺夫、Е.А. 克吕格尔

新西伯利亚：西伯利亚及其生产力研究会出版，
1930，85 页

3406

Основы водного хозяйства СССР　М. А. Стеколь-
ников

[Б. м.]: Гос. изд-во Стандартизация и Рационализация, 1933. 609 с.

苏联水利事业的基础　М.А. 斯捷科利尼科夫

[不详]: 国家标准化与合理化出版社，1933，609 页

3407

Очерки Алтая　В. И. Верещагин

Новосибирск: Сибкрайиздат, 1927. 96 с.

阿尔泰概况　В.И. 韦列夏金

新西伯利亚：西伯利亚边疆区出版社，1927，96 页

3408

Очерки по геологии Сибири: Западный Саян　И.
К. Баженов

Ленинград: Изд-во АН СССР, 1934. 143 с.

西伯利亚地质学概论：西萨彦　И.К. 巴热诺夫

列宁格勒：苏联科学院出版社，1934，143 页

3409

Очерки природы Северо-Западной Барабы　А.
Молотилов

Томск: Печатня С. П. Яковлева, 1912. 111 с.

西北巴拉巴自然概要　А. 莫洛季罗夫

托木斯克：С.П. 亚科夫列夫印刷所，1912，111 页
（古）

3410

Полезные ископаемые Дальнего Востока　Под
ред. П. И. Полевого

[Б. м.]: Издание геологического комитета Дальнего
Востока, 1923. 333 с.

远东矿产　П.И. 波列伏依编

[不详]: 远东地质委员会出版，1923，333 页

3411

Природные богатства СССР: С приложением 2
диаграмм　В. А. Гаврилов

Л.: Изд-во «П. П. Сойкин», 1926. 76 с.

苏联自然资源（附 2 张图表）　В.А. 加夫里洛夫

列宁格勒：П.П. 索伊金出版社，1926，76 页

3412

Птицы Юго-Западного Забайкалья Северной
Монголии и Центральной Гоби　Е. В. Козлова

Л.: Изд-во Академии наук СССР, 1930. 396 с.

北蒙古和中部大戈壁外贝加尔西南部的鸟类　Е.

В. Козлова

Ленинград: 苏联科学院出版社，1930，396 页

3413

Путешествия В. Л. Комарова   Н. А. Гвоздецкий

М.: Гос. изд-во географической литературы, 1949. 112 с.

В.Л. 科马罗夫游记   Н.А. 格沃兹杰茨基

莫斯科：国家地理书籍出版社，1949，112 页

3414

Успехи геолого-географических наук в СССР за 25 лет: Сборник статей   Д. С. Белянкин [и др.]

М.: Изд-во Академии наук СССР, 1943. 197 с.

苏联地质地理学 25 年成就（论文集）   Д.С. 别良金等

莫斯科：苏联科学院出版社，1943，197 页

3415

Экскурсии в природу Восточносибирского Края: Географические. Часть 2. С 7 картами   В. Ф. Дягилев

Иркутск: Восточносибирское краевое издательство, 1936. 151 с.

游览东西伯利亚边疆区的自然风光：地理（第 2 部分附 7 张地图）   В.Ф. 佳吉列夫

伊尔库茨克：东西伯利亚边疆区出版社，1936，151 页

3416

Япония: Культурно-географический очерк   П. Ю. Шмидт

Петроград: Издание П. Л. Сойкина, 1917. 32 с.

日本：文化地理概述   П.Ю. 施密特

彼得格勒：П.Л. 索伊金出版，1917，32 页（古）

3417

Общедоступная история астрономии в XIX столетии   Агнеса Кларк; Пер. с английского В. В. Серафимов

Одесса: [Б. и.], 1913. 656 с.

19 世纪通俗天文学史   阿格尼丝·克拉克著，В.В. 谢拉菲莫夫译自英语

敖德萨：[不详]，1913，656 页（古）

3418

Ледник: Из истории ледникового периода и первого человека = Braeen: Myter om istiden og det forste menneske   Иоганнес В. Иенсен, Перевод с датского А. В. Ганзен

М.: Государственное изд., 1926. 116 с.

冰川：冰川时代和早期人类史   约翰内斯·В. 延森，А.В. 汉森译自丹麦语

莫斯科：国家出版社，1926，116 页

3419

На Урале   Н. М. Федоровский

Л.: Научное химико-техническое изд. научно-техническое отдел. В. С. Н. Х., 1926. 79 с.

在乌拉尔   Н.М. 费多罗夫斯基

列宁格勒：最高国民经济委员会科技分委会化学科技出版社，1926，79 页

3420

История исследования советской Арктики: Баренцово и Карское моря   В. Ю. Визе

Архангельск: Севкрайгиз, 1934. 211 с.

苏联北极研究史：巴伦支海和喀拉海   В.Ю. 维泽

阿尔汉格尔斯克：北部边疆区国家出版社，1934，211 页

3421

Звери Таджикистана, их жизнь и значение для человека   Б. С. Виноградов, Е. Н. Павловский, К. К. Флеров

М.: Изд-во Академии наук СССР, 1935. 276 с.

塔吉克斯坦的兽类：兽类生活及其对人类的意义   Б.С. 维诺格拉多夫、Е.Н. 帕夫洛夫斯基、К.К. 弗廖罗夫

莫斯科：苏联科学院出版社，1935，276 页

3422

Лекции по естествознанию и философии   Эрнст Геккель; Пер. Р. Х. Макстыс

С.-Петербург: Издательство Вестник Знания (В. В. Битнера), 1913. 87 с.

自然科学和哲学讲义   恩斯特·海克尔著，Р.Х. 马克斯特斯译

圣彼得堡：科学通报出版社（В.В. 比特纳），1913，

87 页

3423

Н. М. Пржевальский: К столетию со дня рождения: 1839-1939 [Отв. ред. В. В. Потемкин]

М.: Издание Московского государственного университета, 1939. 131 с.

Н.М. 普热瓦利斯基：百年诞辰（1839—1939） [В. В. 波将金编]

莫斯科：莫斯科国立大学出版，1939，131 页

3424

Определитель растений Дальневосточного Края. I. С 187 таблицами оригинальных рисунков В. Л. Комаров, Е. Н. Клобукова-Алисова

Л.: Издательство Академии наук СССР, 1931. 622 с.

远东边疆区植物图鉴（第 1 卷）：附 187 张原始图片 В.Л. 科马罗夫、Е.Н. 克洛布科夫 – 阿利索夫

列宁格勒：苏联科学院出版社，1931，622 页

3425

По Австралии: Рассказы из жизни птиц А. Чеглок

М.: Земля и фабрика, 1925. 319 с.

澳大利亚：鸟类生活故事 А. 切格洛克

莫斯科：土地与工厂出版社，1925，319 页

3426

Сорок лет искания рационального мировоззрения И. И. Мечников

М.: Научное слово, 1914. 333 с.

理性世界观探索四十年 И.И. 梅奇尼科夫

莫斯科：学术语言出版社，1914，333 页

3427

Труды общества изучения Урала, Сибири и Дальнего Востока. Т. I

М.: Общество изучения Урала, Сибири и Дальнего Востока, 1929. 172 с.

乌拉尔、西伯利亚和远东研究会著作集（第 1 卷）

莫斯科：乌拉尔、西伯利亚和远东研究会，1929，172 页

3428

Этнография на службе у классового врага: Сборник критических статей

Л.: Соцэкгиз-ГАИМК, 1932. 128 с.

为阶级敌人服务的民族学（批判文集）

列宁格勒：国家社会经济书籍出版社 – 国家物质文明史研究院，1932，128 页

3429

Собрание сочинений. Т. 5. О выражении ощущений у человека и животных Чарльз Дарвин; Пер. с последнего английского издания А. А. Николаева

С.-Петербург: Издательство «Вестника Знания», 1912. 444 с.

作品集（第 5 卷）：人类和动物情感的表达 查尔斯·达尔文著，А.А. 尼古拉耶夫译自最新英语版本

圣彼得堡：科学通报出版社，1912，444 页（古）

3430

Птицы восточной Монголии: По наблюдениям экспедиции 1928 г. А. Я. Тугаринов

Л.: Изд. АН СССР, 1932. 93 с.

东蒙古鸟类：根据 1928 年考察队的观察结果 А. Я. 图加里诺夫

列宁格勒：苏联科学院出版社，1932，93 页

3431

Атлас анатомии человека. Т. 3 В. П. Воробьев, Р. Д. Синельников

М.: Медгиз, 1947. 328 с.

人体解剖图集（第 3 卷） В.П. 沃罗比约夫、Р.Д. 西涅利尼科夫

莫斯科：国家医学书籍出版社，1947，328 页

3432

Оперативная гинекология = Operative gynakologie. Ч. I. Общая. С 159 рисунками Перевод с немецкого Д. Е. Шмундак

Харьков: Изд-во Космос, 1927. 247 с.

妇外科（第 1 部分）：总论（附 159 幅图） Д.Е. 什穆恩达克译自德语

哈尔科夫：宇宙出版社，1927，247 页

3433
Теория и практика лизатотерапии по методу И. Н. Казакова　Под ред. И. Н. Казакова
М.: Гос. медицинское изд-во, 1934. 715 с.
И.Н. 卡扎科夫溶解疗法的理论与实践　И.Н. 卡扎科夫编
莫斯科：国家医学书籍出版社，1934，715 页

3434
Частная хирургия = Lehrbuch der chirurgie. Час. 2　К. Гарре, А. Борхард; Перевод с немецкого В. О. Горенштейна [и др.]
М.: Гос. изд-во, 1928. 463 с.
局部外科（第 2 册）　К. 加尔、А. 博查特著，В.О. 戈连施泰因等译自德语
莫斯科：国家出版社，1928，463 页

3435
Атлас анатомии человека. Т. 2　В. П. Воробьев, Р. Д. Синельников
М.: Медгиз, 1948. 252 с.
人体解剖图集（第 2 卷）　В.П. 沃罗比约夫、Р.Д. 西涅利尼科夫
莫斯科：国家医学书籍出版社，1948，252 页

3436
Атлас анатомии человека. Т. 4　В. П. Воробьев, Р. Д. Синельников
М.: Медгиз, 1948. 381 с.
人体解剖图集（第 4 卷）　В.П. 沃罗比约夫、Р.Д. 西涅利尼科夫
莫斯科：国家医学书籍出版社，1948，381 页

3437
Атлас анатомии человека. Т. 5　В. П. Воробьев, Р. Д. Синельников
М.: Медгиз, 1948. 486 с.
人体解剖图集（第 5 卷）　В.П. 沃罗比约夫、Р.Д. 西涅利尼科夫
莫斯科：国家医学书籍出版社，1948，486 页

3438
Борьба с засухой: Всесоюзная конференция по борьбе с засухой: Сборник материалов　Под ред. И. Д. Верминичева, В. М. Румянцева
М.: Сельхозгиз, 1932. 450 с.
抗旱：全苏抗旱会议（资料集）　И.Д. 韦尔米尼切夫、В.М. 鲁缅采夫编
莫斯科：国家农业书籍出版社，1932，450 页

3439
В помощь амурскому земледельцу　Д.-В. К. З. У
Благовещенск: [Б. и.], 1928. 51 с.
帮助阿穆尔农民　远东边疆区土地管理局
布拉戈维申斯克：[不详]，1928，51 页

3440
Домашние животные Монголии　Я. Я. Лус [и др.]
М.: Изд-во Академии наук СССР, 1931. 432 с.
蒙古家畜　Я.Я. 卢斯等
莫斯科：苏联科学院出版社，1931，432 页

3441
Материалы метеорологических станций по изучению климата, почв и растительности Амурской области 1909-1910 г. г.　Под ред. Н. И. Прохорова
С.-Петербург: Типография В. Ф. Киршбаума, 1913. 688 с.
1909—1910 年气象站关于阿穆尔州气候、土壤和植被的研究资料　Н.И. 普罗霍罗夫编
圣彼得堡：В.Ф. 基尔什鲍姆印刷厂，1913，688 页（古）

3442
Почвы Восточно-Сибирского края　И. В. Николаев
М.: [Б. и.], 1934. 164 с.
东西伯利亚边疆区的土壤　И.В. 尼古拉耶夫
莫斯科：[不详]，1934，164 页

3443
Растениеводство СССР　Ред. Н. С. Переверзев
Ленинград: Сельхозгиз, 1933. 879 с.
苏联农艺学　Н.С. 佩列维尔泽夫编
列宁格勒：国家农业书籍出版社，1933，879 页

3444
Растениеводство СССР. Т. 1

М.: Государственное издательство колхозной и совхозной литературы «Сельхозгиз», 1933. 379 с.

苏联作物栽培（第 1 卷）

莫斯科：国家集体农庄和国营农场书籍出版社，1933，379 页

3445
Растениеводство СССР. Т. 2

М.: Государственное издательство колхозной и совхозной литературы «Сельхозгиз», 1933. 674 с.

苏联作物栽培（第 2 卷）

莫斯科：国家集体农庄和国营农场书籍出版社，1933，674 页

3446
Земледельческий Афганистан = Agricultural Afghanistan Н. И. Вавилов, Д. Д. Букинич

Л.: Изд. Всесоюзного институт прикладной ботаники и новых культур при СНК СССР, 1929. 628 с.

农业国阿富汗 Н.И. 瓦维洛夫、Д.Д. 布基尼奇

列宁格勒：苏联人民委员会全苏实用植物学和新作物研究所出版社，1929，628 页

3447
Сельскохозяйственный словарь-справочник Гл. ред. А. И. Гайстер

М.: Гос. изд. колхозной и совхозной лит., 1934. 1279 с.

农业指南 А.И. 盖斯特主编

莫斯科：国家集体农庄和国营农场书籍出版社，1934，1279 页

3448
Александр Александрович Байков Вступительная статья Г. А. Кащенко; Сост. А. П. Епифановой, Н. В. Смирновой

М.: Издательство Академии наук СССР, 1945. 46 с.

亚历山大·亚历山德罗维奇·拜科夫 Г.А. 卡先科序，А.П. 叶皮凡诺娃、Н.В. 斯米尔诺娃编

莫斯科：苏联科学院出版社，1945，46 页

3449
Золотая промышленность. Т. II А. П. Серебровский

М.: Изд-во Академии наук СССР, 1935. 616 с.

黄金工业（第 2 卷） А.П. 谢列布罗夫斯基

莫斯科：苏联科学院出版社，1935，616 页

3450
Остров сокровищ: Северный Сахалин Аболтин

Хабаровск: Книжное дело, 1928. 168 с.

宝藏岛：北萨哈林 阿博尔金

哈巴罗夫斯克：图书业出版社，1928，168 页

3451
Угольные богатства и угольная промышленность Дальневосточного края Ф. Л. Трухин

Хабаровск: Дальгиз, 1932. 94 с.

远东边疆区煤炭资源与煤炭工业 Ф.Л. 特鲁欣

哈巴罗夫斯克：远东国家出版社，1932，94 页

3452
Энергетические ресурсы СССР. Т. II Под ред. Г. М. Кржижановского

М.: Издательство Академии наук СССР, 1938. 633 с.

苏联动力资源（第 2 卷） Г.М. 克日扎诺夫斯基编

莫斯科：苏联科学院出版社，1938，633 页

3453
Техническая энциклопедия. Т. 11-й. Копер-Леса и подмости Глав. ред. Л. К. Мартенс

М.: Советская энциклопедия, 1931. 950 стлб.

技术百科全书（第 11 卷）：Копер—Леса и подмости Л.К. 马滕斯主编

莫斯科：苏联百科全书出版社，1931，950 条

3454
Техническая энциклопедия. Т. 16-й. Патока-Подвижные мосты Глав. ред. Л. К. Мартенс

М.: Советская энциклопедия, 1932. 950 стлб.

技术百科全书（第 16 卷）：Патока—Подвижные мосты Л.К. 马滕斯主编

莫斯科：苏联百科全书出版社，1932，950 条

3455

Техническая энциклопедия. Т. 18-й. Прокатка-Размотка пряжи Глав. ред. Л. К. Мартенс

М.: Советская энциклопедия, 1932. 898 стлб.

技术百科全书（第18卷）：Прокатка—Размотка пряжи Л.К. 马滕斯主编

莫斯科：苏联百科全书出版社，1932，898条

3456

Техническая энциклопедия. Т. 25-й. Фитопатология-Шарнирные направляющие механизмы Глав. ред. Л. К. Мартенс

М.: Советская энциклопедия, 1934. 890 стлб.

技术百科全书（第25卷）：Фитопатология—Шарнирные направляющие механизмы Л. К. 马滕斯主编

莫斯科：苏联百科全书出版社，1934，890条

3457

Техническая энциклопедия. Т. 2-й. Аэродинамика-Бумажное производство Глав. ред. Л. К. Мартенс

М.: ГОНТИ НКТП СССР, 1937. 1038 стлб.

技术百科全书（第2卷）：Аэродинамика—Бумажное производство Л.К. 马滕斯主编

莫斯科：苏联重工业人民委员部国家科技出版社联合公司，1937，1038条

3458

Техническая энциклопедия. Т. 3-й. Бумажный брак-Водорода перекись Глав. ред. Л. К. Мартенс

М.: ГОНТИ НКТП СССР, 1937. 1224 стлб.

技术百科全书（第3卷）：Бумажный брак—Водорода перекись Л.К. 马滕斯主编

莫斯科：苏联重工业人民委员部国家科技出版社联合公司，1937，1224条

3459

Техническая энциклопедия. Т. 4-й. Водородные ионы-Газовые двигатели Глав. ред. Л. К. Мартенс

М.: ГОНТИ НКТП СССР, 1937. 1038 стлб.

技术百科全书（第4卷）：Водородные ионы—Газовые двигатели Л.К. 马滕斯主编

莫斯科：苏联重工业人民委员部国家科技出版社联

合公司，1937，1038条

3460

Техническая энциклопедия. Т. 5-й. Газовые ткани-Графическая статика Глав. ред. Л. К. Мартенс

М.: Советская энциклопедия, 1930. 922 стлб.

技术百科全书（第5卷）：Газовые ткани—Графическая статика Л.К. 马滕斯主编

莫斯科：苏联百科全书出版社，1930，922条

3461

Техническая энциклопедия. Т. 9-й. Изомерия-Катапульта Глав. ред. Л. К. Мартенс

М.: ГОНТИ НКТП СССР, 1938. 1148 стлб.

技术百科全书（第9卷）：Изомерия—Катапульта Л. К. 马滕斯主编

莫斯科：苏联重工业人民委员部国家科技出版社联合公司，1938，1148条

3462

Техническая энциклопедия: Справочник физических, химических и технологических величин. Т. 1-й Глав. ред. Л. К. Мартенс

М.: Советская энциклопедия, 1927. 478 с.

技术百科全书：物理、化学、技术值手册（第1卷） Л. К. 马滕斯主编

莫斯科：苏联百科全书出版社，1927，478页

3463

Москворецкие мосты: Из стали ДС А. В. Беляев

М.: АН СССР, 1945. 142 с.

莫斯科河 ДС 钢桥梁 А.В. 别利亚耶夫

莫斯科：苏联科学院，1945，142页

3464

Тоннели: Учебник для втузов железнодорожного транспорта. Т. II. Постройка В. П. Волков [и др.]

М.: Гос. транспортное железнодорожное изд., 1945. 702 с.

隧道：铁路运输院校教科书（第2卷）：建造 В. П. 沃尔科夫等

莫斯科：国家铁路运输出版社，1945，702页

3465

Тоннели: Учебник для вузов железнодорожного транспорта. Т. I. Проектирование В. П. Волков [и др.]

М.: Гос. транспортное железнодорожное изд., 1945. 352 с.

隧道：铁路运输院校教科书（第 1 卷）：设计   В. П. 沃尔科夫等

莫斯科：国家铁路运输出版社，1945，352 页

3466

Как выстроить самому дом или дачу в городе и загородом: С 34 таблицами и с 154 рисунками проектов и деталей различных домов и дач Бальдауф, Геккер

С.-Петербург: Книгоиздательство А. Ф. Сухова, 1913. 128 с.

如何自己在城里和郊区建造房屋或别墅（附不同房屋、别墅设计方案与部件的 34 份表格和 154 幅图片） 巴尔道夫、海克尔

圣彼得堡：А.Ф. 苏霍夫图书出版社，1913，128 页（古）

3467

Краткий технический железнодорожный словарь Под ред. Н. Н. Васильева [и др.]

М.: Трансжелдориздат, 1941. 998 с.

简明铁路技术词典   Н.Н. 瓦西里耶夫等编

莫斯科：国家铁路运输书籍出版社，1941，998 页

3468

Морской словарь. Т. 1. А-Н К. И. Самойлов

М.: Военмориздат, 1939. 654 с.

海洋辞典（第 1 卷）：А—Н   К.И. 萨莫伊洛夫

莫斯科：海军出版社，1939，654 页

3469

Морской словарь. Т. 2. О-Я К. И. Самойлов

М.: Военмориздат, 1941. 644 с.

海洋辞典（第 2 卷）：О—Я   К.И. 萨莫伊洛夫

莫斯科：海军出版社，1941，644 页

3470

«Колокол» Герцена: 1857-1867 гг. З. П. Базилева

М.: Госполитиздат, 1949. 294 с.

赫尔岑创办的《钟声》杂志（1857—1867 年） З. П. 巴济列娃

莫斯科：国家政治书籍出版社，1949，294 页

3471

Библиография Бурят-Монголии за 1890-1936 гг. = BIBLIOGRAPHY OF BURYAT-MONGOLIA. Т. I. Естествознание Отв. ред. Г. Т. Петров

М.: Изд. АН СССР, 1939. 625 с.

1890—1936 年布里亚特蒙古图书编目（第 1 卷）：自然科学   Г.Т. 彼得罗夫编

莫斯科：苏联科学院出版社，1939，625 页

3472

Большая советская энциклопедия. Т. 11. Вильом-Водемон Глав. ред. О. Ю. Шмидт; Под ред. Н. И. Бухарина [и др.]

М.: Акционерное общество «Советская энциклопедия», 1930. 768 с.

苏联大百科全书（第 11 卷）：Вильом—Водемон   О. Ю. 施密特、Н.И. 布哈林等主编

莫斯科：苏联百科全书股份公司，1930，768 页

3473

Большая советская энциклопедия. Т. 14. Высшее-Гейлинкс Глав. ред. О. Ю. Шмидт; Под ред. Н. И. Бухарина [и др.]

М.: Акционерное общество «Советская энциклопедия», 1929. 864 с.

苏联大百科全书（第 14 卷）：Высшее—Гейлинкс   О. Ю. 施密特、Н.И. 布哈林等主编

莫斯科：苏联百科全书股份公司，1929，864 页

3474

Большая советская энциклопедия. Т. 21. Дейли-Джут Глав. ред. О. Ю. Шмидт; Под ред. Н. И. Бухарина [и др.]

М.: Огиз РСФСР; Советская энциклопедия, 1931. 848 с.

苏联大百科全书（第 21 卷）：Дейли—Джут   О. Ю. 施密特、Н.И. 布哈林等主编

莫斯科：俄罗斯苏维埃联邦社会主义共和国国家出版社联合公司、苏联百科全书出版社，1931，848 页

3475

Большая советская энциклопедия. Т. 22. Империалистическая война-Интерполяция Глав. ред. О. Ю. Шмидт; Заместители гл. ред. Г. И. Крумин, Ф. Н. Петров

М.: Огиз РСФСР; Гос. изд-во «Советская энциклопедия», 1937. 804 с.

苏联大百科全书（第 22 卷）：Империалистическая война—Интерполяция О.Ю. 施密特、Г.И. 克鲁明、Ф.Н. 彼得罗夫主编

莫斯科：俄罗斯苏维埃联邦社会主义共和国国家出版社联合公司、苏联百科全书出版社，1937，804 页

3476

Большая советская энциклопедия. Т. 32. Каучук-Классон Глав. ред. О. Ю. Шмидт; Заместители гл. ред. Г. И. Крумин, Ф. Н. Петров

М.: Огиз РСФСР; Гос. институт «Советская энциклопедия», 1936. 864 с.

苏联大百科全书（第 32 卷）：Каучук—Классон О. Ю. 施密特、Г.И. 克鲁明、Ф.Н. 彼得罗夫主编

莫斯科：俄罗斯苏维埃联邦社会主义共和国国家出版社联合公司、苏联百科全书研究所，1936，864 页

3477

Большая советская энциклопедия. Т. 4. Атоллы-Барщина Глав. ред. О. Ю. Шмидт; Под ред. Н. И. Бухарина [и др.]

М.: Акционерное общество «Советская энциклопедия», 1926. 800 с.

苏联大百科全书（第 4 卷）：Атоллы—Барщина О. Ю. 施密特、Н.И. 布哈林等主编

莫斯科：苏联百科全书股份公司，1926，800 页

3478

Военная энциклопедия. Том VIII. Гимры-Двигатели судовые Под ред. В. Ф. Новицкого [и др.]

Петербург: Т-во И. Д. Сытина, 1912. 642 с.

军事百科全书（第 8 卷）：Гимры—Двигатели судовые В.Ф. 诺维茨基等编

彼得堡：И.Д. 瑟京出版社，1912，642 页（古）

3479

Военная энциклопедия. Том X. Елисавета Петровна-Инициатива Под ред. В. Ф. Новицкого [и др.]

Петербург: Т-во И. Д. Сытина, 1912. 642 с.

军事百科全书（第 10 卷）：Елисавета Петровна—Инициатива В.Ф. 诺维茨基等编

彼得堡：И.Д. 瑟京出版社，1912，642 页（古）

3480

Военная энциклопедия. Том XII. Кальяри-Кобелянка Под ред. В. Ф. Новицкого [и др.]

Петербург: Т-во И. Д. Сытина, 1913. 652 с.

军事百科全书（第 12 卷）：Кальяри—Кобелянка В. Ф. 诺维茨基等编

彼得堡：И.Д. 瑟京出版社，1913，652 页（古）

3481

Военная энциклопедия. Том XIII. Коблени-Круз, фон, А. И. Под ред. В. Ф. Новицкого [и др.]

Петербург: Т-во И. Д. Сытина, 1913. 642 с.

军事百科全书（第 13 卷）：Коблени—Круз, фон, А. И. В.Ф. 诺维茨基等编

彼得堡：И.Д. 瑟京出版社，1913，642 页（古）

3482

Военная энциклопедия. Том XIV. Круковский Ф. А.-Линта Под ред. В. Ф. Новицкого [и др.]

Петербург: Т-во И. Д. Сытина, 1914. 640 с.

军事百科全书（第 14 卷）：Круковский Ф. А.—Линта В.Ф. 诺维茨基等编

彼得堡：И.Д. 瑟京出版社，1914，640 页（古）

3483

Военная энциклопедия. Том XV. Линтулакс-Минный отряд Балтийского флота Под ред. В. Ф. Новицкого [и др.]

Петербург: Т-во И. Д. Сытина, 1914. 320 с.

军事百科全书（第 15 卷）：Линтулакс—Минный отряд Балтийского флота В.Ф. 诺维茨基等编

彼得堡：И.Д. 瑟京出版社，1914，320 页（古）

3484

Малая советская энциклопедия. Т. 1. АА-Ваниль Глав.

ред. Н. Л. Мещеряков

М.: Акционерное общество «Советская энциклопедия», 1930. 960 с.

苏联小百科全书（第 1 卷）: АА—Ваниль　Н.Л. 梅谢里亚科夫主编

莫斯科: 苏联百科全书股份公司，1930，960 页

3485

Малая советская энциклопедия. Т. 1. А-Аэродром

М.: Государственное словарно-энциклопедическое издательство «Советская энциклопедия»; ОГИЗ РСФСР, 1932. 960 с.

苏联小百科全书（第 1 卷）: А—Аэродром

莫斯科: 俄罗斯苏维埃联邦社会主义共和国国家出版社联合公司、苏联百科全书辞书出版社，1932，960 页

3486

Малая советская энциклопедия. Т. 10. Швеция-Яя　Главный ред. Н. Л. Мещеряков

М.: Огиз-РСФСР; Гос. словарно-энциклопедическое изд-во «Советская энциклопедия», 1931. 503 стлб.

苏联小百科全书（第 10 卷）: Швеция—Яя　Н.Л. 梅谢里亚科夫主编

莫斯科: 俄罗斯苏维埃联邦社会主义共和国国家出版社联合公司、苏联百科全书辞书出版社，1931，503 条

3487

Малая советская энциклопедия. Т. 2. Аэродромная служба-варта

М.: Государственное словарно-энциклопедическое издательство «Советская энциклопедия»; ОГИЗ РСФСР, 1933. 923 с.

苏联小百科全书（第 2 卷）: Аэродромная служба—варта

莫斯科: 俄罗斯苏维埃联邦社会主义共和国国家出版社联合公司、苏联百科全书辞书出版社，1933，923 页

3488

Малая советская энциклопедия. Т. 2. Болдуин-Гарнец　Под ред. Н. Л. Мещерякова, Н. Н. Овсянникова

М.: Огиз РСФСР; Гос. изд-во «Советская энцикло-

педия», 1934. 863 с.

苏联小百科全书（第 2 卷）: Болдуин—Гарнец　Н. Л. 梅谢里亚科夫、Н.Н. 奥夫相尼科夫编

莫斯科: 俄罗斯苏维埃联邦社会主义共和国国家出版社联合公司、苏联百科全书出版社，1934，863 页

3489

Малая советская энциклопедия. Т. 2. Ванини-Дротик　Главный ред. Н. Л. Мещеряков

М.: Огиз РСФСР; «Советская энциклопедия», 1931. 959 с.

苏联小百科全书（第 2 卷）: Ванини—Дротик　Н.Л. 梅谢里亚科夫主编

莫斯科: 俄罗斯苏维埃联邦社会主义共和国国家出版社联合公司、苏联百科全书出版社，1931，959 页

3490

Малая советская энциклопедия. Т. 3. Дрофы-Ковалик　Главный ред. Н. Л. Мещеряков

М.: Советская энциклопедия, 1930. 959 с.

苏联小百科全书（第 3 卷）: Дрофы—Ковалик　Н. Л. 梅谢里亚科夫主编

莫斯科: 苏联百科全书出版社，1930，959 页

3491

Малая советская энциклопедия. Т. 4. Днепровская низменность-ислам　Глав. ред. Н. Л. Мещеряков

М.: Государственное институт «Советская энциклопедия»; ОГИЗ РСФСР, 1935. 880 с.

苏联小百科全书（第 4 卷）: Днепровская низменность—ислам　Н.Л. 梅谢里亚科夫主编

莫斯科: 俄罗斯苏维埃联邦社会主义共和国国家出版社联合公司、苏联百科全书研究所，1935，880 页

3492

Малая советская энциклопедия. Т. 4. Ковальская-Массив　Главный ред. Н. Л. Мещеряков

М.: Советская энциклопедия, 1930. 959 с.

苏联小百科全书（第 4 卷）: Ковальская—Массив　Н. Л. 梅谢里亚科夫主编

莫斯科: 苏联百科全书出版社，1930，959 页

3493

Малая советская энциклопедия. Т. 5. Массикот-Огнев Главный ред. Н. Л. Мещеряков

М.: Советская энциклопедия, 1930. 959 с.

苏联小百科全书（第 5 卷）：Массикот—Огнев Н. Л. 梅谢里亚科夫主编

莫斯科：苏联百科全书出版社，1930，959 页

3494

Малая советская энциклопедия. Т. 6. Кумыки-модика Глав. ред. Н. Л. Мещеряков

М.: Государственное издательство «Малая Советская энциклопедия»; ОГИЗ РСФСР, 1937. 987 с.

苏联小百科全书（第 6 卷）：Кумыки—модика Н. Л. 梅谢里亚科夫主编

莫斯科：俄罗斯苏维埃联邦社会主义共和国国家出版社联合公司、苏联小百科全书出版社，1937，987 页

3495

Малая советская энциклопедия. Т. 6. Огневки-Пряжа Главный ред. Н. Л. Мещеряков

М.: Советская энциклопедия, 1930. 959 с.

苏联小百科全书（第 6 卷）：Огневки—Пряжа Н. Л. 梅谢里亚科夫主编

莫斯科：苏联百科全书出版社，1930，959 页

3496

Малая советская энциклопедия. Т. 7. Прямая-Скулы Главный ред. Н. Л. Мещеряков

М.: Советская энциклопедия, 1930. 959 с.

苏联小百科全书（第 7 卷）：Прямая—Скулы Н. Л. 梅谢里亚科夫主编

莫斯科：苏联百科全书出版社，1930，959 页

3497

Малая советская энциклопедия. Т. 8. Скульптура-Тугарин Главный ред. Н. Л. Мещеряков

М.: Советская энциклопедия, 1930. 990 стлб.

苏联小百科全书（第 8 卷）：Скульптура—Тугарин Н. Л. 梅谢里亚科夫主编

莫斯科：苏联百科全书出版社，1930，990 条

3498

Малая советская энциклопедия. Т. 9. Революция-

срочные Глав. ред. О. Ю. Шмидт; Заместители главного ред. Ф. Н. Петров, Ф. А. Ротштейн

М.: Государственное институт «Советская энциклопедия»; ОГИЗ РСФСР, 1941. 1056 с.

苏联小百科全书（第 9 卷）：Революция—срочные О. Ю. 施密特、Ф.Н. 彼得罗夫、Ф.А. 罗特施泰因主编

莫斯科：俄罗斯苏维埃联邦社会主义共和国国家出版社联合公司、苏联百科全书研究所，1941，1056 页

3499

Малая советская энциклопедия. Т. 9. Тугендбунд-Шверник Главный ред. Н. Л. Мещеряков

М.: Огиз-РСФСР; "Советская энциклопедия", 1931. 899 стлб.

苏联小百科全书（第 9 卷）：Тугендбунд—Шверник Н.Л. 梅谢里亚科夫主编

莫斯科：俄罗斯苏维埃联邦社会主义共和国国家出版社联合公司、苏联百科全书出版社，1931，899 条

3500

Новый энциклопедический словарь. Том 27. Молочница-Наручи Под ред. К. К. Арсеньева

Петроград: Издание Акц. о-ва Издательское дело б. Брокгауз-Ефрон, [1916]. 959 стлб.

新百科辞典（第 27 卷）：Молочница—Наручи К. К. 阿尔谢尼耶夫编

彼得格勒：原布罗克豪斯 – 叶夫龙股份出版社，[1916]，959 条（古）

3501

Новый энциклопедический словарь. Том 28. Нарушевич-Ньютон Под ред. К. К. Арсеньева

Петроград: Издание Акц. о-ва Издательское дело б. Брокгауз-Ефрон, [1916]. 959 стлб.

新百科辞典（第 28 卷）：Нарушевич—Ньютон К. К. 阿尔谢尼耶夫编

彼得格勒：原布罗克豪斯 – 叶夫龙股份出版社，[1916]，959 条（古）

3502

Новый энциклопедический словарь. Том 29. Ньюфаундленд-Отто Под ред. К. К. Арсеньева

Петроград: Издание Акц. о-ва Издательское дело б. Брокгауз-Ефрон, [1916]. 959 стлб.

新百科辞典（第 29 卷）: Ньюфаундленд—Отто　К. К. 阿尔谢尼耶夫编

彼得格勒: 原布罗克豪斯 – 叶夫龙股份出版社，[1916]，959 条（古）

3503

Сибирская советская энциклопедия. Т. 1. А-Ж　Под ред. М. К. Азадовского [и др.]

Новосибирск: Сибирское краевое изд-во, 1929. 988 с.

苏联西伯利亚百科全书（第 1 卷）: А—Ж　М.К. 阿扎朵夫斯基等编

新西伯利亚: 西伯利亚边疆区出版社，1929，988 页

3504

Сибирская советская энциклопедия. Т. 2. З-К　Под ред. М. К. Азадовского [и др.]

Новосибирск: Западно-сибирское отделение ОГИЗ, 1930. 1152 с.

苏联西伯利亚百科全书（第 2 卷）: З—К　М.К. 阿扎朵夫斯基等编

新西伯利亚: 国家出版社联合公司西西伯利亚分公司，1930，1152 页

3505

Сибирская советская энциклопедия. Т. 3. Л-Н　Глав. ред. Б. З. Шумяцкий

Новосибирск: Западно-сибирское отделение ОГИЗ, 1932. 804 с.

苏联西伯利亚百科全书（第 3 卷）: Л—Н　Б.З. 舒米亚茨基主编

新西伯利亚: 国家出版社联合公司西伯利亚分公司，1932，804 页

3506

Детская энциклопедия. Т. X　Под ред. Ю. Н. Вагнер [и др.]

М.: Типография Тва. И. Д. Сытина, 1914. 271 с.

儿童百科全书（第 10 卷）　Ю.Н. 瓦格纳等编

莫斯科: И.Д. 瑟京印刷厂，1914，271 页

3507

Народная энциклопедия научных и прикладных знаний. Т. I. Физико-математические науки: 1-й

Полутом　Сост. С. Н. Бернштейн

М.: Типография Т-ва И. Д. Сытина, 1912. 370 с.

大众科学与应用知识百科全书（第 1 卷）: 物理学和数学（上半卷）　С.Н. 伯恩斯坦编

莫斯科: И.Д. 瑟京印刷厂，1912，370 页（古）

3508

Народная энциклопедия научных и прикладных знаний. Т. III. Технический　Сост. Г. Ф. Бураков

М.: Типография Т-ва И. Д. Сытина, 1912. 386 с.

大众科学与应用知识百科全书（第 3 卷）: 技术卷　Г. Ф. 布拉科夫编

莫斯科: И.Д. 瑟京印刷厂，1912，386 页（古）

3509

Народная энциклопедия научных и прикладных знаний. Т. IV. Сельское хозяйство: 2-й полутом: Земледелие　Сост. В. Э. Брунст

М.: Типография Т-ва И. Д. Сытина, 1912. 850 с.

大众科学与应用知识百科全书（第 4 卷）: 农业（下半卷）: 耕作　В.Э. 布伦斯特编

莫斯科: И.Д. 瑟京印刷厂，1912，850 页（古）

3510

Народная энциклопедия научных и прикладных знаний. Т. VI. Антрополого-географический: 1 полутом　Сост. А. Н. Краснов

М.: Типография Т-ва И. Д. Сытина, 1912. 387 с.

大众科学与应用知识百科全书（第 6 卷）: 人类学和地理学卷（上半卷）　А.Н. 克拉斯诺夫编

莫斯科: И.Д. 瑟京印刷厂，1912，387 页（古）

3511

Народная энциклопедия научных и прикладных знаний. Т. VIII. Исторический: Полутом 2

М.: Типография Т-ва И. Д. Сытина, 1912. 412 с.

大众科学与应用知识百科全书（第 8 卷）: 历史卷（下半卷）

莫斯科: И.Д. 瑟京印刷厂，1912，412 页（古）

3512

Народная энциклопедия научных и прикладных знаний. Т. X. Народное образование в России　Сост. И. П. Белоконский

М.: Типография Т-ва И. Д. Сытина, 1912. 350 с.

大众科学与应用知识百科全书（第 10 卷）：俄国国民教育 И.П. 别洛孔斯基编

莫斯科：И.Д. 瑟京印刷厂，1912，350 页（古）

3513

Народная энциклопедия научных и прикладных знаний. Т. XI. Общественно-юридический: 2-й полутом

М.: Типография Т-ва И. Д. Сытина, 1912. 404 с.

大众科学与应用知识百科全书（第 11 卷）：社会法律卷（下半卷）

莫斯科：И.Д. 瑟京印刷厂，1912，404 页（古）

3514

Наука для всех: Общедоступная энциклопе-дия Под ред. А. П. Нечаева

Ярославль: Ярославский кредитный союз коопера-тивов, 1919. 782 с.

大众科学：通俗百科全书 А.П. 涅恰耶夫编

雅罗斯拉夫尔：雅罗斯拉夫尔信用合作社联合社，1919，782 页

3515

Общедоступная энциклопедия. Т. I Под редак-цией А. П. Нечаева

Ярославль: Ярославский кредитный союз Коопера-тивов, 1919. 404 с.

通俗百科全书（第 1 卷） А.П. 涅恰耶夫编

雅罗斯拉夫尔：雅罗斯拉夫尔信用合作社联合社，1919，404 页

俄侨文献

0001

Архимандрит Петр Каменский: Начальник десятой Российско-Императорской миссии в Пекине Аполлон Можаровский

Пекин: Издание Пекинской духовной миссии, 1912. 54 с.

彼得·卡缅斯基修士大司祭：俄罗斯帝国驻北京第十任传教士团团长　阿波隆·莫扎罗夫斯基

北京：北京传教士团出版，1912，54 页（古）

0002

Китай в гражданском и нравственном состоянии. Ч. 1-4

Пекин: Издание Пекинской Духовной Миссии, 1912. 366 с.

中国的民事和道德状况（第 1—4 册）

北京：北京传教士团出版，1912，366 页（古）

0003

Китайско-Русский словарь: Составленный бывшим начальником Пекинской Духовной Миссии архимандритом Палладием и старшим драгоманом Императорской Дипломатической Миссии в Пекине П. С. Поповым

Пекин: Типография Тун-вэнь-гуан, 1888. 666 с.

华俄词典：原北京传教士团团长帕拉季修士大司祭和驻北京皇家外交使团一级翻译　П.С. 波波夫编

北京：同文馆印刷厂，1888，666 页（古）

0004

О сущности православно-русского миссионерства Иеромонах Василий

Пекин: Типография Успенского Монастыря при русской Духовной Миссии, 1906. 124 с.

俄国东正教传教活动的本质　瓦西里修士司祭

北京：俄国宗教使团圣母安息教堂印刷厂，1906，124 页（古）

0005

Полный Китайско-Русский словарь. Т. 1 Под. ред. Епископа Иннокентия

Пекин: Изд. начальника Пекинской духовной миссий, 1909. 953 с.

汉俄详解词典（第 1 卷）　因诺肯季主教编

北京：北京传教士团团长出版，1909，953 页（古）

0006

Полный Китайско-Русский словарь. Т. 2 Под. ред. Епископа Иннокентия

Пекин: Изд. начальника Пекинской духовной миссий, 1909. 1071 с.

汉俄详解词典（第 2 卷）　因诺肯季主教编

北京：北京传教士团团长出版，1909，1071 页（古）

0007

Провинции, губернии, округи, уезды и области Китая

Пекин: Издание Пекинской духовной миссии, 1912. 44 с.

中国的省、区、县和州

北京：北京传教士团出版，1912，44 页（古）

0008

Россия на Дальнем Востоке = 俄国在远东 И. Я. Коростовец

Пекин: Восточное Просвещение, 1922. 158 с.

俄国在远东　И.Я. 科罗斯托维茨

北京：东方教育出版社，1922，158 页（古）

0009

Сибирь, союзники и Колчак: 1918-1920 г.г. Т. II   Г. К. Гинс

Пекин: Изд. Общества Возрождения России в Харбине, 1921. 606 с.

西伯利亚、同盟军和高尔察克：1918—1920 年（第 2 卷）   Г.К. 金斯

北京：哈尔滨俄国复兴出版社，1921，606 页（古）

0010

Сибирь, союзники и Колчак: Поворотный момент русской истории. 1918-1920 г.г.. Впечатления и мысли члена Омского правительства. Т. 1   Г. К. Гинс (George K Guins)

Пекин: Типо-литография Русской Духовной Миссии, 1921. 606 с.

西伯利亚、同盟军和高尔察克：俄国历史的转折关头（1918—1920 年）：鄂木斯克政府成员的印象和思想（第 1 卷）   Г.К. 金斯

北京：俄国传教士团印刷厂，1921，606 页（古）

0011

Собрание документов, относящихся до интернирования атамана Калмыкова в Гирине и его побега при посещении Консульства: февраль-сентябрь 1920 г.

Пекин: [Б. и.], 1920. 35 с.

哥萨克军阿塔曼卡尔梅科夫在吉林被拘押及其拜访领事馆时逃跑的文件汇编（1920 年 2 月—9 月）

北京：[不详]，1920，35 页（古）

0012

Современная политическая организация Китая   И. С. Бруннерт, В. В. Гагельстром

Пекин: Типография Успенского Монастыря при Русской Духовной Миссии, 1910. 532 с.

中国当代政治组织   И.С. 布伦纳特、В.В. 哈格尔斯特罗姆

北京：俄国宗教传教士团圣母安息教堂印刷厂，1910，532 页（古）

0013

Его величество случай   Евгений Тарусский

Тяньцзин: Витязь, [Б. г.]. 164 с.

巧合   叶甫盖尼·塔鲁斯基

天津：勇士出版社，[不详]，164 页（古）

0014

Записки маньчжурского охотника   Н. А. Байков

Тяньцзин: Книгоиздательство «Наше знание», [Б. г.]. 248 с.

满洲猎人笔记   Н.А. 拜科夫

天津：我们的知识图书出版社，[不详]，248 页

0015

Земля Тиан: Роман в 3-х частях   Барон Фон Грюнвальус

Тяньцзин: А. И. Серебренников и Ко., 1936. 349 с.

滇地（3 部分长篇小说）   冯·格伦瓦尔德男爵

天津：А.И. 谢列布连尼科夫股份公司，1936，349 页

0016

Морские рассказы   Р. Б. Апрелев

Тяньцзин: Изд-во «Наше знание», 1942. 117 с.

海的故事   Р.Б. 阿普列列夫

天津：我们的知识出版社，1942，117 页（古）

0017

Неопалимая купина: Душа Толстого   Ив. Ф. Наживин

Тяньцзин: Изд-во А. И. Серебреников и КО., 1936. 405 с.

一颗烧不坏的灌木：托尔斯泰之灵魂   Ив.Ф. 纳日温

天津：А.И. 谢列布连尼科夫股份公司出版社，1936，405 页

0018

Повесть об одной матери   З. Жемчужная

Тяньцзин: Наше знание, [Б. г.]. 131 с.

一位母亲的故事   З. 热姆丘日娜亚

天津：我们的知识出版社，[不详]，131 页

0019

Под счастливой звездой: Воспоминания   И. В. Кулаев

Тяньцзин: Издание автора, 1938. 306 с.

幸运星下（回忆录）   И.В. 库拉耶夫

天津：作者出版，1938，306 页（古）

0020

Поцелуй: Рассказы　Александр Гефтер

Тяньцзин: Наше знание, 1940. 215 с.

吻（短篇小说集）　亚历山大·格夫捷尔

天津：我们的知识出版社，1940，215 页

0021

Проповеди православного пастыря. Т. I　Петр Рождественский

Тяньцзин: Издание детей протопресвитера П. А. Рождественского, 1941. 248 с.

东正教牧师布道（第 1 卷）　彼得·罗日杰斯特文斯基

天津：П.А. 罗日杰斯特文斯基大神甫的教徒出版，1941，248 页（古）

0022

Собрание сочинений Ив. Ф. Наживина: Роман-хроника из жизни Греции V века до Р. Х. Т. XLIX. Софисты

Тяньцзин: Книгоизд-во А. И. Серебренников и КО, 1935. 430 с.

Ив.Ф. 纳日温作品集：公元前 5 世纪希腊生活编年史小说（第 49 卷）：智者派

天津：А.И. 谢列布连尼科夫股份公司图书出版社，1935，430 页

0023

Сокровища Алмаз-Хана: Роман　Н. Н. Брешко-Брешковский

Tientsin, China: Издание книжного магазина Знание, [Б. г.]. 300 с.

阿尔马斯汗的珍宝（长篇小说）　Н.Н. 布列什科 – 布列什科夫斯基

天津：知识书店出版，[不详]，300 页（古）

0024

Софисты: Роман-хроника из жизни Греции V века до Р. Х.　Ив. Ф. Наживин

Тяньцзин: А. И. Серебренников и Ко., 1935. 430 с.

智者派：公元前五世纪希腊生活编年史小说　Ив. Ф. 纳日温

天津：А.И. 谢列布连尼科夫股份公司，1935，430 页

0025

Текущий китайский фольклор и китайския суеверия　И. И. Серебренников

Тяньцзин: Знание, 1932. 46 с.

当代中国民俗和迷信　И.И. 谢列布连尼科夫

天津：知识出版社，1932，46 页（古）

0026

Тяньцзин: Торгово-промышленно-деловой справочник и указатель на 1921-22 г. Ч. I. Описательная

Тяньцзин: [Б. и.], [Б. г.]. 164 с.

天津：1921—1922 年工商实业指南手册（第 1 册描述篇）

天津：[不详]，[不详]，164 页

0027

У костра　Н. Байков

Тяньцзин: Наше Знание, 1940. 243 с.

篝火旁　Н. 拜科夫

天津：我们的知识出版社，1940，243 页（古）

0028

Черные лебеди　Павел Северный

Тяньцзин: Наше Знание, 1941. 122 с.

黑天鹅　帕维尔·谢韦尔内

天津：我们的知识出版社，1941，122 页（古）

0029

«Вий»　Н. В. Гоголь

Шанхай: Друг школы, 1919. 29 с.

维　Н.В. 果戈里

上海：学校之友出版社，1919，29 页（古）

0030

«Косая Мадонна»　Павел Северный

Шанхай: Книгоизд-во А. П. Малык и В. П. Камкин, 1934. 84 с.

斜视的圣母玛丽亚　帕维尔·谢韦尔内

上海：А.П. 马雷克和 В.П. 卡姆金图书出版社，1934，84 页

0031

Белоповстанцы: Хабаровский поход зимы 1921-22 годов. Книга 1. Перед походом　Б. Филимонов

Шанхай: Слово, 1932. 252 с.

白卫起义军：1921—1922 年冬季远征哈巴罗夫斯克（第 1 册）：远征前　Б. 菲利蒙诺夫

上海：言论出版社，1932，252 页（古）

0032

Бог Войны-Барон Унгерн: Воспоминания бывшего адъютанта начальника Азиатской Конной Дивизии　А. С. Макеев

Шанхай: Книгоиздательство А. П. Малык и В. П. Камкина, 1934. 144 с.

战神—巴龙·温格恩：原亚洲骑兵师师长副官回忆录　А.С. 马克耶夫

上海：А.П. 马雷克和 В.П. 卡姆金图书出版社，1934，144 页（古）

0033

Большевизм и Германия　Анатолий Ган (А. Гутман)

Шанхай: [Б. и.], 1921. 104 с.

布尔什维主义和德国　阿纳托利·加恩（А.古特曼）

上海：[不详]，1921，104 页（古）

0034

Борис Годунов　А. С. Пушкин

Шанхай: Т-во печатного и издательского дела А. П. Крюков, В. К. Мартенсен и Ко., 1921. 113 с.

鲍里斯·戈杜诺夫　А.С. 普希金

上海：А.П. 克留科夫、В.К. 马腾先印刷出版社，1921，113 页（古）

0035

В Маньчжурии: Рассказы　Виктор Петров

Шанхай: Издательство «Слово», 1937. 153 с.

在满洲（短篇小说集）　维克多·彼得罗夫

上海：言论出版社，1937，153 页（古）

0036

Ветер с Урала　Павел Северный

Шанхай: Слово, 1939. 320 с.

乌拉尔的风　帕维尔·谢韦尔内

上海：言论出版社，1939，320 页（古）

0037

Дорога к счастью　Валь

Шанхай: Изд-во «Слово», 1937. 188 с.

通向幸福之路　瓦尔

上海：言论出版社，1937，188 页（古）

0038

Египет, Рим, Бари　Архиепископ Нестор

Шанхай: Типография изд-ва «Слово», 1934. 107 с.

埃及、罗马、巴里　涅斯托尔大主教

上海：言论出版社，1934，107 页（古）

0039

Жизнь христа　Папини

Шанхай: [Б. и.], 1925. 219 с.

耶稣生平　帕皮尼

上海：[不详]，1925，219 页（古）

0040

Заря христианства на Руси: Исторические очерки　Г. Г. Тельберг

Шанхай: Шанхайская Заря, [Б. г.]. 329 с.

罗斯基督教的曙光（历史概要）　Г.Г. 捷利贝格

上海：上海霞光出版社，[不详]，329 页（古）

0041

Иви: роман　Герман Кочуров

Шанхай: Издательство Колокол, 1936. 369 с.

伊维（长篇小说）　格尔曼·科丘罗夫

上海：钟出版社，1936，369 页

0042

Искатели　Юрий Мандельштамь

Шанхай: Изд-во «Слово», 1938. 233 с.

探求者　尤里·曼塔尔施塔姆

上海：言论出版社，1938，233 页（古）

0043

Исторические очерки. Книга 1　Б. Апрелев

Шанхай: Книгоиздадельство А. П. Малык и В. П. Камкина, [1934]. 154 с.

历史纲要（第 1 册）　Б. 阿普列列夫

上海：А.П. 马雷克和 В.П. 卡姆金图书出版社，
[1934]，154 页（古）

0044

Иуда на ущербе: Мир перед освобождением К. В. Родзаевский

Шанхай: [Б. и.], 1941. 138 с.

衰竭的犹大：解放前的世界 К.В. 罗扎耶夫斯基

上海：[不详]，1941，138 页

0045

Крупные деньги: Юмористический роман Питер Вудхауз; Перевод с англ. В. Валь

Шанхай: [Б. и.], 1932. 215 с.

一大笔钱（幽默小说） 彼得·沃德豪斯著，В. 瓦利译自英语

上海：[不详]，1932，215 页（古）

0046

Летучий голландец Б. Я. Ильвов

Шанхай: Книгоизд-во А. П. Малык и В. П. Камкина, 1935. 149 с.

漂泊的荷兰人 Б.Я. 伊利沃夫

上海：А.П. 马雷克和 В.П. 卡姆金娜图书出版社，1935，149 页（古）

0047

Лола: Роман Виктор Петрова

Шанхай: Книгоиздательство А. П. Малык и В. П. Камкина, 1934. 142 с.

洛拉（长篇小说） 维克多·彼得罗夫

上海：А.П. 马雷克和 В.П. 卡姆金图书出版社，1934，142 页

0048

Монгольская экспедиция по заготовке мяса для действующих армий. Маньчжурско-владивостокский район: Материалы к отчету о деятельности с 1915 по 1918 г.г. Вып. XII. Кормовые растения Маньчжурии и Русского Дальнего Востока Б. В. Скворцов

Шанхай: Типография русского книгоиздательства, 1920. 80 с.

作战部队肉制品蒙古采购队（满洲－符拉迪沃斯托克地区）：1915—1918 年工作总结材料（第 12 卷）：

满洲和俄国远东的饲料作物 Б.В. 斯克沃尔佐夫

上海：俄国图书出版社印刷厂，1920，80 页（古）

0049

Морская даль Б. Я. Ильвов

Шанхай: Изд-во «Слово», 1937. 161 с.

海的远方 Б.Я. 伊利沃夫

上海：言论出版社，1937，161 页（古）

0050

На путях к Уралу: Поход степных полков. Лето 1918 года Б. Б. Филимонов

Шанхай: Издание Т. С. Филимоновой, 1934. 153 с.

通往乌拉尔的路上：1918 年夏草原兵团远征记 Б.Б. 菲利蒙诺夫

上海：Т.С. 菲利蒙诺娃出版，1934，153 页

0051

Нашей Смене Б. Апрелев

Шанхай: Слово, 1934. 300 с.

致我们的接班人 Б. 阿普列列夫

上海：言论出版社，1934，300 页（古）

0052

Невозвратное: Повесть для юношества О. Морозова

Шанхай: [Б. и.], 1932. 144 с.

一去不复返的时光（青年小说） О. 莫罗佐娃

上海：[不详]，1932，144 页（古）

0053

Немые свидетели В. Г. Казаков

Шанхай: [Б. и.], 1936. 136 с.

无声的见证者 В.Г. 卡扎科夫

上海：[不详]，1936，136 页（古）

0054

Неугасимый светильник В. А. Маевский

Шанхай: Изд-во «Слово», 1940. 447 с.

长明灯 В.А. 马耶夫斯基

上海：言论出版社，1940，447 页（古）

0055

Неугасимый светильник. К. II В. А. Маевский

Шанхай: Слово, 1940. 381 с.

长明灯（第2卷） В.А. 马耶夫斯基

上海：言论出版社，1940，381 页（古）

0056

Неугасимый светильник. Книга I, II В. А. Маевский

Шанхай: Изд-во «Слово», 1940. 381 с.

长明灯（第1、2卷） В.А. 马耶夫斯基

上海：言论出版社，1940，381 页（古）

0057

Никита Ловягин: Роман М. Ф. Шуйская

Shanghai: Изд-во «Слово», 1940. 240 с.

尼基塔·洛维亚金（长篇小说） М.Ф. 舒伊斯卡亚

上海：言论出版社，1940，240 页（古）

0058

Оптимист: Роман П. Вудхауз; Перевод с англ. М. Щербаков

Шанхай: [Б. и.], 1933. 208 с.

乐观主义者（长篇小说） П. 武德豪斯著，M. 谢尔巴科夫译自英语

上海：[不详]，1933，208 页

0059

Оренбургское Казачье Войско в борьбе с большевиками: 1917-1920 И. Г. Акулинин

Шанхай: Издательство Слово, 1937. 208 с.

与布尔什维克作战的奥伦堡哥萨克军（1917—1920） И.Г. 阿库利宁

上海：言论出版社，1937，208 页（古）

0060

От Урала до Харбина: Памятка о пережитом Г. В. Енборисов

Шанхай: [Б. и.], 1932. 188 с.

从乌拉尔到哈尔滨：往事备忘录 Г.В. 延鲍里索夫

上海：[不详]，1932，188 页

0061

Повесть об одном генерале и другие рассказы Юрий Братов

Shanghai: Книгоиздательство «Катей Пресс», 1932.

145 с.

《一位将军的故事》等短篇小说 尤里·布拉托夫

上海：卡捷伊·普列斯图书出版社，1932，145 页（古）

0062

Пути и предначертания божьи: Краткий обзор материалов, по научному исследованию предсказаний Библейских, Египетских, Вавилонских, Китайских и др. Н. П. Баженов

Шанхай: [Б. и.], 1936. 102 с.

上帝的道路和使命：圣经预言、埃及预言、巴比伦预言、中国预言等科研资料概述 Н.П. 巴热诺夫

上海：[不详]，1936，102 页（古）

0063

Рассказ присяжного поверенного: Повесть Александр Амфитеатров

Шанхай: Изд-во «Слово», 1936. 100 с.

律师的故事（中篇小说） 亚历山大·阿姆菲捷阿特罗夫

上海：言论出版社，1936，100 页（古）

0064

Рассказы и Сценки И. С. Руденков

Шанхай: Типография В. К. Мартенсен, 1920. 102 с.

故事与舞台 И.С. 鲁坚科夫

上海：В.К. 马滕先印刷厂，1920，102 页（古）

0065

Рассказы. Т. I А. Аверченко

Шанхай: Книгоиздательство В. К. Мартенсен, 1920. 86 с.

短篇小说（第1卷） А. 阿韦尔琴科

上海：В.К. 马腾先图书出版社，1920，86 页（古）

0066

Рокот моря Б. Я. Ильвов

Шанхай: Книгоизд-во А. П. Малык и В. П. Камкина, 1935. 141 с.

海的咆哮 Б.Я. 伊利沃夫

上海：А.П. 马雷克和 В.П. 卡姆金娜图书出版社，1935，141 页（古）

0067

Руководство по изучению современной Палести-
ны　Девис Тритч; Перевод с Немецкого А. Кац

Шанхай: Издательство «Кадина», [Б. г.]. 250 с.

现代巴勒斯坦研究指南　杰维斯·特里特奇著，
A. 卡茨译自德语

上海：卡迪纳出版社，[不详]，250 页（古）

0068

Семья Кузнецовых: Роман из сибирского быта.
Часть 1　К. Шендрикова

Шанхай: Слово, 1936. 235 с.

库兹涅佐夫家族：西伯利亚日常生活小说（第 1 部
分）K. 申德里科娃

上海：言论出版社，1936，235 页

0069

Семья Кузнецовых: Роман из сибирского быта.
Часть 2　К. Шендрикова

Шанхай: Издательство Слово, 1936. 474 с.

库兹涅佐夫家族：西伯利亚日常生活小说（第 2 部
分）K. 申德里科娃

上海：言论出版社，1936，474 页（古）

0070

Сказка морских далей: Рассказы о приключени-
ях　Вл. Рамбаев

Шанхай: Парус, 1934. 287 с.

远海故事：历险记　Вл. 兰巴耶夫

上海：船帆出版社，1934，287 页（古）

0071

Скиф: Записки военного летчика. Т. III　Лейт.
Льдовский

Шанхай: Слово, 1937. 153 с.

斯基泰人：一名空军飞行员的笔记（第 3 卷）利多
夫斯基中尉

上海：言论出版社，1937，153 页（古）

0072

Следы лаптей　Павел Северный

Шанхай: Стожары, 1943. 292 с.

草鞋印　帕维尔·谢韦尔内

上海：昂星团出版社，1943，292 页（古）

0073

Снохач: Повести и Рассказы　И. П. Штейнберг

Шанхай: Слово, 1937. 200 с.

扒灰佬（中短篇小说集）И.П. 施泰因贝格

上海：言论出版社，1937，200 页（古）

0074

Страна Прометея　К. А. Чхеидзе

Шанхай: Изд-во «Слово», 1932. 191 с.

普罗米修斯的国家　К.А. 奇赫伊泽

上海：言论出版社，1932，191 页

0075

Судьба. Ч. V. «Старые лица, — новые песни»　О.
Морозова

Shanghai: Русская типография График, [Б. г.]. 651 с.

命运（第 5 部分）：旧颜——新歌　О. 莫罗佐娃

上海：俄国格拉菲克印刷厂，[不详]，651 页（古）

0076

Тайна гаража　Эрль Стенли Гарднер

Шанхай: Экспресс, 1939. 182 с.

车库的秘密　厄尔·斯坦利·加德纳

上海：快车出版社，1939，182 页（古）

0077

Таинственное в обычном. I. Над бездной　Е. Соломбин

Шанхай: Книгоиздательство В. П. Камкин и Х. В.
Попов, 1936. 318 с.

平凡中的神秘诱惑（第 1 卷）：深渊之上　Е.索洛姆
宾

上海：В.П. 卡姆金和 Х.В. 波波夫图书出版社，1936，
318 页（古）

0078

Таинственное в обычном. II. Блудный сын　Е.
Соломбин

Шанхай: Издательство «Слово», 1936. 354 с.

平凡中的神秘诱惑（第 2 卷）：浪子　Е. 索洛姆宾

上海：言论出版社，1936，354 页（古）

0079

Торжество любви: Роман　К. А. Хорзат

Шанхай: Слово, 1937. 306 с.

爱的喜悦（长篇小说） К.А. 霍尔扎特

上海：言论出版社，1937，306 页（古）

0080

Тоска по Родине: Сказка А. Федоров-Давыдов

Шанхай: Изд-во «Родные Картинки», [Б. г.]. [40 с.]

乡愁（故事） А. 费奥多罗夫 – 达维多夫

上海：故乡的景色出版社，[不详]，[40 页]（古）

0081

Трагедия Франции Андрэ Моруа

Шанхай: [Б. и.], 1941. 115 с.

法国悲剧 安德列·莫洛亚

上海：[不详]，1941，115 页

0082

Туркестан и Киргизия З. С. Мазитов

Шанхай: Типография Н. П. Дукельского, 1921. 59 с.

突厥斯坦和吉尔吉斯斯坦 З.С. 马济托夫

上海：Н.П. 杜克利斯基印刷厂，1921，59 页（古）

0083

Христианское мировоззрение Н. Вознесенский

Шанхай: Склад издания: Мужское коммерч. училище, 1921. 241 с.

基督教世界观 Н. 沃兹涅先斯基

上海：男子商务学校出版库，1921，241 页（古）

0084

Ширь и мах: Исторический роман Е. А. Салиас

Shanghai: Дракон, 1942. 270 с.

旷野疾驰（历史小说） Е.А. 萨利阿斯

上海：龙出版社，1942，270 页（古）

0085

Этнос: Исследование основных принципов изменения этнических и этнографических явлений С. М. Широкогоров

Шанхай: [Б. и.], 1923. 134 с.

民族共同体：民族和民族学现象变化的基本原则研究 С.М. 希罗科戈罗夫

上海：[不详]，1923，134 页（古）

0086

Революция и гражданская война: Личные воспоминания. Ч. 1-ая Г. И. Клерже

Мукден: Типография газеты «Мукден», 1932. 203 с.

革命与内战：私人回忆录（第 1 册） Г.И. 克勒热

沈阳：《奉天报》印刷厂，1932，203 页（古）

0087

Памятная книжка Квантунской области на 1901-1902 г. Ч. I. Справочные сведения

Порт-Артур: Типография А. Я. Опарин, 1900. 161 с.

关东州 1901—1902 年备忘手册（第 1 册）: 参考资料

旅顺：А.Я. 奥帕林印刷厂，1900，161 页（古）

0088

8 декабря воспоминания и впечатления

大连：Восточное обозрение, [Б. г.]. 118 с.

记忆中的 12 月 8 日

大连：东方评论出版社，[不详]，118 页

0089

Барчук: Боччан Соосэки Нацумэ; Перевод М. П. Григорьева

[大连]: Восточное обозрение, 1943. 215 с.

少爷 夏目漱石著，М.П. 格里戈利耶夫译

[大连]：东方评论出版社，1943，215 页

0090

Восточное обозрение: Общественно-политический и литературный журнал. XII. Илюль-сентябрь 1942 Ред. И. Нозаки

Дайрэн: Изд-во «ЮМЖД», 1942. 48 с.

东方观察（公共政治和文学杂志第 7 期）: 1942 年7—9 月 И. 诺扎基编

大连：南满铁道株式会社出版社，1942，48 页

0091

Кокоро (Сердце) Соосэки Нацумэ; Пере. С. Шахматова и Х. Хираи

Darien: Восточное обозрение, [Б. г.]. 309 с.

心 夏目漱石著，С. 沙赫马托福和 Х. 希拉伊译

大连：东方评论出版社，[不详]，309 页

0092

Событие в аду: Сборник рассказов Рюуносукэ Акутагава; Перевод с японского М. П. Григорьева

大连 : Восточнос обозрение, [Б. г.]. 172 с.

地狱变（短篇小说集） 芥川龙之介著，М.П. 格里戈里耶夫译自日语

大连：东方评论出版社，[不详]，172 页

0093

ЮМЖД: Пионер континента

Дайрень: АКЦ. О-во Южно-Маньчжурской Ж. Д., [Б. г.]. 82 с.

南满铁路：大陆先锋

大连：南满铁路股份公司，[不详]，82 页

0094

«Багровая книга»: Погромы 1919-20 г.г. на Украине С. И. Гусев-Оренбургский

Харбин: Издание Дальневосточного Еврейского Общественного комитета помощи сиротам-жертвам погромов, 1922. 252 с.

血红色的书：1919—1920 年乌克兰大屠杀 С.И.古谢夫 – 奥伦堡斯基

哈尔滨：远东犹太大屠杀受害孤儿援助公共委员会出版，1922，252 页（古）

0095

«От Эха дальнего»: Легенды, поэмы, сказки и повести: Стихотворения Я. Аракин

Харбин: Издание юбилейное, 1927. 220 с.

远方的回音：传说、长诗、童话和小说集（诗集） Я. 阿拉金

哈尔滨：周年纪念出版物，1927，220 页（古）

0096

«Служу Родине»: В сокращенном изложении Иван Кожедуб

Харбин: Издание Института иностранных языков, 1951. 62 с.

为祖国服务（简述） 伊万·科热杜布

哈尔滨：外国语学院，1951，62 页

0097

1 Харбинского общественного Коммерческого

Училища: 1921-1931 Состав. Н. П. Автономов

Харбин: [Б. и.], 1931. 78 с.

哈尔滨第一公共商务学校（1921—1931） Н.П. 阿夫托诺莫夫编

哈尔滨：[不详]，1931，78 页

0098

1-ая Забайкальская Казачья дивизия в Великой Европейской войне: 1914-1918 г. Сост. И. Ф. Шильников

Харбин: [Б. и.], 1933. 177 с.

欧洲大战中的外贝加尔哥萨克第一师（1914—1918 年） И.Ф. 希利尼科夫编

哈尔滨：[不详]，1933，177 页（古）

0099

Авантюра или черный год: Для русских белых в Монголий 1921-й К. Носков

Харбин: Художественная типография, 1930. 76 с.

冒险或艰难的岁月：1921 年俄国白军在蒙古 К. 诺斯科夫

哈尔滨：艺术印刷厂，1930，76 页（古）

0100

Агнец божий: Книга для чтения в семье и школе Сост. Е. Н. Сумароков

Харбин: Библиотека православного христианина, 1943. 215 с.

上帝的羔羊（家庭和学校读物） Е.Н. 苏马罗科夫编

哈尔滨：东正教徒图书馆，1943，215 页（古）

0101

Алые туманы: Пьеса в 4-х действ С. Р. Чернявский

Харбин: Издание т-ва новая жизнь, [Б. г.]. 105 с.

血色迷雾（4 幕剧） С.Р. 切尔尼亚夫斯基

哈尔滨：新生活出版社，[不详]，105 页（古）

0102

Альбом Харбинского общественного управления

Харбин: [Б. и.], 192?. 100 с.

哈尔滨社会管理局纪念册

哈尔滨：[不详]，192?，100 页

0103

Альбом-путеводитель восьмого участка Харбинского коммерческого агентства Китайской Восточной жел. дор.　Р. К. Иостын

Харбин: Харбинское Коммерческое Агентство К. В. Ж. Д., 1923. 82 с.

中东铁路哈尔滨商务代办处第八区指南　Р.К. 约斯滕

哈尔滨：中东铁路哈尔滨商务代办处，1923，82 页（古）

0104

Апокалипсис в перспектив XX-го века　Димитрий (Вознесенский)

Харбин: Тип. «Рекорд», 1935. 254 с.

二十世纪前景启示录　季米特里（沃兹涅先斯基）

哈尔滨：记录印刷厂，1935，254 页（古）

0105

Апологетика Библии　Г. И. Ясиницкий

Харбин: Посох, 1937. 199 с.

圣经辩惑学　Г.И. 亚西尼茨基

哈尔滨：《手杖》杂志社，1937，199 页

0106

Арабески　Павел Тутковский

Харбин: Изд-во М. В. Зайцева, 1938. 126 с.

零星作品集　帕维尔·杜特科夫斯基

哈尔滨：М.В. 扎伊采夫出版社，1938，126 页（古）

0107

Арбузы: Из прошлого: Роман　М. Сиротинский

Харбин: Типография «Рекорд», 1936. 237 с.

西瓜：往事（长篇小说）　М. 西罗京斯基

哈尔滨：记录印刷厂，1936，237 页

0108

Багульник: Литературно-художественный сборник. Книга I

Харбин: [Б. и.], 1931. 196 с.

杜鹃花（文艺作品集第 1 卷）

哈尔滨：[不详]，1931，196 页

0109

Барга: Экономический очерк　В. А. Кормазов

Харбин: [Б. и.], 1928. 281 с.

巴尔加：经济概况　В.А. 科尔马佐夫

哈尔滨：[不详]，1928，281 页

0110

Бедная любовь Мусоргского　Иван Лукаш

Harbin: Изд-во М. В. Зайцева, [Б. г.]. 191 с.

穆索尔格斯基的悲惨爱情　伊万·卢卡什

哈尔滨：М.В. 扎伊采夫出版社，[不详]，191 页

0111

Без России　Арсений Несмелов

Харбин: [Б. и.], 1931. 64 с.

永失俄国　阿尔谢尼·涅斯梅洛夫

哈尔滨：[不详]，1931，64 页

0112

Белая роща. Кн. 2. Стихотворения　Елена Недельская

Харбин: [Б. и.], 1943. 51 с.

白树林（第 2 册）：诗集　叶连娜·涅杰利斯卡娅

哈尔滨：[不详]：1943，51 页

0113

Библиографический бюллетень. Т. 2 = Bibliographical bulletin = 东北铁路中央图书馆临时书目（第 2 卷）　Под Ред. Н. В. Устрялов, Е. М. Чепурковский

Харбин: Музей общества изучения Маньчурского края, 1929. 32 с.

东北铁路中央图书馆临时书目（第 2 卷）　Н.В. 乌斯特里亚洛夫、Е.М. 切普尔科夫斯基编

哈尔滨：东省文物研究会博物馆，1929，32 页

0114

Библиографический сборник = BIBLIOGRAPHICAL MAGAZINE. Т. I (IV). Обзор литературы по китаеведению　Под ред. Н. В. Устрялова

Харбин: [Б. и.], 1932. 313 с.

图书目录汇编：第 1 卷（4）：汉学文献简介　Н.В. 乌斯特里亚洛夫编

哈尔滨：[不详]，1932，313 页

0115

Библиографический сборник = BIBLIOGRAPHICAL

MAGAZINE. T. II (V). Обзор литературы по китаеведению Под ред. Н. В. Устрялова

Харбин: [Б. и.], 1932. 375 с.

图书目录汇编：第 2 卷（5）：汉学文献简介 Н.В. 乌斯特里亚洛夫编

哈尔滨：[不详]，1932，375 页

0116

Библиография Маньчжурии. Вып.1. Указатель периодических и повременных изданий выходивших в г. Харбине на русском и др. европейских языках по 1-е января 1927 года М. С. Тюнин

Харбин: Изд-во общества изучения Маньчжурского Края, 1927. 41 с.

东省出版物源流考（第 1 卷）：哈尔滨俄文及其他欧洲语言定期出版物索引（截至 1927 年 1 月 1 日） М.С. 秋宁

哈尔滨：东省文物研究会出版社，1927，41 页

0117

Борис и Глеб: Пьеса в 4-х действиях А. Ренников

Харбин: [Б. и.], 1934. 83 с.

鲍里斯和格列布（四幕剧） А. 列尼科夫

哈尔滨：[不详]，1934，83 页（古）

0118

Борьба за «Идиш» на Дальнем Востоке

Харбин: Издание Харбинского отделения сибирской лиги еврейской культуры «ЦУКУНФТ», 1921. 37 с.

远东 "依地语" 保卫战

哈尔滨：西伯利亚 "未来" 犹太文化联盟哈尔滨分部出版，1921，37 页

0119

В борьбе за Россию: Сборник статей Н. Устрялов

Харбин: Изд-во «Окно», 1920. 82 с.

保卫俄国（论文集） Н. 乌斯特里亚洛夫

哈尔滨：窗口出版社，1920，82 页（古）

0120

В гражданской войне: Из записок омского журналиста Всеволод Иванов

Харбин: Заря, 1921. 137 с.

内战时期：一名鄂木斯克记者的手记 弗谢沃洛德·伊万诺夫

哈尔滨：霞光出版社，1921，137 页（古）

0121

В лабиринте Гименея: Роман. Книга 2 Вера Наваль

Харбин: Изд-во М. В. Зайцева, 1936. 209 с.

许墨奈俄斯迷宫里（长篇小说第 2 册） 薇拉·纳瓦利

哈尔滨：М.В. 扎伊采夫出版社，1936，209 页

0122

В мире символов: К познанию масонства Ю. Н. Лукин

Харбин: [Б. и.], 1936. 47 с.

在信条的世界：认识共济会 Ю.Н. 卢金

哈尔滨：[不详]，1936，47 页（古）

0123

В стране экспериментов И. А. Лавров

Харбин: [Б. и.], 1934. 383 с.

在进行试验的国家 И.А. 拉夫罗夫

哈尔滨：[不详]，1934，383 页

0124

Валютные курсовые таблицы: Превращение разной иностранной валюты на местн. кит. доллар и обратно К. И. Судниченк

Харбин: Издание К. И. Судниченко, 1927. 130 с.

外币汇率表：各种外币与当地中国货币之间的相互兑换 К.И. 苏德尼琴科

哈尔滨：К.И. 苏德尼琴科出版，1927，130 页

0125

Великая Маньчжурская империя: К десятилетнему юбилею М. Н. Гордеев

Харбин: Изд. организфции Кио-ва-кай и главного бюро по делам российских эмигрантов в Маньчжурской Империи, 1942. 416+49 с.

伟大的满洲帝国：十周年纪念 М.Н. 戈尔杰耶夫

哈尔滨：协和会与满洲国俄侨事务总局出版社，1942，416+49 页

0126

Великая Яса Чингиз Хана В. А. Рязановский

Харбин: [Б. и.], 1933. 65 с.

成吉思汗大扎撒 В.А. 梁赞诺夫斯基

哈尔滨：[不详]，1933，65 页

0127

Великие славянские задачи Ф. А. Славянский

Харбин: Типо-литография штаба охранной стражи, 1919. 110 с.

斯拉夫人的伟大使命 Ф.А. 斯拉维扬斯基

哈尔滨：护卫队司令部印刷厂，1919，110 页（古）

0128

Вестник казачьей выставки в Харбине 1943 г.: Сборник статей о казаках и казачестве Под ред. Е. П. Березовского

Харбин: Издание представительства союза казаков в Восточной Азии, 1943. 202 с.

1943 年哈尔滨哥萨克展会会刊（哥萨克论文集） Е. П. 别列佐夫斯基编

哈尔滨：东亚哥萨克联盟代表处出版，1943，202 页（古）

0129

Вестник Казачьей выставки в Харбине: 1943 г.: Сборник статей о Казаках и Казачестве Под ред. Е. П. Березовского

Харбин: Издание представительства Союза Казаков в Восточной Азии, 1943. 202 с.

哈尔滨哥萨克展会会刊（1943 年）：哥萨克论文集 Е.П. 别列佐夫斯基编

哈尔滨：东亚哥萨克联盟代表处出版，1943，202 页（古）

0130

Весь Харбин на 1923 год: Адресная и справочная книга гор. Харбина Под ред. С. Т. Тернавского

Харбин: Издательство «Весь Харбин», [1923]. 340 с.

1923 年哈尔滨大全：哈尔滨市地址手册 С.Т. 捷尔纳夫斯基编

哈尔滨：哈尔滨大全出版社，[1923]，340 页（古）

0131

Весь Харбин на 1924 год: Адресная и справочная книга гор. Харбина Редактор-Издатель С. Т. Тернавский

Харбин: Редактор-Издатель С. Т. Тернавский, [1924]. 334 с.

1924 年哈尔滨大全：哈尔滨市地址手册 编辑出版人 С.Т. 捷尔纳夫斯基

哈尔滨：С.Т. 捷尔纳夫斯基编辑出版，[1924]，334 页（古）

0132

Весь Харбин на 1926 год: Адресная и справочная книга гор. Харбина Редактор-Издатель С. Т. Тернавский

Харбин: Типография Китайской Восточной железной дороги, [1926]. 534 с.

1926 年哈尔滨大全：哈尔滨市地址手册 编辑出版人 С.Т. 捷尔纳夫斯基

哈尔滨：中东铁路印书局，[1926]，534 页

0133

Весь Харбин на 1927 год: Адресная и справочная книга гор. Харбина Редактор-Издатель С. Т. Тернавский

Харбин: Редактор-Издатель С. Т. Тернавский, 1927. 389 с.

1927 年哈尔滨大全：哈尔滨市地址手册 编辑出版人 С.Т. 捷尔纳夫斯基

哈尔滨：С.Т. 捷尔纳夫斯基编辑出版，1927，389 页（古）

0134

Вечевые судные грамоты Псковская и Новгородская Под ред. Г. Г. Тельберга

Харбин: Изд. Юридического факультета, 1928. 31 с.

普斯科夫和诺夫哥罗德市民大会诉讼公文 Г.Г. 杰利贝格编

哈尔滨：法政系出版社，1928，31 页（古）

0135

Вилла Вечное спокойствие: Роман Ф. Ф. Даниленко

Харбин: [Б. и.], 1930. 239 с.

清幽别墅（长篇小说） Ф.Ф. 丹尼连科

哈尔滨：[不详]，1930，239 页

0136

Вишневый сад: Комедия в четырых действи-
ях А. П. Чехов

Харбин: Наука, [Б. г.]. 75 с.

樱桃园（四幕喜剧） А.П. 契诃夫

哈尔滨：科学出版社，[不详]，75 页

0137

Власть Лукавого: Рассказ Петр Бумаков

Харбин: Типолитография А. К. Бергут, 1907. 94 с.

魔鬼的力量（短篇小说） 彼得·布马科夫

哈尔滨：А.К. 别尔古特印刷厂，1907，94 页（古）

0138

Внешняя торговля Китая и ее место в мировом
товарообмене: С приложением карты Китая А.
В. Маракуев

Харбин: Изд-во общества изучения Маньчжурского
края, 1927. 94 с.

中国对外贸易及其在国际商品交换中的地位（附中
国地图） А.В. 马拉库耶夫

哈尔滨：东省文物研究会出版社，1927，94 页

0139

Военная авиация Сост. Гурьев О. Г., Кузнецов Б.
С., Паневин Г. Е

Харбин: Изд-во Института Иностранных Языков,
1951. 98 с.

军用航空 О.Г. 古里耶夫、Б.С. 库兹涅佐夫、Г.Е. 帕
涅温编

哈尔滨：外国语学院出版社，1951，98 页

0140

Вокруг реформ на Ю.-М. Ж. Д. Вл. Рогов

Харбин: Типо-литография Кит. Вост. Жел. Дор.,
1934. 57 с.

南满铁路改革 Вл. 罗戈夫

哈尔滨：中东铁路印书局，1934，57 页

0141

Восток и Запад: Прежде и теперь: Основные
предпосылки проблемы «Восток и Запад в исто-
рическом освещении» М. Н. Ершов

Харбин: Наука, 1935. 124 с.

东方与西方：过去和现在——"历史叙事中的东方
与西方"问题的基本前提 М.Н. 叶尔绍夫

哈尔滨：科学出版社，1935，124 页

0142

Восток и запад: Рассказы Н. Веселовский и Борис Юльский

Harbin: Издательство М. В. Зайцева, [Б. г.]. 172 с.

东方与西方（短篇小说集） Н. 维谢洛夫斯基、鲍
里斯·尤利斯基

哈尔滨：М.В. 扎伊采夫出版社，[不详]，172 页

0143

Газетные вырезки на тему научной и культурной
жизни русских, проживающих в г. Харбине: 1929-
1941 г.г.

Харбин: [Б. и.], [Б. г.]. 178 с.

哈尔滨俄侨科学和文化生活专题剪报 (1929—1941年)

哈尔滨：[不详]，[不详]，178 页（古）

0144

Газетные вырезки на тему научной и культурной
жизни русских, проживающих в г. Харбине: 1941-
1945 г.г.. Т. 1

Харбин: [Б. и.], [Б. г.]. 128 с.

哈尔滨俄侨科学和文化生活专题剪报：1941—1945
年（第 1 卷）

哈尔滨：[不详]，[不详]，128 页

0145

Газетные вырезки на тему научной и культурной
жизни русских, проживающих в г. Харбине: 1941-
1945 г.г.. Т. 2

Харбин: [Б. и.], [Б. г.]. 173 с.

哈尔滨俄侨科学和文化生活专题剪报：1941—1945
年（第 2 卷）

哈尔滨：[不详]，[不详]，173 页

0146

Генрих Песталоцци = Heinrich Pestalozzi: Ве-
ликий швейцарский педагог: 1827-1927: Очерк
жизни и деятельности Н. А. Стрелков

Харбин: Издание Педагогического института, 1927.
115 с.

亨利希·裴斯泰洛奇：瑞士伟大的教育家（1827—
1927）：生平和事业概述　Н.А. 斯特列尔科夫

哈尔滨：师范学院出版，1927，115 页

0147

География СССР

Харбин: Тип. Печать, 1931. 177 с.

苏联地理

哈尔滨：报刊印刷厂，1931，177 页

0148

География: Для народных училищ　Т. Давыдкин,
К. Селезнев

Харбин: Изд. магазин «Просвещение» союза учителей К. В. Ж. Д., 1920. 117 с.

地理（国民学校教材）　Т. 达维德金、К. 谢列兹尼
奥夫

哈尔滨：中东铁路教师联盟教育书店出版社，1920，
117 页

0149

Германский национал-социализм　Н. В. Устрялов

Харбин: [Б. и.], 1933. 86 с.

德国国家社会主义　Н.В. 乌斯特里亚洛夫

哈尔滨：［不详］，1933，86 页

0150

Гид Харбина: Октябрь 1932-1933 г.

[Харбин]: Издание А. М. Урбанович, 1933. 268 с.

哈尔滨旅游指南（1932 年 10 月—1933 年）

［哈尔滨］：А.М. 乌尔巴诺维奇出版，1933，268 页

0151

**Голубой фоккер: Записки военного летчи-
ка**　Лейтенант Лидовский

Харбин: Изд-во М. В. Зайцева, [Б. г.]. 139 с.

蓝色福克战斗机：一名空军飞行员的笔记　利多夫
斯基中尉

哈尔滨：М.В. 扎伊采夫出版社，［不详］，139 页

0152

**Гончарные изделия в Северной Маньчжурии: С
рисунками**　А. Е. Герасимов

Харбин: 东省文物研究会, 1928. 15 с.

北满陶器（附图）　А.Е. 格拉西莫夫

哈尔滨：东省文物研究会，1928，15 页

0153

Господи, спаси Россию. Книга вторая　Марианна
Колосова

Харбин: [Б. и.], 1930. 80 с.

上帝，拯救俄国吧（第 2 卷）　玛丽安娜·科洛索娃

哈尔滨：［不详］，1930，80 页

0154

**Гражданский кодекс Китайской Республики. Кн.
1. Положения общие**　Ред. В. А. Рязановского

Харбин: Типография Китайской Восточной жел.
дор., 1931. 211 с.

中华民国民法典（第 1 册）：总则　В.А. 梁赞诺夫
斯基编

哈尔滨：中东铁路印书局，1931，211 页

0155

Дама с жемчужиной　К. Кикучи; Перевод с япон-
сого М. Огуси

Харбин: [Б. и.], 1933. 274 с.

珍珠夫人　К. 菊池宽著，М. 奥古西译自日语

哈尔滨：［不详］，1933，274 页

0156

Двигатели внутреннего сгорания　Сост. Гурьев
О. Г

Харбин: Изд. Института иностранных языков, 1952.
53 с.

内燃机　О.Г. 古里耶夫编

哈尔滨：外国语学院出版社，1952，53 页

0157

Двухнедельный бюллетень прессы: №27　Генеральное консульство СССР в Харбине

Харбин: [Б. и.], 1932. 106 с.

双周刊简报（第 27 期）　苏联驻哈尔滨总领事馆

哈尔滨：［不详］，1932，106 页

0158

Двухнедельный бюллетень прессы: №28 Генеральное консульство СССР в Харбине

Харбин: [Б. и.], 1932. 130 с.

双周刊简报（第 28 期） 苏联驻哈尔滨总领事馆

哈尔滨：[不详]，1932，130 页

0159

Двухнедельный бюллетень прессы: №29/30 Генеральное консульство СССР в Харбине

Харбин: [Б. и.], 1932. 115 с.

双周刊简报（第 29/30 期） 苏联驻哈尔滨总领事馆

哈尔滨：[不详]，1932，115 页

0160

Двухнедельный бюллетень прессы: №7 Генеральное консульство СССР в Харбине

Харбин: [Б. и.], 1931. 154 с.

双周刊简报（第 7 期） 苏联驻哈尔滨总领事馆

哈尔滨：[不详]，1931，154 页

0161

Деловой Харбин Редактор-издатель А. М. Урбанович

Харбин: [Б. и.], 1933. 367 с.

哈尔滨实业界 编辑出版人 A.M. 乌尔巴诺维奇

哈尔滨：[不详]，1933，367 页

0162

Денежное обращение и денежные знаки Дальнего Востока за период войны и революции (1914-1924) А. И. Погребецкий

Харбин: Изд. О-ва изучения маньчжурского края и дальневосточно-сибирского о-ва «Книжное дело», 1924. 416 с.

战争和革命时期的远东货币流通与货币（1914—1924） А.И. 波格列别茨基

哈尔滨：东省文物研究会和远东 – 西伯利亚图书业协会出版社，1924，416 页

0163

Денежное обращение и финансы Китая А. И. Погребецкий

Харбин: Издание экономического Бюро Кит. Вост. жел. дор., 1929. 436 с.

中国货币流通和财政 А.И. 波格列别茨基

哈尔滨：中东铁路经济调查局出版，1929，436 页

0164

Деревянные изделия и щепной товар Гириньской провинции А. Е. Герасимов

Харбин: Общество изучения Маньчжурского края, 1928. 9 с.

吉林省木制品和木制小商品 А.Е. 格拉西莫夫

哈尔滨：东省文物研究会，1928，9 页

0165

Детскими глазами на мир: Повесть из жизни петербургской девочки София Зайцева

Харбин: [Б. и.], 1937. 111 с.

儿童眼中的世界：一个彼得堡女孩的生活故事 索菲亚·扎伊采娃

哈尔滨：[不详]，1937，111 页（古）

0166

Деятельность тарифно-показательного музея Китайской Восточной жел. дор. в Харбине за десятилетие 1924-1934 гг. В. Я. Толмачев

Харбин: [Типо-литография Кит. Вост. жел. дор.], 1935. 7 с.

1924—1934 十年间哈尔滨中东铁路运价公开博物馆的工作 В.Я. 托尔马乔夫

哈尔滨：[中东铁路印书局]，1935，7 页

0167

Джебел-Кебир: Рассказы Е. Н. Рачинская

Харбин: [Б. и.], [Б. г.]. 130 с.

杰贝尔·克比尔（短篇小说集） Е.Н. 拉钦斯卡娅

哈尔滨：[不详]，[不详]，130 页

0168

Древности Маньчжурий развалины Бэй-Чэна: С рисунками в тексте и 2 таблицами В. Я. Толмачев

Харбин: Общество изучения Маньчжурского края, 1925. 32 с.

败城遗址的满洲古物（附图和 2 个表格） В.Я. 托

尔马乔夫

哈尔滨：东省文物研究会，1925，32 页

0169

Душе моя, востани: Великий пост　Сост. Е. Н. Сумароков

Харбин и Маньчжурия: [Б. и.], [Б. г.]. 325 с.

我的灵魂，醒醒吧！（大斋节）E.H. 苏马洛科夫编

哈尔滨和满洲：［不详］，［不详］，325 页（古）

0170

Железнодорожная жизнь на Дальнем Востоке. №. 1-48

Харбин: Книжный магазин баронессы Врангель и контора Трайнина, 1911. 320 с.

远东铁路生活（第 1—48 期）

哈尔滨：弗兰格尔男爵夫人书店和特赖宁事务所，1911，320 页（古）

0171

Жемчужина Монголии: Справочник-путеводитель по курорту «Халхин-Халун-Аршан»　Иннокентий Чаров

Харбин: Издание автора, 1928. 96 с.

蒙古珍珠：疗养地哈拉哈河 – 哈伦阿尔山旅行指南　因诺肯季·恰罗夫

哈尔滨：作者出版，1928，96 页

0172

Животный мир Маньчжурии по коллекциям музея общества изучения Маньчжурского края: пресмыкающиеся и земноводные, с 25 рисунками в тексте　П. А. Павлов

Харбин: 东省文物研究会, 1926. 22 с.

东省文物研究会博物馆满洲动物界藏品：爬虫纲和两栖纲（附 25 幅图）П.А. 帕夫洛夫

哈尔滨：东省文物研究会，1926，22 页

0173

Животный мир Маньчжурии по коллекциям музея общества изучения маньчжурского края: Птицы　Б. П. Яковлев

Харбин: Изд. общества изучения Маньчжурского

края, 1929. 51 с.

东省文物研究会博物馆满洲动物界藏品：鸟类　Б. П. 雅科夫列夫

哈尔滨：东省文物研究会出版社，1929，51 页

0174

Жизнеописание оптинского старца иеросхимона-ха Амвросия　Архимандрит Агапит

Харбин: [Б. и.], 1941. 374 с.

修士大司祭阿姆夫罗西长老传记　阿加皮特修士大司祭

哈尔滨：［不详］，1941，374 页（古）

0175

Житие Святителя Арсения Архиепископа Серб-ского. Святитель Иннокентий 1-й Еп. Иркутский Чудотворец. Святитель Тихон Задонский

Харбин: Издание обители милосердия, [Б. г.]. 32 с.

塞尔维亚大主教阿尔谢尼传记；伊尔库茨克显圣者因诺肯季一世主教；圣徒吉洪·扎东斯基

哈尔滨：慈悲修道院出版，［不详］，32 页（古）

0176

Жития святых на русском языке: Изложенния по руководству четьих-миней св. Димитрия Ростовского с дополнениями, объяснительными примечаниями и изображениями святых. Кн. 2-е, октябрь первая половина

Харбин: Изд. Москов. Синодальной Типографии, 1941. 646 с.

俄文版圣徒传：圣德米特里·罗斯托夫斯基日课经文月书指南（附补余、注释和圣徒像）（第 2 卷）（10 月上旬）

哈尔滨：莫斯科主教公会印刷厂，1941，646 页（古）

0177

Журнал заамурцев

Харбин: Издание общества взаимопомощи Б. Заа-мурцев, 1936. 102 с.

外阿穆尔人杂志

哈尔滨：外阿穆尔原住民互助会出版，1936，102 页

0178

Заамурец

Харбин: Издание общества Взаимопомощи б. Заамурцев, 1938. 82 с.

外阿穆尔人

哈尔滨：外阿穆尔原住民互助会出版，1938，82 页

0179

Задачи и проблемы электрометеорологии: С картой и 3 чертежами А. А. Пурин

Харбин: Общество изучения Маньчжурского края, 1925. 11 с.

电气象学的任务和问题（附地图和 3 份图纸） А. А. 普林

哈尔滨：东省文物研究会，1925，11 页

0180

Записки участника мировой войны: 26-я пехотная дивизия в операциях 1-й и 2-й русских армий на Восточно-Прусском и Польском театрах в начале войны Я. М. Ларионов

Харбин: Склад издания русско-маньчжурская книготорговля, [Б. г.]. 236 с.

一名世界大战参加者的笔记：战争初期俄国第一和第二集团军在东普鲁士和波兰战区战役中的第 26 步兵师 Я.М. 拉里奥诺夫

哈尔滨：俄满图书贸易出版库，[不详]，236 页（古）

0181

Записки Харбинского общества естествоиспытателей и этнографов = PROCEEDINGS OF THE HARBIN SOCIETY OF NATURAL HISTORY AND ETHNOGRAPHY. № 1. Этнография [Секретарь А. Баранов]

Харбин: Издание Харбинского общества естествоиспытателей и этнографов, 1946. 58 с.

哈尔滨自然科学家和民族学家协会会刊（第 1 期）：民族学 ［А. 巴拉诺夫秘书］

哈尔滨：哈尔滨自然科学家和民族学家协会出版，1946，58 页

0182

Записки Харбинского общества естествоиспытателей и этнографов = PROCEEDINGS OF THE

HARBIN SOCIETY OF NATURAL HISTORY AND ETHNOGRAPHY. № 10. Лекарственные насекомые в китайской медицине В. Н. Алин

Харбин: Издатель А. Г. Малявкин, 1953. 12 с.

哈尔滨自然科学家和民族学家协会会刊（第 10 期）：中医药用昆虫 В.Н. 阿林

哈尔滨：А.Г. 马利亚夫金出版，1953，12 页

0183

Записки Харбинского общества естествоиспытателей и этнографов = PROCEEDINGS OF THE HARBIN SOCIETY OF NATURAL HISTORY AND ETHNOGRAPHY. № 2. Ботаника

Харбин: Издание Харбинского общества естествоиспытателей и этнографов, 1946. 65 с.

哈尔滨自然科学家和民族学家协会会刊（第 2 期）：植物学

哈尔滨：哈尔滨自然科学家和民族学家协会出版，1946，65 页

0184

Записки Харбинского общества естествоиспытателей и этнографов = PROCEEDINGS OF THE HARBIN SOCIETY OF NATURAL HISTORY AND ETHNOGRAPHY. № 3. Археология

Харбин: Издание Харбинского общества естествоиспытателей и этнографов, 1946. 62 с.

哈尔滨自然科学家和民族学家协会会刊（第 3 期）：考古学

哈尔滨：哈尔滨自然科学家和民族学家协会出版，1946，62 页

0185

Записки Харбинского общества естествоиспытателей и этнографов = PROCEEDINGS OF THE HARBIN SOCIETY OF NATURAL HISTORY AND ETHNOGRAPHY. № 4. А. М. Смирнов: Мезозойские эффузивно-туфогенные комплексы в стратиграфии ангарских отложений Восточной Азии

Харбин: Издание Харбинского общества естествоиспытателей и этнографов, 1946. 16 с.

哈尔滨自然科学家和民族学家协会会刊（第 4 期）：А.М. 斯米尔诺夫：东亚安加尔斯克沉积层的中生代

喷发凝灰岩体

哈尔滨：哈尔滨自然科学家和民族学家协会出版，1946，16 页

0186

Записки Харбинского общества естествоиспытателей и этнографов = PROCEEDINGS OF THE HARBIN SOCIETY OF NATURAL HISTORY AND ETHNOGRAPHY. № 5. Памяти академика В. Л. Комарова

Харбин: Издание Харбинского общества естествоиспытателей и этнографов, 1946. 56 с.

哈尔滨自然科学家和民族学家协会会刊（第 5 期）：纪念 В.Л. 科马罗夫院士

哈尔滨：哈尔滨自然科学家和民族学家协会出版，1946，56 页

0187

Записки Харбинского общества естествоиспытателей и этнографов = PROCEEDINGS OF THE HARBIN SOCIETY OF NATURAL HISTORY AND ETHNOGRAPHY. № 6. Сельское хозяйство

Харбин: Издание Харбинского общества естествоиспытателей и этнографов, 1947. 60 с.

哈尔滨自然科学家和民族学家协会会刊（第 6 期）：农业

哈尔滨：哈尔滨自然科学家和民族学家协会出版，1947，60 页

0188

Записки Харбинского общества естествоиспытателей и этнографов = PROCEEDINGS OF THE HARBIN SOCIETY OF NATURAL HISTORY AND ETHNOGRAPHY. № 7. Зоология

Харбин: Издание Харбинского общества естествоиспытателей и этнографов, 1947. 41 с.

哈尔滨自然科学家和民族学家协会会刊（第 7 期）：动物学

哈尔滨：哈尔滨自然科学家和民族学家协会出版，1947，41 页

0189

Записки Харбинского общества естествоиспытателей и этнографов = PROCEEDINGS OF THE

HARBIN SOCIETY OF NATURAL HISTORY AND ETHNOGRAPHY. № 8. Археология

Харбин: Издание Харбинского общества естествоиспытателей и этнографов, 1950. 76 с.

哈尔滨自然科学家和民族学家协会会刊（第 8 期）：考古学

哈尔滨：哈尔滨自然科学家和民族学家协会出版，1950，76 页

0190

Записки Харбинского общества естествоиспытателей и этнографов. № 11. Т. П. Гордеев: Лианы маньчжурии и приморья Т. П. Гордеев

Харбин: Издание Харбинского общества естествоиспытателей и этнографов, 1954. 16 с.

哈尔滨自然科学家和民族学家协会会刊（第 11 期）：Т.П. 戈尔杰耶夫：满洲和滨海地区的藤本植物 Т.П. 戈尔杰耶夫

哈尔滨：哈尔滨自然科学家和民族学家协会出版，1954，16 页

0191

Записки Харбинского общества естествоиспытателей и этнографов: При центральном правлении общества граждан СССР в Харбине. № 13. Основные вопросы геологи Маньчжурии А. М. Смирнов

哈尔滨自然科学家和民族学家协会会刊（附属于驻哈尔滨苏联公民协会中央管理委员会）（第 13 期）：满洲地质学主要问题 А.М. 斯米尔诺夫

Харбин: [Б. и.], 1954. 80 с.

哈尔滨：［不详］，1954，80 页

0192

Затонувший ковчег И. К. Шмеркович

Харбин: [Б. и.], 1932. 249 с.

沉没的方舟 И.К. 什梅尔科维奇

哈尔滨：［不详］，1932，249 页

0193

Зеленый фронт: Роман Константин Сабуров

Харбин: Изд-во «Заря», 1937. 300 с.

绿色战线（长篇小说） 康斯坦丁·萨布罗夫

哈尔滨：霞光出版社，1937，300 页

0194

Земледельческая Маньчжурия по фотографиям Б. В. Скворцова. Альбом 4. Техника китайского земледелия и с.-х. культуры. Серия 4 Б. В. Скворцов

Харбин: [Б. и.], 1931. 42 с.

Б.В. 斯克沃尔佐夫照片中的满洲农业（相册 4）：中国农耕技术和农业文明（系列 4） Б.В. 斯克沃尔佐夫

哈尔滨：[不详]，1931，42 页

0195

Земля и мужик А. М. Минин

Харбин: [Б. и.], 1941. 200 с.

土地和农夫 А.М. 米宁

哈尔滨：[不详]，1941，200 页

0196

Зоология = ZOOLOGY. Вып. 1 [Зав. изд-вом А. Рачковский]

Харбин: Изд-во общества изучения Маньжурского Края, 1927. 44 с.

动物学（第 1 卷） [A. 拉奇科夫斯基出版社社长]

哈尔滨：东省文物研究会出版社，1927，44 页

0197

Игроки: Китайская быль П. В. Шкуркин

Харбин: Типо-Лито-Фото-Цинкография Л. М. Абрамовича, 1926. 121 с.

竞技者：中国往事 П.В. 什库尔金

哈尔滨：Л.М. 阿布拉莫奇印刷厂，1926，121 页

0198

Известия Дальне-восточного объединения русских, окончивших высшие учебные заведения за рубежом

Харбин: Типография Н. Е. Чинарева, 1933. 88 с.

国外高等学校俄国毕业生远东联合会学报

哈尔滨：Н.Е. 奇纳列夫印刷厂，1933，88 页（古）

0199

Известия Юридического факультета = 法政学刊 = Memoirs of the Faculty of law In Harbin. Т. 10

Харбин: Заря, 1933. 378 с.

法政学刊（第 10 期）

哈尔滨：霞光出版社，1933，378 页

0200

Известия Юридического факультета = 法政学刊 = Memoirs of the Faculty of law In Harbin. Т. 3

Харбин: Заря, 1926. 340 с.

法政学刊（第 3 期）

哈尔滨：霞光出版社，1926，340 页

0201

Известия Юридического факультета = 法政学刊 = Memoirs of the Faculty of law In Harbin. Т. 4

Харбин: Заря, 1927. 356 с.

法政学刊（第 4 期）

哈尔滨：霞光出版社，1927，356 页

0202

Известия Юридического факультета = 法政学刊 = Memoirs of the Faculty of law In Harbin. Т. 5

Харбин: Типо-литогр. Л. Абрамовича, 1928. 371 с.

法政学刊（第 5 期）

哈尔滨：Л. 阿布拉莫维奇印刷厂，1928，371 页

0203

Известия Юридического факультета = 法政学刊 = Memoirs of the Faculty of law In Harbin. Т. 6

Харбин: Заря, 1928. 397 с.

法政学刊（第 6 期）

哈尔滨：霞光出版社，1928，397 页

0204

Известия Юридического факультета. Т. 1

Харбин: Заря, 1925. 248 с.

法政学刊（第 1 期）

哈尔滨：霞光出版社，1925，248 页

0205

Известия. № 1

Харбин: Типография Изд-во «Т-во Заря», 1945. 61 с.

消息报（第 1 期）

哈尔滨：霞光出版公司印刷厂，1945，61 页

0206

Изюбрь и изюбреводство: С 9 рисунками и 1 картой　Н. А. Байков

Харбин: Музей общества изучения Маньчжурского края, 1925. 13 с.

东北马鹿及其饲养（附 9 幅图和 1 幅地图）　Н.А. 拜科夫

哈尔滨：东省文物研究会博物馆，1925，13 页

0207

Ирина Рдищева: Роман　Вера Наваль

Harbin: Изд. М. В. Зайцева, 1935. 184 с.

伊琳娜·勒季谢娃（长篇小说）　薇拉·纳瓦利

哈尔滨：М.В. 扎伊采夫出版社，1935，184 页（古）

0208

Ирина Рдищева: Роман. Книга 2　Вера Наваль

Харбин: Изд-во М. В. Зайцева, 1935. 346 с.

伊琳娜·勒季谢娃（长篇小说第 2 册）　薇拉·纳瓦利

哈尔滨：М.В. 扎伊采夫出版社，1935，346 页

0209

Искры минувшего: Стихи　Федор Шеголев

Харбин: Содружества русских писателей в Китае, 1929. 47 с.

昔日火花（诗集）　费奥多尔·舍格列夫

哈尔滨：中国俄国作家团体，1929，47 页

0210

Исследование о соевых бобах　С. И. Данилевский

[Харбин]: Экземпляр С. И. Данилевского, 1920. 95 с.

大豆研究　С.И. 丹尼列夫斯基

[哈尔滨]：С.И. 丹尼列夫斯基印本，1920，95 页

0211

Исторический обзор и современное положение подготовительных курсов Харбинского политехнического института

Харбин: Изд. педагогической корпорации подготовительных курсов, 1932. 110 с.

哈尔滨工学院预科班历史概述和现状

哈尔滨：预科班教师联合会出版社，1932，110 页

0212

Исторический обзор Китайской Восточной железной дороги: 1896-1923 г.г.. Т. 1　Е. Х. Нилус

Харбин: Типография Кит. Вост. жел. дор. и Т-ва «Озо», 1923. 690 с.

中东铁路简史：1896—1923 年（第 1 卷）　Е.Х. 尼卢斯

哈尔滨：中东铁路印书局和奥佐公司印刷厂，1923，690 页

0213

Исторический обзор Харбинских коммерческих училищ за 15 лет: 26 февраля 1906 г. ст. ст.-11 марта 1921 г. нов. ст.　Сост. Н. П. Автономов

Харбин: Типография Кит. Вост. жел. дороги, 1921. 213 с.

哈尔滨商业学校 15 年简史（旧历 1906 年 2 月 26 日—新历 1921 年 3 月 11 日）　Н.П. 阿夫托诺莫夫编

哈尔滨：中东铁路印书局，1921，213 页（古）

0214

История Благовещенской Церкви в Харбине　М. К. Комарова

Харбин: [Б. и.], 1942. 200 с.

哈尔滨天使报喜教堂史　М.К. 科马罗娃

哈尔滨：[不详]，1942，200 页（古）

0215

История России: 862-1920　В. Власов, Ф. Вальденберг

Харбин: Издание «Католического Вестника», 1936. 938 с.

俄国史（862—1920）　В. 弗拉索夫、Ф. 瓦尔登贝格

哈尔滨：天主教公报出版，1936，938 页（古）

0216

История русской церкви　Составиль Н. Вознесенский

Харбин: [Харбинское коммерческое училище], [Б. г.]. 118 с.

俄国教会史　Н. 沃兹涅先斯基编

哈尔滨：[哈尔滨商务学校]，[不详]，118 页（古）

0217

К вопросу о влиянии Монгольской культуры и Монгольского права на Русскую культуру и право: Является ли монгольское право правом обычным В. А. Рязановский

Харбин: Художественная типография, 1931. 61 с.

论蒙古文化和法律对俄罗斯文化和法律的影响：蒙古法律是否是习惯法 В.А. 梁赞诺夫斯基

哈尔滨：艺术印刷厂，1931，61 页

0218

К вопросу о шелководстве в Северной Маньчжурии: С иллюстрациями В. Я. Толмачев

Харбин: Изд. общества изучения Маньчжурского края, 1928. 10 с.

北满养蚕业问题（附插图） В.Я. 托尔马乔夫

哈尔滨：东省文物研究会出版社，1928，10 页

0219

Кавказский пленник Л. Н. Толстой

Харбин: Издание Союза Учителей К. В. ж. д., 1921. 48 с.

高加索的囚徒 Л.Н. 托尔斯泰

哈尔滨：中东铁路教师联盟出版，1921，48 页

0220

Кандидатская работа на тему «Тоётоми хидэёси — Японский наполеон» Э. К. Каттай

Харбин: [Б. и.], 1942. 79 с.

副博士论文：丰臣秀吉——日本的拿破仑 Э.К. 卡泰

哈尔滨：[不详]，1942，79 页

0221

Карта Маньчжурии М. П. Андриевский [и др.]

Харбин: Изд. Коммерческой частью и Экономическим Бюро К. В. Ж. Д., 1925. 1 с.

满洲地图 М.П. 安德里耶夫斯基等

哈尔滨：中东铁路商务处和经济调查局出版，1925，1 页

0222

Картинки из жизни Верочки Морской Вера Наваль

Харбин: Издательство М. В. Зайцева, 1938. 161 с.

薇罗奇卡·莫尔斯卡娅的生活画卷 薇拉·纳瓦利

哈尔滨：М.В. 扎伊采夫出版社，1938，161 页（古）

0223

Картины из древней истории Китая = 中国古代简略史 П. В. Шкуркин

Харбин: [Б. и.], 1927. 110 с.

中国古代简略史 П.В. 什库尔金

哈尔滨：[不详]，1927，110 页

0224

Каталог библиотеки харбинского железнодорожного собрания. Ч. II. 1923

Харбин: Типография Китайской Восточной железной дороги, 1923. 223 с.

哈尔滨铁路俱乐部图书馆目录（第 2 册）：1923

哈尔滨：中东铁路印书局，1923，223 页（古）

0225

Каталог книг азиатского отдела Харбинской библиотеки Ю. М. Ж. Д. = 亚细亚文库图书目录

Харбин: 满铁 哈尔滨图书馆, 1938. 377 с.

满铁哈尔滨图书馆亚细亚文库图书目录

哈尔滨：满铁哈尔滨图书馆，1938，377 页

0226

Католический катихизис = Catechisme catholique Свящ. С. Тышкевич

Харбин: [Б. и.], 1935. 215 с.

天主教教理问答 C. 特什特维奇神甫

哈尔滨：[不详]，1935，215 页（古）

0227

Киевская Русь: Исторический обзор. Книга для чтения

Харбин: [Б. и.], 1942. 445 с.

基辅罗斯（简史读本）

哈尔滨：[不详]，1942，445 页

0228

Киоск нежности: Стихи Сергей Алымов

Харбин: [Б. и.], 1920. 121 с.

温柔亭（诗集） 谢尔盖·阿雷莫夫

哈尔滨：[不详]，1920，121 页（古）

0229

Китаеведение: Сборник статей по географии, экономике и культуре Китая. Ч.1. Природа и первобытная культура Китая   Е. Чепурковский

Харбин: [Б. и.], 1927. 54+24 с.

汉学（中国地理、经济、文化论文集第 1 册）：中国的自然条件与原始文化   Е. 切普尔科夫斯基

哈尔滨：[不详]，1927，54+24 页

0230

Китайская Армия   Сост. Ротмистр Полумордвинов

Харбин: Типо-литография Штаба Заамурского Округа Потраничной Стражи, 1908. 66 с.

中国军队   罗特米斯特·波卢莫尔德维诺夫编

哈尔滨：外阿穆尔军区司令部出版社，1908，66 页（古）

0231

Китайская Восточная железная дорога: 1903-1913 гг.   П. С. Тишенко

Харбин: Склад изд. в книжном магазин И. Т. Щелоков, [Б. г.]. 243 с.

中东铁路（1903—1913 年）   П.С. 季申科

哈尔滨：И.Т. 晓洛科夫书店出版库，[不详]，243 页（古）

0232

Китайские легенды   П. Шкуркин

Харбин: Типо-литография Т-ва «ОЗО», 1921. 160 с.

中国传奇故事   П. 什库尔金

哈尔滨：奥佐公司印刷厂，1921，160 页

0233

Китайские сказки и рассказы: С примечаниями и объяснениями. Вып. II   П. В. Шкуркин

Харбин: Типография Китайской Восточной железной дороги, 1917. 109 с.

中国故事（附注释）（第 2 册）   П.В. 什库尔金

哈尔滨：中东铁路印书局，1917，109 页（古）

0234

Китайские цехи = The Chinese guilds: Краткий исторический очерки и альбом цеховых знаков в красках   Г. Г. Авенариус

Харбин: Изд-во общество изучения Маньчжурского края, 1928. 97 с.

中国行会：行会简史和行会标志彩图册   Г.Г. 阿韦纳里乌斯

哈尔滨：东省文物研究会出版社，1928，97 页

0235

Китайский новый год = 中国年节旧俗纪略 : С рисунками   И. Г. Баранов

Харбин: 东省文物研究会 , 1928. 18 с.

中国年节旧俗纪略（附图）   И.Г. 巴拉诺夫

哈尔滨：东省文物研究会，1928，18 页

0236

Китайское крестьянское хозяйство в Северной Маньчжурии: Экономический очерк   Е. Е. Яшнов

Харбин: Типография Китайской Восточной железной дороги, 1926. 525 с.

北满中国农民经济：经济概况   Е.Е. 亚什诺夫

哈尔滨：中东铁路印书局，1926，525 页

0237

Климат Маньчжурии с точек зрения сельского хозяйства, промышленной жизни и здоровья человека. Часть 1   А. Д. Воейков

Харбин: Типография Кит. Вост. жел. дор., 1933. 120 с.

农业、工业生活和人类健康视角下的满洲气候（第 1 册）   А.Д. 沃耶伊科夫

哈尔滨：中东铁路印书局，1933，120 页

0238

Ключ к вратам будущего: Опыт постановки исторического прогноза   А. Коваленко

Харбин: [Б. и.], 1940. 218 с.

通往未来大门的钥匙：进行历史预测的经验   А. 科瓦连科

哈尔滨：[不详]，1940，218 页

0239
Князь Игорь и Княгиня Ольга
Харбин: Изд-во М. В. Зайцева, 1943. 97 с.
伊戈尔公爵和公爵夫人奥莉加
哈尔滨：M.B. 扎伊采夫出版社，1943，97 页

0240
Комсомольцы и студенты: Новеллы и расска-зы　Игорь Волков
Харбин: Изд-во М. В. Зайцева, 1941. 193 с.
共青团员和大学生（短篇小说集）　伊戈尔·沃尔科夫
哈尔滨：M.B. 扎伊采夫出版社，1941，193 页

0241
Конституции СССР и РСФСР
Харбин: [国立大学哈尔滨学院], 1941. 159 с.
苏维埃社会主义共和国联盟和俄罗斯苏维埃联邦社会主义共和国宪法
哈尔滨：[国立大学哈尔滨学院]，1941，159 页

0242
Корень жизни (жень-шень): С рисунками в тек-сте　Н. А. Байков
Харбин: 东省文物研究会 , 1926. 21 с.
生命之根（人参）（附图）　H.A. 拜科夫
哈尔滨：东省文物研究会，1926，21 页

0243
Краткий курс по востоковедению　[И. И. Пете-лин]
Харбин: Типография Китайской Восточной желез-ной дороги, 1914. 198 с.
东方学简明教程　[И.И. 佩捷林]
哈尔滨：中东铁路印书局，1914，198 页（古）

0244
Краткий отчет первого совещательного съезда агентов службы эксплоатации Китайской Вос-точной жел. дор.: Состоявшегося 23-29 апреля 1923 года в Г. Харбине
Харбин: Типография КВЖД, 1924. 341 с.
中东铁路运营处代表第一次协商会议纪要（1923年4月23—29 日于哈尔滨举行）
哈尔滨：中东铁路印书局，1924，341 页（古）

0245
Краткий очерк возникновения и деятельно-сти Русско-Китайского техникума в течение 1920-1921 учебного года и его задачи в буду-щем　Русско-Китайский техникум в г. Харбине
Харбин: Изд. Русско-Китайского Техникума, 1921. 31 с.
中俄工业学校的创建和 1920—1921 学年工作概况以及未来任务　哈尔滨中俄工业学校
哈尔滨：中俄工业学校出版社，1921，31 页

0246
Краткий очерк Монголии　М. В. Зайцев
Харбин: [Б. и.], 1925. 30 с.
蒙古概况　M.B. 扎伊采夫
哈尔滨：[不详]，1925，30 页

0247
Крушение императорской России: 20 лет спустя о Февральской революции　П. Петров
Харбин: Книгоиздательство М. В. Зайцева, 1938. 151 с.
俄罗斯帝国的覆亡：二月革命 20 年后　П. 彼得罗夫
哈尔滨：M.B. 扎伊采夫图书出版社，1938，151 页（古）

0248
Курс физики. Ч. II. Механика. Колебания и вол-ны. Звук　В. В. Болгарский
Харбин: [Б. и.], 1951. 166 с.
物理教程（第 2 册）：力学、振动与波、声学　B.B. 博尔加尔斯基
哈尔滨：[不详]，1951，166 页

0249
Курс физики. Ч. III. Магнетизм. Электричество. Свет　В. В. Болгарский
Харбин: [Б. и.], 1951. 268+16 с.
物理教程（第 3 册）：磁学、电学、光学　B.B. 博尔加尔斯基
哈尔滨：[不详]，1951，268+16 页

0250

Латинская хрестоматия: Избранные произведения из Латинской прозы и поэзии Сост. Н. П. Покровский, М. Е. Молчанов, Н. М. Веневитинов

Харбин: Издательство Офсет-пресс, 1933. 164 с.

拉丁文选（拉丁散文与诗歌选集） Н.П. 波克罗夫斯基、М.Е. 莫尔恰诺夫、Н.М. 韦涅维基诺夫编

哈尔滨：胶版印刷出版社，1933，164 页（古）

0251

Легендарный Барон Н. Н. Князев

Харбин: [Б. и.], 1942. 211 с.

传奇的男爵 Н.Н. 克尼亚泽夫

哈尔滨：[不详]，1942，211 页

0252

Легенды в истории П. В. Шкуркин

Харбин: ОЗО, 1922. 154 с.

历史传奇 П.В. 什库尔金

哈尔滨：奥佐公司印刷厂，1922，154 页（古）

0253

Лекции по истории русской церкви. Т. I Е. Сумароков

Харбин: [Б. и.], 1944. 408 с.

俄国教会史讲义（第 1 卷） Е. 苏马罗科夫

哈尔滨：[不详]，1944，408 页（古）

0254

Лесное дело в Маньчжурии В. И. Сурин

Харбин: Типография Кит. Вост. жел. дор., 1930. 398 с.

满洲林业 В.И. 苏林

哈尔滨：中东铁路印书局，1930，398 页

0255

Либретто на китайские пьесы к публичному сообщению действ. члена О. Р. О. П. Гладкого: «Китайский театр»

Харбин: Типография газеты Юань-Дун-Бао, 1914. 29 с.

中国戏剧：俄国东方学家协会会员 П. 格拉德基翻译的公演中国剧本剧情简介

哈尔滨：《远东报》印刷厂，1914，29 页（古）

0256

Маньчжурская пшеница: С рисунками Б. В. Скворцов

Харбин: 东省文物研究会 , 1927. 29 с.

满洲小麦（附图） Б.В. 斯克沃尔佐夫

哈尔滨：东省文物研究会，1927，29 页

0257

Маньчжурская тускарора или цицания широколистная: С 13 рисунками в тексте И. В. Козлов

Харбин: 东省文物研究会 , 1926. 12 с.

满洲宽叶菱笋（附 13 幅图） И.В. 科兹洛夫

哈尔滨：东省文物研究会，1926，12 页

0258

Маньчжурский лесной орех: С рисунками Б. В. Скворцов

Харбин: 东省文物研究会 , 1927. 11 с.

满洲榛子（附图） Б.В. 斯克沃尔佐夫

哈尔滨：东省文物研究会，1927，11 页

0259

Маньчжурский охотник и рыболов Общество правильной охоты и рыболовства

Харбин: Изд. Общества правильной охоты и рыболовства, 1934. 86 с.

满洲猎人与渔民 渔猎协会

哈尔滨：合法渔猎协会出版社，1934，86 页

0260

Маньчжурский тигр: С 2 картами и 15 рисунками в тексте и 1 таблицей в красках Н. А. Байков

Харбин: Музей общества изучения Маньчжурского края, 1925. 11 с.

满洲虎（附 2 幅地图、15 幅图和 1 个彩色表格） Н. А. 拜科夫

哈尔滨：东省文物研究会博物馆，1925，11 页

0261

Маньчжу-Ти-Го страна возможностей М. Талызин

Харбин: Экономист, 1935. 204 с.

潜力巨大的满洲帝国 М. 塔雷津

哈尔滨：经济学家出版社，1935，204 页

0262

Масляничные (Соевые) бобы как кормовое и пищевое растение   А. А. Хорват

Харбин: Изд-во общества изучения Маньчжурского края, 1927. 126 с.

饲料作物和食用作物大豆   А.А. 霍尔瓦特

哈尔滨：东省文物研究会出版社，1927，126 页

0263

Масонство и его деятельность   Фара

Харбин: [Б. и.], 1937. 98 с.

共济会及其活动   法拉

哈尔滨：[不详]，1937，98 页（古）

0264

Материалы по Маньчжурии и Монголии. Вып. 11. Словарь монгольских терминов А.-Н.   Сост. Заамурского округа Ротмистр Баранов

Харбин: Русско-Китайская типография, 1907. 138 с.

满洲和蒙古资料（第 11 卷）：蒙古语术语词典（А—Н）   外阿穆尔军区骑兵大尉巴拉诺夫编

哈尔滨：中俄印刷厂，1907，138 页（古）

0265

Медведи Дальнего Востока: с рисунками   Н. А. Байков

Харбин: Общество изучения Маньчжурского края, 1928. 25 с.

远东熊（附图）   Н.А. 拜科夫

哈尔滨：东省文物研究会，1928，25 页

0266

Международное положение: Внешняя политика большевиков. Кн. 2-я

Харбин: [Б. и.], 1941. 194 с.

国际形势：布尔什维克的对外政策（第 2 卷）

哈尔滨：[不详]，1941，194 页

0267

Меняльные лавки и конторы Маньчжурии: В тексте: Схема меняльных контор   А. Е. Герасимов

Харбин: Типография Кит. Вост. жел. дор., 1932. 57 с.

满洲货币兑换点（文中附货币兑换点分布图）   А.

Е. 格拉西莫夫

哈尔滨：中东铁路印书局，1932，57 页

0268

Метрическая система: Руководство для агентов КВЖД и инструкторов при обучении метрической системе мер   А. А. Затеплинский

Харбин: Типография КВЖД, 1926. 185 с.

公制：中东铁路代表和教员公制培训手册   А.А. 扎捷普林斯基

哈尔滨：中东铁路印书局，1926，185 页

0269

Митрополит Антоний; Братство Святой Руси имени св. кн. Владимира: Идедлогия и организация; Часовня памятник памяти Венценосных Мучеников   Архиепископ Нестор

Харбин: Издание Обители Милосердия, 1936. 78 с.

安冬尼都主教；圣弗拉基米尔大公神圣罗斯弟兄会：意识形态和组织；带冕的苦行者纪念物教堂   涅斯托尔主教

哈尔滨：慈悲修道院出版，1936，78 页

0270

Монгольская экспедиция по заготовке мяса для действующих Армий. Маньчкурско-Владивостовский район: Материалы к отчету о деятельности с 1915 по 1918 гг. Выпуск 8   А. С. Мещерский

Харбин: Типография Китайской Восточной железной дороги, 1920. 112 с.

作战部队肉制品蒙古采购队（满洲 – 符拉迪沃斯托克地区）：1915—1918 年工作总结材料（第 8 卷）   А.С. 梅谢尔斯基

哈尔滨：中东铁路印书局，1920，112 页（古）

0271

Монгольская государственность и право в их историческом развитии   Г. К. Гинс

Харбин: [Б. и.], 1932. 54 с.

历史发展中的蒙古国家体制和法律   Г.К. 金斯

哈尔滨：[不详]，1932，54 页

0272

Монгольская экспедиция по заготовке мяса для дей-

ствующих армий. Манчжурско-Владивостовский район: Материалы к отчету о деятельности с 1915 по 1918 гг. Выпуск XII, Приложение IV   И. И. Серебренников

Харбин: Типография Китайской Восточной железной дороги, 1920. 83 с.

作战部队肉制品蒙古采购队（满洲 – 符拉迪沃斯托克地区）：1915—1918 年工作总结材料（第 12 卷，附件 4）   И.И. 谢列布连尼科夫

哈尔滨：中东铁路印书局，1920，83 页（古）

0273

Монгольское право = The mongolian law   В. А. Рязановский

Харбин: Типогр. Н. Е. Чинарева, 1931. 114 с.

蒙古的法律   В.А. 梁赞诺夫斯基

哈尔滨：Н.Е. 奇纳列夫印刷厂，1931，114 页

0274

Музыка боли: Стихи   Федор Камышнюк

Харбин: Издатель Ф. Старовойтов, 1918. 202 с.

悲痛的乐章（诗集）   费奥多尔·卡梅什纽克

哈尔滨：Ф. 斯塔罗沃伊托夫出版，1918，202 页（古）

0275

Муниципальный справочник: Свод практически важных для населения правил и распоряжений Харбинского городского самоуправления   Состав. А. А. Братановским

Харбин: Меркурий, 1928. 191 с.

市政手册：对市民具有重要意义的哈尔滨城市自治法令规定汇编   А.А. 布拉塔诺夫斯基编

哈尔滨：水星出版社，1928，191 页（古）

0276

Мы: Культурно-историческия основы русской государственности   Н. Иванов

Харбин: [Б. и.], 1926. 369 с.

我们：俄国国家体制的文化历史基础   Н. 伊万诺夫

哈尔滨：[不详]，1926，369 页（古）

0277

На рубеже   И. А. Лавров

HARBIN: Изд. М. В. Зайцева, [Б. г.]. 178 с.

在国境上   И.А. 拉夫罗夫

哈尔滨：М.В. 扎伊采夫出版社，[不详]，178 页

0278

На тот берег: Рассказы   В. Ильенков

Харбин: Международная книга, 1946. 168 с.

到彼岸（短篇小说集）   В. 伊利延科夫

哈尔滨：国际图书出版社，1946，168 页

0279

Наковальня добра и зла: Роман   Павел Тутковский

Харбин: Изд-во М. В. Зайцева, 1935. 213 с.

善与恶的铁砧（长篇小说）   帕维尔·图特科夫斯基

哈尔滨：М.В. 扎伊采夫出版社，1935，213 页（古）

0280

Налоги, пошлины и местные сборы в особом районе восточных провинций Китайской республики: Справочные сведения о налогах района   Экономическое Бюро Кит. Вост. жел. дор.

Харбин: Типография Китайской Восточной железной дороги, 1927. 166 с.

民国东省特别区赋税、关税和地方税：地区税收指南   中东铁路经济调查局

哈尔滨：中东铁路印书局，1927，166 页

0281

Население и крестьянское хозяйство Китая: Обзор источников   Е. Е. Яшнов

Харбин: Изд-во общества изучения Маньчжурского края, 1928. 119 с.

中国人口和农民经济（文献资料概述）   Е.Е. 亚什诺夫

哈尔滨：东省文物研究会出版社，1928，119 页

0282

Наследие Петра: Исторический роман   Артемий Лишин

Harbin: М. В. Зайцева, [Б. г.]. 154 с.

彼得的遗产（历史长篇小说）   阿尔捷米·利申

哈尔滨：М.В. 扎伊采夫出版社，[不详]，154 页（古）

0283

Национализм и Еврейство: Сборник статей и лекций раввина — А. М. Киселева　А. М. Киселев

Харбин: Изд-во газ. «Еврейская жизнь», [Б. г.]. 264 с.

民族主义与犹太人：拉比 А.М. 基谢廖夫文章和讲义集　А.М. 基谢廖夫

哈尔滨:《犹太生活报》出版社，[不详]，264 页

0284

Не покорюсь! Книга Третья　Марианна Колосова

Харбин: [Б. и.], 1932. 125 с.

我绝不屈服！（第 3 册）　玛丽安娜·科洛索娃

哈尔滨:[不详]，1932，125 页（古）

0285

Неизведанное: Роман　П. М. Куреннов

Харбин: Издательство М. В. Зайцева, [Б. г.]. 230 с.

未经历过的事（长篇小说）　П.М. 库连诺夫

哈尔滨: М.В. 扎伊采夫出版社，[不详]，230 页

0286

Николай Федорович Федоров и Современность: Очерки. Выпуск 2-4　А. Остромиров

Харбин: [Б. и.], 1928. 51 с.

尼古拉·费奥多洛维奇·费奥多罗夫与现代性：概要（第 2—4 册）　А. 奥斯特洛米罗夫

哈尔滨:[不详]，1928，51 页

0287

Новейший китайско-русский словарь = 汉俄新辞典 . Т. I　А. П. Хионин

Харбин: Типография «Коммерческой прессы», 1928. 559 с.

汉俄新辞典（第 1 卷）　А.П. 希奥宁

哈尔滨:哈尔滨道里商务印书局，1928，559 页

0288

Новейший китайско-русский словарь = 汉俄新辞典 . Т. II　А. П. Хионин

Харбин: Типография «Коммерческой прессы», 1930. 560-1266 с.

汉俄新辞典（第 2 卷）　А.П. 希奥宁

哈尔滨:哈尔滨道里商务印书局，1930，560–1266 页

0289

Обший обзор агрономических мероприятий земельного отдела за 1922-1929 г.г.　Информационное бюро

Харбин: Информационное бюро Генерального консульства СССР в Харбине, 1929. 218 с.

1922—1929 年土地部门农业措施综述　情报处

哈尔滨:苏联驻哈尔滨总领事馆情报处，1929，218 页

0290

Общедоступный календарь на 1926 год

Харбин: Издание И. С. Кларка, 1926. 871 с.

1926 年大众日历

哈尔滨: И.С. 克拉克出版，1926，871 页

0291

Обычное право монгольских племен. Ч. I. Обычное право монголов　В. А. Рязановский

Харбин: Типо-литография Т-ва «ОЗО», 1923. 256 с.

蒙古部落习惯法（第 1 册）：蒙古人的习惯法　В. А. 梁赞诺夫斯基

哈尔滨:奥佐公司印刷厂，1923，256 页（古）

0292

Огородные овощи на рынке северной Маньчжурий　В. Я. Толмачев

Харбин: Типография Кит. вост. жел. дор., 1932. 11 с.

北满市场上的菜园蔬菜　В.Я. 托尔马乔夫

哈尔滨:中东铁路印书局，1932，11 页

0293

Описание населенных пунктов, рек, гор и прочих географических названий Маньчжурии и Вн. Монголии

Харбин: [Б. и.], [Б. г.]. 2517 стлб.

满洲和内蒙古居民点、河流、山川及其他地理名称说明

哈尔滨:[不详]，[不详]，2517 条

0294

Орден новых людей: Роман　Павел Тутковский

Харбин: Изд. М. В. Зайцева, 1936. 223 с.

现代人的勋章（长篇小说）　帕维尔·图特科夫斯基

哈尔滨：M.B. 扎伊采夫出版社，1936，223 页

0295

Орден розенкрейцеров Ю. Н. Лукин

Харбин: [Б. и.], 1938. 157 с.

蔷薇十字骑士团 Ю.Н. 卢金

哈尔滨：[不详]，1938，157 页（古）

0296

Орочи-Сородичи Маньчжур И. А. Лопатин

Харбин: [Б. и.], 1925. 30 с.

鄂罗奇人——满族同族 И.А. 洛帕京

哈尔滨：[不详]，1925，30 页

0297

Особый район Восточных Провинций Китайской Республики: Справочные сведения об административном и судебном устройстве Района Сост. Экономическим Бюро КВжд

Харбин: Т-во печать, 1927. 323 с.

中华民国东省特别区：地区行政与司法机构参考资料 中东铁路经济调查局编

哈尔滨：报刊公司，1927，323 页

0298

Остатки неолитической культуры близ Хайлара: по данным разведок 1928 года, с рисунками Е. И. Титов, В. Я. Толмачев

Харбин: 东省文物研究会, 1928. 10 с.

海拉尔附近新石器时代文化遗迹：1928 年勘察资料（附带图画） Е.И. 季托夫、В.Я. 托尔马乔夫

哈尔滨：东省文物研究会，1928，10 页

0299

Оторванный: Повесть Ф. Ф. Даниленко

Харбин: Меркурий, 1930. 198 с.

失联者（中篇小说） Ф.Ф. 丹尼连科

哈尔滨：水星出版社，1930，198 页

0300

Отчет второго совещательного съезда агентов службы эксплоатации Китайской восточной жел. дор., состоявшегося 9-12 мая 1925 года в городе Харбине

Харбин: Типография Китайской Восточной железной дороги, 1926. 329 с.

1925 年 5 月 9 日—12 日哈尔滨中东铁路运营处代表第二次协商会议纪要

哈尔滨：中东铁路印书局，1926，329 页

0301

Отчет коммерческого агента Китайской Восточной Железной Дороги А. П. Болобан

Харбин: Типография Китайской Восточной железной дороги, 1912. 382 с.

中东铁路商务代办报告 А.П. 博洛班

哈尔滨：中东铁路印书局，1912，382 页（古）

0302

Отчет о деятельности Общества изучения Маньчжурского Края за 1926 год: 4-й год существования

Харбин: Полиграф, 1927. 30 с.

东省文物研究会 1926 年工作总结（成立第 4 年）

哈尔滨：印刷协会印刷厂，1927，30 页

0303

Очерк развития и современного состояния торговли в Маньчжурии Л. И. Любимов

Харбин: [Б. и.], [Б. г.]. 23 с.

满洲贸易发展及现状概述 Л.И. 柳比莫夫

哈尔滨：[不详]，[不详]，23 页

0304

Очерки китайского административного права = The outlines of the Chinese Administrative Law. Вып. II В. В. Энгельфельд

Харбин: Издание Юридического факультета ОРВП, 1929. 152 с.

中国行政法概论（第 2 卷） В.В. 恩格尔菲尔德

哈尔滨：东省特别区法政大学出版，1929，152 页

0305

Очерки Китайского крестьянского хозяйства Е. Е. Яшнов

Харбин: Типография Н. А. Френкеля, [Б. г.]. 231 с.

中国农业概况 Е.Е. 亚什诺夫

哈尔滨：Н.А. 弗伦克尔印刷厂，[不详]，231 页

0306
Очерки по истории Белого движения на Дальнем Востоке　Вс. Л. Сергеев
Харбин: Издание Бюро по делам Россииских Эмигрантов в Маньчжурской Империи, 1937. 99 с.
远东白军活动简史　Вс.Л. 谢尔盖耶夫
哈尔滨：满洲帝国俄罗斯侨民事务局出版，1937，99 页（古）

0307
Очерки стран Дальнего Востока: Введение в востоковедение　Д. М. Позднеев [и др.]
Харбин: Типогр. Н. А. Френкеля, 1931. 196 с.
远东国家概况：东方学概论　Д.М. 波兹涅耶夫等
哈尔滨：Н.А. 弗伦克尔印刷厂，1931，196 页

0308
Очерки стран Дальнего Востока: Введение в востоковедение. Вып. II. Внешний Китай: Маньчжурия, Монголия, Синьцзян и Тибет　Д. М. Позднеев [и др.]
Харбин: [Б. и.], 1931. 207 с.
远东国家概况（东方学概论第 2 卷）：中国外省：满洲、蒙古、新疆和西藏　Д.М. 波兹涅耶夫等
哈尔滨：[不详]，1931，207 页

0309
Очерки стран Дальнего Востока: Введение в востоковедение. Вып. III. Япония, Корея, Филиппины, Индо-Китай　Д. М. Позднеев [и др.]
Харбин: [Б. и.], 1931. 69 с.
远东国家概况（东方学概论第 3 卷）：日本、朝鲜、菲律宾、印度支那　Д.М. 波兹涅耶夫等
哈尔滨：[不详]，1931，69 页

0310
Очерки торгового права Китая. Вып. 1-й. Торговые товарищества　Г. К. Гинс
Харбин: Оттиски из журнала «Вестник Маньчжурии», 1930. 160 с.
中国商法概论（第 1 卷）：贸易公司　Г.К. 金斯
哈尔滨：《满洲通报》杂志单行本，1930，160 页

0311
Очерки хлебной торговли Северной Маньчжурии　Экономическое бюро Кит. Вост. жел. дор.
Харбин: Типография Китайской Восточной железной дороги, 1930. 244 с.
北满粮食贸易概况　中东铁路经济调查局
哈尔滨：中东铁路印书局，1930，244 页

0312
Очерки экономического состояния районов верховьев Р. Сунгари: Гончарные изделия в Северной Маньчжурии　А. Е. Герасимов
Харбин: Типогрофия Китайской Восточной железной дороги, 1929. 72 с.
松花江上游地区经济概况：北满陶器制作　А.Е. 格拉西莫夫
哈尔滨：中东铁路印书局，1929，72 页

0313
Очерки Югославии: Впечатления путешествия　Архиепископ Нестор
Харбин: [Б. и.], 1935. 67 с.
南斯拉夫概况：旅游印象　涅斯托尔大主教
哈尔滨：[不详]，1935，67 页（古）

0314
Очерки: По историй новейшей русской литературы　Н. П. Покровский
Харбин: Меркурий, 1927. 198 с.
俄国现代文学史纲　Н.П. 波克罗夫斯基
哈尔滨：水星出版社，1927，198 页（古）

0315
Пантеон Чжан Чжа Хутухты: Материал для иконографии Ламаизма. Вып. 1　Пер. с немецкого И. Мозолевский
Харбин: Типо-литография Охранной Стражи Кит. Вост. ж. д., 1919. 72 с.
呼图克图章嘉文集：喇嘛教肖像资料（第 1 卷）　И. 莫佐列夫斯基译自德语
哈尔滨：中东铁路护路队印刷厂，1919，72 页（古）

0316
Переговоры о сдаче власти Омским Правитель-

ством Политическому Центру в присутствии Высоких Комиссаров и Высшего Командования союзных держав: Г. Иркутск (станция) Стенографировано Ед. Джемсом

Харбин: Эл.-Тип. Книж. и Писчебум. магаз. «Трудовое Т-во», 1920. 66 с.

高级政治委员和盟国最高统帅部出席的鄂木斯克政府向政治中心移交权力的谈判: 伊尔库茨克市（车站） Ед. 詹姆斯速记

哈尔滨: 劳动社图书和文具商店印刷厂, 1920, 66 页（古）

0317

Песни родине Мария Волкова

Харбин: Издание войскового представительства сибирского казачьего войска, 1936. 102 с.

歌唱祖国的歌曲 玛丽亚·沃尔科娃

哈尔滨: 西伯利亚哥萨克军军事代表处出版, 1936, 102 页（古）

0318

Побежденная: Роман Наталия Резникова

Харбин: Издательство М. В. Зайцева, 1937. 255 с.

失败者（长篇小说） 纳塔利娅·列兹尼科娃

哈尔滨: М.В. 扎伊采夫出版社, 1937, 255 页（古）

0319

Под знаком революции: Сборник статей Н. Устрялов

Харбин: Русская жизнь, 1925. 354 с.

在革命的旗帜下（论文集） Н. 乌斯特里亚洛夫

哈尔滨: 俄式生活出版社, 1925, 354 页

0320

Подвиг: Рассказы Мих. Штейссер

Харбин: [Б. и.], 1941. 147 с.

功勋（短篇小说集） Мих. 什梅伊谢尔

哈尔滨: [不详], 1941, 147 页

0321

Покуривая трубку…: Рифмованный блокнот И. И. Вонсович

Харбин: [Б. и.], 1930. 211 с.

吸烟斗……（韵律诗） И.И. 翁索维奇

哈尔滨: [不详], 1930, 211 页

0322

Полвека охоты на тигров Ю. М. Янковский

Харбин: [Б. и.], 1944. 204 с.

猎虎 50 年 Ю.М. 扬科夫斯基

哈尔滨: [不详], 1944, 204 页

0323

Полевые культурные растения северной Маньчжурии: Краткий очерк Б. В. Скворцов

Харбин: 东省文物研究会 , 1926. 18 с.

北满田间栽培作物概览 Б.В. 斯克沃尔佐夫

哈尔滨: 东省文物研究会, 1926, 18 页

0324

Полезные ископаемые Северной Маньчжурии Э. Э. Анерт

Харбин: Издательство общества изучения Маньчжурского края, 1928. 245 с.

北满矿产资源 Э.Э. 阿涅尔特

哈尔滨: 东省文物研究会出版社, 1928, 245 页

0325

Политико-административное устройство Китайской Республики: Краткий очерк И. Г. Баранов

Харбин: Типо-литография Т-ва Озо, 1922. 35 с.

中华民国政治行政制度概述 И.Г. 巴拉诺夫

哈尔滨: 奥佐公司印刷厂, 1922, 35 页（古）

0326

Полное собрание басен Крылова Крылов

Харбин: Изд-во М. В. Зайцева, [Б. г.]. 308 с.

克雷洛夫寓言全集 克雷洛夫

哈尔滨: М.В. 扎伊采夫出版社, [不详], 308 页（古）

0327

Православный мир и масонство В. Ф. Иванов

Харбин: [Б. и.], 1935. 132 с.

东正教世界和共济会 В.Ф. 伊万诺夫

哈尔滨: [不详], 1935, 132 页（古）

0328

Православный противосектантский катихизис:

«Ревнителям православной веры»

Харбин: Изд-во Священника Николая Киклович, 1932. 108 с.

东正教反对宗派主义问答手册：致东正教信仰的促进者

哈尔滨：尼古拉·金克洛维奇神甫出版社，1932，108 页（古）

0329

При вечерних огнях: Воспоминания   С. П. Руднев

Харбин: [Б. и.], [Б. г.]. 467 с.

傍晚的灯光下（回忆录） С.П. 鲁德涅夫

哈尔滨：[不详]，[不详]，467 页（古）

0330

Приамурский край: Очерк   Ф. Ф. Даниленко

Харбин: Издательство М. В. Зайцева, 1935. 88 с.

阿穆尔边区概况 Ф.Ф. 丹尼连科

哈尔滨：М.В. 扎伊采夫出版社，1935，88 页（古）

0331

Приготовление Китайской сои в Северной Маньчжурии: С рисунками   Г. Я. Маляревский

Харбин: Общество изучения Маньчжурского края, 1928. 10 с.

北满酱油制作方法（附图） Г.Я. 马利亚列夫斯基

哈尔滨：东省文物研究会，1928，10 页

0332

Приготовление крахмальной визиги в северной Маньчжурии: С иллюстрациями   В. Я. Толмачев

Харбин: Изд. общества изучения Маньчжурского края, 1927. 15 с.

北满淀粉鲟鱼脊筋制作方法（附插图） В.Я. 托尔马乔夫

哈尔滨：东省文物研究会出版社，1927，15 页

0333

Программа партии народной свободы и отчеты о VII и VIII партийных съездах

Харбин: Типография Китайской Восточной железа-ной дороги, 1917. 84 с.

人民自由党纲领和第七届、第八届党代会报告

哈尔滨：中东铁路印书局，1917，84 页（古）

0334

Промышленность района Сунгари 2-ая: С иллю-страциями   А. Е. Герасимов

Харбин: Изд-во стран. 文物研究会, 1928. 11 с.

松花江地区的第二产业（附插图） А.E. 格拉西莫夫

哈尔滨：东省文物研究会，1928，11 页

0335

Промышленность Северной Маньчжурии   Сост. Каваками Тосихико

Харбин: Типо-литография Штаба Заамурского округа пограничной стражи, 1909. 136 с.

北满工业 川上俊彦编

哈尔滨：外阿穆尔军区司令部印刷厂，1909，136 页（古）

0336

Промышленность Северной Маньчжурии и Харбина   В. И. Сурин

Харбин: Типография Китайской Восточной железной дороги, 1928. 243 с.

北满和哈尔滨的工业 В.И. 苏林

哈尔滨：中东铁路印书局，1928，243 页

0337

Просто любовь   Ванда Василевская; Пер. с польского Е. Успевич

Харбин: Международная книга, 1946. 152 с.

只是爱情 万达·华西列夫斯卡娅著，Е. 乌斯佩维奇译自波兰语

哈尔滨：国际图书出版社，1946，152 页

0338

Протоколы второго совешательного съезда инженеров и техников службы тяги Китайской Восточной железной дороги: 14-19 марта 1923 года

Харбин: Типо. КВжд, 1924. 401 с.

中东铁路机务处工程师和技术人员第二次协商会议纪要（1923 年 3 月 14—19 日）

哈尔滨：中东铁路印书局，1924，401 页（古）

0339

Протоколы первого совещательного съезда инженеров и техников службы тяги Китайской Восточной железной дороги

Харбин: Типография Кит. Вост. жел. дороги, 1922. 196+12 с.

中东铁路机务处工程师和技术人员第一次协商会议纪要

哈尔滨：中东铁路印书局，1922，196+12 页

0340

Протоколы третьего совещательного съезда инженеров и техников службы тяги Китайской Восточной железной дороги. 27 Апреля 1925 года　И. А. Резгал

Харбин: Типография Китайской Восточной железной дороги, 1927. 530 с.

中东铁路机务处工程师和技术人员第三次协商会议纪要（1925 年 4 月 27 日）　И.А. 列兹加尔

哈尔滨：中东铁路印书局，1927，530 页

0341

Процесс 38. Стенограмма процесса 38 советских граждан, арестованных при налете 27 мая 1929 г. на советское консульство в г. Харбине, ОРВИ = PROCESS OF THE 38. STENOGRAPHIC REPORT OF THE PROCESS OF THE 38 SOVEIT CITIZENS arrested during the raid on the soviet consulate General In Harbin on may 27th, 1929

Харбин: Харбин обсервер, 1929. 258 с.

诉讼案 38：1929 年 5 月 27 日袭击苏联驻哈尔滨领事馆时被逮捕的 38 名苏联公民诉讼记录

哈尔滨：哈尔滨观察家出版社，1929，258 页

0342

Путеводитель по Южно-Маньчжурской Железной Дороге: Необходимые сведения для путешественников с краткими описаниями достопримечательностей

Харбин: Типография издательства В. А. Чиликина, 1926. 118 с.

南满铁路指南：旅行者必备资料（附名胜古迹简介）

哈尔滨：B.A. 奇利金出版社印刷厂，1926，118 页

0343

Пути к разрешению тихоокеанской проблемы = MEANS OF SOLVING THE PROBLEMS OF THE PACIFIC OCEAN　А. И. Андогский

Харбин: [Б. и.], 1926. 110 с.

太平洋问题的解决途径　А.И. 安多格斯基

哈尔滨：[不详]，1926，110 页

0344

Пути русской молодежи　В. А. Кислицин

Харбин: [Б. и.], 1944. 248 с.

俄国青年之路　В.А. 基斯利钦

哈尔滨：[不详]，1944，248 页

0345

Рапорт управляющего Китайской Восточной железной дороги

Харбин: [Б. и.], 1913. 154 с.

中东铁路局局长报告

哈尔滨：[不详]，1913，154 页

0346

Распределение населения в городе Харбине и Пригородах. Таблица 1. Распределение населения по возрасту, полу и месту рождения

Харбин: [Б. и.], [Б. г.]. 344 с.

哈尔滨市和郊区人口分布（表 1）：按年龄、性别和出生地的人口分布

哈尔滨：[不详]，[不详]，344 页（古）

0347

Решения Китайского высшего суда: Обязательства, часть II-я гражданского права　Ф. Т. Чен; Перевод с англи. Г. П. Поплавского

Харбин: [Б. и.], 1925. 209 с.

中国最高法院决议：义务（民法第 2 部分）　Ф.Т. 程著，Г.П. 波普拉夫斯基译自英语

哈尔滨：[不详]，1925，209 页（古）

0348

Роман студента Володи　Ф. Ф. Даниленко

Харбин: Книгоиздательство М. В. Зайцева, 1934. 128 с.

大学生沃洛佳的故事　Ф.Ф. 丹尼连科

哈尔滨：M.B. 扎伊采夫图书出版社，1934，128 页

0349

Россия и Пушкин: Сборник статей: 1837-1937

Харбин: [Б. и.], [Б. г.]. 139 с.

俄国和普希金（论文集）：1837—1937

哈尔滨：[不详]，[不详]，139 页

0350

Россия под ярмом В. М. Дмитриев

Харбин: Издатель Г. М. Дмитриев, [Б. г.]. 60 с.

桎梏下的俄国 B.M. 德米特里耶夫

哈尔滨：Г.М. 德米特里耶夫出版，[不详]，60 页（古）

0351

Россия: У окна вагона Н. Устрялов

Харбин: Типография К. В. Ж. Д., 1926. 53 с.

俄国：车窗旁 Н. 乌斯特里亚洛夫

哈尔滨：中东铁路印刷局，1926，53 页

0352

Русская Правда Под ред. Г. Г. Тельберга

Харбин: Изд. Юридического Факультета, 1926. 22 с.

俄国法典 Г.Г. 捷利贝格编

哈尔滨：法政大学出版社，1926，22 页（古）

0353

Русское дело в Маньчжурии: С VII века до наших дней Николай Штейнфельд

Харбин: Русско-Китайско-Монгольская тип. газ. Юан-Дун-бао, 1910. 208 с.

满洲的俄国事务：从 7 世纪至今 尼古拉·施泰因菲尔德

哈尔滨：远东报俄华蒙印刷厂，1910，208 页（古）

0354

Русско-Ниппонский словарь М. Хиросэ, С. Гвоздев, Л. Гредякин

Харбин: [Б. и.], 1935. 192 с.

俄日词典 М. 广濑、С. 格沃兹杰夫、Л. 格列佳金

哈尔滨：[不详]，1935，192 页（古）

0355

Рыбные промыслы в Барге за 1923-1926 гг.: С рисунками в тексте В. А. Кормазов

Харбин: 东省文物研究会 , 1926. 10 с.

1923—1926 年巴尔加渔业（附图） B.A. 科尔马佐夫

哈尔滨：东省文物研究会，1926，10 页

0356

Сборник детских пьес М. А. Рычкова

Харбин: Изд-во М. В. Зайцева, [Б. г.]. 85 с.

儿童剧集锦 М.А. 雷奇科夫

哈尔滨：M.B. 扎伊采夫出版社，[不详]，85 页（古）

0357

Сборник документов, относящихся к Китайской Восточной железной дороге Издание канцелярии правления общества Китайской Восточной железной дороги

Харбин: Типография Китайской Восточной железной дороги, 1922. 36 с.

中东铁路文件汇编 中东铁路公司管理委员会办公室出版物

哈尔滨：中东铁路印书局，1922，36 页（古）

0358

Сборник законов и распоряжений Маньчжу-Ди-Го на русском языке = 露文满洲帝国法令辑览. Вып. 4 Перевод М. Огуси; Ред. Е. С. Павликовского

Харбин: [Б. и.], 1937. 100 с.

满洲帝国俄文法令汇编（第 4 卷） М. 奥古西译，Е.С. 帕夫利科夫斯基编

哈尔滨：[不详]，1937，100 页

0359

Сборник памяти Николая Демьяновича Буяновского

Харбин: Заря, 1936. 166 с.

尼古拉·杰米亚诺维奇·卜牙诺夫司基追忆录

哈尔滨：霞光出版社，1936，166 页

0360

Сборник посвященный 120-летию со дня основания I-го Сибирского императора Александра I-го

кадетского корпуса в г. Омске

Харбин: Издание бывших кадет I-го Сибирского Императора Александра I-го кадетского корпуса, 1934. 67 с.

鄂木斯克西伯利亚亚历山大一世第一士官武备学校创建 120 周年纪念文集

哈尔滨：西伯利亚亚历山大一世第一士官武备学校原学员出版，1934，67 页

0361

Сборник приказов и распоряжений по Китайской Восточной железной дороге о тарифах и условиях перевозки пассажиров, багажа и грузов   Под редакцией коммерческой части управления Китайской Восточной железн. дороги

Харбин: Журнал «Вестник Маньчжурии», 1926. [400 с.].

中东铁路旅客、行李、货物运输价格和条件命令汇编   中东铁路局商务处编

哈尔滨：《满洲通报》杂志社，1926，［400 页］

0362

Сборник приказов и циркуляров по службе телеграфа. Ч. 1-я. Контроль корреспонденции   Китайско-Восточная и Уссурийская железн. дорога

Харбин: Типография Китайской восточной железной дороги, 1907. 160 с.

电报局命令和通令汇编（第 1 册）：电报检查   中东铁路和乌苏里铁路

哈尔滨：中东铁路印书局，1907，160 页（古）

0363

Сборник приказов и циркуляров по службе телеграфа. Ч. I. Контроль корреспонденции

Харбин: Типография Китайской Восточной железной дороги, 1912. 256 с.

电报局命令和通令汇编（第 1 册）：电报检查

哈尔滨：中东铁路印书局，1912，256 页（古）

0364

Сборник примеров и задач по арифметике: Учеб. для младшего отделения китайского подготовительного факультета Харб, политехн. института. Вып. III   Сост. И. Д. Марчишиной [и др.]

Харбин: [Б. и.], 1950. 132 с.

算术例题和习题集：哈尔滨工学院中国预科系低年级教科书（第 3 册）   И.Д. 马尔奇希娜等编

哈尔滨：[不详]，1950，132 页

0365

Сборник разговоров: На технические и учебно-бытовые темы

Харбин: Русское Слово, 1953. 144 с.

会话集：技术和日常教学专题

哈尔滨：俄语报印刷厂，1953，144 页

0366

Сборник: Приказов циркуляров и других распоряжений по административной части Китайской Восточной железной дороги, подлежащих к руководству по службе телеграфа за 1903, 1904, 1905, и 1906 г.г.   Китайская Восточная жел. дор

Харбин: КВЖД, 1907. 555 с.

1903、1904、1905 和 1906 年中东铁路行政处电报局指南性通令和其他命令汇编   中东铁路

哈尔滨：中东铁路出版社，1907，555 页（古）

0367

Северная Маньчжурия: Экономический обзор. Выпуск 1-й   В. И. Сурин

Харбин: Харбин. экон. бюро, 1925. 154 с.

北满：经济概述（第 1 卷）   В.И. 苏林

哈尔滨：哈尔滨铁路局北满经济调查所，1925，154 页

0368

Семейный строй в Японии = FAMILY LAW IN JAPAN   Мария Шапиро

Харбин: [Б. и.], [Б. г.]. 66 с.

日本家庭结构   玛丽亚·沙皮罗

哈尔滨：[不详]，[不详]，66 页

0369

Семеро: Сборник стихотворений   Ларисса Андерсен [и др.]

Харбин: «Молодая Чураевка» Х. С. М. Л., 1931. 74 с.

七（诗集）   拉里莎·安德森等

哈尔滨：哈尔滨基督教青年会青年丘拉耶夫卡，

1931，74 页

0370
Сибиреведение: Конспект лекций по Сибиреведению, читанных на кооперативных курсах в г. Харбине, в мае-июне 1920 года　И. И. Серебренников

Харбин: Типография «Свет», 1920. 210 с.

西伯利亚学（1920 年 5 月—6 月哈尔滨合作社培训班西伯利亚学讲义）　И.И. 谢列布连尼科夫

哈尔滨：光明印刷厂，1920，210 页（古）

0371
Сибирский казак: Войсковой юбилейный сборник сибирского казачего войска. Вып. 2. Время великой войны (1914-1917 годы)　Под ред. Е. П. Березовского

Харбин: Изд. Войскового представительства сибирского казачего войска, 1941. 342 с.

西伯利亚哥萨克：西伯利亚哥萨克军周年纪念文集（第 2 卷）（第一次世界大战时期 1914—1917 年）　Е.П. 别列佐夫斯基编

哈尔滨：西伯利亚哥萨克军代表处出版社，1941，342 页（古）

0372
Сибирский казак: Войсковой юбилейный сборник Сибирского Казачьего войска 1582-1932 г. Вып. 1. Протоколы 3-го войскового круга Заб. Каз. войска

Харбин: [Б. и.], 1941. 161 с.

西伯利亚哥萨克：1582—1932 年西伯利亚哥萨克军纪念文集（第 1 卷）：外贝加尔哥萨克军（第 3 军事村庄记录）

哈尔滨：[不详]，1941，161 页（古）

0373
Сибирь　В. С. Логинов

Харбин: Наука, [Б. г.]. 170 с.

西伯利亚　В.С. 洛吉诺夫

哈尔滨：科学出版社，[不详]，170 页

0374
Сказки Джини Питэр

Харбин: Издание автора, [Б. г.]. 90 с.

吉尼·皮特童话

哈尔滨：作者出版，[不详]，90 页

0375
Слепая королевна: Немецкая сказка

Харбин: Издание А. И. Сулоцкого, [Б. г.]. 34 с.

盲公主：德国童话

哈尔滨：А.И. 苏罗茨基出版，[不详]，34 页

0376
Слива в северной Маньчжурий: С 11 рисунками в тексте　Б. В. Скворцов

Харбин: Музей общества изучения Маньчурского края, 1925. 11 с.

北满李树（附 11 幅图）　Б.В. 斯克沃尔佐夫

哈尔滨：东省文物研究会博物馆，1925，11 页

0377
Служебный справочник к расписанию движения поездов　К. В. Ж. Д. Служба эксплуатации

Харбин: Типогрфия Китайской Восточной железной дороги, 1923. 115 с.

列车运行时刻表工作手册　中东铁路运营处

哈尔滨：中东铁路印书局，1923，115 页（古）

0378
Современное положение железных дорог Китая　Вл. Рогов

Харбин: Типо-литография Кит. Вост. жел. дор., 1934. 69 с.

中国铁路现状　Вл. 罗戈夫

哈尔滨：中东铁路印书局，1934，69 页

0379
Соевые бобы на мировом рынке = Soya beans on the world market　Н. А. Сетницкий = N. A. Setnizky

Харбин: Экономическое бюро Кит. Вост. жел. дор., 1930. 335 с.

国际市场的大豆　Н.А. 谢特尼茨基

哈尔滨：中东铁路经济调查局，1930，335 页

0380
Сонеты　Всеволод Иванов

Харбин: [Б. и.], 1930. 30 с.

十四行诗　弗谢沃洛德·伊万诺夫

哈尔滨：[不详]，1930，30 页

0381

Список абонентов Харбинской автоматической телефонной станции

Харбин: Заря, [1923]. 79 с.

哈尔滨自动电话局电话簿

哈尔滨：霞光出版社，[1923]，79 页（古）

0382

Список абонентов Харбинской телефонной сети

Харбин: Типография Китайской Восточной железной дороги, 1914. 167 с.

哈尔滨电话簿

哈尔滨：中东铁路印书局，1914，167 页（古）

0383

Список абонентов Харбинской телефонной сети

Харбин: Типография Китайской Восточной железной дороги, 1916. 192 с.

哈尔滨电话簿

哈尔滨：中东铁路印书局，1916，192 页（古）

0384

Справочник домовладельца　Изд. Н. С. Захватов

Харбин: Типография «Заря», 1927. 315 с.

房产所有者指南　Н.С. 扎赫瓦托夫出版

哈尔滨：霞光印刷厂，1927，315 页（古）

0385

Справочник по истории стран Дальнего Востока: A REFERENCE BOOK OF THE HISTORY OF THE EASTERN KINGDOMS. Час. 1-Я. Китай　П. В. Шкуркин

Харбин: Типография Китайской Восточной железной дороги, 1918. 134 с.

远东国家历史手册（第 1 册）：中国　П.В. 什库尔金

哈尔滨：中东铁路印书局，1918，134 页（古）

0386

Справочник по Кит. Восточной, Японским и Кит. Жел. дорогам и адресный указатель гор. Харби-

на: 1922-1923

Харбин: Изд. К. О. Судниченко, [1923]. 67 с.

中东铁路、日本铁路和中国铁路指南与哈尔滨市地址簿（1922—1923）

哈尔滨：К.О. 苏德尼琴科出版社，[1923]，67 页（古）

0387

Справочник по С. Маньчжурии и КВЖД　Экономическое бюро КВЖД

Харбин: Изд. Экономического бюро КВЖД, 1927. 607 с.

北满和中东铁路指南　中东铁路经济调查局

哈尔滨：中东铁路经济调查局出版社，1927，607 页

0388

Справочные записки службы телеграфа Китайской Восточной железной дороги. Вып. 1

Харбин: Типография Китайской Восточной железной дороги, 1921. 118 с.

中东铁路电报局手册（第 1 分册）

哈尔滨：中东铁路印书局，1921，118 页（古）

0389

Спутник железнодорожника: 1923 г.　Издание Экономического Бюро К. В. ж. д.

Харбин: Типография Кит. Вост. ж. д., 1923. 261 с.

铁路职工之友（1923 年）　中东铁路经济调查局出版物

哈尔滨：中东铁路印书局，1923，261 页（古）

0390

СССР, Китай и Япония: Начальные пути регуляции　Н. А. Сетницкий

Харбин: [Б. и.], 1933. 61 с.

苏联、中国和日本：初期调整之路　Н.А. 谢特尼茨基

哈尔滨：[不详]，1933，61 页

0391

Статистический ежегодник 1929 = STATISTICAL YEARBOOK 1929

Харбин: [Б. и.], [Б. г.]. 174 с.

1929 年统计年鉴

哈尔滨：[不详]，[不详]，174 页

0392

Статистический ежегодник на 1926 г. Составлен Экономическим Бюро К. В. Ж. Д.

Харбин: Типография Китайской Восточной железной дороги, 1926. 329 с.

1926 年统计年鉴 中东铁路经济调查局编

哈尔滨：中东铁路印书局，1926，329 页

0393

Статистический ежегодник на 1927 г. Составлен Экономическим Бюро К. В. Ж. Д.

Харбин: Типография Китайской Восточной железной дороги, 1927. 236 с.

1927 年统计年鉴 中东铁路经济调查局编

哈尔滨：中东铁路印书局，1927，236 页

0394

Статистический ежегодник на 1928 г.

Харбин: Изд. экономического бюро К. В. ж. д., 1928. 249 с.

1928 年统计年鉴

哈尔滨：中东铁路经济调查局出版社，1928，249 页

0395

Статистический ежегодник: 1923 Составлен Экономическим Бюро К. В. Ж. Д.

Харбин: Типография Китайской Восточной железной дороги, 1923. 151 с.

统计年鉴（1923） 中东铁路经济调查局编

哈尔滨：中东铁路印书局，1923，151 页（古）

0396

Статистический ежегодник: 1924 Составлен Экономическим Бюро К. В. Ж. Д.

Харбин: Типография Китайской Восточной железной дороги, 1924. 20 с.

统计年鉴（1924） 中东铁路经济调查局编

哈尔滨：中东铁路印书局，1924，20 页（古）

0397

Статистический ежегодник: 1925 Составлен Экономическим бюро К. В. Ж. Д.

Харбин: [Б. и.], 1925. 162 с.

统计年鉴（1925） 中东铁路经济调查局编

哈尔滨：[不详]，1925，162 页

0398

Степан Черторогор: Роман Р. Донброрская

Харбин: Изд-во М. В. Зайцева, 1935. 223 с.

斯捷潘·切尔托罗戈夫（长篇小说） Р. 东布罗夫斯卡娅

哈尔滨：М.В. 扎伊采夫出版社，1935，223 页

0399

Стихотворения М. Визи

Харбин: [Б. и.], 1929. 167 с.

诗歌 М. 维济

哈尔滨：[不详]，1929，167 页（古）

0400

Строительство

Харбин: Издание Института иностранных языков, 1953. 88 с.

建设

哈尔滨：外国语学院出版，1953，88 页

0401

Судебники великого Князя Ивана III и царя Ивана IV Ред. Г. Г. Тельберг

Харбин: Изд. Юридич. фак., 1926. 48 с.

伊凡三世大公和伊凡四世沙皇律书 Г.Г. 捷利贝格编

哈尔滨：法政系出版社，1926，48 页（古）

0402

Сумеречные мессы: Лирика Георгий Эм

Харбин: [Б. и.], 1924. 95 с.

黄昏的弥撒（抒情诗） Эм. 格奥尔吉

哈尔滨：[不详]，1924，95 页（古）

0403

Таблицы для перевода русских мер в метрические и обратно: Таблицы № 1-54 утвержденные междуведомственной метрической комиссией заимствованы из справочника по метрической системе Под редакцией председателя ММК проф.

Н. М. Федоровского

Харбин: Типография КВЖД, 1925. 66 с.

俄制和公制计量单位换算表：跨部门公制委员会核准的换算表 1—54 借用自公制指南　跨部门公制委员会主席 Н.М. 费多罗夫斯基教授编

哈尔滨：中东铁路印书局，1925，66 页

0404

Таежные пути　Н. А. Байков

Харбин: Наука, 1934. 177 с.

原始森林里的道路　Н.А. 拜科夫

哈尔滨：科学出版社，1934，177 页

0405

Тайная дипломатия: Внешняя политика России и международное масонство　В. Ф. Иванов

Харбин: Изд-во М. В. Зайцева, 1937. 344 с.

秘密外交：俄国对外政策和国际共济会　В.Ф. 伊万诺夫

哈尔滨：М.В. 扎伊采夫出版社，1937，344 页（古）

0406

Таинственная нация: Япония　Еписвкоп Дзудзи Накада

Харбин: Меч Гедеона, 1933. 119 с.

神秘的民族：日本　中田弘二主教

哈尔滨：格杰翁之剑出版社，1933，119 页

0407

Тариф на перевозку грузов большой (пассажирской) и малой скорости по Китайской Восточной железной дороги. Ч. 1. Условия перевозки. Порядок расчета провозных плат. Правила перевозки и исчисления провозных плат для некоторых грузов, перевозимых на особых основаниях. Нормы и правила взимания дополнительных и особых сборов. Особые правила　А. Н. Неповетов

Харбин: Типография Кит. Вост. жел. дороги, 1927. 196 с.

中东铁路高速（客运）和低速货运运价（第 1 部分）：运输条件、运费结算流程、特殊运输货物的运输规则和运费计算规则、附加费和特殊费用征收规则、特殊规定　А.Н. 涅波韦托夫

哈尔滨：中东铁路印书局，1927，196 页

0408

Тариф на перевозку грузов в прямом уссурийско-китайском сообщении

Харбин: Типография Кит. Вост. жел. дороги, 1926. 127 с.

乌苏里斯克—中国货物联运运价

哈尔滨：中东铁路印书局，1926，127 页

0409

Тесные врата: Роман. Книга II　Вера Наваль

Харбин: Издательство М. В. Зайцева, 1936. 174 с.

狭窄的大门（长篇小说第 2 册）　薇拉·纳瓦利

哈尔滨：М.В. 扎伊采夫出版社，1936，174 页（古）

0410

Тесные врата: Роман. Книга III　Вера Наваль

Харбин: Издательство М. В. Зайцева, 1936. 180 с.

狭窄的大门（长篇小说第 3 册）　薇拉·纳瓦利

哈尔滨：М.В. 扎伊采夫出版社，1936，180 页（古）

0411

Тигрица: Таежная быль　Н. А. Байков

HARBIN: Изд. М. В. Зайцева, 1940. 202 с.

母虎：泰加林往事　Н.А. 巴伊科夫

哈尔滨：М.В. 扎伊采夫出版社，1940，202 页

0412

Торгово-промышленный, коммерчесний и железно-дорожный справочник = Trading-Industrial Commercial and railway Directory　Издатель В. Н. Мишарин

Харбин: Типо-литография Л. М. Абрамовича, 1924. 196 с.

工商业和铁路指南　出版商 В.Н. 米沙林

哈尔滨：Л.М. 阿布拉莫维奇印刷厂，1924，196 页（古）

0413

Три рассказа из жизни животных. Вып. II　А. П. Фарафонтов

Харбин: Т-во Бергут, Сын и Ко., 1915. 91 с.

动物生活故事 3 则（第 2 卷）　А.П. 法拉丰托夫

哈尔滨：柏古特和瑟恩股份公司印刷厂，1915，91 页（古）

0414

Труды первого съезда врачей Китайской восточной железной дороги Сост. Г. И. Чаплик, А. М. Ларин

Харбин: Типография Китайской Восточной железной дороги, 1923. 187 с.

中东铁路第一届医生代表大会文集 Г.И. 恰普利克、А.М. 拉林编

哈尔滨：中东铁路印书局，1923，187 页（古）

0415

Труды Сунгарийской речной биологической станции. Т. 1-й. Вып. 1-й Общество изучения Маньжурского Края

Харбин: Типография «Полиграф», 1925. 44 с.

松花江河流生物监测站著作集（第 1 卷第 1 册） 东省文物研究会

哈尔滨：印刷协会印刷厂，1925，44 页

0416

Труды Сунгарийской речной биологической станции. Т. 1-й. Вып. 2-й Общество изучения Маньжурского Края

Харбин: [Б. и.], 1925. 110 с.

松花江河流生物监测站著作集（第 1 卷第 2 册） 东省文物研究会

哈尔滨：[不详]，1925，110 页

0417

Труды Сунгарийской речной биологической станции. Т. 1-й. Вып. 3-й Общество изучения Маньжурского Края

Харбин: Типография «Полиграф», 1926. 30 с.

松花江河流生物监测站著作集（第 1 卷第 3 册） 东省文物研究会

哈尔滨：印刷协会印刷厂，1926，30 页

0418

Труды Сунгарийской речной биологической станции. Т. 1-й. Вып. 4-й Общество изучения Маньжурского Края

Харбин: Отделение Типографии КВжд, 1927. 41 с.

松花江河流生物监测站著作集（第 1 卷第 4 册） 东省文物研究会

哈尔滨：中东铁路印书局分部，1927，41 页

0419

Труды Сунгарийской речной биологической станции = PROCEEDINGS of the Sungaree River Biological Station. Т. 1-й. Вып. 5-й Общество изучения Маньжурского Края

Харбин: Отделение Типографии КВжд, 1928. 55 с.

松花江河流生物监测站著作集（第 1 卷第 5 册） 东省文物研究会

哈尔滨：中东铁路印书局分部，1928，55 页

0420

Труды Сунгарийской речной биологической станции. Т. 1-й. Вып. 6-й Общество изучения Маньжурского Края

Харбин: Отделение Типографии КВжд, 1928. 34 с.

松花江河流生物监测站著作集（第 1 卷第 6 册） 东省文物研究会

哈尔滨：中东铁路印书局分部，1928，34 页

0421

Тыквенные культуры Северной Маньчжурии: С 17 рисунками и 3 Таблицами Б. В. Скворцов

Харбин: Музей общества изучения Маньчжурского края, 1925. 16 с.

北满葫芦科作物（附 17 幅图和 3 个表格） Б.В. 斯克沃尔佐夫

哈尔滨：东省文物研究会博物馆，1925，16 页

0422

Угольные богатства Северной Маньчжурии: Экономическая оценка Б. П. Торгашев

Харбин: Типография Кит. Вост жел. дор., 1928. 124 с.

北满煤炭资源：经济评价 Б.П. 托尔加舍夫

哈尔滨：中东铁路印书局，1928，124 页

0423

Указатель периодической печати г. Харбина, выходившей на русском и др. европейских языках: Издания, вышедшие с 1 января 1927 года по 31 декабря 1935 года

Харбин: Экономическое бюро Харбинского управления государственных железных дорог., 1936. 83 с.

哈尔滨俄文和其他欧洲文字期刊目录（1927 年 1 月 1 日至 1935 年 12 月 31 日发行的出版物）

哈尔滨：哈尔滨铁路局北满经济调查所，1936，83 页

0424

Указатель статей из журналов «Экономический вестник Маньчжурии», «Вестник Маньчжурии» и «Экономический бюллетень» за 1923-1930 гг.

Харбин: Типография Кит. Вост. жел. дороги, 1930. 72 с.

1923—1930 年《满洲经济通报》《满洲通报》《经济通报》杂志文章索引

哈尔滨：中东铁路印书局，1930，72 页

0425

Устав ссудо-сберегательного общества при Харбинском обществе Русских и Китайских землевладельцев и домовладельцев

Харбин: Софийская приходская типография уг. Сквозной и Участковой, 1926. 56 с.

哈尔滨俄中土地和房屋所有者协会储蓄贷款协会章程

哈尔滨：斯科沃兹纳亚街和乌恰斯特卡亚街交口索菲亚教区印刷厂，1926，56 页（古）

0426

Учебник востоковедения для средних учебных заведений: 3-й ступени П. В. Шкуркин

Харбин: Заря, 1927. 172 с.

中学东方学教材（高等中学）П.В. 什库尔金

哈尔滨：霞光出版社，1927，172 页

0427

Учебник-хрестоматия. Часть 1. Русская классическая литература Под ред. И. И. Я

Харбин: Изд-во Института Иностранных Языков, 1952. 242 с.

选读本教材（第 1 册）：俄国古典文学 И. И. Я 编

哈尔滨：外国语学院出版社，1952，242 页

0428

Халха: Аймак Цецен-Хана А. Баранов

Харбин: Типо-литография Охранной Стражи Кит.

Вост. ж. д., 1919. 52 с.

喀尔喀：车臣汗部 А. 巴拉诺夫

哈尔滨：中东铁路护路队印刷厂，1919，52 页（古）

0429

Харбин: Итоги оценочной переписи по данным статистического обследования, производившегося с 15-го июня по 1-ое сентября 1923 г. Оценочно-статистическое бюро Х. О. У.

Харбин: Издание Оценочно-статистическое бюро при Торг. Налог. отд. Х. О. У., 1924. 121 с.

哈尔滨：基于 1923 年 6 月 15 日至 9 月 1 日统计调查数据的评估调查结果 哈尔滨社会管理局评估统计科

哈尔滨：哈尔滨社会管理局商业税务处评估统计科出版，1924，121 页

0430

Харбинская старина

Харбин: Издание общества старожилов г. Харбина и С. Маньчжурии, 1938. 84 с.

哈尔滨往事

哈尔滨：哈尔滨和北满原住民协会出版，1938，84 页（古）

0431

Харбин-Фуцзядянь: Торгово-промышленный и железнодорожный справочник Под ред. К. Очеретина

Харбин: Изд. Харбинского коммерческого агентства «Транспечать» Н. К. П. С., 1925. 227 с.

哈尔滨 – 傅家甸：工商业和铁路指南 К. 奥切列金编

哈尔滨：苏联交通人民委员部交通印刷出版社哈尔滨商务代表处出版社，1925，227 页

0432

Христианская жизнь по добротолюбию

Харбин: Изд. Казанско-Богородицкого мужского Монастыря, 1930. 216 с.

基督教徒的向善生活

哈尔滨：喀山 – 博戈罗季茨克男子修道院出版社，1930，216 页（古）

0433
Чжалайнорские копи: 1902-1927　Л. И. Любимов
Харбин: Типография Китайской восточной железной дороги, 1927. 50 с.
扎赛诺尔煤矿（1902—1927）　Л.И. 柳比莫夫
哈尔滨：中东铁路印书局，1927，50 页

0434
Что такое социализм, Большевизм, Анархизм и Атаманщина?　Сост. Ватранцев
Харбин: Тип. штаба охранной стражи, 1919. 42 с.
什么是社会主义、布尔什维克主义、无政府主义和反革命匪帮暴乱？　瓦特拉恩采夫编
哈尔滨：护路队司令部印刷厂，1919，42 页（古）

0435
Чумные эпидемии на Дальнем Востоке и противочумные мероприятия Управления Китайской Восточной железной дороги: Отчет　Ф. А. Ясенский, Э. П. Хмара-Борщевский
Харбин: Типграфия Т-ва «Новая жизнь», 1912. 612 с.
远东鼠疫和中东铁路局防鼠疫措施（报告）　Ф.А.亚先斯基、Э.П. 赫马拉－博尔谢夫斯基
哈尔滨：新生活印刷厂，1912，612 页（古）

0436
Шедевры русской литературной критики　Сост. К. И. Зайцев
Харбин: [Б. и.], 1941. 473 с.
俄国文学批判的杰作　К.И. 扎伊采夫编
哈尔滨：[不详]，1941，473 页

0437
Шесть граций: Роман　Анри Бордо; Пер. с французского Н. Резниковой
Харбин: [Б. и.], [Б. г.]. 165 с.
六女神（长篇小说）　安利·波尔多著，Н 列兹尼科娃译自法语
哈尔滨：[不详]，[不详]，165 页（古）

0438
Шинель　Н. В. Гоголь
HARBIN: Издательство наука, [Б. г.]. 57 с.
外套　Н.В. 果戈里

哈尔滨：科学出版社，[不详]，57 页

0439
Школа и Национальная проблема: Социально-педагогический очерк　М. Н. Ершов
Харбин: Харбинский педагогический институт, 1926. 83 с.
学派与民族问题：社会教育学纲要　М.Н. 叶尔绍夫
哈尔滨：哈尔滨师范学院，1926，83 页

0440
Экономическая география СССР: Пособие для студентов государственного института Харбин Гакуин
Харбин: 国立大学哈尔滨学院 , 1942. 243 с.
苏联经济地理（国立大学哈尔滨学院学生参考读物）
哈尔滨：国立大学哈尔滨学院，1942，243 页

0441
Экономические очерки современной Японии　А. И. Погребецкий
Харбин: Изд. общества изучения Маньчжурского края, 1927. 178 с.
现代日本经济概况　А.И. 波格列别茨基
哈尔滨：东省文物研究会出版社，1927，178 页

0442
Экономический атлас северной Маньчжурии　Экономическое бюро Кит. Вост. жел. дороги
Харбин: Экономическое бюро Кит. Вост. жел., 1931. 40 с.
北满经济地图　中东铁路经济调查局
哈尔滨：中东铁路经济调查局，1931，40 页

0443
Экспорт Маньчжурских бобов и его финансирование　А. В. Маракуев
Харбин: Изд-во общества изучения Маньчжурского края, 1928. 75 с.
满洲大豆出口及其资金供给　А.В. 马拉库耶夫
哈尔滨：东省文物研究会出版社，1928，75 页

0444
Экспорт хлеба через Владивосток

Харбин: Типография Китайской Восточной железной дороги, 1922. 26 с.

符拉迪沃斯托克的粮食出口

哈尔滨: 中东铁路印书局, 1922, 26 页 (古)

0445

Этические проблемы современного Китая = Ethical problems of contemporary China Г. К. Гинс

Харбин: Русско-Маньчжурская книготорговля, 1927. 79 с.

现代中国伦理问题 Г.К. 金斯

哈尔滨: 俄国 – 满洲图书贸易公司, 1927, 79 页

0446

Юбилейный сборник грузинского общества в Маньчжу-Ди-Го: 1905-1935

Харбин: [Б. и.], [1937]. 141 с.

满洲帝国格鲁吉亚人协会周年纪念文集 (1905—1935)

哈尔滨: [不详], [1937], 141 页

0447

Юбилейный сборник харбинского биржевого комитета: 1907-1932 Ответственный редактор: Председатель Харбинского Биржевого Комитета Я. Р. Кабалкин

Харбин: Художественная типография «Заря», 1933. 413 с.

哈尔滨交易所委员会纪念集 (1907—1932) 责任编辑: 哈尔滨交易所委员会主席 Я.Р. 卡巴尔金

哈尔滨: 霞光艺术印刷厂, 1933, 413 页

0448

Японская печать и внутреннее положение в России Николай Мацокин

Харбин: Издание общества русских ориенталистов, 1917. 24 с.

日本出版物和俄国国内状况 尼古拉·马措金

哈尔滨: 俄国东方学家协会出版, 1917, 24 页 (古)

0449

Японские Сказания И. С. Ильин

Харбин: [Б. и.], 1928. 91 с.

日本故事 И.С. 伊利英

哈尔滨: [不详], 1928, 91 页

0450

败城 Бай-Чэн: строительные материалы, архитектурные украшения и другие предметы с развалин Бай-Чэна, по данным разведок 1925-1926 гг. В. Я. Толмачев

Харбин: 东省文物研究会, 1927. 8 с.

败城: 败城遗址的建筑材料、建筑装饰及其他物品 (根据 1925—1926 年勘察资料) В.Я. 托尔马乔夫

哈尔滨: 东省文物研究会, 1927, 8 页

0451

俄文课本 = Учебник русского языка. Часть 3

Харбин: Изд-во Иностранных языков Харбинского политехнического Института, 1953. 208 с.

俄语教科书 (第 3 册)

哈尔滨: 哈尔滨工学院外语出版社, 1953, 208 页

0452

Слово здравое: Памятка Епископа Ионы

Маньчжурия: КВжд Международный Комитет, [Б. г.]. 116 с.

箴言: 约纳主教记事本

满洲: 中东铁路国际委员会出版社, [不详], 116 页 (古)

0453

Россия в хронологии П. А. Касаткин

Циндао: [Б. и.], 1940. 96 с.

历史年表中的俄国 П.А. 卡萨特金

青岛: [不详], 1940, 96 页 (古)

0454

История Японии Кооя Накамура

东京: Акц. о-во Южно-Маньчжурской железной дороги, 1935. 143 с.

日本史 人见雄三郎

东京: 南满铁路股份公司, 1935, 143 页

0455

Что такое синто? Гэнчи Катоо

Токио: [Акц. о-во южно-маньчжурской желез. дороги], 1935. 75 c.

什么是神道？　加藤源智

东京：[南满铁路股份公司]，1935，75 页

0456

Пушинка и другие рассказы　Сельма Лагерлёф; перевод А. А. Рубца

Стокхольм: Северные огни, 1921. 125 c.

《绒毛》等短篇小说　塞尔玛·拉格洛夫著，А.А. 鲁别茨译

斯德哥尔摩：北方火焰出版社，1921，125 页（古）

0457

Звезда Соломона　А. Куприн

Гельсингфорс: Книгоизд-во «Библион», 1920. 159 c.

所罗门之星　А. 库普林

赫尔辛基：比布利翁图书出版社，1920，159 页（古）

0458

Александр I и его личность, правление и интимная жизнь　Состав. Г. И. Алексеев

Лондон: [Б. и.], 1908. 53 c.

亚历山大一世和他的个性、统治与私生活　Г.И. 阿列克谢耶夫编

伦敦：[不详]，1908，53 页（古）

0459

Великая русская революция и роль в ней комммунистов　А. Малахов

Лондон: Издание Русского книжного магазина в Лондоне, 1921. 66 c.

伟大的俄国革命和共产党人的作用　А. 马拉霍夫

伦敦：伦敦俄国书店出版，1921，66 页（古）

0460

«Былое». I (Новая серия). Сборники по новейшей русской истории　Под ред. В. Л. Бурцева

Париж: Издание журнала иллюстрированная Россия, 1933. 140 c.

往事（第 1 卷）（近现代系列）：俄国现代史文集　В.Л. 布尔采夫编

巴黎：俄国画报出版，1933，140 页（古）

0461

«Господи — твоя Россия —»: Роман-летопись　А. П. Буров

Париж: IMPRIME EN ESTHONIE, 1938. 176 c.

上帝啊！你的罗斯！（编年体小说）　А.П. 布罗夫

巴黎：爱沙尼亚印刷品，1938，176 页（古）

0462

«Золотой немецкий ключ» к большевицкой революции　С. П. Мельгунов

Париж: [Б. и.], [Б. г.]. 158 c.

布尔什维克革命的德国黄金钥匙　С.П. 梅利古诺夫

巴黎：[不详]，[不详]，158 页（古）

0463

«Протоколы сионских мудрецов» доказанные подлог: Рачковский сфабриковал «Протоколы сионских мудрецов», а Гитлер придал им мировую известность　В. Л. Бурцев

PARIS: ORESTE ZELUK, EDITEUR, 1938. 183 c.

《锡安长老会纪要》系伪造：拉奇科夫斯基伪造《锡安长老会纪要》，希特勒使其闻名世界　В.Л. 布尔采夫

巴黎：奥雷斯蒂·泽鲁克出版社，1938，183 页（古）

0464

14 декабря　Д. С. Мережковский

Париж: Типография Земгора, 1921. 496 c.

12 月 14 日　Д.С. 梅列日科夫斯基

巴黎：全俄地方和城市自治会联合委员会印刷厂，1921，496 页（古）

0465

1918 год: Очерки по истории русской гражданской войны　А. Зайцов

Париж: [Б. и.], 1934. 279 c.

1918 年：俄国内战简史　А. 扎伊措夫

巴黎：[不详]，1934，279 页（古）

0466

6-я Батарея: 1914-1917 г.г.: Повесть о времени великого служения Родине　Б. В. Веверн; С предисловием Н. Н. Головин

Париж: [Б. и.], 1938. 171 с.

第六炮兵连（1914—1917 年）（献身祖国时期小说） Б.В. 韦威恩著、Н.Н. 戈洛温序

巴黎：[不详]，1938，171 页（古）

0467

А. Хомяков Е. Скобцова

Париж: Ymca press, 1929. 61 с.

А. 霍米亚科夫 Е. 斯克布措夫

巴黎：基督教青年会出版社，1929，61 页（古）

0468

Айвенго: Исторический роман Вальтер Скотт

Париж: Ростиславов и Ко., 1924. 319 с.

艾凡赫（历史小说） 沃尔特·司各特

巴黎：罗斯季斯拉沃夫股份公司出版社，1924，319 页（古）

0469

Америка: Природа. Население. Государственное устройство. Народное хозяйство. Культура Р. М. Бланк

Париж: Международное изд-во, 1928. 356 с.

美国：自然、人口、国家制度、国民经济、文化 Р.М. 布兰克

巴黎：国际出版社，1928，356 页（古）

0470

Андрей Клинский: Роман В. Унковский

Париж: Книжный склад «Дом книги», 1936. 183 с.

安德烈·克林斯基（长篇小说） В. 温科夫斯基

巴黎：图书之家出版社书库，1936，183 页（古）

0471

Анна Борис Зайцев

Париж: Изд-во «Современные записки», 1929. 122 с.

安娜 鲍里斯·扎伊采夫

巴黎：《当代论丛》出版社，1929，122 页（古）

0472

Арион: О новой зарубежной поэзий Л. Гомолицкий

Париж: [Б. и.], [Б. г.]. 62 с.

阿里翁：谈国外新诗歌 Л. 戈莫利茨基

巴黎：[不详]，[不详]，62 页（古）

0473

Ачи и другие рассказы Д. Барлен

Париж: Издание Я. Поволоцкого и Ко., 1927. 80 с.

《阿奇》等短篇小说 Д. 巴尔连

巴黎：Я.波沃洛茨基股份公司出版，1927，80 页（古）

0474

Балтийцы: Морские рассказы А. Зернин

Париж: Издание Военно-Морского Союза, [Б. г.]. 153 с.

波罗的海舰队的水兵们（海军故事） А. 泽尔宁

巴黎：海军联合会出版，[不详]，153 页（古）

0475

Белая сирень: Роман Николай Рощинь

Париж: Книгоизд-во «Возрождение», 1937. 231 с.

白丁香（长篇小说） 尼古拉·罗辛

巴黎：复兴图书出版社，1937，231 页（古）

0476

Белый Архив: Сборники материалов по истории и литератур войны, революции, большевизма, белого движения и т. п. I Под ред. Я. М. Лисового

Париж: [Б. и.], 1926. 223 с.

白军档案（第 1 卷）：战争、革命、布尔什维主义、白军运动等历史和文学资料集 Я.М. 利索沃伊编

巴黎：[不详]，1926，223 页（古）

0477

Божье древо Ив. Бунин

Париж: Современные записки, 1931. 174 с.

神树 Ив. 蒲宁

巴黎：《当代论丛》出版社，1931，174 页（古）

0478

Бурная жизнь Лазика Роитшванеца Илья Эренбург

Париж: [Б. и.], 1928. 271 с.

拉济克·罗伊申瓦涅茨的动荡生活 伊利亚·爱伦堡

巴黎：[不详]，1928，271 页

0479

Былина о Микуле Буяновиче Георгий Гребенщиков

Париж; Нью-Йорк: Франко-Русская Печать, [Б. г.].
354 с.

米库拉・布亚诺维奇壮士歌 格奥尔吉・格列比翁
希科夫

巴黎、纽约：法俄刊物出版社，［不详］，354 页（古）

0480

В лесу: Роман Е. Кельчевский

Париж: [Б. и.], [Б. г.]. 207 с.

林中（长篇小说） Е. 克利切夫斯基

巴黎：［不详］，［不详］，207 页（古）

0481

**В просторах Сибири: 1906-1910. Т. I. Собрание
сочинений** Георгий Гребенщиков

Париж: Русское книгоиздательство Я. Поволоцкий
и Ко., [Б. г.]. 268 с.

1906—1910 在辽阔的西伯利亚（第 1 卷）：文
集 格奥尔吉・格列比翁希科夫

巴黎：Я. 波沃洛茨基股份公司俄罗斯图书出版社，
［不详］，268 页（古）

0482

В советском лабиринте: Эпизоды и силуэты М.
Я. Ларсонс

Париж: [Б. и.], 1932. 183 с.

在苏联的迷宫：插曲和剪影 М.Я. 拉尔松斯

巴黎：［不详］，1932，183 页

0483

В стране свобод: Исторический роман В. В.
Шульгин

Париж: Изд-во «Russia minor», 1930. 327 с.

在自由的国度（历史小说） В.В. 舒利金

巴黎：小俄罗斯出版社，1930，327 页（古）

0484

В усадьбе: Роман Н. А. Лаппо-Данилевская

Париж: Изд-во CONCORDE, 1928. 190 с.

庄园里（长篇小说） Н.А. 拉波 – 丹妮列夫斯卡娅

巴黎：和睦出版社，1928，190 页（古）

0485

В царстве дураков: Роман Вл. Крымов

Париж: Дом книги, [Б. г.]. 241 с.

白痴的王国（长篇小说） Вл. 克雷莫夫

巴黎：图书之家出版社，［不详］，241 页

0486

Великий лес: Роман А. Петрищев

Париж: [Б. и.], 1929. 394 с.

大森林（长篇小说） А. 彼得里谢夫

巴黎：［不详］，1929，394 页（古）

0487

Веселая жизнь: Роман С. Комаров

Париж: [Б. и.], 1932. 144 с.

快乐的生活（长篇小说） С. 科马罗夫

巴黎：［不详］，1932，144 页（古）

0488

**Вестник русского студенческого христианского
движения. 1930 г. апрель**

Париж: [Б. и.], 1930. 32 с.

俄国大学生基督教运动通报（1930 年 4 月）

巴黎：［不详］，1930，32 页（古）

0489

**Вестник русского студенческого христианского
движения. 1930 г. декабрь**

Париж: Изд. Р. С. Х. Движения за рубежом, 1930. 31
с.

俄国大学生基督教运动通报（1930 年 12 月）

巴黎：国外俄国大学生基督教运动出版社，1930，
31 页（古）

0490

**Вестник русского студенческого христианского
движения. 1930 г. март**

Париж: [Б. и.], 1930. 31 с.

俄国大学生基督教运动通报（1930 年 3 月）

巴黎：［不详］，1930，31 页（古）

0491

**Вестник русского студенческого христианского
движения. 1930 г. февраль**

Париж: [Б. и.], 1930. 31 с.

俄国大学生基督教运动通报（1930 年 2 月）

巴黎：[不详]，1930，31 页（古）

0492

Вестник русского студенческого христианского движения. 1930 г. январь

Париж: [Б. и.], 1930. 32 с.

俄国大学生基督教运动通报（1930 年 1 月）

巴黎：[不详]，1930，32 页（古）

0493

Вечный танец: Роман в двух чатях из современной жизни: 1928-1929　Сергей Комаров

Париж: Издательство Я. Поволоцкого и Ко., 1930. 222 с.

永恒之舞（两部分现代生活长篇小说）: 1928—1929　谢尔盖·科马罗夫

巴黎：Я. 波沃洛茨基股份公司出版社，1930，222 页（古）

0494

Взвихренная Русь　Алексей Ремизов

Париж: Изд. Таир, 1927. 530 с.

动荡的罗斯　阿列克谢·列米佐夫

巴黎：塔依尔出版社，1927，530 页（古）

0495

Владимир Соловьев: Жизнь и учение　К. Мочульский

Париж: Ymca press, 1936. 264 с.

弗拉基米尔·索洛维约夫: 生平和理论　К. 莫丘利斯基

巴黎：基督教青年会出版社，1936，264 页（古）

0496

Военные усилия России в мировой войне. Т. I　Н. Н. Головин

Париж: Товарищество объединенных издателей, 1939. 211 с.

世界大战中俄国的军事努力（第 1 卷）　Н.Н. 戈洛温

巴黎：联合出版者协会，1939，211 页（古）

0497

Воспоминания　С. Д. Сазонов

Париж: Книгоиздательство Е. Сияльской, 1927. 399 с.

回忆录　С.Д. 萨佐诺夫

巴黎：Е. 西亚利斯卡娅图书出版社，1927，399 页（古）

0498

Воспоминания о советских тюрьмах　О. Е. Чернова-Калбасина

Париж: Изд. Париж. группы содействия партии социалистов-революционеров, [1921]. 34 с.

苏联监狱回忆录　О.Е. 切尔诺娃 – 卡尔巴西娜

巴黎：社会革命党巴黎支援小组出版社，[1921]，34 页

0499

Всенощное бдение　В. Н. Ильин

PARIS: YMCA PRESS, [Б. г.]. 218 с.

夜祷　В.Н. 伊利英

巴黎：基督教青年会出版社，[不详]，218 页（古）

0500

Вьюга: Роман　Иван Лукаш

Париж: Книгоизд-во «Возрождение», 1936. 253 с.

暴风雪（长篇小说）　伊万·卢卡什

巴黎：复兴图书出版社，1936，253 页（古）

0501

Где не слышно смеха...: Типы, нравы и быть Ч. К.　П. Е. Мельгунова-Степанова

Париж: [Б. и.], [Б. г.]. 191 с.

处处充满笑声: 肃反委员会的类型、性格和生活　П.Е. 梅利古诺娃 – 斯捷帕诺娃

巴黎：[不详]，[不详]，191 页（古）

0502

Герои и героини　П. Муратов

Paris: Книгоиздательство «Возрождение», 1918. 136 с.

男女主人公　П. 穆拉托夫

巴黎：复兴图书出版社，1918，136 页（古）

0503

Голос родины: Новые Рассказы Борис Лазаревский

Париж: [Б. и.], 1928. 156 с.

乡音（新小说） 鲍里斯 . 拉扎列夫斯基

巴黎：[不详]，1928，156 页（古）

0504

Горе побежденным = VAE VICTIS: Воспоминания С. А. Волконская

Париж: ORESTE ZELUK, EDITEUR, [Б. г.]. 160 с.

失败者的痛苦（回忆录） C.A. 沃尔孔斯卡娅

巴黎：奥雷斯蒂·泽鲁克出版社，[不详]，160 页（古）

0505

Горнее солнце Николай Рощин

Париж: Книгоиздательство Возрождение, [Б. г.]. 186 с.

天上的太阳 尼古拉·罗辛

巴黎：复兴图书出版社，[不详]，186 页（古）

0506

Государственный переворот адмирала Колчака в Омске 18 ноября 1918 года: Сборник документов В. Зензинов

Париж: Типография И. Рираховского, 1919. 193 с.

1918 年 11 月 18 日海军上将高尔察克在鄂木斯克发动政变（文献汇编） B. 津济诺夫

巴黎：И. 里拉霍夫斯基印刷厂，1919，193 页（古）

0507

Граф кромской: Роман. Часть 1 М. М.

Paris: Склад издания, Русский национальный книжный магазин Е. Сияльской, [Б. г.]. 225 с.

克罗梅伯爵（长篇小说第 1 部分） M.M.

巴黎：俄国 Е. 西亚利斯卡娅民族书店，[不详]，225 页（古）

0508

Граф Кромской: Роман. Часть 2 М. М.

PARIS: Русский национальный книжный магазин Е. Сияльской, [Б. г.]. 304 с.

克罗梅伯爵（长篇小说第 2 部分） M.M.

巴黎：俄国 Е. 西亚利斯卡娅民族书店，[不详]，304 页（古）

0509

Греческий раскол И. Бускэ; Пер. с французского Б. Н. Костылева, П. П. Ганского

Париж: [Б. и.], 1925. 173 с.

希腊的分裂运动 И. 布斯凯著，Б.Н. 科斯特列夫、П.П. 甘斯基译自法语

巴黎：[不详]，1925，173 页（古）

0510

Дворцовые гренадеры Ив. Лукаш

Париж: Книгоизд-во «Возрождение», [Б. г.]. 135 с.

宫廷近卫军 Ив. 卢卡什

巴黎：复兴图书出版社，[不详]，135 页（古）

0511

Девочка в зеленом: Роман М. М.

Париж: Изд. Е. Сияльской, [Б. г.]. 195 с.

黄毛小丫头（长篇小说） M.M.

巴黎：Е. 西亚利斯卡娅出版社，[不详]，195 页（古）

0512

Декабристы: Судьба одного поколения Мих. Цетлин

Париж: Современные Записки, 1933. 395 с.

十二月党人：一代人的命运 Mих. 采特林

巴黎：《当代论丛》出版社，1933，395 页（古）

0513

Деревня; Суходоль И. А. Бунин

Париж: [Б. и.], 1921. 368 с.

乡村；苏霍多尔 И.А. 蒲宁

巴黎：[不详]，1921，368 页（古）

0514

Державин В. Ф. Ходасевич

Париж: Современные записки, 1931. 314 с.

杰尔查文 В.Ф. 霍达谢维奇

巴黎：《当代论丛》出版社，1931，314 页（古）

0515

Десятая симфония М. А. Алданов

Париж: Изд-во «Современные записки», 1931. 224 с.
第十交响曲　M.A. 阿尔达诺夫
巴黎:《当代论丛》出版社，1931，224 页（古）

0516
Дети детям: Сборники рассказов, написанных и иллюстрированных детьми в возрасте 10-13 лет　Под ред. И. и Л. Коварских
Paris: Edition J. Povolozky et Cie, [Б. г.]. 30 с.
儿童故事（10—13 岁儿童撰写并画插图）　И. 科瓦尔斯基和 Л. 科瓦尔斯基编
巴黎: J. 波沃洛茨基出版社，[不详]，30 页（古）

0517
Дети улицы　А. Яблоновский
Париж: Изд-во «Возрождение», [Б. г.]. 232 с.
街头儿童　А. 亚布洛诺夫斯基
巴黎: 复兴出版社，[不详]，232 页（古）

0518
Динамика мировой истории　В. Станкевич
Париж-Берлин: [Б. и.], 1934. 213 с.
世界历史进程　В. 斯坦克维奇
巴黎、柏林: [不详]，1934，213 页

0519
Дневник 1918-1920　Нелли Пташкина
Париж: Русское книгоизд-во Я. Поволоцкого и К-о, 1922. 321 с.
1918—1920 年日记　内莉·普塔什金娜
巴黎: Я. 波沃洛茨基股份公司俄国图书出版社，1922，321 页（古）

0520
Дневник Кавалерийского Офицера　Георгий Гоштовт
Париж: [Б. и.], 1931. 194 с.
骑兵军官日记　格奥尔吉·戈什托夫特
巴黎: [不详]，1931，194 页（古）

0521
Дни Турбиных: Белая гвардия: Роман. Т. 2　Мих. Булгаков
Париж: [Б. и.], 1929. 159 с.

土尔宾一家的命运: 白卫军（长篇小说第 2 卷）　Мих. 布尔加科夫
巴黎: [不详]，1929，159 页

0522
Добыча: Роман　И. Немировская
Париж: [Б. и.], 1937. 238 с.
猎物（长篇小说）　И. 涅米罗夫斯卡娅
巴黎: [不详]，1937，238 页（古）

0523
Дореволюционный строй России　Г. Б. Слиозберг
Париж: [Б. и.], 1933. 299 с.
俄国革命前的制度　Г.Б. 斯利奥兹贝格
巴黎: [不详]，1933，299 页（古）

0524
Достоевский и современность　Е. Скобцова
Париж: YMCA press, 1929. 74 с.
陀思妥耶夫斯基与当代性　Е. 斯科普佐娃
巴黎: 基督教青年会出版社，1929，74 页（古）

0525
Древний Путь: Роман　Л. Зуров
Париж: Современные записки, 1934. 167 с.
古代的道路（长篇小说）　Л. 祖罗夫
巴黎:《当代论丛》出版社，1934，167 页（古）

0526
Древняя Мудрость　Ании Безант; Перевод Е. Писаревой
Париж: [Б. и.], 1925. 219 с.
古代智慧　安妮·贝赞特著，Е. 皮萨列娃译
巴黎: [不详]，1925，219 页（古）

0527
Духовные основы жизни: 1882-1884　Владимир Соловьев
Paris: Y. M. C. A. - PRESS, 1925. 191 с.
生命的精神基础（1882—1884）　弗拉基米尔·索洛维约夫
巴黎: 基督教青年会出版社，1925，191 页（古）

0528
Духовный путь Гоголя　К. Мочульский
Paris: YMCA PRESS, 1934. 146 c.
果戈里的精神之路　К. 莫丘利斯基
巴黎：基督教青年会出版社，1934，146 页（古）

0529
Дягилев с Дягилевым　Сергей Лифарь
Париж: Дом книги, 1939. 324 c.
佳吉列夫和佳吉列夫家族　谢尔盖·利法尔
巴黎：图书之家出版社，1939，324 页（古）

0530
Евразийская хроника. Вып. VIII　Под ред. П. Н. Савицкий
Париж: [Б. и.], 1927. 86 c.
欧亚纪事（第 8 期）　П.Н. 萨维茨基编
巴黎：[不详]，1927，86 页

0531
Евразийская хроника. Выпуск VII　Под ред. П. Н. Савицкого
Париж: [Б. и.], 1927. 63 c.
欧亚纪事（第 7 期）　П.Н. 萨维茨基编
巴黎：[不详]，1927，63 页

0532
Евреи среди народов: Обзор причин антисемитизма　Джемс Паркс
Paris: Ymca-press, 1932. 264 c.
各民族中的犹太人：反犹太主义原因述评　詹姆斯·帕尔克斯
巴黎：基督教青年会出版社，1932，264 页（古）

0533
Египетские Ночи　М. Л. Гофман
Париж: Издатель Сергей Лифарь, 1935. 62 c.
埃及之夜　М.Л. 霍夫曼
巴黎：谢尔盖·利法尔出版，1935，62 页（古）

0534
Его величество Государь Николай II　Н. А. Павлов
PARIS: [Б. и.], 1927. 159 c.
尼古拉二世沙皇陛下　Н.А. 帕夫洛夫
巴黎：[不详]，1927，159 页（古）

0535
Ермак и Строгановы: Историческое исследование по сибирским летописям и царским грамотам　И. Г. Акулинин
Париж: [Б. и.], 1933. 62 c.
叶尔马克与斯特罗加诺夫家族：西伯利亚编年史和沙皇书信历史研究　И.Г. 阿库利宁
巴黎：[不详]，1933，62 页（古）

0536
Есенин: в одном томе
Париж: Изд-во «Колосья», 1927. 204 c.
叶赛宁（全 1 卷）
巴黎：麦穗出版社，1927，204 页（古）

0537
Жандармы и революционеры: Воспоминания　П. П. Заварзин
Париж: Издание автора, 1930. 255 c.
宪兵与革命者（回忆录）　П.П. 扎瓦尔津
巴黎：作者出版，1930，255 页（古）

0538
Жестокосердый каменщик: Роман Эпохи III-го века по Р. Хр　Л. В. Гойер
Париж: [Б. и.], 1928. 210 c.
毫无怜悯之心的瓦工（公元 3 世纪时期小说）　Л. В. 戈伊耶尔
巴黎：[不详]，1928，210 页（古）

0539
Живой Пушкин: 1837-1937: Историко-биографический очерк　П. Милюков
Париж: [Б. и.], 1937. 140 c.
真实的普希金：1837—1937（历史传记）　П. 米柳科夫
巴黎：[不详]，1937，140 页（古）

0540
Жизнь английканской церкви　Епископ Вальтер Трурский

Paris: YMCA PRESS, [Б. г.]. 112 с.

英国圣公会的生活 瓦尔特·特鲁尔斯基主教

巴黎：基督教青年会出版社，［不详］，112 页（古）

0541

Жизнь Арсеньева: Истоки дней Ив. Бунин

Париж: Современные записки, 1930. 264 с.

阿尔谢尼耶夫的一生：时代起源 Ив. 蒲宁

巴黎：《当代论丛》出版社，1930，264 页（古）

0542

Жизнь, Любовь, Сцена: Воспоминания русского баяна Юрий Морфесси

Paris: Старина, 1931. 203 с.

生活、爱情、舞台（俄国吟唱诗人回忆录） 尤里·莫尔费西

巴黎：古代出版社，1931，203 页（古）

0543

Забытые В. Корсак

Париж: Родник, 1928. 131 с.

被遗忘的人们 В. 科尔萨克

巴黎：泉水出版社，1928，131 页（古）

0544

Записки генерала-Еврея М. Грулев

Париж: [Б. и.], 1930. 250 с.

一位犹太将军的笔记 М. 格鲁列夫

巴黎：［不详］，1930，250 页（古）

0545

Зигзаг Н. А. Тэффи

Париж: Изд-во «Русские записки», 1939. 324 с.

曲折线 Н.А. 泰菲

巴黎：俄国杂记出版社，1939，324 页（古）

0546

Знакомые музы А. Амфитеаторов

Париж: Книгоизд-во «Возрождение», [Б. г.]. 214 с.

熟悉的灵感 А. 阿姆菲捷阿特罗夫

巴黎：复兴图书出版社，［不详］，214 页（古）

0547

Идель-урал Аяз Исхаки

Париж: [Б. и.], 1933. 52 с.

伊杰利—乌拉尔 阿亚兹·伊斯哈基

巴黎：［不详］，1933，52 页

0548

Идея планирования и итоги пятилетки С. Н. Прокопович

Париж: [Б. и.], 1934. 115 с.

计划思想和"五年计划"总结 С.Н. 普罗科波维奇

巴黎：［不详］，1934，115 页

0549

Иезавель И. Немировская

Париж: [Б. и.], 1937. 160 с.

耶洗别 И·涅米罗夫斯卡娅

巴黎：［不详］，1937，160 页（古）

0550

Из истории кампании 1914 года на русском фронте: Галицийская битва Н. Н. Головин

Париж: Родник, 1930. 557 с.

1914 年俄国战线战争史：加利西亚会战 Н.Н. 戈洛温

巴黎：泉水出版社，1930，557 页（古）

0551

Из моего прошлого: Воспоминания 1903-1919. Т. I В. Н. Коковцов

Париж: Издание журнала «Иллюстрированная Россия», 1933. 505 с.

我的往事：1903—1919 年回忆录（第 1 卷） В.Н.科科夫佐夫

巴黎：《俄国画报》杂志社出版，1933，505 页（古）

0552

Из царства сатаны на свет Божий: Захват «Утриша» В. Безруков

Париж: Издательство светлейшего князя М. К. Горчакова «Долой зло», 1927. 31 с.

从撒旦王国到世间：夺取"乌特里希"号 В. 别兹鲁科夫

巴黎：特级公爵 М.К. 戈尔恰科夫"消除邪恶"出版社，1927，31 页（古）

0553

Избранные рассказы   Д. Н. Крачковский

Париж: Книгоиздательство возрождение-LA
RENAISSANCE, [Б. г.]. 138 с.

小说选   Д.Н. 克拉奇克夫斯基

巴黎：复兴图书出版社，［不详］，138 页

0554

Изольда: Роман   Ирина Одоевцева

Париж: Москва, 1929. 217 с.

伊佐利达（长篇小说）   伊琳娜·奥多耶夫采娃

巴黎：莫斯科出版社，1929，217 页（古）

0555

Икона и иконопочитание: Догматический очерк   Сергий Булгаков

Paris: Ymca press, 1931. 165 с.

圣像和圣像崇拜：教会学说概要   谢尔盖·布尔加科夫

巴黎：基督教青年会出版社，1931，165 页（古）

0556

История одной жизни: Роман   О. А. Волжанин

Париж: [Б. и.], 1933. 282 с.

一个生命的历程（长篇小说）   O.A. 沃尔扎宁

巴黎：［不详］，1933，282 页（古）

0557

История одной жизни: Роман в четырёх частях

Париж: [Б. и.], 1933. 282 с.

一个生命的历程（4 部分长篇小说）

巴黎：［不详］，1933，282 页（古）

0558

Итоги   Н. Жорданиа

Париж: [Б. и.], 1928. 47 с.

总结   Н. 若尔达尼阿

巴黎：［不详］，1928，47 页

0559

К предстоящему земельному переустройству России   Н. Н. Зворыкин

Париж: [Б. и.], 1920. 107 с.

论当前的俄国土地改革   Н.Н. 兹沃雷金

巴黎：［不详］，1920，107 页（古）

0560

К счастью: Роман   Н. А. Лаппо-Данилевская

Париж: Главный склад издания, 1925. 239 с.

走向幸福（长篇小说）   Н.А. 拉波 – 达妮列夫斯卡娅

巴黎：出版物总库，1925，239 页（古）

0561

Казаки: Исторический роман   В. Ф. Наживин

Париж: [Б. и.], 1928. 413 с.

哥萨克（历史小说）   В.Ф. 纳日温

巴黎：［不详］，1928，413 页（古）

0562

Казачество: Мысли современников о прошлом, настоящем и будущем казачества

Париж: Издание «Казачьего союза», 1928. 375 с.

哥萨克：同时代人对哥萨克过去、现在和未来的思考

巴黎：哥萨克联盟出版，1928，375 页（古）

0563

Картинки дипломатической жизни   П. С. Боткин

Париж: Изд-во Е. Сияльской, 1930. 188 с.

外交生活图片   П.С. 博特金

巴黎：Е. 西亚利斯卡娅出版社，1930，188 页（古）

0564

Каушен: Повесть

Paris: Павлин, 1931. 80 с.

卡乌申（中篇小说）

巴黎：帕夫林出版社，1931，80 页（古）

0565

Книга воспоминаний. Т. II   Александр Михайлович

Париж: Библиотека «Иллюстрированной России», [192?]. 242 с.

回忆录（第 2 卷）   亚历山大·米哈伊洛维奇

巴黎：俄国画报图书馆，［192?］，242 页（古）

0566

Книга воспоминаний. Т. III　А. Михайлович

Париж: Библиотека «Иллюстрированной России», [Б. г.]. 337 с.

回忆录（第 3 卷）　A. 米哈伊洛维奇

巴黎：俄国画报图书馆，[不详]，337 页（古）

0567

Книга моих сыновей　Поль Думер

PARIS: ORESTE ZELUK, EDITEUR, 1932. 240 с.

献给我的儿子们　波尔·杜美

巴黎：奥雷斯蒂·泽鲁克出版社，1932，240 页（古）

0568

Князь Гр. Н. Трубецкой: 1873-1930

[Париж]: [Б. и.], [1930]. 164 с.

Гр.Н. 特鲁别茨科伊公爵（1873—1930）

[巴黎]：[不详]，[1930]，164 页

0569

Когда на Монмартре погаснуть огни. Роман　Павел Тутковский

Париж: Издательство Я. Поволоцкий и Ко., [Б. г.]. 324 с.

蒙特马尔灯光即将熄灭的时候（长篇小说）　帕维尔·图特科夫斯基

巴黎：Я. 波沃洛茨基股份公司出版社，[不详]，324 页（古）

0570

Колесо: Повесть　В. С. Яновский

Париж: Издательство «Новые писатели», [Б. г.]. 159 с.

轮子（中篇小说）　B.C. 雅诺夫斯基

巴黎：新作家出版社，[不详]，159 页（古）

0571

Концерт　Лидия Арсеньева (Чассинг)

Париж: [Б. и.], [Б. г.]. 168 с.

音乐会　利季娅·阿尔谢尼耶娃（蔡欣）

巴黎：[不详]，[不详]，168 页（古）

0572

Конь вороной　В. Ропшин (Б. Савинков)

Paris: [Б. и.], 1923. 125 с.

黑马　B. 罗普申（Б. 萨文科夫）

巴黎：[不详]，1923，125 页（古）

0573

Краткая повесть о минувшем вздоре: Силы жизни　Савватий

Paris: Ростиславов, 1925. 141 с.

荒唐的过去：生命的力量　萨瓦季

巴黎：罗斯季斯拉沃夫出版社，1925，141 页（古）

0574

Круг: Альманах. 3

Париж: Дом книги, 1938. 185 с.

圆（丛刊第 3 册）

巴黎：图书之家出版社，1938，185 页（古）

0575

Лев Толстой и его жена: История одной любви　Т. И. Полнер

Париж: [Б. и.], 1928. 235 с.

列夫·托尔斯泰和他的妻子（爱情故事）　Т.И. 博尔纳

巴黎：[不详]，1928，235 页（古）

0576

Лейб-Гвардии Казачий Е. В. Полк в годы революции и гражданской войны: 1917-1920: Честью, славой, верой, правдой и любовью　И. Н. Оприц

Париж: Издание В. Сияльского, 1939. 365 с.

革命和内战时期的皇家哥萨克禁卫骑兵团（1917—1920）：名誉、荣誉、信仰、真理和爱情　И.Н. 奥普里茨

巴黎：B. 西亚利斯基出版，1939，365 页（古）

0577

Лествица Иаковля: Об ангелах　Сергий Булгаков

Париж: [Б. и.], 1929. 229 с.

雅各的梯子：论天使　谢尔盖·布尔加科夫

巴黎：[不详]，1929，229 页（古）

0578

Лик Пушкина: Речи, читанные на торжественном заседании богословского института в Париже

Париж: [Б. и.], 1938. 47 с.

普希金的面容：巴黎神学院庆祝会上的发言

巴黎：[不详]，1938，47 页（古）

0579

Листы сада Мории

Париж: [Б. и.], 1924. 163 с.

莫里亚花园的树叶

巴黎：[不详]，1924，163 页（古）

0580

Магические рассказы　П. Муратов

Paris: Возрождение, [Б. г.]. 171 с.

魔法故事　П. 穆拉托夫

巴黎：复兴出版社，[不详]，171 页（古）

0581

Мальчики и девочки: Повесть　Иван Болдырев

Париж: Новые писатели, 1929. 173 с.

男孩和女孩（中篇小说）　伊万·博尔德列夫

巴黎："新作家"出版社，1929，173 页（古）

0582

Мантык: Охотник на львов: повесть　П. Н. Краснов

Париж: [Б. и.], 1928. 320 с.

曼特科：猎狮人（中篇小说）　П.Н. 克拉斯诺夫

巴黎：[不详]，1928，320 页（古）

0583

Мара: Роман　Н. Городецкая

Париж: Издательство Москва, 1931. 192 с.

玛拉（长篇小说）　Н. 戈罗杰茨卡娅

巴黎：莫斯科出版社，1931，192 页（古）

0584

Маска и душа: Мои сорок лет на театрах　Ф. И. Шаляпин

Париж: Изд-во «Современные записки», 1932. 176 с.

面具与灵魂：我的四十年舞台生涯　Ф.И. 夏里亚宾

巴黎：《当代论丛》出版社，1932，176 页（古）

0585

Материалы для истории революционного движения в России в 60-х гг.: Второе приложение к сборникам «Государственные преступления в России»　Б. Базилевский

Париж: Societe nouvelle de librairie et dedition, 1905. 269 с.

俄国 60 年代革命运动史资料（俄国国事罪汇编附录 2）　Б. 巴基列夫斯基

巴黎：图书出版新公司，1905，269 页

0586

Между небом и землей　Евг. Чириков

Paris: Книгоиздательство Возрождение-LA RENAISSANCE, [Б. г.]. 176 с.

天地之间　Евг. 奇里科夫

巴黎：复兴图书出版社，[不详]，176 页（古）

0587

Мемуары посланника　К. В. Озолс

Париж: Дом книги, [Б. г.]. 267 с.

公使回忆录　К.В. 奥佐尔斯

巴黎：图书之家出版社，[不详]，267 页（古）

0588

Мертвая смерть　Лев Гроссе

Париж: Юбилейное издание, 1922-1932. 87 с.

死亡之死　列夫·格罗赛

巴黎：周年纪念出版物，1922-1932，87 页

0589

Мировая война на кавказском фронте 1914-1917 г.: Стратегический очерк　Е. В. Масловский

Париж: Книгоиздательство «Возрождение», 1933. 504 с.

1914—1917 年世界大战的高加索战线：战略概要　Е.В. 马斯洛夫斯基

巴黎：复兴图书出版社，1933，504 页（古）

0590

Мой роман　Евг. Чириков

Paris: Книгоиздательство «Возрождение», [Б. г.]. 197

c.

我的故事　Евг. 奇里科夫

巴黎：复兴图书出版社，[不详]，197 页（古）

0591

Москва слезам не верит: Роман　Илья Эренбург

Paris: Теликон, 1933. 178 с.

莫斯科不相信眼泪（长篇小说）　伊利亚·爱伦堡

巴黎：赫利孔山出版社，1933，178 页

0592

Мэри　Ив. Шмелев

Париж: Книгоиздательство «Возрождение», [Б. г.]. 177 с.

玛丽　Ив. 什梅廖夫

巴黎：复兴图书出版社，[不详]，177 页（古）

0593

Н. В. Чайковский в годы гражданской войны: Материалы для истории русской общественности 1917-1925 г.г.　С. П. Мельгунов

Париж: Книжное дело «Родник», 1929. 316 с.

内战时期的 Н.В. 柴可夫斯基：1917—1925 年俄国社会生活史资料　С.П. 梅利古诺夫

巴黎：泉水图书业出版社，1929，316 页

0594

На берегу Москва-Реки　Константин Маркелов

Париж: Imprimerie D'ART VOLTAIRE, [Б. г.]. 143 с.

在莫斯科河畔　康斯坦丁·马尔科罗夫

巴黎：伏尔泰艺术印刷厂，[不详]，143 页（古）

0595

На путях к дворцовому перевороту　С. Мельгунов

Париж: Родник, 1931. 231 с.

宫廷政变进行时　С. 梅利古诺夫

巴黎：泉水出版社，1931，231 页（古）

0596

На путях к термидору: Из воспоминаний Б. Советск. дипломата　Г. З. Беседовский

Париж: Изд-во «Мишень», 1930. 255 с.

走向热月政变：一名苏联前外交官的回忆录摘

录　Г.З. 别谢多夫斯基

巴黎：目标出版社，1930，255 页（古）

0597

На рубеже Китая　П. Н. Краснов

Париж: Издание Главного правления зарубежного союза русских военных инвалидов, 1939. 122 с.

在中国边境　П.Н. 克拉斯诺夫

巴黎：国外俄国残疾军人联盟总管理委员会出版，1939，122 页（古）

0598

На службе Чека и Коминтерна: Личные воспоминания　Е. Думбадзе

Париж: Мишень, 1930. 161 с.

肃反委员会和共产国际任职期间（个人回忆录）　Е. 敦巴泽

巴黎：目标出版社，1930，161 页（古）

0599

На советской службе: Записки спеца　М. Я. Ларсонс

Париж: Родник, 1930. 284 с.

在苏联任职：一位专家的笔记　М.Я. 拉尔索恩斯

巴黎：泉水出版社，1930，284 页（古）

0600

Начало русского государства в свете новых данных　В. Крохин

Paris: Изд-во Я. Поволоцкий и Ко, 1930. 63 с.

从新资料角度看俄国国家起源　В. 克罗欣

巴黎：Я. 波沃洛茨基股份公司出版社，1930，63 页

0601

Наше правительство: Крымские воспоминания 1918-1919 г.г.　М. Винавер

Париж: [Б. и.], 1928. 240 с.

我们的政府：1918—1919 年克里米亚回忆录　М. 维纳韦尔

巴黎：[不详]，1928，240 页（古）

0602

Независимость Грузии в международной политике 1918-1921 г.г.: Воспоминания; Очерки　З.

Авалов

PARIS: [Б. и.], 1924. 318 с.

1918—1921 年格鲁吉亚在国际政治中的独立性（回忆录、概要） З. 阿瓦洛夫

巴黎：[不详]，1924，318 页（古）

0603

Незванные варяги　А. Ренников

Париж: [Б. и.], 1929. 236 с.

不请自来的瓦良格人　А. 列尼科夫

巴黎：[不详]，1929，236 页（古）

0604

Неизданные Рассказы и пьесы　Л. Н. Толстой

Париж: Издание Т-ва «Н. П. Карбасников», 1926. 318 с.

未发表的小说和剧本　Л.Н. 托尔斯泰

巴黎：Н.П. 卡尔巴斯尼科夫出版社，1926，318 页（古）

0605

Непостижимое: Онтологическое введение в философию религии　С. Л. Франк

Париж: Дом книги и Современные записки, 1939. 323 с.

不可理解的事：宗教哲学本体论引论　С.Л. 弗兰克

巴黎：图书之家和《当代论丛》出版社，1939，323 页（古）

0606

Несквозная нить　Н. Городецкая

Париж: Паскаль, 1929. 163 с.

没穿过去的线　Н. 戈罗杰茨卡娅

巴黎：帕斯卡利出版社，1929，163 页（古）

0607

Николай Васильевич Чайковский: Религиозные и общественные искания　Николай Васильевич Чайковский

Париж: Склад издания «Родник», 1929. 286 с.

尼古拉·瓦西里耶维奇·柴可夫斯基：宗教和社会探索　尼古拉·瓦西里耶维奇·柴可夫斯基

巴黎：泉水出版库，1929，286 页（古）

0608

Николай Переслегин　Федор Степун

Paris: Современные записки, 1929. 420 с.

尼古拉·佩列斯列金　费奥多尔·斯捷蓬

巴黎：《当代论丛》出版社，1929，420 页（古）

0609

Нострадамус: Пророк европейской истории: Историческое исследование　Максим Генин

Париж: Dzive un kultura, 1938. 140 с.

诺斯特拉达穆斯：欧洲史先知（历史研究）　马克西姆·格宁

巴黎：生活与文化出版社，1938，140 页

0610

О ближнем Востоке　М. Ростовцев

Париж: Современные записки, [Б. г.]. 98 с.

近东　М. 罗斯托夫采夫

巴黎：《当代论丛》出版社，[不详]，98 页（古）

0611

О декабристах: По семейным воспоминаниям　Сергей Волконский

Париж: Русское книгоизд-во Я. Поволоцкий и Ко., 1921. 174 с.

十二月党人（家人回忆录）　希尔盖·沃尔孔斯基

巴黎：Я. 波沃洛茨基股份公司俄国图书出版社，1921，174 页（古）

0612

О Льве Толстом: Две речи　В. А. Маклаков

Париж: Изд-во «Современные записки», 1929. 83 с.

谈列夫·托尔斯泰（2 个发言）　В.А. 马克拉科夫

巴黎：《当代论丛》出版社，1929，83 页（古）

0613

О Розанове　М. Курдюмов

Париж: Ymca press, 1929. 90 с.

罗扎诺夫　М. 库尔久莫夫

巴黎：基督教青年会出版社，1929，90 页（古）

0614

Обломки: Роман　Лина Изломова

Париж: [Б. и.], 1931. 265 с.

碎片（长篇小说） 莉娜·伊兹洛莫娃
巴黎：[不详]，1931，265 页（古）

0615
Образ Николая Чудотворца: Алатырь-камень русской веры Алексей Ремизов
Париж: Ymca press, 1931. 90 c.
奇迹创造者尼古拉形象：俄国宗教信仰的灵石 阿列克谢·列米佐夫
巴黎：基督教青年会出版社，1931，90 页（古）

0616
Опустошенные Л. Крестовская
Париж: Русское книгоиздательство Я. Поволоцкого и К-о., [Б. г.]. 121 c.
精神空虚的人 Л. 克列斯托夫斯卡娅
巴黎：Я. 波沃洛茨基股份公司俄国图书出版社，[不详]，121 页（古）

0617
Освобождение Толстого Иван Бунин
Paris: YMCA-PRESS, 1937. 254 c.
托尔斯泰的解放 伊万·蒲宁
巴黎：基督教青年会出版社，1937，254 页（古）

0618
Очерки по истории русской культуры. Т. 2. Вера. Творчество. Образование Н. Милюков
Париж: Севременные Записки, 1931. 453 c.
俄国文化史纲（第 2 卷）：信仰、创作、教育 Н. 米柳科夫
巴黎：《当代论丛》出版社，1931，453 页（古）

0619
Очерки по истории Русской культуры. Т. 3. Национальзм и Европеизм П. Милюков
Париж: Современные Записки, 1930. 507 c.
俄国文化史纲（第 3 卷）：民族主义和欧洲主义 П. 米柳科夫
巴黎：《当代论丛》出版社，1930，507 页（古）

0620
Очерки русской смуты. Т. 1. Выпуск 1. Крушение власти и армии А. И. Деникин

[Paris]: [J. Povolozky & C, Editeurs], [1921]. 183 c.
俄国动荡概况（第 1 卷第 1 册）：政权和军队的崩溃 А.И. 邓尼金
[巴黎]：[J. 波沃洛茨基股份公司出版社]，[1921]，183 页（古）

0621
Очерки Русской Смуты. Т. 1. Выпуск 2. Крушение власти и Армии: Февраль-Сентябрь 1917 А. И. Деникин
Paris: J. Povolozky, 1917. 238 c.
俄国动荡概况（第 1 卷第 2 册）：1917 年 2 月—9 月政权和军队的崩溃 А.И. 邓尼金
巴黎：J. 波沃洛茨基，1917，238 页（古）

0622
Очерки русской смуты. Т. 2. Борьба генерала Корнилова А. И. Деникин
[Paris]: [J. Povolozky & C, Editeurs], [1922]. 345 c.
俄国动荡概况（第 2 卷）：科尔尼洛夫将军的斗争 А.И. 邓尼金
[巴黎]：[J. 波沃洛茨基股份公司出版社]，[1922]，345 页（古）

0623
Очерки уголовного мира царской России А. Ф. Кошко
Париж: [Б. и.], 1929. 190 c.
沙俄刑法犯罪文集 А.Ф. 科什科
巴黎：[不详]，1929，190 页（古）

0624
Памяти твоей Георгий Песков
Париж: Современные записки, 1930. 195 c.
怀念你 格奥尔吉·佩斯科夫
巴黎：《当代论丛》出版社，1930，195 页（古）

0625
Париж ночью Як Цвибак
Париж: Москва, 1928. 159 c.
巴黎之夜 雅克·茨维巴克
巴黎：莫斯科出版社，1928，159 页（古）

0626
Перелом: Роман из эмигрантской жизни В 4-х

частях   В. Унковский

Париж: [Б. и.], 1934. 273 с.

转变（4 部分移民生活长篇小说）   B. 温科夫斯基

巴黎：［不详］，1934，273 页（古）

0627

Перун: Лесной роман   Ив. Наживин

Париж: [Б. и.], 1927. 307 с.

雷神：林中故事   Ив. 纳日温

巴黎：［不详］，1927，307 页（古）

0628

Песнь о Гайавате   Генри Лонгфелло; Пер. Ив. А. Бунина

Париж: Север, 1921. 226 с.

海华沙之歌   亨利·朗费罗著，Ив.A. 蒲宁译

巴黎：北方出版社，1921，226 页（古）

0629

Петербургские зимы   Георгий Иванов

Париж: Родник, 1928. 189 с.

彼得堡的冬季   格奥尔吉·伊万诺夫

巴黎：泉水出版社，1928，189 页（古）

0630

Печать   В. Корсак

Париж: Libris, 1918. 335 с.

印章   B. 科尔萨克

巴黎：书籍出版社，1918，335 页（古）

0631

Письма Пушкина к Н. Н. Гончаровой   М. Л. Гофман

Париж: Юбилейное издание, 1936. 158 с.

普希金致 Н.Н. 冈察洛娃的信   М.Л. 戈夫马

巴黎：周年纪念出版物，1936，158 页（古）

0632

По закоулкам душевным   И. Кучук

Париж: Изд-во Книга, 1931. 77 с.

心灵角落   И. 库秋克

巴黎：书籍出版社，1931，77 页

0633

Повесть о сестре   Мих. Осоргин

Париж: Изд-во «Современные записки», 1931. 187 с.

姐姐的故事   Мих. 奥索尔金

巴黎:《当代论丛》出版社，1931，187 页（古）

0634

Под сению кулис   А. А. Плещеев

Париж: [Б. и.], 1936. 178 с.

舞台侧幕后面   А.А. 普列谢耶夫

巴黎：［不详］，1936，178 页（古）

0635

Подвиг: Роман   В. Сирин

Париж: Издательство Современные записки, 1932. 235 с.

功勋（长篇小说）   B. 西里恩 .

巴黎:《当代论丛》出版社，1932，235 页（古）

0636

Поле: Роман   Леонид Зуров

Париж: [Б. и.], 1938. 148 с.

原野（长篇小说）   列昂尼德 . 祖罗夫

巴黎：［不详］，1938，148 页（古）

0637

Портреты   Петр Рысс

Париж: [Б. и.], [Б. г.]. [50 с.].

肖像   彼得·雷斯

巴黎：［不详］，［不详］，［50 页］（古）

0638

Поруганный   Н. А. Лаппо-Данилевская

Париж: Главный склад издания: 35, rue de Sevres, 1926. 206 с.

被侮辱者   Н.A. 拉波－丹妮列夫斯卡娅

巴黎：塞弗尔街 35 号出版物总库，1926，206 页（古）

0639

Последнее свидание   Ив. Бунин

Париж: Издание Т-ва «Н. П. Карбасников», 1927. 169 с.

最后的约会   伊万·蒲宁

巴黎: Н.П. 卡尔巴斯尼科夫出版社，1927，169 页
（古）

0640

Последние гардемарины: Морской корпус: три-логия В. Ф. Берг

Париж: [Б. и.], 1931. 181 с.

最后的准尉生：海军军官学校（三部曲） В.Ф. 贝格

巴黎：[不详]，1931，181 页（古）

0641

Посмертный сборник произведений: Опыт литературно-политической биографии А. Н. Потресов, Б. Николаевский

Париж: [Б. и.], 1937. 366 с.

遗作集：文学政治传记的经验 А.Н. 波特列索夫、Б. 尼古拉耶夫斯基

巴黎：[不详]，1937，366 页（古）

0642

Преподобный Серафим Саровский В.И. Ильин

Paris: [Б. и.], 1930. 206 с.

圣谢拉菲姆·萨罗夫斯基 В.И. 伊利英

巴黎：[不详]，1930，206 页（古）

0643

Пути небесные: Роман Ив Шмелев

Париж: Возрождение, 1937. 344 с.

天路（长篇小说） Ив. 什梅瘳夫

巴黎：复兴出版社，1937，344 页（古）

0644

Пушкин: Психология творчества М. Л. Гофман

Париж: [Б. и.], 1928. 219 с.

普希金：创作心理学 М.Л. 霍夫曼

巴黎：[不详]，1928，219 页（古）

0645

Пушкин-Дон-Жуан М. Л. Гофман

Париж: Издание Сергея Лифаря, 1935. 111 с.

普希金 – 唐璜 М.Л. 霍夫曼

巴黎：谢尔盖·利法尔出版，1935，111 页（古）

0646

Пыль Москвы: Лирика и сатира

Париж: [Б. и.], 1931. 200 с.

莫斯科的尘埃（抒情诗与讽刺作品）

巴黎：[不详]，1931，200 页

0647

Пятница 13-ое: Роман М. М.

Paris: Издание Е. Сияльской, [1938]. 203 с.

13 日星期五（长篇小说） М.М.

巴黎：Е. 西亚利斯卡娅出版，[1938]，203 页（古）

0648

Радость Тихая А. Даманская

Париж: [Б. и.], 1929. 159 с.

无声的喜悦 А. 达曼斯卡娅

巴黎：[不详]，1929，159 页（古）

0649

Рассказы Бор. Пильняк

Париж: Биб-ка «Иллюстрованной России», [Б. г.]. 131 с.

小说集 Бор. 皮利尼亚克

巴黎：俄国画报图书馆，[不详]，131 页（古）

0650

Рассказы для детей А. И. Куприн

Paris: Север, 1921. 226 с.

儿童故事 А.И. 库普林

巴黎：北方出版社，1921，226 页（古）

0651

Рассказы Терпсихоры Н. Московский

Париж: [Б. и.], 1928. 180 с.

忒耳普西科瑞的故事 Н. 莫斯科夫斯基

巴黎：[不详]，1928，180 页（古）

0652

Родник в пустыне Георгий Гребенщиков

Париж: Русское книгоиздательство Я. Поволоцкого и Ко., [Б. г.]. 254 с.

沙漠之泉 格奥尔吉·格列比翁希科夫

巴黎：Я. 波沃洛茨基股份公司俄国图书出版社，[不详]，254 页（古）

0653

Родные писатели: Биография для детей　Л. А. Коварская

Париж: J. Povolozky & C. Editeurs, [Б. г.]. 78 c.

本土作家（儿童传记）　Л.А. 科瓦尔斯卡娅

巴黎：J. 波沃洛茨基股份公司出版社，［不详］，78 页（古）

0654

Роман Котика　Жип (псевдоним графини Мартель де Жанвиль)

Paris: Русское Книгоиздательство, [Б. г.]. 92 c.

科季克的故事　瑞普（马特尔·德·让维尔伯爵夫人笔名）

巴黎：俄国图书出版社，［不详］，92 页（古）

0655

Россия на переломе: Большевистский период русской революции. Т. I. Происхождение и укрепление большевистской диктатуры　П. Милюков

Париж: [Б. и.], 1927. 402 c.

转折中的俄国：俄国革命的布尔什维克时期（第 1 卷）：布尔什维克专政的起源和巩固　П. 米柳科夫

巴黎：［不详］，1927，402 页（古）

0656

Россия на переломе: Большевистский период русской революции. Т. II. Антибольшевистское движение　П. Милюков

Париж: [Б. и.], 1927. 286 c.

转折中的俄国：俄国革命的布尔什维克时期（第 2 卷）：反布尔什维克运动　П. 米柳科夫

巴黎：［不详］，1927，286 页（古）

0657

Русская летопись. 5

Париж: Издание «Русского очага», 1923. 292 c.

俄国编年史（第 5 卷）

巴黎：《俄国发源地》出版，1923，292 页（古）

0658

Русская летопись. Книг. 3

Париж: Издание «Русского очага», 1922. 220 c.

俄国编年史（第 3 卷）

巴黎：《俄国发源地》出版，1922，220 页（古）

0659

Русская летопись. Книга 2

Париж: Издание «Русского очага», 1922. 184 c.

俄国编年史（第 2 卷）

巴黎：《俄国发源地》出版，1922，184 页（古）

0660

Русская революция и еврейство: Большевизм и иудаизм　Д. С. Пасманик

Париж: [Б. и.], 1923. 256 c.

俄国革命和犹太人：布尔什维克主义与犹太教　Д.С. 帕斯马尼克

巴黎：［不详］，1923，256 页（古）

0661

Русская революция и независимость Польши　Л. Козловский

Париж: Тип. Франко-Русская печать, 1922. 59 c.

俄国革命与波兰独立　Л. 科兹洛夫斯基

巴黎：法俄刊物印刷厂，1922，59 页（古）

0662

Русские мыслители и Европа: Критика европейской культуры у русских мыслителей　В. В. Зеньковский

Париж: YMCA PRESS, [Б. г.]. 291 c.

俄国思想家与欧洲：俄国思想家对欧洲文化的批判　В.В. 津科夫斯基

巴黎：基督教青年会出版社，［不详］，291 页（古）

0663

Русские писатели　Под ред. И. А. Бунина

Париж: Издание объединения земских и городских деятелей за-границей, 1921. 374 c.

俄国作家　И.А. 蒲宁编

巴黎：国外地方和城市活动家联合会出版，1921，374 页（古）

0664

Русский опыт: Историко-психологический очерк русской революции　Петр Рысс

Париж: Север, 1921. 287 c.

俄国经验：俄国革命的历史心理学概要　　彼得·雷斯

巴黎：北方出版社，1921，287 页（古）

0665

С Ермаком на Сибирь!: Повесть　　П. Н. Краснов

Париж: Издание В. Сияльского, [Б. г.]. 187 с.

跟随叶尔马克远征西伯利亚（中篇小说）　P.Н. 克拉斯诺夫

巴黎：В. 西亚利斯基出版，[不详]，187 页（古）

0666

Св. Отцы и учители церкви: Раскрытие православия в их творениях　　Л. П. Карсавин

Париж: Y. M. C. A.-PRESS, 1926. 270 с.

圣父和教会教师作品中的东正教释义　　Л.П. 卡尔萨维恩

巴黎：基督教青年会出版社，1926，270 页（古）

0667

Секретный Курьер: Роман　　Александр Гефтер

Париж: [Б. и.], 1938. 284 с.

秘密信使（长篇小说）　亚历山大·格夫捷尔

巴黎：[不详]，1938，284 页（古）

0668

Сеньериальный режим во Франции в исходе старого порядка = Le regime seignturial en france avant la rtvolution de 1789: Преимущественно в Пуату　　Н. И. Никифоров

Париж: [Б. и.], [Б. г.]. 287 с.

法国旧制度即将终结时的封地制（以普瓦图为例）　Н.И. 尼基福罗夫

巴黎：[不详]，[不详]，287 页

0669

Сергей Лифарь: От старого к новому　　А. А. Плещеев

Париж: [Б. и.], 1938. 93 с.

谢尔盖·利法尔：新旧之间　А.А. 普列谢耶夫

巴黎：[不详]，1938，93 页（古）

0670

Сердце в христианской и индийской мистике　　Б.

Вышеславцев

Paris: Ymca press, 1929. 76 с.

基督教和印度神秘主义信仰的中心　Б. 维舍斯拉夫采夫

巴黎：基督教青年会出版社，1929，76 页（古）

0671

Сивцев Вражек　　Мих Осоргин

Париж: [Б. и.], 1928. 406 с.

西夫采夫·弗拉热克　Мих. 奥索尔金

巴黎：[不详]，1928，406 页（古）

0672

Скованный Парменид: Об источниках метафизических истин　　Лев Шестов

Paris: YMCA-PRESS, [Б. г.]. 85 с.

被缚的巴门尼德：论形而上真理的来源　列夫·舍斯托夫

巴黎：基督教青年会出版社，[不详]，85 页（古）

0673

Смирение во Христе　　Петр Иванов

Paris: Y.M.C.A-PRESS, 1925. 158 с.

基督的谦让　彼得·伊万诺夫

巴黎：基督教青年会出版社，1925，158 页（古）

0674

Собрание сочинений Ив. Ф. Наживина. Т. XIII. Поцелуй королевы: Роман приключений　　Ив. Ф. Наживин

Париж: [Б. и.], 1927. 220 с.

Ив.Ф. 纳日温作品集（第13卷）：女王之吻（奇遇记）　Ив.Ф. 纳日温

巴黎：[不详]，1927，220 页（古）

0675

Собрание трудов по вопросу о еврейском элементе в памятниках древне-русской письменности. Т. I　　Г. М. Барац

Париж: [Б. и.], 1927. 915 с.

古俄罗斯文献中的犹太因素问题著作集（第1卷）　Г.М. 巴拉茨

巴黎：[不详]，1927，915 页（古）

0676

Современные записки: Общественно-политический и литературный журнал. XLIV　При ближайшем участии Н. Д. Авксентьева [и др.]

Париж: [Б. и.], 1937. 478 с.

当代论丛（公共政治和文学杂志第 44 期）　Н.Д. 阿夫克先季耶夫等

巴黎：[不详]，1937，478 页（古）

0677

Современные записки: Общественно-политический и литературный журнал. XXIV　При ближайшем участии Н. Д. Авксентьева [и др.]

Париж: [Б. и.], 1925. 476 с.

当代论丛（公共政治和文学杂志第 24 期）　Н.Д. 阿夫克先季耶夫等

巴黎：[不详]，1925，476 页（古）

0678

Современные записки: Общественно-политический и литературный журнал. LIX　При ближайшем участии Н. Д. Авксентьева [и др.]

Париж: [Б. и.], 1935. 494 с.

当代论丛（公共政治和文学杂志第 59 期）　Н.Д. 阿夫克先季耶夫等

巴黎：[不详]，1935，494 页（古）

0679

Социалистическое хозяйство в С.С.С.Р. = SOCIALIST ECONOMY IN U.S.S.R. Часть I. Промышленность

Париж: Издание общества по изучению современной России, [Б. г.]. 26 с.

苏联社会主义经济（第 1 册）：工业

巴黎：现代俄国研究会出版，[不详]，26 页

0680

Среди красных вождей: Лично пережитое и виденное на советской службе. Т. I　Г. А. Соломон

Париж: Изд-во «Мишень», 1930. 331 с.

在红色领袖中间：苏联任职期间的个人见闻（第 1 卷）　Г.А. 所罗门

巴黎：目标出版社，1930，331 页（古）

0681

Старый Париж: Иллюстрации Бориса Гроссера　Як. Цвибак

Париж: Издание Я. Поволоцкого и Ко., [Б. г.]. 202 с.

老巴黎：鲍里斯·格罗谢尔插图　Як. 茨维巴克

巴黎：Я. 波沃洛茨基股份公司出版，[不详]，202 页（古）

0682

Странное путешествие　Борис Зайцев

Париж: Книгоизд-во «Возрождение», 1927. 192 с.

奇异之旅　鲍里斯·扎伊采夫

巴黎：复兴图书出版社，1927，192 页（古）

0683

Суворов и его «наука побеждать»　Н. Н. Головин

Париж: Книгоизд-во «Возрождение», 1931. 132 с.

苏沃洛夫及其《制胜的科学》　Н.Н. 戈洛温

巴黎：复兴图书出版社，1931，132 页（古）

0684

Тайна Императора Александра I　Лев Любимов

Париж: Книгоиздательство «Возрождение», 1938. 217 с.

沙皇亚历山大一世的秘密　列夫·柳比莫夫

巴黎：复兴图书出版社，1938，217 页（古）

0685

Тайна сонетов: Роман　Е. Нагродская

Париж: Изд-во «La presse francaise £ etrahgere», 1927. 240 с.

十四行诗的秘密（长篇小说）　Е. 纳格罗茨卡娅

巴黎：法国新闻出版社，1927，240 页（古）

0686

Там, где был счастлив: Рассказы　Мих. Осоргин

Paris: [Б. и.], 1928. 194 с.

幸运之地（短篇小说集）　Мих. 奥索尔金

巴黎：[不详]，1928，194 页（古）

0687

Там, где жили короли　Як. Цвибак

Париж: [Б. и.], [Б. г.]. 175 с.

国王们生活过的地方　Як. 茨维巴克

巴黎：[不详]，[不详]，175 页（古）

0688

Танец: Основные течения академического тан-ца　Сергей Лифарь

Париж: ETOILE, 1938. 251 с.

舞蹈：学院派舞蹈的主要流派　谢尔盖·利法尔

巴黎：星火出版社，1938，251 页

0689

Тень Антихриста: Роман　Е. Дьякова

Париж: Изд. Е. Сияльской, 1930. 222 с.

敌基督的影子（长篇小说）　E. 季亚科娃

巴黎：E. 西亚利斯卡娅出版社，1930，222 页（古）

0690

Тень птицы　Ив. Бунин

Париж: Изд. Современные записки, 1931. 207 с.

鸟影　Ив. 蒲宁

巴黎：《当代论丛》出版社，1931，207 页（古）

0691

Томи: Японский роман　Н. А. Роспопов

Париж: [Б. и.], 1930. 226 с.

托米（日本长篇小说）　Н.А. 罗斯波波夫

巴黎：[不详]，1930，226 页（古）

0692

Третья Россия　А. Ветлугин

Париж: Франко-русск. печать, 1922. 395 с.

第三俄国　А. 韦特卢金

巴黎：法俄刊物出版社，1922，395 页（古）

0693

Три года в Советской России: Очерки　В. Серге-ев

Paris: IMP. UNION, 1921. 139 с.

在苏俄的三年（随笔）　В. 谢尔盖耶夫

巴黎：IMP.UNION 出版社，1921，139 页（古）

0694

Тридцатые годы

Париж: Издание евразийцев, 1931. 317 с.

三十年代

巴黎：欧亚混血者出版，1931，317 页

0695

У красных　В. Корсак

Париж: [Б. и.], 1930. 163 с.

在革命者身边　В. 科尔萨克

巴黎：[不详]，1930，163 页（古）

0696

Утро　Галина Кузнецова

Paris: Современные Записки, 1930. 176 с.

早晨　加林娜·库兹涅佐娃

巴黎：《当代论丛》出版社，1930，176 页（古）

0697

Философия свободного духа: Проблематика и апология христианства　Николай Бердяев

Paris: YMCA press, [Б. г.]. 235 с.

自由精神哲学：基督教难题及其辩护　尼古拉·别尔嘉耶夫

巴黎：基督教青年会出版社，[不详]，235 页（古）

0698

Филька и Амелька: Повесть из быта безпризор-ных　Вяч. Шишков

Париж: Библиотека «Иллюстрированной России», [Б. г.]. 141 с.

菲利卡和阿梅利卡：流浪街头者的生活故事　Вяч. 希什科夫

巴黎：俄国画报图书馆，[不详]，141 页（古）

0699

Французская эмиграция и Россия: В царствова-ние Екатерины II　К. Миллер

Париж: Родник, 1931. 413 с.

叶卡捷琳娜二世统治时期的法国侨民和俄国　К. 米勒

巴黎：泉水出版社，1931，413 页（古）

0700

Хождение по вузам: Воспоминания комсомоль-ца　М. Москвин

Париж: YMCA-PRESS, 1933. 190 с.

游历大学：共青团员回忆录　М. 莫斯科温

巴黎: 基督教青年会出版社，1933，190 页（古）

0701

Храбрые беглецы: Рассказы для юных читате-
лей　А. Куприн

Париж: Возрождение, [Б. г.]. 238 с.

勇敢的逃亡者（青年读者读物）　A. 库普林

巴黎: 复兴出版社，[不详]，238 页（古）

0702

Храм славы. Часть II　К. Попов

Paris: Книгоиздательство возрождение-LA
RENAISSANCE, [Б. г.]. 245 с.

荣誉的殿堂（第 2 册）　K. 波波夫

巴黎: 复兴图书出版社，[不详]，245 页（古）

0703

Царевна Софья: Историческая повесть　Елена
Булгакова

Париж: [Б. и.], 1933. 315 с.

索菲亚公主（历史小说）　叶连娜·布尔加科娃

巴黎: [不详]，1933，315 页（古）

0704

Цареубийцы: 1-го марта 1881-го года: Роман　П.
Н. Краснов

Париж: Издание В. Сияльского, 1938. 392 с.

弑君者: 1881 年 3 月 1 日（长篇小说）　П.Н. 克拉
斯诺夫

巴黎: B. 西亚利斯基出版，1938，392 页（古）

0705

Частное совещание членов всероссийского учреди-
тельного собрания = CONFERENCE PRIVEE DES
MEMBRES DE L'ASSEMBLEE CONSTITUANTE
DE RUSSIE = THE PRIVATE CONFERENCE OF
MEMBERS OF THE CONSTITUENT ASSEMBLY

Париж: [Б. и.], 1921. 68 с.

全俄立宪会议成员私人会议

巴黎: [不详]，1921，68 页（古）

0706

Человек из ресторана　Ив. Шмелев

Париж: К-во «Возрождение», [Б. г.]. 177 с.

一个从餐馆来的人　Ив. 什梅廖夫

巴黎: 复兴图书出版社，[不详]，177 页（古）

0707

Человек с геранием　В. Корчемный

Париж: Книгоиздательство «Возрождение», [Б. г.].
209 с.

带天竺葵的人　B. 科尔切姆内

巴黎: 复兴图书出版社，[不详]，209 页（古）

0708

Человек, который убил…: Роман　Клод Фаррер

Париж: Франко-Русская Печать, [Б. г.]. 270 с.

杀人者（长篇小说）　克洛德·法列尔

巴黎: 法俄刊物出版社，[不详]，270 页（古）

0709

Человек, который убил…: Роман　Клод Фаррер

Париж: [Б. и.], [Б. г.]. 270 с.

杀人者（长篇小说）　克洛德·法列尔

巴黎: [不详]，[不详]，270 页（古）

0710

Черный год: Публицистические очерки　М. В.
Вишняк

Париж: Франко-русская печать, 1922. 294 с.

艰难的岁月（时评）　M.B. 维什尼亚克

巴黎: 法俄刊物出版社，1922，294 页（古）

0711

Числа: Сборник. Книга 7-8　Под ред. Николая
Оцупа

Париж: Дом книги, 1933. 287 с.

数（著作集第 7—8 册）　尼古拉·奥楚普编

巴黎: 图书之家出版社，1933，287 页

0712

Что ждет Россию: Роман　Я. Лович

Париж: Издательство Рупор, 1932. 266 с.

俄国将发生何事（长篇小说）　Я. 洛维奇

巴黎: 鲁波尔出版社，1932，266 页（古）

0713

Чураевы: Роман　Георгий Гребенщиков

Париж: Руссская печать, [Б. г.]. 238 с.

丘拉耶夫一家（长篇小说）　格奥尔吉·格列比翁希科夫

巴黎：俄国报刊出版社，[不详]，238 页（古）

0714

Шаляпин: Встречи и совместная жизнь　Константин Коровин

Париж: Книгоизд-во «Возрождение», 1939. 214 с.

夏利亚平：相会与共同生活　康斯坦丁·科罗温

巴黎：复兴图书出版社，1939，214 页（古）

0715

Шарманка　В. Корсак

Париж: [Б. и.], 1937. 265 с.

手摇风琴　В. 科尔萨克

巴黎：[不详]，1937，265 页（古）

0716

Швейцарския сказки для детей: С иллюстрациями　С. М. Перский

Париж: Изд-во «LA PRESSE FRANCAISE & ETRANGERE», 1927. 109 с.

瑞士童话（附插图）　С.М. 佩尔斯基

巴黎："法国和外国媒体"出版社，1927，109 页（古）

0717

Шесть дней творения: Библия и наука о творении и происхождении мира　В. Н. Ильин

Paris: Ymca press, 1930. 229 с.

创造的六天：圣经和创造世界以及世界起源的科学　В.Н. 伊利英

巴黎：基督教青年会出版社，1930，229 页（古）

0718

Эдвард Бенеш и пути реалистического демократизма　Борис Соколов

Париж: Изд-во «Я. Поволоцкий», [Б. г.]. 75 с.

爱德华·贝奈斯和现实民主主义道路　鲍里斯·索科洛夫

巴黎：Я. 波沃洛茨基出版社，[不详]，75 页

0719

Это было давно…: Воспоминания солдата революции　О. С. Минор

Париж: [Б. и.], 1933. 144 с.

很久以前：革命战士回忆录　O.C. 米诺尔

巴黎：[不详]，1933，144 页

0720

Юнкера: Роман　А. Куприн

Париж: [Б. и.], 1933. 324 с.

贵族士官（长篇小说）　A.库普林

巴黎：[不详]，1933，324 页（古）

0721

Юра　В. Корсак

Париж: Парабола, 1935. 230 с.

尤拉　В. 科尔萨克

巴黎：抛物线出版社，1935，230 页（古）

0722

Язычница: Роман　Евгений Аничков

Париж: [Б. и.], 1932. 218 с.

长舌妇（长篇小说）　叶甫盖尼·阿尼奇科夫

巴黎：[不详]，1932，218 页（古）

0723

Из воспоминаний о последних днях пребывания императора Николая II в ставке　Н. М. Тихменев

Ницца: Издание Кружка Ревнителей Русского Прошлого, 1925. 32 с.

尼古拉二世皇帝在统帅部的最后日子回忆录　Н. М. 季赫梅涅夫

尼斯：俄国往事爱好者小组出版，1925，32 页（古）

0724

Конь Бледный　В. Ропшин

Ницца: Книгоизд-во М. А. Туманова, 1913. 144 с.

一匹虚弱的马　В. 罗普申

尼斯：М.А. 图马诺夫图书出版社，1913，144 页（古）

0725

Новая сила: Нет старости, Нет болезней!: Роман: Новая индийская система омолаживания и оздо-

ровления человека   Княг. Ольга Бебутова

Ницца: Издательница Л. М. Языкова, 1926. 116 с.

新力量：无衰老无疾病！（长篇小说）：印度人类保

养保健新方法   奥莉加・别布托娃公爵夫人

尼斯：Л.М. 亚季科娃出版，1926，116 页（古）

0726

Старые портреты: Семейная летопись. Часть

2   А. В. Пеклюдов

Ницца: [Б. и.], [1933]. 381 с.

老画像：家庭纪事（第 2 部分）   А.В. 别科柳多夫

尼斯：[不详]，[1933]，381 页（古）

0727

Быль. Часть II   Борис Щуцкой

Бордо: [Б. и.], 1938. 264 с.

往事（第 2 册）   鲍里斯・休茨科伊

波尔多：[不详]，1938，264 页（古）

0728

Суд: Роман   Борис Щуцкой

Бордо: Русская книга, 1937. 171 с.

法庭（长篇小说）   鲍里斯・休茨科伊

波尔多：俄国图书出版社，1937，171 页（古）

0729

«Тайна беззакония» и антихрист   Б. Молчанов

Франция: Все права сохранены за автором, 1938.
146 с.

不守教规行为的秘密和敌基督   Б. 莫尔恰诺夫

法国：全部权利归作者，1938，146 页（古）

0730

Данте. I. Жизнь Данте   Д. С. Мережковский

Bruxelles: Editons Petropolis, 1939. 224 с.

但丁（第 1 卷）：但丁的生活   Д.С. 梅列日科夫斯基

布鲁塞尔：彼得罗波利斯出版社，1939，224 页（古）

0731

Жизнь Арсеньева: Роман. II. Лика   И. А. Бунин

Брюссель: Петрополис, 1939. 170 с.

阿尔谢尼耶夫的一生（长篇小说第 2 册）：丽卡   И.
А. 蒲宁

布鲁塞尔：彼得罗波利斯出版社，1939，170 页（古）

0732

Игорь и Марина: Роман   Александр Гефтер

Bruxelles: Petropolis, 1939. 170 с.

伊戈尔和玛丽娜（长篇小说）   亚历山大・格夫捷
尔

布鲁塞尔：彼得罗波利斯出版社，1939，170 页（古）

0733

Что сделал Данте

Bruxelles: Editons Petropolis, [Б. г.]. 190 с.

但丁做了什么

布鲁塞尔：彼得罗波利斯出版社，[不详]，190 页
（古）

0734

«Да будет свет»: Роман. IV-я Книга. Развал   Н. А.
Лаппо-Данилевская

Берлин: Издание книжного магазина «Град китеж»,
1922. 143 с.

光明将至（长篇小说第 4 卷）：崩溃   Н.А. 拉波 –
达妮列夫斯卡娅

柏林：基特日城书店出版，1922，143 页（古）

0735

"Отрывок из мемуаров"···: Роман   Елена Ильина
Полторацкая

Берлин: Изд-во «Русское творчество», 1922. 160 с.

回忆录摘录（长篇小说）   叶连娜・伊利伊娜・波
尔托拉茨卡娅

柏林：俄国创作出版社，1922，160 页（古）

0736

10 л. с.: Хроника нашего времени   Илья Эренбург

Берлин: Петрополис, 1929. 224 с.

10 马力：当代纪事   伊利亚・爱伦堡

柏林：彼得罗波利斯出版社，1929，224 页

0737

1904-1905 годы: Повести минувших лет   В. Н.
Биркин

Берлин: [Б. и.], 1929. 414 с.

1904—1905 年：往事   В.Н. 比尔金

柏林：[不详]，1929，414 页（古）

0738

1917. Уроки Октября: Каменев и Сталин; Ленинизм или Троцкизм? Л. Троцкий

[Берлин]: Берлинское книгоиздательство, [Б. г.]. 79 с.

1917 年十月革命的教训：加米涅夫和斯大林；列宁主义还是托洛茨基主义？ Л. 托洛茨基

[柏林]：柏林图书出版社，[不详]，79 页

0739

75 дней в СССР: Впечатления К. Борисов

Берлин: Издание автора, 1924. 80 с.

苏联 75 日见闻 К. 鲍里索夫

柏林：作者出版，1924，80 页

0740

А. С. Пушкин и декабристы В. А. Мякотин

Берлин: [Б. и.], 1923. 90 с.

普希金和十二月党人 В.А. 米亚科京

柏林：[不详]，1923，90 页

0741

Автомобиль: Рассказы Семен Юшкевич

Берлин: Издательство З. И. Гржебина, 1923. 197 с.

汽车（短篇小说集） 谢苗·尤什克维奇

柏林：З.И. 格热宾出版社，1923，197 页

0742

Агада: Сказания, притчи, изречения талмуда и мидрашей в четырех частях

Берлин: Издательство С. Д. Зальцман, 1922. 199 с.

箴言：传说、寓言、《塔木德》格言和《米德拉西》格言（4 部分）

柏林：С.Д. 萨尔茨曼出版社，1922，199 页（古）

0743

Аграрная революция в Европе Сборник под ред. М. Зеринга

Берлин: Кооперативная мысль, 1925. 285 с.

欧洲农业革命 М. 泽林格编

柏林：合作社思想出版社，1925，285 页

0744

Амазонка пустыни: У подножия Божьяго трона: Роман П. Н. Краснов

Берлин: Издание Сияльский и Крейшман, 1922. 195 с.

沙漠女骑手：神座下（长篇小说） П.Н. 克拉斯诺夫

柏林：西亚利斯基和克赖什曼出版，1922，195 页（古）

0745

Амазонка: Роман Е. В. Выставкина

Берлин: VERLAG E. WISNFWRINA, 1923. 215 с.

女骑手（长篇小说） Е.В. 维斯塔夫金娜

柏林：韦斯弗里纳出版社，1923，215 页

0746

Андрей Колосов: Повести и Рассказы И. С. Тургенев

Берлин: Изд-во И. П. Ладыжникова, 1920. 574 с.

安德烈·科洛索夫（中短篇小说集） И.С. 屠格涅夫

柏林：И.П. 拉德日尼科夫出版社，1920，574 页（古）

0747

Анна Тимофевна: Повесть Конст. Федин

Берлин: Книгоиздательство писателей, 1923. 103 с.

安娜·季莫费夫娜（中篇小说） Конст. 费定

柏林：作家图书出版社，1923，103 页

0748

Антихрист Петр и Алексей. Том II Д. С. Мережковский

Берлин: Издательство И. П. Ладыжникова, 1922. 369 с.

反基督者彼得和阿列克谢（第 2 卷） Д.С. 梅列日科夫斯基

柏林：И.П. 拉德日尼科夫出版社，1922，369 页（古）

0749

Антонов огонь: Роман Александр Дроздов

Берлин: К-во писателей, 1917. 166 с.

坏疽（长篇小说） 亚历山大·德罗兹多夫

柏林：作家图书出版社，1917，166 页（古）

0750

Архив гражданской войны. Вып. 1

Берлин: Изд-во Русское творчество, [Б. г.]. 173 с.

内战档案（第 1 卷）

柏林：俄国创作出版社，[不详]，173 页（古）

0751

Архив русской революции. 19 Издаваемый Г. В. Гессеном

Берлин: Издательство Слово, 1928. 283 с.

俄国革命档案（第 19 卷） Г.В. 黑森出版

柏林：言论出版社，1928，283 页（古）

0752

Архив русской революции. I Издаваемый Г. В. Гессеном

Берлин: Слово, 1922. 312 с.

俄国革命档案（第 1 卷） Г.В. 黑森出版

柏林：言论出版社，1922，312 页（古）

0753

Архив русской революций. I Издаваемый Г. В. Гессеном

Берлин: [Б. и.], 1922. 312 с.

俄国革命档案（第 1 卷） Г.В. 黑森出版

柏林：[不详]，1922，312 页（古）

0754

Архив русской революции. II Издаваемый Г. В. Гессеном

Берлин: Слово, 1922. 226 с.

俄国革命档案（第 2 卷） Г.В. 黑森出版

柏林：言论出版社，1922，226 页（古）

0755

Архив русской революции. II Издаваемый Г. В. Гессеном

Берлин: Слово, 1921. 226 с.

俄国革命档案（第 2 卷） Г.В. 黑森出版

柏林：言论出版社，1921，226 页（古）

0756

Архив русской революции. III Издаваемый Г. В. Гессеном

Берлин: Слово, 1922. 275 с.

俄国革命档案（第 3 卷） Г.В. 黑森出版

柏林：言论出版社，1922，275 页（古）

0757

Архив русской революции. III Издаваемый Г. В. Гессеном

Берлин: Слово, 1921. 160 с.

俄国革命档案（第 3 卷） Г.В. 黑森出版

柏林：言论出版社，1921，160 页（古）

0758

Архив русской революции. IV Издаваемый Г. В. Гессеном

Берлин: Слово, 1922. 312 с.

俄国革命档案（第 4 卷） Г.В. 黑森出版

柏林：言论出版社，1922，312 页（古）

0759

Архив русской революции. IX Издаваемый Г. В. Гессеном

Берлин: Слово, 1923. 304 с.

俄国革命档案（第 9 卷） Г.В. 黑森出版

柏林：言论出版社，1923，304 页（古）

0760

Архив русской революции. V Издаваемый Г. В. Гессеном

Берлин: Слово, 1922. 360 с.

俄国革命档案（第 5 卷） Г.В. 黑森出版

柏林：言论出版社，1922，360 页（古）

0761

Архив русской революции. VI Издаваемый Г. В. Гессеном

Берлин: Слово, 1922. 365 с.

俄国革命档案（第 6 卷） Г.В. 黑森出版

柏林：言论出版社，1922，365 页（古）

0762

Архив русской революции. VII Издаваемый Г. В. Гессеном

Берлин: Слово, 1922. 334 с.

俄国革命档案（第 7 卷） Г.В. 黑森出版

柏林：言论出版社，1922，334 页（古）

0763

Архив русской революции. VIII Издаваемый Г. В. Гессеном

Берлин: Слово, 1923. 271 с.

俄国革命档案（第 8 卷） Г.В. 黑森出版

柏林：言论出版社，1923，271 页（古）

0764

Архив русской революции. X Издаваемый Г. В. Гессеном

Берлин: Слово, 1923. 321 с.

俄国革命档案（第 10 卷） Г.В. 黑森出版

柏林：言论出版社，1923，321 页（古）

0765

Архив русской революции. XII Издаваемый Г. В. Гессеном

Берлин: Слово, 1923. 296 с.

俄国革命档案（第 12 卷） Г.В. 黑森出版

柏林：言论出版社，1923，296 页（古）

0766

Архив русской революции. XIII Издаваемый Г. В. Гессеном

Берлин: Слово, 1924. 315 с.

俄国革命档案（第 13 卷） Г.В. 黑森出版

柏林：言论出版社，1924，315 页（古）

0767

Архив русской революции. XIV Издаваемый Г. В. Гессеном

Берлин: Слово, 1924. 341 с.

俄国革命档案（第 14 卷） Г.В. 黑森出版

柏林：言论出版社，1924，341 页（古）

0768

Архив русской революции. XIX Издаваемый Г. В. Гессеном

Берлин: Слово, 1928. 285 с.

俄国革命档案（第 19 卷） Г.В. 黑森出版

柏林：言论出版社，1928，285 页（古）

0769

Архив русской революции. XV Издаваемый Г. В. Гессеном

Берлин: Слово, 1924. 345 с.

俄国革命档案（第 15 卷） Г.В. 黑森出版

柏林：言论出版社，1924，345 页（古）

0770

Архив русской революции. XVI Издаваемый Г. В. Гессеном

Берлин: Слово, 1925. 293 с.

俄国革命档案（第 16 卷） Г.В. 黑森出版

柏林：言论出版社，1925，293 页（古）

0771

Архив русской революции. XVII Издаваемый Г. В. Гессеном

Берлин: Слово, 1926. 320 с.

俄国革命档案（第 17 卷） Г.В. 黑森出版

柏林：言论出版社，1926，320 页（古）

0772

Архив русской революции. XVIII Издаваемый Г. В. Гессеном

Берлин: Слово, 1926. 344 с.

俄国革命档案（第 18 卷） Г.В. 黑森出版

柏林：言论出版社，1926，344 页（古）

0773

Архив русской революции. XXII Издаваемый Г. В. Гессеном

Берлин: [Б. и.], 1937. 423 с.

俄国革命档案（第 22 卷） Г.В. 黑森出版

柏林：[不详]，1937，423 页（古）

0774

Архив русской революции. Т. XX Издаваемый Г. В. Гессеном

Берлин: Слово, 1930. 321 с.

俄国革命档案（第 20 卷） Г.В. 黑森出版

柏林：言论出版社，1930，321 页（古）

0775

Архив русской революции. Т. XXI Издаваемый Г.

В. Гессеном

Берлин: Слово, 1934. 466 с.

俄国革命档案（第 21 卷） Г.В. 黑森出版

柏林：言论出版社，1934，466 页（古）

0776

Атлантида под водой: Роман

Берлин: Polyglotte, 1928. 223 с.

水下大西洲（长篇小说）

柏林：多语种出版社，1928，223 页（古）

0777

Барышни: Простая история жизни, роман в че-тырех частях Н. А. Крашенинников

BERLIN: J. Ladyschnikow Verlag, [Б. г.]. 148 с.

小姐：日常生活故事（4 部分长篇小说） Н.А. 克拉舍宁尼科夫

柏林：J·拉德施尼科夫出版社，[不详]，148 页（古）

0778

Беатриче Вл. Пютровский

Берлин: Кн-во «Слово», 1929. 194 с.

贝阿特丽切 Вл. 皮尤特罗夫斯基

柏林：言论图书出版社，1929，194 页（古）

0779

Бегство М. А. Алданов

Берлин: Книгоиздательство Слово, 1932. 447 с.

逃亡 М.А. 阿尔达诺夫

柏林：言论图书出版社，1932，447 页（古）

0780

Бедные люди: Повести и рассказы Ф. М. Досто-евский

Берлин: Издательство И. П. Ладыжникова, 1922. 593 с.

穷人（中短篇小说集） Ф.М. 陀思妥耶夫斯基

柏林：И.П. 拉德日尼科夫出版社，1922，593 页（古）

0781

Без неба: В Америке З. Ю. Арбатов

Берлин: Чужбина, 1926. 137 с.

暗无天日：在美国 З.Ю. 阿尔巴托夫

柏林：异国出版社，1926，137 页（古）

0782

Без сердца: Роман Александр Амфитеатров

Берлин: Издательство «Грани», 1922. 212 с.

无心（长篇小说） 亚历山大·阿姆菲捷阿特罗夫

柏林：边界出版社，1922，212 页（古）

0783

Безвозвратно ушедшая Россия: Несколько стра-ниц из книги моей жизни Сергей Четвериков

Берлин: Склад издания обьединенные книжные склады «Москва-Логос», [Б. г.]. 109 с.

寿终正寝的俄国：我的生活的书节选 谢尔盖·切特韦里科夫

柏林："莫斯科 – 罗戈斯"联合书库出版库，[不详]，109 页（古）

0784

Бездна Леонид Андреев

Берлин: Издание Иоанна Рэде, 1903. 69 с.

深渊 列昂尼德·安德烈耶夫

柏林：约翰·雷德出版，1903，69 页（古）

0785

Белая Свитка: Роман П. Н. Краснов

Берлин: К-во Медный всадник, [Б. г.]. 360 с.

白色斯维塔袍（长篇小说） П.Н. 克拉斯诺夫

柏林：青铜骑士图书出版社，[不详]，360 页（古）

0786

Белое дело: Летопись белой борьбы. II Под ред. А. А. Фон-Лампе

Берлин: К-во «Медный всадник», 1927. 236 с.

白军的战斗：白军斗争编年史（第 2 卷） А.А. 方兰佩编

柏林：青铜骑士图书出版社，1927，236 页（古）

0787

Белое дело: Летопись белой борьбы. III Под ред. А. А. Фон-Лампе

Берлин: К-во «Медный всадник», 1927. 236 с.

白军的战斗：白军斗争编年史（第 3 卷） А.А. 方兰佩编

柏林：青铜骑士图书出版社，1927，236 页（古）

0788

Белое дело: Летопись белой борьбы. IV　Под редакцией А. А. Фон-Лампе

Берлин: К-во «Медный всадник», [Б. г.]. 236 с.

白军的战斗：白军斗争编年史（第 4 卷）　A.A. 方兰佩编

柏林：青铜骑士图书出版社，[不详]，236 页（古）

0789

Белое дело: Летопись белой борьбы. VI　Под ред. А. А. Фон-Лампе

Берлин: К-во «Медный всадник», 1928. 265 с.

白军的战斗：白色战争编年史（第 6 卷）　A.A. 方兰佩编

柏林：青铜骑士图书出版社，1928，265 页（古）

0790

Белое иночество　Иеромонах Иоанн

Берлин: Книгоиздательство «За церковь», 1932. 89 с.

白衣修士的生活　叶罗莫纳赫·约翰

柏林：保卫宗教图书出版社，1932，89 页（古）

0791

Бел-Цвет: Роман　Иван Лукаш

Берлин: Медный всадник, [Б. г.]. 307 с.

白颜色（长篇小说）　伊万·卢卡什

柏林：青铜骑士出版社，[不详]，307 页（古）

0792

Белые дни. Ч. 1-ая　Я. Александров

Берлин: Град китеж, 1922. 64 с.

白色岁月（第 1 册）　Я. 亚历山德罗夫

柏林：基特日城出版社，1922，64 页（古）

0793

Белые Мыши: Роман для юношества　Ричард Гадинг Дэвис; Пер. с англ. П. Н. Перова

Берлин: Изд. Ольга Дьякова и Ко., [Б. г.]. 218 с.

白鼠（青年小说）　理查德·加季恩格·代维斯著，П.Н. 佩罗夫译自英语

柏林：奥莉加·季亚科娃股份公司出版社，[不详]，218 页（古）

0794

Беседа: Журнал литературы и науки

Берлин: [Б. и.], 1923. 400 с.

谈话（文学与科学杂志）

柏林：[不详]，1923，400 页

0795

Беседа: Журнал литературы и науки. № 2. Июль-Август 1923　Издаваемый при ближайшем участии В. Ф. Адлера [и др.]

Берлин: Эпоха, [1923]. 416 с.

谈话（文学与科学杂志第 2 期）：1923 年 7 月—8 月　Б.Ф. 阿德列尔等参与出版

柏林：时代出版社，[1923]，416 页

0796

Беседа: Журнал литературы и науки. № 3. Сентябрь-Октябрь 1923　Издаваемый при ближайшем участии Б. ф. Адлера [и др.]

Берлин: Эпоха, [1923]. 406 с.

谈话（文学与科学杂志第 3 期）：1923 年 9 月—10 月　Б.Ф. 阿德列尔等参与出版

柏林：时代出版社，[1923]，406 页

0797

Беседа: Журнал литературы и науки. № 5　Издаваемый при ближайшем участии Андрея Белого [и др.]

Берлин: Эпоха, [1924]. 394 с.

谈话（文学与科学杂志第 5 期）　安德列·别雷等参与出版

柏林：时代出版社，[1924]，394 页

0798

Бесы: Роман в трех частях. Т. I　Ф. М. Достоевский

Берлин: Издетельство И. П. Ладыжникова, 1921. 424 с.

群魔（三部分长篇小说第 1 卷）　Ф.М. 陀思妥耶夫斯基

柏林：И.П. 拉德日尼科夫出版社，1921，424 页（古）

0799

Бесы: Роман в трех частях. Т. II.　Ф. М. Достоевский

Берлин: Изд-во И. П. Ладыжникова, 1921. 460 с.

群魔（三部分长篇小说第 2 卷） Ф.М. 陀思妥耶夫
斯基

柏林：И.П. 拉德日尼科夫出版社，1921，460 页
（古）

0800

Благодать: Её черновая работа Лев Урванцов

Берлин: Изд-во Ольга Дьякова и Ко., [Б. г.]. 159 с.

神赐：她的粗活 列夫·乌尔万佐夫

柏林：奥莉加·季亚科娃股份公司出版社，[不详]，
159 页（古）

0801

Бог и деньги: Эпизоды нескольких жизней Вл.
Крымов

Берлин: [Б. и.], 1926. 315 с.

上帝和金钱：生活趣事 Вл. 克雷莫夫

柏林：[不详]，1926，315 页

0802

Борис Клин: Роман С. Беляцкин

Берлин: [Б. и.], [Б. г.]. 205 с.

鲍里斯·克林（长篇小说） С. 别利亚茨金

柏林：[不详]，[不详]，205 页（古）

0803

Братство Вия: Фантастический роман Павел
Перов

Берлин: Издание журнала русское ЭХО, 1925. 230 с.

维亚弟兄会（科幻小说） 帕维尔·佩罗夫

柏林：俄国回声杂志社出版，1925，230 页（古）

0804

Братья Карамазовы. Т. II Ф. М. Достоевский

Берлин: Издание Т-ва И. П. Ладыжникова, 1919. 625
с.

卡拉马佐夫兄弟（第 2 卷） Ф.М. 陀思妥耶夫斯基

柏林：И.П. 拉德日尼科夫出版社，1919，625 页（古）

0805

**Братья Карамазовы: Роман в четырех частях с
эпилогом. Т. I** Ф. М. Достоевский

Берлин: Издание Т-ва И. П. Ладыжникова, 1919. 554
с.

卡拉马佐夫兄弟（4 部分长篇小说附尾声之第 1
卷） Ф.М. 陀思妥耶大斯基

柏林：И.П. 拉德日尼科夫出版社，1919，554 页
（古）

0806

В защиту русского языка: Сборник статей КН.
Сергей Волконский, КН. Александр Волконский

Берлин: Издательство медный всадник, 1928. 102 с.

保卫俄语（论文集） 谢尔盖·沃尔孔斯基公爵、
亚历山大·沃尔孔斯基公爵

柏林：青铜骑士出版社，1928，102 页（古）

0807

**В татарском захолустье: Повесть для юноше-
ства** В. П. Желиховская

Берлин: Издание А. Ф. Девриена, [Б. г.]. 176 с.

在鞑靼偏远地区（青少年中篇小说） В.П. 热利霍
夫斯卡娅

柏林：А.Ф. 杰夫里延出版，[不详]，176 页（古）

0808

В. В. Розанов в последние годы своей жизни Мих.
Спасовский

Берлин: Русское национальное изд., [Б. г.]. 84 с.

В.В. 罗扎诺夫的最后岁月 Мих. 斯帕索夫斯基

柏林：俄国民族出版社，[不详]，84 页

0809

**Василий Буслаев: Представление в 4-х действи-
ях** Александр Амфитеатров

Берлин: Библиофил, [Б. г.]. 248 с.

瓦西里·布斯拉耶夫（四幕剧） 亚历山大·阿姆
菲捷阿特罗夫

柏林：图书爱好者出版社，[不详]，248 页（古）

0810

Введение в Йогу А. Безант; Перевод с Английского Е. Писаревой

Берлин: Издание журнала «Вестник», 1907. 109 с.

瑜伽入门 А. 贝赞特著，Е. 皮萨列娃译自英语

柏林：《公报》杂志社出版，1907，109 页（古）

0811

Великий князь Николай Николаевич: Младший В. Сухомлинов

Берлин: Издание автора, 1925. 106 с.

幼年时期的尼古拉·尼古拉耶维奇大公 В. 苏霍姆利诺夫

柏林: 作者出版, 1925, 106 页（古）

0812

Вера Мирцева: Уголовное дело Лев Урванцов

Берлин: Издательство Ольга Дьякова и Ко., [Б. г.]. 131 с.

薇拉·米尔采娃: 刑事案件 列夫·乌尔万佐夫

柏林: 奥莉加·季亚科娃股份公司出版社, [不详], 131 页（古）

0813

Вера, или, нигилисты: Драма в четырех действиях с прологом Уайльд Оскар

Берлин: Петрополис, 1925. 102 с.

信仰或者虚无主义者（四幕剧配序幕） 王尔德·奥斯卡

柏林: 彼得罗波利斯出版社, 1925, 102 页

0814

Виза времени Илья Эренбург

Берлин: Петрополис, [1929]. 371 с.

时间签证 伊利亚·爱伦堡

柏林: 彼得罗波利斯出版社, [1929], 371 页

0815

Виктор Гофман. Т. 1 Вступителтные статьи Валерия Брюсова и А. Г. Левенсона

Берлин: Огоньки, 1923. 214 с.

维克多·戈夫曼（第 1 卷） 瓦列里·布留索夫和 А.Г. 利文森引言

柏林: 星火出版社, 1923, 214 页（古）

0816

Во власти прошлого В. И. Крыжановская

Берлин: Издательство Ольга Дьякова и Ко, [Б. г.]. 334 с.

往事的牵绊 В.И. 克雷扎诺夫斯卡娅

柏林: 奥莉加·季亚科娃股份公司出版社, [不详],

334 页（古）

0817

Возвращение Казановы на родину: Новелла Артур Шницлер; Перевела д-р Анна Лифшиц

Берлин: Издательство Эрвина Бергера, [Б. г.]. 146 с.

卡桑诺瓦回归故里（短篇小说） 阿尔图尔·施尼茨勒著, 安娜·利夫希茨译

柏林: 欧文·伯杰出版社, [不详], 146 页（古）

0818

Возвращение Чорба: Рассказы и стихи В. Сирин

Берлин: Книгоиздательство Слово, 1930. 245 с.

乔尔普归来（短篇小说和诗歌集） В. 西林

柏林: 言论图书出版社, 1930, 245 页（古）

0819

Война и мир: Роман в четырех томах. Т. I Л. Н. Толстой

Берлин: Издательство И. П. Ладыжникова, 1920. 477 с.

战争与和平（4 部分长篇小说第 1 卷） Л.Н. 托尔斯泰

柏林: И.П. 拉德日尼科夫出版社, 1920, 477 页（古）

0820

Волчья сыть: Роман Вас. Ив. Немирович-Данченко

Берлин: Изд-во «Глагол», [Б. г.]. 326 с.

喂狼的货（长篇小说） Вас.Ив. 涅米罗维奇 – 丹琴科

柏林: 语言出版社, [不详], 326 页（古）

0821

Вольная душа: Из воспоминаний художника Вас. Ив. Немирович-Данченко

Берлин: Издательство «Глагол», [Б. г.]. 221 с.

自由的灵魂: 一位艺术家的回忆录 Вас.Ив. 涅米洛维奇 – 丹琴科

柏林: 语言出版社, [不详], 221 页（古）

0822

Воображаемый собеседник: Роман О. Савич

Берлин: Петрополис, 1929. 327 с.

想象的交谈者（长篇小说） О. 萨维奇

柏林: 彼得罗波利斯出版社, 1929, 327 页

0823

Восемнадцатый год: Роман   Алексей Толстой

Берлин: Петрополис, 1928. 372 c.

1918 年（长篇小说） 阿列克谢·托尔斯泰

柏林：彼得罗波利斯出版社，1928，372 页

0824

Воскресшие боги Леонардо Да-Винчи. Т. I   Д. С. Мережковский

Берлин: Издательство И. П. Ладыжникова, 1922. 463 c.

诸神的复活：列奥纳多·达·芬奇（第 1 卷） Д. С. 梅列日科夫斯基

柏林：И.П. 拉德日尼科夫出版社，1922，463 页

0825

Воскресшие боги: Леонардо Да-винчи. Т. II   Д. С. Мережковский.

Берлин: Изд-во И. П. Ладыжникова, 1922. 509 c.

诸神的复活：列奥纳多·达·芬奇（第 2 卷） Д. С. 梅列日科夫斯基

柏林：И.П. 拉德日尼科夫出版社，1922，509 页（古）

0826

Воспоминания   В. Сухомлинов

Берлин: Русское универсальное изд-во, 1924. 438 c.

回忆录 В. 苏霍姆利诺夫

柏林：俄国综合出版社，1924，438 页

0827

Воспоминания генерала А. С. Лукомского: Период европейской войны; Начало разрухи в России; Борьба с большевиками. Т. I-II   А. С. Лукомский

Берлин: Книгоиздательство Отто Кирхнер и Ко., 1922. 332 c.

А.С 卢科姆斯基将军回忆录：欧洲战争年代、俄国崩溃初期、与布尔什维克的斗争（第 1—2 卷） А. С. 卢科姆斯基

柏林：奥托·基尔希纳股份公司图书出版社，1922，332 页（古）

0828

Воспоминания Кронпринца Вильгельма   Карл Роснер

Берлин: Слово, 1922. 303 c.

威廉王子回忆录 卡尔·罗斯纳

柏林：言论出版社，1922，303 页（古）

0829

Воспоминания о Льве Николаевиче Толстом   М. Горький

Берлин: Издательство И. П. Ладыжникова, 1921. 80 c.

列夫·尼古拉耶维奇·托尔斯泰回忆录 М. 高尔基

柏林：И.П. 拉德日尼科夫出版社，1921，80 页（古）

0830

Воспоминания Ю. В. Ломоносова о мартовской революции 1917 г.   Ю. В. Ломоносов

Берлин-Шарлоттенбург: Типография Нейе Цейт, [Б. г.]. 86 c.

Ю.В. 罗蒙诺索夫 1917 年三月革命回忆录 Ю.В. 罗蒙诺索夫

柏林 – 夏洛滕堡：涅伊耶·采伊特印刷厂，[不详]，86 页

0831

Воспоминания. Ч. 1   С. И. Шидловский

Берлин: Книгоиздательство ОТТО Кирхнер и Ко., 1923. 215 c.

回忆录（第 1 卷） С.И. 希德洛夫斯基

柏林：奥托·基尔希纳股份公司图书出版社，1923，215 页（古）

0832

Воспоминания: 1914-1919 г.   В. Б. Станкевич

Берлин: Издательство И. П. Ладыжникова, 1920. 356 c.

回忆录（1914—1919 年） В.Б. 斯坦克维奇

柏林：И.П. 拉德日尼科夫出版社，1920，356 页（古）

0833

Воспоминания: Детство царствования Александра II и Александра III (1849-1894)   С. Ю. Витте

Берлин: Книгоиздательство «Слово», 1923. 441 c.

回忆录：亚历山大二世和亚历山大三世的早期统治时代（1849—1894） С.Ю. 维特

柏林：言论图书出版社，1923，441 页（古）

0834

Воспоминания: Из бумаг С. Е. Крыжановского, Последняго Государственного секретаря россий-ской империи

Berlin: Петрополис, [Б. г.]. 220 с.

回忆录：俄罗斯帝国最后一任御前大臣 C.E. 克雷扎诺夫斯基文稿摘录

柏林：彼得罗波利斯出版社，[不详]，220 页（古）

0835

Воспоминания: Период Европейской войны. Начало разрухи в России. Борьба с Большевиками. Т. I А. С. Лукомский

Берлин: Книгоиздательство ОТТО Кирхнер и К-о., 1922. 300 с.

回忆录：欧洲战争年代、俄国崩溃初期、与布尔什维克的斗争（第 1 卷） A.C. 卢科姆斯基

柏林：奥托·基尔希纳股份公司图书出版社，1922，300 页（古）

0836

Воспоминания: Царствование Николая II. Т. I С. Ю. Витте

Берлин: Слово, 1922. 510 с.

回忆录：尼古拉二世的统治（第 1 卷） С.Ю. 维特

柏林：言论出版社，1922，510 页（古）

0837

Воспоминания: Царствование Николая II. Т. II Граф С. Ю. Витте

Берлин: Книгоиздательство Слово, 1922. 570 с.

回忆录：尼古拉二世的统治（第 2 卷） С.Ю. 维特伯爵

柏林：言论图书出版社，1922，570 页（古）

0838

Восходы: Из Жизни политических ссыльных

Берлин: Издание Гуго Штейница, 1903. 93 с.

日出：政治流放者的生活

柏林：古戈·施泰尼茨出版，1903，93 页（古）

0839

Восьмидесятники. Т. 2. Крах Души. Часть 3 Александр Амфитеатров

Берлин: Грани, 1923. 375 с.

19 世纪 80 年代俄国风云人物（第 2 卷）：内心崩溃（第 3 部分） 亚历山大·阿姆菲捷阿特罗夫

柏林：边界出版社，1923，375 页

0840

Восьмидесятники. Т. 2. Крах души. Часть 4 Александр Амфитеатров

Берлин: Грани, 1923. 332 с.

19 世纪 80 年代俄国风云人物（第 2 卷）：内心崩溃（第 4 部分） 亚历山大·阿姆菲捷阿特罗夫

柏林：边界出版社，1923，332 页（古）

0841

Восьмидесятники: Роман в двух томах. Т. 1. Разрушенные воли. Часть вторая Александр Амфитеатров

Берлин: Изд-во «Грани», 1923. 355 с.

19 世纪 80 年代俄国风云人物（2 卷长篇小说第 1 卷）：被摧毁的意志第 2 部分 亚历山大·阿姆菲捷阿特罗夫

柏林：边界出版社，1923，355 页（古）

0842

Восьмидесятники: Роман в двух томах. Т. 1. Разрушенные воли. Часть первая Александр Амфитеатров

Берлин: Грани, 1923. 316 с.

19 世纪 80 年代俄国风云人物（2 卷长篇小说第 1 卷）：被摧毁的意志第 1 部分 亚历山大·阿姆菲捷阿特罗夫

柏林：边界出版社，1923，316 页（古）

0843

Все проходит: Историческая повесть. Кн. 1 П. Н. Краснов

Берлин: Медный Всадник, [Б. г.]. 268 с.

一切都会过去（历史中篇小说第 1 册） П.Н. 克拉斯诺夫

柏林：青铜骑士出版社，[不详]，268 页（古）

0844

Все проходит: Историческая повесть. Кн. 2 П. Н. Краснов

Берлин: Медный Всадник, [Б. г.]. 261 с.

一切都会过去（历史中篇小说第 2 册） П.Н. 克拉

斯诺夫
柏林：青铜骑士出版社，［不详］，261 页（古）

0845
Всемирный Пантеон. № 12-13. Из новой немецкой лирики Перевод и характеристики Григория Забежинского
Берлин: Русское универсальное изд-во, 1921. 125 с.
世界丛刊（第 12—13 期）：德国新抒情诗节选　格里戈里·扎别任斯基翻译、评述
柏林：俄国综合出版社，1921，125 页（古）

0846
Всякое бывало Сергей Горный
Берлин: Изд. писателей, 1927. 219 с.
无奇不有　谢尔盖·戈尔内
柏林：作家出版社，1927，219 页

0847
Г. П. У.: Записки чекиста Г. С. Агабеков
Берлин: Стрела, 1930. 248 с.
国家政治保安局：肃反人员笔记　Г.С. 阿加别科夫
柏林：箭出版社，1930，248 页

0848
Гамлет Шекспир
Берлин: Русское Универсальное Издательство, 1921. 111 с.
哈姆雷特　莎士比亚
柏林：俄国综合出版社，1921，111 页（古）

0849
Генерал Бо: Роман. II Роман Гуль
Берлин: Петрополис, 1929. 218 с.
博将军（长篇小说第 2 卷）　罗曼·古利
柏林：彼得罗波利斯出版社，1929，218 页

0850
Генерал Бо: Роман. Т. I Роман Гуль
Берлин: Петрополис, 1929. 218 с.
博将军（长篇小说第 1 卷）　罗曼·古利
柏林：彼得罗波利斯出版社，1929，218 页

0851
Германская революция: История ее возникновения и ее первого периода Э. Бернштейн
Берлин: Восток, 1922. 330 с.
德国革命：革命的发生及早期历史　Э. 伯恩斯坦
柏林：东方出版社，1922，330 页

0852
Гибель Николаевска на Амуре: Страницы из истории гражданской войны на Дальнем Востоке А. Я. Гутман
Берлин: Изд-во «Русский экономист», 1924. 298 с.
阿穆尔河畔尼古拉耶夫斯克的覆灭：远东内战史上的一页　А.Я. 古特曼
柏林：俄国经济学家出版社，1924，298 页（古）

0853
Гибель экспедиции Жаннетты Вильям Г. Гильдер
Берлин: Издательство С. Ефрон, [Б. г.]. 165 с.
"珍妮特号"探险队的覆没　威廉·Г. 吉利杰尔
柏林：С. 叶夫龙出版社，［不详］，165 页（古）

0854
Гимназические годы А. Яблоновский
Берлин: Изд-во «Грани», 1922. 341 с.
中学时代　А. 亚布洛诺夫斯基
柏林：边界出版社，1922，341 页（古）

0855
Главнокомандующий русской армией генерал барон П. Н. Врангель: К десятилетию его кончины 12/25 апреля 1938 г. Под ред. А. А. Фон-Лампе
Berlin: Медный всадник, 1938. 240 с.
俄军总司令、将军 П.Н. 弗兰格尔男爵：逝世十周年纪念（1938 年 4 月 12—25 日）　А.А. 方兰佩编
柏林：青铜骑士出版社，1938，240 页（古）

0856
Гнев Божий: Оккультный роман В. И. Крыжановский (Рочестер)
Берлин: Изд-во «Сфинкс», 1925. 322 с.
上帝之怒（神秘主义故事）　В.И. 克雷扎诺夫斯基（罗切斯特）

柏林：斯芬克斯出版社，1925，322 页

0857
Гнездо: Роман Александр Амфитеатров
Берлин: Изд-во «Грани», [Б. г.]. 418 с.
巢穴（长篇小说）亚历山大·阿姆菲捷阿特罗夫
柏林：边界出版社，[不详]，418 页（古）

0858
Год интервенции. Книг. 1. Сентябрь 1918-апрель 1919 г. М. С. Маргулиес
Берлин: Изд. З. И. Гржебина, 1923. 364 с.
武装干涉年代（第1卷）：1918 年 9 月—1919 年 4 月 М.С. 马尔古利耶斯
柏林：З.И. 格热宾出版社，1923，364 页

0859
Годы побед и поражений. Кн. 2. На ущербе революции Вл. Войтинский
Берлин: Изд-во З. И. Гржебина, 1924. 411 с.
胜利和失败的年代（第2册）：革命的损失 Вл. 沃伊京斯基
柏林：З.И. 格热宾出版社，1924，411 页

0860
Голубая звезда. Книга VI Борис Зайцев
Берлин: Изд-во З. И. Гржебина, 1923. 288 с.
蓝色的星星（第6册）鲍里斯·扎伊采夫
柏林：З.И. 格热宾出版社，1923，288 页（古）

0861
Голубиное царство Семен Юшкевич
Berlin: Издательство З. И. Гржебина, 1923. 185 с.
鸽子王国 谢苗.尤什克维奇
柏林：З.И. 格热宾出版社，1923，185 页

0862
Голубые пески: Роман Всеволод Иванов
Берлин: Книгоиздательство писателей, 1923. 284 с.
蓝色沙丘（长篇小说）弗谢沃洛德·伊万诺夫
柏林：作家图书出版社，1923，284 页

0863
Горестные заметы: Очерки красного Петрогра-

да Александр Амфитеатров
Берлин: Изд-во «Грани», 1922. 219 с.
痛苦的印象：红色彼得格勒纪略 亚历山大·阿姆菲捷阿特罗夫
柏林：边界出版社，1922，219 页（古）

0864
Горький цвет: Пьесы А. Н. Толстой
Берлин: Русское универсальное изд-во, 1922. 231 с.
苦命的花（剧本）А.Н. 托尔斯泰
柏林：俄国综合出版社，1922，231 页（古）

0865
Господа Головлевы М. Е. Салтыков
Берлин: Издательство И. П. Ладыжникова, 1919. 444 с.
戈洛夫廖夫老爷们 М.Е. 萨尔蒂科夫
柏林：И.П. 拉德日尼科夫出版社，1919，444 页（古）

0866
Государь император Николай II Александрович
Берлин: Изд-во «Стяг» и «Фонд по изданию царских портретов», 1922. 72 с.
尼古拉二世·亚历山德罗维奇皇帝陛下
柏林：旗帜出版社和沙皇画像出版基金，1922，72 页（古）

0867
Граф Витте и его мемуары И. Василевский
Берлин: Русское Универсальное изд., 1922. 108 с.
维特伯爵及其回忆录 И. 华西列夫斯基
柏林：俄国综合出版社，1922，108 页（古）

0868
Далекие дни: Воспоминания: 1870-90 гг. С. Р. Минцлов
Берлин: Сибирское книгоиздательство, [Б. г.]. 237 с.
久远的日子（回忆录）：1870—1890 年 С.Р. 明茨洛夫
柏林：西伯利亚图书出版社，[不详]，237 页（古）

0869
Дальний край: Роман Борис Зайцев

Берлин: Слово, 1922. 285 с.

遥远的边疆（长篇小说） 鲍里斯·扎伊采夫

柏林：言论出版社，1922，285 页

0870

Два года скитаний: 1919-1921 Ф. Дан

Берлин: [Б. и.], 1922. 267 с.

两年漂泊（1919—1921） Ф.达恩

柏林：[不详]，1922，267 页（古）

0871

Две жены Толстая и Достоевская Материалы комментарий Ю. И. Айхенвальда

Берлин: Изд-во писателей, 1925. 151 с.

托尔斯塔娅和陀思妥耶夫斯卡娅两位夫人 Ю.И.艾亨瓦尔德评论材料

柏林：作家出版社，1925，151 页（古）

0872

Дворянское гнездо: Роман в XLV главах, с эпилогом И. С. Тургенев

Берлин: Книгоизд-во Литература, [Б. г.]. 208 с.

贵族之家（45章长篇小说附尾声） И.С.屠格涅夫

柏林：文学图书出版社，[不详]，208 页（古）

0873

Дебри жизни: Дневник 1910-15 г.г. С. Р. Минцлов

Берлин: Сибирское Книгоиздательство, [Б. г.]. 396 с.

生命的难题（1910—1915 年日记） С.Р.明茨洛夫

柏林：西伯利亚图书出版社，[不详]，396 页（古）

0874

Девичья честь и брак: Книга для юношей Н. Е. Невядомский

Берлин: [Б. и.], 1926. 219 с.

少女的名誉与婚姻（青年读物） Н.Е.涅维亚多姆斯基

柏林：[不详]，1926，219 页（古）

0875

Девственница: Роман Александр Дроздов

BERLIN: Издательство OTTO Кирхнер и Ко., 1922. 210 с.

处女（长篇小说） 亚历山大·德洛兹多夫

柏林：奥托·基尔希纳股份公司出版社，1922，210 页（古）

0876

Девятое ноября Бернгард Келлерман; Перевод с немецкого Мих. Кадиш

Берлин: Слово, 1922. 453 с.

十一月九日 别尔恩加勒德·凯勒尔曼著，Mих.凯基什译自德语

柏林：言论出版社，1922，453 页

0877

Девятое термидора М. А. Алданов

Берлин: Книгоизд-во Слово, 1923. 375 с.

热月九日 M.A. 阿尔达诺夫

柏林：言论图书出版社，1923，375 页

0878

Девятое термидора М. А. Алданов

Берлин: Книгоизд-во «Слово», 1928. 387 с.

热月九日 M.A. 阿尔达诺夫

柏林：言论图书出版社，1928，387 页

0879

Декабрист Кривцов М. Гершензон

Берлин: Геликон, 1923. 357 с.

十二月党人克里夫佐夫 M. 格尔申索恩

柏林：赫利孔山出版社，1923，357 页（古）

0880

Дело Маурициуса: Роман. Ч. 3 Якоб Вассерман

BERLIN: POLYGLOTTE, 1929. 150 с.

莫里奇乌斯案件（长篇小说第3部分） 雅各布·瓦谢尔曼

柏林：多语种出版社，1929，150 页

0881

Демон: Восточная повесть М. Ю. Лермонтов

Берлин: Издательство И. П. Ладыжникова, 1921. 78 с.

恶魔（东方小说） М.Ю.莱蒙托夫

柏林：И.П.拉德日尼科夫出版社，1921，78 页（古）

0882

Деньги и право владения　Ник. Ив. Лодыженский

Берлин: [Б. и.], 1923. 151 с.

资本与占有权　Ник.Ив. 洛德任斯基

柏林：［不详］，1923，151 页

0883

Детские сказки　Вильгельм Гауф

Берлин: Отто Кирхнер и Ко., 1922. 232 с.

童话　威廉·豪夫

柏林：奥托·基尔希纳股份公司，1922，232 页
（古）

0884

Детство: Повести　Л. Н. Толстой

Берлин: Изд-во И. П. Ладыжникова, 1920. 559 с.

童年（中篇小说集）　Л.Н. 托尔斯泰

柏林：И.П. 拉德日尼科夫出版社，1920，559 页

0885

Джиордано Бруно　Л. Карсавин

Берлин: Обелиск, 1923. 276 с.

乔尔丹诺·布鲁诺　Л. 卡尔萨温

柏林：方尖碑出版社，1923，276 页

0886

Дневник　М. Г. Дроздовский

Берлин: Книгоизд-во ОТТО Кирхнер и Ко., 1923. 186 с.

日记　М.Г. 德罗兹多夫斯基

柏林：奥托·基尔希纳股份公司图书出版社，1923，186 页（古）

0887

Дневник императора Николая II

Берлин: Слово, 1923. 272 с.

尼古拉二世皇帝日记

柏林：言论出版社，1923，272 页（古）

0888

Дневник писателя за 1873 год　Ф. М. Достоевский

Берлин: Изд-во И. П. Ладыжникова, 1922. 578 с.

1873 年作家日记　Ф.М. 陀思妥耶夫斯基

柏林：И.П. 拉德日尼科夫出版社，1922，578 页
（古）

0889

Дневник писателя за 1876 год　Ф. М. Достоевский

Берлин: Изд-во И. П. Ладыжникова, 1922. 569 с.

1876 年作家日记　Ф.М. 陀思妥耶夫斯基

柏林：И.П. 拉德日尼科夫出版社，1922，569 页
（古）

0890

Дневник писателя за 1877 год　Ф. М. Достоевский

Берлин: Изд-во И. П. Ладыжникова, 1922. 704 с.

1877 年作家日记　Ф.М. 陀思妥耶夫斯基

柏林：И.П. 拉德日尼科夫出版社，1922，704 页
（古）

0891

Дом и мир: Роман　Р. Тагор; Перевод с английского З. Журавской

Берлин: Изд-во С. Ефрон, [Б. г.]. 358 с.

家与世界（长篇小说）　Р. 泰戈尔著，З. 茹拉夫斯卡娅译自英语

柏林：С. 叶夫龙出版社，［不详］，358 页（古）

0892

Дон Жуан　Э. Т. А. Гофман

Берлин: Изд. Вальтер и Ракин, 1923. 20 с.

唐璜　Э.Т.А. 霍夫曼

柏林：瓦尔特和拉金出版社，1923，20 页（古）

0893

Драма в чугунном котле и др. рассказы　Григорий Брейтман

Berlin: [Б. и.], [Б. г.]. 444 с.

铁锅里的戏剧等故事　格里戈里·布赖特曼

柏林：［不详］，［不详］，444 页

0894

Дубровский　А. С. Пушкин

Берлин: Изд-во И. П. Ладыжникова, 1921. 110 с.

杜布罗夫斯基　А.С. 普希金

柏林：И.П.拉德日尼科夫出版社，1921，110 页（古）

0895

Дым: Роман в XXVIII главах И. С. Тургенев

Берлин: Книгоизд-во «Литература», [Б. г.]. 257 с.

烟（28 章长篇小说） И.С. 屠格涅夫

柏林：文学图书出版社，［不详］，257 页（古）

0896

Дьяволенок под столом. Т. 3. трилогии Вл. Крымов

Берлин: Петрополис, 1933. 326 с.

桌子下面的小魔鬼（三部曲第 3 卷） Вл. 克雷莫夫

柏林：彼得罗波利斯出版社，1933，326 页

0897

Дьяволенок под столом. Т. Третий трилогии

Берлин: Петрополис, 1933. 326 с.

桌子下面的小魔鬼（三部曲第 3 卷）

柏林：彼得罗波利斯出版社，1933，326 页

0898

Дядя Мозес: Роман Шолом Аш

Берлин: Изд. И. П. Ладыжникова, 1923. 204 с.

莫泽斯舅舅（长篇小说） 绍洛姆·阿什

柏林：И.П. 拉德日尼科夫出版社，1923，204 页

0899

Евангелист ненависти: Жизнь Карла Маркса А. Мельский

Берлин: За правду, 1933. 158 с.

仇恨传道者：卡尔·马克思的一生 А. 梅利斯基

柏林：捍卫真理出版社，1933，158 页

0900

Евразийский временник. Книга 3-я Петр Савицкий, П. П. Сувчинский, Н. С. Трубецкий

Берлин: Евразийское книгоиздтельство, 1923. 175 с.

欧亚期刊（第 3 册） 彼得·萨维茨基、П.П. 苏夫钦斯基、Н.С. 特鲁别茨基

柏林：欧亚图书出版社，1923，175 页（古）

0901

Европа без мира Франческо Нитти

Берлин: Волга, [Б. г.]. 235 с.

不安宁的欧洲 弗兰切斯克·尼季

柏林：伏尔加出版社，［不详］，235 页

0902

Европа над бездной Франческо Нитти

Берлин: Волга, [Б. г.]. 366 с.

面临深渊的欧洲 弗兰切斯克·尼季

柏林：伏尔加出版社，［不详］，366 页

0903

Единая-Неделимая: Роман в частях 4 П. Н. Краснов

Берлин: К-во Медный всадник, [1924]. 497 с.

统一不可分割的祖国（4 部分长篇小说） П.Н. 克拉斯诺夫

柏林：青铜骑士图书出版社，［1924］，497 页（古）

0904

Единая-неделимая: Роман в частях 4 П. Н. Краснов

Берлин: К-во «Медный всадник», [1924]. 448 с.

统一不可分割的祖国（4 部分长篇小说） П.Н. 克拉斯诺夫

柏林：青铜骑士图书出版社，［1924］，448 页（古）

0905

Езуитушка Александр Дроздов

Берлин: Изд-во «Русское творчество», 1922. 314 с.

叶祖伊图什卡 亚历山大·德罗兹多夫

柏林：俄国创作出版社，1922，314 页（古）

0906

Женский рай: Роман В. Бласко Ибаньес; автор. пер. с испанского Татьяны Герценштейн

Берлин: Издательство Ольга Дьякова и Ко. в Берлине, [Б. г.]. 240 с.

女人的天堂（长篇小说） В. 布拉斯科·伊巴涅斯著，塔季扬娜·赫尔岑施泰因译自西班牙语

柏林：柏林奥莉加·季亚科娃股份公司出版社，［不详］，240 页（古）

0907

Женщина, которая изменила: Из недавнего, мирного прошлого Вячеслав Куликовский

Берлин: Склад издания книгоиздательство О. Дьякова и К-о, 1921. 158 с.

出轨的女人：平静的往事点滴　维亚切斯拉夫·库利科夫斯基

柏林：О. 季亚科娃股份公司图书出版社出版库，1921，158 页

0908

Жертвы вечерния: Не вымысел, а действительность　И. А. Родионов

Берлин: [Б. и.], 1922. 328 с.

黄昏的牺牲者：现实而非虚构　И.А. 罗季奥诺夫

柏林：[不详]，1922，328 页（古）

0909

Живое знание　С. Франк

Берлин: Обелиск, 1923. 264 с.

真实的认知　С. 弗兰克

柏林：方尖碑出版社，1923，264 页

0910

За мертвыми душами: Очерки　С. Р. Минцлов

Берлин: Сибирское книгоиздательство, [1921]. 354 с.

死魂灵背后（随笔）　С.Р. 明茨洛夫

柏林：西伯利亚图书出版社，[1921]，354 页（古）

0911

За полвека. Т. 1　Лев Дейч

Берлин: Изд-во «Грани», 1923. 306 с.

在半个世纪里（第 1 卷）　列夫·杰伊奇

柏林：边界出版社，1923，306 页

0912

За полвека. Т. 2. Торжество бакунизма в России　Лев Дейч

Берлин: Грани, 1923. 313 с.

在半个世纪里（第 2 卷）：巴枯宁主义在俄国的胜利　列夫·杰伊奇

柏林：边界出版社，1923，313 页

0913

За чертополохом: Фантастический роман　П. Н. Краснов

Берлин: Изд-во Ольга Дьякова и Ко., 1922. 389 с.

采收飞廉（长篇幻想小说）　П.Н. 克拉斯诺夫

柏林：奥莉加·季亚科娃股份公司出版社，1922，389 页（古）

0914

Забытая тропа: Четвертый сборник Рассказов. Книга 6-ая　Влад Гущик

Берлин: Петрополис, [Б. г.]. 359 с.

被遗忘的道路（短篇小说集第 4 集第 6 册）　弗拉德·古希克

柏林：彼得罗波利斯出版社，[不详]，359 页（古）

0915

Зависть: Роман　Юрий Олеша

Берлин: Книга и сцена, 1931. 141 с.

羡慕（长篇小说）　尤里·奥廖沙

柏林：图书和戏剧出版社，1931，141 页

0916

Завтра утром　Лев Урванцов

[Берлин]: К-во «Медный всадник», [Б. г.]. 381 с.

明天早晨　列夫·乌尔万佐夫

[柏林]：青铜骑士图书出版社，[不详]，381 页（古）

0917

Загадочные племена на Голубых горах: Дурбар в Лахоре　С биографией автора написанной В. П. Желиховской

Берлин: Изд-во Ольга Дьякова и Ко., [Б. г.]. 309 с.

蓝色山脉里的神秘部落：拉合尔觐见厅　В.П. 热利霍夫斯卡娅自传

柏林：奥莉加·季亚科娃股份公司出版社，[不详]，309 页（古）

0918

Заговор　М. А. Алданов

Берлин: Слово, 1927. 446 с.

阴谋　М.А. 阿尔达诺夫

柏林：言论出版社，1927，446 页（古）

0919

Заговор равных　Илья Эренбург

Берлин: Петрополис, [Б. г.]. 181 с.

平等派的阴谋　伊利亚·爱伦堡

柏林：彼得罗波利斯出版社，［不详］，181 页

0920

Закат: Роман　С. Р. Минцлов

Берлин: Сибирское книгоиздательство, 1926. 346 с.

晚霞（长篇小说）　С.Р. 明茨洛夫

柏林：西伯利亚图书出版社，1926，346 页（古）

0921

Записки　Князь Трубецкого

Берлин: Издание Гуго Штейница, [Б. г.]. 80 с.

笔记　特鲁别茨科伊公爵

柏林：古戈·施泰尼茨出版，［不详］，80 页（古）

0922

Записки губернатора: Кишинев 1903-1904　Кн. С. Д. Урусов

Берлин: [Б. и.], [Б. г.]. 215 с.

省长笔记：基什尼奥夫（1903—1904）　С.Д. 乌鲁索夫公爵

柏林：［不详］，［不详］，215 页（古）

0923

Записки из мертвого дома: Игрок　Ф. М. Достоевский

Берлин: Изд-во И. П. Ладыжникова, 1921. 575 с.

死屋手记：赌徒　Ф.М. 陀思妥耶夫斯基

柏林：И.П. 拉德日尼科夫出版社，1921，575 页（古）

0924

Записки мерзавца: Моменты жизни Юрия Быстрицкого　А. Ветлугин

Берлин: Издание Русского творчества, [Б. г.]. 255 с.

一个坏蛋的笔记：尤里·贝斯特里茨基的生活点滴　А. 韦特卢金

柏林：俄国创作出版，［不详］，255 页（古）

0925

Записки о революции. К. 4　Ник. Суханов

Берлин: Изд-во З. И. Гржебина, 1922. 522 с.

革命纪事（第 4 卷）　Ник. 苏哈诺夫

柏林：З.И. 格热宾出版社，1922，522 页

0926

Записки о революции. Книг. 2　Ник. Суханов

М.; Берлин; Петербург: Изд. З. И. Гржебина, 1922. 421 с.

革命纪事（第 2 卷）　Ник. 苏哈诺夫

莫斯科、柏林、彼得堡：З.И. 格热宾出版社，1922，421 页

0927

Записки о революции. Книг. 6　Ник. Суханов

Берлин: Изд. З. И. Гржебина, 1923. 312 с.

革命纪事（第 6 卷）　Ник. 苏哈诺夫

柏林：З.И. 格热宾出版社，1923，312 页

0928

Записки о революции. Книга 3　Ник. Суханов

Берлин: Издательство З. И. Гржебина, 1922. 450 с.

革命纪事（第 3 卷）　Ник. 苏哈诺夫

柏林：З.И. 格热宾出版社，1922，450 页

0929

Записки о революции. Книга 5　Ник. Суханов

Берлин: Издательство З. И. Гржебина, 1923. 450 с.

革命纪事（第 5 卷）　Ник. 苏哈诺夫

柏林：З.И. 格热宾出版社，1923，450 页

0930

Записки о революции. Книга 7　Ник Суханов

Берлин: Изд-во З. И. Гржебина, 1923. 340 с.

革命纪事（第 7 卷）　Ник. 苏哈诺夫

柏林：З.И. 格热宾出版社，1923，340 页

0931

Записки социалиста революционера. Книга I　Виктор Чернов

Берлин: Издательство «З. И. Гржебина», 1922. 340 с.

社会革命党成员札记（第 1 册）　维克多·切尔诺夫

柏林：З.И. 格热宾出版社，1922，340 页

0932

Затишье: Повести и Рассказы　И. С. Тургенев

Берлин: Изд-во И. П. Ладыжникова, 1920. 575 с.

寂静（中短篇小说）　И.С. 屠格涅夫

柏林：И.П. 拉德日尼科夫出版社，1920，575 页（古）

0933

Защита Лужина: Роман　В. Сирин

Берлин: Книгоизд-во «Слово», 1930. 234 с.

保护卢任（长篇小说）　В. 西林

柏林：言论图书出版社，1930，234 页（古）

0934

Земли, Люди　М. А. Алданов

Берлин: Слово, 1932. 296 с.

土地与人们　М.А. 阿尔达诺夫

柏林：言论出版社，1932，296 页

0935

Земная печаль: Рассказы. Книга 5　Борис Зайцев

Берлин: Издательство З. И. Гржебина, 1923. 231 с.

人间的不幸（短篇小说集第5册）　鲍里斯·扎伊采夫

柏林：З.И. 格热宾出版社，1923，231 页（古）

0936

И на восточном фронте без перемен: Врата Багдада: Роман　Хаджи-Мурать Мугуев

Берлин: «Polyglotte» G. m. b. H., 1929. 174 с.

东线无变化：巴格达大门（长篇小说）　哈德日－穆拉特·穆古耶夫

柏林：多语种出版社，1929，174 页（古）

0937

И. А. Бунин: Жизнь и творчество　К. Зайцев

Берлин: Издательство Парабола, [Б. г.]. 267 с.

И.А. 蒲宁：生平和创作　К. 扎伊采夫

柏林：抛物线出版社，[不详]，267 页（古）

0938

И. С. Тургенев: Избранные произведения　И. С. Тургенев

Берлин: Слово, 1921. 358 с.

屠格涅夫选集　И.С. 屠格涅夫

柏林：言论出版社，1921，358 页（古）

0939

Иван Грозный　С. Ф. Платонов

Берлин: Обелиск, 1924. 134 с.

伊凡雷帝　С.Ф. 普拉托诺夫

柏林：方尖碑出版社，1924，134 页

0940

Игра в любовь: Роман　Лев Гумилевский

Берлин: Buch and Buhne, 1930. 240 с.

爱情游戏（长篇小说）　列夫·古米廖夫斯基

柏林：布赫与布恩出版社，1930，240 页

0941

Идиот: Роман в 4 частях. Т. II　Ф. М. Достоевский

Берлин: Изд-во И. П. Ладыжникова, 1920. 406 с.

白痴（4部分长篇小说第2卷）　Ф.М. 陀思妥耶夫斯基

柏林：И.П. 拉德日尼科夫出版社，1920，406 页（古）

0942

Из воспоминаний путешественника　Г. Вегенер

Берлин: Издательство С. Ефрон, [Б. г.]. 185 с.

旅行者回忆录　Г. 韦格纳

柏林：С. 叶夫龙出版社，[不详]，185 页（古）

0943

Из моих воспоминаний. Книга 1　Н. С. Русанов

Берлин: Изд-во З. И. Гржебина, 1923. 355 с.

我的回忆（第1册）　Н.С. 鲁萨诺夫

柏林：З.И. 格热宾出版社，1923，355 页

0944

Из нашего прошлого

Берлин: Детинец, 1922. 151 с.

我们的往事

柏林：内城出版社，1922，151 页（古）

0945

Из пережитого: 1907-1918. Т. 1-й　Г. Е. Рейн

Берлин: [Парабола], [Б. г.]. 276 с.

往事：1907—1918（第1卷）　Г.Е. 赖恩

柏林：[抛物线出版社]，[不详]，276 页（古）

0946

Из потонувшего мира　М. Клейнмихел

Берлин: Глагол, [Б. г.]. 304 с.

来自终结的世界　М. 克莱恩米海尔

柏林: 语言出版社，[不详]，304 页（古）

0947

Из прошлого: Воспоминания флигель-адъютанта государя императора Николая II С. С. Фабрицкий

Берлин: [Б. и.], 1926. 162 с.

往事: 尼古拉二世皇帝侍从武官回忆录　С.С. 法布里茨基

柏林: [不详]，1926，162 页（古）

0948

Избранные произведения В. А. Жуковский

[Берлин]: Слово, 1921. 321 с.

选集　В.А. 茹科夫斯基

[柏林]: 言论出版社，1921，321 页（古）

0949

Избранные произведения Ф. М. Достоевский

Берлин: Изд-во «Слово», 1921. 303 с.

选集　Ф.М. 陀思妥耶夫斯基

柏林: 言论出版社，1921，303 页（古）

0950

Избранные произведения А. П. Чехов

Берлин: Изд-во «Слово», 1922. 362 с.

选集　А.П. 契诃夫

柏林: 言论出版社，1922，362 页（古）

0951

Индийские сказки О. М. Коржинская

Берлин: Изд. А. Ф. Девриена, [Б. г.]. 78 с.

印度童话　О.М. 科尔任斯卡娅

柏林: А.Ф. 杰夫里延出版社，[不详]，78 页

0952

Интимное: Книга тихого раздумья Ив. Наживин

Берлин: К-во «Икар», 1922. 128 с.

内心深处: 寂静的沉思　Ив. 纳日温

柏林: 伊卡洛斯图书出版社，1922，128 页（古）

0953

Историк и современник: Историко-литературный сборник. I

Берлин: Издательница О. Л. Дьякова, 1922. 336 с.

历史学家与同代人（历史文学作品集第 1 卷）

柏林: О.Л. 季亚科娃出版，1922，336 页（古）

0954

Историк и современник: Историко-литературный сборник. III С. П. Мансырев [и др.]

Берлин: Изд-во «Ольга Дьякова и Ко.», 1922. 303 с.

历史学家与同代人（历史文学作品集第 3 卷）　С. П. 曼瑟列夫等

柏林: 奥莉加·季亚科娃股份公司出版社，1922，303 页（古）

0955

Исторические записки М. Гершензон

Берлин: Геликон, 1923. 224 с.

历史纪事　М. 格尔申宗

柏林: 赫利孔山出版社，1923，224 页

0956

Исторический очерк наших порядков: Дореформенные порядки и их крушение А. Мартынов

Берлин: Издание Т-ва И. П. Ладыжникова, [Б. г.]. 106 с.

我国的制度简史: 改革前的制度及其崩溃　А. 马丁诺夫

柏林: И.П. 拉德日尼科夫出版社，[不详]，106 页（古）

0957

История моего современника. Т. V Вл. Короленко

М.; Берлин: Изд-во возрождение, 1922. 221 с.

我的同代人的故事（第 5 卷）　Вл. 科洛连科

莫斯科、柏林: 复兴出版社，1922，221 页（古）

0958

История погромного движения на Украине 1917-1921: К истории Украинско-еврейских отношений. Т. 1. Антисемитизм и погромы на Украине 1917-1918 гг. И. Чериковер

Берлин: Издание OSTJUDISCHES HISTORISCHES ARCHIV, 1923. 335 с.

1917—1921 年乌克兰大屠杀运动史：乌克兰犹太关系史（第 1 卷）：1917—1918 年乌克兰的排犹运动和大屠杀　И. 切里科韦尔

柏林：东部犹太历史档案馆出版，1923，335 页（古）

0959

Италия　Борис Зайцев

Берлин: Изд-во З. И. Гржебина, 1923. 182 с.

意大利　鲍里斯·扎伊采夫

柏林：З.И. 格热宾出版社，1923，182 页

0960

Кавказские сказки

Берлин: [Б. и.], [Б. г.]. 78 с.

高加索童话

柏林：[不详]，[不详]，78 页

0961

Как мы летали　Ив. Шмелев

Берлин: Изд-во Гамаюн, 1923. 127 с.

我们如何飞行　Ив. 什梅廖夫

柏林：加马尤出版社，1923，127 页（古）

0962

Как я была маленькой: Из воспоминаний раннего детства В. П. Желиховской　В. П.Желиховская

Берлин: Издание А. Ф. Девриена, [Б. г.]. 221 с.

我小的时候：В.П. 热利霍夫斯卡娅童年回忆录　В.П. 热利霍夫斯卡娅

柏林：А.Ф. 杰夫里延出版，[不详]，221 页（古）

0963

Каменная баба: Рассказы　Ив. Наживин

Берлин: К-во «Детинец», 1921. 206 с.

石人（短篇小说集）　Ив. 纳日温

柏林：内城图书出版社，1921，206 页（古）

0964

Камера обскура: Роман　В. Сирин

[Берлин]: Книгоиздательства «Современные записки» и «Парабола», [Б. г.]. 204 с.

暗箱（长篇小说）　В. 西林

[柏林]：《当代论丛》与《抛物线》图书出版社，[不详]，204 页（古）

0965

Камчатка: Мое путешествие и моя охота на медведей и горных баранов в 1918 г.: дневник 14-летняго школьника　Жорж Крамаренко

Берлин: Издательство Ольга Дьякова, [Б. г.]. 140 с.

勘察加：我的 1918 年旅行、猎熊和山羊（一名 14 岁中学生的日记）　乔治·克拉马连科

柏林：奥莉加·季亚科娃出版社，[不详]，140 页（古）

0966

Кафешантан: Рассказы　Григорий Брейтман

BERLIN: POLYGLOTTE, 1929. 158 с.

歌舞咖啡馆（短篇小说集）　格里戈里·布赖特曼

柏林：多语种出版社，1929，158 页

0967

Китайские тени　А. Н. Толстой

Берлин: Изд-во «Огоньки», 1922. 175 с.

中国皮影戏　А.Н. 托尔斯泰

柏林：星火出版社，1922，175 页（古）

0968

Ключ　М. А. Алданов

Берлин: Издание книгоиздательства «Слово» и журнала «Современные записки», 1929. 437 с.

钥匙　М.А. 阿尔达诺夫

柏林：言论图书出版社和《现代论丛》杂志社，1929，437 页（古）

0969

Книга для детей　Лев Толстой

Берлин: Слово, 1921. 181 с.

儿童读物　列夫·托尔斯泰

柏林：言论出版社，1921，181 页（古）

0970

Книга о концах: Роман　Мих. Осоргин

Берлин: Петрополис, 1935. 257 с.

结局（长篇小说）　Мих. 奥索尔金

柏林：彼得罗波利斯出版社，1935，257 页

0971

Книга о Леониде Андрееве: Воспоминания Леонид Андреев

Берлин: Изд-во З. И. Гржебина, 1922. 190 с.

列昂尼德·安德烈耶夫回忆录 列昂尼德·安德烈
耶夫

柏林：З.И. 格尔热宾出版社，1922，190 页（古）

0972

Книга о смерти. Т. I С. А. Андреевский

Берлин: Изд-во «Библиофил», 1922. 336 с.

论死亡（第 1 卷） С.А. 安德烈耶夫斯基

柏林：图书爱好者出版社，1922，336 页（古）

0973

Книга о смерти. Т. II С. А. Андреевский

Берлин: Библиофил, 1922. 291 с.

论死亡（第 2 卷） С.А. 安德烈耶夫斯基

柏林：图书爱好者出版社，1922，291 页（古）

0974

**Князь Илико: Маленький кавказский плен-
ник** В. П. Желиховская

Берлин: Издание А. Ф. Девриена, [Б. г.]. 230 с.

伊利科公爵：年幼的高加索囚徒 В.П. 热利霍夫斯
卡娅

柏林：А.Ф. 杰夫里延出版，[不详]，230 页（古）

0975

Когда все кончилось... Д. Бергельсон; Перевод с
еврейского С. Дубновой-Эрлих

Берлин: Грани, 1923. 347 с.

一切结束之时 Д. 伯杰尔森著，С. 杜布诺娃 – 埃利
希译自犹太语

柏林：边界出版社，1923，347 页

0976

Кожаный чулок: Роман Фенимор Купер

Берлин: Изд. З. И. Гржебина, 1923. 316 с.

皮制长筒靴（长篇小说） 费尼莫尔·库珀尔

柏林：З.И. 格热宾出版社，1923，316 页

0977

Конец Азефа Б. Николаевский

Берлин: Изд-во «Петрополис», 1931. 78 с.

阿泽夫的末日 Б. 尼古拉耶夫斯基

柏林：彼得罗波利斯出版社，1931，78 页

0978

**Конституция Латвийской Республики = LATVIJAS
REPUBLIKAS SATVERSME** Пер. с латышского Р.
Г. Сиполя

Берлин: [Б. и.], [Б. г.]. 31 с.

拉脱维亚共和国宪法 Р.Г. 西波利亚译自拉脱维亚
语

柏林：[不详]，[不详]，31 页

0979

Конченый человек Джиованни Папини; Авт.
перевод с итальянского Б. Яковенко

Берлин: Слово, 1922. 282 с.

没有希望的人 乔瓦尼·帕皮尼著，Б. 雅科文科译
自意大利语

柏林：言论出版社，1922，282 页（古）

0980

Кооперативы: Их сущность и организация М.
Брагин, М. Минин

Берлин: Издание Т-ва И. П. Ладыжникова, [Б. г.]. 87
с.

合作社：本质和组织 М. 布拉金、М. 米宁

柏林：И.П. 拉德日尼科夫出版社，[不详]，87 页
（古）

0981

Коралловый остров П. М. Баллантайн; Перевел с
английского и иллюстрировал Павел Перов

Берлин: Изд. ОТТО Кирхнер и Ко., 1922. 211 с.

珊瑚岛 П.М. 巴兰坦著，帕维尔·佩罗夫译自英语
并画插图

柏林：奥托·基尔希纳股份公司出版社，1922，211
页（古）

0982

**Край золотого заката: Очерки таинственного
Магреба** Вас. И. Немирович-Данченко

Берлин: Издательство «Ольга Дьякова и Ко», [Б. г.]. 139 с.

金色晚霞之地：神秘的马格里布概况 Вас.И. 涅米罗维奇 – 丹琴科

柏林：奥莉加·季亚科娃股份公司出版社，[不详], 139 页（古）

0983
Красная шкатулка: Роман С. Березовский

Берлин: Парабола, [Б. г.]. 230 с.

红锦匣（长篇小说） С. 别列佐夫斯基

柏林：抛物线出版社，[不详], 230 页

0984
Красный паяц: Повести страшных лет Е. Чириков

Берлин: К-во «Медный всадник», [Б. г.]. 259 с.

红色小丑：恐怖时期的故事 Е. 奇里科夫

柏林：青铜骑士图书出版社，[不详], 259 页（古）

0985
Кремль за решеткой = KREML HINTER DEM GITTER: Подпольная Россия

Берлин: Скифы, 1922. 220 с.

围墙内的克里姆林宫：俄国地下组织

柏林：斯基泰人出版社，1922, 220 页

0986
Крестьянское хозяйство: По данным бюджетных исследований и динамических переписей С. Н. Прокопович

Берлин: Кооперативная мысль, 1924. 244 с.

农民经济：基于收支研究和动态调查数据 С.Н. 普罗科波维奇

柏林：合作社思想出版社，1924, 244 页

0987
Крик И. Бунин

Берлин: Книгоизд-во «Слово», 1921. 274 с.

呼喊 И. 蒲宁

柏林：言论图书出版社，1921, 274 页（古）

0988
Крылья: Повесть в трех частях М. Кузмин

Берлин: Петрополис, 1923. 120 с.

翼（3 部分中篇小说） М. 库兹明

柏林：彼得罗波利斯出版社，1923, 120 页

0989
Кудесник: Историческая повесть для юношества П. Н. Полевого П. Н. Полевой

Берлин: А. Ф. Девриен, 1921. 131 с.

巫师（П.Н. 波列伏依著青少年历史小说） П.Н. 波列伏依

柏林：А.Ф. 杰夫里延，1921, 131 页

0990
Летопись революции. Книг. I

Берлин: Изд. З. И. Гржебина, [Б. г.]. 323 с.

革命纪事（第 1 卷）

柏林：З.И. 格热宾出版社，[不详], 323 页

0991
Летопись: орган Православной Культуры Под ред. Игум. Иоанна

Берлин: Издание прихода СВ. Равноап. КН. Владимира, [Б. г.]. 116 с.

东正教文化机构编年史 Игум. 约安编

柏林：圣弗拉基米尔大公教区出版，[不详], 116 页（古）

0992
Лига Наций: Её организация. Её конституция. Её значение для международного мира Р. М. Бланк

Берлин: Международное изд-во, 1924. 108 с.

国际联盟：组织、结构及其世界意义 Р.М. 布兰克

柏林：国际出版社，1924, 108 页（古）

0993
Лисипп О. Ф. Вальдгауер

Берлин: Изд. З. И. Гржебина, 1923. 80 с.

利西普斯 О.Ф. 瓦尔德豪尔

柏林：З.И. 格热宾出版社，1923, 80 页

0994
Литературный альманах «Грани». Книга 1

Берлин: [Б. и.], 1922. 251 с.

文学选集《边界》（第 1 卷）

柏林：[不详]，1922，251 页（古）

0995

Лихие года: Рассказы　А. Н. Толстой

Берлин: Изд-во З. И. Гржебина, 1923. 271 с.

艰难的岁月（短篇小说集）　А.Н. 托尔斯泰

柏林：З.И. 格热宾出版社，1923，271 页

0996

Лица святых от Иисуса к нам: Жанна Дарк　Д.
Мережковский

Берлин: Петрополис, [Б. г.]. 186 с.

从耶稣那里来到人间的圣人的面孔：圣女贞德　Д.
梅列日科夫斯基

柏林：彼得罗波利斯出版社，[不详]，186 页（古）

0997

Ложь Витте　Баян

Берлин: Ящик пандоры, [Б. г.]. 64 с.

维特的谎言　巴扬

柏林：潘多拉的盒子出版社，[不详]，64 页（古）

0998

Маги: (Посвящение): Роман　В. И. Крыжановская

Берлин: Изд-во Ольга Дьякова и Ко., [Б. г.]. 158 с.

魔法师：领受神职（长篇小说）　В.И. 克雷扎诺夫斯
卡娅

柏林：奥莉加·季亚科娃股份公司出版社，[不详]，
158 页（古）

0999

**Мадемуазель де Скюдери; Кавалер Глюк; Дон
Жуан**　Э. Т. А. Гофман; Перевод Зин. Венгеровой

Берлин: Аргонавты, [Б. г.]. 191 с.

斯居戴里小姐；骑士格鲁克；唐璜　Э.Т.А.霍夫曼著，
Зин. 文格罗娃译

柏林：阿尔戈船英雄出版社，[不详]，191 页（古）

1000

**Маленькие мужчины: Повесть Луизы Оль-
кот**　Луизы Олькот; Перевод А. Н. Рождественской

Берлин: Москва-Логос, [Б. г.]. 547 с.

小男人（路易莎·奥列科特著中篇小说）　路易莎·奥

尔科特著，А.Н. 罗日杰斯特文斯卡娅译

柏林：莫斯科 – 逻各斯出版社，[不详]，547 页（古）

1001

**Малороссийский Гетман Зиновий-Богдан Хмель-
ницкий**　Н. И. Костомаров

Берлин: К-во «Детинец», 1921. 81 с.

小俄罗斯盖特曼季诺维 – 波格丹·赫梅利尼茨基　Н.
И. 科斯托马罗夫

柏林：内城图书出版社，1921，81 页（古）

1002

Махатма Ганди　Ромэн Роллан; Пер. с рукописи
Нины Берберовой

Берлин: Эпоха, 1924. 114 с.

圣雄甘地　罗曼·罗兰著，妮娜·别尔别罗娃译
自手稿

柏林：时代出版社，1924，114 页

1003

Международное Еврейство　Генри Форд

Берлин: [Б. и.], 1925. 239 с.

国际犹太人　亨利·福特

柏林：[不详]，1925，239 页（古）

1004

Место под солнцем　Вера Инбер

Берлин: Петрополис, 1928. 138 с.

在阳光下　薇拉·因贝尔

柏林：彼得罗波利斯出版社，1928，138 页

1005

Метелинка　Борис Пильняк

Берлин: Изд-во «Огоньки», 1923. 60 с.

梅捷林卡　鲍里斯·皮利尼亚克

柏林：星火出版社，1923，60 页（古）

1006

Мир: Роман　В. С. Яновский

Берлин: Парабола, 1931. 285 с.

世界（长篇小说）　В.С. 亚诺夫斯基

柏林：抛物线出版社，1931，285 页（古）

1007

Мои воспоминания: 1852-1939 г.г. В. Вонлярляр-
ский

Берлин: Русское национальное изд-во, [Б. г.]. 254 с.

我的回忆录（1852—1939 年） В. 翁利亚尔利亚尔
斯基

柏林：俄国民族出版社，［不详］，254 页

1008

Мои звери В. Л. Дуров

Берлин: [Б. и.], 1929. 267 с.

我的野兽 В.Л. 杜罗夫

柏林：［不详］，1929，267 页

1009

Мой первый путь к Конго Генри М. Стэнли

Берлин: Изд-во С. Ефрон, [Б. г.]. 176 с.

我的初次刚果之行 亨利·М. 斯坦利

柏林：С. 叶夫龙出版社，［不详］，176 页

1010

Молодая Россия: Конец русского погрома А.
Волин

Берлин: Издательство В. Сияльский и А. Крейшман,
[Б. г.]. 268 с.

新生的俄国：俄国大屠杀结束 А. 沃林

柏林：В. 西亚利斯基和 А. 克赖什曼出版社，［不详］，
268 页（古）

1011

**Монографии по истории и теории театра. Вып. 3.
Мольер в России** Юлий Патуйе; Пер. с французского К. Памфиловой

Берлин: Петрополис, 1924. 89 с.

戏剧史和戏剧理论专著（第 3 册）：莫里哀在俄
国 尤利·帕图耶著，К. 帕姆菲洛娃译自法语

柏林：彼得罗波利斯出版社，1924，89 页

1012

Монте-Карло Вл. Крымов

Берлин: [Б. и.], 1927. 131 с.

蒙特卡洛 Вл. 克雷莫夫

柏林：［不详］，1927，131 页

1013

**Москва: Литературно художественный альма-
нах** Под ред. Н. Г. Бережанского

Берлин: Издательство Ольга Дьякова и Ко., 1926.
133 с.

莫斯科（文学艺术选集） Н.Г. 别列然斯基编

柏林：奥莉加·季亚科娃股份公司出版社，1926，
133 页（古）

1014

Мотька-Вор: Роман Шолом Аш

Берлин: Издательство И. П. Ладыжникова, 1924. 306
с.

小偷莫季卡（长篇小说） 绍洛姆·阿什

柏林：И.П. 拉德日尼科夫出版社，1924，306 页

1015

**Моя жизнь дома и в Ясной Поляне: Воспомина-
ния. Ч. 3** Т. Кузминская

BERLIN: Polyglotte, 1928. 192 с.

我在家中和亚斯纳亚波良纳的生活：回忆录（第 3
部分） Т. 库兹明斯卡娅

柏林：多语种出版社，1928，192 页（古）

1016

**Моя жизнь дома и в Ясной Поляне: Воспомина-
ния. Часть 1** Т. А. Кузминская (Рожд. Берс)

Берлин: Polyglotte, 1928. 184 с.

我在家中和亚斯纳亚波良纳的生活：回忆录（第 1
部分） Т.А. 库兹明斯卡娅（娘家姓别尔斯）

柏林：多语种出版社，1928，184 页（古）

1017

**Моя миссия в России. Воспоминания дипло-
мата = MY MISSON TO RUSSIA AND OTHER
DIPLOMATIC MEMORIES. Т. 2** Джордж Бьюкенен; Пер. Д. Я. Блох

Берлин: Изд-во «Обелиск», 1924. 189 с.

我在俄国的使命：外交官回忆录（第 2 卷） 乔治·布
坎南著，Д.Я. 布洛赫译

柏林：方尖碑出版社，1924，189 页

1018

Моя миссия в России: Воспоминания дипломата.

T. 1 Джордж Бьюкенен

Берлин: Обелиск, 1924. 183 c.

我在俄国的使命：外交官回忆录（第1卷） 乔治·布坎南

柏林：方尖碑出版社，1924，183 页

1019

Муравей Буц: Приключения в мире мура-вьев Г. М. Беттхер; Перевод с немецкого В. М. Богровой

Берлин: Издание А. Ф. Девриена, 1923. 160 c.

蚂蚁布茨：蚂蚁世界历险记 Г.М.伯特格著，B.M.博格罗娃译自德语

柏林：А.Ф.杰夫里延出版，1923，160 页

1020

Мы и они: Франция О. Савич, И. Эренбург

Берлин: Петрополис, 1931. 294 c.

我们和他们：法国 О.萨维奇、И.爱伦堡

柏林：彼得罗波利斯出版社，1931，294 页

1021

Мышеловка: Трагикомедия в четырех актах В. Ирецкий

Берлин: Обелиск, 1924. 85 c.

捕鼠器（四幕悲喜剧） В.伊列茨基

柏林：方尖碑出版社，1924，85 页

1022

Н. И. Новиков: Подвижник русской книги В. А. Розенберг

Берлин: The YMCA PRESS Ltd., 1923. 80 c.

Н.И.诺维科夫：献身于俄国图书事业的人 В.А.罗森贝格

柏林：基督教青年会出版社，1923，80 页

1023

На белом коне. Роман в 3-х частях Н. Н. Брешко-Брешковский

Берлин: Издательство Отто Кирхнер и Ко., 1922. 290 c.

在白马上（3部分长篇小说） Н.Н. 布列什科 – 布列什科夫斯基

柏林：奥托·基尔希纳股份公司出版社，1922，290 页（古）

1024

На великом историческом перепутьи Ю. В. Ключников

Берлин: Издание журнала «Смена вехе», 1922. 184 c.

在伟大的历史十字路口 Ю.В. 克柳奇尼科夫

柏林：《里程碑的更迭》杂志社出版，1922，184 页（古）

1025

На великом севере: Из истории русских поляр-ных путешествий В. Б. Станкевич

Берлин: Американское изд-во, 1923. 168 c.

在大北方：俄国人极地之旅的故事 В.Б. 斯坦克维奇

柏林：美国出版社，1923，168 页

1026

На Второй день Александр Дроздов

Берлин: Книгоиздательство писателей, 1924. 167 c.

第二天 亚历山大·德罗兹多夫

柏林：作家图书出版社，1924，167 页

1027

На жизненном пути. Т. 4. Публичные чтения и речи А. Ф. Кони

Берлин: Библиофил, [Б. г.]. 474 c.

在生活的道路上（第4卷）：公开演讲 А.Ф.科尼

柏林：图书爱好者出版社，[不详]，474 页（古）

1028

На жизненном пути. Ч. 3 А. Ф. Кони

Берлин: Библиофил, [Б. г.]. 622 c.

在生活的道路上（第3卷） А.Ф.科尼

柏林：图书爱好者出版社，[不详]，622 页（古）

1029

На западном фронте без перемен Эрих Мария Ремарк

Berlin: [Б. и.], 1928. 298 c.

西线无变化 埃里希·玛丽亚·雷马克

柏林：[不详]，1928，298 页

1030

На ком вина?: Роман. III-ья часть. «Развала» Н. А. Лаппо-Данилевская

Берлин: [Б. и.], 1922. 228 с.

谁之过（长篇小说第 3 部分）: 瓦解 Н.А. 拉波 – 丹尼列夫斯卡娅

柏林：[不详]，1922，228 页（古）

1031

На крови: Роман. Часть 1 С. Мстиславский

Берлин: Polyglotte, 1928. 214 с.

血泊中（长篇小说第 1 册） С. 姆斯季斯拉夫斯基

柏林：多语种出版社，1928，214 页

1032

На переломе и другие сочинения. Т. 5 А. Куприн

Berlin: Московское книгоиздательство, [Б. г.]. 294 с.

转折关头及其他作品（第 5 卷） А. 库普林

柏林：莫斯科图书出版社，[不详]，294 页（古）

1033

На чужой стороне: Историко-литературные сборники. I Л. Н. Толстой [и др.]

Берлин: Изд. «Ватага», 1923. 319 с.

在异乡（历史文学作品集第 1 卷） Л.Н. 托尔斯泰等

柏林：劳动组合出版社，1923，319 页（古）

1034

На чужой стороне: Историко-литературные сборники. II Под ред. С. П. Мельгунова, Е. А. Ляцкого, В. А. Мякотина

Берлин; Прага: «Ватага», «Пламя», 1923. 254 с.

在异乡（历史文学作品集第 2 卷） С.П. 梅利古诺夫、Е.А. 利亚茨基、В.А. 米亚科京编

柏林、布拉格：劳动组合出版社、火焰出版社，1923，254 页（古）

1035

На чужой стороне: Историко-литературные сборники. IV Под ред. С. П. Мельгунова

Берлин: Изд. «Ватага» и «Пламя», 1924. 299 с.

在异乡（历史文学作品集第 4 卷） С.П. 梅利古诺夫编

柏林：劳动组合和火焰出版社，1924，299 页（古）

1036

На чужой стороне: Историко-литературные сборники. IX Под ред. С. П. Мельгунова

Берлин: «Ватага» и «Пламя», 1925. 323 с.

在异乡（历史文学作品集第 9 卷） С.П. 梅利古诺夫编

柏林：劳动组合出版社和火焰出版社，1925，323 页（古）

1037

На чужой стороне: Историко-литературные сборники. VII Под ред. С. П. Мельгунова

Берлин; Прага: Издание к-в «Ватага и пламя», 1924. 322 с.

在异乡（历史文学作品集第 7 卷） С.П. 梅利古诺夫编

柏林、布拉格：劳动组合和火焰图书出版社，1924，322 页（古）

1038

На чужой стороне: Историко-литературные сборники. VIII Под ред. С. П. Мельгунова

Берлин: Изд. «Ватага» и «Пламя», 1924. 322 с.

在异乡（历史文学作品集第 8 卷） С.П. 梅利古诺夫编

柏林：劳动组合和火焰出版社，1924，322 页（古）

1039

На чужой стороне: Историко-литературные сборники. Вып. V Под ред. С. П. Мельгунова

Берлин: Ватага, 1924. 316 с.

在异乡（历史文学作品集第 5 卷） С.П. 梅利古诺夫编

柏林：劳动组合出版社，1924，316 页（古）

1040

Народное хозяйство Германии: Очерк развития: 1800-1924 В. Гриневич

Берлин: [Б. и.], 1924. 386 с.

德国国民经济发展概况（1800—1924） В. 格里涅维奇

柏林：[不详]，1924，386 页

1041

Народное хозяйство Советской России и его проблемы   А. Югов

Берлин: Экономические проблемы, 1929. 262 с.

苏俄国民经济及其问题   А. 尤戈夫

柏林：经济问题出版社，1929，262 页

1042

Народные русские сказки и легенды. Т. II   А. Н. Афанасьев

Берлин: Изд-во И. П. Ладыжникова, 1922. 598 с.

俄国民间故事和传说（第 2 卷）   А.Н. 阿法纳希耶夫

柏林：И.П. 拉德日尼科夫出版社，1922，598 页（古）

1043

Наследие Чингисхана: Взгляд на русскую историю не с Запада, а с Востока   И. Р.

Берлин: Евразийское книгоиздательство, 1925. 60 с.

成吉思汗的遗产：从东方而非西方角度看俄国历史   И.Р.

柏林：欧亚图书出版社，1925，60 页

1044

Наследники: Роман   В. Ирецкий

Берлин: POLYGLOTTE, 1928. 238 с.

继承者（长篇小说）   В. 伊列茨基

柏林：多语种出版社，1928，238 页（古）

1045

Наше преступление: Не бред, а быль   И. А. Родионов

Берлин: Presse, 1922. 376 с.

我们的罪行（事实而非臆造）   И.А. 罗季奥诺夫

柏林：刊物出版社，1922，376 页（古）

1046

Наши дни: Роман   В. Унковский

Берлин: [Б. и.], [Б. г.]. 224 с.

我们的时代（长篇小说）   В. 温科夫斯基

柏林：[不详]，[不详]，224 页（古）

1047

Невский проспект; Записки сумасшедшего   Н. В. Гоголь

Берлин: Изд-во И. П. Ладыжникова, 1922. 82 с.

涅瓦大街；狂人日记   Н.В. 果戈里

柏林：И.П. 拉德日尼科夫出版社，1922，82 页

1048

Непоседа: Роман. Ч. 2. В людях   Александр Амфитеатров

Берлин: Изд-во «Грани», 1923. 320 с.

一个坐不住的人（长篇小说第 2 部分）：在人间   亚历山大·阿姆菲捷阿特罗夫

柏林：边界出版社，1923，320 页（古）

1049

Непоседа: Роман. Часть 1. В дебрях   Александр Амфитеатров

Берлин: Изд-во «Грани», 1923. 365 с.

一个坐不住的人（长篇小说第 1 部分）：在密林中   亚历山大·阿姆菲捷阿特罗夫

柏林：边界出版社，1923，365 页（古）

1050

Нихон Мукаси Банаси: Сказания древней Японии   Садзанами Сандзин; Перевод с японского В. М. Мендрина

Берлин: Издание А. Ф. Девриена, [Б. г.]. 77 с.

日本故事   岩谷小波著，В.М. 门德林译自日语

柏林：А.Ф. 杰夫里延出版，[不详]，77 页

1051

Новая скрижаль: роман   Пантелеймон Романов

Берлин: Петрополис, 1928. 206 с.

新十诫碑（长篇小说）   潘捷列伊蒙·罗曼诺夫

柏林：彼得罗波利斯出版社，1928，206 页

1052

Новейшая история Еврейского народа. Т. 1. 1789-1815 г.   С. М. Дубнов

Берлин: Издательство «Грани», 1923. 308 с.

犹太民族现代史（第 1 卷）：1789—1815 年   С.М. 杜布诺夫

柏林：边界出版社，1923，308 页（古）

1053

Новейшая история Еврейского народа. Т. 2. 1815-1881 г. С. М. Дубнов

Берлин: Издательство «Грани», 1923. 475 с.

犹太民族现代史（第2卷）: 1815—1881年 С.М.杜布诺夫

柏林: 边界出版社，1923，475 页（古）

1054

Новейшая история Еврейского народа. Т. 3. 1881-1914 г. С. М. Дубнов

Берлин: Издательство «Грани», 1923. 538 с.

犹太民族现代史（第3卷）: 1881—1914年 С.М.杜布诺夫

柏林: 边界出版社，1923，538 页（古）

1055

Новеллы о Клавдии: Роман Арнольд Цвейг

Берлин: Изд-во И. П. Ладыжникова, 1923. 204 с.

克拉夫季娅故事（长篇小说） 阿诺尔德·茨韦伊克

柏林: И.П. 拉德日尼科夫出版社，1923，204 页（古）

1056

Новое средневековье: Размышление о судьбе России и Европы Николай Бердяев

Берлин: Обелиск, 1924. 142 с.

新的中世纪: 关于俄国和欧洲命运的思考 尼古拉·别尔嘉耶夫

柏林: 方尖碑出版社，1924，142 页（古）

1057

Новое учение о социологии: Опыт методологического построения новой теории социальных отношений А. М. Терне

Берлин: Типография Шпеер и Шмидт, 1922. 223 с.

社会学新学说: 构建社会关系新理论的方法论经验 А.М. 捷尔涅

柏林: 什佩尔和施密特印刷厂，1922，223 页（古）

1058

Норвежские сказки Перевод В. М. Богровой и С. П. Кублицкой Пиоттух

Берлин: Издание А. Ф. Девриена, [Б. г.]. 79 с.

挪威童话 В.М.博格罗娃和С.П.库布利茨卡娅·皮奥图赫译

柏林: А.Ф. 杰夫里延出版，[不详]，79 页

1059

Норвежские сказки; Эстонские, ливонские и финские сказки Пер. В. М. Богровой, С. П. Кублицкой Пиоттух

Берлин: Издание А. Ф. Девриена, [Б. г.]. 235 с.

挪威童话；爱沙尼亚、利沃尼亚、芬兰童话 В.М. 博格罗娃、С.П. 库布里茨卡娅·皮奥图赫译

柏林: А.Ф. 杰夫里延出版，[不详]，235 页

1060

Ночной пожар: Рассказы Ник. Никитин

Берлин: Петрополис, 1924. 168 с.

夜间火灾（短篇小说集） Ник. 尼基京

柏林: 彼得罗波利斯出版社，1924，168 页

1061

Обреченные и другие рассказы. III Борис Лазаревский

Берлин: Издание Ольги Дьяковой и Ко., 1921. 107 с.

《注定灭亡者》等短篇小说（第3卷） 鲍里斯·拉扎列夫斯基

柏林: 奥莉加·季亚科娃股份公司出版，1921，107 页（古）

1062

Обрывки мысли Вл. Крымов

Берлин: Петрополис, 1938. 246 с.

思想片断 Вл. 克雷莫夫

柏林: 彼得罗波利斯出版社，1938，246 页

1063

Огненные годы: Материалы и документы по истории гражданской войны на Юге России В. Маргулиес

Берлин: Манфред, 1923. 322 с.

火热的战争年代: 俄罗斯南部内战历史资料与文献 В. 马尔古利耶斯

柏林: 曼弗雷德出版社，1923，322 页（古）

1064

Ольга Орг: Роман Юрий Слезкин

Берлин: Русское универсальное изд-во, 1922. 182 с.

奥莉加·奥尔格（长篇小说） 尤里·斯廖兹金

柏林：俄国综合出版社，1922，182 页（古）

1065

Она В. Ирецкий

Берлин: Петрополис, [Б. г.]. 208 с.

她 В. 伊列茨基

柏林：彼得罗波利斯出版社，［不详］，208 页（古）

1066

Опавшие Листья В. Розанов

Берлин: [Б. и.], 1929. 526 с.

落叶 В. 罗扎诺夫

柏林：［不详］，1929，526 页（古）

1067

Островитяне: Повести и Рассказы Евг. Замятин

Берлин: Изд-во З. И. Гржебина, 1923. 190 с.

岛民（中短篇小说） Евг. 扎米亚京

柏林：З.И. 格热宾出版社，1923，190 页（古）

1068

От двуглавого орла к красному знамени: 1894-1921. Т. II. Третья и четвертая части П. Н. Краснов

Берлин: [Б. и.], 1922. 406 с.

从双头鹰到红色旗帜（1894—1921）（第 2 卷第 3、4 部分） П.Н. 克拉斯诺夫

柏林：［不详］，1922，406 页（古）

1069

От двуглавого Орла к красному знамени: 1894-1921. Т. III П. Н. Краснов

Берлин: [Б. и.], 1922. 377 с.

从双头鹰到红色旗帜（1894—1921）（第 3 卷） П.Н. 克拉斯诺夫

柏林：［不详］，1922，377 页（古）

1070

От двуглавого орла к красному знамени: 1894-1921: Роман в 4 томах. Т. I П. Н. Краснов

Берлин: Типография И. Визике, 1922. 463 с.

从双头鹰到红色旗帜（1894—1921）（4 卷长篇小说第 1 卷） П.Н. 克拉斯诺夫

柏林：И. 维济克印刷厂，1922，463 页（古）

1071

От наготы до обильных одежд Б. Ф. Адлер

Берлин: Изд-во З. И. Гржебина, 1923. 43 с.

从一丝不挂到服饰繁多 Б.Ф. 阿德列尔

柏林：З.И. 格热宾出版社，1923，43 页

1072

Отец Валентин Катаев

Берлин: Книга и сцена, 1930. 239 с.

父亲 瓦连京·卡塔耶夫

柏林：图书和戏剧出版社，1930，239 页

1073

Отечественная старина: Очерки Русской истории Е. Акинфиева

BERLIN: Книгоиздательство ОТТО КИРХНЕР и Ко., 1923. 232 с.

古代俄国简史 Е. 阿金菲耶娃

柏林：奥托·基尔希纳股份公司图书出版社，1923，232 页（古）

1074

Отцы и дети; Накануне И. С. Тургенев

Берлин: Издательство И. П. Ладыжникова, 1919. 497 с.

父与子；前夜 И.С. 屠格涅夫

柏林：И.П. 拉德日尼科夫出版社，1919，497 页（古）

1075

Охиджеза: Юношеские воспоминания индейца племени Сиу Ч. А. Истмэн; Пер. С. Кублицкой-Пиоттух

Берлин: Изд. А. Ф. Девриена, 1923. 169 с.

奥希兹：苏人部落一个印第安人的少年时代回忆录 Ч.А. 伊士曼著，库布利茨卡娅 – 皮奥图赫译

柏林：А.Ф. 杰夫里延出版社，1923，169 页

1076

Очерк истории древнего мира: Восток, Греция,

Рим   М. И. Ростовцев

Берлин: Слово, 1924. 327 с.

古代世界史纲：东方、希腊、罗马   М.И. 罗斯托夫
采夫

柏林：言论出版社，1924，327 页（古）

1077

Очерки истории Римской империи   Р. Ю. Виппер

Берлин: РСФСР Гос. Изд., 1923. 433 с.

罗马帝国简史   Р.Ю. 维珀

柏林：俄罗斯苏维埃联邦社会主义共和国国立出版
社，1923，433 页

1078

Очерки по поэтике Пушкина

Берлин: Эпоха, 1923. 251 с.

普希金诗体概论

柏林：时代出版社，1923，251 页

1079

**Очерки русской смуты. Т. 3. Белое движение и
борьба добровольческой армии: Май-октябрь
1918 года**   А. И. Деникин

Берлин: Слово, 1924. 271 с.

俄国动荡概况（第 3 卷）：白军活动和志愿军的斗争
（ 1918 年 5—10 月）   А.И. 邓尼金

柏林：言论出版社，1924，271 页（古）

1080

**Очерки русской смуты. Т. 4. Вооруженные силы
Юга России**   А. И. Деникин

Берлин: Слово, 1925. 244 с.

俄国动荡概况（第 4 卷）：俄国南部的武装力量   А.
И. 邓尼金

柏林：言论出版社，1925，244 页（古）

1081

**Очерки русской смуты. Т. 4. Вооруженные силы
Юга России**   А. И. Деникин

Берлин: Слово, 1925. 244 с.

俄国动荡概况（第 4 卷）：俄国南部的武装力量   А.
И. 邓尼金

柏林：言论出版社，1925，244 页（古）

1082

**Очерки русской смуты. Т. 5. Вооруженные силы
Юга России**   А. И. Деникин

Берлин: Книгоиздательство «Медный всадник»,
1926. 367 с.

俄国动荡概况（第 5 卷）：俄国南部的武装力量   А.
И. 邓尼金

柏林：青铜骑士图书出版社，1926，367 页（古）

1083

Очерки хозяйства Советской России   С. Н. Прокопович

Берлин: Обелиск, 1923. 215 с.

苏俄经济概况   С.Н. 普罗科波维奇

柏林：方尖碑出版社，1923，215 页

1084

Павел; Августин   Д. Мережковский

Берлин: Петрополис, [Б. г.]. 263 с.

保罗；奥古斯丁   Д. 梅列日科夫斯基

柏林：彼得罗波利斯出版社，［不详］，263 页（古）

1085

Падучая стремнина: Роман в 2-х частях. Т. XVII   Игорь
Северянин

Берлин: Изд-во ОТТО КИРХНЕР и Ко., 1922. 118 с.

奔泻的激流（2 部分长篇小说第 17 卷）   伊戈尔·谢
韦里亚宁

柏林：奥托·基尔希纳股份公司出版社，1922，118
页

1086

Пастух племен: Роман   Александр Сытин

Берлин: Петрополис, 1929. 221 с.

部落的牧人（长篇小说）   亚历山大·瑟京

柏林：彼得罗波利斯出版社，1929，221 页

1087

**Паша Вихров и другие Рассказы из русского
быта**

Берлин-Париж: Издательство Москва, [Б. г.]. 208 с.

帕沙·维赫罗夫和俄国生活的其他故事

柏林、巴黎：莫斯科出版社，［不详］，208 页

1088

Перед рассветом: Путевые очерки современной советской России Николай Громов

Берлин: К-во «Медный всадник», [1927]. 172 с.

黎明前：当代苏俄旅行随笔 尼古拉·格罗莫夫

柏林：青铜骑士图书出版社，[1927]，172 页（古）

1089

Пережитое и передуманное. К. 1 П. Б. Аксельрод

Берлин: Изд-во З. И. Гржебина, 1923. 444 с.

往事与思考（第 1 册） П.Б. 阿克塞尔罗德

柏林：З.И. 格热宾出版社，1923，444 页

1090

Перманентная революция Л. Троцкий

Берлин: Из-во «Гранит», 1930. 169 с.

不断革命论 Л. 托洛茨基

柏林：花岗岩出版社，1930，169 页

1091

Петербург: Роман. Ч. 2 Андрей Белый

Берлин: Эпоха, [1922]. 286 с.

彼得堡（长篇小说第 2 部分） 安德烈·别雷

柏林：时代出版社，[1922]，286 页（古）

1092

Петербург: Роман. Часть 1. Андрей Белый

Берлин: ЭПОХА, 1922. 269 с.

彼得堡（长篇小说第 1 部分） 安德烈·别雷

柏林：时代出版社，1922，269 页（古）

1093

Петербургский человек: Повести Анатолий Каменский

Берлин: Изд. И. Т. Благова, 1923. 232 с.

彼得堡人（中篇小说集） 阿纳托利·卡缅斯基

柏林：И.Т. 布拉戈夫出版社，1923，232 页

1094

Петергофское совещание о проекте государственной думы: Под личным его Императорского Величества председательством: Секретные протоколы Ив. Наживин

Берлин: Eberhard Frowein Verlag, [1919, 1922]. 651 c.

讨论国家杜马草案的彼得霍夫会议：皇帝陛下亲自主持（秘密备忘录） Ив. 纳日温

柏林：埃贝哈德·弗洛魏因出版社，[1919, 1922]，651 页（古）

1095

Петруша Анатоль Франс; Перевод М. А. Стаховича

Берлин: Слово, 1921. 234 с.

彼得鲁沙 阿纳托利·弗朗斯著，M.A. 斯塔霍维奇译

柏林：言论出版社，1921，234 页（古）

1096

Пещера. Том II М. А. Алданов

Берлин: Петрополис, 1936. 344 с.

洞穴（第 2 卷） M.A. 阿尔达诺夫

柏林：彼得罗波利斯出版社，1936，344 页

1097

Пир победы Андрей Струг; Пер. З. Н. Журавской

Берлин: Слово, 1929. 101 с.

胜利宴 安德烈·斯特鲁格著，З.Н. 茹拉夫斯卡娅译

柏林：言论出版社，1929，101 页

1098

Письма А. П. Чехова к О. Л. Книппер-Чеховой А. П. Чехов

Берлин: Слово, 1924. 428 с.

А.П. 契诃夫写给 О.Л. 克尼佩尔·契诃娃的信 А. П. 契诃夫

柏林：言论出版社，1924，428 页

1099

Письма императрицы Александры Федоровны к императору Николаю II. Т. I

Берлин: Слово, 1922. 642 с.

亚历山德拉·费奥多罗夫娜皇后写给尼古拉二世皇帝的信（第 1 卷）

柏林：言论出版社，1922，642 页（古）

1100

Письма о Лермонтове Ю. Фельзен

Берлин: Издательская коллегия Парижского обьеди-

****

. 137 с.

关于莱蒙托夫的书信 Ю. 费利泽

柏林：巴黎作家联盟出版协会，[不详]，137 页（古）

1101

Письма-Сказки с острова Явы Макс Даутендей; Перевод с немецкого А. Даманской

Берлин: Изд-во С. Ефрон, [Б. г.]. 217 с.

爪哇岛童话创作 马克思·多森德著，А.达曼斯卡娅译自德语

柏林：С. 叶夫龙出版社，[不详]，217 页（古）

1102

Плавающие путешествующие: Роман М. Кузмин

Berlin: Петрополис, 1923. 277 с.

漂浮的旅行者（长篇小说） М.库兹明

柏林：彼得罗波利斯出版社，1923，277 页

1103

Пленник: Роман В. Ирецкий

Берлин: Изд-во «Парабола», 1931. 194 с.

俘虏（长篇小说） В. 伊列茨基

柏林：抛物线出版社，1931，194 页（古）

1104

По Индии Вальдемар Бонзельс; Пер. с немецкого Мих. Кадиш

Берлин: Издательство «С. Ефрон», [Б. г.]. 367 с.

走遍印度 瓦尔德马尔·邦泽尔斯著，Мих. 卡季什译自德语

柏林：С. 叶夫龙出版社，[不详]，367 页（古）

1105

По пустыням Азии Свен Гедин

Берлин: Изд. С. Ефрон, [Б. г.]. 194 с.

亚洲沙漠 斯文·格丁

柏林：С. 叶夫龙出版社，[不详]，194 页（古）

1106

Побежденные победители: Роман в 3-х частях Н. Н. Брешко-Брешковский

Берлин: К-во «Град китеж», 1926. 264 с.

失败的胜利者（3 部分长篇小说） Н.Н. 布列什科 –

布列什科夫斯基

柏林：基特日城图书出版社，1926，264 页（古）

1107

Повести о многих днях Вл. Лидин

Берлин: Огоньки, 1923. 109 с.

往日纪事 Вл. 利金

柏林：星火出版社，1923，109 页（古）

1108

Погромы добровольческой армии на Украине: К истории антисемитизма на Украине в 1919-1920 гг. И. Б. Шехтман

Берлин: OSTJUDISCHES HISTORISCHES ARCHIV, 1932. 358 с.

志愿军在乌克兰的大屠杀：1919—1920 年乌克兰排犹运动史 И.Б. 舍赫特曼

柏林：东部犹太历史历史档案馆，1932，358 页

1109

Погромы на Украине: Период добровольческой армии Н. И. Штиф

Берлин: Изд-во «Восток», 1922. 95 с.

乌克兰大屠杀（志愿军时期） Н.И. 史蒂夫

柏林：东方出版社，1922，95 页

1110

Под шум дубов: Исторический роман С. Р. Минцлов

Берлин: Сибирское книгоиздательство, [Б. г.]. 234 с.

橡树的喧嚣中（历史长篇小说） С.Р. 明茨洛夫

柏林：西伯利亚图书出版社，[不详]，234 页（古）

1111

Подарок богу Александр Дроздов

Берлин: Издательство С. Ефрон, [Б. г.]. 150 с.

给上帝的礼物 亚历山大·德洛兹多夫

柏林：С. 叶夫龙出版社，[不详]，150 页（古）

1112

Подарок меланхоликам: Юмористические рассказы И. Петрушевский

Берлин: Издание Ольги Дьяковой и Ко., 1921. 151 с.

抑郁症患者的礼物（幽默小说） И. 彼得鲁舍夫

斯基

柏林：奥莉加·季亚科娃股份公司出版，1921，151 页（古）

1113

Поездка на Луну Карл Мейер-Лемго

Берлин: Книгоиздательство С. Ефрон, [Б. г.]. 87 с.

月球之旅 卡尔·迈尔－莱姆戈

柏林：С. 叶夫龙图书出版社，［不详］，87 页（古）

1114

Полет: Повесть Ник. Никитин

Берлин: Петрополис, 1924. 115 с.

飞行（中篇小说） Ник. 尼基京

柏林：彼得罗波利斯出版社，1924，115 页

1115

Полное собрание басен И. А. Крылов

Берлин: Издание Ольги Дьяковой и Ко., [Б. г.]. 266 с.

寓言全集 И.А. 克雷洛夫

柏林：奥莉加·季亚科娃股份公司出版，［不详］，266 页（古）

1116

Полное собрание сочинений М. Ю. Лермонтова. Т. 4 М. Ю. Лермонтов

Берлин: Слово, 1921. 479 с.

М.Ю. 莱蒙托夫全集（第 4 卷） М.Ю. 莱蒙托夫

柏林：言论出版社，1921，479 页（古）

1117

Полное собрание сочинений Н. В. Гоголя. Т. 9 Н. В. Гоголь

Берлин: Слово, 1921. 347 с.

Н.В. 果戈里全集（第 9 卷） Н.В. 果戈里

柏林：言论出版社，1921，347 页（古）

1118

Полное собрание сочинений. Т. 2. Отцы и дети - Накануне И. С. Тургенев

Берлин: Слово, 1921. 510 с.

全集（第 2 卷）：父与子、前夜 И.С. 屠格涅夫

柏林：言论出版社，1921，510 页（古）

1119

Полное собрание сочинений. Т. 4 И. С. Тургенев

Берлин: Напечатано и издано издательством «Слово», 1922. 576 с.

全集（第 4 卷） И.С. 屠格涅夫

柏林：言论出版社印刷发行，1922，576 页（古）

1120

Полное собрание сочинений. Т. 7-8 Н. В. Гоголь

Берлин: Слово, 1921. 382 с.

全集（第 7—8 卷） Н.В. 果戈里

柏林：言论出版社，1921，382 页（古）

1121

Портреты русских поэтов Илья Эренбург

Берлин: Книгоиздательство Аргонавты, [Б. г.]. 160 с.

俄国诗人肖像 伊利亚·爱伦堡

柏林：阿尔戈船英雄图书出版社，［不详］，160 页

1122

После войн и революций Д. Далин

Берлин: Грани, 1922. 287 с.

战争和革命以后 Д. 达林

柏林：边界出版社，1922，287 页（古）

1123

Последнее дело Трента: Роман Е. Бентлэй; Перевод с английского под ред. Вл. Крымова

Берлин: Аргус, 1922. 189 с.

特伦特的最后一个案件（长篇小说） Е. 本特利著，Вл. 克雷莫夫编译自英语

柏林：阿耳戈斯出版社，1922，189 页

1124

Последние М. Горький

[Berlin]: [Б. и.], [Б. г.]. 338 с.

最后的人 М. 高尔基

［柏林］：［不详］，［不详］，338 页（古）

1125

Последние дни Романовых Роберт Вильтон; Перевод с английского кн. А. М. Волконского

Берлин: Град Китеж, 1923. 124 с.

罗曼诺夫王朝的最后日子 罗伯特·威尔顿著，А.М.沃

尔孔斯基译自英语

柏林：基特日城出版社，1923，124 页（古）

1126

Последние итоги живописи　С. Маковский

Берлин: Универсальное Издательство, 1922. 166 с.

最新绘画作品　С. 马科夫斯基

柏林：俄国综合出版社，1922，166 页（古）

1127

Последний из Могикан　Фенимор Купер

Берлин: Изд. З. И. Гржебина, 1923. 368 с.

最后一个莫希干人　费尼莫尔·库珀

柏林：З.И. 格热宾出版社，1923，368 页

1128

Поэмы　М. Ю. Лермонтов

Берлин: Изд-во «Мысль», 1921. 64 с.

史诗　М.Ю. 莱蒙托夫

柏林：思想出版社，1921，64 页（古）

1129

Правда о семье моей жены　Е. Нагродская

Берлин: Издательство Ольга Дьякова и Ко., 1922. 166 с.

我妻子家庭的真相　Е. 纳格罗茨卡娅

柏林：奥莉加·季亚科娃股份公司出版社，1922，166 页（古）

1130

Преступление Карика Руденко = Сапожник из Парижа: Роман　Николай Никитин

Berlin: Polyglotte, 1928. 196 с.

卡里克·鲁登科的罪行：巴黎来的鞋匠（长篇小说）尼古拉·尼基京

柏林：多语种出版社，1928，196 页（古）

1131

Приключения и путешествия барона Мюнхгаузен　Перевод Е. Песковской

Берлин-Париж: Москва, [Б. г.]. 261 с.

闵希豪森男爵奇遇记　Е. 佩斯科夫斯卡娅译

柏林、巴黎：莫斯科出版社，[不详]，261 页

1132

Проблема девственности: Исповедь старой девы　Н. Р. Донец

Берлин: Исполненно издательством Ольга Дьякова и Ко., [Б. г.]. 219 с.

童贞问题：老处女的忏悔　Н.Р. 顿涅茨

柏林：奥莉加·季亚科娃股份公司出版社，[不详]，219 页（古）

1133

Прошлое русского севера: Очерки по истории колонизации поморья　С. Ф. Платонов

Берлин: [Б. и.], 1924. 105 с.

俄国北方的过去：北方沿海地区开拓简史　С.Ф. 普拉托诺夫

柏林：[不详]，1924，105 页

1134

Прусская идея и социализм　Освальд Шпенглер; пер. Г. Д. Гурвича

Берлин: Изд. С. Ефрон, [Б. г.]. 162 с.

普鲁士思想和社会主义　奥斯瓦尔德·什片格列尔著，Г.Д. 古尔维奇译

柏林：С. 叶夫龙出版社，[不详]，162 页（古）

1135

Пугачев или Петр: Душа народа: Психологические этюды　Сергей Горный

Berlin: Издательство Отто Кирхнер и Ко., 1922. 96 с.

普加乔夫或彼得：民众的灵魂（心理学专题论文）谢尔盖·戈尔内

柏林：奥托·基尔希纳股份公司出版社，1922，96 页（古）

1136

Путешествие Глеба　Борис Зайцев

Берлин: Петрополис, 1937. 217 с.

格列布的旅行　鲍里斯·扎伊采夫

柏林：彼得罗波利斯出版社，1937，217 页（古）

1137

Путешествие по Италии. Т. 1. Неаполь, Рим　Ипполит Тэн; Перевод с Французского М. Зайцевой

Берлин; Нева: Книгоиздательство, 1924. 382 с.

意大利游记（第 1 卷）：那不勒斯、罗马　伊波利特·丹纳著，M. 扎伊采娃译自法语

柏林、涅瓦：图书出版社，1924，382 页（古）

1138

Путь весенний: Роман　Екатерина Черкес

Берлин: Медный всадник, [Б. г.]. 219 с.

春天的路（长篇小说）　叶卡捷琳娜·切尔克斯

柏林：青铜骑士出版社，[不详]，219 页（古）

1139

Путь скорби: Роман　З. Ю. Арбатов

Берлин: [Б. и.], [1925]. 236 с.

悲伤之旅（长篇小说）　З.Ю. 阿尔巴托夫

柏林：[不详]，[1925]，236 页（古）

1140

Пчелка Майя и ее приключения　Вальдемар Бонзельс

Берлин: Изд. С. Ефрон, [Б. г.]. 187 с.

蜜蜂玛雅历险记　瓦尔德马尔·博恩泽利

柏林：С. 叶夫龙出版社，[不详]，187 页（古）

1141

Пчелы: Петербургский альманах　В. Ирецкий

Берлин: Эпоха, [Б. г.]. 146 с.

蜜蜂：彼得堡年鉴　В. 伊列茨基

柏林：时代出版社，[不详]，146 页

1142

Пятая язва　Алексей Ремизов

Берлин: Изд-во З. И. Гржебина, 1922. 116 с.

第五种毁灭　阿列克谢·列米佐夫

柏林：З.И. 格热宾出版社，1922，116 页（古）

1143

Радуга: Русские поэты для детей　Сост. Саша Черный

Берлин: Слово, 1922. 417 с.

彩虹：俄国儿童诗人　萨沙·乔尔内编

柏林：言论出版社，1922，417 页

1144

Разговор с соседом: Юмористические Рассказы　Аркадий Бухов

Берлин: Изд-во Отто Кирхнер и Ко., 1922. 222 с.

与邻居的对话（幽默故事）　阿尔卡季·布霍夫

柏林：奥托·基尔希纳股份公司出版社，1922，222 页（古）

1145

Рассказы　А. Яблоновский

Берлин: Грани, 1922. 378 с.

短篇小说集　А. 亚布洛诺夫斯基

柏林：边界出版社，1922，378 页

1146

Революционные статьи　Н. К. Михайловский

Берлин: Издание Гуго Штейница, [Б. г.]. 63 с.

革命文章　Н.К. 米哈伊洛夫斯基

柏林：古戈·施泰尼茨出版，[不详]，63 页（古）

1147

Река времен: Трилогия. Книга 2. Сумерки　Е. Нагродская

Берлин: Медный всадник, 1926. 260 с.

时间的长河（三部曲第 2 部）：黄昏　Е. 纳格罗茨卡娅

柏林：青铜骑士出版社，1926，260 页（古）

1148

Река времен: Трилогия. Книга 3. Вечерняя заря　Е. Нагродская

Берлин: Медный всадник, 1926. 271 с.

时间的长河（三部曲第 3 部）：晚霞　Е. 纳格罗茨卡娅

柏林：青铜骑士出版社，1926，271 页（古）

1149

Роза и кресть: Русские драмы. Т. 1　Александр Блок

Берлин: Издательство Нева, [Б. г.]. 119 с.

玫瑰与十字架（俄国戏剧第 1 卷）　亚历山大·布洛克

柏林：涅瓦河出版社，[不详]，119 页（古）

1150

Россия в мировой войне: 1914-1915 г.г.　Ю. Н. Данилов

Берлин: Слово, 1924. 399 c.

世界大战中的俄国（1914—1915 年） Ю.Н. 丹尼洛夫

柏林：言论出版社，1924，399 页（古）

1151

Россия и латинство Статьи П. М. Бицилли [и др.]

Берлин: [Б. и.], 1923. 219 c.

俄国和天主教 П.М. 比齐利等的文章

柏林：[不详]，1923，219 页（古）

1152

Русская деревня Под ред. Н. Г. Бережанского

Берлин: Издание Ольги Дьяковой и Ко., 1924. 118 c.

俄国农村 Н.Г. 别列然斯基编

柏林：奥莉加·季亚科娃股份公司出版，1924，118 页（古）

1153

Русская Хрестоматия: Книга для изучения родного языка и первая ступень в литературу Сост. Э. П. Беме

Берлин: Издание Т-ва И. П. Ладыжникова, 1918. 136 c.

俄国文选：祖国语言研究手册和文学入门 Э.П. 贝梅编

柏林：И.П.拉德日尼科夫出版社，1918，136 页（古）

1154

Русская церковная смута: 1921-1931 гг. Иринарх Стратонов

Берлин: Парабола, 1932. 203 c.

俄国宗教骚乱（1921—1931 年） 伊里纳尔赫·斯特拉托诺夫

柏林：抛物线出版社，1932，203 页（古）

1155

Русские в Германии: юридический справочник Сост. И. М. Рабинович

Берлин: Слово, 1921. 166 c.

德国的俄罗斯人：法律手册 И.М. 拉比诺维奇编

柏林：言论出版社，1921，166 页（古）

1156

Русские детские сказки А. Н. Афанасьев

Берлин: Книгоиздательство Слово, 1921. 332 c.

俄国童话 А.Н. 阿法纳西耶夫

柏林：言论图书出版社，1921，332 页

1157

Русское искусство: Сборник статей Г. К. Лукомский

Берлин: Изд. Е. А. Гутновым, 1923. 91 c.

俄国艺术（论文集） Г.К. 卢科姆斯基

柏林：Е.А. 古特诺夫出版，1923，91 页

1158

Русское правительство перед судом Европы: Кенигсбергский процесс. Вып. второй и последний

Берлин: Издание Ф. Готтгейнера, 1905. 147 c.

俄国政府致欧洲法院辩护词：柯尼斯堡诉讼案（第 2 版、最终版）

柏林：Ф. 戈特盖纳出版，1905，147 页（古）

1159

С разных сторон: Проституция в СССР Л. Фридланд

Берлин: Петрополис, 1931. 180 c.

从不同角度看：苏联卖淫现象 Л. 弗里德兰

柏林：彼得罗波利斯出版社，1931，180 页

1160

С Седовым к Северному Полюсу Н. Пинегин

Берлин: Изд-во С. Ефрон, [Б. г.]. 208 c.

与谢多夫一起去北极 Н. 皮涅金

柏林：С. 叶夫龙出版社，[不详]，208 页

1161

Санин М. Арцыбашев

Берлин: Московское книгоиздательство, 1921. 309 c.

萨宁 М. 阿尔齐巴舍夫

柏林：莫斯科图书出版社，1921，309 页（古）

1162

Сборник трудов по вопросу о Еврейском элементе в памятниках древне-русской письменности. Том II Г. М. Барац

Берлин: [Б. и.], 1924. 263 c.

古俄罗斯文献中的犹太因素问题著作集（第 2 卷） Г.

M. 巴拉茨

柏林：[不详]，1924，263 页（古）

1163

Святая Елена: Маленький остров М. А. Алданов

Берлин: Книгоиздательство Слово, 1926. 167 с.

圣海伦小岛   М.А. 阿尔达诺夫

柏林：言论图书出版社，1926，167 页（古）

1164

Село Степанчиково и его обитатели: Повести и Рассказы Ф. М. Достоевский

Берлин: Издательство И. П. Ладыжникова, 1922. 612 с.

斯捷潘奇科沃村及其村民（中短篇小说集） Ф.М. 陀思妥耶夫斯基

柏林：И.П. 拉德日尼科夫出版社，1922，612 页（古）

1165

Семейная хроника: Воспоминания С. Т. Аксаков

Берлин: Издательство И. П. Ладыжникова, 1921. 578 с.

家史纪事（回忆录） С.Т. 阿克萨科夫

柏林：И.П. 拉德日尼科夫出版社，1921，578 页（古）

1166

Семь дней, в которые был ограблен мир Алексей Толстой

Берлин: Изд-во «Аргус», 1926. 231 с.

失去和平的七天   阿列克谢·托尔斯泰

柏林：阿耳戈斯出版社，1926，231 页

1167

Семья Задорогиных: Роман Савватий

Берлин: Книгоиздательство писателей, 1923. 143 с.

扎多罗金一家（长篇小说） 萨瓦季

柏林：作家图书出版社，1923，143 页

1168

Сентиментальное путешествие: Воспоминания 1917-1922 Виктор Шкловский

М.; Берлин: Геликон, 1923. 392 с.

感伤之旅（1917—1922 年回忆录） 维克多·什克

洛夫斯基

莫斯科、柏林：赫利孔山出版社，1923，392 页（古）

1169

Серебряный голубь: Роман. Часть 1 Андрей Белый

Берлин: Эпоха, 1922. 300 с.

银鸽（长篇小说第 1 部分） 安德烈·别雷

柏林：时代出版社，1922，300 页

1170

Силуэты русских писателей. Т. I. Пушкинский период Юлий Айхенвальд

Берлин: Слово, 1929. 184 с.

俄国作家剪影（第 1 卷）：普希金时代   尤里·艾亨瓦尔德

柏林：言论出版社，1929，184 页（古）

1171

Сказания древнего Вавилона Под ред. Владимира Астрова

Берлин: Издательство «С. Ефрон», [Б. г.]. 258 с.

古巴比伦传说   弗拉基米尔·阿斯特罗夫编

柏林：С. 叶夫龙出版社，[不详]，258 页（古）

1172

Сказки Вильгельма Гауфа

Берлин: Москва-Логос, [Б. г.]. 232 с.

威廉·豪夫童话

柏林：莫斯科 – 罗戈斯出版社，[不详]，232 页（古）

1173

Сказки и басни для маленьких детей Лев Николаевич Толстой

Берлин: Кн-во Ольга Дьякова и К-о, [Б. г.]. 81 с.

童话和寓言   列夫·尼古拉耶维奇·托尔斯泰

柏林：奥莉加·季亚科娃股份公司图书出版社，[不详]，81 页（古）

1174

Сказки родной Украины: Для детей Клавдия Лукашевич

Берлин: Издательство «Москва», [Б. г.]. 141 с.

乌克兰童话   克拉夫杰娅·卢卡舍维奇

柏林：莫斯科出版社，［不详］，141 页（古）

1175

Сквозь дымчатые стекла　Жак Нуар

Берлин: Изд-во Ольга Дьякова и Ко., 1922. 128 с.

透过烟色的玻璃　扎克·努阿勒

柏林：奥莉加·季亚科娃股份公司出版社，1922，128 页（古）

1176

Скиф: Роман. Т. II　Роман Гуль

Берлин: Петрополис, 1931. 221 с.

斯基泰人（长篇小说第 2 卷）　罗曼·古利

柏林：彼得罗波利斯出版社，1931，221 页

1177

Слезы: Повесть для юношества из гимназического быта　А. И. Красницкий

Берлин: Издание А. Ф. Девриена, [Б. г.]. 125 с.

泪水（青少年中学生活小说）　А.И. 克拉斯尼茨基

柏林：А.Ф. 杰夫里延出版，［不详］，125 页（古）

1178

Смерть Вазир-Мухтара: Роман. II　Юрий Тынянов

Берлин: Петрополис, 1929. 234 с.

瓦兹尔–穆赫塔尔之死（长篇小说第 2 卷）　尤里.特尼亚诺夫

柏林：彼得罗波利斯出版社，1929，234 页

1179

Смирительная рубашка. Книга 1　Николай Снессарев

Берлин: Изд. Е. А. Гутнова, 1923. 331 с.

据身衣（第 1 册）　尼古拉·斯涅萨列夫

柏林：Е.А. 古特诺夫出版社，1923，331 页（古）

1180

Смутное время и революция: Политические параллели 1613-1917 г.　Т. В. Локоть

Берлин: Издательство «Двуглавый орел», 1923. 103 с.

动乱时期和革命：1613—1917年的政治类似现象　Т. В. 洛科季

柏林：双头鹰出版社，1923，103 页（古）

1181

Смысл истории: Опыт философии человеческой судьбы　Николай Бердяев

Берлин: Обелиск, 1923. 269 с.

历史的意义：人类命运的哲学经验　尼古拉·别尔嘉耶夫

柏林：方尖碑出版社，1923，269 页

1182

Смысль жизни　Евгений Трубецкой

Берлин: Книгоизд-во «Слово», 1922. 281 с.

生活的意义　叶甫盖尼·特鲁别茨科伊

柏林：言论图书出版社，1922，281 页（古）

1183

Собрание сочинений Александра Блока. Т. 2　Александр Блок

Берлин: Эпоха, 1923. 284 с.

亚历山大·布洛克作品集（第 2 卷）　亚历山大·布洛克

柏林：时代出版社，1923，284 页

1184

Собрание сочинений Александра Блока. Т. 5

Берлин: Эпоха, 1923. 391 с.

亚历山大·布洛克作品集（第 5 卷）

柏林：时代出版社，1923，391 页

1185

Собрание сочинений Александра Блока: Стихотворения　Александр Блок

Берлин: Алконост, 1923. 272 с.

亚历山大·布洛克作品集：诗集　亚历山大·布洛克

柏林：人面鸟出版社，1923，272 页

1186

Собрание сочинений И. А. Бунин. II. Деревня　И. А. Бунин

Берлин: Петрополис, 1934. 305 с.

И.А. 蒲宁作品集（第 2 卷）：村庄　И.А. 蒲宁

柏林：彼得罗波利斯出版社，1934，305 页（古）

1187

Собрание сочинений И. А. Бунина. Т. X. Окаянные дни   И. А. Бунин

Берлин: Петрополис, 1935. 254 с.

И.А. 蒲宁作品集（第 10 卷）：万恶的岁月   И.А. 蒲宁

柏林：彼得罗波利斯出版社，1935，254 页（古）

1188

Собрание сочинений. Книга I. Тихие зори: Рассказы   Борис Зайцев

Берлин: Издательство З. И. Гржебина, 1922. 223 с.

作品集（第 1 册）：黎明静悄悄（故事集）   鲍里斯·扎伊采夫

柏林：З.И. 格热宾出版社，1922，223 页（古）

1189

Собрание сочинений. Т. 14. Пьесы   М. Горький

Берлин: Книга, 1923. 487 с.

作品集（第 14 卷）：剧本   М. 高尔基

柏林：书籍出版社，1923，487 页

1190

Собрание сочинений. Т. 5. Пьесы   М. Горький

Берлин: Книга, 1923. 376 с.

作品集（第 5 卷）：剧本   М. 高尔基

柏林：书籍出版社，1923，376 页

1191

Собрание сочинений. Т. 6   М. Горький

Берлин: Книга, 1923. 375 с.

作品集（第 6 卷）   М. 高尔基

柏林：书籍出版社，1923，375 页

1192

Собрание сочинений. Т. II   А. С. Пушкин

Берлин: Изд-во И. П. Ладыжникова, 1921. 524 с.

作品集（第 2 卷）   А.С. 普希金

柏林：И.П. 拉德日尼科夫出版社，1921，524 页（古）

1193

Собрание сочинений. Т. IV   А. С. Пушкин

Берлин: [Б. и.], 1921. 701 с.

作品集（第 4 卷）   А.С. 普希金

柏林：[不详]，1921，701 页（古）

1194

Собрание сочинений. Том I   М. Ю. Лермонтов

Берлин: Издательство И. П. Ладыжникова, 1921. 602 с.

作品集（第 1 卷）   М.Ю. 莱蒙托夫

柏林：И.П. 拉德日尼科夫出版社，1921，602 页（古）

1195

Современники   М. А. Алданов

Берлин: Слово, 1928. 272 с.

同代人   М.А. 阿尔达诺夫

柏林：言论出版社，1928，272 页（古）

1196

Соть: Роман   Леонид Леонов

Берлин: Книга и сцена, [Б. г.]. 304 с.

索季河（长篇小说）   列昂尼德·列昂诺夫

柏林：图书和戏剧出版社，[不详]，304 页

1197

Социальные основы кооперации   М. И. Туган-Барановский

Берлин: Книгоиздательство «Слово», 1921. 521 с.

合作社的社会基础   М.И. 图甘巴拉诺夫斯基

柏林：言论图书出版社，1921，521 页

1198

Соченения А. П. Чехова. Т. VII

Берлин: Книгоизд-во «Слово», [Б. г.]. 320 с.

А.П. 契诃夫作品集（第 7 卷）

柏林：言论图书出版社，[不详]，320 页（古）

1199

Сочинения А. П. Чехова. Т. VIII   А. П. Чехов

Берлин: Книгоизд-во «Слово», 1921. 312 с.

А.П. 契诃夫作品集（第 8 卷）   А.П. 契诃夫

柏林：言论图书出版社，1921，312 页（古）

1200

Сочинения А. П. Чехова. Т. XII   А. П. Чехов

Берлин: Книгоизд-во «Слово», 1922. 272 с.

А.П. 契诃夫作品集（第 12 卷）   А.П. 契诃夫

柏林：言论图书出版社，1922，272 页（古）

1201

Сочинения А. П. Чехова. Т. XIII. Драматические произведения　А. П. Чехов

Берлин: Книгоизд-во «Слово», 1922. 381 с.

契诃夫作品集（第13卷）：戏剧　А.П. 契诃夫

柏林：言论图书出版社，1922，381 页（古）

1202

Сочинения А. П. Чехова. Т. XIV. Драматические произведения　А. П. Чехов

Берлин: Книгоизд-во «Слово», 1922. 297 с.

А.П. 契诃夫作品（第14卷）：戏剧作品　А.П. 契诃夫

柏林：言论图书出版社，1922，297 页（古）

1203

Сочинения Л. Н. Толстого. Т. 2

Берлин: Книгоизд-во «Слово», 1921. 529 с.

Л.Н. 托尔斯泰作品集（第2卷）

柏林：言论图书出版社，1921，529 页（古）

1204

Сочинения. Т. VI　А. П. Чехов

Берлин: Книгоиздательство «Слово», [Б. г.]. 276 с.

作品集（第6卷）　А.П. 契诃夫

柏林：言论图书出版社，[不详]，276 页（古）

1205

Спецификация идитола: Прозроман ускоренного типа　Сергей Бобров

Берлин: Книгоиздательство Геликон, 1923. 198 с.

酚醛树脂分类　谢尔盖·博布罗夫

柏林：赫利孔山图书出版社，1923，198 页

1206

Среди потухших маяков: Из записок беженца　Ив. Наживин

Берлин: Икар, 1922. 237 с.

在熄灭的灯塔中：难民笔记　Ив. 纳日温

柏林：伊卡洛斯图书出版社，1922，237 页（古）

1207

Стихи: Дневник: 1911-1921　З. Н. Гиппиус

Берлин: Книгоиздательство «Слово», 1922. 129 с.

诗集：日记（1911—1921）　З.Н. 吉皮乌斯

柏林：言论图书出版社，1922，129 页（古）

1208

Стихотворения　Андрей Белый

Берлин: Изд-во З. И. Гржебина, 1923. 506 с.

诗集　安德烈·别雷

柏林：З.И. 格热宾出版社，1923，506 页

1209

Стихотворения. Кн. 1. 1898-1904　Александр Блок

Берлин: Кни-во «Слово», 1923. 349 с.

诗集（第1卷）：1898—1904　亚历山大·布洛克

柏林：言论图书出版社，1923，349 页（古）

1210

Стихотворения. Кн. 3. 1907-1916　Александр Блок

Берлин: Книгоизд-во «Слово», 1922. 327 с.

诗集（第3卷）：1907—1916　亚历山大·布洛克

柏林：言论图书出版社，1922，327 页（古）

1211

Страшная месть: Заколдованное место　Н. В. Гоголь

Берлин: Изд-во И. П. Ладыжникова, 1921. 74 с.

可怕的复仇：窘境　Н.В. 果戈里

柏林：И.П. 拉德日尼科夫出版社，1921，74 页（古）

1212

Стрельцы у трона. Русь на переломе: Историческая повесть конца царствования Алексия Михайловича　Лев Жданов

Берлин: Издание А. Ф. Девриена, [Б. г.]. 232 с.

皇家射击军、转折时期的罗斯（阿列克谢·米哈伊洛维奇统治末期的历史小说）　列夫·日丹诺夫

柏林：А.Ф. 杰夫里延出版，[不详]，232 页（古）

1213

Стремящимся в Россию: Жизнь в Советской республике　Георгий Попов

Берлин: Наши проблемы, 1924. 232 с.

写给俄国的向往者：苏维埃共和国生活　格奥尔吉·波波夫

柏林：我们的问题出版社，1924，232 页（古）

1214

Судьбы народов России: Белоруссия. Украина. Литва. Латвия. Эстония. Армения. Грузия. Азербейджан. Финляндия. Польша В. Станкевич

Берлин: Издательство И. П. Ладыжникова, 1921. 374 с.

俄国各民族的命运：白罗斯、乌克兰、立陶宛、拉脱维亚、爱沙尼亚、亚美尼亚、格鲁吉亚、阿塞拜疆、芬兰、波兰 В. 斯坦克维奇

柏林：И.П. 拉德日尼科夫出版社，1921，374 页（古）

1215

Сумерки Европы Григорий Ландау

Берлин: Книгоиздательство «Слово», 1923. 373 с.

欧洲的没落 格里戈里·兰道

柏林：言论图书出版社，1923，373 页（古）

1216

Сухим путем в Индию Свен Гедин

Берлин: Изд-во С. Ефрон, [Б. г.]. 193 с.

陆路至印度 斯文·格丁

柏林：С. 叶夫龙出版社，[不详]，193 页（古）

1217

Тайна императора: Александр I и Феодор Козьмич: Историческое исследование по новейшим данным П. Н. Крупенский

Берлин: Медный всадник, [1927]. 114 с.

皇帝的秘密：亚历山大一世和费奥多尔·科济米奇（基于最新资料的历史研究） П.Н. 克鲁片斯基

柏林：青铜骑士出版社，[1927]，114 页（古）

1218

Театр как таковой Н. Евреинов

Берлин: ACADEMIA, 1923. 117 с.

论戏剧 Н. 叶夫列伊诺夫

柏林：科学院出版社，1923，117 页

1219

Театральная Москва: Сорок лет Московских театров В. А. Нелидов

Берлин: Глобус, [Б. г.]. 443 с.

莫斯科戏剧界：莫斯科剧院四十年 В.А. 涅利多夫

柏林：地球仪出版社，[不详]，443 页（古）

1220

Театральный сборник: Десять одноактных пьес

Берлин: Издание Т-ва И. П. Ладыжникова, [Б. г.]. 215 с.

戏剧汇编（十部独幕剧）

柏林：И.П. 拉德日尼科夫出版社，[不详]，215 页（古）

1221

Темная ночь: Рассказы 1919-1922 гг. Борис Лазаревский

Берлин: Изд-во Отто Кирхнер и Ко., 1923. 192 с.

黑夜（1919—1922 年短篇小说集） 鲍里斯·拉扎列夫斯基

柏林：奥托·基尔希纳股份公司出版社，1923，192 页（古）

1222

Товарищ: Повесть из школьной жизни Н. И. Позняков

Берлин: Издание А. Ф. Девриена, 1923. 183 с.

同窗（校园生活小说） Н.И. 波兹尼亚科夫

柏林：А.Ф. 杰夫里延出版，1923，183 页（古）

1223

Трагедия Европы: Что сделает Америка Франческо Нитти

Берлин: Книгоизд. Волга, 1924. 362 с.

欧洲的悲剧：美国会做什么 弗兰切斯克·尼季

柏林：伏尔加图书出版社，1924，362 页

1224

Трансгималаи: Новые приключения в Тибете Свен Гедин

Берлин: Издательство С. Ефрон, [190?]. 201 с.

横跨喜马拉雅：西藏新奇遇记 斯文·格丁

柏林：С. 叶夫龙出版社，[190?]，201 页（古）

1225

Трапезондская эпопея: Дневник С. Р. Минцлов

Берлин: Сибирское книгоиздательство, [Б. г.]. 380 с.

特拉布宗史诗（日记） С.Р. 明茨洛夫

柏林：西伯利亚图书出版社，[不详]，380 页（古）

1226

Трудное время　В. А. Слепцов

Берлин: Изд-во З. И. Гржебина, 1922. 208 с.

艰难岁月　В.А. 斯列普佐夫

柏林：З.И. 格热宾出版社，1922，208 页（古）

1227

Труды русских ученых заграницей: Сборник академической группы в Берлине. Т. I　Под ред. А. И. Каминки

Берлин: Слово, 1922. 280 с.

国外俄国学者著作：柏林学术小组论文集（第1卷）　А. И. 卡明卡编

柏林：言论出版社，1922，280 页（古）

1228

Труды Русских ученых за-границей: Сборник академической группы в Берлине. Т. II　Под редакцей профессора А. И. Каминка

Берлин: Книгоизд-во «Слово», 1923. 345 с.

国外俄国学者著作：柏林学术小组论文集（第2卷）　А. И. 卡明卡教授编

柏林：言论图书出版社，1923，345 页（古）

1229

Тупая борозда: Рассказы　А. Дроздов

Берлин: Издание Акц. О-ва «Накануне», 1924. 148 с.

隐约的皱纹（短篇小说集）　А. 德罗兹多夫

柏林：前夜股份公司出版，1924，148 页

1230

У ворот Петрограда: 1919-1920 г.г.　Г. Кирдецов

Берлин: Склад издания, Русский национальный книжный магазин Москва, 1921. 356 с.

彼得格勒近在咫尺（1919—1920 年）　Г. 基尔杰措夫

柏林：俄国莫斯科国家书店出版库，1921，356 页（古）

1231

Убийство царской семьи　Н. Соколов

Берлин: Слово, 1925. 297 с.

谋杀皇室　Н. 索科洛夫

柏林：言论出版社，1925，297 页（古）

1232

Угар: Роман в двух частях　Даниил Фибих

Берлин: Петрополис, 1930. 334 с.

狂热（两部分长篇小说）　丹尼尔·菲比赫

柏林：彼得罗波利斯出版社，1930，334 页

1233

Украина и политика антанты: Записки Еврея и гражданина　Арнольд Марголин

Берлин: Издательство "С. Ефрон", 1921. 397 с.

乌克兰与协约国的政策：犹太人和公民的笔记　阿诺尔德·马尔戈林

柏林：С. 叶夫龙出版社，1921，397 页（古）

1234

Украинское движение: Краткий исторический очерк преимущественно по личным воспоминаниям　А. Царинный

Берлин: [Б. и.], 1925. 232 с.

乌克兰运动：基于个人回忆录的简史　А. 察林内

柏林：[不详]，1925，232 页（古）

1235

Утоли моя печали　А. Н. Толстой

Берлин: Изд-во «Огоньки», 1915. 154 с.

消除我的悲伤　А.Н. 托尔斯泰

柏林：星火出版社，1915，154 页（古）

1236

Уход Толстого　В. Г. Чертков

Берлин: Изд-во И. П. Ладыжникова, 1922. 195 с.

托尔斯泰之死　В.Г. 切尔科夫

柏林：И.П. 拉德日尼科夫出版社，1922，195 页（古）

1237

Уход Толстого: К 25-ти летию со дня смерти Льва Толстого　Ал. Ксюнин

Берлин: Парабола, 1935. 95 с.

托尔斯泰之死：列夫·托尔斯泰逝世 25 周年　Ал. 克休宁

柏林：抛物线出版社，1935，95 页（古）

1238

Фантасмагория: Повесть Юрий Слезкин

Берлин: Книгоизд-во писателей, 1924. 121 с.

幻影（中篇小说） 尤里·斯廖兹金

柏林：作家图书出版社，1924，121 页

1239

Фейерверк = FEUERWERK: рассказы Франк
Ведекинд; Перевод с немецкого Н. Виноградова

Берлин: Изд-во Эрвина Бергера, [Б. г.]. 93 с.

焰火（短篇小说集） 弗兰克·韦德金德著，H. 维
诺格拉多夫译自德语

柏林：欧文·伯杰出版社，[不详]，93 页

1240

Философия истории Л. Карсавин

Берлин: Издательство «Обелиск», 1923. 358 с.

历史哲学 Л. 卡尔萨温

柏林：方尖碑出版社，1923，358 页

1241

Фома Клешнев: Роман Мих. Слонимский

Berlin: Книга и сцена, 1931. 210 с.

福马·克勒什涅夫（长篇小说） Мих. 斯洛尼姆斯
基

柏林：图书和戏剧出版社，1931，210 页

1242

Французская революция. Т. I Луи Мадлен; Перевод с французского С. И. Штейна

Берлин: Книгоизд-во «Слово», 1922. 349 с.

法国革命（第 1 卷） 路易·马德列恩著，С.И. 施
泰因译自法语

柏林：言论图书出版社，1922，349 页（古）

1243

Французские народные песни Н. Гумилев

Берлин: Изд-во Петрополис, 1923. 111 с.

法国民歌 H. 古米廖夫

柏林：彼得罗波利斯出版社，1923，111 页

1244

Фрина И. Петрушевский

Берлин: Издание О. Л. Дьяковой и Ко., 1921. 160 с.

弗里娜 И. 彼得鲁舍夫斯基

柏林：О.Л. 季亚科娃股份公司出版，1921，160 页
（古）

1245

Холмы родины Нестор Котляревский

Берлин: Обелиск, 1923. 253 с.

故乡的山丘 涅斯托尔·科特利亚列夫斯基

柏林：方尖碑出版社，1923，253 页（古）

1246

Холодный угол: Роман В. Ирецкий

Берлин: Петрополис, 1930. 237 с.

冰冷的角落（长篇小说） B. 伊列茨基

柏林：彼得罗波利斯出版社，1930，237 页

1247

Хорошо жили в Петербурге. Т. 2 трилогии Вл.
Крымов

Берлин: Петрополис, [Б. г.]. 231 с.

彼得堡的舒适生活（三部曲第2卷） Вл. 克雷莫夫

柏林：彼得罗波利斯出版社，[不详]，231 页

1248

**Христос и Антихрист: Трилогия. Смерть богов:
Юлиан Отступник** Д. С. Мережковский

Берлин: Изд-во И. П. Ладыжникова, 1922. 459 с.

《基督与反基督》三部曲之《诸神之死：叛教者尤里
安》 Д.С. 梅列日科夫斯基

柏林：И.П. 拉德日尼科夫出版社，1922，459 页（古）

1249

**Царство сатаны: Из загадочного к реально-
му** И. А. Родионов

Берлин: Русское национальное изд-во, [Б. г.]. 177 с.

撒旦王国：从神秘到真实 И.А. 罗季奥诺夫

柏林：俄国民族出版社，[不详]，177 页（古）

1250

Царь берендей С. Р. Минцлов

Берлин: Книгоиздательство Медный всадник, 1919.
190 с.

贝伦捷国王 С.Р. 明茨洛夫

柏林：青铜骑士图书出版社，1919，190 页（古）

1251

Царь Федор Иоаннович　Гр. Ал. К. Толстой

Берлин: Мысль, 1921. 128 с.

沙皇费奥多尔·伊万诺维奇　Ал.К. 托尔斯泰伯爵

柏林：思想出版社，1921，128 页（古）

1252

**Цветные камешки: Стихи, Рассказы и сказки
для малюток**　И. Коноплин и Кальма

Берлин: Книгоизд-во Отто Кирхнер и Ко., 1922. 48 с.

彩色的石头（婴儿诗歌和故事）　И. 科诺普林、卡
利马

柏林：奥托·基尔希纳股份公司图书出版社，1922，
48 页

1253

Цех поэтов. I

Берлин: Изд-во С. Ефрон, [Б. г.]. 89 с.

诗人行会（第 1 卷）

柏林：C. 叶夫龙出版社，[不详]，89 页（古）

1254

**Черная месса: пьеса в 4 действиях: по материа-
лам Гюисманса**　Анатолий Каменский

Берлин: Издание Т-ва И. Благов, 1922. 86 с.

黑色弥撒（四幕剧）：基于胡斯曼的资料　阿纳托
利·卡缅斯基

柏林：И. 布拉戈夫出版社，1922，86 页

1255

Черное золото: роман　Алексей Толстой

Берлин: Изд-во «Книга и сцена», 1931. 196 с.

黑金（长篇小说）　安德烈·托尔斯泰

柏林：图书和戏剧出版社，1931，196 页

1256

Честность с собой: Повесть　В. Винниченко

Берлин: Издательство Ольга Дьякова и Ко., [Б. г.].
349 с.

天生诚实（中篇小说）　B. 温尼琴科

柏林：奥莉加·季亚科娃股份公司出版社，[不详]，
349 页（古）

1257

Четки: Стихи　А. Ахматова

Берлин: Книгоизд-во С. Ефрон, 1912-1913. 118 с.

念珠（诗集）　А. 阿赫玛托娃

柏林：C. 叶夫龙图书出版社，1912–1913，118 页（古）

1258

Чорт　Наталия Потапенко

Берлин: Издательство Ольга Дьякова и Ко, [Б. г.].
143 с.

魔鬼　纳塔利娅·波塔片科

柏林：奥莉加·季亚科娃股份公司出版社，[不详]，
143 页（古）

1259

Чортов мост　М. А. Алданов

Берлин: Слово, 1925. 409 с.

魔鬼桥　М.А. 阿尔达诺夫

柏林：言论出版社，1925，409 页（古）

1260

Чтец Декламатор: Сборник русской поэзии

Берлин: Изд-во И. П. Ладыжникова, 1922. 462 с.

朗读者（俄国诗歌集）

柏林：И.П. 拉德日尼科夫出版社，1922，462 页（古）

1261

Что глаза мои видели. Том 1. В детстве　Н. Ка-
рабчевский

Берлин: Издание Ольги Дьяковой и Ко., 1921. 335 с.

亲眼目睹（第 1 卷）：童年　Н. 卡拉布切夫斯基

柏林：奥莉加·季亚科娃股份公司出版，1921，335
页（古）

1262

Что такое религия и в чем сущность ее?　Л. Н.
Толстой

Berlin: Heinrich Caspari, [Б. г.]. 68 с.

宗教的含义及其本质　Л.Н. 托尔斯泰

柏林："海因里希·卡斯帕里"出版社，[不详]，68
页（古）

1263

Чудесное лето: Рассказ для детей　Саша Черный

Берлин: Книгоиздательство «Москва», [Б. г.]. 253 с.

美妙的夏天（儿童读物） 萨沙·乔尔内

柏林：莫斯科图书出版社，［不详］，253 页（古）

1264

Чудная; Лес шумит; Огоньки Вл. Короленко

Берлин: Heinrich Caspari, Veriagsbuchhandiung, [Б. г.]. 68 с.

神奇；森林呼啸；星火 Вл. 科罗连科

柏林：亨里希·卡斯帕里出版社书店，［不详］，68 页（古）

1265

Чужая: Пьеса в трех действиях С. Юшкевич

BERLIN: [Б. и.], [Б. г.]. 83 с.

陌生人（三幕剧） С·尤什克维奇

柏林：［不详］，［不详］，83 页（古）

1266

Шагреневая кожа: Роман Бальзак

Берлин: Русское Универсальное Издательство, 1922. 252 с.

驴皮记（长篇小说） 巴尔扎克

柏林：俄国综合出版社，1922，252 页（古）

1267

Шведские сказки Перевод С. Кублицкой-Пиоттух

Берлин: Издание А. Ф. Девриена, [Б. г.]. 78 с.

瑞典童话 С.库布利茨卡娅 – 皮奥图赫译

柏林：А.Ф. 杰夫里延出版，［不详］，78 页

1268

Эгерия: Роман П. Муратов

Берлин: Издательство З. И. Гржебина, 1922. 304 с.

埃格里亚（长篇小说） П. 穆拉托夫

柏林：З.И. 格热宾出版社，1922，304 页（古）

1269

Экономический вестник. К. 1-ая Под ред. С. Н. Прокоповича

Берлин: [Б. и.], 1923. 240 с.

经济通报（第 1 期） С.Н.普罗科波维奇编

柏林：［不详］，1923，240 页

1270

Экономический вестник. Книга 2 Под ред. С. Н. Прокоповича

Берлин: [Б. и.], 1923. 283 с.

经济通报（第 2 期） С.Н.普罗科波维奇编

柏林：［不详］，1923，283 页

1271

Эликсир жизни В. К. Крыжановская

Берлин: Издательство Ольга Дьякова и Ко., [Б. г.]. 270 с.

生命之水 В.К. 克雷扎诺夫斯卡娅

柏林：奥莉加·季亚科娃股份公司出版社，［不详］，270 页（古）

1272

Эмиграция французской революции. Часть 1 И. Левин

Берлин: Изд-во «Слово», 1923. 260 с.

法国革命移民（第 1 册） И. 莱温

柏林：言论出版社，1923，260 页（古）

1273

Энциклопедический словарь: С дополнением важнейших событий за период 1914-1924 г. Ф. Павленков

Берлин: Склад издания при книжном магазине Т-ва Гликсман в Берлине, [Б. г.]. 3265 с.

百科辞典：1914—1924 年重大事件补遗 Ф. 帕夫连科夫

柏林：柏林格利克斯曼书店出版库，［不详］，3265 页（古）

1274

Энциклопедия Русского экспорта. Т. III Под общей редакцией П. А. Берлина [и др.]

Берлин: Издание торгового представительства СССР в Германии, 1929. 155 с.

俄国出口百科全书（第 3 卷） П.А. 柏林等编

柏林：苏联驻德国贸易代表处出版，1929，155 页

1275

Эпопея: Литературный сборник. № 4

Берлин: Книгоиздательство «Геликон», 1923. 305 с.

史诗（文学作品集第 4 卷）

柏林：赫利孔山图书出版社，1923，305 页（古）

1276

Эстетика Достоевского　И. И. Лапшин

Берлин: Обелиск, 1923. 102 с.

陀思妥耶夫斯基的艺术观　И.И. 拉普申

柏林：方尖碑出版社，1923，102 页

1277

Эстонские, Ливонские и Финские сказки　Перевод С. Кублицкой-Пиоттух

Берлин: Издание А. Ф. Девриена, [Б. г.]. 80 с.

爱沙尼亚、立窝尼亚和芬兰童话　С. 库布利茨卡娅 – 皮奥图赫译

柏林：А.Ф. 杰夫里延出版，［不详］，80 页

1278

Это было　Ив. Шмелев

Берлин: Изд-во Гамаюн, 1923. 111 с.

曾经　Ив. 什梅廖夫

柏林：加马尤出版社，1923，111 页（古）

1279

Язык, война и революция　С. И. Карцевский

Берлин: Русское универсальное издательство, 1923. 72 с.

语言、战争和革命　С.И. 卡尔采夫斯基

柏林：俄国综合出版社，1923，72 页（古）

1280

Изменение хозяйственно-географических отношений в Корее под влиянием открытия страны для японцев　И. Линке

Штутгарт: Издание Пэшель, 1933. 166 с.

对日本人开放国家影响下朝鲜经济地理关系的变化　И. 林克

斯图加特：佩舍尔出版，1933，166 页

1281

Песня творения　Ф. Бетекс

Штутгардт: Меч Гедеона, 1933. 411 с.

创作之歌　Ф. 别捷克斯

斯图加特：格杰翁之剑出版社，1933，411 页（古）

1282

Белая Сибирь: Внутренняя война 1918-1920 г.г.　К. В. Сахаров

Мюнхен: [Б. и.], 1923. 324 с.

白色西伯利亚：1918—1920 年内战　К.В. 萨哈罗夫

慕尼黑：［不详］，1923，324 页（古）

1283

Деятели русской церкви в старину　И. Н. Костомаров

Мюнхен: [К-во «Детинец»], 1922. 116 с.

古代俄国宗教活动家　И.Н. 科斯托马罗夫

慕尼黑：［内城图书出版社］，1922，116 页（古）

1284

История России: 862-1917　Е. Шмурло

Мюнхен: Издание книжного магазина «Град Китеж», 1922. 564 с.

俄国史（862—1917）　Е. 什穆尔洛

慕尼黑：基特日城书店出版，1922，564 页（古）

1285

Крестный путь. Ч. 1. Корни зла　О. Винберг

Мюнхен: [Б. и.], 1922. 358 с.

十字架之路（第 1 部分）：祸根　О. 温贝格

慕尼黑：［不详］，1922，358 页（古）

1286

Лето господне: Симфонии　Г. В. Немирович-Данченко

Мюнхен: [Типография Р. Ольденбург], 1922. 130 с.

上帝的夏天：交响乐　Г.В. 涅米罗维奇 – 丹琴科

慕尼黑：［Р. 奥尔登堡印刷厂］，1922，130 页（古）

1287

На «Новике»: Балтийский флот в войну и революцию　Г. Граф

Мюнхен: Типография Р. Ольденбург, 1922. 480 с.

在"诺维克"号上：波罗的海舰队参加战争和革命　Г. 格拉夫

慕尼黑：Р. 奥尔登堡印刷厂，1922，480 页（古）

1288

Опавшие листья: Роман　П. Н. Краснов

Мюнхен: Медный Всадник, 1923. 496 с.

落叶（长篇小说）П.Н. 克拉斯诺夫

慕尼黑: 青铜骑士出版社，1923，496 页（古）

1289

Царство антихриста Д. С. Мережковский

Munchen: Dreimasken Verlag, 1921. 255 c.

敌基督王国 Д.С. 梅列日科夫斯基

慕尼黑: 三面具出版社，1921，255 页（古）

1290

Современная немецкая мысль: Сборник статей Под ред. Вл. Коссовского

Дрезден: Изд. «Восток», 1921. 203 с.

德国现代思想（文集）Вл. 科索夫斯基编

德累斯顿: 东方出版社，1921，203 页

1291

Об аристократии, в особенности русской: Письмо из России

Лейпциг: Э. Л. Каспарович, 1874. 105 с.

论俄国贵族: 俄国作品

莱比锡: Э.Л. 卡斯帕罗维奇，1874，105 页（古）

1292

Образы Италии. Т. I. Венеция-путь к Флоренции; Флоренция-города Тосканы П. Муратов

Лейпциг: Изд. З. И. Гржебина, 1924. 378 с.

意大利风貌（第 1 卷）: 威尼斯—通往佛罗伦萨之路；佛罗伦萨—托斯卡纳城市 П. 穆拉托夫

莱比锡: З.И. 格热宾出版社，1924，378 页

1293

Образы Италии. Т. II. Рим. Лациум. Неаполь и Сицилия П. Муратов

Лейпциг: Изд. З. И. Гржебина, 1924. 292 с.

意大利风貌（第 2 卷）: 罗马、拉齐奥、那不勒斯和西西里岛 П. 穆拉托夫

莱比锡: З.И. 格热宾出版社，1924，292 页

1294

Отголоски 14 декабря 1825: Из записок одного недекабриста с приложением некоторых стихотворений

Лейпциг: Э. Л. Каспрович, [Б. г.]. 127 с.

1825 年 12 月 14 日余响: 一位非十二月党人笔记摘录（附诗歌）

莱比锡: Э.Л. 卡斯普罗维奇，[不详]，127 页（古）

1295

Русский парнасс Сост. Александр и Давид Элиасберг

Лейпциг: Типография Шпамера в Лейпциге, [Б. г.]. 330 с.

俄国诗坛 亚历山大·埃利阿斯贝格、达维德·埃利阿斯贝格编

莱比锡: 莱比锡什帕梅尔印刷厂，[不详]，330 页（古）

1296

Сказки жизни. Т. 2 Н. Недлер

Лейпциг: Напечатано в типографии В. Другулина, 1920. 165 с.

生活故事（第 2 卷）Н. 涅德勒

莱比锡: В.德鲁古林印刷厂印刷，1920，165 页（古）

1297

Симфония, или, Алфавитный Указатель к Священному Писанию

Вернигероде: Свет на Востоке, 1925. 1277 с.

圣经按字母顺序排列的索引

韦尼格罗德: 东方之光出版社，1925，1277 页（古）

1298

Наше экономическое представительство за границей: Из записок торгового агента Б. А. Никольский

Гамбург: Печать Библиографического института в Лейпциге, 1923. 182 с.

我国驻外经济代表处: 一位商务代办的笔记摘录 Б. А. 尼科利斯基

汉堡: 莱比锡图书目录研究院出版，1923，182 页（古）

1299

Во мгле грядущего: Повести Ив. Наживин

Вена: Русь, 1921. 203 с.

未来的迷雾中（中篇小说集）Ив. 纳日温

维也纳：罗斯出版社，1921，203 页（古）

1300

Детские годы Багрова-внука　С. Т. Аксаков

Вена: Русь, 1922. 456 с.

巴格罗夫孙子的童年　С.Т. 阿克萨科夫

维也纳：罗斯出版社，1922，456 页（古）

1301

Записки о революции　Ив. Наживин

Вена: Книгоизд-во «Русь», 1921. 331 с.

革命纪事　Ив. 纳日温

维也纳：罗斯图书出版社，1921，331 页（古）

1302

Император Николай II и его семья: Петергоф, сентябрь 1905-Екатеринбург, май 1918 г.　П. Жильяр

Вена: Книгоиздательство «Русь», 1921. 246 с.

尼古拉二世皇帝和他的家庭：1905 年 9 月彼得霍夫—1918 年 5 月叶卡捷琳堡　П. 日利亚尔

维也纳：罗斯图书出版社，1921，246 页（古）

1303

Покинутая царская семья. 1917-1918: Царское-село; Тобольск; Екатеринбург　С. Марков

Вена: Amalthea-Verlag, 1928. 438 с.

被遗弃的皇室（1917—1918 年）：皇村—托博尔斯克—叶卡捷琳堡　С. 马尔科夫

维也纳：木卫五出版社，1928，438 页（古）

1304

Римский папа и папы православной восточной церкви

Вена: Фрейбург в Бризгаве: У книгопродавца Б. Гердера, 1899. 138 с.

罗马教皇和东正教教会教皇

维也纳：布里斯高弗莱堡：Б. 格尔德尔书商，1899，138 页（古）

1305

Дочь Египетского царя　Г. Эберс; Сокращенный перевод Е. Гадмер

Швейцария: Кооперативное Издательство, [Б. г.].

182 с.

埃及国王的女儿　Г. 埃贝尔斯著，Е. 加德梅尔简译

瑞士：合作社出版社，[不详]，182 页（古）

1306

В четвертом измерении: Оккультный очерк　Н. Н. Чаплин

Варшава: Издание Автора, 1927. 132 с.

在第四维度：神秘主义概述　Н.Н. 恰普林

华沙：作者出版，1927，132 页（古）

1307

Дьявол　М. Арцыбашев

Варшава: Изд. книжн. склада «За свободу», 1925. 124 с.

魔鬼　М. 阿尔齐巴舍夫

华沙：捍卫自由图书出版社，1925，124 页（古）

1308

Жидкое золото: Нефтяной роман　Н. Н. Брешко-Брешковский

Варшава: Изд-во «Добро», 1930. 198 с.

液体黄金：石油故事　Н.Н. 布列什科－布列什科夫斯基

华沙：善良出版社，1930，198 页（古）

1309

Исповедь: Из воспоминаний по моим лекциям　Митрополит Антоний

Варшава: Синодальная типография, 1928. 98 с.

忏悔：讲义回忆录　安东尼主教

华沙：主教公会印刷厂，1928，98 页（古）

1310

Княжья месть: Эмигрантская быль　Вячеслав Шене

Варшава: Изд-во и книготорговля «Добро», 1930. 84 с.

公爵复仇记：侨民往事　维亚切斯拉夫·舍内

华沙：善良图书贸易出版社，1930，84 页（古）

1311

Отдых на крапиве: Новая книга Рассказов　Аркадий Аверченко

Варшава: Добро, 1924. 158 с.

在荨麻上休息（新故事集） 阿尔卡季·阿韦尔琴
科

华沙：善良出版社，1924，158 页（古）

1312

Первые почты и первые почтмейстеры в московском государстве. Т. I. Текст исследования И. П. Козловский

Варшава: Типография Варшавского учебного округа, 1913. 536 с.

莫斯科公国首批邮局和局长（第 1 卷）：研究文本 И.
П. 科兹洛夫斯基

华沙：华沙学区印刷厂，1913，536 页（古）

1313

Первые почты и первые почтмейстеры в Московском государстве: Опыт исследования некоторых вопросов из истории русской культуры во 2-й половине XVII века. Т. II. Приложения к исследованию И. П. Козловский

Варшава: Типография Варшавского учебного округа, 1913. 523 с.

莫斯科公国首批邮局和局长：17 世纪下半叶俄国文
化史某些问题的研究经验及研究附录（第 2 卷） И.
П. 科兹洛夫斯基

华沙：华沙学区印刷厂，1913，523 页（古）

1314

Причины крушения замыслов Наполеона в 1812 году: Очерк исследования Ал. Мариюшкин

Варшава: Изд-во «Офицерская жизнь», 1912. 293 с.

1812 年拿破仑计划破灭的原因：研究概要 Ал. 马
里尤什金

华沙：军官生活出版社，1912，293 页（古）

1315

Роман великого князя Н. Н. Брешко-Брешковский; Перевод с польского М. А. Ридигер-Беляевой

Варшава: Изд-во и книготорговля «Добро», 1931. 79 с.

大公的故事 Н.Н. 布列什科 – 布列什科夫斯基著，
М.А. 里迪格尔 – 别利亚耶娃译自波兰语

华沙：善良图书贸易出版社，1931，79 页（古）

1316

Среди звериных становищ: Охотничьи рассказы Всеволод Хмарин

Варшава: Добро, 1930. 141 с.

深入野兽越冬栖息地（猎人故事） 弗谢沃洛德·赫
马林

华沙：善良出版社，1930，141 页（古）

1317

Царь Николай II: Отцы духовные Петр Крачкевич

Варшава: Издание автора, 1928. 128 с.

尼古拉二世沙皇：听取忏悔的神甫们 彼得·克拉
奇克维奇

华沙：作者出版，1928，128 页（古）

1318

Черемуха: Записки Писателя. Т. II М. Арцыбашев

Варшава: Издание Е. И. Арцыбашевой, 1927. 179 с.

稠李：作家笔记（第 2 卷） М. 阿尔齐巴舍夫

华沙：Е.И. 阿尔齐巴舍娃出版，1927，179 页（古）

1319

Что такое живая церковь С. Троицкий

Варшава: Синодальная типография, 1927. 82 с.

何为新生教会 С. 特罗伊茨基

华沙：主教公会印刷厂，1927，82 页（古）

1320

Воспоминания о Японской войне Е. И. Мартынов

Плоцк: Типография губернского правления, 1910. 402 с.

日本战争回忆录 Е.И. 马丁诺夫

普沃茨克：省公署印刷厂，1910，402 页（古）

1321

Антология русской поэзии XX столетия. Т. I Составила Н. Ф. Мельникова-Папоушкова

Чешская Прага: Изд-во «Наша речь», 1920. 71 с.

20 世纪俄国诗歌选（第 1 卷） Н.Ф. 梅利尼科娃 –
帕波乌什科娃编

捷克布拉格：我们的发言出版社，1920，71 页（古）

1322

Библиография русской революции и гражданской войны = BIBILOGRAFIE RUSRE REVOLUCE A OBCANSKE VALKY: 1917-1921 Сост. С. П. Постников

Прага: [Б. и.], 1938. 448 с.

俄国革命和内战文献目录（1917—1921） С.П. 波斯尼科夫编

布拉格：［不详］，1938，448 页

1323

Брат на брата: Роман из революционной жизни Кавказа Цалыккаты Ахмед

Прага: Пламя, 1926. 264 с.

兄弟阋墙（高加索革命生活小说） 察雷卡特·艾哈迈德

布拉格：火焰出版社，1926，264 页

1324

Будка и другие очерки и Рассказы Глеб Успенский

Прага: Славянское Изд-во, 1921. 173 с.

岗亭及其他随笔小说 格列布·乌斯片斯基

布拉格：斯拉夫出版社，1921，173 页（古）

1325

В Ясной Поляне: Правда об отце и его жизни Л. Л. Толстой

Прага: Пламя, 1923. 102 с.

在亚斯纳亚波良纳：父亲及其生活真相 Л.Л. 托尔斯泰

布拉格：火焰出版社，1923，102 页（古）

1326

Введение в русскую историю Е. Ф. Шмурло

Прага: [Б. и.], 1924. 178 с.

俄国史概论 Е.Ф. 什穆尔洛

布拉格：［不详］，1924，178 页（古）

1327

Возрождение Чехии: Из книги «Чехия после белой горы» Эрнест Дени

Прага: Наша речь, 1922. 231 с.

捷克的复兴（《白山战役后的捷克》节选） 埃内斯特·杰尼

布拉格：我们的发言出版社，1922，231 页（古）

1328

Вольная Сибирь = VOLNA SIBIR: Литературно-общественный и экономический сборник. VIII Под ред. И. А. Якушева

Прага: [Б. и.], 1930. 108 с.

自由的西伯利亚（文学社会和经济论文集第8卷） И.А. 亚库舍夫编

布拉格：［不详］，1930，108 页

1329

Вольная Сибирь = VOLNA SIBIR: Общественно-экономический сборник. I. Общество Сибиряков в ЧСР Сибирский отд. при институте изучения России в Праге Под ред. И. А. Якушева

Прага: Общество сибиряков в ЧСР. Сибирский отд. при институте изучения России в Праге, 1927. 212 с.

自由的西伯利亚（社会经济论文集第 1 卷）：捷克社会主义共和国西伯利亚人协会布拉格俄罗斯研究所西伯利亚分所 И.А. 亚库舍夫编

布拉格：捷克社会主义共和国西伯利亚人协会布拉格俄罗斯研究所西伯利亚分所，1927，212 页

1330

Вольная Сибирь = Volna Sibir: Общественно-экономический сборник. IV. Общество сибиряков в ЧСР сибирский отд., при институте изучения России в Праге Под ред. И. А. Якушева

Прага: [Б. и.], 1928. 176 с.

自由的西伯利亚（社会经济论文集第 4 卷）：捷克社会主义共和国西伯利亚人协会布拉格俄罗斯研究所西伯利亚分所 И.А. 亚库舍夫编

布拉格：［不详］，1928，176 页

1331

Воля России: Журнал политики и культуры. I Под ред. В. И. Лебедева [и др.]

Прага: [Б. и.], [Б. г.]. 192 с.

俄国的意志（政治与文化杂志第 1 期） В.И. 列别杰夫等编

布拉格：［不详］，［不详］，192 页

1332

Воспоминания инженера к истории обществен-
ного и хозяйственного развития России: 1883-
1906 г.г. А. И. Фенин

Прага: [Б. и.], 1938. 197 с.

一位工程师关于俄国社会和经济发展史的回忆
（1883—1906 年） А.И. 费宁

布拉格：[不详]，1938，197 页（古）

1333

Гимназисты Гарин-Михайловский

Прага: Славянское Издательство, 1921. 430 с.

中学生 加林 – 米哈伊洛夫斯基

布拉格：斯拉夫出版社，1921，430 页（古）

1334

Гуцульский курень: Поэма Ол. Бабий

Прага: Накладом «Групи Украинськой Національ-
ной Молод», 1927. 154 с.

古楚尔人的住房（长诗） Ол. 巴比

布拉格：乌克兰民族青年小组，1927，154 页（古）

1335

Дети эмиграции Под ред. В. В. Зеньковского

Прага: Издание педагогического бюро по делам
средней и низшей русской школы заграницей, 1925.
251 с.

移民的孩子 В.В. 津科夫斯基编

布拉格：国外俄国中小学教育局出版，1925，251
页（古）

1336

Запад, Россия и Еврейство: Опыт пересмотра Ев-
рейского вопроса Я. А. Бромберг

Прага: Изд. евразийцев, 1931. 196 с.

西方、俄国和犹太人：重新审视犹太问题的经验 Я.
А. 布龙贝格

布拉格：欧亚混血者出版，1931，196 页

1337

Западная Россия и её соединение с Польшей в
их историческом прошлом: Исторические Очер-
ки И. И. Лаппо

Прага: Пламя, 1924. 225 с.

历史往事中的俄国西部及其与波兰的合并（历史纲
要） И.И. 拉波

布拉格：火焰出版社，1924，225 页（古）

1338

Западные литературы и славянство: Очерк вто-
рой XVI-XVIII вв. Е. В. Аничков

Прага: LEGIOGRAFIE, 1926. 135 с.

西方文学与斯拉夫人：16—18 世纪概要（第 2 卷） Е.
В. 阿尼奇科夫

布拉格：列吉奥格拉菲亚印刷厂，1926，135 页

1339

Записки института изучения России. I

Прага: Легиография, 1925. 268 с.

俄国研究所论文集（第 1 卷）

布拉格：列吉奥格拉菲亚印刷厂，1925，268 页

1340

Записки института изучения России. II

Прага: Легиография, 1925. 420 с.

俄国研究所论文集（第 2 卷）

布拉格：列吉奥格拉菲亚印刷厂，1925，420 页

1341

Зверь из бездны: Поэма страшных лет Евгений
Чириков

Прага: [Б. и.], 1926. 238 с.

来自深渊的野兽：悲惨岁月史诗 叶夫根尼·奇里
科夫

布拉格：[不详]，1926，238 页

1342

Зга: Волшебные рассказы Алексей Ремизов

Прага: Издательство пламя, 1925. 279 с.

黑暗（神话故事） 阿列克谢·列米佐夫

布拉格：火焰出版社，1925，279 页

1343

Зеленая книга: История крестьянского движе-
ния в черноморской губернии Собрал Н. Воро-
нович

Прага: Издание «Черноморской крестьянской деле-
гации», 1921. 166 с.

绿皮书：黑海省农民运动史　Н. 沃罗诺维奇收集
布拉格：黑海农民代表团出版，1921，166 页（古）

1344

Золотой узор: Роман　Борис Зайцев
Прага: Пламя, 1926. 299 с.
金色的花纹（长篇小说）　鲍里斯·扎伊采夫
布拉格：火焰出版社，1926，299 页

1345

Из истории кампании 1914 года на Русском фронте: Начало войны и операции в Восточной Пруссии　Н. Н. Головин
Прага: Изд-во Пламя в Праге, 1926. 436 с.
1914 年俄国战线战争史：战争的爆发与东普鲁士战
役　Н.Н. 戈洛温
布拉格：布拉格火焰出版社，1926，436 页（古）

1346

Исповедь агента Г. П. У.　Николай Безпалов
Прага: Воля России, 1925. 200 с.
一名国家政治保安局密探的忏悔　尼古拉·别兹巴
洛夫
布拉格：俄国意志出版社，1925，200 页

1347

Исторические и филологические знания
Прага: Пламя, 1924. 176 с.
历史和哲学知识
布拉格：火焰出版社，1924，176 页（古）

1348

История Казачества. Кн. I　Ис. Ф. Быкадоров
Прага: Библиотека вольного казачества-вильного козатцтва, 1930. 174 с.
哥萨克史（第 1 卷）　Ис.Ф. 贝卡多罗夫
布拉格：自由哥萨克图书馆，1930，174 页

1349

Капитанская дочка: Повесть　А. С. Пушкин
Прага: Изд-во «Наша речь», 1920. 138 с.
上尉的女儿（中篇小说）　А.С. 普希金
布拉格：我们的发言出版社，1920，138 页（古）

1350

Конец белых: От Днепра до Босфора　Григорий Раковский
Прага: Воля России, 1921. 275 с.
白军末日：从第聂伯河到博斯普鲁斯海峡　格里戈
里·拉科夫斯基
布拉格：俄国意志出版社，1921，275 页（古）

1351

Левша; Чертогон　Н. С. Лесков
Прага: Славянское изд-во, 1920. 80 с.
左撇子；驱邪　Н.С. 列斯科夫
布拉格：斯拉夫出版社，1920，80 页（古）

1352

Лейтенант Шмидт: «Красный адмирал»: Воспоминания сына　Е. Шмидт-Очаковский
Прага: [Б. и.], 1926. 298 с.
施密特中尉：《红军海军上将》（儿子的回忆录）　Е.
施密特－奥恰科夫斯基
布拉格：［不详］，1926，298 页

1353

Лирика молодого Тургенева: Лирическое стихотворчество Тургенева　Сергей Орловский
Прага: Пламя, 1926. 293 с.
青年屠格涅夫抒情诗（屠格涅夫抒情诗作品）　谢
尔盖·奥尔洛夫斯基
布拉格：火焰出版社，1926，293 页

1354

Международные экономические проблемы: Факты и идеи　С. О. Загорский
Прага: Славянское издательство, 1921. 186 с.
国际经济问题：事实与思想　С.О. 扎戈尔斯基
布拉格：斯拉夫出版社，1921，186 页（古）

1355

Мировая революция: Воспоминания. II　Т. Г. Масарик
Прага: Пламя-Орбис, 1927. 391 с.
世界革命（回忆录第 2 卷）　Т.Г. 马萨里克
布拉格：火焰－奥尔比斯出版社，1927，391 页

1356

Миросозерцание Достоевского　Николай Бердяев

Прага: Американское изд-во, 1923. 238 с.

陀思妥耶夫斯基的世界观　尼古拉·别尔嘉耶夫

布拉格：美国出版社，1923，238 页（古）

1357

На Каспийском море: Год белой борьбы　Н. Н. Лишин

Прага: Издание Морского журнала, 1938. 182 с.

在里海：白军斗争的一年　Н.Н. 利申

布拉格：海洋杂志社出版，1938，182 页（古）

1358

На рубеже двух столетий: Воспоминания 1881-1914　А. А. Кизеветтер

Прага: Изд-во «Орбис», 1929. 524 с.

世纪之交（1881—1914 回忆录）　А.А. 基泽韦捷尔

布拉格：奥尔比斯出版社，1929，524 页

1359

На чужой стороне: Историко-литературные сборники. XI　Под ред. В. А. Мякотина

Прага: Пламя, 1925. 290 с.

在异乡（历史文学作品集第 11 卷）　В.А. 米亚科京编

布拉格：火焰出版社，1925，290 页

1360

Начертание русской истории. Ч. 1　Г. В. Вернадский

Прага: Евразийское книгоиздательство, 1927. 264 с.

俄国历史概况（第 1 册）　Г.В. 韦尔纳茨基

布拉格：欧亚图书出版社，1927，264 页

1361

Новая Европа　В. В. Водовозов

Прага: Легиография, 1925. 407 с.

新欧洲　В.В. 沃多沃佐夫

布拉格：列吉奥格拉菲亚印刷厂，1925，407 页

1362

Об экономических основах национального вопроса: Отдельный оттиск из Русского Сборника　С. Прокопович

Прага: Типография «Legiografie», 1927. 47 с.

论民族问题的经济基础：俄国经济文集单行本　С. 普罗科波维奇

布拉格：列吉奥格拉菲亚印刷厂，1927，47 页

1363

Общественные центры и народные дома в сев. Америке　А. Зеленко

Прага: Американское изд., 1923. 292 с.

北美公共中心与民居　А. 泽连科

布拉格：美国出版社，1923，292 页

1364

Она: Роман моего друга. В двух частях　В. И. Немирович-Данченко

Прага: Приложение к «Иллюстрированной России», 1938. 256 с.

她：我朋友的故事（2 部分）　В.И. 涅米罗维奇 – 丹琴科

布拉格：《俄国画报》附刊，1938，256 页（古）

1365

Очерки социальной истории Украины в XVII-XVIII вв. Т. I. Выпуск I　В. А. Мякотин

Прага: [Б. и.], 1924. 285 с.

17—18 世纪乌克兰社会史纲（第 1 卷第 1 册）　В.А. 米亚科京

布拉格：[不详]，1924，285 页（古）

1366

Очерки социальной истории Украины в XVII-XVIII вв. Т. I. Выпуск II　В. А. Мякотин

Прага: [Б. и.], 1926. 263 с.

17—18 世纪乌克兰社会史纲（第 1 卷第 2 册）　В.А. 米亚科京

布拉格：[不详]，1926，263 页（古）

1367

Очерки социальной истории Украины в XVII-XVIII вв. Т. I-Вып. III　В. А. Мякотин

Прага: [Б. и.], 1926. 217 с.

17—18 世纪乌克兰社会史纲（第 1 卷第 3 册）　В.А. 米亚科京

布拉格：[不详]，1926，217 页（古）

1368

Петербургская миссия Бисмарка: 1859-1862: Россия и Европа в начале царствования Александра II Бар. Б. Э. Нольде

Прага: Пламя, 1925. 302 c.

俾斯麦的彼得堡使命：亚历山大二世统治初期的俄国与欧洲（1859—1862） Б.Э.诺尔德男爵

布拉格：火焰出版社，1925，302 页

1369

Повесть: О том как поссорился Иван Иванович с Иваном Никифоровичем Н. В. Гоголь

Прага: Славянское издательство Кремль, [Б. г.]. 77 c.

中篇小说：伊万·伊万诺维奇与伊万·尼基福罗维奇吵架的故事 Н.В. 果戈里

布拉格：斯拉夫克里姆林宫出版社，[不详]，77 页（古）

1370

Полтава; Медный всадник А. С. Пушкин

Прага: Славянское издательство Кремль, [Б. г.]. 89 c.

波尔塔瓦；青铜骑士 А.С. 普希金

布拉格：斯拉夫克里姆林宫出版社，[不详]，89 页（古）

1371

Полярная экспедиция лейтенанта А. В. Колчака в 1903 году М. С. Стахевич

Прага: Изд. кают-компании, 1933. 31 c.

1903 年 А.В. 高尔察克中尉的北极考察 М.С. 斯塔赫维奇

布拉格：海军军官餐厅附属出版社，1933，31 页（古）

1372

Предпосылки политических отношений России и Чехословакии Ярослав Папоушек; Перевод с чешского Н. Ф. Мельниковой-Папоушковой

Прага: [Б. и.], 1931. 45 c.

俄国与捷克斯洛伐克政治关系的先决条件 雅罗斯拉夫·帕波乌舍克著，Н.Ф. 梅利尼科娃 – 帕波乌什科娃译自捷克语

布拉格：[不详]，1931，45 页

1373

Пути революции Е. Сталинский

Прага: [Б. и.], 1925. 308 c.

革命之路 Е. 斯塔林斯基

布拉格：[不详]，1925，308 页

1374

Пушкин и психология творчества: К столетию смерти Пушкина Г. Я. Трошин

Прага: [Б. и.], 1937. 316 c.

普希金与创作心理学：普希金逝世一百周年 Г.Я.特罗申

布拉格：[不详]，1937，316 页（古）

1375

Распутин и Россия: Историческая справка Борис Алмазов

Прага: [Б. и.], 1922. 304 c.

拉斯普京与俄国（史料） 鲍里斯·阿尔马佐夫

布拉格：[不详]，1922，304 页

1376

Речи и статьи. Вып. 1 Эдвард Бенеш; Перевод с чешского Н. Ф. Мельниковой-Папоушек

Прага: Воля России, 1925. 259 c.

演讲和文章（第 1 卷） 爱德华·别涅什著，Н.Ф. 梅利尼科娃 – 帕波乌什卡译自捷克语

布拉格：俄国意志出版社，1925，259 页

1377

Рождение богов: Тутанкамон на Крите Д. С. Мережковский

Прага: Изд-во Пламя, 1925. 189 c.

诸神复活：克里特岛上的图坦卡蒙 Д.С. 梅列日科夫斯基

布拉格：火焰出版社，1925，189 页（古）

1378

Роман и жизнь: Развитие творческой личности И. А. Гончарова: Жизнь и быть Е. А. Ляцкий

Прага: Пламя, 1925. 392 c.

小说与生活：И.А. 冈察洛夫个人创作的发展（生活

与存在） Е.А. 利亚茨基

布拉格：火焰出版社，1925，392 页（古）

1379

Россия и Сибирь: К истории сибирского област-ничества в XIX в. С. Г. Сватиков

Прага: Изд. общества сибиряков в ЧСР, 1929. 119 с.

俄国和西伯利亚：19 世纪西伯利亚地方主义史 С.Г. 斯瓦季科夫

布拉格：捷克社会主义共和国西伯利亚人协会出版社，1929，119 页

1380

Россия: особый географический мир

Прага: Евразийское книгоизд-во, 1927. 68 с.

俄罗斯：独特的地理世界

布拉格：欧亚图书出版社，1927，68 页

1381

Русский кризис К. П. Крамарж; Перевод с чешского А. С. Изгоева

Прага: [Б. и.], 1925. 635 с.

俄国危机 К.П. 克拉玛尔日著；А.С. 伊兹戈耶夫译自捷克语

布拉格：[不详]，1925，635 页（古）

1382

Рыцари Тернового венца Л. Половцов

Прага: Типография Грюнхут и К-о., [Б. г.]. 219 с.

"荆冠骑士" Л. 波洛夫佐夫

布拉格：格林胡特股份公司印刷厂，[不详]，219 页（古）

1383

Свято-Троицкая Сергиева Лавра С. Г. Пушка-рев

Прага: Типография «Политика», [Б. г.]. 54 с.

圣三一修道院的谢尔吉耶娃·拉夫拉 С.Г. 普什卡廖夫

布拉格：政治印刷厂，[不详]，54 页（古）

1384

Северо-восточный морской путь к бассейну Оби-Иртыша Д-р Ф. И. Гавелка

Прага: Издание общества Сибиряков в ЧСР, 1927. 32 с.

通往鄂毕河 – 额尔齐斯河流域的东北海路 Ф.И. 加韦尔卡教授

布拉格：捷克社会主义共和国西伯利亚人协会出版，1927，32 页

1385

Сербский сборник: Повести и Рассказы

Прага: Славянское издательство, 1921. 134 с.

塞尔维亚作品集（中短篇小说集）

布拉格：斯拉夫出版社，1921，134 页（古）

1386

Сибирский архив. I Ред. И. И. Серебренников [и др.]

Прага: Издание общества сибиряков в ЧСР, 1929. 48 с.

西伯利亚档案（第 1 卷） И.И. 谢列布连尼科夫等编

布拉格：捷克社会主义共和国西伯利亚人协会出版，1929，48 页

1387

Силуэты русских художников Сергей Маковский

Прага: Наша речь, 1922. 159 с.

俄国画家剪影 谢尔盖·马科夫斯基

布拉格：我们的发言出版社，1922，159 页（古）

1388

Смена вех: Сборник статей Ю. В. Ключников [и др.]

Прага: Типография Отто Эльснера в Берлине, 1922. 182 с.

里程碑的更迭（文集） Ю.В. 克柳奇尼科夫等

布拉格：柏林奥托·埃尔斯纳印刷厂，1922，182 页（古）

1389

Смутное время С. Ф. Платонов

Прага: [Б. и.], 1924. 244 с.

混乱时期 С.Ф. 普拉托诺夫

布拉格：[不详]，1924，244 页

1390

Современная Россия в цифрах А. В. Пешехонов

Прага: [Б. и.], 1925. 48 с.

数字中的当代俄国　A.B. 佩舍霍诺夫

布拉格：[不详]，1925，48 页

1391

Соединенные штаты северной Америки в истории человечества: 1776-1926　М. А. Циммерман

Прага: Пламя, 1926. 116 с.

人类历史上的美国（1776—1926）　M.A. 奇梅尔曼

布拉格：火焰出版社，1926，116 页

1392

Суд вареника: Рассказы: 1926-1930　В. Г. Федоров

Прага: Скит, 1930. 154 с.

甜馅饺子法庭（短篇小说集）：1926—1930　В.Г. 费奥多罗夫

布拉格：隐修院出版社，1930，154 页（古）

1393

Труды общества. Выпуск I

Прага: [Б. и.], 1924. 239 с.

协会著作（第 1 卷）

布拉格：[不详]，1924，239 页（古）

1394

Тундра: Роман из беженской жизни. Ч. 1　Евг. Ляцкий

Прага: [LEGIOGRAFIE], 1925. 166 с.

冻原：难民生活题材长篇小说（第 1 册）　Евг. 利亚茨基

布拉格：[列吉奥格拉菲亚印刷厂]，1925，166 页

1395

Ученые записки. Т. I. Общественные знания　[Под общим Руководством профессора Е. А. Ляцкого]

Прага: Изд-во «Пламя», 1924. 285 с.

学术论丛（第 1 卷）：社会科学　[Е.А. 利亚茨基教授编]

布拉格：火焰出版社，1924，285 页（古）

1396

Ученые записки: Основанные русской учебной коллегией в Праге. Т. 1. Философская знания

Прага: Изд-во «Пламя», 1924. 125 с.

学术论丛（布拉格俄国教学委员会创办）（第 1 卷）：哲学科学

布拉格：火焰出版社，1924，125 页（古）

1397

Ученые записки: Основанные русской учебной коллегией в Праге. Т. I. Исторические и филологические знания

Прага: Пламя, 1924. 176 с.

学术论丛（布拉格俄国教学委员会创办）（第 1 卷）：历史和哲学科学

布拉格：火焰出版社，1924，176 页（古）

1398

Хозяин и работник: Рассказ　Л. Н. Толстой

Чешская Прага: Славянское изд-во «Кремль», [Б. г.]. 74 с.

主与仆（短篇小说）　Л.Н. 托尔斯泰

捷克布拉格：斯拉夫克里姆林宫出版社，[不详]，74 页（古）

1399

Цивилизация и другие рассказы　Жорж Дюгамель; Пер. с французского М. Л. Слонима

Прага: [Б. и.], 1924. 129 с.

文明与其他故事　乔治·久加梅利著，М.Л. 斯洛尼姆译自法语

布拉格：[不详]，1924，129 页

1400

Человек-Невидимка　Х. Г. Уэллс; Пер. Е. Н. Раздобурдина

Прага: Славянское изд-во, 1921. 238 с.

隐身人　Х.Г. 乌埃尔斯著，Е Н. 拉兹多布尔金译

布拉格：斯拉夫出版社，1921，238 页（古）

1401

Чехословакия и Советы: Как произошло столкновение чехословацких легионов с советами　Ярослав Папоушек; Авт. пер. с чешского Н. Ф. Мельниковой-Папоушек

Прага: [Б. и.], 1928. 71 с.

捷克斯洛伐克与苏维埃：捷克斯洛伐克军团与苏维

埃的冲突如何发生　雅罗斯拉夫·帕波乌舍克著，
Н.Ф. 梅利尼科娃－帕波乌舍克译自捷克语
布拉格：[不详]，1928，71 页

1402

Чехословацкая республика: Обзор духовной, по-литической, экономической и общественной жиз-ни　Под ред. О. Буттера, В. Доразила
Прага: «Орбис» Акционерное изд-во, 1924. 177 с.
捷克斯洛伐克共和国：宗教、政治、经济和社会生
活概览　О. 巴特、В. 多拉济尔编
布拉格：奥尔比斯股份出版社，1924，177 页

1403

Шинель　Н. В. Гоголь
Прага: Славянское изд-во «Кремль», [Б. г.]. 52 с.
外套　Н.В. 果戈里
布拉格：斯拉夫克里姆林宫出版社，[不详]，52 页
（古）

1404

Этюды о русской поэзии　П. Бицилли
Прага: Пламя, 1926. 284 с.
俄国诗歌研究专著　П. 比齐利
布拉格：火焰出版社，1926，284 页

1405

Йожеф Миндсенти перед народным судом
Будапешт: Издание Госгазиздат, 1949. 211 с.
面临公众审判的尤若夫·明德先季
布达佩斯：国立报社出版，1949，211 页

1406

Историческая правда и украинофильская пропага-нда　А. М. Волконский
Турин: Викентий Бона, 1920. 207 с.
历史真相与亲乌克兰的宣传　А.М. 沃尔孔斯基
都灵：维肯季·博纳出版社，1920，207 页（古）

1407

«1920 г.»: Очерки　В. В. Шульгин
София: Русскийско-Болгарское книгоизд-во, 1921.
278 с.
1920 年随笔　В.В. 舒利金

索菲亚：俄国－保加利亚图书出版社，1921，278
页（古）

1408

16 аксиом делового человека = Herbert casson the axioms of business　Герберт Кэссон
София: Издание А. В. Коленского, 1921. 208 с.
精明强干之人的 16 条公理　格贝尔特·凯松
索菲亚：A.B. 科连斯基出版，1921，208 页（古）

1409

Болгарская графика: гравюра　Е. Томов
София: Издательство Болгарский художник, 1955.
150 с.
保加利亚线条画：版画　Е. 托莫夫
索菲亚：保加利亚画家出版社，1955，150 页

1410

В огне: Батальные новеллы　Михаил Горянский
София: Типография Рахвира, 1935. 113 с.
战火中（军事题材小说）　米哈伊尔·戈良斯基
索菲亚：拉赫维尔印刷厂，1935，113 页（古）

1411

Голое поле: Книга о Галлиполи　Иван Лукаш
София: Балкан, 1922. 77 с.
不毛之地：盖利博卢　伊万·卢卡什
索菲亚：巴尔干出版社，1922，77 页（古）

1412

Звездочки: Роман в 2-х чатях　Кн. Ольга Бебутова
Софья: Русь, 1926. 148 с.
星星（2 部分长篇小说）　奥莉加·别布托娃公爵夫
人
索菲亚：罗斯出版社，1926，148 页（古）

1413

История второй русской революции. Т. 1. Борьба буржуазной социалистической революции. Вы-пуск 2. Корнилов или Ленин?　П. Н. Милюков
София: Российско-Болгарское книгоизд-во, 1921. 291 с.
第二次俄国革命史（第 1 卷）：资产阶级社会主义革
命斗争（第 2 册）：科尔尼洛夫还是列宁？　П.Н. 米
柳科夫

索菲亚：俄国 – 保加利亚图书出版社，1921，291
页（古）

1414

История второй русской революции. Т. 1. Выпуск 1. Противоречия революции　П. Н. Милюков

София: Российско-Болгарское книгоизд-во, 1921. 248 с.

第二次俄国革命史（第 1 卷第 1 册）：抵触革命　П. Н. 米柳科夫

索菲亚：俄国 – 保加利亚图书出版社，1921，248
页（古）

1415

Исход к Востоку: Предчувствия и свершения: Утверждение Евразийцев　Петр Савицкий [и др.]

София: Балкан, 1921. 125 с.

出东方记：预感与收获（欧亚混血者的观点）　彼得·萨维茨基等

索菲亚：巴尔干出版社，1921，125 页（古）

1416

Когда рушатся троны…: Роман в 3-х частях　Н. Н. Брешко-Брешковский

София: Изд-во «Русь», 1925. 358 с.

王位倾覆（3 部分长篇小说）　Н.Н. 布列什科 – 布列什科夫斯基

索菲亚：罗斯出版社，1925，358 页（古）

1417

Красная каторга: Записки соловчанина　М. З. Никонов-Смородин

Sofia: Изд-во Н. Т. С. Н. П., 1938. 371 с.

红色苦役：一个索洛韦茨基群岛居民的笔记　М. З. 尼科诺夫 – 斯莫罗金

索菲亚：新一代民族劳动者联盟出版社，1938，371
页（古）

1418

Лик войны: Во Франции　И. Эренбург

София: Российско-Болгарское книгоизд-во, 1920. 107 с.

战争的面孔：在法国　И. 爱伦堡

索菲亚：俄国 – 保加利亚图书出版社，1920，107

页（古）

1419

Молодеж и Г. П. У.: Жизнь и борьба советской молодежи　Бор. Солоневич

София: Голос России, 1937. 464 с.

年轻人与国家政治保安局：苏联青年的生活与斗争　Бор. 索洛涅维奇

索菲亚：俄国之声出版社，1937，464 页（古）

1420

На крестном пути: Роман в трех частях. Т. II　Ю. Л. Елец

София: Зарницы, 1924. 392 с.

十字架之路（3 部分长篇小说第 2 卷）　Ю.Л. 叶列茨

索菲亚：启明星出版社，1924，392 页（古）

1421

Незримый сатир: Роман в 5-ти частях　Фелисьен Шансор; Пер. с Французского О. В. Шевляковой

София: Зарницы, [Б. г.]. 223 с.

不露形迹的萨蹄尔（5 部分长篇小说）　费利西安·尚索尔著，O.B. 舍夫利亚科娃译自法语

索菲亚：启明星出版社，[不详]，223 页（古）

1422

Оккультизм и Йога. Кн. 10

София: [Б. и.], 1938. 172 с.

神秘主义和瑜伽（第 10 卷）

索菲亚：[不详]，1938，172 页（古）

1423

Оккультизм и йога. Кн. 9

София: [Б. и.], 1937. 168 с.

神秘主义和瑜伽（第 9 卷）

索菲亚：[不详]，1937，168 页（古）

1424

Памир: Советские зарисовки　Иван Солоневич

София: Издательство «Голос России», 1937. 244 с.

帕米尔：苏联速写画　伊万·索洛涅维奇

索菲亚：俄国之声出版社，1937，244 页（古）

1425

Повесть о 22-х несчастьях Юрий Солоневич

София: Голос России, 1938. 291 с.

22 起灾难回顾 尤里·索洛涅维奇

索菲亚：俄国之声出版社，1938，291 页

1426

Полчища А. Геруа

София: Российско-Болгарское Книгоизд., 1923. 434 с.

大军 А. 格鲁阿

索菲亚：俄国－保加利亚图书出版社，1923，434 页（古）

1427

Правление генерала Деникина: Из воспоминаний К. Н. Соколов

София: Российско-Болгарское книгоиздательство, 1921. 290 с.

邓尼金将军的政权（回忆录摘录） К.Н. 索科洛夫

索菲亚：俄国－保加利亚图书出版社，1921，290 页（古）

1428

Прошлое...: Очерки из жизни Царской семьи С. Р. Минцлов

София: Типография «Новая жизнь», [Б. г.]. 138 с.

往事：皇室生活随笔 С.Р. 明茨洛夫

索菲亚：新生活印刷厂，[不详]，138 页

1429

Русские сборники Под редакцией профессоров Э. Д. Гримма, К. Н. Соколова

София: Российско-Болгарское книгоизд-во, 1921. 112 с.

俄罗斯选集 Э.Д. 格里姆教授、К.Н. 索科洛夫教授编

索菲亚：俄国－保加利亚图书出版社，1921，112 页（古）

1430

Сарыкамышская операция: 12-24 декабря ст. ст. 1914 года В. П. Никольский

София: Печатница «Древна Белгария», 1933. 117 с.

萨雷卡梅什战役（俄历 1914 年 12 月 12 日—24 日） В. П. Никольский

索菲亚：古保加利亚印刷厂，1933，117 页（古）

1431

Статьи о Льве Толстом Петр Струве

София: Российско-Болгарское книгоиздательство, 1921. 66 с.

列夫·托尔斯泰（文集） 彼得·司特鲁韦

索菲亚：俄国－保加利亚图书出版社，1921，66 页（古）

1432

Танненбергская катастрофа Ю. Ф. Бучинский

СОФИЯ: [Б. и.], 1939. 50 с.

坦能堡灾难 Ю.Ф. 布钦斯基

索菲亚：[不详]，1939，50 页（古）

1433

То, чего мы не знаем: Рассказы С. Р. Минцлов

София: Издательство «Зарницы», [Б. г.]. 115 с.

我们不知道的那些事（短篇小说集） С.Р. 明茨洛夫

索菲亚：启明星出版社，[不详]，115 页（古）

1434

Труды V-го съезда русских академических организаций за границей в Софии 14-21 сентября 1930 года. Ч. I

София: Изд. русских академических организаций, 1932. 633 с.

1930 年 9 月 14—21 日索菲亚第五届国外俄国学术组织代表大会著作集（第 1 册）

索菲亚：俄国学术组织出版社，1932，633 页（古）

1435

Тургенев и Достоевский: История одной вражды Юрий Никольский

София: Российско-Болгарское книгоизд-во, 1921. 108 с.

屠格涅夫和陀思妥耶夫斯基：敌对史 尤里·尼科利斯基

索菲亚：俄国－保加利亚图书出版社，1921，108 页（古）

1436

Хрестоматия по истории русской литературы. Часть 1. Народная словесность и литература допетровского времени Сост. П. М. Бицилли

София: Издание Российского Земско-Городского Комитета, 1931. 110 с.

俄国文学史文选（第 1 册）：彼得一世以前的民间文学 П.М. 比齐利编

索菲亚：俄国城市地方自治委员会出版，1931，110 页（古）

1437

Царская власть и закон о престолонаследии в России Михаил Зызыкин

София: Изд. Кн. А. А. Ливен, 1924. 190 с.

俄国沙皇政权和帝位继承法 米哈伊尔·济济金

索菲亚：А.А. 利文公爵出版社，1924，190 页（古）

1438

Материалы по истории гвардейской пехоты и артиллерии в гражданскую войну с 1917 года по 1922 год. Книга 1. Юг России, Крым, Галлиполи, Болгария Михаил Голеевский

[Болгария]: Меркур, 1922. 166 с.

1917—1922 年近卫军步兵和炮兵参加内战史料（第 1 卷）：俄国南部、克里米亚、盖利博卢、保加利亚 米哈伊尔·戈列耶夫斯基

［保加利亚］：水星印刷厂，1922，166 页

1439

Материалы по истории гвардейской пехоты и артиллерии в гражданскую войну с 1917 года по 1922 год. Книга 2. Юг России, Крым, Галлиполи, Болгария Михаил Голеевский

[Болгария]: Меркур, 1922. 86 с.

1917—1922 年近卫军步兵和炮兵参加内战史料（第 2 卷）：俄国南部、克里米亚、盖利博卢、保加利亚 米哈伊尔·戈列耶夫斯基

［保加利亚］：水星印刷厂，1922，86 页

1440

Белградский Пушкинский сборник С предисловием А. И. Белича; Под ред. Е. В. Аничкова

Белград: Издание русского Пушкинского комитета в

Югославии, 1937. 414 с.

贝尔格莱德普希金集 А.И. 别利奇序，Е.В. 阿尼奇科夫编

贝尔格莱德：南斯拉夫俄国普希金委员会出版，1937，414 页（古）

1441

В память I-го Кубанского Похода: Сборник Под ред. Б. И. Казановича, И. К. Кириенко, К. Н. Николаева

Белград: Издание Главного Правления Союза Участников I-го Кубанского Похода, 1926. 149 с.

纪念第一次库班远征（论文集） Б.И. 卡扎诺维奇、И.К. 基里延科、К.Н. 尼古拉耶夫编

贝尔格莱德：第一次库班远征参加者联盟总管理委员会出版，1926，149 页（古）

1442

Вечерний звон: Повести о любви Евгений Чириков

Белград: [Б. и.], 1932. 194 с.

傍晚的钟声（爱情小说） 叶夫根尼·奇里科夫

贝尔格莱德：[不详]，1932，194 页（古）

1443

Владимирский сборник: В память 950-летия крещения Руси

Белград: Типография «Меркур», [1938]. 216 с.

弗拉基米尔文集（纪念罗斯受洗 950 周年）

贝尔格莱德：水星印刷厂，[1938]，216 页（古）

1444

Военный сборник Общества ревнителей военных знаний. Книга III

Белград: Королевство Сербов, Хорватов и Словенцев, 1922. 314 с.

军事知识爱好者协会军事论文集（第 3 卷）

贝尔格莱德：塞尔维亚人、克罗地亚人和斯洛文尼亚人王国出版社，1922，314 页（古）

1445

Военный сборник Общества ревнителей военных знаний. Книга IV

Белград: Королевство Сербов, Хорватов и Словенцев, 1923. 336 с.

军事知识爱好者协会军事论文集（第 4 卷）

贝尔格莱德：塞尔维亚人、克罗地亚人和斯洛文尼亚人王国出版社，1923，336 页（古）

1446

Военный сборник Общества ревнителей военных знаний. Книга V

Белград: Королевство Сербов, Хорватов и Словенцев, 1924. 419 с.

军事知识爱好者协会军事论文集（第 5 卷）

贝尔格莱德：塞尔维亚人、克罗地亚人和斯洛文尼亚人王国出版社，1924，419 页（古）

1447

Волжане. К. 1 В. Орлова-Павлович

Белград: Меркур, 1938. 132 с.

居住在伏尔加流域的人（第 1 册） B. 奥尔洛娃·帕夫洛维奇

贝尔格莱德：水星出版社，1938，132 页（古）

1448

Воспоминание о царской семьи и ее жизнь до и после революции Т. Мельник

Белград: Всеславянский книжный магазин М. И. Стефанович и Ко., 1921. 83 с.

皇室回忆录及其革命前后的生活 T. 梅利尼克

贝尔格莱德：M.И. 斯特凡诺维奇股份公司全斯拉夫书店，1921，83 页（古）

1449

Воспоминания кавказского гренадера: 1914-1920 К. Попов

Белград: Русская типография, 1925. 282 с.

一名高加索士兵的回忆录（1914—1920） K. 波波夫

贝尔格莱德：俄国印刷厂，1925，282 页（古）

1450

Годы: Очерки пятилетней борьбы В. Даватц

Белград: [Б. и.], 1926. 238 с.

岁月：五年斗争纪实 B. 达瓦茨

贝尔格莱德：[不详]，1926，238 页（古）

1451

Государыня императрица Александра Феодоровна П. Савченко

Белград: Издание общества памяти государя Императора Николая II, 1939. 104 с.

亚历山德拉·费奥多萝芙娜皇后 П. 萨夫琴科

贝尔格莱德：尼古拉二世沙皇纪念协会出版，1939，104 页（古）

1452

Грамматика любви: Избранные Рассказы Ив. Бунин

Белград: Русская типография, 1929. 40 с.

爱的规则（短篇小说选） Ив. 蒲宁

贝尔格莱德：俄国印刷厂，1929，40 页（古）

1453

Дети кометы: Роман из современной жизни в 3 частях Павел Тутковский

Белград: Изд. Всеславянского книжного магазина М. И. Стефанович и Ко., 1925. 375 с.

彗星的孩子（3 部分现代生活故事） 帕维尔·图特科夫斯基

贝尔格莱德：M.И. 斯特凡诺维奇股份公司全斯拉夫书店出版社，1925，375 页（古）

1454

Деяния Второго всезарубежного собора Русской православной Церкви заграницей

Белград: Типография «Меркур», 1939. 745 с.

第二届俄国东正教会全国外宗教会议绩事

贝尔格莱德：水星印刷厂，1939，745 页（古）

1455

Диктатор мира: Роман будущего А. Ренников

Белград: Книгоизд-во М. А. Суворина «Новое время», 1925. 207 с.

世界独裁者（未来小说） А. 伦尼科夫

贝尔格莱德：M.A. 苏沃林新时代图书出版社，1925，207 页（古）

1456

Дни В. В. Шульгин

Белград: Новое Время, 1925. 310 с.

岁月　В.В. 舒利金

贝尔格莱德：新时代出版社，1925，310 页（古）

1457

Дроздовцы в огне: Живые Рассказы и материалы　А. В. Туркуль

Белград: Типография «Светлост», 1937. 324 с.

火中的鸫鸟：真实的故事和素材　А.В. 图尔库利

贝尔格莱德：光明印刷厂，1937，324 页（古）

1458

Души живые: Роман　А. Ренников

Белград: Книгоизд-во М. А. Суворина «Новое время», 1925. 309 с.

活魂灵（长篇小说）　А. 伦尼科夫

贝尔格莱德：М.А. 苏沃林新时代出版社，1925，309 页（古）

1459

Жар-Птица: Роман　Е. Г. Бердяева

Белград: [Б. и.], 1939. 224 с.

火鸟（长篇小说）　Е.Г. 别尔佳耶娃

贝尔格莱德：[不详]，1939，224 页（古）

1460

Журавли: Рассказы　Николай Рощин

Белград: Русская типография, 1930. 248 с.

鹤（短篇小说集）　尼古拉·罗辛

贝尔格莱德：俄国印刷厂，1930，248 页（古）

1461

За тридевять земель: Роман　А. Ренников

Белград: Книгоиздательство М. А. Суворина и К-о, 1926. 290 с.

非常遥远的地方（长篇小说）　А. 伦尼科夫

贝尔格莱德：М.А. 苏沃林股份公司图书出版社，1926，290 页（古）

1462

Записки русского научного института в Белграде. Вып. 5

Белград: Русская типография, 1931. 425 с.

贝尔格莱德俄国研究所论文集（第 5 卷）

贝尔格莱德：俄国印刷厂，1931，425 页（古）

1463

Записки Русского научного института в Белграде. Выпуск 9

Белград: [Б. и.], 1933. 326 с.

贝尔格莱德俄国研究所论文集（第 9 卷）

贝尔格莱德：[不详]，1933，326 页（古）

1464

И блеск… и слезы…: Роман из современной жизни　Кн. Ольга Бебутова

Белград: Книгоиздательство М. А. Суворин и К-о, 1926. 168 с.

荣耀与泪水（现代生活小说）　奥莉加·别布托娃公爵夫人

贝尔格莱德：М.А. 苏沃林股份公司图书出版社，1926，168 页（古）

1465

Избранные рассказы: 1904-1927　Борис Зайцев

Белград: [Б. и.], 1929. 265 с.

小说选（1904—1927）　鲍里斯·扎伊采夫

贝尔格莱德：[不详]，1929，265 页（古）

1466

Иисус неизвестный. Т. 2　Д. Мережковский

Белград: Светлост, [Б. г.]. 362 с.

不为人知的耶稣（第 2 卷）　Д. 梅列日科夫斯基

贝尔格莱德：光明印刷厂，[不详]，362 页（古）

1467

История русской армии. Ч. I-IV　А. А. Керсновский

Белград: Изд. «Царского вестника», 1933. 1014 с.

俄国军队史（第 1—4 册）　А.А. 克尔斯诺夫斯基

贝尔格莱德：沙皇公报出版社，1933，1014 页（古）

1468

Как юродивый: Психо-патологический очерк　Лев Толстой

Белград: Русское типография, [Б. г.]. 29 с.

白痴：心理病理学概要　列夫·托尔斯泰

贝尔格莱德：俄国印刷厂，[不详]，29 页（古）

1469

Классические розы: Стихи 1922-30 г.г.   Игорь Северянин

Белград: Русская типография, 1931. 136 с.

古典玫瑰（1922—1930 年诗歌）　伊戈尔·谢维里
亚宁

贝尔格莱德：俄国印刷厂，1931，136 页（古）

1470

Книга июнь: Рассказы   Тэффи

Белград: [Б. и.], 1931. 205 с.

六月（短篇小说集）　泰菲

贝尔格莱德：[不详]，1931，205 页（古）

1471

**Князь мира: Фантастический роман о грядушем в
трех частях**   Б. В. Гагарин

Белград: [Б. и.], [Б. г.]. 180 с.

世界公爵：关于未来的幻想小说（3 册）　Б.В. 加加
林

贝尔格莱德：[不详]，[不详]，180 页（古）

1472

Кожаные люди: Роман в 2-х частях   Борис Кун-
дрюцков

Белград: Феникс, 1930. 147 с.

穿皮衣的人（2 部分长篇小说）　鲍里斯·昆德留茨
科夫

贝尔格莱德：长生鸟出版社，1930，147 页（古）

1473

Колесо времени: Роман: Рассказы   А. И. Куприн

Белград: Русская типография, 1930. 152 с.

时间的车轮（长篇叙事小说）　А.И. 库普林

贝尔格莱德：俄国印刷厂，1930，152 页（古）

1474

Кризис добровольчества   Гем. -М. Б. Штейфон

Белград: Русская типография, 1928. 131 с.

志愿兵役制的危机　Гем.–М.Б. 施泰因丰

贝尔格莱德：俄国印刷厂，1928，131 页（古）

1475

Л. - Гв. Финляндский полк в Великой и Граж-

данской войне: 1914-1920 г.г.   Д. Ходнев

Белград: [Б. и.], 1932. 48 с.

第一次世界大战和内战中的芬兰军团（1914—1920
年）　Д. 霍德涅夫

贝尔格莱德：[不详]，1932，48 页（古）

1476

**Листья пожелтелые: Передуманное и пережи-
тое**   А. Брандт

Белград: [Б. и.], 1930. 197 с.

枯黄的树叶：思考与往事　А. 布兰德

贝尔格莱德：[不详]，1930，197 页（古）

1477

Марионетки неведомого: Роман   Павел Тутковский

Белград: Редакция Воен. Сборника О. Р. В. З., 1923.
384 с.

不为人知的木偶（长篇小说）　帕维尔·图特科夫
斯基

贝尔格莱德：军事知识爱好者协会军事文集编辑部，
1923，384 页（古）

1478

**Моисей пред судом истории: Религии и история
древних народов. Т. I**   Л. А. Матвеев

Белград: Издание автора, 1939. 304 с.

面临历史审判的摩西：古代民族的宗教和历史（第
1 卷）　Л.А. 马特维耶夫

贝尔格莱德：作者出版，1939，304 页（古）

1479

На морском берегу   Ив. Шмелев

Белград: [Б. и.], 1930. 72 с.

海岸边　Ив. 什梅廖夫

贝尔格莱德：[不详]，1930，72 页（古）

1480

Наполеон. Т. II. Жизнь Наполеона   Д. С. Мережковский

Белград: Изд. М. Лавленко и И. Попова, 1929. 263 с.

拿破仑传（第 2 卷）：拿破仑的生活　Д.С. 梅列日科
夫斯基

贝尔格莱德：М. 拉夫连科和 И. 波波夫出版社，1929，

263 页（古）

1481
Наполеон: Наполеон-человек. Т. I　Д. С. Мереж-ковский

Белград: [Б. и.], 1929. 170 с.

拿破仑传（第 1 卷）　Д.С. 梅列日科夫斯基

贝尔格莱德：[不详]，1929，170 页（古）

1482
Народные русские сказки. Вып. 3

Белград: [Б. и.], 1929. 49 с.

俄国民间故事（第 3 册）

贝尔格莱德：[不详]，1929，49 页（古）

1483
Народные русские сказки. Вып. 5

Белград: Детская библиотека, 1929. 37 с.

俄国民间故事（第 5 册）

贝尔格莱德：儿童图书馆，1929，37 页（古）

1484
Нетленный венок　М. Кожина-Заборовская

Белград: Издание Национального Общества Русских Женщин, 1936. 108 с.

永恒的花环　М. 科日娜 – 扎博罗夫斯卡娅

贝尔格莱德：俄国女子民族协会出版，1936，108 页（古）

1485
О вере: краткая история религии　Леонид А. Матвеев

Белград: Издание автора, 1936. 126 с.

论信仰：宗教简史　列昂尼德·А. 马特维耶夫

贝尔格莱德：作者出版，1936，126 页（古）

1486
Отчий дом: Семейная хроника. К. 3　Евгений Чириков

Белград: [Б. и.], 1929. 156 с.

故里：家史纪事（第 3 卷）　叶甫盖尼·奇里科夫

贝尔格莱德：[不详]，1929，156 页（古）

1487
Очерки минувшего　В. Оболенский

Белград: Русская Типография, 1931. 295 с.

往事随笔　В. 奥博连斯基

贝尔格莱德：俄国印刷厂，1931，295 页（古）

1488
Пережитое: 1914　Б. Н. Сергеевский

Белград: Нова Штампария, 1933. 192 с.

往事（1914）　Б.Н. 谢尔盖耶夫斯基

贝尔格莱德：新印刷公司，1933，192 页（古）

1489
Последние дни Царской Ставки　В. М. Пронин

Белград: [Б. и.], 1929. 88 с.

沙皇最高统帅部的最后时日　В.М. 普罗宁

贝尔格莱德：[不详]，1929，88 页（古）

1490
Речь Обера: Произнесенная в защиту Полунина перед судом присяжных в Лозанне по делу об убийстве Воровского

Белград: Издательство М. А. Суворина «Новое Время», 1924. 102 с.

奥柏的辩护词：在洛桑陪审法庭就沃罗夫斯基遇害案为波卢宁辩护

贝尔格莱德：М.А. 苏沃林新时代出版社，1924，102 页（古）

1491
Ритуальное убийство у евреев. Кн. 1　Евгений Брант

Белград: Святослав, 1926. 183 с.

犹太人杀人仪式（第 1 册）　叶甫盖尼·勃兰特

贝尔格莱德：斯维亚托斯拉夫出版社，1926，183 页（古）

1492
Ритуальное убийство у евреев. Кн-2　Евгений Брант

Белград: [Б. и.], 1927. 227 с.

犹太人杀人仪式（第 2 册）　叶甫盖尼·勃兰特

贝尔格莱德：[不详]，1927，227 页（古）

1493

Ритуальное убийство у евреев. Кн-3   Евгений Брант

Белград: [Б. и.], 1929. 222 с.

犹太人杀人仪式（第 3 册）   叶甫盖尼·勃兰特

贝尔格莱德：[不详]，1929，222 页（古）

1494

Русский поп XVII века: Этюды   Алексадр Амфитеатров

Белград: Русская типография, 1930. 227 с.

17 世纪俄国流行歌手（练习曲）   亚历山大·阿姆菲捷阿特罗夫

贝尔格莱德：俄国印刷厂，1930，227 页（古）

1495

Семь лет во власти темной силы: Воспоминания В. Д. Пыхачевой урожден. Набоковой   В. Д. Пыхачева

Белград: Новое Время, 1929. 89 с.

反动势力控制下的七年：В.Д. 佩哈切娃（娘家姓纳博科娃）回忆录   В.Д. 佩哈切娃

贝尔格莱德：新时代出版社，1929，89 页（古）

1496

Серебряная елка: Сказки для детей   Саша Черный

Белград: [Б. и.], 1929. 59 с.

银云杉（童话）   萨沙 . 乔尔内

贝尔格莱德：[不详]，1929，59 页（古）

1497

Синяя книга: Петербургский дневник: 1914-1918   З. Гиппиус

Белград: Типография Раденковича, 1929. 234 с.

蓝皮书：彼得堡日记（1914—1918）   З. 吉皮乌斯

贝尔格莱德：拉坚科维奇印刷厂，1929，234 页（古）

1498

Сказки. К. 1   Вера Булич

Белград: [Б. и.], 1931. 88 с.

童话（第 1 册）   薇拉·布里奇

贝尔格莱德：[不详]，1931，88 页（古）

1499

Сны Петра: Трилогия в рассказах   Иван Лукаш

Белград: [Б. и.], 1931. 195 с.

彼得的梦（短篇小说三部曲）   伊万·卢卡什

贝尔格莱德：[不详]，1931，195 页（古）

1500

Современная стратегическая обстановка на Дальнем Востоке: Доклад, прочитанный 1-го марта 1934 года   Н. Н. Головин

Белград: Издание «Русского голоса», 1934. 60 с.

当前远东的战略形势（1934 年 3 月 1 日报告）   Н. Н. 戈洛温

贝尔格莱德：《俄国之声》出版，1934，60 页（古）

1501

Тайна Запада: Атлантида-Европа   Д. Мережковский

Белград: Русская типография, 1930. 192 с.

西方的秘密：大西洲—欧洲   Д. 梅列日科夫斯基

贝尔格莱德：俄国印刷厂，1930，192 页（古）

1502

Тайна Запада: Атлантида-Европа; Боги Атлантиды   Д. Мережковский

Белград: Русская типография, 1930. 532 с.

西方的秘密：大西洲—欧洲；大西洲诸神   Д. 梅列日科夫斯基

贝尔格莱德：俄国印刷厂，1930，532 页（古）

1503

Тени Ренессанса: Роман   Лина Зеленская

Белград: Издание М. Г. Ковалева, [Б. г.]. 197 с.

文艺复兴的阴影（长篇小说）   莉娜·泽连斯卡娅

贝尔格莱德：М.Г. 科瓦廖夫出版，[不详]，197 页（古）

1504

Трагедия Адмирала Колчака. Часть I   С. П. Мельгунов

Белград: Русская типография, 1930. 238 с.

海军上将高尔察克的悲剧（第 1 册）   С.П. 梅利古诺夫

贝尔格莱德：俄国印刷厂，1930，238 页（古）

1505

Трагедия адмирала Колчака. Часть III. Конституционная диктатура С. П. Мельгунов

Белград: Русская типография, 1930. 351 с.

海军上将高尔察克的悲剧（第 3 册）：宪法专制 С. П. 梅利古诺夫

贝尔格莱德：俄国印刷厂，1930，351 页（古）

1506

Туркестан Е. П. Джунковский

Белград: Типография «Меркур», 1939. 16 с.

突厥斯坦 Е.П. 准科夫斯基

贝尔格莱德：水星印刷厂，1939，16 页（古）

1507

Церон Ф. Цевловский

Белград: [Б. и.], 1936. 242 с.

"采龙"号 Ф. 采夫洛夫斯基

贝尔格莱德：[不详]，1936，242 页

1508

Час голубой Павел Тутковский

Белград: Русская Типография, [Б. г.]. 156 с.

蓝色时刻 帕维尔·图特科夫斯基

贝尔格莱德：俄国印刷厂，[不详]，156 页（古）

1509

Черт: Песни росса о гибели Родины и думы о ее спасении М. Непокорный

Белград: [Б. и.], 1926. 400 с.

鬼：罗斯人反映祖国灭亡的歌曲和关于拯救祖国的思想 М. 涅波科尔内

贝尔格莱德：[不详]，1926，400 页（古）

1510

Чингис Хан как полководец и его наследие: Культурно-исторический очерк Монгольской империи XII-XIV века Эренжен Хара-Даван

Белград: Издание Эренжен Хара-Даван, 1929. 232 с.

成吉思汗统帅及其遗产：12—14 世纪蒙古帝国文化历史概况 埃伦任·哈拉 – 达万

贝尔格莱德：埃伦任·哈拉 – 达万出版，1929，232 页

1511

Югославия: История, политика, культура. Сборник статей I

Белград: Издание «Русского архива», 1930. 340 с.

南斯拉夫：历史、政治、文化（论文集第 1 卷）

贝尔格莱德：俄国档案馆出版，1930，340 页

1512

Юность Павла Строганова и другия характеристики М. А. Алданов

Белград: Типография Светлост, [Б. г.]. 188 с.

帕维尔·斯特罗加诺夫的青年时代及其他描述 М. А. 阿尔达诺夫

贝尔格莱德：光明印刷厂，[不详]，188 页（古）

1513

Живое слово: Книга для изучения родного языка Составил А. Я. Острогорский

Нью-Йорк: Association press, 1920. 334 с.

生动的语言：祖国语言研究手册 А.Я. 奥斯特罗戈尔斯基编

纽约：联合会印刷厂，1920，334 页

1514

Звезды Маньчжурии: Рассказы Альфред Хейдок

New-York: [Б. и.], 1934. 148 с.

满洲之星（短篇小说） 阿尔弗雷德·海因多克

纽约：[不详]，1934，148 页（古）

1515

Земля Колумба: Сборники литературы и искусства. 2-ая книга Под редакцией Б. Миклашевский

New York: [Б. и.], 1936. 132 с.

哥伦布大陆（文艺作品集第 2 卷） Б. 米克拉舍夫斯基编

纽约：[不详]，1936，132 页

1516

Капитал: критика политической экономии. Т. 1. Процесс производства капитала Карл Маркс

Киев; NEW YORK: Издательство Я. Оренштейна, [1900]. 755 с.

资本论：政治经济学批判（第 1 卷）：资本的生产过程 卡尔·马克思

基辅、纽约：Я. 奥伦施泰因出版社，［1900］，755 页
（古）

1517

Новый завет господа нашего Иисуса Христа

Нью-Йорк: Американское библейское общество, 1918. 490 с.

主耶稣基督新约

纽约：美国圣经公会，1918，490 页

1518

Посмертные художественные произведения и Ка-заки. T. IV　Л. Н. Толстой

Нью Йорк: Международное книгоизд-во, [Б. г.]. 333 с.

艺术遗作与哥萨克（第 4 卷）　Л.Н. 托尔斯泰

纽约：国际图书出版社，［不详］，333 页（古）

1519

Посмертные художественные произведения. T. III　Л. Н. Толстой

Нью-Йорк: Русское литературное изд-во, [Б. г.]. 330 с.

文学遗著（第 3 卷）　Л.Н. 托尔斯泰

纽约：俄国文学出版社，［不详］，330 页（古）

1520

Путь жизни. T. II. Не в силе Бог а в правде　Л. Н. Толстой

Нью-Йорк: Международное Книгоиздательство, 1868. 369 с.

生活之路（第 2 卷）：上帝支持真理而非暴利　Л.Н. 托尔斯泰

纽约：国际图书出版社，1868，369 页（古）

1521

Русская революция: Ее начало, арест Царя, пер-спективы: Впечатления и мысли очевидца и участ-ника　А. А. Бубликов

Нью-Йорк: [Б. и.], 1918. 160 с.

俄国革命：爆发、逮捕沙皇、前景（目击者和参加者的印象和看法）　А.А. 布勃利科夫

纽约：［不详］，1918，160 页（古）

1522

Современные сказки　А. Амфитеатров

Нью-Йорк: Русское литературное издательство, [Б. г.]. 105 с.

现代童话　А. 阿姆菲捷阿特罗夫

纽约：俄国文学出版社，［不详］，105 页（古）

1523

Финансово-экономическое положение Соединенных Штатов в 1917 году = THE ECONOMIC SITUATION OF THE UNITED STATES IN 1917　Сост. Е. И. Омельченко

Нью-Йорк: [Б. и.], 1918. 107 с.

1917 年美国财政经济状况　Е.И. 奥梅利琴科编

纽约：［不详］，1918，107 页（古）

1524

Что я видел в Советской России?: Из моих лич-ных наблюдений　Минский Мужик

Нью-Йорк: [Spiestuve «Star»], 1937. 245 с.

我在苏俄之所见：个人观察摘记　明斯基・穆日克

纽约：［星星印刷厂］，1937，245 页

1525

Чураевы: Братья　Георгий Гребенщиков

New York: ALATAS, [Б. г.]. 229 с.

丘拉耶夫一家：兄弟　格奥尔吉・格列比翁希科夫

纽约：阿拉塔斯图书出版社印刷厂，［不详］，229 页

1526

Чураевы: Веления земли　Георгий Гребенщиков

New York: ALATAS, [Б. г.]. 179 с.

丘拉耶夫一家：地球命令　格奥尔吉・格列比翁希科夫

纽约：阿拉塔斯图书出版社印刷厂，［不详］，179 页

1527

Чураевы: Спуск в долину　Георгий Гребенщиков

Нью-Йорк: ALATAS, [Б. г.]. 197 с.

丘拉耶夫一家：走入山谷　格奥尔吉・格列比翁希科夫

纽约：阿拉塔斯图书出版社印刷厂，［不详］，197 页

1528

Огни сердца: Роман в 2-х частях. Часть 1　Иннокентий Чаров

Сиатль: Изд-во «Золотой вихрь», 1933. 224 с.

内心的激情（2 部分长篇小说第 1 部分） 因诺肯季·恰罗夫

西雅图：金旋风出版社，1933，224 页

1529

На берегу и в море Д. В. Никитин (Фокагитов)

Сан Франциско: Морское издательство при Кают-Компании морских офицеров в Сан Франциско, [Б. г.]. 266 с.

岸上和海里 Д.В. 尼基京（福卡吉托夫）

旧金山：旧金山海军军官餐厅附属海洋出版社，[不详]，266 页（古）

1530

Российская контр-революция в 1917-1918 г.г..Часть I Н. Н. Головин

California: [IMPRIME EN ESTHONIE], [Б. г.]. 327 с.

1917—1918 年俄国的反革命（第 1 册） Н.Н. 戈洛温

加利福尼亚：[爱沙尼亚印刷品]，[不详]，327 页（古）

1531

Российская контр-революция в 1917-1918 г.г.. Часть V Н. Н. Головин

California: [IMPRIME EN ESTHONIE], [Б. г.]. 232 с.

1917—1918 年俄国的反革命（第 5 册） Н.Н. 戈洛温

加利福尼亚：[爱沙尼亚印刷品]，[不详]，232 页（古）

1532

Купава: Роман одного художника Георгий Гребенщиков

USA: Типография книгоиздательства «Алатас», [Б. г.]. 104 с.

睡莲：一个画家的故事 格奥尔吉·格列比翁希科夫

美国：阿拉塔斯图书出版社印刷厂，[不详]，104 页（古）

1533

Чураевы. V. Сто племен с единым Георгий Гре-

бенщиков

USA: ALATAS, [Б. г.]. 208 с.

丘拉耶夫一家（第 5 卷）：信念一致的一百个部落 格奥尔吉·格列比翁希科夫

美国：阿拉塔斯图书出版社印刷厂，[不详]，208 页（古）

1534

Чураевы: Трубный глас Георгий Гребенщиков

USA: ALATAS, [Б. г.]. 123 с.

丘拉耶夫一家：末日审判的号声 格奥尔吉·格列比翁希科夫

美国：阿拉塔斯图书出版社印刷厂，[不详]，123 页

1535

Маркиза де Сантос: Любовница Императора Бразилии: Роман-хроника Пауло Сетубал; Пер. с португальского Ярослава Воинова

Сан-Пауло: Тропики, 1933. 236 с.

侯爵夫人德·桑托斯：巴西皇帝的情妇（历史小说）

保罗·塞图巴尔著，雅罗斯拉夫·沃伊诺夫译自葡萄牙语

圣保罗：热带出版社，1933，236 页

1536

Хлеб и Воля П. Кропоткин

Южная Америка: Изд. Федераций Российских Рабочих Организаций Южной Америки, 1920. 297 с.

面包和意志 П. 克罗波特金

南美洲：南美俄国工人组织联合会出版社，1920，297 页（古）

1537

Император Николай II и революция И. П. Якобий

[Б. м.]: [Б. и.], 1938. 380 с.

尼古拉二世皇帝与革命 И.П. 雅各比

[不详]：[不详]，1938，380 页（古）

1538

Перед войной: Роман Е. Щировская

[Б. м.]: [Б. и.], [Б. г.]. 349 с.

战争爆发前（长篇小说） Е. 希洛夫斯卡娅

[不详]：[不详]，[不详]，349 页（古）

1539

Святая Русь. Т. 2. Война   Н. В. Колесников

[Б. м.]: [Б. и.], 1932. 192 с.

神圣的罗斯（第 2 卷）: 战争   Н.В. 科列斯尼科夫

［不详］: ［不详］, 1932，192 页（古）

1540

Соленая купель: Роман   А. Новиков-Прибой

[Б. м.]: Изд-во Жизнь и культура, [Б. г.]. 219 с.

充满咸味的洗礼池（长篇小说）   А. 诺维科夫 – 普里博伊

［不详］: 生活与文化出版社，［不详］, 219 页（古）

1541

Тайная доктрина   Е. П. Блаватский

[Б. м.]: Издательство Парабола, [Б. г.]. 138 с.

神秘学说   Е.П. 布拉瓦茨基

［不详］: 抛物线出版社，［不详］, 138 页（古）

哈尔滨—满洲专题文献

0001

1 Харбинского общественного Коммерческого Училища: 1921-1931   Состав. Н. П. Автономов

Харбин: [Б. и.], 1931. 78 с.

哈尔滨第一公共商务学校（1921—1931） Н.П. 阿夫托诺莫夫编

哈尔滨：[不详]，1931，78 页

0002

Альбом Харбинского общественного управления

Харбин: [Б. и.], 192?. 100 с.

哈尔滨社会管理局纪念册

哈尔滨：[不详]，192?，100 页

0003

Альбом-путеводитель восьмого участка Харбинского коммерческого агентства Китайской Восточной жел. дор.   Р. К. Иостын

Харбин: Харбинское Коммерческое Агентство К. В. Ж. Д., 1923. 82 с.

中东铁路哈尔滨商务代办处第八区指南   Р.К. 约斯滕

哈尔滨：中东铁路哈尔滨商务代办处，1923，82 页（古）

0004

Библиография Маньчжурии. Вып.1. Указатель периодических и повременных изданий выходивших в г. Харбине на русском и др. европейских языках по 1-е января 1927 года   М. С. Тюнин

Харбин: Изд-во общества изучения Маньчжурского Края, 1927. 41 с.

东省出版物源流考（第 1 卷）：哈尔滨俄文及其他欧洲语言定期出版物索引（截至 1927 年 1 月 1 日）   М.

С. 秋宁

哈尔滨：东省文物研究会出版社，1927，41 页

0005

Великая Маньчжурская империя: К десятилетнему юбилею   М. Н. Гордеев

Харбин: Изд. организфции Кио-ва-кай и главного бюро по делам российских эмигрантов в Маньчжурской Империи, 1942. 416+49 с.

伟大的满洲帝国：十周年纪念   М.Н. 戈尔杰耶夫

哈尔滨：协和会与满洲国俄侨事务总局出版社，1942，416+49 页

0006

Вестник казачьей выставки в Харбине 1943 г.: Сборник статей о казаках и казачестве   Под ред. Е. П. Березовского

Харбин: Издание представительства союза казаков в Восточной Азии, 1943. 202 с.

1943 年哈尔滨哥萨克展会会刊（哥萨克论文集）   Е. П. 别列佐夫斯基编

哈尔滨：东亚哥萨克联盟代表处出版，1943，202 页（古）

0007

Вестник Казачьей выставки в Харбине: 1943 г.: Сборник статей о Казаках и Казачестве   Под ред. Е. П. Березовского

Харбин: Издание представительства Союза Казаков в Восточной Азии, 1943. 202 с.

哈尔滨哥萨克展会会刊（1943 年）：哥萨克论文集   Е. П. 别列佐夫斯基编

哈尔滨：东亚哥萨克联盟代表处出版，1943，202 页（古）

0008

Весь Харбин на 1923 год: Адресная и справочная книга гор. Харбина   Под ред. С. Т. Тернавского

Харбин: Издательство «Весь Харбин», [1923]. 340 c.

1923 年哈尔滨大全：哈尔滨市地址手册   C.T. 捷尔纳夫斯基编

哈尔滨：哈尔滨大全出版社，［1923］，340 页（古）

0009

Весь Харбин на 1924 год: Адресная и справочная книга гор. Харбина   Редактор-Издатель С. Т. Тернавский

Харбин: Редактор-Издатель С. Т. Тернавский, [1924]. 334 c.

1924 年哈尔滨大全：哈尔滨市地址手册   编辑出版人 C.T. 捷尔纳夫斯基

哈尔滨：C.T. 捷尔纳夫斯基编辑出版，［1924］，334 页（古）

0010

Весь Харбин на 1926 год: Адресная и справочная книга гор. Харбина   Редактор-Издатель С. Т. Тернавский

Харбин: Типография Китайской Восточной железной дороги, [1926]. 534 c.

1926 年哈尔滨大全：哈尔滨市地址手册   编辑出版人 C.T. 捷尔纳夫斯基

哈尔滨：中东铁路印书局，［1926］，534 页

0011

Весь Харбин на 1927 год: Адресная и справочная книга гор. Харбина   Редактор-Издатель С. Т. Тернавский

Харбин: Редактор-Издатель С. Т. Тернавский, 1927. 389 c.

1927 年哈尔滨大全：哈尔滨市地址手册   编辑出版人 C.T. 捷尔纳夫斯基

哈尔滨：C.T. 捷尔纳夫斯基编辑出版，1927，389 页（古）

0012

Внешняя торговля Китая и ее место в мировом товарообмене: С приложением карты Китая   А. В. Маракуев

Харбин: Изд-во общества изучения Маньчжурского края, 1927. 94 c.

中国对外贸易及其在国际商品交换中的地位（附中国地图）   A.B. 马拉库耶夫

哈尔滨：东省文物研究会出版社，1927，94 页

0013

Газетные вырезки на тему научной и культурной жизни русских, проживающих в г. Харбине: 1929-1941 г.г.

Харбин: [Б. и.], [Б. г.]. 178 c.

哈尔滨俄侨科学和文化生活专题剪报（1929—1941年）

哈尔滨：［不详］，［不详］，178 页（古）

0014

Газетные вырезки на тему научной и культурной жизни русских, проживающих в г. Харбине: 1941-1945 г.г.. Т. 1

Харбин: [Б. и.], [Б. г.]. 128 c.

哈尔滨俄侨科学和文化生活专题剪报：1941—1945年（第 1 卷）

哈尔滨：［不详］，［不详］，128 页

0015

Газетные вырезки на тему научной и культурной жизни русских, проживающих в г. Харбине: 1941-1945 г.г.. Т. 2

Харбин: [Б. и.], [Б. г.]. 173 c.

哈尔滨俄侨科学和文化生活专题剪报：1941—1945年（第 2 卷）

哈尔滨：［不详］，［不详］，173 页

0016

Географические очерки Маньчжурии   В. А. Анучин

М.: Огиз; Географгиз, 1948. 299 c.

满洲地理概况   B.A. 阿努钦

莫斯科：国家出版社联合公司、国家地理书籍出版社，1948，299 页

0017

Гид Харбина: Октябрь 1932-1933 г.

[Харбин]: Издание А. М. Урбанович, 1933. 268 c.

哈尔滨旅游指南（1932 年 10 月—1933 年）
[哈尔滨]：А.М. 乌尔巴诺维奇出版，1933，268 页

0018

Гончарные изделия в Северной Маньчжурии: С рисунками　А. Е. Герасимов

Харбин: 东省文物研究会 , 1928. 15 c.

北满陶器（附图）　А.Е. 格拉西莫夫

哈尔滨：东省文物研究会，1928，15 页

0019

Деловой Харбин　Редактор-издатель А. М. Урбанович

Харбин: [Б. и.], 1933. 367 c.

哈尔滨实业界　编辑出版人 А.М. 乌尔巴诺维奇

哈尔滨：[不详]，1933，367 页

0020

Деревянные изделия и щепной товар Гириньской провинции　А. Е. Герасимов

Харбин: Общество изучения Маньчжурского края, 1928. 9 c.

吉林省木制品和木制小商品　А.Е. 格拉西莫夫

哈尔滨：东省文物研究会，1928，9 页

0021

Деятельность тарифно-показательного музея Китайской Восточной жел. дор. в Харбине за десятилетие 1924-1934 гг.　В. Я. Толмачев

Харбин: [Типо-литография Кит. Вост. жел. дор.], 1935. 7 c.

1924—1934 十年间哈尔滨中东铁路运价公开博物馆的工作　В.Я. 托尔马乔夫

哈尔滨：[中东铁路印书局]，1935，7 页

0022

Древности Маньчжурий развалины Бэй-Чэна: С рисунками в тексте и 2 таблицами　В. Я. Толмачев

Харбин: Общество изучения Маньчжурского края, 1925. 32 c.

败城遗址的满洲古物（附图和 2 个表格）　В.Я. 托尔马乔夫

哈尔滨：东省文物研究会，1925，32 页

0023

Животный мир Маньчжурии по коллекциям музея общества изучения Маньчжурского края: пресмыкающиеся и земноводные, с 25 рисунками в тексте　П. А. Павлов

Харбин: 东省文物研究会 , 1926. 22 c.

东省文物研究会博物馆满洲动物界藏品：爬虫纲和两栖纲（附 25 幅图）　П.А. 帕夫洛夫

哈尔滨：东省文物研究会，1926，22 页

0024

Животный мир Маньчжурии по коллекциям музея общества изучения маньчжурского края: Птицы　Б. П. Яковлев

Харбин: Изд. общества изучения Маньчжурского края, 1929. 51 c.

东省文物研究会博物馆满洲动物界藏品：鸟类　Б. П. 雅科夫列夫

哈尔滨：东省文物研究会出版社，1929，51 页

0025

Записки Харбинского общества естествоиспытателей и этнографов = PROCEEDINGS OF THE HARBIN SOCIETY OF NATURAL HISTORY AND ETHNOGRAPHY. № 1. Этнография　[Секретарь А. Баранов]

Харбин:Издание Харбинского общества естествоиспытателей и этнографов, 1946. 58 c.

哈尔滨自然科学家和民族学家协会会刊（第 1 期）：民族学　[А. 巴拉诺夫秘书]

哈尔滨：哈尔滨自然科学家和民族学家协会出版，1946，58 页

0026

Записки Харбинского общества естествоиспытателей и этнографов = PROCEEDINGS OF THE HARBIN SOCIETY OF NATURAL HISTORY AND ETHNOGRAPHY. № 10. Лекарственные насекомые в китайской медицине　В. Н. Алин

Харбин: Издатель А. Г. Малявкин, 1953. 12 c.

哈尔滨自然科学家和民族学家协会会刊（第 10 期）：中医药用昆虫　В.Н. 阿林

哈尔滨：А.Г. 马利亚夫金出版，1953，12 页

0027

Записки Харбинского общества естествоиспытателей и этнографов = PROCEEDINGS OF THE HARBIN SOCIETY OF NATURAL HISTORY AND ETHNOGRAPHY. № 2. Ботаника

Харбин: Издание Харбинского общества естествоиспытателей и этнографов, 1946. 65 с.

哈尔滨自然科学家和民族学家协会会刊（第 2 期）：植物学

哈尔滨：哈尔滨自然科学家和民族学家协会出版，1946，65 页

0028

Записки Харбинского общества естествоиспытателей и этнографов = PROCEEDINGS OF THE HARBIN SOCIETY OF NATURAL HISTORY AND ETHNOGRAPHY. № 3. Археология

Харбин: Издание Харбинского общества естествоиспытателей и этнографов, 1946. 62 с.

哈尔滨自然科学家和民族学家协会会刊（第 3 期）：考古学

哈尔滨：哈尔滨自然科学家和民族学家协会出版，1946，62 页

0029

Записки Харбинского общества естествоиспытателей и этнографов = PROCEEDINGS OF THE HARBIN SOCIETY OF NATURAL HISTORY AND ETHNOGRAPHY. № 4. A. M. Смирнов: Мезозойские эффузивно-туфогенные комплексы в стратиграфии ангарских отложений Восточной Азии

Харбин: Издание Харбинского общества естествоиспытателей и этнографов, 1946. 16 с.

哈尔滨自然科学家和民族学家协会会刊（第 4 期）：A.M. 斯米尔诺夫：东亚安加尔斯克沉积层的中生代喷发凝灰岩体

哈尔滨：哈尔滨自然科学家和民族学家协会出版，1946，16 页

0030

Записки Харбинского общества естествоиспытателей и этнографов = PROCEEDINGS OF THE HARBIN SOCIETY OF NATURAL HISTORY

AND ETHNOGRAPHY. № 5. Памяти академика В. Л. Комарова

Харбин: Издание Харбинского общества естествоиспытателей и этнографов, 1946. 56 с.

哈尔滨自然科学家和民族学家协会会刊（第 5 期）：纪念 В.Л. 科马罗夫院士

哈尔滨：哈尔滨自然科学家和民族学家协会出版，1946，56 页

0031

Записки Харбинского общества естествоиспытателей и этнографов = PROCEEDINGS OF THE HARBIN SOCIETY OF NATURAL HISTORY AND ETHNOGRAPHY. № 6. Сельское хозяйство

Харбин: Издание Харбинского общества естествоиспытателей и этнографов, 1947. 60 с.

哈尔滨自然科学家和民族学家协会会刊（第 6 期）：农业

哈尔滨：哈尔滨自然科学家和民族学家协会出版，1947，60 页

0032

Записки Харбинского общества естествоиспытателей и этнографов = PROCEEDINGS OF THE HARBIN SOCIETY OF NATURAL HISTORY AND ETHNOGRAPHY. № 7. Зоология

Харбин: Издание Харбинского общества естествоиспытателей и этнографов, 1947. 41 с.

哈尔滨自然科学家和民族学家协会会刊（第 7 期）：动物学

哈尔滨：哈尔滨自然科学家和民族学家协会出版，1947，41 页

0033

Записки Харбинского общества естествоиспытателей и этнографов = PROCEEDINGS OF THE HARBIN SOCIETY OF NATURAL HISTORY AND ETHNOGRAPHY. № 8. Археология

Харбин: Издание Харбинского общества естествоиспытателей и этнографов, 1950. 76 с.

哈尔滨自然科学家和民族学家协会会刊（第 8 期）：考古学

哈尔滨：哈尔滨自然科学家和民族学家协会出版，1950，76 页

0034

Записки Харбинского общества естествоиспыта-телей и этнографов. № 11. Т. П. Гордеев: Лианы маньчжурии и приморья Т. П. Гордеев

Харбин: Издание Харбинского общества естествоиспытателей и этнографов, 1954. 16 с.

哈尔滨自然科学家和民族学家协会会刊（第 11 期）：Т.П. 戈尔杰耶夫：满洲和滨海地区的藤本植物　Т. П. 戈尔杰耶夫

哈尔滨：哈尔滨自然科学家和民族学家协会出版，1954，16 页

0035

Записки Харбинского общества естествоиспыта-телей и этнографов: При центральном правле-нии общества граждан СССР в Харбине. № 13. Основные вопросы геологи Маньчжурии А. М. Смирнов

Харбин: [Б. и.], 1954. 80 с.

哈尔滨自然科学家和民族学家协会会刊（附属于驻哈尔滨苏联公民协会中央管理委员会）（第 13 期）：满洲地质学主要问题　А.М. 斯米尔诺夫

哈尔滨：[不详]，1954，80 页

0036

Земледельческая Маньчжурия по фотографиям Б. В. Скворцова. Альбом 4. Техника китайско-го земледелия и с.-х. культуры. Серия 4 Б. В. Скворцов

Харбин: [Б. и.], 1931. 42 с.

Б.В. 斯克沃尔佐夫照片中的满洲农业（相册 4）：中国农耕技术和农业文明（系列 4）　Б.В. 斯克沃尔佐夫

哈尔滨：[不详]，1931，42 页

0037

Из дневников кругосветного путешествия: По Корее, Маньчжурии и Ляодунскому полуостро-ву Н. Г. Гарин

М.: Государственное издательство географической литературы, 1949. 403 с.

环球旅行日记：朝鲜、满洲和辽东半岛　Н.Г. 加林

莫斯科：国家地理书籍出版社，1949，403 页

0038

Известия Юридического факультета = 法政学刊 = Memoirs of the Faculty of law In Harbin. T. 10

Харбин: Заря, 1933. 378 с.

法政学刊（第 10 期）

哈尔滨：霞光出版社，1933，378 页

0039

Известия Юридического факультета = 法政学刊 = Memoirs of the Faculty of law In Harbin. T. 3

Харбин: Заря, 1926. 340 с.

法政学刊（第 3 期）

哈尔滨：霞光出版社，1926，340 页

0040

Известия Юридического факультета = 法政学刊 = Memoirs of the Faculty of law In Harbin. T. 4

Харбин: Заря, 1927. 356 с.

法政学刊（第 4 期）

哈尔滨：霞光出版社，1927，356 页

0041

Известия Юридического факультета = 法政学刊 = Memoirs of the Faculty of law In Harbin. T. 6

Харбин: Заря, 1928. 397 с.

法政学刊（第 6 期）

哈尔滨：霞光出版社，1928，397 页

0042

Известия Юридического факультета. T. 1

Харбин: Заря, 1925. 248 с.

法政学刊（第 1 期）

哈尔滨：霞光出版社，1925，248 页

0043

Известия. № 1

Харбин: Типография Изд-во «Т-во Заря», 1945. 61 с.

消息报（第 1 期）

哈尔滨：霞光出版公司印刷厂，1945，61 页

0044

Изюбрь и изюбреводство: С 9 рисунками и 1 кар-той Н. А. Байков

Харбин: Музей общества изучения Маньчжурского

края, 1925. 13 с.

东北马鹿及其饲养（附 9 幅图和 1 幅地图） Н.А. 拜科夫

哈尔滨: 东省文物研究会博物馆，1925，13 页

0045

Империализм в Манчжурии. Т. II. Империализм и производительные силы Манчжурии В. Аварин

М.: Соцэкгиз, 1934. 558 с.

满洲帝国主义（第 2 卷）: 满洲帝国主义和生产力 В. 阿瓦林

莫斯科: 国家社会经济书籍出版社，1934，558 页

0046

Исторический обзор и современное положение подготовительных курсов Харбинского политехнического института

Харбин: Изд. педагогической корпорации подготовительных курсов, 1932. 110 с.

哈尔滨工学院预科班历史概述和现状

哈尔滨: 预科班教师联合会出版社，1932，110 页

0047

Исторический обзор Харбинских коммерческих училищ за 15 лет: 26 февраля 1906 г. ст. ст.-11 марта 1921 г. нов. ст. Сост. Н. П. Автономов

Харбин: Типография Кит. Вост. жел. дороги, 1921. 213 с.

哈尔滨商业学校 15 年简史（旧历 1906 年 2 月 26 日—新历 1921 年 3 月 11 日） Н.П. 阿夫托诺莫夫编

哈尔滨: 中东铁路印书局，1921，213 页（古）

0048

История Благовещенской Церкви в Харбине М. К. Комарова

Харбин: [Б. и.], 1942. 200 с.

哈尔滨天使报喜教堂史 М.К. 科马罗娃

哈尔滨: [不详]，1942，200 页（古）

0049

К вопросу о шелководстве в Северной Маньчжурии: С иллюстрациями В. Я. Толмачев

Харбин: Изд. общества изучения Маньчжурского

края, 1928. 10 с.

北满养蚕业问题（附插图） В.Я. 托尔马乔夫

哈尔滨: 东省文物研究会出版社，1928，10 页

0050

Карта Маньчжурии М. П. Андриевский [и. др.]

Харбин: Изд. Коммерческой частью и Экономическим Бюро К. В. Ж. Д., 1925. 1 с.

满洲地图 М.П. 安德里耶夫斯基等

哈尔滨: 中东铁路商务处和经济调查局出版，1925，1 页

0051

Китайские цехи = The Chinese guilds: Краткий исторический очерки и альбом цеховых знаков в красках Г. Г. Авенариус

Харбин: Изд-во общество изучения Маньчжурского края, 1928. 97 с.

中国行会: 行会简史和行会标志彩图册 Г.Г. 阿韦纳里乌斯

哈尔滨: 东省文物研究会出版社，1928，97 页

0052

Китайское крестьянское хозяйство в Северной Маньчжурии: Экономический очерк Е. Е. Яшнов

Харбин: Типография Китайской Восточной железной дороги, 1926. 525 с.

北满中国农民经济: 经济概况 Е.Е. 亚什诺夫

哈尔滨: 中东铁路印书局，1926，525 页

0053

Климат Маньчжурии с точек зрения сельского хозяйства, промышленной жизни и здоровья человека. Часть 1 А. Д. Воейков

Харбин: Типография Кит. Вост. жел. дор., 1933. 120 с.

农业、工业生活和人类健康视角下的满洲气候（第 1 册） А.Д. 沃耶伊科夫

哈尔滨: 中东铁路印书局，1933，120 页

0054

Корень жизни (жень-шень): С рисунками в тексте Н. А. Байков

Харбин: 东省文物研究会, 1926. 21 с.

生命之根（人参）（附图） Н.А. 拜科夫

哈尔滨: 东省文物研究会, 1926, 21 页

0055

Лесное дело в Маньчжурии В. И. Сурин

Харбин: Типография Кит. Вост. жел. дор., 1930. 398 с.

满洲林业 В.И. 苏林

哈尔滨: 中东铁路印书局, 1930, 398 页

0056

Маньчжурия и угроза Японо-Американской войны И. Горшенин

М.: Партийное изд-во, 1933. 108 с.

满洲和日美战争威胁 И. 戈尔舍宁

莫斯科: 联共（布）中央委员会党的出版社, 1933, 108 页

0057

Маньчжурская пшеница: С рисунками Б. В. Скворцов

Харбин: 东省文物研究会, 1927. 29 с.

满洲小麦（附图） Б.В. 斯克沃尔佐夫

哈尔滨: 东省文物研究会, 1927, 29 页

0058

Маньчжурская тускарора или цицания широколистная: С 13 рисунками в тексте И. В. Козлов

Харбин: 东省文物研究会, 1926. 12 с.

满洲宽叶茭笋（附 13 幅图） И.В. 科兹洛夫

哈尔滨: 东省文物研究会, 1926, 12 页

0059

Маньчжурский лесной орех: С рисунками Б. В. Скворцов

Харбин: 东省文物研究会, 1927. 11 с.

满洲榛子（附图） Б.В. 斯克沃尔佐夫

哈尔滨: 东省文物研究会, 1927, 11 页

0060

Маньчжурский охотник и рыболов Общество правильной охоты и рыболовства

Харбин: Изд. Общества правильной охоты и рыбо-ловства, 1934. 86 с.

满洲猎人与渔民 渔猎协会

哈尔滨: 合法渔猎协会出版社, 1934, 86 页

0061

Маньчжурский тигр: С 2 картами и 15 рисунками в тексте и 1 таблицей в красках Н. А. Байков

Харбин: Музей общества изучения Маньчжурского края, 1925. 11 с.

满洲虎（附 2 幅地图、15 幅图和 1 个彩色表格） Н. А. 拜科夫

哈尔滨: 东省文物研究会博物馆, 1925, 11 页

0062

Маньчжу-Ти-Го страна возможностей М. Талызин

Харбин: Экономист, 1935. 204 с.

潜力巨大的满洲帝国 М. 塔雷津

哈尔滨: 经济学家出版社, 1935, 204 页

0063

Масляничные (Соевые) бобы как кормовое и пищевое растение А. А. Хорват

Харбин: Изд-во общества изучения Маньчжурского края, 1927. 126 с.

饲料作物和食用作物大豆 А.А. 霍尔瓦特

哈尔滨: 东省文物研究会出版社, 1927, 126 页

0064

Материалы по исследованию путей сообщения Приамурского края: Дорожный отдел. Вып. IV. Скотопрогонные тракты из Монголии и Маньчжурии в Приамурье в связи с условиями скотопромышленности Приамурского края П. П. Чубинский, П. П. Крынин

Благовещенск: И. Я. Чурин и К-о, 1913. 107 с.

阿穆尔河沿岸地区交通路线研究资料: 交通运输处（第 4 册）: 基于阿穆尔河沿岸地区肉禽贩卖业条件的蒙古和满洲通往阿穆尔河沿岸地区的牧道 П. П. 丘宾斯基、П.П. 克雷宁

布拉戈维申斯克: И.Я. 秋林股份公司, 1913, 107 页（古）

0065

Материалы по Маньчжурии и Монголии. Вып. 11. Словарь монгольских терминов А.-Н. Сост. Заамурского округа Ротмистр Баранов

Харбин: Русско-Китайская типография, 1907. 138 с.

满洲和蒙古资料（第 11 卷）：蒙古语术语词典（А—Н） 外阿穆尔军区骑兵大尉巴拉诺夫编

哈尔滨：中俄印刷厂，1907，138 页（古）

0066

Меняльные лавки и конторы Маньчжурии: В тексте: Схема меняльных контор А. Е. Гераси-мов

Харбин: Типография Кит. Вост. жел. дор., 1932. 57 с.

满洲货币兑换点（文中附货币兑换点分布图） А.Е. 格拉西莫夫

哈尔滨：中东铁路印书局，1932，57 页

0067

Монгольская экспедиция по заготовке мяса для действующих Армий. Маньчкурско-Владивостовский район: Материалы к отчету о деятельности с 1915 по 1918 гг. Выпуск 8 А. С. Мещерский

Харбин: Типография Китайской Восточной железной дороги, 1920. 112 с.

作战部队肉制品蒙古采购队（满洲 – 符拉迪沃斯托克地区）：1915—1918 年工作总结材料（第 8 卷） А.С. 梅谢尔斯基

哈尔滨：中东铁路印书局，1920，112 页（古）

0068

Монгольская экспедиция по заготовке мяса для действуюцих армий. Маньчжурско-владивостокский район: Материалы к отчету о деятельности с 1915 по 1918 г.г. Вып. XII. Кормовые растения Маньчжурии и Русского Дальнего Востока Б. В. Скворцов

Шанхай: Типография русского книгоиздательства, 1920. 80 с.

作战部队肉制品蒙古采购队（满洲 – 符拉迪沃斯托克地区）：1915—1918 年工作总结材料（第 12 卷）：满洲和俄国远东的饲料作物 Б.В. 斯克沃尔佐夫

上海：俄国图书出版社印刷厂，1920，80 页（古）

0069

Монгольская экспедиция по заготовке мяса для действующих армий. Манчжурско-Владивостовский район: Материалы к отчету о деятельности с 1915 по 1918 гг. Выпуск XII, Приложение IV И. И. Серебренников

Харбин: Типография Китайской Восточной железной дороги, 1920. 83 с.

作战部队肉制品蒙古采购队（满洲 – 符拉迪沃斯托克地区）：1915—1918 年工作总结材料（第 12 卷，附件 4） И.И. 谢列布连尼科夫

哈尔滨：中东铁路印书局，1920，83 页（古）

0070

Муниципальный справочник: Свод практически важных для населения правил и распоряжений Харбинского городского самоуправления Со-став. А. А. Братановским

Харбин: Меркурий, 1928. 191 с.

市政手册：对市民具有重要意义的哈尔滨城市自治法令规定汇编 А.А. 布拉塔诺夫斯基编

哈尔滨：水星出版社，1928，191 页（古）

0071

Налоги, пошлины и местные сборы в особом районе восточных провинций Китайской республики: Справочные сведения о налогах района Экономическое Бюро Кит. Вост. жел. дор.

Харбин: Типография Китайской Восточной железной дороги, 1927. 166 с.

民国东省特别区赋税、关税和地方税：地区税收指南 中东铁路经济调查局

哈尔滨：中东铁路印书局，1927，166 页

0072

Огородные овощи на рынке северной Маньчжурий В. Я. Толмачев

Харбин: Типография Кит. вост. жел. дор., 1932. 11 с.

北满市场上的菜园蔬菜 В.Я. 托尔马乔夫

哈尔滨：中东铁路印书局，1932，11 页

0073

Описание населенных пунктов, рек, гор и прочих географических названий Маньчжурии и Вн.

Монголии

Харбин: [Б. и.], [Б. г.]. 2517 стлб.

满洲和内蒙古居民点、河流、山川及其他地理名称说明

哈尔滨：[不详]，[不详]，2517 条

0074

Орочи-сородичи Маньчжур: С 31 рисунком и 2 картами в тексте   И. А. Лопатин

Харбин: Музей общества изучения Маньчурского края, 1925. 30 с.

鄂罗奇人——满族同族（附31幅图和2幅地图）   И.А. 洛帕京

哈尔滨：东省文物研究会博物馆，1925，30 页

0075

Остатки неолитической культуры близ Хайлара: по данным разведок 1928 года, с рисунками   Е. И. Титов, В. Я. Толмачев

Харбин: 东省文物研究会 , 1928. 10 с.

海拉尔附近新石器时代文化遗迹：1928 年勘察资料（附带图画）   Е.И. 季托夫、В.Я. 托尔马乔夫

哈尔滨：东省文物研究会，1928，10 页

0076

От Урала до Харбина: Памятка о пережитом   Г. В. Енборисов

Шанхай: [Б. и.], 1932. 188 с.

从乌拉尔到哈尔滨：往事备忘录   Г.В. 延鲍里索夫

上海：[不详]，1932，188 页

0077

Очерк развития и современного состояния торговли в Маньчжурии   Л. И. Любимов

Харбин: [Б. и.], [Б. г.]. 23 с.

满洲贸易发展及现状概述   Л.И. 柳比莫夫

哈尔滨：[不详]，[不详]，23 页

0078

Очерки стран Дальнего Востока: Введение в востоковедение. Вып. II. Внешний Китай: Маньчжурия, Монголия, Синьцзян и Тибет   Д. М. Позднеев [и др.]

Харбин: [Б. и.], 1931. 207 с.

远东国家概况（东方学概论第 2 卷）：中国外省：满洲、蒙古、新疆和西藏   Д.М. 波兹涅耶夫等

哈尔滨：[不详]，1931，207 页

0079

Очерки хлебной торговли Северной Маньчжурии   Экономическое бюро Кит. Вост. жел. дор.

Харбин: Типография Китайской Восточной железной дороги, 1930. 244 с.

北满粮食贸易概况   中东铁路经济调查局

哈尔滨：中东铁路印书局，1930，244 页

0080

Очерки экономического состояния районов верховьев Р. Сунгари: Гончарные изделия в Северной Маньчжурии   А. Е. Герасимов

Харбин: Типогрофия Китайской Восточной железной дороги, 1929. 72 с.

松花江上游地区经济概况：北满陶器制作   А.Е. 格拉西莫夫

哈尔滨：中东铁路印书局，1929，72 页

0081

Полевые культурные растения северной Маньчжурии: Краткий очерк   Б. В. Скворцов

Харбин: 东省文物研究会 , 1926. 18 с.

北满田间栽培作物概览   Б.В. 斯克沃尔佐夫

哈尔滨：东省文物研究会，1926，18 页

0082

Полезные ископаемые Северной Маньчжурии   Э. Э. Анерт

Харбин: Издательство общества изучения Маньчжурского края, 1928. 245 с.

北满矿产资源   Э.Э. 阿涅尔特

哈尔滨：东省文物研究会出版社，1928，245 页

0083

Приготовление Китайской сои в Северной Маньчжурии: С рисунками   Г. Я. Маляревский

Харбин: Общество изучения Маньчжурского края, 1928. 10 с.

北满酱油制作方法（附图）   Г.Я. 马利亚列夫斯基

哈尔滨：东省文物研究会，1928，10 页

0084

Приготовление крахмальной визиги в северной Маньчжурии: С иллюстрациями В. Я. Толмачев

Харбин: Изд. общества изучения Маньчжурского края, 1927. 15 с.

北满淀粉鲟鱼脊筋制作方法（附插图） В.Я. 托尔马乔夫

哈尔滨：东省文物研究会出版社，1927，15 页

0085

Промышленность района Сунгари 2-ая: С иллюстрациями А. Е. Герасимов

Харбин: 东省文物研究会, 1928. 11 с.

松花江地区的第二产业（附插图） А.Е. 格拉西莫夫

哈尔滨：东省文物研究会，1928，11 页

0086

Промышленность Северной Маньчжурии и Харбина В. И. Сурин

Харбин: Типография Китайской Восточной железной дороги, 1928. 243 с.

北满和哈尔滨的工业 В.И. 苏林

哈尔滨：中东铁路印书局，1928，243 页

0087

Процесс 38. Стенограмма процесса 38 советских граждан, арестованных при налете 27 мая 1929 г. на советское консульство в г. Харбине, ОРВИ = PROCESS OF THE 38. STENOGRAPHIC REPORT OF THE PROCESS OF THE 38 SOVEIT CITIZENS arrested during the raid on the soviet consulate General In Harbin on may 27th, 1929

Харбин: Харбин обсервер, 1929. 258 с.

诉讼案 38：1929 年 5 月 27 日袭击苏联驻哈尔滨领事馆时被逮捕的 38 名苏联公民诉讼记录

哈尔滨：哈尔滨观察家出版社，1929，258 页

0088

Распределение населения в городе Харбине и Пригородах. Таблица 1. Распределение населения по возрасту, полу и месту рождения

Харбин: [Б. и.], [Б. г.]. 344 с.

哈尔滨市和郊区人口分布（表 1）：按年龄、性别和出生地的人口分布

哈尔滨：[不详]，[不详]，344 页（古）

0089

Русское дело в Маньчжурии: С VII века до наших дней Николай Штейнфельд

Харбин: Русско-Китайско-Монгольская тип. газ. Юан-Дун-бао, 1910. 208 с.

满洲的俄国事务：从 7 世纪至今 尼古拉·施泰因菲尔德

哈尔滨：远东报俄华蒙印刷厂，1910，208 页（古）

0090

Сборник законов и распоряжений Маньчжу-Ди-Го на русском языке = 露文满洲帝国法令辑览. Вып. 4 Перевод М. Огуси; Ред. Е. С. Павликовского

Харбин: [Б. и.], 1937. 100 с.

满洲帝国俄文法令汇编（第 4 卷） М. 奥古西译，Е.С. 帕夫利科夫斯基编

哈尔滨：[不详]，1937，100 页

0091

Сборники документов по международной политике и международному праву. Вып. IV. Лозаннские соглашения. Женевская конференция по разоружению. Признание Маньчжоу-ГО и др. Под ред. К. В. Антонова

М.: Издание Народного комиссариата по иностранным делам, 1933. 191 с.

国际政治与国际法文件汇编（第 4 卷）：洛桑协定、日内瓦裁军会议、承认满洲国等 К.В. 安东诺夫编

莫斯科：外交人民委员部出版，1933，191 页

0092

Слива в северной Маньчжурий: С 11 рисунками в тексте Б. В. Скворцов

Харбин: Музей общества изучения Маньчурского края, 1925. 11 с.

北满李树（附 11 幅图） Б.В. 斯克沃尔佐夫

哈尔滨：东省文物研究会博物馆，1925，11 页

0093

Список абонентов Харбинской автоматической телефонной станции

Харбин: Заря, [1923]. 79 с.

哈尔滨自动电话局电话簿

哈尔滨：霞光出版社，［1923］，79 页（古）

0094

Список абонентов Харбинской телефонной сети

Харбин: Типография Китайской Восточной желез-ной дороги, 1914. 167 с.

哈尔滨电话簿

哈尔滨：中东铁路印书局，1914，167 页（古）

0095

Список абонентов Харбинской телефонной сети

Харбин: Типография Китайской Восточной желез-ной дороги, 1916. 192 с.

哈尔滨电话簿

哈尔滨：中东铁路印书局，1916，192 页（古）

0096

Справочник по истории стран Дальнего Вос-тока: A REFERENCE BOOK OF THE HISTORY OF THE EASTERN KINGDOMS. Час. 1-Я. Ки-тай П. В. Шкуркин

Харбин: Типография Китайской Восточной желез-ной дороги, 1918. 134 с.

远东国家历史手册（第 1 册）：中国 П.В. 什库尔金

哈尔滨：中东铁路印书局，1918，134 页（古）

0097

Справочник по Кит. Восточной, Японским и Кит. Жел. дорогам и адресный указатель гор. Харби-на: 1922-1923

Харбин: Изд. К. О. Судниченко, [1923]. 67 с.

中东铁路、日本铁路和中国铁路指南与哈尔滨市地址簿（1922—1923）

哈尔滨：К.О.苏德尼琴科出版社，［1923］，67页（古）

0098

Статистический ежегодник на 1926 г. Составлен Экономическим Бюро К. В. Ж. Д.

Харбин: Типография Китайской Восточной желез-ной дороги, 1926. 329 с.

1926 年统计年鉴 中东铁路经济调查局编

哈尔滨：中东铁路印书局，1926，329 页

0099

Статистический ежегодник на 1927 г. Составлен Экономическим Бюро К. В. Ж. Д.

Харбин: Типография Китайской Восточной желез-ной дороги, 1927. 236 с.

1927 年统计年鉴 中东铁路经济调查局编

哈尔滨：中东铁路印书局，1927，236 页

0100

Статистический ежегодник: 1923 Составлен Экономическим Бюро К. В. Ж. Д.

Харбин: Типография Китайской Восточной желез-ной дороги, 1923. 151 с.

统计年鉴（1923） 中东铁路经济调查局编

哈尔滨：中东铁路印书局，1923，151 页（古）

0101

Статистический ежегодник: 1924 Составлен Экономическим Бюро К. В. Ж. Д.

Харбин: Типография Китайской Восточной желез-ной дороги, 1924. 20 с.

统计年鉴（1924） 中东铁路经济调查局编

哈尔滨：中东铁路印书局，1924，20 页（古）

0102

Тариф на перевозку грузов в прямом уссурийско-китайском сообщении

Харбин: Типография Кит. Вост. жел. дороги, 1926. 127 с.

乌苏里斯克—中国货物联运运价

哈尔滨：中东铁路印书局，1926，127 页

0103

Труды Сунгарийской речной биологической станции. Т. 1-й. Вып. 4-й Общество изучения Маньжурского Края

Харбин: Отделение Типографии КВжд, 1927. 41 с.

松花江河流生物监测站著作集（第 1 卷第 4 册） 东省文物研究会

哈尔滨：中东铁路印书局分部，1927，41 页

0104

Труды Сунгарийской речной биологической станции = PROCEEDINGS of the Sungaree River Biological Station. Т. 1-й. Вып. 5-й Общество изучения Маньжурского Края

Харбин: Отделение Типографии КВжд, 1928. 55 с.

松花江河流生物监测站著作集（第 1 卷第 5 册）　东
省文物研究会

哈尔滨：中东铁路印书局分部，1928，55 页

0105

Труды Сунгарийской речной биологической станции. Т. 1-й. Вып. 6-й　Общество изучения Маньжурского Края

Харбин: Отделение Типографии КВжд, 1928. 34 с.

松花江河流生物监测站著作集（第 1 卷第 6 册）　东
省文物研究会

哈尔滨：中东铁路印书局分部，1928，34 页

0106

Тыквенные культуры Северной Маньчжурии: С 17 рисунками и 3 Таблицами　Б. В. Скворцов

Харбин: Музей общества изучения Маньжурского края, 1925. 16 с.

北满葫芦科作物（附 17 幅图和 3 个表格）　Б.В. 斯
克沃尔佐夫

哈尔滨：东省文物研究会博物馆，1925，16 页

0107

Угольные богатства Северной Маньчжурии: Экономическая оценка　Б. П. Торгашев

Харбин: Типография Кит. Вост жел. дор., 1928. 124 с.

北满煤炭资源：经济评价　Б.П. 托尔加舍夫

哈尔滨：中东铁路印书局，1928，124 页

0108

Указатель периодической печати г. Харбина, выходившей на русском и др. европейских языках: Издания, вышедшие с 1 января 1927 года по 31 декабря 1935 года

Харбин: Экономическое бюро Харбинского управления государственных железных дорог., 1936. 83 с.

哈尔滨俄文和其他欧洲文字期刊目录（1927 年 1 月
1 日至 1935 年 12 月 31 日发行的出版物）

哈尔滨：哈尔滨铁路局北满经济调查所，1936，83 页

0109

Указатель статей из журналов «Экономический

вестник Маньчжурии», «Вестник Маньчжурии» и «Экономический бюллетень» за 1923-1930 гг.**

Харбин: Типография Кит. Вост. жел. дороги, 1930. 72 с.

1923—1930 年《满洲经济通报》《满洲通报》《经
济通报》杂志文章索引

哈尔滨：中东铁路印书局，1930，72 页

0110

Устав ссудо-сберегательного общества при Харбинском обществе Русских и Китайских землевладельцев и домовладельцев

Харбин: Софийская приходская типография уг. Сквозной и Участковой, 1926. 56 с.

哈尔滨俄中土地和房屋所有者协会储蓄贷款协会章
程

哈尔滨：斯科沃兹纳亚街和乌恰斯特卡亚街交口索
菲亚教区印刷厂，1926，56 页（古）

0111

Харбин: Итоги оценочной переписи по данным статистического обследования, производившегося с 15-го июня по 1-ое сентября 1923 г.　Оценочно-статистическое бюро Х. О. У.

Харбин: Издание Оценочно-статистическое бюро при Торг. Налог. отд. Х. О. У., 1924. 121 с.

哈尔滨：基于 1923 年 6 月 15 日至 9 月 1 日统计调
查数据的评估调查结果　哈尔滨社会管理局评估统
计科

哈尔滨：哈尔滨社会管理局商业税务处评估统计科
出版，1924，121 页

0112

Харбинская старина

Харбин: Издание общества старожилов г. Харбина и С. Маньчжурии, 1938. 84 с.

哈尔滨往事

哈尔滨：哈尔滨和北满原住民协会出版，1938，84
页（古）

0113

Харбин-Фуцзядянь: Торгово-промышленный и железнодорожный справочник　Под ред. К. Очеретина

Харбин: Изд. Харбинского коммерческого агентства «Транспечать» Н. К. П. С., 1925. 227 с.

哈尔滨 – 傅家甸：工商业和铁路指南　K. 奥切列金编

哈尔滨：苏联交通人民委员部交通印刷出版社哈尔滨商务代表处出版社，1925，227 页

0114

Чжалайнорские копи: 1902-1927　Л. И. Любимов

Харбин: Типография Китайской восточной железной дороги, 1927. 50 с.

扎赉诺尔煤矿（1902—1927）　Л.И. 柳比莫夫

哈尔滨：中东铁路印书局，1927，50 页

0115

Экспорт Маньчжурских бобов и его финансирование　А. В. Маракуев

Харбин: Изд-во общества изучения Маньчжурского края, 1928. 75 с.

满洲大豆出口及其资金供给　А.В. 马拉库耶夫

哈尔滨：东省文物研究会出版社，1928，75 页

0116

Юбилейный сборник грузинского общества в Маньчжу-Ди-Го: 1905-1935

Харбин [Б. и.], [1937]. 141 с.

满洲帝国格鲁吉亚人协会周年纪念文集（1905—1935）

哈尔滨：[不详]，[1937]，141 页

0117

Юбилейный сборник харбинского биржевого комитета: 1907-1932　Ответственный редактор: Председатель Харбинского Биржевого Комитета Я. Р. Кабалкин

Харбин: Художественная типография «Заря», 1933. 413 с.

哈尔滨交易所委员会纪念集（1907—1932）　责任编辑：哈尔滨交易所委员会主席 Я.Р. 卡巴尔金

哈尔滨：霞光艺术印刷厂，1933，413 页

0118

败城 Бай-Чэн: строительные материалы, архитектурные украшеия и другие предметы с развалин Бай-Чэна, по данным разведок 1925-1926 гг.　В. Я. Толмачев

Харбин: 东省文物研究会, 1927. 8 с.

败城：败城遗址的建筑材料、建筑装饰及其他物品（根据 1925—1926 年勘察资料）　В.Я. 托尔马乔夫

哈尔滨：东省文物研究会，1927，8 页

中东铁路专题文献

0001

Альбом-путеводитель восьмого участка Харбинского коммерческого агентства Китайской Восточной жел. дор.　Р.К. Иостын

Харбин: Харбинское Коммерческое Агентство К. В. Ж. Д., 1923. 82 с.

中东铁路哈尔滨商务代办处第八区指南　Р.К. 约斯滕

哈尔滨：中东铁路哈尔滨商务代办处，1923，82 页（古）

0002

Библиографический бюллетень. Т. 2 = Bibliographical bulletin = 东北铁路中央图书馆临时书目（第 2 卷）　Под Ред. Н. В. Устрялов, Е. М. Чепурковский

Харбин: Музей общества изучения Маньчурского края, 1929. 32 с.

东北铁路中央图书馆临时书目（第 2 卷）　Н.В. 乌斯特里亚洛夫、Е.М. 切普尔科夫斯基编

哈尔滨：东省文物研究会博物馆，1929，32 页

0003

Вокруг реформ на Ю.-М. Ж. Д.　Вл. Рогов

Харбин: Типо-литография Кит. Вост. Жел. Дор., 1934. 57 с.

南满铁路改革　Вл. 罗戈夫

哈尔滨：中东铁路印书局，1934，57 页

0004

Деятельность тарифно-показательного музея Китайской Восточной жел. дор. в Харбине за десятилетие 1924-1934 гг.　В. Я. Толмачев

Харбин: [Типо-литография Кит. Вост. жел. дор.], 1935. 7 с.

1924—1934 十年间哈尔滨中东铁路运价公开博物馆的工作　В.Я. 托尔马乔夫

哈尔滨：[中东铁路印书局]，1935，7 页

0005

Железнодорожная жизнь на Дальнем Востоке. №. 1-48

Харбин: Книжный магазин баронессы Врангель и контора Трайнина, 1911. 320 с.

远东铁路生活（第 1—48 期）

哈尔滨：弗兰格尔男爵夫人书店和特赖宁事务所，1911，320 页（古）

0006

Исторический обзор Китайской Восточной железной дороги: 1896-1923 г.г.. Т. 1　Е. Х. Нилус

Харбин: Типография Кит. Вост. жел. дор. и Т-ва «Озо», 1923. 690 с.

中东铁路简史：1896—1923 年（第 1 卷）　Е.Х. 尼卢斯

哈尔滨：中东铁路印书局和奥佐公司印刷厂，1923，690 页

0007

Каталог библиотеки харбинского железнодорожного собрания. Ч. II. 1923

Харбин: Типография Китайской Восточной железной дороги, 1923. 223 с.

哈尔滨铁路俱乐部图书馆目录（第 2 册）：1923

哈尔滨：中东铁路印书局，1923，223 页（古）

0008

Каталог книг азиатского отдела Харбинской библиотеки Ю. М. Ж. Д. = 亚细亚文库图书目录

Харбин: 满铁 哈尔滨图书馆 , 1938. 377 с.

满铁哈尔滨图书馆亚细亚文库图书目录

哈尔滨：满铁哈尔滨图书馆，1938，377 页

0009

Китайская Восточная железная дорога: 1903-1913 гг. П. С. Тишенко

Харбин: Склад изд. в книжном магазин И. Т. Щелоков, [Б. г.]. 243 с.

中东铁路（1903—1913 年） П.С. 季申科

哈尔滨：И.Т. 晓洛科夫书店出版库，［不详］，243 页（古）

0010

Краткий отчет первого совещательного съезда агентов службы эксплоатации Китайской Восточной жел. дор.: Состоявшегося 23-29 апреля 1923 года в Г. Харбине

Харбин: Типография КВЖД, 1924. 341 с.

中东铁路运营处代表第一次协商会议纪要（1923 年 4 月 23—29 日于哈尔滨举行）

哈尔滨：中东铁路印书局，1924，341 页（古）

0011

Метрическая система: Руководство для агентов КВЖД и инструкторов при обучении метрической системе мер А. А. Затеплинский

Харбин: Типография КВЖД, 1926. 185 с.

公制：中东铁路代表和教员公制培训手册 А.А. 扎捷普林斯基

哈尔滨：中东铁路印书局，1926，185 页

0012

Отчет второго совещательного съезда агентов службы эксплоатации Китайской восточной жел. дор., состоявшегося 9-12 мая 1925 года в городе Харбине

Харбин: Типография Китайской Восточной железной дороги, 1926. 329 с.

1925 年 5 月 9 日—12 日哈尔滨中东铁路运营处代表第二次协商会议纪要

哈尔滨：中东铁路印书局，1926，329 页

0013

Отчет коммерческого агента Китайской Восточной Железной Дороги А. П. Болобан

Харбин: Типография Китайской Восточной железной дороги, 1912. 382 с.

中东铁路商务代办报告 А.П. 博洛班

哈尔滨：中东铁路印书局，1912，382 页（古）

0014

Протоколы второго совещательного съезда инженеров и техников службы тяги Китайской Восточной железной дороги: 14-19 марта 1923 года

Харбин: Типо. КВжд, 1924. 401 с.

中东铁路机务处工程师和技术人员第二次协商会议纪要（1923 年 3 月 14—19 日）

哈尔滨：中东铁路印书局，1924，401 页（古）

0015

Протоколы первого совещательного съезда инженеров и техников службы тяги Китайской Восточной железной дороги

Харбин: Типография Кит. Вост. жел. дороги, 1922. 196 + 12 с.

中东铁路机务处工程师和技术人员第一次协商会议纪要

哈尔滨：中东铁路印书局，1922，196 + 12 页

0016

Протоколы третьего совещательного съезда инженеров и техников службы тяги Китайской Восточной железной дороги. 27 Апреля 1925 года И. А. Резгал

Харбин: Типография Китайской Восточной железной дороги, 1927. 530 с.

中东铁路机务处工程师和技术人员第三次协商会议纪要（1925 年 4 月 27 日） И.А. 列兹加尔

哈尔滨：中东铁路印书局，1927，530 页

0017

Путеводитель по Южно-Маньчжурской Железной Дороге: Необходимые сведения для путешественников с краткими описаниями достопримечательностей

Харбин: Типография издательства В. А. Чиликина,

1926. 118 c.

南满铁路指南：旅行者必备资料（附名胜古迹简介）

哈尔滨：B.A. 奇利金出版社印刷厂，1926，118 页

0018

Рапорт управляющего Китайской Восточной железной дороги

Харбин: [Б. и.], 1913. 154 c.

中东铁路局局长报告

哈尔滨：［不详］，1913，154 页

0019

Сборник документов, относящихся к Китайской Восточной железной дороге Издание канцелярии правления общества Китайской Восточной железной дороги

Харбин: Типография Китайской Восточной железной дороги, 1922. 36 c.

中东铁路文件汇编　中东铁路公司管理委员会办公室出版物

哈尔滨：中东铁路印书局，1922，36 页（古）

0020

Сборник приказов и распоряжений по Китайской Восточной железной дороге о тарифах и условиях перевозки пассажиров, багажа и грузов Под редакцией коммерческой части управления Китайской Восточной железн. дороги

Харбин: Журнал «Вестник Маньчжурии», 1926. [400 c.].

中东铁路旅客、行李、货物运输价格和条件命令汇编　中东铁路局商务处编

哈尔滨：《满洲通报》杂志社，1926，［400 页］

0021

Сборник приказов и циркуляров по службе телеграфа. Ч. 1-я. Контроль корреспонденции Китайско-Восточная и Уссурийская железн. дорога

Харбин: Типография Китайской восточной железной дороги, 1907. 160 c.

电报局命令和通令汇编（第 1 册）：电报检查　中东铁路和乌苏里铁路

哈尔滨：中东铁路印书局，1907，160 页（古）

0022

Сборник приказов и циркуляров по службе телеграфа. Ч. I. Контроль корреспонденции

Харбин: Типография Китайской Восточной железной дороги, 1912. 256 c.

电报局命令和通令汇编（第 1 册）：电报检查

哈尔滨：中东铁路印书局，1912，256 页（古）

0023

Сборник: Приказов циркуляров и других распоряжений по административной части Китайской Восточной железной дороги, подлежащих к руководству по службе телеграфа за 1903, 1904, 1905, и 1906 г.г. Китайская Восточная жел. дор.

Харбин: КВЖД, 1907. 555 c.

1903、1904、1905 和 1906 年中东铁路行政处电报局指南性通令和其他命令汇编　中东铁路

哈尔滨：中东铁路出版社，1907，555 页（古）

0024

Служебный справочник к расписанию движения поездов К. В. Ж. Д. Служба эксплуатации

Харбин: Типогрфия Китайской Восточной железной дороги, 1923. 115 c.

列车运行时刻表工作手册　中东铁路运营处

哈尔滨：中东铁路印书局，1923，115 页（古）

0025

Современное положение железных дорог Китая Вл. Рогов

Харбин: Типо-литография Кит. Вост. жел. дор., 1934. 69 c.

中国铁路现状　Вл. 罗戈夫

哈尔滨：中东铁路印书局，1934，69 页

0026

Справочник по Кит. Восточной, Японским и Кит. Жел. дорогам и адресный указатель гор. Харбина: 1922-1923

Харбин: Изд. К. О. Судниченко, [1923]. 67 c.

中东铁路、日本铁路和中国铁路指南与哈尔滨市地址簿（1922—1923）

哈尔滨：К.О. 苏德尼琴科出版社，[1923]，67 页（古）

0027

Справочник по С. Маньчжурии и КВЖД　Экономическое бюро КВЖД

Харбин: Изд. Экономического бюро КВЖД, 1927. 607 с.

北满和中东铁路指南　中东铁路经济调查局

哈尔滨：中东铁路经济调查局出版社，1927，607页

0028

Справочные записки службы телеграфа Китайской Восточной железной дороги. Вып. 1

Харбин: Типография Китайской Восточной железной дороги, 1921. 118 с.

中东铁路电报局手册（第1分册）

哈尔滨：中东铁路印书局，1921，118页（古）

0029

Спутник железнодорожника: 1923 г.　Издание Экономического Бюро К. В. ж. д.

Харбин: Типография Кит. Вост. ж. д., 1923. 261 с.

铁路职工之友（1923年）　中东铁路经济调查局出版物

哈尔滨：中东铁路印书局，1923，261页（古）

0030

Статистический ежегодник на 1926 г.　Составлен Экономическим Бюро К. В. Ж. Д.

Харбин: Типография Китайской Восточной железной дороги, 1926. 329 с.

1926年统计年鉴　中东铁路经济调查局编

哈尔滨：中东铁路印书局，1926，329页

0031

Статистический ежегодник на 1927 г.　Составлен Экономическим Бюро К. В. Ж. Д.

Харбин: Типография Китайской Восточной железной дороги, 1927. 236 с.

1927年统计年鉴　中东铁路经济调查局编

哈尔滨：中东铁路印书局，1927，236页

0032

Статистический ежегодник на 1928 г.

Харбин: Изд. экономического бюро К. В. ж. д., 1928.

249 с.

1928年统计年鉴

哈尔滨：中东铁路经济调查局出版社，1928，249页

0033

Статистический ежегодник: 1923　Составлен Экономическим Бюро К. В. Ж. Д.

Харбин: Типография Китайской Восточной железной дороги, 1923. 151 с.

统计年鉴（1923）　中东铁路经济调查局编

哈尔滨：中东铁路印书局，1923，151页（古）

0034

Статистический ежегодник: 1924　Составлен Экономическим Бюро К. В. Ж. Д.

Харбин: Типография Китайской Восточной железной дороги, 1924. 20 с.

统计年鉴（1924）　中东铁路经济调查局编

哈尔滨：中东铁路印书局，1924，20页（古）

0035

Тариф на перевозку грузов большой (пассажирской) и малой скорости по Китайской Восточной железной дороги. Ч. 1. Условия перевозки. Порядок расчета провозных плат. Правила перевозки и исчисления провозных плат для некоторых грузов, перевозимых на особых основаниях. Нормы и правила взимания дополнительных и особых сборов. Особые правила　А. Н. Неповетов

Харбин: Типография Кит. Вост. жел. дороги, 1927. 196 с.

中东铁路高速（客运）和低速货运运价（第1部分）：运输条件、运费结算流程、特殊运输货物的运输规则和运费计算规则、附加费和特殊费用征收规则、特殊规定　А.Н. 涅波韦托夫

哈尔滨：中东铁路印书局，1927，196页

0036

Тариф на перевозку грузов в прямом уссурийско-китайском сообщении

Харбин: Типография Кит. Вост. жел. дороги, 1926. 127 с.

乌苏里斯克—中国货物联运运价

哈尔滨: 中东铁路印书局，1926，127 页

0037

Торгово-промышленный, коммерчесиий и железно-дорожный справочник = Trading-Industrial Commercial and railway Directory　Издатель В. Н. Мишарин

Харбин: Типо-литография Л. М. Абрамовича, 1924. 196 с.

工商业和铁路指南　出版商 B.H. 米沙林

哈尔滨: Л.М. 阿布拉莫维奇印刷厂，1924，196 页（古）

0038

Труды первого съезда врачей Китайской восточной железной дороги　Сост. Г. И. Чаплик, А. М. Ларин

Харбин: Типография Китайской Восточной железной дороги, 1923. 187 с.

中东铁路第一届医生代表大会文集　Г.И. 恰普利克、A.M. 拉林编

哈尔滨: 中东铁路印书局，1923，187 页（古）

0039

Харбин-Фуцзядянь: Торгово-промышленный и железнодорожный справочник　Под ред. К. Очеретина

Харбин: Изд. Харбинского коммерческого агентства «Транспечать» Н. К. П. С., 1925. 227 с.

哈尔滨 – 傅家甸: 工商业和铁路指南　К. 奥切列金编

哈尔滨: 苏联交通人民委员部交通印刷出版社哈尔滨商务代表处出版社，1925，227 页

0040

Чумные эпидемии на Дальнем Востоке и противочумные мероприятия Управления Китайской Восточной железной дороги: Отчет　Ф. А. Ясенский, Э. П. Хмара-Борщевский

Харбин: Типграфия Т-ва «Новая жизнь», 1912. 612 с.

远东鼠疫和中东铁路局防鼠疫措施（报告）　Ф.А. 亚先斯基、Э.П. 赫马拉 – 博尔谢夫斯基

哈尔滨: 新生活印刷厂，1912，612 页（古）

0041

ЮМЖД: Пионер континента

Дайрень: АКЦ. О-во Южно-Маньчжурской Ж. Д., [Б. г.]. 82 с.

南满铁路: 大陆先锋

大连: 南满铁路股份公司，[不详]，82 页

俄罗斯文献（1912—1949）及俄侨文献俄文题名字母索引

В

Г

3

У

Ш

哈尔滨—满洲专题文献俄文题名字母索引

К

Л

М

Н

О

中东铁路专题文献俄文题名字母索引